Revue des Nouvelles Technologies de l'Information
Sous la direction de Djamel A. Zighed et Gilles Venturini

RNTI E.35 – ISBN 979-10-96289-09-7

Extraction et Gestion des Connaissances, EGC'2019

Rédactrices invitées : Marie-Christine Rousset (UGA-LIG/IUF),
Lydia Boudjeloud-Assala (UL-LORIA)

LE MOT DES DIRECTEURS DE LA COLLECTION RNTI

Très chers lecteurs et lectrices,

La collection RNTI s'étoffe d'année en année. Vos publications RNTI sont disponibles en ligne mais également en diffusion de livres classiques ou numériques auprès des grands libraires et distributeurs.

La collection RNTI a maintenant pris sa place dans l'édition scientifique francophone. Elle s'impose dans le paysage éditorial scientifique puisque tout son contenu est référencé dans les banques de données bibliographiques et notamment DBLP. La communauté scientifique, notamment francophone, la considère comme l'une des publications de référence du domaine. Le nombre de pages publiées chaque année est d'environ 1000, représentant des articles sélectionnés sur la base d'une évaluation rigoureuse selon les normes internationales. Le taux de sélection, autour de 30%, la place parmi les publications les plus exigeantes. Les publications de RNTI se font toutes selon la même charte éditoriale respectant les standards internationaux en matière de transparence et de qualité.

Nous tenons encore une fois à exprimer toute notre gratitude aux auteurs, aux rédacteurs invités et à tous nos collègues qui nous ont fait l'honneur de proposer des articles ou des numéros spéciaux.

Nous continuons à faire paraître des numéros dans les thèmes liés à l'Extraction de connaissances à partir des données, à la Fouille de données et à la Gestion des connaissances, mais nous ouvrons l'espace RNTI plus largement à d'autres domaines de l'Informatique, toujours avec les mêmes niveaux d'exigence sur les numéros publiés. Nous vous invitons à nous proposer des projets éditoriaux rentrant dans la politique éditoriale de RNTI et dont les principes assez simples font la distinction entre deux deux sortes de publications :

- des numéros à thème faisant l'objet d'un appel à communication. Chaque numéro à thème est édité par un ou plusieurs rédacteurs en chef invités. Un comité de programme spécifique d'une quinzaine de personnes est formé à cette occasion. Si vous avez un projet éditorial vous pouvez nous le soumettre et s'il est dans le créneau de RNTI vous serez désigné rédacteur invité et vous vous chargerez ensuite de manière libre et indépendante de la mise en place de la collecte, de l'évaluation, de la sélection et de la publication du numéro,
- des actes de conférences sélectives garantissant une haute qualité des articles. Si vous présidez une conférence dans des thématiques liées aux technologies de l'information, vous pouvez nous contacter.

Nous remercions chaleureusement la communauté EGC de faire de nouveau confiance à RNTI pour la parution de ce numéro et nous espérons vivement qu'il vous donnera à toutes et à tous une entière satisfaction. Pour tout renseignement, nous vous invitons à consulter notre site Web et à nous contacter.

Nous terminons ce petit mot en vous adressant nos meilleurs voeux pour 2019.

Djamel A. Zighed et Gilles Venturini.

PRÉFACE

À l'heure de la confrontation de l'Intelligence Artificielle au déluge de données massives, les sujets de l'extraction et de la gestion des connaissances apparaissent comme particulièrement centraux à de nombreux travaux de recherche et développement. Le traitement et l'intégration de sources de données et de connaissances posent sans cesse de nouveaux besoins et de nouveaux défis en termes de méthodes, de techniques et d'outils pour acquérir les données, les classifier, les intégrer, les représenter, les stocker, les indexer, les visualiser, interagir avec elles, les protéger et surtout les transformer en connaissances utiles, pertinentes et respectueuses de nos droits. Aux besoins de passage à l'échelle posés par de grandes collections de données, s'ajoutent les besoins de traitement de données hétérogènes, de qualité variable et parfois très dynamiques. Un défi majeur est la conception d'algorithmes d'analyse et de raisonnement sur des données, plus transparents, tout en garantissant le respect de la vie privée et l'équité.

La conférence Extraction et Gestion de Connaissances (EGC) est le rendez-vous annuel de chercheurs et praticiens travaillant dans les domaines de la science des données et des connaissances. Ces disciplines incluent notamment l'apprentissage automatique, l'ingénierie et la représentation des connaissances, les statistiques et l'analyse de données, la fouille de données, les systèmes d'information, les bases de données, le Web sémantique. EGC est une occasion unique de faire se rencontrer académiques et industriels afin de confronter des travaux théoriques et des applications pratiques sur des données réelles et de communiquer des travaux de qualité, d'échanger et de favoriser la fertilisation croisée des idées, à travers la présentation de travaux de recherche récents, de développements industriels et d'applications originales.

La sélection d'articles publiés dans le présent recueil constitue les actes de la 19e édition de la conférence (EGC 2019) qui s'est déroulée à Metz du 21 au 25 janvier 2019 sur le Campus de CentraleSupélec. Les articles sélectionnés couvrent des thématiques très diverses mais au coeur de la communauté telles que l'apprentissage automatique, l'ingénierie et la représentation des connaissances, la fouille de données, les systèmes d'information, les bases de données, le Web sémantique et les données ouvertes, le traitement de données de nature diverse : numériques et symboliques, textuelles ou images ou encore données de graphes issues des réseaux sociaux. Les applications présentées sont également variées allant de la recommandation, des assistants vocaux, de l'urbanisme à la médecine et à la chimie. Sur 72 soumissions complètes, nous avons retenu 19 articles longs (soit un taux de sélection de 26,3%), 20 articles courts, 8 résumés d'articles déjà publiés à l'international et 15 posters. Pour assurer un retour de qualité, 5 articles ont eu 3 relectures, 64 articles ont eu 4 relectures et 3 articles ont eu 5 relectures. Ce travail a été effectué par un comité de 167 relecteurs et supervisé par 8 méta-relecteurs. De manière à rendre l'évaluation la plus juste et la plus équitable possible, le processus a été réalisé via des soumissions anonymes, avec un droit de réponse des auteurs avant la réunion du comité de programme. Chaque article a aussi fait l'objet d'une méta-relecture pour synthétiser les retours et les discussions, arbitrer les échanges et recommander une décision.

EGC héberge aussi une école qui nous permet de nous former aux dernières méthodes et nouveaux outils. Cette année, elle était ciblée sur "Privacy preserving, reasoning, explaining".

Pour cette édition 2019, nous avons eu le plaisir d'accueillir quatre chercheurs invités de renom international :

- Frank van Harmelen, Université VU d'Amsterdam, président d'honneur de EGC 2019

- Krishna P. Gummadi, Max Planck Institute for Software Systems (MPI-SWS)

- Ioana Manolescu, Inria-LIX, Ecole Polytechnique

- Roberto Di Cosmo, Inria et Université Paris Diderot

Le recueil inclut les résumés de leurs conférences invitées.

La conférence est complétée par 6 ateliers sélectionnés sur un spectre large de thématiques: Fouille de textes, Web des données, Humanités numériques et héritage culturel, Gestion et analyse des données spatiales et temporelles, Interprétabilité de l'apprentissage automatique et de IA, Véracité des données.

Remerciements : Nous tenons à remercier les membres du comité de programme pour la qualité de leurs rapports d'évaluations et le temps consacré malgré des périodes chargées et difficiles. Nos remerciements chaleureux vont également à toute l'équipe du comité d'organisation pour leur travail, leur implication, leur mobilisation, et leur réactivité. Ils vont également aux membres du bureau de l'association EGC pour leur appui tout au long de la préparation de cette édition. Nous remercions spécialement pour leur soutien et participation, CentraleSupélec, le laboratoire lorrain de recherche en informatique et ses applications (LORIA, UMR 7503), CNRS, INRIA l'Université de Lorraine, l'IUT de Metz, la région Grand Est, le département de Moselle, Metz Métropôle, le groupe de recherche GDR MADICS (Masses de Données, Informations et Connaissances en Sciences), la société Luxembourgeoise de Statistique (SLS), Sogeti, Business & Décision, Arcelor Mittal, google, Crédit Mutuel Enseignant.

Marie-Christine Rousset et Lydia Boudjeloud-Assala.

Membres du comité de lecture

Le Comité de Lecture est constitué du comité de programme et des membres du comité de pilotage de l'association EGC ayant participé à la sélection des articles.

Géraldine Del Mondo - LITIS, INSA Rouen

Sylvie Despres - Laboratoire d'Informatique Médicale et de BIOinformatique (LIM&BIO)

Juliette Dibie-Barthélemy - AgroParis-Tech

Nicolas Dugué - Laboratoire d'Informatique de l'Université du Maine

Rémi Emonet - Laboratoire Hubert Curien, Université Jean Monnet de Saint-Etienne

Catherine Faron Zucker - Université Nice Sophia Antipolis

Cécile Favre - ERIC, Université Lyon 2

Francoise Fessant - France Télécom R&D

Frédéric Flouvat - Université de la Nouvelle-Calédonie

Francoise Fogelman-Soulié - Tianjin University, School of Computer Software

Germain Forestier - Université de Haute Alsace

Agnès Front - LIG, SIGMA, Université de Grenoble

Esther Galbrun - Aalto University

Jean-Gabriel Ganascia - LIP6, Université Pierre et Marie Curie

Pierre Gancarski - LSIIT, Université Louis Pasteur, Strasbourg.

Fabien Gandon - INRIA

Dominique Gay - Université de La Réunion

Francois Goasdoue - Université Rennes 1

Christophe Gravier - Université Jean Monnet de Saint-Etienne

Daniela Grigori - LAMSADE, Université Paris-Dauphine

Adrien Guille - ERIC, Université Lyon 2

Christiane Guinot - Université François Rabelais, Tours

Thomas Guyet - AGROCAMPUS OUEST/UMR 6074 IRISA

Alain Gély - LORIA, Université de Lorraine

Hakim Hacid - Bell Labs

Fayçal Hamdi - CEDRIC, Conservatoire National des Arts et Métiers

Georges Hebrail - EDF Lab Saclay, IRT SystemX

Gilles Hubert - IRIT, Université Paul Sabatier

Dino Ienco - IRSTEA, Montpellier

Antonio Irpino - Second University of Naples, Italy

Fabrice Jouanot - LIG, Université de Grenoble Alpes

Mehdi Kaytoue - Infologic

Zoubida Kedad - Université of Versailles

Ali Khenchaf - Lab-Sticc, ENSTA Bretagne

Pascale Kuntz - Laboratoire d'Informatique de Nantes Atlantique

Vincent Labatut - Université d'Avignon

Nicolas Labroche - Université François Rabelais, Tours

Nicolas Lachiche - Université of Strasbourg

Frederique Laforest - Laboratoire Hubert Curien, Université Jean Monnet de Saint-Etienne

Sylvain Lamprier - LIP6, Université de Paris 6

Luigi Lancieri - Université de Lille

Christine Largeron - Université Jean Monnet de Saint-Etienne

Anne Laurent - LIRMM, Université de Montpellier 2

Florence Le Ber - ICube

Yves Lechevallier - INRIA

Maxime Lefrançois - Ecole des Mines de Saint-Etienne

Sébastien Lefèvre - Université de Bretagne Sud

Vincent Lemaire - Orange Labs, Equipe Profiling et Data Mining

Philippe Lenca - Institut Mines-Télécom Atlantique

Philippe Leray - LINA/DUKe, Université

de Nantes

Marie-Jeanne Lesot - LIP6, Université de Paris 6

Stephane Loiseau - LERIA, Université d'Angers

Stéphane Lopes - PRiSM, Université de Versailles

Sabine Loudcher - ERIC, Université Lyon 2

Sofian Maabout - LaBRI, Université de Bordeaux

Mondher Maddouri - URPAH, Faculté des Sciences de Gafsa, Tunisie

Claudia Marinica - ETIS - ENSEA UCP CNRS - UMR 8051

Beatrice Markhoff - LI, Université François Rabelais, Tours

Arnaud Martin - Université de Rennes 1 / IRISA

Florent Masseglia - INRIA

Guy Melançon - LaBRI, Université de Bordeaux, CNRS

Engelbert Mephu Nguifo - LIMOS, Université de Clermont Auvergne, CNRS

Zoltan Miklos - Université de Rennes 1

Rokia Missaoui - LARIM

Boughanem Mohand - IRIT, Université Paul Sabatier

Fabrice Muhlenbach - Laboratoire Hubert Curien, Université Jean Monnet de Saint-Etienne

Amedeo Napoli - LORIA Nancy (CNRS - INRIA - Université de Lorraine)

Elsa Negre - LAMSADE, Université Paris-Dauphine

Benjamin Nguyen - INSA Centre Val de Loire

Ndèye Niang - CNAM

Monique Noirhomme - Université de Namur

Damien Nouvel - INaLCO

Jean-Marc Ogier - L3i, Université de La Rochelle

Teste Olivier - IRIT

Benoit Otjacques - Luxembourg Institute of Science and Technology

Nathalie Pernelle - LRI, Université Paris SUD

Fabien Picarougne - LINA, Université de Nantes

Bruno Pinaud - LaBRI, Université de Bordeaux, CNRS

Suzanne Pinson - LAMSADE, Université Paris-Dauphine

Marc Plantevit - LIRIS, Université Claude Bernard Lyon 1

Pascal Poncelet - LIRMM Montpellier

Philippe Preux - INRIA, LIFL, Université de Lille

Cédric Pruski - Luxembourg Institute of Science and Technology

André Péninou - IRIT

Gianluca Quercini - LRI, CentraleSupélec

Mohamed Cherif Rahal - Institut VeDeCoM

Franck Ravat - IRIT, Université de Toulouse

Chantal Reynaud - LRI, Université Paris-Sud, CNRS, Université Paris-Saclay

François Rioult - GREYC CNRS UMR6072, Université de Caen

Christophe Roche - Condillac, Université Savoie Mont-Blanc

Mathieu Roche - Cirad, TETIS

Marie-Christine Rousset - LIG, Université Grenoble Alpes & Institut Universitaire de France

Catherine Roussey - Irstea Clermont-Ferrand

Christian Sallaberry - Université de Pau et Pays de l'Adour

Yacine Sam - Computer Science Lab

Virginie Sans - IRISA, University de Rennes 1

Lucile Sautot - AgroParisTech (Dép. SIAFEE, UMR TETIS)

Fatiha Saïs - LRI, Université Paris-Sud 11, CNRS & INRIA Saclay

Florence Sedes - Université Paul Sabatier, Toulouse 3

Nazha Selmaoui-Folcher - Université de la Nouvelle-Calédonie

Samira Si-Said Cherfi - CEDRIC, Conservatoire National des Arts et Métiers

Dan Simovici - University of Massachusetts Boston

Malika Smail-Tabbone - LORIA, Université de Lorraine

Arnaud Soulet - Université François Rabelais, Tours

Erick Stattner - LAMIA, Université des Antilles

Luiz Angelo Steffenel - Université de Reims Champagne-Ardenne

Thomas Tamisier - Luxembourg Institute of Science and Technology

Bouadi Tassadit - IRISA, Université Rennes 1

Maguelonne Teisseire - Irstea, UMR Tetis

Alexandre Termier - Université de Rennes 1

Andrea Tettamanzi - Université Nice Sophia Antipolis

Virginie Thion - IRISA, Université Rennes 1 / ENSSAT

Christophe Thovex - French-Mexican Laboratory of Informatics and Automatic Control (LAFMIA - UMI CNRS 3175)

Fabien Torre - Université de Lille

Ronan Tournier - IRIT

Federico Ulliana - Université de Montpellier 2

Julien Velcin - Université de Lyon 2

Gilles Venturini - LI, Université François Rabelais, Tours

Nicole Vincent - Université Paris Descartes Paris 5

Christel Vrain - LIFO, université d'Orléans

Haifa Zargayouna - Université Paris 13

Comité d'organisation

Présidente : Lydia Boudjeloud-Assala - LORIA, Université de Lorraine
Marie Baron - LORIA
Olivia Brenner - LORIA
Brieuc Conan-Guez - LORIA, Université de Lorraine
Jérémy Fix - LORIA, CentraleSupélec
Alain Gély - LORIA, Université de Lorraine
Yann Liber - CentraleSupélec
Patrick Mercier - CentraleSupélec
Frédéric Pennerath - LORIA, CentraleSupélec
Sébastien Van Luchene - CentraleSupélec
Thérèse Pirrone - CentraleSupélec
Fabienne Munier - CentraleSupélec
Bruno Pinaud - LaBRI, Université de Bordeaux

Comité d'organisation de l'école é-EGC

Claudia Marinica - ETIS, ENSEA / UCP / CNRS 8051
Malika Smail-Tabbone - LORIA, Université de Lorraine
Dimitris Kotzinos - ETIS, ENSEA / UCP / CNRS 8051

Responsable des ateliers

Alexandre Blansché - LORIA, Université de Lorraine

Responsables de la session démonstrations

Adrien Guille - ERIC, Université de Lyon 2
Sabeur Aridhi - LORIA, Université de Lorraine

TABLE DES MATIÈRES

Conférences invitées

Articles longs

Articles courts

Posters

Déjà publié à l'international

Démonstrations

Combining learning and reasoning: new challenges for knowledge graphs

Frank van Harmelen*

*Dpt of Computer Science, Vrije Universiteit Amsterdam, The Netherlands
Frank.van.Harmelen@vu.nl,
https://www.cs.vu.nl/ frank.van.harmelen/

Summary

The question on how to combine learning with reasoning is widely seen as one of the major challenges for AI. Knowledge Graphs are now well established as a formalism for knowledge representation and reasoning, with large scale adoptions in industry (Google search, Apple's Siri, Amazon, Uber, Airbnb, BBC, Reuters, and many others). Besides their use for reasoning tasks, knowledge graphs have also shown promise as a formalism to combine reasoning with learning. They have been used as a source of labels for semi-supervised learning, machine learning has been used to generate knowledge graphs, using knowledge graphs can be used to construct post-hoc explanations for machine learning, to name just a few. Central questions in this talk will be : what is the progress that has been made on combining knowledge graphs with machine learning to date, and what are the promises and challenges in both the near and the long term ?

Foundations for Fair Algorithmic Decision Making

Krishna P. Gummadi*

*Max Planck Institute for Software Systems (MPI-SWS), Allemagne
gummadi@mpi-sws.org,
https://people.mpi-sws.org/ gummadi/

Summary

Algorithmic (data-driven learning-based) decision making is increasingly being used to assist or replace human decision making in a variety of domains ranging from banking (rating user credit) and recruiting (ranking applicants) to judiciary (profiling criminals) and journalism (recommending news-stories). Recently concerns have been raised about the potential for discrimination and unfairness in such algorithmic decisions. Against this background, in this talk, I will discuss the following foundational questions about algorithmic unfairness :

1. How do algorithms learn to make unfair decisions ?

2. How can we quantify (measure) unfairness in algorithmic decision making ?

3. How can we control (mitigate) algorithmic unfairness ? i.e., how can we re-design learning mechanisms to avoid unfair decision making ?

Software Heritage: que faire avec tout le code source du monde?

Roberto Di Cosmo*

*Laboratoire IRIF, université Paris-Diderot, 75205 Paris CEDEX 13
roberto@dicosmo.org,
www.dicosmo.org

Summary

Software Heritage est une initiative à but non lucratif dont l'objectif ambitieux est de collecter, préserver et partager le code source de tous les logiciels jamais écrits, avec leur historique de développement complet, en construisant une base de connaissances logicielle universelle. Software Heritage répond à une variété de besoins : préserver nos connaissances scientifiques et technologiques, améliorer le développement et la réutilisation des logiciels pour la société et l'industrie, favoriser la science ouverte et construire une infrastructure essentielle pour des études logicielles reproductibles à grande échelle. Nous avons déjà collecté plus de 4 milliards de fichiers sources uniques provenant de plus de 80 millions d'origines. Manipuler ce gigantesque ensemble de données est une mission complexe et nécessite de nouvelles approches pour stocker et requêter l'information d'une manière compatible avec la croissance explosive du développement logiciel collaboratif. Dans cette conférence, nous explorons quelques uns des nouveaux défis et opportunités que présente Software Heritage.

Computational fact-checking: state of the art, challenges, and perspectives

Ioana Manolescu*

*Laboratoire d'Informatique (LIX), École Polytechnique, Palaiseau, France
ioana.manolescu@inria.fr,
http://pages.saclay.inria.fr/ioana.manolescu/

Summary

The tremendous value of Big Data has been noticed of late also by the media, and the term "data journalism" has been coined to refer to journalistic work inspired by digital data sources. A particularly popular and active area of data journalism is concerned with fact-checking. The term was born in the journalist community and referred to the process of verifying and ensuring the accuracy of published media content; more recently, its meaning has shifted to the analysis of politics, economy, science, and news content shared in any form, but first and foremost on the Web. A very lively area of digital content management research has taken up these problems and works to propose foundations (models), algorithms, and implement them through concrete tools. In my talk, I will show why I believe the data and knowledge management communities should get involved, cast computational fact-checking as a content management problem, present some of the research results attained in this area, and point out areas where more work is needed. This talk is mostly based on research carried within the ANR ContentCheck project (http ://contentcheck.inria.fr)

Des réseaux de neurones pour prédire des distances interatomiques extraites d'une base de données ouverte de calculs en chimie quantique

Jules Leguy *, Thomas Cauchy**, Béatrice Duval *, Benoit Da Mota*

*Laboratoire LERIA, Université d'Angers, 2 bd Lavoisier, 49045 Angers, France
{beatrice.duval, benoit.damota}@univ-angers.fr
**Laboratoire MOLTECH-Anjou, Université d'Angers, CNRS UMR 6200,
2 bd Lavoisier, 49045 Angers, France
thomas.cauchy@univ-angers.fr

Résumé. Le calcul de la géométrie de l'état fondamental d'une molécule est le point de départ de l'immense majorité des travaux en chimie quantique moléculaire. La base de données ouverte PubChemQC met à disposition les résultats de calculs des états fondamentaux pour plus de trois millions de molécules. Nous avons extrait les géométries convergées afin d'entraîner des modèles d'apprentissage automatique. Prédire la géométrie complète serait une avancée remarquable. Nos premiers résultats suggèrent qu'il est difficile d'entraîner un réseau de neurones sur cette tâche complexe. Par contre, nous démontrons qu'un réseau de neurones est capable de prédire précisément une distance entre deux atomes. L'objet d'étude de ce travail est la distance la plus complexe en chimie organique, la distance carbone-carbone. Les meilleurs résultats sont obtenus en limitant la quantité d'information grâce à une distance seuil autour de chaque carbone.

1 Introduction

La chimie moléculaire se définit comme l'étude d'entités discrètes (appelées molécules) et correspond à la communauté la plus large de chimistes. Des centaines de millions de molécules sont connues, contenant généralement moins d'une centaine d'atomes et moins d'un millier d'électrons. Les propriétés chimiques de ces molécules dépendent des positions des noyaux et des électrons qui peuvent être calculées de manière approchée par des méthodes issues de la mécanique quantique. Avec la démocratisation de la puissance de calcul, la chimie informatique est devenue une partie essentielle de la recherche en chimie moléculaire. Mais, selon les différents paramètres utilisés, ces calculs peuvent durer de quelques heures à quelques milliers d'heures par molécule. L'apprentissage automatique et plus généralement l'intelligence artificielle appliquée à des données de chimie moléculaire promet de révolutionner la chimie dans un futur proche (Schneider, 2018; Tabor et al., 2018). Avec la récente abondance de données en chimie quantique moléculaire, de nombreux travaux ont vu le jour à un rythme accru depuis 2017. Les modèles employés sont majoritairement de deux types : les réseaux de neurones

(Schütt et al., 2017, 2018; Gubaev et al., 2018; Hy et al., 2018; Sinitskiy et Pande, 2018) et les méthodes à noyaux de type Support Vector Machine (SVM) ou Gaussian Process Regressions (GPR) (Nakata et Shimazaki, 2017; Bartók et al., 2017; Musil et al., 2018). Aujourd'hui, les travaux se concentrent sur la prédiction de valeurs finales, au sens où si l'énergie totale de la molécule est l'objet d'étude, alors un modèle prédisant cette énergie est entraîné. La plupart des travaux présentent des résultats prometteurs, mais travaillent sur des jeux de données très restrictifs en termes de taille et de variété de molécules ; principalement le jeu de données QM9 avec 1 million de couples géométrie/énergie sur seulement 7165 molécules contenant au maximum 23 atomes.

Les propriétés moléculaires les plus étudiées en chimie quantique concernent la réactivité d'une molécule (localisation des électrons les plus énergétiques, *etc.*) ou ses propriétés d'absorption et d'émission de lumière visible qui dépendent des états excités de la molécule. Dans tous ces cas, une description précise de l'état fondamental est nécessaire. Cela signifie connaître la position d'équilibre des noyaux, ce que l'on appelle la géométrie convergée de l'état fondamental, et connaître les fonctions d'onde des électrons. Ainsi prédire la géométrie complète à partir d'une méthode d'apprentissage automatique serait une importante avancée, permettant notamment d'économiser beaucoup de temps de calculs et permettant à terme d'accélérer et guider le criblage de nouvelles molécules. Un point crucial pour l'apprentissage automatique est la disponibilité de données homogènes ou tout du moins comparables. Or, les calculs en chimie quantique sont toujours des méthodes approchées car la résolution analytique de l'équation de Schrödinger n'est pas possible pour des systèmes contenant plusieurs électrons. Ne sont donc comparables que des calculs effectués avec les mêmes approximations de calculs (sur l'opérateur mathématique ou sur les fonctions d'onde électronique). Des bases de données de calculs homogènes sont très rares en chimie moléculaire. Il existe des bases de données expérimentales de tailles importantes dont la plus conséquente est le projet PubChem contenant plus de 96 millions de molécules (Wang et al., 2009). Il existe aussi au moins cinq bases de données théoriques pour des systèmes de la chimie des solides (comme NoMaD par exemple), mais leurs méthodes de calcul sont malheureusement radicalement différentes et assez incompatibles avec la chimie moléculaire (fonctions mathématiques localisées contre fonctions mathématiques périodiques). À l'échelle moléculaire, depuis 2013 le projet "Clean Energy" d'Harvard contient plus de 2 millions de molécules calculées afin d'en estimer leurs potentiels comme matériau photovoltaïque (`https://cepdb.molecularspace.org/`). Malheureusement, les données des calculs ne sont pas disponibles et ces calculs auraient aussi pu servir à bien d'autres applications. Finalement, une base de données de calculs en chimie moléculaire, PubChemQC (Nakata et Shimazaki, 2017), a été construite par un laboratoire japonais. Elle avait pour objectif ambitieux de calculer avec des paramètres constants tous les composés de la base PubChem. Le projet est au point mort après 3,5 millions de composés calculés, mais il s'agit de la source de données primaires, libre d'accès, la plus homogène et la plus large en chimie moléculaire. Elle est beaucoup plus représentative de l'espace moléculaire que le jeu de données QM9. Nous avons donc utilisé cette source pour l'apprentissage de nos modèles.

2   Préliminaires

Notre objectif à terme est de pouvoir se passer du calcul de mécanique quantique ou tout du moins de prédire un bon point de départ pour l'accélérer de façon substantielle. Le premier problème qu'il faut résoudre est donc de prédire précisément la position des atomes (section 3), problème qui peut être décomposé en la prédiction de la longueur d'une liaison covalente (section 4) et d'angles. Cette longueur de liaison covalente entre deux atomes est un équilibre entre la répulsion des noyaux de charge positive, la répulsion entre les électrons de charge négative et l'attraction entre les électrons et les noyaux. Ainsi la distance d'équilibre dépend de la nature des atomes (carbone, hydrogène, oxygène...) participant à la liaison, mais est également influencée par les atomes au voisinage de la liaison car ils peuvent par exemple attirer à eux une partie des électrons et donc modifier l'équilibre de la liaison. L'influence des atomes du voisinage peut être plus ou moins forte selon leurs positions relatives à la liaison.

Les calculs dont les résultats sont disponibles sur la base PubChemQC (Nakata et Shimazaki, 2017) ont été réalisés à l'aide du logiciel de chimie quantique GAMESS avec comme paramètres la fonctionnelle B3LYP (approximation sur l'opérateur hamiltonien), l'ensemble de fonctions de base 6-31G* (approximation sur les fonctions monoélectroniques), le tout en *closed shell* et phase gazeuse. Nous avons récupéré pour cette étude la géométrie issue de l'optimisation de l'état fondamental. Ce sont ces données qui serviront de cibles à nos modèles prédictifs. Nous avons effectué un premier filtre grossier afin d'enlever les molécules vides ou contenant un unique atome. Afin de limiter la taille des entrées de nos modèles, nous avons fixé une taille maximale de 60 atomes (bien supérieure aux 23 atomes du jeu de données QM9), ce qui permet de garder la quasi-totalité des molécules de cette base. Nos travaux préliminaires de curation manuelle des données nous permettent d'affirmer qu'une partie de ces calculs sont faux, au sens où il n'arrivent pas à optimiser l'état fondamental de la molécule initialement demandée. Il s'agit de calculs qui ont convergé vers une autre molécule par une modification de certaines fonctions chimiques ou en plusieurs autres molécules par une dissociation. Nous considérons dans un premier temps que ces données sont valorisables en terme d'apprentissage. Cette hypothèse ne peut pas être vérifiée actuellement faute de procédure automatique de nettoyage de la base de données, qui aurait permis de comparer les performances de nos modèles avec ou sans ces calculs.

Afin d'évaluer la qualité des prédictions lors de l'entraînement et pour guider les modèles lors de la procédure d'optimisation des poids, nous utilisons l'erreur quadratique moyenne (*Root-Mean-Square Error* ou *RMSE*). Pour $\hat{y}_i$ la valeur prédite pour la variable y_i pour un exemple i, le *RMSE* de N prédictions se définit comme suit :

$$\text{RMSE} = \sqrt{\frac{\sum_{i=1}^{N}(\hat{y}_i - y_i)^2}{N}}$$

Lors de la prédiction d'une géométrie complète, nous adaptons cette fonction afin de prendre en compte la prédiction d'un vecteur de distances restreint aux sorties correspondant à des atomes en entrée. En effet, le nombre d'atomes variant d'une molécule à une autre, il faut masquer le vecteur de sortie. Pour $\hat{y}_{i,j}$ la valeur prédite pour la variable $y_{i,j}$ pour l'atome j d'une molécule i possédant A_i atomes, le *PRMSE* de N prédictions se définit comme suit :

$$\text{PRMSE} = \sqrt{\sum_{i=1}^{N} \frac{\sum_{j=1}^{A_i}(\hat{y}_{i,j} - y_{i,j})^2}{A_i}}$$

Sans le masquage du *PRMSE*, le modèle apprendrait surtout à prédire des valeurs nulles pour les sorties ne correspondant pas à des atomes en entrée, ce qui constitue une tâche très simple et éloignée de nos objectifs.

L'ensemble de nos traitements ont été réalisés en Python à l'aide des bibliothèques Tensor-Flow et Scikit-Learn.

3 Prédiction de la géométrie complète

3.1 Données et modèles

Représentation géométrique. Un modèle naïf consisterait à utiliser en entrée une matrice des distances interatomiques, ce qui a été utilisé avec succès par (Schütt et al., 2017) pour prédire l'énergie totale d'une molécule. Les distances relatives ont comme bonne propriété d'être indépendantes d'un repère absolu. Au-delà de quelques atomes cette représentation ne peut pas passer à l'échelle. Il est alors possible de penser à utiliser la trilatération afin de reconstruire des coordonnées avec les distances prédites à partir de 4 distances relatives. En pratique, l'accumulation d'imprécisions rend la reconstruction impossible. Nous avons finalement choisi de représenter nos positions atomiques par des distances à 4 points fixes d'un repère orthonormé. La promesse de l'apprentissage profond étant de pouvoir se passer d'ingénierie des descripteurs, nous fournissons des descripteurs géométriques simples et laissons à la charge du réseau de neurones la projection dans un espace adapté de variables latentes.

Introduction de bruit. Afin de prédire des géométries moléculaires optimisées à partir de géométries moléculaires non convergées, la situation idéale serait que les modèles apprennent à partir d'un ensemble de géométries non convergées issues de mesures ou de résultats de mécanique moléculaire, c'est à dire un modèle théorique moins sophistiqué. Malheureusement, la base PubChemQC ne fournit que les géométries optimisées en mécanique quantique et lors de nos essais de génération nous avons été confrontés aux problèmes de l'ordre des atomes, compliquant sérieusement le calcul du RMSE. Nous avons choisi dans un premier temps d'insérer un bruit contrôlé afin de valider notre méthodologie. Le modèle devra alors prédire le bruit afin de le soustraire à la géométrie bruitée. L'introduction de bruit ne garantit donc pas que le modèle se généralisera aux données réelles, mais nous permet de valider la méthode. Le bruit que l'on introduit est un bruit gaussien (normal et identiquement distribué) de moyenne nulle. Le paramètre d'écart-type σ permet de contrôler l'amplitude avec précision, tout en générant quelques cas extrêmes. Le déplacement des atomes doit être suffisamment important pour que la tâche d'optimisation de la géométrie moléculaire soit difficile et comparable à des cas d'utilisation réels, mais suffisamment modérée pour que l'on n'inverse pas la position de couples d'atomes. Le déplacement des atomes est réalisé sur les coordonnées, *ie.* avant le calcul des distances. Nous avons estimé qu'il était réaliste chimiquement bruiter les coordonnées des atomes avec un bruit gaussien de paramètre $\sigma = 17,32$ pm. Dans approximativement 95% des cas (i.e. 2σ), l'atome se retrouve ainsi à une distance comprise entre 0 et 60 pm de sa position initiale, ce qui est raisonnable. Pour cette tâche nous disposons de 2,5 millions de molécules. Afin d'évaluer la performance de notre modèle, nous calculons le *PRMSE* après introduction du bruit, ce qui correspond à environ $17,31$ pm.

Paramètres	Valeurs
Taux d'apprentissage (*learning rate*)	0,1 ; 0,0001 ; 0,00001
Dégradation des coefficients (*weight decay*)	0,001 ; 0,01 ; 0,1
Epsilon (Adam optimizer)	0,0001 ; 1000
Initialisation des poids	0,002 ; 0,2
Fonction d'activation de la couche de sortie	linéaire
Taille de lot (*batch size*)	500 ; 2000
Époques d'entraînement	3
Fonction d'activation des couches cachées	elu, crelu
Largeur des couches cachées	360
Nombre de couches cachées	3 ; 7
Taux de désactivation (*dropout*)	0,03 ; 0,07

TAB. 1 – *Grille des paramètres pour la recherche par quadrillage pour le modèle tentant de prédire la géométrie complète d'une molécule.*

Modèles. En plus des données géométriques, nous fournissons aux modèles des informations concernant la nature de chaque atome, *ie.* la masse et le numéro atomique, soit six descripteurs par atome. Les modèles prédictifs possédant une entrée de taille fixe et les molécules une taille variable (nombre d'atomes), nous adaptons la représentation des molécules en prévoyant une couche d'entrée capable de supporter des molécules jusqu'à 60 atomes. Lorsqu'une molécule est de taille inférieure à la taille maximale, les caractéristiques des atomes non définis sont fixées à zéro (*padding*). De même, l'évaluation du modèle est réalisée à l'aide du *PRMSE*. Les modèles testés sont tous des réseaux de neurones possédant des architectures simples. Ils sont composés d'une couche d'entrée (360 neurones), d'une couche de sortie (240 neurones) et d'un certain nombre de couches internes de taille fixe (360 neurones) et entièrement connectées, c'est à dire que chaque neurone d'une couche est connecté à tous les neurones de la couche suivante. Le nombre de couches varie en fonction des modèles (*cf.* table 1). Nous avons pris quelques précautions afin d'éviter le sur-apprentissage de nos modèles, notamment avec le taux de désactivation aléatoire des neurones (*dropout*) et la dégradation des coefficients (*weight decay*). Le temps d'exécution de l'entraînement d'un modèle limite grandement la possibilité d'entraîner des modèles avec des jeux de paramètres variés et un nombre élevé de validations croisées. Il faut donc effectuer un compromis entre la quantité de modèles différents à entraîner, le nombre d'entraînements de chacun de ces modèles et le nombre d'époques. Nous avons effectué une recherche par quadrillage (*cf.* table 1) décrivant les paramètres de 576 modèles différents avec une validation croisée à deux échantillons (*2-fold CV*), soit un total de 1152 entraînements. Puis le même jeu de paramètres a été utilisé afin d'entraîner le modèle sur l'ensemble des données d'entraînement (90 % du jeu de données original) en augmentant le nombre d'époques à 5. Les résultats que nous présentons sont les performances réalisées sur des données mises de côté avant l'entraînement, soit 10 % du jeu de données.

3.2 Résultats

À l'issue de la recherche, en dehors de quelques modèles encore moins performants, les performances sont très similaires. Les meilleurs modèles travaillant sur des données ayant un

	cibles	prédictions	|erreurs|
Moyenne	-0,82	-0,23	13,83
Médiane	-0,82	-0,13	11,69
Écart-type	17,31	10,45	10,45
Minimum	-94,80	-9,57	0,00
Maximum	97,24	1,23	97,80

TAB. 2 – *Analyse statistique des valeurs cibles (Δ de distance engendré par le bruit), des prédictions (Δ de distance prédit) et des erreurs absolues en prédiction (en pm).*

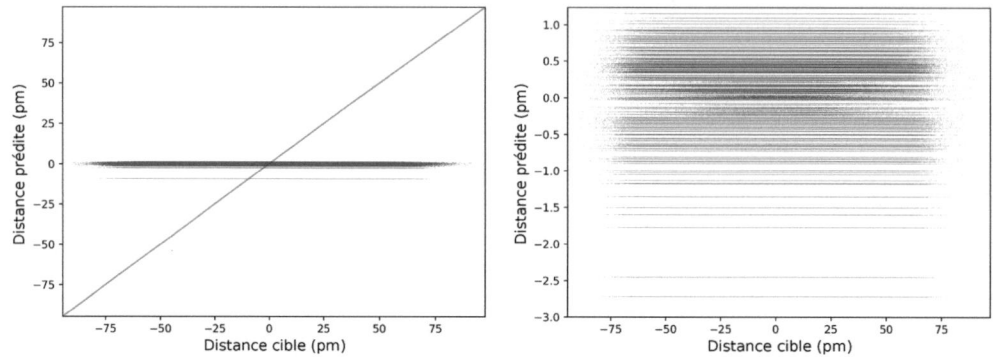

FIG. 1 – *Prédictions en fonction des cibles pour le modèle prédisant une géométrie complète. À droite, le zoom permet d'observer des prédictions discrètes avec un nombre fini de valeurs.*

bruit de PRMSE de 17,31 pm effectuent des prédictions de PRMSE à 10,45 pm (*cf.* table 2). Cela revient à réduire l'erreur à environ 60 % de sa valeur initiale, et donc à prédire 40 % du bruit. Il s'agit d'un gain qui pourrait être non négligeable, même si ce n'est pas réellement utilisable pour optimiser la géométrie des molécules. Toutefois, l'analyse détaillée révèle un comportement inattendu du modèle et remet en cause la nature du bruit introduit.

En effet, l'analyse statistique des données bruitées révèle qu'ajouter le bruit sur les coordonnées plutôt que sur les distances a plus éloigné les atomes de l'origine du repère en moyenne (0.82 pm, *cf.* table 2). Les prédictions de notre modèle s'étendent entre -9,6 pm et 1,2 pm, alors qu'elles devraient s'étendre entre -94,8 pm et 97,2 pm. Le modèle n'arrive donc pas à suffisamment déplacer les atomes pour obtenir les géométries convergées. Pire, il semble tout juste capable de prédire une partie du biais de déplacement en prédisant en moyenne -0.23 pm avec très peu de dispersion. Cet effet est d'autant plus flagrant sur la figure 1. Il est possible de remarquer aussi que le modèle, malgré un très grand nombre de paramètres, prédit un faible nombre de valeurs discrètes. Le modèle apprend très peu, voire n'apprend rien en terme de chimie. Nous avons essayé d'introduire un bruit plus faible ou de l'introduire directement sur les distances, mais nous avons obtenu des résultats similaires. Cette expérience, montre la complexité du problème à résoudre, cependant la tâche ne nous semble pas impossible et nous donnerons quelques pistes à la fin de cet article.

Classe pos.			Distances		Masse atomique	Numéro atomique								
g	c	d				H	He	Li	Be	B	C	N	O	F
1	0	0	$d_{C_1,1}$	$d_{C_2,1}$	14,007	0	0	0	0	0	0	1	0	0
0	0	1	$d_{C_1,2}$	$d_{C_2,2}$	15,999	0	0	0	0	0	0	0	1	0
...	...	...	...	...	...	...	...	...	...	...	...	...	...	...
0	0	0	0	0	0	0	0	0	0	0	0	0	0	0

TAB. 3 – *Représentation des données d'une liaison en entrée des modèles tentant de prédire des distances carbone-carbone. Pour un atome k du voisinage de la liaison, la distance au premier (resp. second) atome de carbone est notée $d_{C_1,k}$ (resp. $d_{C_2,k}$).*

4 Prédiction d'une distance particulière

Les modèles décrits dans cette section ont pour objectif de prédire la distance entre des atomes partageant une liaison covalente au sein d'une molécule. L'objectif n'est donc plus de résoudre le problème de prédiction d'une géométrie moléculaire convergée complète, mais plutôt d'en résoudre une version locale simplifiée.

4.1 Données et modèles

Problème et données. La liaison carbone-carbone est la liaison chimique la plus complexe de la chimie organique. Nous en avons extrait 6,5 millions de la base PubChemQC, dont 80 % servent à l'entraînement de nos modèles et 20 % à la validation. La représentation de la distribution de cette distance dans notre jeu de données montre une dispersion importante, entre 115 et 160 pm, avec une forte prédominance de liaisons entre 150 et 155 pm (dite simple liaison) et autour de 140 pm (dite double liaison). On retrouve toutefois un certain nombre de triple liaisons vers 120 pm et des liaisons intermédiaires entre ces trois représentations limites (voir graphique en bas à droite de la figure 2). Une précision en dessous du picomètre permettrait de considérer une géométrie prédite comme fiable.

Représentation géométrique. La longueur d'une liaison covalente entre deux atomes dépend du type des atomes formant la liaison, mais également de l'influence des atomes au voisinage de la liaison. L'influence des atomes du voisinage dépend de leur position relative à la liaison. C'est pour cette raison qu'en plus des distances, nous introduisons la notion de classe positionnelle qui va représenter de quel côté de la liaison chaque atome se trouve. Les atomes peuvent donc être « à gauche », « au centre » ou « à droite » de la liaison. Formellement, on compare la position des atomes aux deux plans normaux à la liaison et passant par les atomes de la liaison. Si un atome est entre les deux plans, il est de classe « centre », sinon il est de classe « gauche » ou « droite » en fonction du plan dont il est le plus proche. Puisque l'on se place dans le repère relatif de la liaison et qu'il n'y existe pas de notion absolue de gauche ou de droite, ces deux classes sont interchangeables à condition que les atomes appartenant à une classe soient tous à distance minimale du même plan.

Horizon. L'influence des atomes au voisinage étant inversement proportionnelle à leur distance aux atomes de la liaison, elle décroît rapidement lorsqu'ils s'en s'éloignent. Donc,

Paramètres	Valeurs
Taux d'apprentissage (*learning rate*)	0,01
Dégradation des coefficients (*weight decay*)	0,001
Epsilon (Adam optimizer)	0,001
Initialisation des poids	0,001
Fonction d'activation de la couche de sortie	linéaire
Taille de lot (*batch size*)	10000
Époques d'entraînement	300
Fonction d'activation des couches cachées	elu
Largeur des couches cachées	870
Nombre de couches cachées	3
Taux de désactivation (*dropout*)	0,02

TAB. 4 – *Paramètres des modèles tentant de prédire des distances carbone-carbone.*

l'influence des atomes qui ne sont pas au voisinage direct peut être considérée comme négligeable. Dans le but de tester cette hypothèse et de simplifier la tâche à notre modèle, dit « avec horizon », nous avons choisi d'implémenter un seuil au-delà duquel les voisins ne sont plus considérés. En pratique, ce seuil a été choisi pour correspondre à une réalité chimique : garder uniquement les distances pouvant correspondre à des liaisons covalentes proches de la liaison carbone-carbone étudiée, soit 200 pm.

Modèles. En plus des informations géométriques, nous ajoutons la masse et le numéro atomique de chaque atome au voisinage de la liaison. Le numéro atomique est encodé de façon booléenne (*one-hot encoding*). Cela a pour but de ne pas instaurer de relation d'ordre entre les différents atomes et donc a priori de mieux guider les modèles lors de l'apprentissage. Cela implique toutefois de déterminer une limite aux numéros atomiques des atomes acceptés par un modèle. En effet, cet encodage coûte un attribut pour chaque numéro atomique accepté et cela pour chaque atome au voisinage de la liaison. Afin de travailler sur des modèles de taille raisonnable, nous acceptons les atomes de numéro atomique inférieur ou égal à celui du fluor, ce qui correspond à 9 attributs encodant le numéro atomique pour chaque atome du voisinage. La classe positionnelle de chaque atome par rapport à la liaison est également représentée en *one-hot encoding*. Ainsi, il faut 15 attributs par atome dans le voisinage. La grande majorité des molécules de notre jeu de données étant de taille inférieure à 60 et les deux atomes composant la liaison n'apparaissant pas dans les entrées, nous choisissons de limiter le voisinage de la liaison à 58 atomes, soit une couche d'entrée de taille 870. Les molécules possédant un nombre variable d'atomes et l'entrée des modèles étant de taille fixe, nous effectuons une procédure de *padding* des données : lorsqu'une liaison possède moins de 58 voisins, les blocs correspondant aux atomes non définis valent zéro. La table 3 illustre les entrées de nos modèles. Ceux-ci possèdent 3 couches cachées entièrement connectées de largeur 870 et un unique neurone de sortie dont l'objectif est de prédire la distance entre les deux atomes de carbone. Nous avons pris quelques précautions afin d'éviter le sur-apprentissage de nos modèles, notamment avec le taux de désactivation aléatoire des neurones (*dropout*) et la dégradation des coefficients (*weight decay*) (*cf.* table 4). Les résultats que nous présentons sont les performances réalisées sur des données mises de côté avant l'entraînement, soit 20 % du jeu de données.

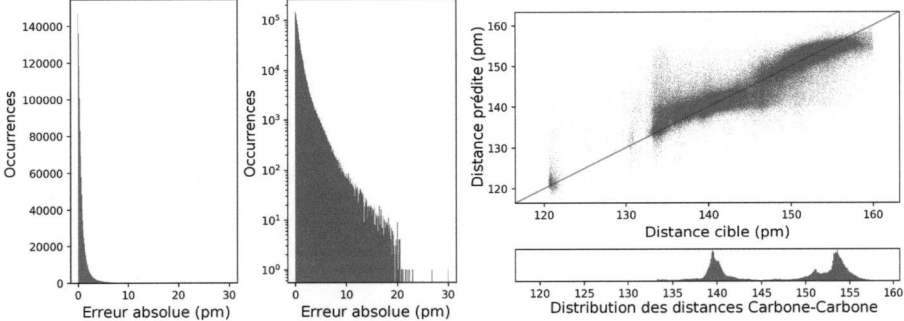

FIG. 2 – *Analyse graphique du modèle tentant de prédire des distances carbone-carbone sans horizon. À gauche, l'histogramme de distribution des erreurs. Au centre, l'histogramme de distribution des erreurs en échelle logarithmique. En haut à droite, le tracé des distances prédites (en ordonnée) en fonction des distances cibles (en abscisse) à mettre en relation avec l'histogramme de distribution des distances cibles en bas à droite.*

4.2 Résultats

Le tableau 5 fournit les résultats de l'analyse statistique des erreurs de prédiction des modèles. Les deux modèles obtiennent des performances très satisfaisantes qui permettent d'envisager leur utilisation en pratique. La restriction au plus proche voisinage améliore significativement les performances sur notre jeu de données. Les analyses graphiques des erreurs et des prédictions (figure 2 et 3) des modèles prédisant les longueurs de liaisons entre des atomes de carbone font nettement apparaître la diminution des erreurs importantes. Malgré la quantité de données disponibles, l'espace réel présente une concentration importante sur deux types de distances. Le modèle sans horizon a tendance à ramener, entre autres, les liaisons très courtes (< 130 pm) vers 140 pm. Avec le seuil de 200 pm, une meilleure continuité des prédictions entre les différents types de liaisons apparaît. Soit le modèle sans horizon, plus complexe, ne dispose pas d'assez d'exemples pour bien prédire les distances ayant un faible effectif, soit il n'a pas encore convergé. En ajoutant l'horizon, le modèle est plus simple et possède suffisamment d'exemples pour converger rapidement vers une meilleure solution.

Métrique	Sans horizon	Avec horizon
Moyenne	0,833	0,342
Médiane	0,460	0.267
Écart-type	1,207	0,337
Minimum	0,000	0,000
Maximum	30,114	26,217
Erreur relative moyenne	0,006	0,002

TAB. 5 – *Analyse statistique des erreurs des modèles tentant de prédire des distances carbone-carbone (en pm).*

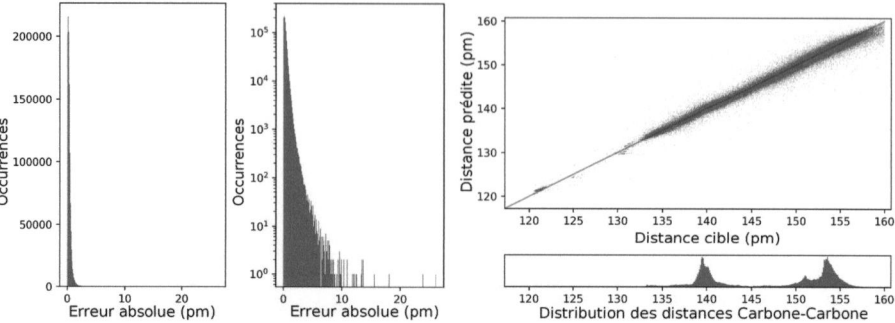

FIG. 3 – *Analyse graphique du modèle tentant de prédire des distances carbone-carbone avec horizon. À gauche, l'histogramme de distribution des erreurs. Au centre, l'histogramme de distribution des erreurs en échelle logarithmique. En haut à droite, le tracé des distances prédites (en ordonnée) en fonction des distances cibles (en abscisse) à mettre en relation avec l'histogramme de distribution des distances cibles en bas à droite.*

5   Conclusion et perspectives

Nous avons réalisée une tentative ambitieuse en essayant de prédire la géométrie complète de molécules à partir d'une base de données (PubChemQC) large, diversifiée et imparfaite. La tâche que nous avons tentée d'accomplir avec ces modèles est théoriquement possible, cependant l'approche directe, la plus simple, est particulièrement inefficace. Le fait que le modèle effectue des prédictions constantes et l'impossibilité de produire de meilleurs résultats à l'issue de la recherche par quadrillage ont mené à l'abandon de la méthode pour prédire des géométries moléculaires convergées, au profit d'une méthode plus locale. Toutefois, nous pouvons essayer d'en tirer quelques explications et de nouvelles pistes. Premièrement, les modèles que nous avons entraînés sont des modèles aux architectures relativement simples, avec un nombre de neurones et de connexions limité par les capacités matérielles actuelles. Des architectures plus complexes auraient pu mener à de meilleures performances pour les mêmes données. Un autre écueil pourrait être le manque de données. Même si nous travaillons sur un jeu de données conséquent, il s'agit peut-être d'une quantité insuffisante pour une tâche aussi complexe. Il est également possible que le problème soit lié à notre méthodologie et notamment à l'ajout du bruit sur les données à prédire. Enfin, il est probable, et c'est cette piste de travail que nous souhaitons privilégier pour la suite, qu'il nous manque les bons descripteurs des molécules en entrée des modèles. En effet, les travaux récents mêlant chimie moléculaire et apprentissage obtiennent des résultats très convaincants en utilisant des filtres de convolution reflétant les lois fondamentales de la physique et ayant les propriétés recherchées pour ce type d'application : invariance à l'indexation et à la translation/rotation des atomes (Schütt et al., 2018). La même logique a été déclinée pour l'utilisation de méthodes à noyaux (Bartók et al., 2017; Musil et al., 2018). Les travaux de Sinitskiy et Pande (2018) utilisent une représentation discrétisée dans l'espace (volume 3D) et entraînent des réseaux de neurones convolutifs. Il faut tout de même noter que des distances interatomiques ont été utilisées avec succès par Schütt et al. (2017) afin de prédire l'énergie totale d'une molécule en fonction de sa géométrie. Nous avons donc choisi dans un premier temps d'étudier un sous-problème plus simple.

Les modèles tentant de prédire la distance carbone-carbone travaillent sur des données parfaites, c'est à dire qu'il prédisent des longueurs de liaisons dans des molécules dont la géométrie a déjà été optimisée. Cela nous permet de confirmer notre capacité à effectuer des prédictions d'ordre géométrique en utilisant des distances interatomiques. Afin de prédire avec une haute précision l'immense majorité des distances de la base de données, de la connaissance métier a été introduite dans le modèle d'apprentissage par le biais d'un seuil. Ce seuil permet de mieux discriminer l'environnement proche ayant un fort impact sur la distance calculée. Cette information, relativement simple, limite aussi la taille des données à fournir au modèle. Nous avons également entraîné des modèles sur des liaisons plus simples comme la liaison carbone-hydrogène et la liaison oxygène-hydrogène et les performances sont du même ordre de grandeur. En complément, nous avons testé des modèles de type *support vector machine* (SVM) et *Kernel Ridge Regression* (KRR) sans obtenir de résultats aussi convaincants. Au final, seule une dizaine de cas sur plusieurs millions d'exemples semble poser des problèmes. Une application inattendue de notre modèle est la mise en évidence d'un défaut de curage de la PubChemQC avec des résultats ayant mal été calculés Ainsi notre modèle a été capable de s'entraîner sur des données imparfaites sans sur-apprendre et sa capacité en généralisation permet de mettre en exergue une partie des données de mauvaise qualité dans les données d'origine. Notre modèle peut donc être utilisé afin de vérifier qu'une molécule ne possède pas une longueur de liaison carbone-carbone aberrante ou au contraire, mettre en avant les situations exceptionnelles, importantes en réactivité chimique. Cette piste nous intéresse particulièrement dans le cadre du projet QuChemPedIA, dont un des volets vise à fournir une base de données libre, collaborative et nettoyée pour la chimie quantique moléculaire. La suite de ce travail sur les modèles localisés serait de constituer une procédure itérative combinant différents modèles (réseaux de neurones et modèles à noyaux) et d'ajouter la notion d'angles.

Remerciements

Ce travail a été financé par un projet d'amorçage de la commission de la recherche de l'Université d'Angers (QuChemPedIA). Les moyens de calcul ont été mis à disposition par le laboratoire LERIA, merci à Jean-Mathieu Chantrein pour son aide.

Références

Bartók, A. P., S. De, C. Poelking, N. Bernstein, J. R. Kermode, G. Csányi, et M. Ceriotti (2017). Machine learning unifies the modeling of materials and molecules. *Science Advances 3*(12), e1701816.

Gubaev, K., E. V. Podryabinkin, et A. V. Shapeev (2018). Machine learning of molecular properties : Locality and active learning. *The Journal of Chemical Physics 148*(24), 241727.

Hy, T. S., S. Trivedi, H. Pan, B. M. Anderson, et R. Kondor (2018). Predicting molecular properties with covariant compositional networks. *The Journal of Chemical Physics 148*(24), 241745.

Musil, F., S. De, J. Yang, J. E. Campbell, G. M. Day, et M. Ceriotti (2018). Machine learning for the structure–energy–property landscapes of molecular crystals. *Chemical Science 9*(5), 1289–1300.

Nakata, M. et T. Shimazaki (2017). PubChemQC Project : A Large-Scale First-Principles Electronic Structure Database for Data-Driven Chemistry. *Journal of Chemical Information and Modeling 57*(6), 1300–1308.

Schneider, G. (2018). Generative Models for Artificially-intelligent Molecular Design. *Molecular Informatics 37*(1-2), 1880131.

Schütt, K. T., F. Arbabzadah, S. Chmiela, K. R. Müller, et A. Tkatchenko (2017). Quantum-chemical insights from deep tensor neural networks. *Nature Communications 8*, 13890.

Schütt, K. T., H. E. Sauceda, P.-J. Kindermans, A. Tkatchenko, et K.-R. Müller (2018). SchNet – A deep learning architecture for molecules and materials. *The Journal of Chemical Physics 148*(24), 241722.

Sinitskiy, A. V. et V. S. Pande (2018). Deep Neural Network Computes Electron Densities and Energies of a Large Set of Organic Molecules Faster than Density Functional Theory (DFT). *arXiv :1809.02723 [physics]*. arXiv : 1809.02723.

Tabor, D. P., L. M. Roch, S. K. Saikin, C. Kreisbeck, D. Sheberla, J. H. Montoya, S. Dwaraknath, M. Aykol, C. Ortiz, H. Tribukait, C. Amador-Bedolla, C. J. Brabec, B. Maruyama, K. A. Persson, et A. Aspuru-Guzik (2018). Accelerating the discovery of materials for clean energy in the era of smart automation. *Nature Reviews Materials 3*(5), 5–20.

Wang, Y., J. Xiao, T. O. Suzek, J. Zhang, J. Wang, et S. H. Bryant (2009). PubChem : a public information system for analyzing bioactivities of small molecules. *Nucleic Acids Research 37*, W623–W633.

Summary

The calculation of the geometry of a molecule's fundamental state is the starting point for the vast majority of molecular quantum chemistry research. PubChemQC, an open database, provides the results of fundamental state calculations for more than three million molecules. We have extracted the converged geometries to train machine learning models. Predicting the complete geometry would be a remarkable step forward. Our initial results suggest that it is difficult to train a neural network on this complex task. On the other hand, we demonstrate that a neural network is capable of accurately predicting a distance between two atoms. The subject of this work is the most complex distance in organic chemistry, the carbon-carbon distance. The best results are obtained by limiting the amount of information through a cut-off distance around each carbon.

Découverte de motifs à la demande dans une base de données distribuée

Lamine Diop***, Cheikh Talibouya Diop**, Arnaud Giacometti*
Dominique Li*, Arnaud Soulet*

*Université de Tours, France
{arnaud.giacometti, dominique.li, arnaud.soulet}@univ-tours.fr
**Université Gaston Berger de Saint-Louis, Sénégal
{diop.lamine3,cheikh-talibouya.diop}@ugb.edu.sn

Résumé. De nombreuses applications s'appuient sur des bases de données distribuées. Pourtant, peu de méthodes de découverte de motifs ont été proposées pour les extraire sans centraliser les données. Il faut dire que cette centralisation est souvent moins coûteuse que la communication des motifs extraits. Pour contourner cette difficulté, cet article adopte une approche parcimonieuse en coûts de communication en fournissant à l'utilisateur des motifs à la demande. Plus précisément, nous proposons l'algorithme DDSAMPLING qui tire un motif dans une base de données distribuée proportionnellement à son intérêt. Nous démontrons son exactitude et analysons sa complexité en temps et en communication soulignant son efficacité. Enfin, une étude expérimentale montre sur plusieurs jeux de données la robustesse de DDSAMPLING face aux défaillances d'un site ou du réseau.

1 Introduction

De nombreuses applications requièrent un stockage et une manipulation de bases de données distribuées (Özsu et Valduriez, 2011). Le plus souvent, la centralisation des données est impossible à cause de contraintes légales ou techniques. Ainsi, Zhang et Zaki (2006) soulignent l'importance d'étendre la découverte de connaissances aux bases de données distribuées. Par exemple, les données du web sémantique sont réparties sur plusieurs triplestores accessibles uniquement via des requêtes SPARQL. Dans ce contexte, les propriétés décrivant une même entité (e.g., Paris) sont réparties sur plusieurs sites (e.g., Wikidata ou GeoNames). Cet article vise à extraire directement des motifs au sein de telles bases de données distribuées.

Peu de travaux de la littérature se sont intéressés à la découverte de motifs dans des bases de données distribuées (Cheung et al., 1996; Otey et al., 2003; Jin et Agrawal, 2006; Kum et al., 2006). Ces propositions se sont focalisées sur une extraction exhaustive des motifs en fusionnant les extractions réalisées localement sur chacun des sites. Malheureusement, le volume de données à transmettre entre les différents sites exige un coût de communication bien supérieur à la centralisation des données car les motifs sont nombreux par nature et les multiples extractions génèrent de multiples doublons. De plus, le coût de calcul de ces extractions parallèles est prohibitif même si des techniques d'élagage les diminuent sensiblement en contrepartie de coûts de communication supplémentaires (Zhu et Wu, 2007; Zhu et al., 2011). Afin d'éviter le coût inéluctable d'une extraction exhaustive, nous proposons de fournir des motifs à la demande en bénéficiant de l'échantillonnage de motifs (Al Hasan et Zaki, 2009; Boley et al., 2011). L'utilisateur peut à tout moment obtenir un échantillon de motifs dont le tirage sera proportionnel à leur intérêt. En plus d'être peu coûteux à extraire, ils s'avèrent utiles dans de nombreuses tâches comme la classification (Boley et al., 2011), l'extraction d'outliers (Giacometti et Soulet, 2016) ou l'exploration interactive de données (Giacometti et Soulet, 2017).

Cet article cherche à tirer des motifs ensemblistes proportionnellement à une mesure d'intérêt dans une base de données distribuée en ayant les mêmes garanties que si toutes les données avaient été centralisées. Après avoir formalisé notre problème dans la section 3, nous proposons un algorithme générique appelé DDSAMPLING (Distributed Database Sampling) qui tire aléatoirement un motif au sein d'une base de données distribuée proportionnellement à une mesure d'intérêt (cf la section 4). De manière originale, il autorise une nouvelle classe de mesures d'intérêt (comprenant notamment la fréquence, l'aire et la contrainte de taille maximale). A notre connaissance, notre proposition est la première approche d'extraction de motifs qui autorise un partitionnement vertical ou hybride des données. Par ailleurs, nous démontrons l'exactitude de DDSAMPLING et étudions sa complexité. En deuxième lieu, dans la section 5, nous évaluons la qualité de DDSAMPLING face aux défaillances de communication ou aux pannes de certains sites sur différents jeux de données. De manière intéressante, la proportionnalité du tirage est peu altérée.

2 Travaux relatifs

Cet article concerne la découverte de motifs sur une base de données distribuée. Cette problématique diffère de la parallélisation d'algorithmes d'extraction où les calculs distribués sont opérés sur un jeu de données unique ou sciemment distribué pour accélérer les calculs.

Plusieurs approches de la littérature se sont intéressées à l'extraction de motifs fréquents sur une base de données distribuée. Cette tâche est complexe car quel que soit la fréquence exigée sur la base de données distribuée (fréquence globale), il n'est pas possible de contraindre la fréquence locale sur un fragment sans communiquer des informations entre sites. Dans ce cadre, Cheung et al. (1996) proposent le premier travail pour extraire tous les motifs globalement fréquents en identifiant les sites où les motifs sont les plus fréquents et en réduisant ainsi un peu les échanges. De manière plus drastique, Otey et al. (2003) proposent d'économiser les échanges en se limitant à la collection des motifs fréquents maximaux. Pour ne pas avoir à énumérer tous les motifs de chaque fragment et limiter les échanges, Jin et Agrawal (2006) imposent un seuil minimal de fréquence sur chaque fragment. A partir des différentes extractions locales, Kum et al. (2006) construisent une collection globale approchée des motifs fréquents. Un élagage centralisé proposé par Zhu et Wu (2007) repose sur la construction d'un arbre contenant pour chaque motif toutes ses occurrences (i.e., couples fragment/transaction), ce qui requièrt encore un volume d'échanges considérable. Plus récemment, Zhu et al. (2011) parviennent à mettre en oeuvre un élagage décentralisé au sein de l'extraction de chaque fragment en échangeant des filtres de Bloom. Cette approche réduit significativement les temps de calculs mais le coût des communications amoindri demeure important. En effet, le volume de motifs extraits génère invariablement un coût de communications énorme bien supérieur à celui de la centralisation des données. En outre, toutes ces approches d'extraction de motifs fréquents se restreignent à un partitionnement horizontal des données, une même transaction ne pouvant pas être distribuée sur deux fragments distincts. Enfin, les propositions de l'état de l'art requièrent d'avoir une capacité de calcul importante sur chaque fragment ce qui n'est pas toujours possible. Par exemple, le web sémantique offre un accès à des données distribuées via une requête SPARQL mais il n'est pas possible d'y exécuter une routine d'extraction. Ainsi, pour éviter des coûts de calcul sur chaque fragment et des coûts de communications prohibitifs, nous optons pour une extraction de motifs à la demande.

L'extraction de motifs à la demande consiste à extraire en un temps très court un motif sans avoir pré-calculé auparavant une énorme collection de motifs. Par exemple, de nombreuses méthodes heuristiques (Dietterich et Michalski, 1983) permettent d'induire rapidement des règles dans un contexte supervisé. Plus récemment, Al Hasan et Zaki (2009); Boley et al. (2011) ont proposé des méthodes d'échantillonnage de motifs qui extraient instantanément des motifs. Ces méthodes visent à tirer des motifs avec une distribution de probabilité proportionnelle à leur intérêt. Etant dans un contexte non-supervisé, notre article s'inscrit dans cette dernière direction. De manière plus précise, les techniques d'échantillonnage exactes se répartissent en deux grandes catégories : les méthodes stochastiques (Al Hasan et Zaki, 2009) et les méthodes en plusieurs étapes (Boley et al., 2011). Afin de marcher aléatoirement d'un motif X à un autre, les méthodes stochastiques requièrent d'accéder à l'intérêt global de tous les motifs voisins à X. Par exemple, dans le cas de la fréquence, il faudrait connaître la fréquence globale de tous les sous-ensembles et de tous les sur-ensembles de X, ce qui occasionnerait de nombreux coûts de communication. Pour cette raison, nous préférons adopter une procédure aléatoire de tirage en plusieurs étapes. Il est vrai que cette technique a déjà été déclinée pour plusieurs mesures d'intérêt (e.g., support, aire (Boley et al., 2011) ou mesure d'exception (Moens et Boley, 2014)) et plusieurs types de données (e.g., données numériques (Giacometti et Soulet, 2018) ou séquentielles (Diop et al., 2018)). Néanmoins, le contexte des bases de données distribuées constitue un challenge orthogonal. Par simplicité, nous nous limitons dans cet article aux motifs ensemblistes, mais notre approche considère différentes mesures d'intérêt.

3 Formalisation du problème

3.1 Motifs ensemblistes et bases de données distribuées

Soit $\mathcal{I}$ un ensemble fini de littéraux nommés items. Un itemset ou motif X est un sous-ensemble non vide de $\mathcal{I}$. La taille de l'itemset X, notée $|X|$, est sa cardinalité. L'ensemble de tous les itemsets définis sur $\mathcal{I}$, dénoté par $\mathcal{L}$, s'appelle le langage. Dans ce contexte, une base de données $\mathcal{D}$ est un ensemble de couples définis sur $\mathbb{N} \times \mathcal{L}$: $\mathcal{D} = \{(j, X) : j \in \mathbb{N} \wedge X \in \mathcal{L} \setminus \{\emptyset\}\}$. $\mathcal{D}[j]$ correspond à l'itemset X décrivant la transaction j si $(j, X) \in \mathcal{D}$, alors que $\mathcal{D}[j] = \emptyset$ si aucune transaction d'identifiant j appartient à $\mathcal{D}$. $|\mathcal{D}|$ est le nombre de transactions de $\mathcal{D}$ et $||\mathcal{D}|| = \sum_{j \in \mathbb{N}} |\mathcal{D}[j]|$ définit la taille de $\mathcal{D}$. Par exemple, la figure 1 présente plusieurs bases de données contenant entre 2 et 5 transactions décrites par les items $A, \ldots, G$. Pour la base de données $\mathcal{D}$, on a $\mathcal{D}[2] = ADFG$. Enfin, on a $|\mathcal{D}| = 5$ et $||\mathcal{D}|| = 3 + 4 + 3 + 4 + 3 = 17$.

Intuitivement, une base de données distribuée est juste un ensemble de bases de données où les transactions de chaque fragment ne se chevauchent pas :

Définition 1 (Base de données distribuée/centralisée) *Une base de données distribuée* $\mathcal{P} = \{\mathcal{D}_1, \ldots, \mathcal{D}_K\}$ *est un ensemble de bases de données (appelées fragments) tel que pour tout*

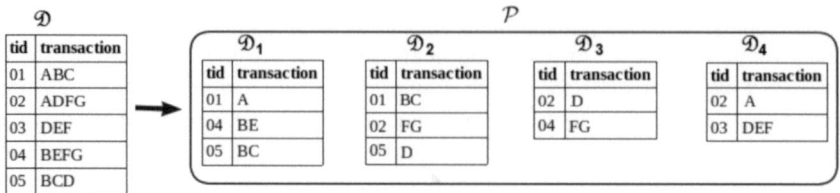

FIG. 1: Exemple d'une base de données distribuée $\mathcal{P} = \{\mathcal{D}_1, \mathcal{D}_2, \mathcal{D}_3, \mathcal{D}_4\}$

identifiant de transaction $j \in \mathbb{N}$, on a $\mathcal{D}_k[j] \cap \mathcal{D}_l[j] = \emptyset$ pour tous les fragments $\mathcal{D}_k$ et $\mathcal{D}_l$ où $k \neq l$. La base de données centralisée $\mathcal{D}$ correspondant à $\{\mathcal{D}_1, \ldots, \mathcal{D}_K\}$ est la fusion de toutes les transactions de chacun des fragments : $\mathcal{D} = \{(j, \mathcal{D}_1[j] \cup \cdots \cup \mathcal{D}_K[j]) \in \mathbb{N} \times \mathcal{L} \ : \ \exists k \in [1..K]$ tel que $\mathcal{D}_k[j] \neq \emptyset\}$.

Dans la suite, sauf indication contraire, $\mathcal{P} = \{\mathcal{D}_1, \ldots, \mathcal{D}_K\}$ désigne une base de données distribuée de K fragments et $\mathcal{D}$ correspond à sa base de données centralisée. On dit que la base de données distribuée $\mathcal{P} = \{\mathcal{D}_1, \ldots, \mathcal{D}_K\}$ est un partitionnement de la base de données centralisée $\mathcal{D}$. Par exemple, dans la figure 1, on constate que la base de données distribuée $\mathcal{P} = \{\mathcal{D}_1, \mathcal{D}_2, \mathcal{D}_3, \mathcal{D}_4\}$ est un partitionnement de la base de données centralisée $\mathcal{D}$. Dans ce cas, la transaction 2 est répartie sur les fragments $\mathcal{D}_2$, $\mathcal{D}_3$ et $\mathcal{D}_4$. De manière plus générale, suivant la répartition des données sur les fragments, on distingue deux partitionnements particuliers de $\mathcal{D}$. Si chaque transaction est contenue sur un seul fragment, on parle de partitionnement horizontal. Si chaque item est contenu sur un seul fragment, on parle de partitionnement vertical. Un partitionnement hybride est un partitionnement qui n'est ni horizontal, ni vertical (e.g., partitionnement de la figure 1). Par exemple, dans le cas des données du web sémantique, une entité est décrite sur plusieurs triplestores. Dans ce cas, il est pertinent d'extraire des motifs sur l'ensemble de la base de données distribuée pour rechercher des corrélations entre les propriétés de triplestores distincts.

Pour finir, comme indiqué auparavant, nous considérons un environnement avec une base de données distribuée où il est seulement possible de demander à un fragment k, la taille d'une transaction d'identifiant j et l'item à la position i d'une transaction j :

1. La requête $\texttt{sizeOf}(j, \mathcal{D}_k)$ retourne la taille de la transaction d'identifiant j du fragment $\mathcal{D}_k$ i.e., $\texttt{sizeOf}(j, \mathcal{D}_k) = |\mathcal{D}_k[j]|$. Dans notre exemple, on a $\texttt{sizeOf}(4, \mathcal{D}_1) = 2$ car $|\mathcal{D}_1[4]| = |BE| = 2$.

2. La requête $\texttt{itemAt}(i, j, \mathcal{D}_k)$ retourne le $i$ème item de la transaction d'identifiant j du fragment $\mathcal{D}_k$ en supposant un ordre arbitraire sur les items de $\mathcal{I}$. Par exemple, avec l'ordre lexicographique sur les items, nous avons $\texttt{itemAt}(2, 4, \mathcal{D}_1) = E$.

Nous formalisons notre approche sur ces opérations élémentaires dans un soucis de généricité même si en pratique des opérations plus complexes sont possibles.

3.2 Echantillonnage de motifs sur une base de données distribuée

En découverte de motifs, il est primordial d'évaluer l'intérêt d'un motif pour savoir s'il est pertinent pour l'utilisateur. La plus populaire des mesures est probablement le support défini comme la proportion de transactions de la base de données $\mathcal{D}$ contenant le motif X : $supp(X, \mathcal{D}) = |\{(j, T) \in \mathcal{D} : X \subseteq T\}|/|\mathcal{D}|$. Avec l'exemple de la figure 1, on a $supp(DF, \mathcal{D}) = 2/5$ car le motif DF apparaît dans les transactions 2 et 3. Il est courant d'associer aussi une utilité à un motif en fonction de sa taille comme c'est le cas avec la mesure d'aire : $supp(X, \mathcal{D}) \times |X| \times |\mathcal{D}|$. De ce fait, nous nous intéressons à une famille de mesures d'intérêt de la forme $supp(X, \mathcal{D}) \times u(X)$ où u est une fonction d'utilité fondée sur la taille :

Définition 2 (Utilité fondée sur la taille) *Une fonction d'utilité u est dite fondée sur la taille ssi il existe une fonction $f_u : \mathbb{N} \to \mathbb{R}$ telle que $u(X) = f_u(|X|)$ pour tout motif X.*

Dans la suite, et par simplicité, toute utilité d'un motif réfère à une fonction d'utilité fondée sur la taille. Par l'exemple, l'utilité $u_{area} = |X| \times |\mathcal{D}|$ permettra de considérer la mesure d'aire $supp(X, \mathcal{D}) \times u_{area}(X)$ et dans ce cas, on a $f_{u_{area}}(\ell) = \ell \times |\mathcal{D}|$. L'utilité $u_{\leq M}$ définit par 1 si $|X| \leq M$ et 0 sinon imposera une contrainte de taille maximale car avec la mesure induite $supp(X, \mathcal{D}) \times u_{\leq M}(X)$, un motif dont la cardinalité est strictement supérieure à M sera jugé inutile (quel que soit sa fréquence). Notons qu'avec la fonction d'utilité $u_{freq}(X) = 1$, nous considèrerons tout simplement le support comme mesure d'intérêt. Enfin, de manière intéressante, notons que le produit ou la somme de deux fonctions d'utilité fondées sur la taille reste une fonction d'utilité fondée sur la taille. Ainsi, $u_{area} \times u_{\leq M}$ définira comme utile un motif avec une grande aire tant que sa cardinalité n'excède pas le seuil M.

L'échantillonnage de motifs vise à tirer aléatoirement un motif X parmi le langage $\mathcal{L}$ avec une probabilité $\pi = m(X)/Z$ où m est une mesure d'intérêt et Z une constante de normalisation. Formellement, nous noterons ce tirage de la manière suivante : $X \sim \pi(\mathcal{L})$. Dans la suite, $\mathcal{L}$ désigne le langage commun à tous les fragments de la base de données distribuée.

Soient une base de données distribuée $\mathcal{P} = \{\mathcal{D}_1, \ldots, \mathcal{D}_n\}$ et une fonction d'utilité fondée sur la taille u. Notre objectif est de tirer un motif X de $\mathcal{L}$ proportionnellement à $supp(X, \mathcal{D}) \times u(X)$, i.e. $X \sim \pi(\mathcal{L})$ avec $\pi(X) = supp(X, \mathcal{D}) \times u(X)/Z$, où $\mathcal{D}$ est la base de données centralisée de $\mathcal{P}$ et en utilisant uniquement des requêtes sizeOf *et* itemAt.

4 Méthode d'échantillonnage par fragments

4.1 Approche naïve par centralisation des données

Une première solution au problème défini ci-dessus serait de construire une base de données centralisée $\mathcal{D}$ en effectuant des requêtes itemAt de manière intensive ; puis, d'appliquer un algorithme d'échantillonnage classique sur $\mathcal{D}$. Dans cette persective, nous reformulons l'algorithme de tirage en deux étapes de Boley et al. (2011) dédié à la mesure d'aire pour toute mesure d'intérêt de la forme $supp(X, \mathcal{D}) \times u(X)$ où u est une fonction d'utilité fondée sur la taille. L'algorithme 1 s'applique sur une base de données centralisée. *Etape 1 :* Nous calculons la pondération de chaque transaction j de $\mathcal{D}$ en sommant l'utilité $u(X)$ de chaque sous-ensemble de X de $\mathcal{D}[j]$ (ligne 1). Ensuite, un identifiant de transaction j est tiré au hasard proportionnellement à son poids $\omega(j)$ (ligne 2). *Etape 2 :* La ligne 3 détaille le poids $\omega(j)$ afin de connaître pour chaque longueur ℓ, le poids de tous les motifs de $\mathcal{D}[j]$ qui ont exactement cette longueur ℓ. La ligne 4 utilise cette distribution pour tirer au hasard une longueur ℓ proportionnellement à $\omega_\ell(j)$. Enfin, comme tous les motifs de longueur ℓ ont le même poids, il suffit de retourner un motif tiré uniformément parmi ceux qui ont une longueur ℓ (ligne 5).

Algorithm 1 Tirage d'un motif dans une base de données centralisée (Boley et al., 2011)

Input: Une base de données centralisée $\mathcal{D}$ et une fonction d'utilité u

Output: Un itemset tiré aléatoirement $X \sim \pi(\mathcal{L})$ où $\pi(X) = supp(X, \mathcal{D}) \times u(X)$

      // Etape 1 : tirage centralisé d'un identifiant de transaction

1: Soient les poids ω définis par $\omega(j) := \sum_{X \subseteq \mathcal{D}[j]} u(X)$ pour tout $j \in \mathbb{N}$

2: Tirer une transaction j proportionnellement à $\omega : j \sim \omega(\mathbb{N})$

      // Etape 2 : tirage centralisé d'un itemset

3: Soient les poids définis par $\omega_\ell(j) := \sum_{X \subseteq \mathcal{D}[j] \wedge |X| = \ell} u(X)$ pour tout $\ell \in [0..|\mathcal{D}[j]|]$

4: Tirer un entier ℓ proportionnellement à $\omega_\ell(j) : \ell \sim \omega_{[0..|\mathcal{D}[j]|]}(j)$

5: **return** un itemset de taille ℓ de $\mathcal{D}[j] : X \sim unif(\{X \subseteq \mathcal{D}[j] \; : \; |X| = \ell\})$

Bien sûr, la centralisation des données dont le coût en communication requiert $O(||\mathcal{D}||)$ requêtes est bien trop élevé. Il est donc préférable de parvenir à effectuer un échantillonnage directement sur la base de données distribuée. Pour cela, l'idée clé de notre approche est de conserver le tirage d'un identifiant de transaction j proportionnellement à $\omega(j)$ et d'une longueur ℓ proportionnellement à $\omega_\ell(j)$, mais surtout de tirer indépendamment ℓ items dans les différents fragments. Malheureusement, cela implique de relever deux challenges. Premièrement, il faut parvenir à décentraliser le calcul des poids $\omega_\ell(j)$ sans échanger d'items (pour éviter des coûts de communication). Deuxièmement, il faut parvenir à tirer plusieurs itemsets sur différents fragments de sorte à émuler un tirage uniforme sur $\mathcal{D}[j]$.

4.2 Approche sans centralisation des données : DDSAMPLING

Algorithm 2 DDSAMPLING

Input: Une base de données distribuée $\mathcal{P} = \{\mathcal{D}_1, \cdots, \mathcal{D}_K\}$ et une utilité fondée sur la taille u

Output: Un itemset tiré aléatoirement $X \sim \pi(\mathcal{L})$ où $\pi(X) = supp(X, \mathcal{D}) \times u(X)$

      // Phase de prétraitement

1: Soit $\mathbb{M}$ la matrice définie par $\mathbb{M}[j][k] := \mathtt{sizeOf}(j, \mathcal{D}_k)$ pour tout $j \in [1..|\mathcal{D}|]$ et $k \in [1..K]$

2: Soient les poids définis par $\omega(j) := \sum_{\ell=0}^{\widetilde{\mathbb{M}}_j} \binom{\widetilde{\mathbb{M}}_j}{\ell} \times f_u(\ell)$ pour tout $j \in [1, |\mathcal{D}|]$

      // Phase de tirage

      // Etape 1 : tirage décentralisé d'un identifiant de transaction

3: Tirer un indice j compris entre 1 et $|\mathcal{D}|$ proportionnellement à $\omega : j \sim \omega(\mathcal{D})$

      // Etape 2 : tirage fragmenté d'un itemset

4: Soient les poids définis par $\omega_\ell(j) := \binom{\widetilde{\mathbb{M}}_j}{\ell} \times f_u(\ell)$ pour tout $\ell \in [0..\widetilde{\mathbb{M}}_j]$

5: Tirer un entier ℓ proportionnellement à $\omega_\ell(j) : \ell \sim \omega_{[0..\widetilde{\mathbb{M}}_j]}(j)$

6: $\vartheta := \emptyset$ et $X := \emptyset$

7: **while** $|X| < \ell$ **do**

8:     $i \sim u([1..\widetilde{\mathbb{M}}_j] \setminus \vartheta)$

9:     $k := \min\{l \in [1..K] \; : \; i \leq \sum_{m=1}^k \mathbb{M}[j][m]\}$

10:    $i' := \sum_{m=1}^k \mathbb{M}[j][m] - i + 1$

11:    $X := X \cup \{\mathtt{itemAt}(i', j, \mathcal{D}_k)\}$ et $\vartheta := \vartheta \cup \{i\}$

12: **od**

13: **return** X

Cette section présente notre algorithme DDSAMPLING (pour Distributed Database Sampling, voir Algorithme 2) dont la force est de ne centraliser aucun item (sauf ceux qui seront tirés pour construire les motifs). Il prend en entrée une base de données distribuée et une fonction d'utilité fondée sur la taille afin de retourner un itemset X tiré proportionnellement suivant son intérêt $supp(X, \mathcal{D}) \times u(X)$. L'idée clé de notre approche consiste à centraliser la taille de chacune des transactions des différents fragments (plutôt que tous les items). Ces seules informations permettent ensuite de calculer aisément les différentes distributions de tirage et permettent de localiser les fragments utiles à la construction de l'itemset à tirer.

Matrice de pondération Nous commençons par introduire la matrice de pondération qui quantifie pour chaque transaction combien d'items sont stockés sur chaque fragment :

Définition 3 (Matrice de pondération) *La matrice de pondération $\mathbb{M}$ de la base de données distribuée $\mathcal{P} = \{\mathcal{D}_1, \ldots, \mathcal{D}_K\}$ est une matrice d'entiers de dimension $|\mathcal{D}| \times |\mathcal{P}|$ où $\mathbb{M}[j][k] = \texttt{sizeOf}(j, \mathcal{D}_k)$ pour tout $j \in [1..|\mathcal{D}|]$ et $k \in [1..K]$*

En pratique, la matrice de pondération $\mathbb{M}$ est pré-calculée hors ligne (ligne 1) et utilisée à volonté par la suite pour tirer de nombreux échantillons au sein de l'algorithme 2. Par ailleurs, nous définissons la somme des valeurs de la ligne j, i.e. $\widetilde{\mathbb{M}}_j = \sum_{k=1}^{K} \mathbb{M}[j][k]$, qui correspond à la taille de la transaction d'identifiant j. Par exemple, le tableau 1 présente la matrice de pondération pour la base de données jouet de la figure 1, et on a $\widetilde{\mathbb{M}}_1 = 1 + 2 = |\mathcal{D}[1]|$.

j	$\mathbb{M}$				$\widetilde{\mathbb{M}}_j$	$\sum_{l=0}^{\widetilde{\mathbb{M}}_j} \omega_l^{freq}(j) =$	$\omega^{freq}(j)$	$\omega^{area}(j)$	$\omega^{\leqslant 2}(j)$
1	1	2	0	0	3	$1+3+3+1 =$	8	12	7
2	0	2	1	1	4	$1+6+4+4+1 =$	16	32	11
3	0	0	0	3	3	$1+3+3+1 =$	8	12	7
4	2	0	2	0	4	$1+6+4+4+1 =$	16	32	11
5	2	1	0	0	3	$1+3+3+1 =$	8	12	7

TAB. 1: Matrice de pondération $\mathbb{M}$ et poids pour le tirage

Calcul des poids $\omega(\mathbf{j})$ et $\omega_\ell(\mathbf{j})$ La première utilité de la matrice de pondération est de permettre un calcul aisé des poids $\omega(j)$ et $\omega_\ell(j)$. Pour rappel, ces poids correspondent respectivement à la somme des utilités des motifs de la transaction j et à la somme des utilités des motifs de taille ℓ dans la transaction j. Tout d'abord notons que la somme total $\omega(j)$ correspond à la somme de tous les poids $\omega_\ell(j)$: $\omega(j) = \sum_{\ell=0}^{\widetilde{\mathbb{M}}_j} \omega_\ell(j)$. Concentrons-nous maintenant sur le calcul de la somme des utilités des motifs de taille ℓ dans la transaction j. Intuitivement, comme tous les motifs de même taille ont la même utilité, il suffit de dénombrer le nombre de motifs de taille ℓ et de multiplier cette quantité par l'utilité $f_u(\ell)$. La propriété suivante formalise ce calcul :

Propriété 1 *Soient $\mathbb{M}$ la matrice de pondération d'une base de données distribuée $\mathcal{P} = \{\mathcal{D}_1, \ldots, \mathcal{D}_K\}$ et une fonction d'utilité fondée sur la taille u. Le poids des itemsets de longueur ℓ de la transaction j est défini par : $\omega_\ell(j) = \sum_{X \subseteq \mathcal{D}[j] \wedge |X| = \ell} u(X) = \binom{\widetilde{\mathbb{M}}_j}{\ell} \times f_u(\ell)$.*

L'utilisation de cette propriété est illustrée dans le tableau 1 pour trois fonctions d'utilités fondées sur la taille, u_{freq}, u_{area} et $u_{\leq 2}$. Par exemple, comme $f_{u_{freq}}(\ell) = 1$ pour toute taille ℓ, on a $\omega^{freq}(1) = \sum_{\ell=0}^{3} \binom{3}{\ell} = 1 + 3 + 3 + 1 = 8 = 2^3$ (où $\binom{3}{\ell}$ est le nombre d'itemsets de taille ℓ dans une transaction de taille 3). En considérant l'aire, on a $\omega^{area}(1) = \sum_{\ell=0}^{3} \binom{3}{\ell} \times \ell = (1 \cdot 0) + (3 \cdot 1) + (3 \cdot 2) + (1 \cdot 3) = 3 + 6 + 3 = 12 = 3 \cdot 2^{3-1}$ car $f_{u_{area}}(\ell) = \ell$. Enfin, avec la contrainte de cardinalité maximale de 2, on a $\omega^{\leqslant 2}(1) = \sum_{\ell=0}^{2} \binom{3}{\ell} = 1 + 3 + 3 = 7$.

Ainsi, dans l'algorithme 2, le tirage de l'identifiant de transaction j et le tirage de la longueur ℓ de l'itemset qui sera échantillonné (ligne 3-5) reprennent le principe de l'algorithme 1. Seule la méthode de calcul des distributions diffère en s'appuyant sur la matrice $\mathbb{M}$ grâce à la propriété 1.

Construction de l'itemset Les lignes 4 à 11 détaillent le tirage de l'itemset sur l'ensemble des fragments. L'idée est de tirer sans remise une position d'item i dans la transaction d'identifiant j (ligne 8) et de rechercher le fragment k disposant de cet item (ligne 9). Il faut alors calculer la position i' de cet item au sein du fragment k (ligne 10) avant de l'interroger (ligne 11). On répète cette procédure ℓ fois (ligne 7) et pour éviter de tirer deux fois le même item, on maintient l'ensemble des positions déjà tirées ϑ. Avec l'exemple du tableau 1, si on a le tirage de la position 2 (i.e., $i = 2$) dans la transaction 1, le fragment retenu est $k = 2$ avec $i' = 2 - 1 = 1$, et l'item $\texttt{itemAt}(1, 1, \mathcal{D}_2) = B$ est ajouté à X.

4.3 Analyse théorique de DDSAMPLING

La propriété suivante démontre que DDSAMPLING retourne un échantillon de manière exacte :

Propriété 2 (Correction) *Soient* $\mathcal{P} = \{D_1, ..., D_K\}$ *une base de données distribuée et* u *une fonction d'utilité fondée sur la taille. L'algorithme 2 effectue le tirage aléatoire d'un motif X de $\mathcal{L}$ proportionnellement à* $supp(X, \mathcal{D}) \times u(X)$.

La complexité de la méthode DDSAMPLING se décompose en deux phases : celle du prétraitement correspondant à la pondération des lignes de la matrice, et celle du tirage d'un motif. Pour chaque phase, il est pertinent de déterminer la complexité en temps et en communication.

Complexité temporelle Pour le prétraitement, DDSAMPLING remplit la matrice $\mathbb{M}$ avec une complexité de $O(|\mathcal{D}| \cdot |\mathcal{P}|)$. Ensuite, il pondère les lignes de la matrice avec une complexité de $O(|\mathcal{D}| \cdot |\mathcal{I}|)$ à cause de la fonction binomiale. La complexité temporelle du prétraitement est donc $O(|\mathcal{D}| \cdot (|\mathcal{P}| + |\mathcal{I}|))$. Pour le tirage d'un motif, la première étape consiste à sélectionner une ligne de la matrice, soit une complexité de $O(log(|\mathcal{D}|))$. Deuxièmement, on tire uniformément un itemset de la transaction ayant pour identifiant le numéro de la ligne précédemment tiré avec une complexité de $O(|\mathcal{I}|)$. Finalement, nous obtenons une complexité temporelle de tirage d'un motif égale à $O(log(|\mathcal{D}|) + |\mathcal{I}|)$.

Complexité en communication Pour rappel, les coûts de communication correspondent aux requêtes $\texttt{sizeOf}$ et $\texttt{itemAt}$. Dès lors, pour le prétraitement, la construction de la matrice de pondération $\mathbb{M}$ requiert $O(|\mathcal{D}_1| + \cdots + |\mathcal{D}_K|)$ échanges ce qui est souvent très inférieur au coût de la centralisation complète en $O(||\mathcal{D}_1|| + \cdots + ||\mathcal{D}_K||) = O(||\mathcal{D}||)$ échanges. Dans notre exemple jouet, le calcul de la matrice de pondération requiert 10 requêtes contre 17 pour la centralisation complète de $\mathcal{D}$. Pour le tirage d'un motif, il est nécessaire d'effectuer autant de requêtes $\texttt{itemAt}$ que d'items contenus dans l'itemset à retourner. La complexité temporelle moyenne est donc égale à la longueur moyenne $\bar{l}$ des itemsets tirés, cette longueur étant donnée par la formule suivante : $\bar{l} = \sum_{\ell=1}^{l_{max}} \frac{\sum_{j \in [1..|\mathcal{D}|]} \omega_\ell(j)}{\sum_{j \in [1..|\mathcal{D}|]} \omega(j)} \times \ell$ où $l_{max} = max_{j \in [1..|\mathcal{D}|]} |\mathcal{D}[j]|$.

5 Expérimentations

Ces expérimentations évaluent le coût de communication de DDSAMPLING par rapport à une solution centralisée et l'impact de défaillances sur sa performance (problèmes de communication ou de pannes de sites).

Protocole expérimental Dans toutes les expérimentations réalisées, nous avons choisi comme fonction d'utilité des contraintes de taille maximale ($u_{\leq M}$ avec $M \in [1..5]$) et de taille minimale ($u_{\geq m}$ avec $m = 1$). Un tel choix permet d'éviter de tirer trop de motifs peu fréquents, en particulier lorsque les jeux de données considérés contiennent de longues transactions. Les expériences ont été conduites avec 5 bases de données de l'UCI (`archive.ics.uci.edu/ml`). Pour obtenir des bases de données distribuées [1], nous avons fragmenté uniformément chaque jeu de données en $K = 10$ fragments. Pour générer un partitionnement horizontal, chaque transaction est placée aléatoirement dans un fragment donné avec la même probabilité $1/K$. Pour un partitionnement hybride, tous les items d'une transaction sont placés indépendamment et aléatoirement (avec la même probabilité $1/K$) dans un fragment donné. Enfin, pour générer un partitionnement vertical, chaque item est placé aléatoirement sur un site donné (avec la même probabilité $1/K$). La table 2 récapitule les caractéristiques des jeux données utilisés dans les trois premières colonnes (nombre d'items, de transactions et taille globale). Toutes les expérimentations sont réalisées sur un PC de 2.71 GHz 2 Core CPU avec une RAM de 12 GB.

	Bases centralisées			Nb appels de `sizeOf` Bases distribuées			Nb appels de `itemAt` Bases distribuées			T_{max} si vertical
benchmarks	$|\mathcal{I}|$	$|\mathcal{D}|$	$||\mathcal{D}||$	Horizontal	Hybride	Vertical	M=1	M=3	M=5	
Chess	75	3 196	118 252	3 196	31 312	31 427	1.0	2.91	4.83	86 825
Connect	129	67 557	2 904 951	67 557	668 296	668 547	1.0	2.92	4.86	2 236 404
Iris	15	150	750	150	614	618	1.0	2.19	2.58	132
Mushroom	119	8 124	186 852	8 124	74 036	74 180	1.0	2.85	4.7	112 816
Waveform	67	5 000	110 000	5 000	45 081	45 324	1.0	2.84	4.68	64 676

TAB. 2: Caractéristiques des benchmarks et coûts de communication

Coûts de communication En phase de prétraitement, le coût de communication correspond au nombre d'appels à la requête `sizeOf` pour construire la matrice de pondération. Comme le montre la table 2, il est naturellement plus élevé dans le cas de partitionnements hybride et vertical, les items d'une transaction n'étant pas nécessairement sur le même fragment. En phase de tirage, le coût de communication correspond au nombre d'appels à la requête `itemAt`. La table 2 montre le nombre moyen d'appels pour le tirage d'un motif. Notons qu'il est indépendant du type de partitionnement, mais dépend de la contrainte de cardinalité maximale considérée ($M \in \{1, 3, 5\}$), cette contrainte jouant sur la taille moyenne des motifs tirés. Pour finir, il est intéressant de comparer le coût de communication d'une solution distribuée par rapport à une solution centralisée en évaluant dans le pire des cas (i.e., partitionnement vertical et $M = 5$) le nombre de motifs T_{max} (dernière colonne de la table 2) qu'il est possible de tirer avant d'atteindre un coût de communication équivalent à la centralisation. Excepté pour la base Iris de toute petite taille, on note ainsi qu'une approche décentralisée permet de tirer quelques milliers de motifs avec un coût de communication bien inférieur à celui d'une approche centralisée.

---

1. Jeux de données et code source disponibles à `github.com/DDSampling/DDSampling`

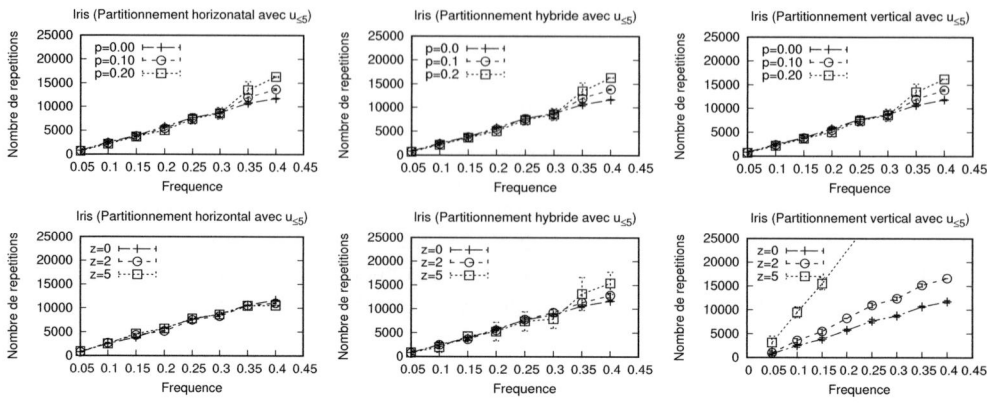

FIG. 2: Qualité de DDSAMPLING face aux défaillances de communication ou aux pannes

Altération de l'exactitude du tirage Avec les bases de données distribuées, deux des principaux problèmes sont les erreurs de communication réseau ou l'inaccessibilité d'un site. Chacun de ces phénomènes induit un biais dans les tirages réalisés. En effet, lors du tirage d'un motif X, nous le rejetons systématiquement en cas d'échec d'une des requêtes `itemAt` nécessaires à sa construction. Pour mesurer le biais résultant d'une telle stratégie, nous avons utilisé le jeu de données `Iris` pour tirer un million de motifs de taille maximale $M = 5$. Ensuite, nous avons évalué si les motifs de l'échantillon ont effectivement été tirés avec une probabilité proportionnelle à leur mesure d'intérêt. Pour ce faire, nous comptons pour chaque tranche de fréquence $[\theta, \theta + 0.05[$ le nombre moyen de répétitions (ainsi que son écart type) avec lequel un motif apparait dans l'échantillon alors que sa fréquence réelle est dans la tranche considérée. Si le tirage est exact, les motifs sont tirés proportionnellement à leur mesure d'intérêt et la courbe doit être une droite.

En suivant ce protocole, nous avons évalué la qualité des échantillons construits en faisant varier la probabilité $p \in \{0.00, 0.10, 0.20\}$ qu'une communication avec un site échoue, ou qu'un nombre $z \in \{0, 2, 5\}$ de sites soient en panne (les sites en panne étant tirés aléatoirement). Les résultats obtenus sont représentés à la figure 2. De manière générale, les courbes obtenues montrent que les défaillances n'altèrent pas significativement l'exactitude du tirage si leur niveau reste modéré ($p \leq 10\%$ et au plus $z = 2$ sites sur $K = 10$ sont en panne), et ceci quel que soit le type de partitionnement. Plus précisément, dans le cas de problèmes de communication, les motifs les plus fréquents sont les plus tirés car ils sont généralement les plus courts et ont ainsi moins de chance d'être rejetés. Ils seront donc sur-représentés dans l'échantillon construit. Dans le cas de sites en panne permanente, on constate que la probabilité de tirage d'un motif reste proportionnelle à sa mesure d'intérêt. Pour le cas vertical, tous les motifs tirés le restent de manière exacte (leurs items étant toujours accessibles au cours du temps). Plus le nombre de sites en panne est important, moins il y a de motifs disponibles. Du coup, les motifs restants sont plus fréquemment tirés augmentant la pente des courbes.

Taux de motifs rejetés Nous évaluons maintenant le taux de rejet moyen pour tirer 10 000 motifs en variant p et z. L'expérience est répétée 100 fois en faisant varier aléatoirement le

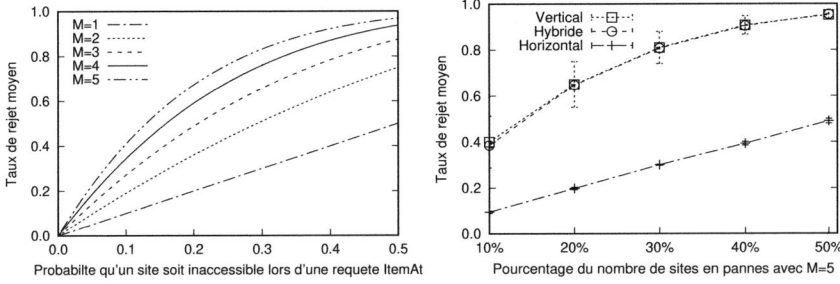

FIG. 3: Nombre moyen de rejets lors d'une défaillance

partitionnement des bases et les sites en panne. La figure 3 montre les taux de rejets moyens et leurs écarts-types en calculant la moyenne des taux de rejets obtenus pour les 5 bases : Chess, Connect, Iris, Mushroom et Waveform. En effet, ces taux sont indépendants d'un jeu de données particulier, les partitionnements générés étant aléatoires et uniformes. Les taux de rejets étant indépendants d'un type particulier de partionnement, la partie gauche de la figure 3 représente l'évolution du taux de rejet moyen en fonction de p pour $M \in \{1, 2, 3, 4, 5\}$. Pour une valeur de p fixe, on constate que ce taux de rejet augmente avec M. Néanmoins, il reste inférieur à 50% si p est inférieur à 0.1 ce qui constitue déjà un niveau élevé de défaillance. La partie droite de la figure 3 représente les taux de rejets en cas de panne de sites. Tout d'abord, ils sont plus faibles dans le cas d'un partitionnement horizontal où le taux de rejet est égal à z/K. En moyenne, ils sont plus élevés dans le cas de partitionnements hybride ou vertical. Enfin, l'écart-type des taux de rejets moyen est plus élevé dans le cas d'un partitionnement vertical. En effet, avec un partitionnement vertical, les taux de rejets seront plus ou moins élevés si les items des motifs les plus fréquents sont ou pas sur les sites en panne. Pour finir, on note que le taux de rejet moyen reste inférieur à 50% si moins de 10% des sites sont en panne. Comme pour le cas de défaillances de communication, ce taux de rejet reste acceptable du point de vue du temps de calcul nécessaire pour construire un échantillon.

6 Conclusion

Cet article propose le premier algorithme d'échantillonnage de motifs ensemblistes depuis une base de données distribuée. Il permet de considérer différentes mesures d'intérêt et surtout, des partitionnements hybrides ou verticaux. Grâce à la seule centralisation des tailles, les coûts de communications de l'approche sont raisonnables car les échanges d'items sont réalisés uniquement lorsque l'utilisateur demande des motifs. De plus, l'étude expérimentale souligne la robustesse de l'approche. Dans les travaux futurs, nous envisageons de remplacer le tirage exact des transactions par une méthode stochastique afin de ne plus avoir à centraliser les tailles de toutes les transactions de chacun des fragments. Il serait également intéressant de proposer un mécanisme de correction des poids afin de contre-balancer la panne d'un site.

Remerciements. Lamine Diop est partiellement financé par le CEA-MITIC, Centre d'Excellence Africain en Mathématiques, Informatique et TIC.

Références

Al Hasan, M. et M. J. Zaki (2009). Output space sampling for graph patterns. *Proc. of the VLDB Endowment 2*(1), 730–741.

Boley, M., C. Lucchese, D. Paurat, et T. Gärtner (2011). Direct local pattern sampling by efficient two-step random procedures. In *Proc. of the 17th ACM SIGKDD*, pp. 582–590.

Cheung, D. W., V. T. Ng, A. W. Fu, et Y. Fu (1996). Efficient mining of association rules in distributed databases. *IEEE transactions on Knowledge and Data Engineering 8*(6), 911–922.

Dietterich, T. G. et R. S. Michalski (1983). A comparative review of selected methods for learning from examples. In *Machine Learning*, pp. 41–81. Springer.

Diop, L., C. T. Diop, A. Giacometti, D. L. Haoyuan, et A. Soulet (2018). Sequential pattern sampling with norm constraints. In *IEEE International Conference on Data Mining (ICDM)*.

Giacometti, A. et A. Soulet (2016). Anytime algorithm for frequent pattern outlier detection. *International Journal of Data Science and Analytics 2*(3-4), 119–130.

Giacometti, A. et A. Soulet (2017). Interactive pattern sampling for characterizing unlabeled data. In *Proc. of IDA 2017*, pp. 99–111. Springer.

Giacometti, A. et A. Soulet (2018). Dense neighborhood pattern sampling in numerical data. In *Proc. of SDM 2018*, pp. 756–764.

Jin, R. et G. Agrawal (2006). Systematic approach for optimizing complex mining tasks on multiple databases. In *22nd International Conference on Data Engineering (ICDE'06)*, pp. 17–17.

Kum, H.-C., J. H. Chang, et W. Wang (2006). Sequential pattern mining in multi-databases via multiple alignment. *Data Mining and Knowledge Discovery 12*(2-3), 151–180.

Moens, S. et M. Boley (2014). Instant exceptional model mining using weighted controlled pattern sampling. In *Proc. of IDA 2014*, pp. 203–214. Springer.

Otey, M. E., C. Wang, S. Parthasarathy, A. Veloso, et W. Meira (2003). Mining frequent itemsets in distributed and dynamic databases. In *Data Mining, 2003. ICDM 2003. Third IEEE International Conference on*, pp. 617–620. IEEE.

Özsu, M. T. et P. Valduriez (2011). *Principles of distributed database systems*. Springer Science & Business Media.

Zhang, S. et M. J. Zaki (2006). Mining multiple data sources : local pattern analysis. *Data Mining and Knowledge Discovery 12*(2-3), 121–125.

Zhu, X., B. Li, X. Wu, D. He, et C. Zhang (2011). Clap : Collaborative pattern mining for distributed information systems. *Decision support systems 52*(1), 40–51.

Zhu, X. et X. Wu (2007). Discovering relational patterns across multiple databases. In *Data Engineering, 2007. ICDE 2007. IEEE 23rd International Conference on*, pp. 726–735. IEEE.

Summary

Only few pattern mining methods are dedicated to distributed databases. In fact, the centralization of data is often less expensive than the communication of all mined patterns. To circumvent this difficulty, this paper follows a parsimonious approach by sampling patterns. We propose the algorithm DDSAMPLING that draws a pattern from a distributed database proportionally to its interest. We demonstrate its accuracy and analyze its complexity. Experiments show on several datasets its robustness against the failures of a site or the network.

Sur l'intérêt de l'analyse de la dynamique des processus de classement. Un retour d'expériences pour la Q méthode.

Claire Gauzente*, Pascale Kuntz**
Aurélien Milliat*,** , Yves Roy***

*Laboratoire d'Économie et de Management de Nantes Atlantique
Site IAE Nantes - Chemin de la Censive du Tertre - 44 322 Nantes cedex 3
www.lemna.univ-nantes.fr/
**Laboratoire des Sciences du Numérique de Nantes
Site Polytech - La Chantrerie - 44300 Nantes cedex
https://www.ls2n.fr/
***Centre de Recherche en Gestion
Site IAE Poitiers - 20 rue Guillaume 7 le Troubadour - 86 000 Poitiers
https://cerege.iae.univ-poitiers.fr/

Résumé. En parallèle à l'essor des travaux en fouille d'opinions, les méthodes de classement connaissent un regain d'intérêt. Ces méthodes qui consistent à faire classer à un échantillon restreint d'individus un ensemble d'items dans des catégories pré-fixées ou non tentent d'appréhender plus finement les similarités perçues et la subjectivité mise en œuvre dans les décisions. Mais leurs analyses ne s'appuient que sur les classements finaux et ne prennent pas en compte les informations associées à la dynamique de construction du classement. Nous présentons ici une démarche originale qui explore l'apport de l'analyse des trajectoires de la souris et des évènements associés. Une expérimentation est menée dans le cadre de la Q-méthodologie, qui est une méthode de classement initialement issue de la psychologie mais utilisée aujourd'hui dans de nombreux domaines. Nos premiers résultats permettent d'identifier différentes stratégies de classement ainsi que des comportements atypiques dont nous évaluons le rôle dans la construction du résultat final qui rend compte des classements individuels par une approche de type factorielle.

1 Introduction

L'intérêt pour la fouille d'opinions (Ravi et Ravi, 2015) affiché tant par le monde académique que par l'industrie a stimulé de nombreuses recherches durant la dernière décennie comme le confirme une étude bibliométrique récente (Piryani et al., 2017). Ces travaux, qui combinent des techniques variées du traitement automatique de la langue à l'apprentissage, cherchent à découvrir automatiquement les opinions des consommateurs sur un sujet donné à partir de corpus souvent hétérogènes (forums, enquêtes sur le web, réseaux sociaux) et fortement bruités. Si les algorithmes automatiques permettent aujourd'hui d'extraire avec succès les grandes tendances, ils se heurtent encore souvent aux longues traînes des distributions observées. Et, au-delà des objectifs d'optimisation des mesures d'erreurs, des travaux plus critiques en sciences sociales soulignent les limites dans la compréhension des comportements humains de certaines "Internet Studies" qui tendent à réduire les individus à leur production d'empreintes numériques sur les médias sociaux (Denouël et Granjon, 2011). Ainsi, en parallèle au développement des approches à large échelle, les méthodes de classement, qui tentent d'appréhender plus finement les similarités perçues et la subjectivité mise en œuvre dans les décisions, connaissent aujourd'hui un regain d'intérêt. Initialement développées en psychologie, elles s'étendent aujourd'hui à de nombreux secteurs : profilage des consommateurs en analyse sensorielle (Chollet et al., 2014), opinions sur les nouvelles technologies (Gauzente, 2013), mise en place de politiques environnementales (Cuppen et al., 2010), et nous renvoyons à (Dziopa et Ahern, 2011) pour aperçu de la variété des applications. De façon générale, ces méthodes consistent à faire classer à un échantillon d'individus - souvent de taille assez restreinte - un ensemble d'items (images, produits, opinions, préférences, etc) dans des catégories préfixées ou non. L'analyse de la tâche de catégorisation est bien souvent l'objectif mais d'autres approches ont développé des variations de ces méthodes pour des ambitions différentes. Par exemple, la Q-méthode, sur laquelle nous nous appuyons dans les travaux présentés dans cette communication, prend le parti d'étudier la subjectivité des individus telle qu'elle se manifeste dans les opinions et préférences à propos de différents objets et concepts de la vie quotidienne. Elle considère que les manifestations possibles de la subjectivité humaine sont accessibles, au moins en partie, via une procédure de classement. D'un point de vue opérationnel les données recueillies par ces méthodes proviennent de sources variées selon les domaines d'application : des classements de cartes comportant des représentations d'objets physiques, d'aliments en analyse sensorielle, d'expressions d'opinions en marketing. Ces classements peuvent être effectués manuellement à partir de dispositifs physiques ou bien via des interfaces logicielles. Des méthodes d'analyse ont ensuite été spécifiquement développées pour analyser l'ensemble des classements effectués par chaque individu de l'échantillon d'observation (McKeown et Thomas, 2013).

Cependant, à notre connaissance, les analyses intrinsèques de ces méthodes ne s'appuient que sur les classements finaux effectués par chaque individu et ne prennent pas en compte les informations associées à la dynamique de construction du classement. Par exemple, "l'hésitation" dans une décision de classement est ignorée dans l'analyse. Or, des travaux portant sur les méthodologies d'enquête qui s'inscrivent notamment dans le courant CASM (*Cognitive Aspect of Survey Methodology*) ont montré l'intérêt de l'examen des éléments qui influencent notamment les temps de réponse (Tourangeau et Plewes, 2003). Grâce aux supports numériques, les informations recueillies aujourd'hui peuvent aller au-delà des temps de réponse et des travaux récents en analyse des jugements et des décisions ont montré l'intérêt du "eye-tracking" et du "mouse-tracking" pour tenter de mieux comprendre les processus et les représentations cognitifs sous-jacents (Hehman et al., 2014; Koop et Johnson, 2011).

Dans cette communication, nous explorons, dans le cadre de la Q-méthode, l'apport des informations recueillies via les traces de classement qui rendent compte du processus dynamique des utilisateurs. Dans notre contexte, nous nous focalisons sur les traces de la souris qui ne nécessitent pas un environnement technique dédié et peu transportable pour le recueil et qui nous semblent néanmoins suffisantes pour une première analyse. Après une présentation de la méthodologie et du protocole expérimental, nous présentons des résultats obtenus dans le cadre d'une analyse d'opinions sur la réalité augmentée.

2 Cadre méthodologique et travaux connexes

2.1 La Q-méthode

La méthode Q, initialement développée par un psychométricien (Stephenson, 1981), se décompose en trois phases. La *première phase* vise à constituer un ensemble de q items qui tente de couvrir une large part des différentes opinions possibles. Cet ensemble est construit à partir de différentes sources (entretiens, éléments issus de la littérature, descriptions d'objets, etc) et nous renvoyons à (McKeown et Thomas, 2013) pour les détails méthodologiques de cette collecte. Dans la *deuxième phase*, ces items sont soumis à un échantillon de n individus qui doivent les classer en fonction de leur degré d'adéquation/d'inadéquation à leur propre point de vue. Ce classement s'effectue en deux temps. Tout d'abord, les items sont rangés dans trois classes ("d'accord", "neutre", "pas d'accord") sans contrainte d'effectifs. Un deuxième classement est ensuite effectué sur une échelle discrète plus fine : par exemple de la classe -3 à la classe +3 où -3 correspond à un profond désaccord et +3 à un profond accord. Le classement, appelé Q-sort, est contraint par une distribution des fréquences selon les degrés d'approbation fixée selon une courbe Gauss : ces contraintes conduisent à un arbitrage global entre les affirmations et non à une série d'évaluations autonomes affirmation par affirmation. Dans la *troisième phase*, une analyse en composantes principales - souvent complétée par des rotations - est réalisée sur la matrice nxq comprenant les résultats des classements des q items par les n individus (Zabala, 2014). Cette analyse permet d'identifier des points de vue synthétiques partagés par plusieurs individus. Elle peut être complétée par des variables exogènes ainsi que par des commentaires ex-post des répondants.

2.2 L'analyse de la dynamique

À notre connaissance, le travail que nous présentons est la première tentative de prise en compte de la dynamique de classement dans la Q-méthode. Dans d'autres contextes, quelques pistes ont été explorées mais elles restent rares.
En fouille d'opinions, quelques travaux ont tenté de modéliser la notion d'hésitation (Lu et al., 2007; Pathak et Towari, 2016). Ils portent essentiellement sur une adaptation des règles d'association qui, s'inspirant de la théorie des ensembles flous, associe chaque item à une fonction continue dont l'information associée est ensuite intégrée dans le calcul du support et de la confiance. On retrouve également des tentatives de modélisation de la notion d'hésitation et d'incertitude des choix dans le contexte de l'aide multicritère à la décision (Roy, 1988; Bouyssou, 1989) qui s'appuie aussi parfois sur des procédures de classement. Ces travaux portent essentiellement sur leur modélisation mathématique et leur intégration dans des algorithmiques d'aide à la décision mais les publications ne comportent pas d'expérimentations sur des données réelles.
Sur le plan méthodologique, les travaux les plus proches de la démarche que nous explorons se trouvent en en psychologie comportementale et en analyse sensorielle. En psychologie comportementale, l'analyse des traces de la souris lors de la résolution de tâches contribue à mieux cerner des processus cognififs mis en jeu dans des tâches de décision (Freeman et al., 2011;

Hehman et al., 2014). En analyse sensorielle où les méthodes de classement sont très populaires, l'objectif général est d'appréhender les dimensions sensorielles qui permettent de discriminer des stimuli et l'analyse de la dynamique tente de fournir des garanties sur la stabilité des résultats finaux grâce à une compréhension plus fine des facteurs mis en jeu dans le processus de discrimination. Dans ce cadre, (Cadoret et al., 2011) se sont intéressés au processus associé à une tâche de classement hiérarchique, et l'étude des séquences de partitions emboîtées proposées par les sujets a montré que des dimensions sensorielles communes pouvaient émerger de stratégies de classement différentes. Plus récemment, (Lê et al., 2016) ont étudié les traces du doigt lors d'un classement libre d'images sur tablette. Une expérimentation portant sur des parfums a confirmé qu'une même dimension sensorielle devait être considérée différemment dans l'analyse si elle était identifiée au cours du temps de façon similaire par la majorité des sujets ou si elle émergeait de différentes combinaisons de processus.

Dans notre cadre, nous analysons les traces de la souris (trajectoires géométriques et séquences temporelles de tous les évènements) recueillies aux échelles individuelles pour les deux étapes de construction du Q-sort. L'objectif de l'analyse est double. Dans un premier temps, il s'agit d'identifier différentes stratégies mises en œuvre dans le processus de classement et de repérer dans la masse les comportements individuels atypiques qui peuvent influencer les résultats globaux. Et dans un deuxième temps, il s'agit de renforcer la robustesse des résultats agrégés finaux en intégrant dans leur calcul les variations observées à l'échelle individuelle.

3   Protocole expérimental

3.1   Recueil des traces

Avec l'essor de la Q-méthode plus d'une quinzaine d'interfaces ont été développées (ex. PQ-method) avec un intérêt croissant pour le recueil en ligne (ex. Ken-Q Data). Cependant, aucune ne mémorise la dynamique de construction du Q-sort. Nous avons donc développé un prototype (Q-Connect - Figure 1) qui mémorise tous les évènements ("drag", "drop", "mouvement", etc) avec leurs caractéristiques spatiales (coordonnées sur l'écran) et temporelles (en millisecondes). Lors de l'expérimentation, l'ordre des items sur l'écran est aléatoire et les participants doivent lire préalablement le contenu de l'ensemble des items présenté sur l'écran. Ces précautions visent à limiter les biais potentiels liés au placement.

3.2   Les données

Les données expérimentales de notre recherche ont été recueillies dans le cadre d'une étude sur la perception de la réalité augmentée pour le grand public. Dans ce cadre, la réalité augmentée désigne une technologie permettant aux consommateurs d'intéragir avec le produit d'une manière personnalisée et adaptée au futur contexte d'utilisation. Le caractère encore récent de ces possibilités (ou affordances) conduit à investiguer comment les possibilités offertes sont perçues pour les utilisateurs finaux. À cette fin, un travail qualitatif a été tout d'abord engagé au moyen de focus groupes pour identifier quelles associations, idées, opinions, émotions étaient suscitées auprès des utilisateurs potentiels de cette technologie. Sur cette base, un échantillon d'affirmations a été extrait en cherchant à conserver la diversité des expressions, pour constituer la base d'un Q-sort qui a été utilisé dans le cadre d'une étude internationale comparant les

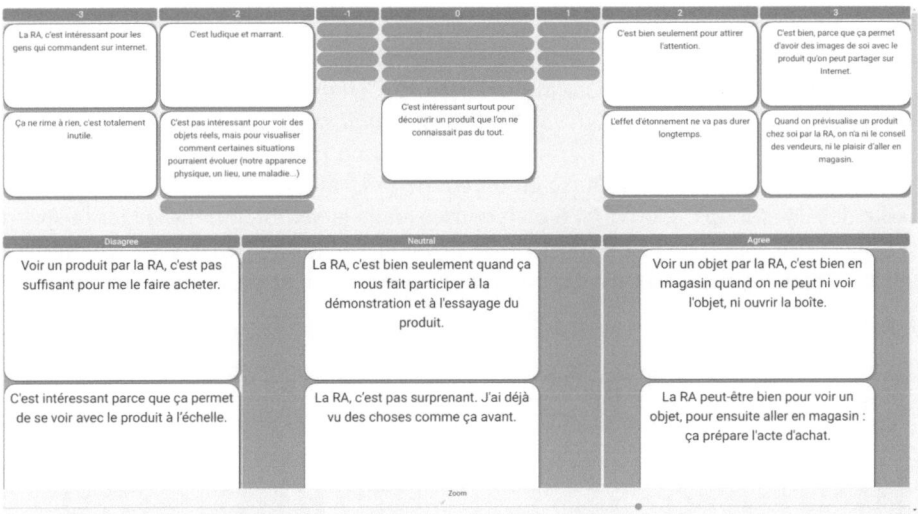

FIG. 1 – *Interface de Q-Connect pour l'étape 2 - Les items en bas pré-classés en trois classes dans l'étape 1 peuvent être sélectionnés pour être classés sur la distribution contrainte en haut de l'écran.*

perceptions de la réalité augmentée dans quatre pays (Gauttier et al., 2016) puis dans une étude ultérieure centrée sur des cas individuels (Gauttier et Gauzente, 2018).

Les Q-sorts associés à ces données ont été recueillis sur un petit échantillon composé de 13 participants. Il est évident que l'échantillon devra être agrandi à l'avenir mais les premiers résultats obtenus permettent néanmoins de rendre compte de stratégies différentes et de préciser des aspects méthodologiques qui n'avaient été considérés jusque-là que très empiriquement.

4 Résultats

Les analyses s'organisent autour de trois directions principales : (i) l'exploration des processus de classement, (ii) les variations inter-individuelles, et (iii) l'intégration des nouvelles connaissances issues de la captation du processus dans l'analyse.

4.1 Processus de classement

La Figure 2 confirme que, dans chaque étape de classement, plus de la moitié des items ont été déplacés sur différentes classes avant la décision finale. Et la Figure 3 montre que certains items sont associés à des décisions plus stables que pour d'autres : par exemple, à l'étape 2, l'item 5 n'a été classé que dans les classes proches -3 à -2 alors que l'item 15 a parcouru l'ensemble des classes de l'échelle. De plus, lorsqu'on analyse la séquence des choix on observe que certains items ont été classés plus souvent en premier, alors que d'autres ne le sont jamais (Figure 4). En se focalisant sur ces derniers (les items 8 et 15 de la Figure 3) on voit apparaître deux situations distinctes : l'item 8 (*"C'est pas intéressant pour voir des objets réels, mais pour visualiser comment certaines situations pourraient évoluer (notre apparence physique, un lieu, une maladie...")* n'est jamais placé en premier mais une fois qu'il est placé dans une classe il ne bouge plus. À contrario l'item 15 (*"Quand on prévisualise un produit chez soi par la RA, on n'a ni le conseil des vendeurs, ni le plaisir d'aller en magasin"*) est souvent déplacé avant de trouver sa place définitive. L'explication proposée par l'experte qui a piloté les focus groupes préalables à la mise en œuvre de la Q-méthode met en évidence la portée différente des deux items. L'opinion 8 était consensuelle et semblait transcender la spécificité des situations. En revanche, l'opinion 15 nécessitait une phase réflexive plus approfondie sur le contexte : à quelle situation on a été confrontée ? quel vendeur on a rencontré ? etc

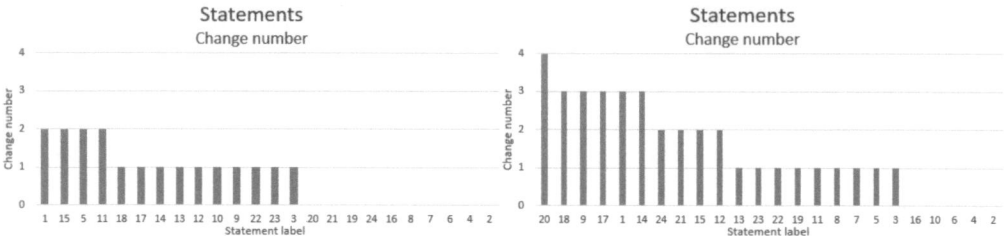

FIG. 2 – *Sur l'ensemble des participants, nombre de changements pour chaque item (indiqué en abscisse) avant la décision de classement final. Par exemple, sur la figure gauche, l'item 1 a changé 2 fois dans l'étape 1 avant d'être placé définitivement.*

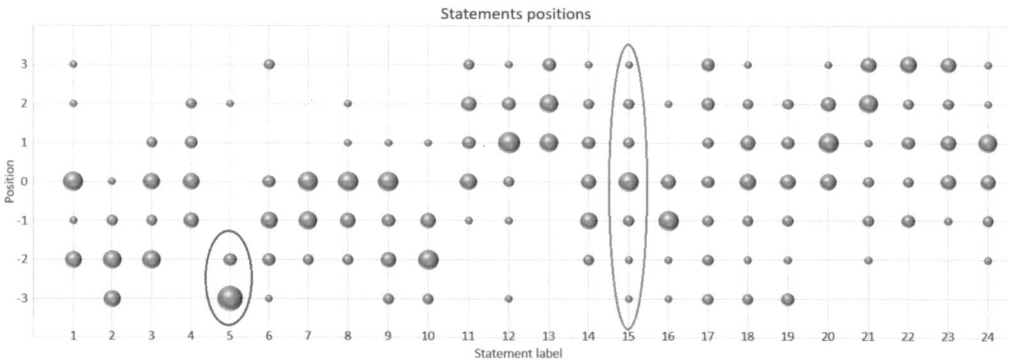

FIG. 3 – *Pour l'étape 2 du classement, distribution des classes, codées de -3 ("pas du tout d'accord") à +3 ("tout a fait d'accord"), pour chacun des items sur l'ensemble des participants.*

L'analyse de la dynamique permet également de mieux évaluer le rôle des deux étapes dans la construction du Q-sort. Dans la méthodologie, cette mise en œuvre en deux temps est en effet préconisée par de nombreux chercheurs pratiquant cette méthode (Watts et Stenner, 2012), car elle permet d'alléger la tâche de classement pour le répondant, en particulier dans le cas de nombreux items. Lorsque l'on étudie le passage de l'étape 1 à l'étape 2 (Section 4.1), on voit que, hormis quelques rares « outliers » dont l'identification est aussi intéressante, le codage de l'étape 1 se transmet par "glissement" sur celui de l'étape 2. Il semble donc que l'attitude,

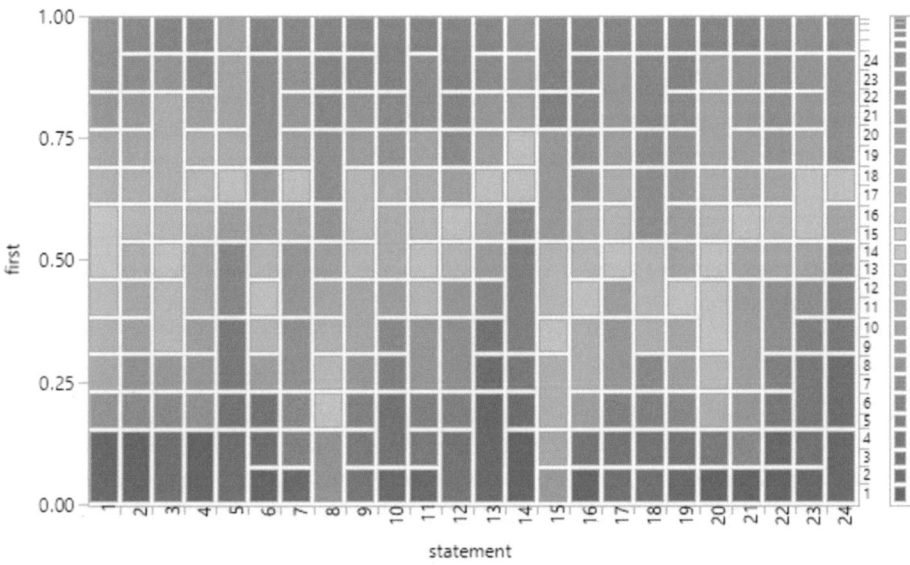

FIG. 4 – *Pour chaque item, distribution des ordres de placement : du bleu foncé indiquant les placements en premier au rouge foncé indiquant les placements en dernier. L'ordonnée à gauche indique la fréquence et à droite l'effectif. Par exemple, l'item 1 a été placé en premier par 4 individus.*

définie en psychologie comme l'association en mémoire entre les représentations mentales d'un item et ses évaluations (Fazio, 1990), est construite principalement dans l'étape 1 et que l'étape 2 sert à affiner les choix effectués sans les remettre profondément en cause.

4.2   Variabilité inter-individuelle

Différents travaux en psychométrie ont confirmé le lien entre les temps de réponse à des questionnaires et la solidité des attitudes individuelles (Johnson, 2004). Le modèle de Johnson, qui fait souvent référence, décompose le temps de réponse en plusieurs sources : (a) le temps d'interprétation, lequel comporte le temps d'interprétation lié à la complexité de la question et le temps d'accessibilité à l'attitude pertinente, (b) le temps de récupération des données et des faits pertinents, (c) le temps d'intégration des éléments et (d) le temps de sélection d'une réponse, le tout additionné d'un résidu. La distinction entre ces quatre temps requiert des dispositifs expérimentaux complexes incompatibles avec le type de tâche analysée ici. Ainsi, nous avons distingué pour chaque déplacement d'item avec la souris le temps de réflexion, mesuré par (i) le temps entre le dernier mouvement précédant le déplacement et le début du déplacement, et (ii) le temps de déplacement mesuré par le temps entre son début et sa fin. Sur notre échantillon de petite taille, les différences n'étant guère interprétables, nous nous sommes restreints à l'analyse du temps total calculé par la somme de (i) et (ii). La Figure 5 met en lumière une grande variabilité des comportements, et permet d'identifier en particulier deux comportements extrêmes : un très rapide (individu 5) vraisemblablement associé à un désintérêt pour

Sur l'intérêt de l'analyse de la dynamique des processus de classement.

		Stage 2 first move							
		-3	-2	-1	0	1	2	3	Total
Stage 1	disagree	28	37	27	13	3	2	1	111
first	neutral	0	1	23	58	23	1	0	106
move	agree	0	1	0	10	23	35	26	95

TAB. 1 – *Passage des classes de l'étape 1 à l'étape 2 (effectifs). 28 items classés en* **disagree** *("plutôt pas d'accord") dans l'étape 1 sont placés lors du premier déplacement en -3 ("pas du tout d'accord") à l'étape 2.*

la tâche effectuée et un très lent (individu 6) que l'on retrouve dans les deux étapes et qui a contrario semble correspondre à un participant très impliqué mais indécis dans ses décisions. Pour approfondir l'analyse du temps sur les deux étapes, nous avons observé les temps pour chaque déplacement dans l'ordre des déplacements (Figure 6). Une régression par quantiles permet de caractériser l'évolution de la médiane des temps. Pour l'étape 1 la médiane est assez stable pour les premiers déplacements puis elle diminue légèrement. Il semble donc que les attitudes soient similaires pour les items avec un petit effet d'apprentissage sur la fin du classement en trois classes. En revanche, pour l'étape 2, après une petite stabilité au début, la décroissance est beaucoup plus marquée. Nous faisons l'hypothèse suivante : au tout début de l'étape 2 la découverte de la contrainte imposée pour le classement par la distribution normale nécessite un temps d'adaptation, mais ensuite les attitudes étant déjà en partie construites dans l'étape 1 le processus se déroule plus rapidement.

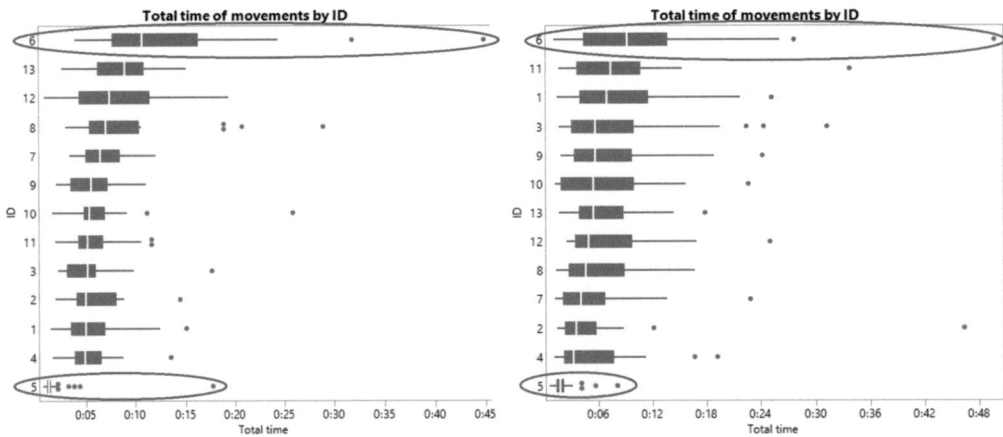

FIG. 5 – *Distribution des temps totaux de déplacements des items pour chaque participant.*

4.3   Intégration des connaissances dans l'analyse

L'analyse des traces associées à la dynamique du classement permet d'identifier des participants ayant des comportements atypiques, des items pour lesquels l'interprétation peut être

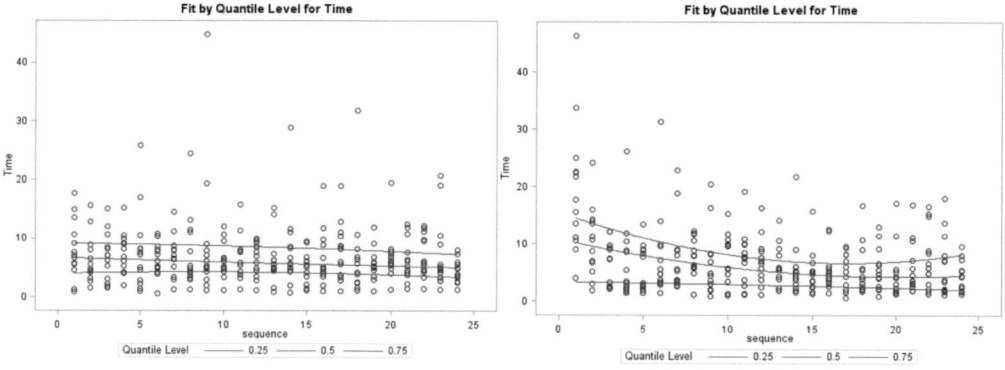

FIG. 6 – *Temps des déplacements d'items pour chaque participant dans l'ordre des 24 premiers déplacements (les autres ne concernant que les individus qui ont effectué des modifications). Chaque point correspond à un individu. En rouge la médiane (régression par quantile avec un polynôme de degré 2).*

complexe et des comportements caractéristiques dans les deux étapes du processus. Se pose alors la question de l'intégration de ces nouvelles connaissances dans l'analyse quantitative de l'ensemble des données. La méthode Q étant basée sur une analyse en composantes principales - que nous effectuons ici sur les covariances - une première stratégie consiste à introduire des pondérations différentes sur les individus et les items. Nous avons testé deux pondérations (35% et 65%) sur les deux items (8 et 15) placés tardivement et les deux participants (5 et 6) aux temps extrêmes.

Le Section 4.3 donne les résultats sur les premiers facteurs pour la pondération des items. Comme attendu la variance globale diminue, mais les pourcentages de la variance totale augmentent pour les premiers rangs, ce qui renforce la validité d'un modèle factoriel parcimonieux. La Section 4.3 donne les résultats sur les premiers facteurs pour la pondération des individus. L'effet de la pondération de l'individu 5 (très rapide) est très sensible mais, elle est négligeable pour l'individu 6 (très lent). Cela tend à montrer que 6 n'a pas de différence dans les réponses avec les autres participants mais simplement de la lenteur. Cela rejoint les travaux en psychométrie de (Fox et al., 2013) : l'hésitation n'est pas en soi un problème, simplement un effet de la personnalité ou d'attitudes moins accessibles, probablement en raison d'une moindre familiarité avec le sujet. En revanche, nous avons cherché à préciser l'impact de l'atypicité d'un individu dans l'analyse. Nous avons tout d'abord vérifié si la fluctuation de la part expliquée sur les premières composantes principales en sous-pondérant l'individu 5 était purement aléatoire ou atypique. La p-value pour le test sur la première composante vaut 0.047 ; ce qui semble confirmer l'hypothèse. Elle est cependant plus élevée sur les quatre premières ($p = 0.0038$) avec la présence d'un autre individu (10) qui dévie aussi un peu des comportements « moyens ». Pour confirmer le caractère atypique de l'individu 5, nous avons effectué un test à plus large spectre en comparant l'impact sur les premières valeurs propres de la pondération sur les douze paires contenant l'individu 5 avec les 66 autres paires possibles ne le contenant pas. Pour les quatre premières composantes, un test non paramétrique de la médiane permet de confirmer l'hypothèse.

Sur l'intérêt de l'analyse de la dynamique des processus de classement.

Eigen value#	eigen value1	% without weight Sum	Cum % without weight	eigen value2	% with 65% weight	Cum % with 65% weight	eigen value3	% with 35% weight	Cum % with 35% weight
1	18.08	47.05%	47.05%	17.99	47.61%	47.61%	17.91	48.13%	48.13%
2	5.09	13.25%	60.30%	5.05	13.36%	60.97%	5.02	13.48%	61.62%
3	3.49	9.07%	69.36%	3.43	9.08%	70.05%	3.40	9.14%	70.76%
4	2.85	7.42%	76.79%	2.73	7.24%	77.29%	2.66	7.15%	77.91%

TAB. 2 – *Effet de la pondération des items sur l'ACP.*

Number	variant									
	standard		5 at 65%		5 at 35%		5 & 6 at 65%		5 & 6 at 35%	
	Eigen value	Proportion	Eigen value	Proportion	Eigen value	Proportion	Eigen value	Proportion	Eigen value	Proportion
1	18.08	47.0%	18.01	49.0%	17.98	50.2%	17.20	49.1%	16.78	50.5%
2	5.09	13.3%	5.06	13.8%	5.05	14.1%	4.79	13.7%	4.67	14.1%
3	3.49	9.1%	3.01	8.2%	2.99	8.3%	3.01	8.6%	2.98	9.0%
4	2.85	7.4%	2.52	6.9%	2.47	6.9%	2.42	6.9%	2.30	6.9%
5	2.35	6.1%	2.03	5.5%	1.97	5.5%	1.84	5.3%	1.81	5.4%
6	1.91	5.0%	1.79	4.9%	1.64	4.6%	1.65	4.7%	1.40	4.2%
7	1.46	3.8%	1.42	3.9%	1.40	3.9%	1.40	4.0%	1.23	3.7%
8	1.25	3.3%	0.98	2.7%	0.81	2.3%	0.91	2.6%	0.79	2.4%

TAB. 3 – *Effet de la pondération des individus sur l'ACP.*

5   Conclusion et perspectives

Le travail présenté dans cette communication est une première étude exploratoire de l'analyse de la dynamique des processus de classement. L'objectif *in fine* est de prendre en compte les informations extraites d'une telle analyse dans l'exploitation des classements finaux. Cette information a été jusque là ignorée dans la très grande majorité des cas. Et, malgré les limitations de notre cadre expérimental, nous montrons l'intérêt d'identifier les variations de comportements et les stratégies mises en œuvre dans les prises de décision. Des travaux complémentaires sont déjà programmés pour confirmer et approfondir ces premiers résultats sur une autre enquête.

Nous nous sommes centrés ici sur une méthodologie, la Q-méthode, qui est tradidtionnellement appliquée à des échantillons de taille réduite. Cependant, nous n'avons guère trouvé non plus dans la littérature relative à la fouille d'opinions de travaux prenant en compte les processus individuels de construction des opinions collectées sur les média sociaux. Mais, au-delà des questions soulevées par l'identification des caractéristiques de ces processus et leur prise en compte effective dans les analyses, d'un point de vue méthodologique, il ne s'agit pas ici d'opposer les échelles d'observation mais bien au contraire de les associer à l'avenir pour comprendre plus finement les déterminants des phénomènes sociaux étudiés. En s'inspirant de la biologie intégrative qui commence à intégrer avec efficacité dans les études un ensemble de données "omics" (genomics, transcriptomics, proteomics, metabolomics) permettant de combiner les informations extraites à différentes échelles du vivant, il nous semble que la voie est ouverte aujourd'hui pour une "science humaine intégrative" (Kuntz, 2016). L'hétérogénéité des données (enquêtes par questionnaires, entretiens ethnographiques, traces numériques, etc) reste un verrou bien difficile. Cependant, les méthodes de classement, telles que la méthode Q, qui associent des résultats numériques à des recueils de données subtiles (Ramlo, 2011) permettant de discerner des nuances nous paraissent des candidates prometteuses pour une coopération avec des méthodes de fouille à grande échelle.

Références

Bouyssou, D. (1989). *Improving Decision* (A.G. Locket and G. Isbel eds ed.).

Cadoret, M., S. Lê, et J. Pagès (2011). Statistical analysis of hierarchical sorting data. *Journal of Sensory Studies 26(2)*, 96–105.

Chollet, S., D. Valentin, et H. . Abdi (2014). *Free sorting task*. CRC Press.

Cuppen, E., S. Breukers, M. Hisschemöller, et E. Bergsma (2010). Q methodology to select participants for a stakeholder dialogue on energy options from biomass in the netherlands. *Ecological Economics Elsevier B.V 69*, 579–591.

Denouël, J. et F. Granjon (2011). Les usages en question. *Internet Actu.net*.

Dziopa, F. et K. Ahern (2011). A systematic literature review of the applications of q-technique and its methodology. *Methodology: European Journal of Research Methods for the Behavioral and Social Sciences 7*, 39–55.

Fox, J., R. Cooper, et D. W. Glasspool (2013). A canonical theory of dynamic decision-making. *Frontiers in Psychology n 150*.

Freeman, J., R. Dale, et T. Farmer (2011). Hand in motion reveals mind in motion. *Frontiers in psychology*.

Gauttier, S. et C. Gauzente (2018). Exploring the similarities between users and non-users of consumer mobile internet services: - towards a porosity model of technology acceptance. *International Journal of Technology and Human Interaction 14/3*, 71–87.

Gauttier, S., C. Gauzente, et M. Aikala (2016). Are ar shopping services valued the same way across europe? - a four country q-investigation. *Revue Systèmes information & Management 21/1*, 69–102.

Gauzente, C. (2013). Une invitation illustrée à utiliser la q-method dans les recherches en systèmes d'information. *Systèmes d'Information et Management 18/2*, 163–173.

Hehman, E., R. M. Stolier, et J. B. Freeman (2014). Advanced mouse-tracking analytic for enhancing psychological science. *Group Process and Intergroup Relations*, 1–18.

Johnson, M. (2004). Timepieces : components of survey question response latencies. *Political Pyschology vol. 25, n 5*, 679–702.

Koop, G. et J. G. Johnson (2011). Response dynamics : a new window on the decision process. *Judgment and Decision Making vol. 6, n 8*, 750–758.

Kuntz, P. (2016). Numérique et humanités : retour d'expériences. *Conférence invitée, Journée dayClic, Maison des Sciences de l'Homme Germaine Tillon, Angers*.

Lê, T. M., F. Husson, et S. Lê (2016). Digit-tracking: Interpreting the evolution over time of sensory dimensions of an individual product space issued from napping and sorted napping.

Sur l'intérêt de l'analyse de la dynamique des processus de classement.

Food Quality and Preferences 47, 73–78.

Lu, A., Y. Ke, J. Cheng, , et W. Ng (2007). Mining vague association rules. *Proceedings of the 12th international conference on Database systems for advanced applications (DAFSAA'07)*.

McKeown, B. et D. Thomas (2013). *Q-Methodology*. London, EC1Y 1SP: SAGE Publications Inc.

Pathak, S. et A. Towari (2016). A survey on hesitation information mining. *Int. J. of Computer Applications 141(9)*.

Piryani, R., D. Madhavi, et V. Singh (2017). Analytical mapping of opinion mining and sentiment analysis research during 2000-2015. *Information Processing & Management 53*, 122–150.

Ramlo, S. E. (2011). Q methodology and its position in the mixed-methods continuum. *Operant Subjectivity 34(3)*, 172–190.

Ravi, K. et V. Ravi (2015). A survey on opinion mining and sentiment analysis: tasks, approaches and applications. *Knowledge-based systems 89*, 14–46.

Roy, B. (1988). *Negociation and Group decision* (In B. Muner and M. Shakun eds ed.). London, EC1Y 1SP: SAGE Publications Inc.

Stephenson, W. (1981). Principles for the study of subjectivity. *Operant Subjectivity 2*, 37–53.

Tourangeau, R. et T. J. Plewes (2003). *Nonresponse in social science surveys - A research agenda*. Washington, DC: The National Academies Press.

Watts, S. et P. Stenner (2012). *Doing Q-methodological research*. London, EC1Y 1SP: SAGE Publications Inc.

Zabala, A. (2014). Qmethod : a package to explore human perspectives using q methodology. *The R Journal 6/2*, 163–173.

Summary

In parallel with the popular development of opinion mining research, sorting methods know a renewed interest today. In these approaches a small sample of individuals sort a set of items in a pre-fixed or free set of categories and, roughly speaking, their aim is to better understand the perceived similarities and the subjectivity involved in the decisions. But, their analyzes only support the final rankings and do not take into account the informations associated with the construction dynamics of the ranking. In this communication, we present an original approach that explores the contribution to the analysis of the mouse trajectories and the associated events to the sorting task. An experiment is carried out within the framework of the Q-methodology which has been originally developed in psychology and which is now used in many domains. Our first results allow to identify different sorting strategies and atypical individual behaviors. We evaluate their roles in the construction of the final results based on a factorial approach.

Calcul d'une politique déterministe dans un MDP avec récompenses imprécises

Pegah Alizadeh **, Aomar Osmani *, Emiliano Traversi*

*Léonard de Vinci Pôle Universitaire, Centre Recherche
** LIPN-UMR CNRS 7030, PRES Sorbonne Paris Cité

Résumé. Pour beaucoup d'applications réelles nécessitant une prise de décision séquentielle dans un cadre incertain, on utilise un processus de décision Markovien avec récompenses inconnues (IRMDP) en calculant naturellement des politiques stochastiques. Une politique stochastique n'est pas facilement interprétable pour l'utilisateur final. Celui-ci a souvent besoin d'une politique déterministe et compréhensible. Pour mieux motiver l'utilisation d'une procédure exacte pour trouver une politique déterministe, nous montrons quelques cas où l'idée intuitive d'utiliser une politique déterministe obtenue après une «déterminisation» (arrondi) de la politique stochastique optimale donne une politique déterministe différente de la politique optimale.

1 Introduction

Les processus de décision de Markov (MDP) se sont avérés être des modèles efficaces pour représenter et résoudre des problèmes de décision séquentiels avec incertitude. Les applications dans divers domaines (robotique, navigation, composition de services, etc.) nécessitant une prise de décision dans un environnement dynamique utilisent naturellement des modèles MDP. Dans le cas de la conduite autonome, par exemple, à chaque étape, les effets probabilistes de l'exécution d'une action (déplacement, rotation) conduit aux étapes suivantes, chacune avec une récompense ou pénalité différente. Ceci motive l'utilisation des MDP qui rendent compte de ces incertitudes dans les paramètres du modèle. Dans ce cas, l'environnement (ici le trafic routier) sera modélisé par un ensemble d'actions probabilistes (par exemple, les probabilités d'accidents et leur coûts) et un ensemble d'états. L'objectif peut être défini comme un problème de maximisation de la somme des récompenses attendue.

En dépit de connaître l'objectif final, spécifier des récompenses ou des punitions pour choisir des actions à partir des états n'est jamais évident. De plus, comme l'a montré Mannor et al. (2007), les stratégies trouvées via un processus d'optimisation sous MDPs avec des paramètres numériques, peuvent parfois être bien pire que la politique anticipée. Parmi les raisons qui peuvent expliquer cette situation, on peut citer : (1) l'insuffisance des données pour estimer les récompenses, (2) la complexité de la construction des modèles [1] et (3) la présence d'élicitations contradictoires entre les utilisateurs. Dans le cas du véhicule autonome, si le modèle est

---

1. Dans le cas du véhicule autonome, par exemple, la définition des récompenses exactes pour toutes les actions prend du temps et est compliquée à faire. De plus, ces récompenses varient au cours du processus de conduite.

conçu pour différents conducteurs ayant différentes préférences, le MDP ne sera pas précis. Dans le cas des MDPs à récompenses inconnues (IRMDP), le système disposera de toutes les informations concernant la dynamique (route et trafic) ainsi que l'objectif final à atteindre (destination sans accident), mais ne nécessite pas la connaissance des préférences des utilisateurs à l'intérieur du système. Plusieurs approches ont été proposées dans la littérature pour trouver la meilleure *politique* dans un environnement avec des récompenses imprécises. Ces travaux sont axés essentiellement sur le critère de *regret minmax*. L'idée de base est de trouver la politique avec une perte minimale en comparaison avec les autres politiques possibles. Minimiser le regret maximal est plus optimiste que minimiser le pire cas ; il est largement utilisé dans la littérature (Regan et Boutilier (2009); Xu et Mannor (2009)).

Les méthodes de résolution exactes et approchées d'un MDP ont des politiques réalisables et sont de nature stochastique. Une politique est dite stochastique si, pour un état donné, l'action à prendre est choisie avec une probabilité associée à chaque état destination. L'utilisation de politiques stochastiques présente deux avantages principaux par rapport à une approche déterministe. D'un point de vue algorithmique (comme le montre le travail présenté dans ce papier), trouver la politique stochastique optimale est généralement plus rapide que de trouver la politique déterministe. En outre, le choix d'une politique stochastique implique l'exploration d'un espace de recherche plus grand par rapport à celui d'une politique déterministe, permettant ainsi d'avoir la possibilité d'atteindre une meilleure politique optimale. Malgré ces avantages évidents des politiques stochastiques, leur utilisation est souvent déconseillée voire éthiquement problématique à mettre en œuvre. Dans le cas des véhicules autonomes, par exemple, on peut se retrouver devant le dilemme du tramway posé par Philippe Foot ; cette expérience de pensée pose le problème de décision de l'action à prendre (le conducteur choisit une voix) qui favoriserait (laisserait en vie) un groupe au détriment d'un individu (en le tuant). La politique optimale devrait être déterministe sans obliger l'utilisateur à devoir prendre une décision avec une probabilité donnée p de rester sur la même voix ou de prendre une autre avec une probabilité de $1 - p$. Plus généralement, une politique déterministe est souvent nécessaire de par la nature discrète/combinatoire du problème étudié et du fait que l'algorithme ne peut être exécuté qu'une seule fois rendant ainsi l'aspect stochastique moins pertinent. De plus, une politique déterministe est souvent plus simple à comprendre du point de vue de l'utilisateur humain et donc plus susceptible d'être utilisée dans la pratique.

Dans cet article, nous présentons une étude originale sur la recherche de la politique déterministe qui minimise le regret maximal dans un IRMDP. Typiquement, dans les MDPs, les fonctions de récompenses sont estimées à partir d'observations ou de sources externes. Les travaux de Mannor et al. (2007), qui ont montré que la politique trouvée via l'optimisation d'un MDP avec des paramètres numériques n'est pas garantie, ont motivé une modélisation mathématique des IRMDPs incluant des modélisations avec récompenses numériques (Regan et Boutilier (2009); Xu et Mannor (2009)). On se focalisera, dans notre travail, sur les approches prenant le point de vue de la théorie de la décision et on considérera un ensemble de MDP avec diverses fonctions de récompenses imprécises qu'on nomme *IRMDP*.

Une approche courante pour le calcul d'une solution robuste est la méthode *minmax* qui est une politique qui maximise la valeur par rapport au scénario le plus défavorable (Nilim et Ghaoui (2005)). La robustesse du minmax peut être vue comme un jeu à deux joueurs ; le premier choisit la politique qui maximise la récompense tandis que le deuxième propose une instanciation qui minimise la valeur attendue. Certains travaux récents (Mannor et al. (2012); Wiesemann et al. (2013)) traitent de problème des incertitudes interdépendantes dans les MDPs. Dans ce papier, nous ne traiterons que les cas des fonctions de récompenses indépendantes les unes des autres. Les politiques *maxmin* sont naturellement conservatrices, c'est pour cette raison que les approches de *regret minmax* (Regan et Boutilier (2009); Xu et Mannor (2009)) ont été introduites. L'objectif de l'approche de *regret minmax* est de trouver la politique qui a le moins de regret possible sur toutes les instances des récompenses. Plusieurs méthodes se sont concentrées sur le calcul de la politique stochastique optimale pour les IRMDPs (Ahmed et al. (2017); Regan et Boutilier (2009); Xu et Mannor (2009)). A notre connaissance, il n'y a aucun travail qui gère le calcul de politiques déterministes des MDPs sous incertitudes comme nous le présentons dans ce papier.

Nous montrons également, dans ce travail, que l'utilisation d'une technique de déterminisation intuitive pour obtenir une politique déterministe réalisable basée sur la solution stochastique optimale peut mener à une politique significativement différente de l'optimale. Ce qui, de ce fait, exclut l'utilisation d'approches stochastiques de ce type pour le calcul d'actions déterministes. Le résultat de notre travail est aussi validé expérimentalement sur des MDP aléatoires et en diamants. Nous donnerons, dans cet article, les résultats des analyses de performances de nos algorithmes. Le reste de l'article est organisé comme suit : la Section 2 définit le MDP, la formulation du problème sous forme d'un critère de *regret minmax* avec récompenses imprécises et pose le problème comme un problème de jeu à deux adversaires. La Section 4 présente les principaux résultats théoriques portant sur la politique déterministe optimale. Les résultats expérimentaux sur des instances de la littératures sont présentés à la Section 5 et la Section 6 donne quelques conclusions et perspectives.

2 Préliminaires

Un MDP *Markov Decision Process* (Puterman (1994)) est défini par un tuple $M(S, A, P, r, \gamma, \beta)$, où : S est un ensemble fini d'états ; A un ensemble fini d'actions, $P : S \times A \times S \longrightarrow [0, 1]$ est une fonction de transition tel que $\mathbb{P}(s'|s, a)$ encode la probabilité de passer dans l'état s' en étant dans l'état s en choisissant l'action a ; $r : S \times A \longrightarrow \mathbb{R}$ est une *fonction de gain* (ou de pénalité) obtenue en choisissant l'action a en étant dans l'état s ; $\gamma \in [0, 1[$ est le facteur d'actualisation et $\beta : S \longrightarrow [0, 1]$ est une *distribution initiale des états* indiquant par $\beta(s)$ la probabilité de commencer par l'état s. Une *politique déterministe stationnaire* est une fonction $\pi : S \longrightarrow A$, qui préconise de prendre l'action $\pi(s)$ quand on est dans l'état s. Une *politique stochastique stationnaire* est une fonction $\tilde{\pi} : S \times A \longrightarrow [0, 1]$ qui indique avec une probabilité $\tilde{\pi}(s, a)$, que l'action a est choisie dans l'état s selon la politique $\tilde{\pi}$.

Une politique $\tilde{\pi}$ induit une *fonction de la fréquence de visite des états* $f^{\tilde{\pi}}$ où $f^{\tilde{\pi}}(s, a)$ est la probabilité conjointe totale d'être dans l'état s et de choisir l'action a (voir la Section 6.9 dans Puterman (1994)) où la somme est prise sur des trajectoires définies par $S_0 \sim \beta, A_t \sim \tilde{\pi}(S_t)$ et $S_{t+1} \sim P(.|S_t, A_t)$. La politique est calculable à partir de $f^{\tilde{\pi}}$ à travers $\tilde{\pi}(s, a)$:

$$f^{\tilde{\pi}}(s, a) = \sum_{s' \in S} \beta(s') \sum_{t=0}^{\infty} \gamma^{t-1}(S_t = s', A_t = a|S_1 = s), \quad \tilde{\pi}(s, a) = \frac{f^{\tilde{\pi}}(s, a)}{\sum_{a'} f^{\tilde{\pi}}(s, a')} .$$

Pour une politique déterministe π, nous avons $f^{\pi}(s, a) = 0, \forall a \neq \pi(s)$. Les politiques sont évaluées avec la *fonction valeur* $V : S \longrightarrow \mathbb{R}$:

$$V^\pi(s) = \mathbb{E}(\sum_{t=0}^{\infty} \gamma^t r(s_t, \pi(s_t)).$$

Une autre manière de définir la qualité de la politique est la *fonction Q-value* $Q : S \times A \longrightarrow \mathbb{R}$:

$$Q^\pi(s, a) = r(s, a) + \gamma \sum_{s' \in S} P(s'|s, a) V^\pi(s') . \tag{1}$$

Pour un état initial β, la valeur de la politique optimale est $\beta \cdot V^{\tilde{\pi}}$, cette quantité peut être exprimée en fonction de la fréquence de visite des états (voir Puterman (1994)) : $\beta \cdot V^{\tilde{\pi}} = r \cdot f^{\tilde{\pi}}$. Un MDP a toujours une politique optimale π^* tel que : $\pi^* = \text{argmax}_\pi \beta \cdot V^\pi$ ou $f^* = \text{argmax}_f r \cdot f$. Un IRMDP (Regan et Boutilier (2009)) est un tuple $M(S, A, P, r, \gamma, \beta)$ où S, A, P, γ et β sont définis comme dans le cas précédent, r est un ensemble de fonctions de récompense possible sur $S \times A$ et r modélise l'incertitude sur les valeurs des récompenses réelles. Comme c'est la cas des travaux de l'état de l'art (Alizadeh et al. (2015); Benavent et Zanuttini (2018); Regan et Boutilier (2009); Weng et Zanuttini (2013)), nous supposons que l'ensemble des récompenses possibles est représenté par un polytope $\mathcal{R} = \{r : Cr \leq d\}$.

Critère de regret minmax. Afin de résoudre l'IRMDP, nous utilisons le critère de *regret minmax* (voir Regan et Boutilier (2009); Xu et Mannor (2009)). Le *regret* d'une politique f^π basée sur une fonction de récompense $r \in \mathcal{R}$ est la perte ou la différence de valeur entre f et la politique optimale sous r, c'est à dire : $R(f^\pi, r) = \max_g r \cdot g - r \cdot f$. Le *regret maximal* pour une politique f^π est le regret maximal de cette politique par rapport à l'ensemble des récompenses $\mathcal{R}$ définit comme suit : $MR(f^\pi, \mathcal{R}) = \max_{r \in \mathcal{R}} R(f^\pi, r)$.

En d'autres termes, quand nous devons sélectionner la politique f; quelle est la pire des pertes sur toutes les récompenses possibles $\mathcal{R}$? Considérant cela comme un jeu, l'adversaire essaie de trouver une valeur de récompense afin de maximiser notre perte. Enfin, Nous définissons le *regret minmax* de l'ensemble des récompenses réalisables possibles $\mathcal{R}$ comme suit :

$$MM(\mathcal{R}) = \min_{f^\pi} MR(f^\pi, r) .$$

Toute politique f^* qui minimise le maximum de regret est une *politique de regret minmax optimale* Alizadeh et al. (2015); Benavent et Zanuttini (2018); Regan et Boutilier (2009); da Silva et Costa (2011); Xu et Mannor (2009). Dans cet article, nous utilisons l'approche présentée par Regan et Boutilier Regan et Boutilier (2009) basée sur la décomposition de Benders Benders (1962). L'idée est de formuler le problème sous la forme de séries de programmes linéaires (LP) et de programmes linéaires à nombres entiers mixtes (MILP) :

Programme Maître

$$\min_{\delta, f} \quad \delta \tag{2}$$
$$\text{s.t.:} \quad r \cdot g - r \cdot f \leq \delta \quad \forall \langle g_r, r \rangle \in \text{GEN} \tag{3}$$
$$\gamma E^\top f + \beta = 0 \tag{4}$$

Le programme maître est un programme linéaire calculant le minimum de regret en ce qui concerne toutes les combinaisons possibles de récompenses et de politiques adverses. Nous appelons GEN l'ensemble contenant toutes les combinaisons de récompenses et de politiques adverses. Le deuxième ensemble de contraintes du problème principal, $\gamma E^\top f + \beta = 0$ garantit que f est une fonction de fréquence de visite valide. Par souci d'abréviation, la matrice E est générée en fonction de la fonction de transition P; E est une matrice $|S||A| \times |S|$ avec une ligne pour chaque action, et une colonne pour chaque état :

$$E_{sa,s'} = \begin{cases} P(s'|s,a) & \text{if } s' \neq s \\ P(s'|s,a) - \frac{1}{\gamma} & \text{if } s' = s \end{cases}.$$

L'intuition derrière cette contrainte est liée au programme linéaire dual de l'équation de Bellman (voir par exemple Sutton et Barto (1998), Chapitre 4 ou Puterman (1994), Section 6.9).

Programme esclave

$$\max_{Q,V,I,r} \quad \beta \cdot V - r \cdot f \tag{5}$$
$$\text{s.t. :} \quad Q_a = r_a + \gamma P_a V \qquad \forall a \in A \tag{6}$$
$$V \geq Q_a \qquad \forall a \in A \tag{7}$$
$$V \leq (1 - I_a)M_a + Q_a \qquad \forall a \in A \tag{8}$$
$$Cr \leq d \tag{9}$$
$$\sum_{a \in A} I_a = 1 \tag{10}$$
$$I_a(s) \in \{0, 1\} \qquad \forall s \in S,\ a \in A \tag{11}$$
$$M_a = M^\top - M_a^\perp \qquad \forall a \in A \tag{12}$$

Le programme esclave reçoit une politique possible f^* et recherche une politique et une valeur de récompense qui maximise le regret de la politique donnée. Si ce n'est pas le cas, la procédure s'arrête et f^* est la politique (stochastique) qui minimise le regret maximum. L'interaction entre les programmes maître et esclave peut être vue comme un jeu à deux joueurs. Le programme maître trouve une politique optimale qui minimise le regret des adversaires donnés jusqu'ici par le programme esclave, tandis que le programme esclave recherche un adversaire avec le gain maximum par rapport à la politique maître.

Le problème esclave est une reformulation du MR($f, \mathcal{R}$) pour la politique reçue f du programme maître. La fonction objective $r \cdot g - r \cdot f$ est réécrite comme $\beta \cdot V - r \cdot f$. La contrainte (8) assure que l'équation (1) est satisfaite et les contraintes (9) et (10) assurent que $Q(s, a) = V(s), \forall s.$ [2] I est une matrice $|S| \times |A|$ définissant la politique liée à V. Les contraintes (10) et (11) imposent d'avoir une politique déterministe, c'est-à-dire avec une et une seule action sélectionnée a par état s. Notez que le programme esclave propose un adversaire déterministe au programme maître, alors que le programme maître approxime toujours une politique stochastique.

---

2. Pour chaque a, nous savons que la constante M_a est égale à $M^\top - M^\perp$, où $M^\top$ est la valeur de la politique optimale pour les valeurs de récompenses maximales et $M^\perp$ est la Q-valeur pour la politique optimale avec les récompenses minimales sur $\mathcal{R}$.

3 Le schéma branch-and-bound pour trouver la politique déterministe optimale

Nous nous intéressons, dans ce qui suit, à la manière d'obtenir une politique déterministe optimale pour un IRMDP. L'algorithme utilisé pour atteindre cet objectif est le branch-and-bound (voir Bertsimas et Weismantel (2005), Section 11 pour une explication détaillée). Dans notre application, la racine de l'arborescence de l'algorithme est associée à l'ensemble des politiques déterministes, tandis qu'une branche est obtenue en sélectionnant un couple (s, a) d'état et d'action et en imposant ensuite la disjonction suivante sur les deux nœuds enfants : (1) $f_{s,a'} = 0, \forall a' \neq a$ pour le nœud enfant "gauche" ; (2) $f_{s,a} = 0$ pour le nœud enfant "droit". Les disjonctions imposent au nœud enfant gauche de ne représenter que les politiques déterministes avec $f_{s,a} \neq 0$ (c'est-à-dire $\pi(s, a) = 1$). D'un autre côté, le nœud enfant droit représente les politiques déterministes avec $f_{s,a} = 0$ (c'est-à-dire $\pi(s, a) = 0$)[3]. Pour éviter d'explorer l'arbre entier, nous avons besoin d'un algorithme de calcul de borne inférieure pour élaguer les branches qui ne contiennent pas de politiques optimales. Dans notre cas, nous utilisons la politique stochastique optimale comme sous-estimateur de la politique déterministe optimale pour une branche donnée de l'arbre (nous sommes face à un problème de minimisation, de ce fait le sous-estimateur peut être vu comme une estimation optimiste de la politique). De cette façon, si un nœud a une politique stochastique supérieure à la meilleure politique déterministe trouvée jusqu'à présent, il n'est pas nécessaire de continuer à explorer cette branche et le nœud peut être élagué. L'ingrédient final du branch-and-bound est une procédure pour trouver des politiques déterministes réalisables. Dans notre implémentation, chaque politique stochastique calculée dans les procédures de délimitation est également déterministe ; sa valeur peut être utilisée pour mettre à jour la meilleure valeur connue de la politique déterministe.

La figure 1 présente le pseudocode de notre implémentation de l'algorithme branch-and-bound. L'algorithme commence par initialiser la valeur de la politique déterministe la plus connue à $+\infty$ et la liste des nœuds inexplorés au nœud racine. La boucle *while* extrait un nœud inexploré de la liste, corrige le f correspondant à sa sous-région de politiques déterministes réalisables et calcule une borne inférieure avec la décomposition de Benders. Si la politique stochastique optimale résultante a un regret maximum δ^* supérieur ou égal au regret maximum inférieur trouvé jusqu'ici pour une politique déterministe, aucun nœud supplémentaire n'est créé et la boucle extrait un autre nœud de la liste. Si le nœud n'est pas élagué mais la solution stochastique est déterministe, la valeur de la meilleure solution déterministe est mise à jour à δ^*. Comme dernière option, si la solution stochastique n'est pas déterministe, un état s avec plus d'un f différent de zéro est trouvé et le $f^*_{s,a}$ avec la valeur la plus élevée est utilisée pour créer les deux prochains nœuds enfants.

4 Analyse théorique de la politique déterministe optimale

Dans cette section, nous introduisons d'abord le concept intuitif d'heuristique déterministe, moyen d'obtenir une politique déterministe réalisable à partir d'une politique optimale stochas-

---

3. Le nombre total de choix (c'est-à-dire le nombre de paires d'états-actions) est fini, donc la taille de l'arbre du branch-and-bound est également finie.

Algorithme 1 : branch-and-bound pour la recherche d'une politique déterministe optimale

---

1 $BestVal := +\infty$ /* borne inf initialisée à l'infini */
2 $\mathcal{N} = \{\{\emptyset\}\}$ /* la liste des nœuds ouverts est initialisée à l'ensemble vide */
3 **while** $\mathcal{N} \neq \emptyset$ **do**
4   extraire le nœud N de $\mathcal{N}$
5   **for each** f **in** N **do** :
6   fixer $f = 0$ dans le problème maître
7   résoudre le problème maître avec la décomposition de Benders
8   soit $(\delta^*, f^*) :=$ la solution optimale du problème maître
9   **if** $\delta^* < BestVal$ **then** : /*comparer la politique stochastique à la meilleure politique déterministe*/
10   **if** f^* est déterministe **then** :
11             $BestVal = \delta^*$ /* mettre à jour la meilleure politique déterministe */
12   **else** : /* créer les deux nœuds enfants */
13   trouver $f^*_{s,a}$ qui correspond à l'état non déterministe
14             $N_L := N \cup_{s' \neq s} f_{s',a}$
15             $N_R := N \cup f_{s,a}$
16             $\mathcal{N} := \mathcal{N} \cup N_L \cup N_R$

---

tique. Par la suite, nous analysons les situations dans lesquelles une telle heuristique pourrait fournir un maximum de regrets, loin de celui donné par la politique déterministe optimale.

Une heuristique de déterminisation.   Pour obtenir une politique déterministe réalisable à partir d'une politique optimale stochastique, nous introduisons le concept intuitif d'heuristique de déterminisation. Cette heuristique sera comparée, dans les expérimentations à l'algorithme optimal proposé dans la section précédente. Soit $\bar{f}$ une valeur de fréquence de visite donnée pour une politique stochastique optimale. La politique déterminisée [4] $\hat{\pi}$ peut être calculée comme suit : pour chaque $s' \in S$: trouver une action $a' = \text{argmax}_{a \in A} f_{s',a}$ et fixer le reste de l'action à zéro : $\hat{f}_{s',a} = 0, \forall a \neq a'$. Et au final, récupérer la politique déterministe $\hat{\pi}$ obtenue.

Exemple : IRMDP trident.   On définit un *IRMDP trident* avec trois états s_0, s_1, s_2, trois actions a_0, a_1, a_2, un facteur de réduction $\gamma = 1$, une fonction de transition $P(s_0|s_2, a_0) = 1$, $P(s_1|s_2, a_1) = 1$, $P(s_0|s_2, a_2) = T_0$ et $P(s_1|s_0, a_2) = T_1$ [5] et deux récompenses inconnues associées à s_0 et s_1 : $r(a_0) = r_0 \in [-A, +A]$ et $r(a_1) = r_1 \in [-A + B, +A + B]$ avec $A, B > 0$ et $A \gg B$. Ainsi, $\mathcal{R} = [-A, +A] \times [-A + B, A + B]$. La distribution initiale sur les états est $\beta(s_0) = \beta(s_1) = 0$ et $\beta(s_2) = 1$.

Les propositions suivantes donnent une caractérisation complète des politiques optimales stochastiques et déterministes pour le MDP Trident. Par facilité de notation, nous utilisons

---

4. Nous utiliserons, dans la suite de ce papier, "politique déterminisée" toute politique déterministe obtenue à partir d'une politique stochastique en utilisant notre algorithme.

5. Dans cette formulation, les récompenses dépendent des états. Ils peuvent être facilement modifiés pour la notation de fonction de récompense donnée dans cet article $r(s, a)$

π_a à la place de $\pi(s_2, s_a)$, r_0 à la place de $r(s_0)$ et r_1 à la place de $r(s_1)$. Chaque politique stochastique sur le MDP trident peut être démontrée sous la forme d'un tuple $\pi = (\pi_0, \pi_1, \pi_2)$. Les fréquences sont également simplifiées comme suit : $f = (f_0, f_1, f_2)$.

Proposition 1. *La stratégie stochastique optimale minimisant le maximum de regret (voir la section 2) pour le MDP Trident est la stratégie* $\tilde{\pi} = (\pi_0, \pi_1, \pi_2)$ *défini comme suit :*

$$\pi_0 = \frac{2A - B}{4A}, \quad \pi_1 = \frac{2A + B}{4A}, \quad \pi_2 = 0 .$$

Démonstration. Nous constatons d'abord que pour chaque politique $\pi' = (\pi'_0, \pi'_1, \pi'_2)$ avec $\pi'_2 > 0$, il est possible de construire une politique $\pi'' = (\pi''_0, \pi''_1, \pi''_2)$ avec $\pi''_2 = 0$ et de la même manière : $\pi''_0 = \pi'_0 + \pi'_2 T_0$, $\pi''_1 = \pi'_1 + \pi'_2 T_1$. Et si nous calculons la valeur de la première politique, on obtient : $\beta \cdot V^{\pi'} = V^{\pi'}(s_2) = r_0 \pi'_0 + r_1 \pi'_1 + r_0 T_0 \pi'_2 + r_1 T_1 \pi'_2 = r_0(\pi'_0 + T_0 \pi'_2) + r_1(\pi'_1 + T_1 \pi'_2) = r_0 \pi''_0 + r_1 \pi''_1 = V^{\pi''}(s_2) = \beta \cdot V^{\pi''}$. Ce qui montre que les deux politiques ont les mêmes valeurs. De plus, $\beta \cdot V^{\pi'} = \beta \cdot V^{\pi''}, \forall r \in \mathcal{R}$. On déduit que π' et π'' ont un maximum de regret équivalent a cause de l'égalité suivante : $MR(\pi', \mathcal{R}) = \max_r \max_g r \cdot g - \beta \cdot V^{\pi'} = \max_r \max_g r \cdot g - \beta \cdot V^{\pi''} = MR(\pi'', \mathcal{R})$. On peut supposer qu'il existe une politique stochastique optimale avec $\pi_2 = 0$ comme solution du regret minmax. La deuxième partie de la preuve consiste à calculer la valeur de la politique optimale en considérant $\tilde{\pi} = (\pi_0, \pi_1, 0)$ où $\pi_0, \pi_1 \geq 0$ de même $\tilde{f} = (f_0, f_1, 0)$. On constate que la politique de l'adversaire dont la fréquence de visite est donnée par g est aussi déterministe (voir 2). Il n'existe, de ce fait, que deux règles d'adversaires : $g = (g_0, g_1, g_2)$ où $g_0 = g_2 = 0$ et $g_1 > 0$ ou à l'inverse : $g' = (g_0, g_1, g_2)$ où $g_0 > 0$ et $g_1 = g_2 = 0$. Nous remarquons qu'avec des arguments analogues à ceux de la première partie de la preuve, nous pouvons exclure le cas où $g_2 \geq 0$.

Sachant que le regret maximum est le maximum entre deux choix pour les politiques de l'adversaire, le regret maximum associé à la politique $g = (0, g_1, 0)$ (obtenue en fixant $r_0 = -A$ et $r_1 = A + B$) est : $r \cdot g - r \cdot \tilde{f} = A + B + A\pi_0 - (A + B)\pi_1$. Et le regret maximum associé à la politique $g' = (g_0, 0, 0)$ où $g_0 > 0$ est obtenue en fixant $r_0 = A$ et $r_1 = -A + B$, donnant : $r \cdot g - r \cdot \tilde{f} = A - A\pi_0 - (B - A)\pi_1$.

Minimiser le regret maximum, consiste dans notre cas, à trouver les valeurs de π_0 et π_1 qui minimisent le maximum des deux quantités précédemment citées. La politique stochastique optimale peut donc être obtenue par la résolution du système à deux équations suivant : $A + B + A\pi_0 - (A + B)\pi_1 = A - A\pi_0 - (B - A)\pi_1$ et $\pi_0 + \pi_1 = 1$. Cela a comme solution optimale les valeurs $\pi_0 = \dfrac{2A - B}{4A}$ et $\pi_1 = \dfrac{2A + B}{4A}$, concluant la preuve. $\square$

De cette proposition 1, on déduit le lemme suivant :

Lemme 1. *La politique de déterminisation pour le MDP Trident est* $\hat{\pi} = (0, 1, 0)$ *et son regret maximum est* $MR(\hat{f}, \mathcal{R}) = 2A - B$.

Démonstration. C'est une conséquence directe du fait que dans la politique stochastique optimale nous avons toujours $\pi_1 > \pi_2$ et $\pi_0 = 0$. $\square$

Proposition 2. *Si* $T_1 > T_0$ *alors la politique déterministe optimale prendra la valeur de* $\pi^* = (0, 0, 1)$ *et son regret maximum sera de* $MR(f^*, \mathcal{R}) = A - AT_0 + (A - B)T_1$.

Démonstration. Cette preuve est apportée en calculant explicitement le maximum de regret des trois politiques déterministes possibles suivantes : $\pi = (1, 0, 0), \pi' = (0, 1, 0), \pi'' = (0, 0, 1)$

Le regret maximum (RM) pour $\pi = (1, 0, 0)$. Nous voulons trouver la politique de l'adversaire qui maximise le regret de la politique π. Nous le faisons en calculant toutes les combinaisons possibles de politiques et de récompenses de l'adversaire :

— Si la fréquence de visite pour la politique de l'adversaire est $g = (0, g_1, 0)$ où $g_1 > 0$, la récompense maximisant le regret sera $r_0 = -A$ et $r_1 = A + B$, conduisant à un regret maximum de (a) $A + B - (-A) = 2A + B$

— Si la politique de l'adversaire est $g' = (0, 0, g_2)$ où $g_2 > 0$, nous devons vérifier les quatre combinaisons de récompenses extrêmes :
  — $r_0 = -A$ et $r_1 = A+B$. RM de (b) $-AT_0 + (A+B)T_1 + A = (1-T_0+T_1)A + T_1B$
  — $r_0 = A$ et $r_1 = A+B$. RM de (c) $AT_0 + (A+B)T_1 - A = (-1+T_0+T_1)A + T_1B$
  — $r_0 = A$ et $r_1 = -A+B$. RM de (d) $AT_0 + (-A+B)T_1 - A = (-1+T_0-T_1)A + T_1B$
  — $r_0 = -A$ et $r_1 = -A+B$. MR de (e) $-AT_0 + (-A+B)T_1 + A = (1-T_0-T_1)A - T_1B$

  Par construction, nous avons $A \gg B$ et $T_0 + T_1 = 1$, cela implique que l'équation $(a) \geq \max \{(b),(c),(d),(e)\}$. Par conséquent, le regret maximum si $g_2 > 0$ est de $MR(f^\pi, \mathcal{R}) = 2A + B$.

Regret maximum pour $\pi' = (0, 1, 0)$. Il est trivial de vérifier, avec des calculs analogues à celui utilisé ci-dessus pour calculer le regret de π, que le regret maximum est dans ce cas égal à $MR(f^{\pi'}, \mathcal{R}) = 2A - B$.

Regret maximum pour $\pi'' = (0, 0, 1)$. Dans ce cas également, nous devons examiner les deux cas suivants : $g = (g_0, 0, 0)$ où $g_0 > 0$ et $g' = (0, g_1, 0)$ avec $g_1 > 0$. Pour g, nous fixons $r_0 = A$ et $r_1 = -A + B$, obtenant ainsi un regret égal à (f) $A - AT_0 + (A - B)T_1$. Et pour g', nous fixons $r_0 = -A$ et $r_1 = A + B$, obtenant un regret égal à (g) $A + B + AT_0 - (A+B)T_1$. Le maximum entre (f) et (g) dépend des valeurs de T_0 et T_1. En fixant $A - AT_0 + (A-B)T_1 \geq A + B + AT_0 - (A+B)T_1$ nous obtenons : $2AT_1 \geq 2AT_0 + B$.

Nous rappelons que par construction nous avons $A \gg B$, cela implique que si $T_1 > T_0$ (resp. $T_1 \leq T_0$) le maximum de regret est alors égale à (f) (resp. (g)). Le minimum des regrets maximum trouvés jusqu'à présent est celui obtenu pour $\pi = \pi' = (0, 1, 0)$, qui est égal à $MR(f^{\pi'}, \mathcal{R}) = 2A - B$. Il reste donc à vérifier pour quelles valeurs de $T_0 > T_1$ nous avons $2A - B \geq (f) : A - AT_0 + (A-B)T_1 \leq 2A - B \Leftrightarrow A - A(1-T_1) + (A-B)T_1 \leq 2A - B \Leftrightarrow (2A-B)T_1 \leq 2A-B \Leftrightarrow T1 \leq 1$. Puisque nous avons par construction $T_1 \leq 1$, nous pouvons conclure que pour tout $T_1 > T_0$ la politique déterministe optimale est $\pi^* = \pi'' = (0, 0, 1)$ et son regret maximum est égal à $MR(f^{\pi''}, \mathcal{R})A - AT_0 + (A - B)T_1$. □

La proposition 2 et le lemme 1 montrent que pour tout MDP Trident, la politique déterministe optimale et la politique déterministe sont toujours différentes. Le lemme suivant montre que la politique de déterminisation peut être bien pire que la politique déterministe optimale :

Lemme 2. *Le rapport entre le regret maximum de la politique déterminisée et la politique déterministe optimale passe à 2 avec l'augmentation de la valeur de A par rapport à B et l'augmentation de T_1. En d'autres termes :* $\lim_{A/B \to \infty, T_1 \to \frac{1}{2}^+} \dfrac{2A - B}{A - AT_0 + (A - B)T_1} = 2$

Démonstration. La preuve découle du calcul de la limite. □

$\lvert S \rvert$	$\lvert A \rvert$	VR	TR	% diff	Comp. Time
5	2	1.07	1.83	50%	2.59
	3	1.03	2.44	20%	5.05
	4	1.09	2.17	50%	5.28
	5	1.07	2.85	50%	8.03
	10	1.02	2.5	30%	13.76
10	2	1.11	4.11	90%	21.78
	3	1.15	7.63	80%	81.67
	4	1.04	9.19	60%	312.05
	5	1.06	8.42	90%	570.15
	10	1.01	18.79	90%	1886.05
15	2	1.04	6.91	60%	94.95
	3	1.05	18.75	80%	2240.4
	4	1.01	20.04	80%	5366.92
	5	1.03	32.1	100%	7677.25
Avg.		1.06	7.77	70%	1306.14

TAB. 1 – *Ratio temporel et de valeurs pour les MDPs* `aléatoires`.

D'un point de vue théorique, on ignore toujours si certains MDP peuvent avoir un ratio supérieur à 2 (ou même un ratio allant à l'infini). D'un point de vue pratique, ce petit exemple montre comment l'utilisation de la politique de déterminisation peut conduire à un maximum de regret de 100% loin de l'optimum.

5   Résultats expérimentaux

Nous allons proposer une évaluation expérimentale de nos algorithmes basée sur deux classes d'instances d'IRMDP : (1) MDPs (`aléatoires`) et (2) MDPs en (`Diamants`). Pour un MDP donné, soit $MR(f^{\hat{\pi}}, \mathcal{R})$ le regret maximum de la politique déterminisée et $MR(f^{\pi^*}, \mathcal{R})$ le regret maximum de la politique déterministe optimale. Nous définissons le Ratio de valeur de tels MDPs comme suit : $VR = MR(f^{\hat{\pi}}, \mathcal{R})/MR(f^{\pi^*}, \mathcal{R})$. De plus, soit $\hat{T}$ (respectivement T^*) le temps de calcul nécessaire pour calculer la politique déterminisée (respectivement optimale), nous définissons le ratio temporel comme suit : $TR = T^*/\hat{T}$.

5.1   MDPs aléatoires

Analyse des résultats   Dans le tableau 1, nous présentons les résultats concernant les performances de notre algorithme sur des MDP aléatoires (voir Alizadeh et al. (2015)) avec $\lvert S \rvert \in \{5, 10, 15\}$, $\lvert A \rvert \in \{2, \ldots, 5, 10\}$. Pour chaque combinaison d'états et d'actions, nous avons présenté des résultats moyens supérieurs à 10 pour différentes simulations. Les deux premières colonnes indiquent le rapport de valeur et le rapport de temps (VR et TR). La colonne `% diff` montre le pourcentage de cas où la politique optimale est différente de la politique déterminisée. La dernière colonne montre le temps de calcul de l'algorithme de branch-and-bound (`Base`) présenté dans la Section 3. Nous remarquons qu'en moyenne, dans 70% du temps, la politique déterministe optimale diffère de la politique déterminisée, tandis que le regret maximal de la politique déterminisée est de 6% plus mauvais que la politique déterministe optimale. Cet écart modéré est probablement dû au fait que les MDP aléatoires ne présentent pas de structure particulière. Le calcul de la politique déterministe optimale est à un ordre de grandeur plus lent que le calcul de la politique déterminisée. Cette écart est acceptable, si l'on considère que dans chaque nœud du branch-and-bound la procédure de délimitation se réduit à un problème aussi difficile que le calcul de la politique stochastique optimale.

5.2 MDPs en diamant

p	5	10	15	20	25	30	35	40	45	Avg.
VR	1.66	1.24	1.16	1.13	1.15	1.15	1.15	1.14	1.16	**1.22**
TR	10.23	7.44	6.32	6.48	7.67	5.93	7.62	10.46	13.80	**8.44**

TAB. 2 – *Le Ratio temporel et Le Ratio de valeurs pour les MDP en* `Diamant`.

Analyse des résultats Cette classe de MDPs a été introduite dans Benavent et Zanuttini (2018). Nous proposons une généralisation de cette famille de MDP en testant une gamme de paramètres pour la probabilité $p \in \{0.05, 0.10, \ldots, 0.45\}$ pour atteindre le nœud enfant gauche (resp. droit) et une probabilité de $1 - p$ (resp. p) pour atteindre son nœud parent sinon. Dans la table 2, nous montrons comment le Ratio de Valeur change avec l'augmentation de p. Dans les MDPs en diamant, la situation est différente : le regret maximal de la politique déterminisée est de 20 % plus mauvaise que celle de la politique déterministe optimale. De plus, le temps de calcul de la politique déterministe optimale est inférieur d'un ordre de grandeur à celui requis par la politique déterminisée. Ces résultats montrent comment, en présence d'une structure spécifique, la différence entre $MR(f^{\tilde{\pi}}, \mathcal{R})$ et $MR(f^{\pi^*}, \mathcal{R})$ augmente significativement.

6 Conclusions

Nous avons présenté un algorithme pour trouver une politique déterministe optimale qui minimise le regret maximal d'un processus de décision de Markov avec des récompenses imprécises et inconnues. L'algorithme proposé consiste en un branch-and-bound qui utilise la décomposition de Benders comme procédure de délimitation. Nous motivons (au niveaux théorique et expérimental) l'utilisation de politiques déterministes par rapport à des politiques stochastiques en montrant que les procédures de déterminisation de base peuvent trouver des politiques déterministes loin d'être optimales.

Références

Ahmed, A., P. Varakantham, M. Lowalekar, Y. Adulyasak, et P. Jaillet (2017). Sampling based approaches for minimizing regret in uncertain markov decision processes (mdps). *J. Artif. Intell. Res. 59*, 229–264.

Alizadeh, P., Y. Chevaleyre, et J. Zucker (2015). Approximate regret based elicitation in markov decision process. In *RIVF*, pp. 47–52. IEEE.

Benavent, F. et B. Zanuttini (2018). An Experimental Study of Advice in Sequential Decision-Making under Uncertainty. In *AAAI*.

Benders, J. F. (1962). Partitioning procedures for solving mixed-variables programming problems. *Numer. Math.*, 238–252.

Bertsimas, D. et R. Weismantel (2005). *Optimization Over Integers*.

da Silva, V. F. et A. H. R. Costa (2011). A geometric approach to find nondominated policies to imprecise reward mdps. ECML PKDD'11, pp. 439–454.

Mannor, S., O. Mebel, et H. Xu (2012). Lightning does not strike twice : Robust mdps with coupled uncertainty. *CoRR abs/1206.4643*.

Mannor, S., D. Simester, P. Sun, et J. N. Tsitsiklis (2007). Bias and variance approximation in value function estimates. *Management Science*, 308–322.

Nilim, A. et L. E. Ghaoui (2005). Robust control of markov decision processes with uncertain transition matrices. *Operations Research 53*(5), 780–798.

Puterman, M. L. (1994). *Markov Decision Processes : Discrete Stochastic Dynamic Programming* (1st ed.). New York, NY, USA : John Wiley & Sons, Inc.

Regan, K. et C. Boutilier (2009). Regret-based reward elicitation for markov decision processes. In *UAI*, pp. 444–451. AUAI Press.

Sutton, R. S. et A. G. Barto (1998). *Introduction to Reinforcement Learning* (1st ed.). Cambridge, MA, USA : MIT Press.

Weng, P. et B. Zanuttini (2013). Interactive value iteration for markov decision processes with unknown rewards. In *IJCAI*, pp. 2415–2421.

Wiesemann, W., D. Kuhn, et B. Rustem (2013). Robust markov decision processes. *Mathematics of Operations Research 38*(1), 153–183.

Xu, H. et S. Mannor (2009). Parametric regret in uncertain markov decision processes. In *CDC*, pp. 3606–3613. IEEE.

Summary

In some real world applications of sequential decision making under uncertainty, a stochastic policy is not easily interpretable for the system users. This might be due to the nature of the problem or to the system requirements. In these contexts, it is more convenient (inevitable) to provide a deterministic policy to the user. We propose an approach for computing a deterministic policy for a Markov Decision Process with Imprecise Rewards. To motivate the use of an exact procedure for finding a deterministic policy, we show some cases where the intuitive idea of using a deterministic policy obtained after "determinising" (rounding) the optimal stochastic policy leads to a deterministic policy different from the optimal.

Régler le processus d'exploration dans l'analyse relationnelle de concepts – Le cas de données hydroécologiques

Amirouche Ouzerdine*, Agnès Braud**, Xavier Dolques***,
Marianne Huchard*, Florence Le Ber**

* LIRMM, Univ Montpellier, CNRS, Montpellier, France
labib23dz@hotmail.com, huchard@lirmm.fr
** ICube, Université de Strasbourg, CNRS, ENGEES, France
agnes.braud@unistra.fr, florence.leber@engees.unistra.fr,
*** Movidone, Strasbourg, France
xavier.dolques@laposte.net

Résumé. Cet article s'intéresse à l'exploration de jeux de données multi-relationnelles, et aux différentes manières de les analyser en utilisant l'analyse relationnelle de concepts (ARC), une variante de l'analyse formelle de concepts. L'ARC utilise plusieurs quantifieurs d'échelonnage qui rendent le processus d'analyse finement réglable, permettant une grande flexibilité dans l'exploration et dans ses résultats. En contrepartie, l'analyste peut être submergé par l'ensemble des choix qu'il doit faire au cours de l'analyse. Pour traiter ce problème, nous proposons trois sur-couches qui aident l'analyste à anticiper et contrôler les résultats de ses choix. Notre proposition est appliquée à un jeu de données sur la qualité des eaux de rivières.

1 Introduction

Les jeux de données multi-relationnelles suivent un schéma (modèle de données), où des entités (objets) de plusieurs catégories sont décrites par leurs caractéristiques (attributs) et où des relations relient les objets des différentes categories. Les experts des domaines concernés les exploitent dans le cadre de différentes tâches : consultation ou exploration, requêtage, extraction de motifs, ou encore classification, au sens d'organiser dans une hiérarchie de généralisation des ensembles d'objets similaires. Cet article se concentre sur la tâche d'*exploration* fondée sur une telle organisation hiérarchique.

L'analyse formelle de concepts, ou AFC (Ganter et Wille, 1999), et ses extensions apportent des méthodes qui contribuent à l'exploitation des données, notamment multi-relationnelles (Liquière et Sallantin, 1998; Kötters, 2013; Ferré, 2015; Ferré et al., 2005; Hacene et al., 2013). Parmi ces méthodes, l'analyse relationnelle de concepts (ARC) a été spécialement conçue pour les tâches sus-citées (Hacene et al., 2013). Cette méthode construit un ensemble de classsifications interconnectées, qui peuvent être utilisées pour extraire des motifs et des règles d'implication portant sur les liens inter-objets ainsi que sur des abstractions de ces liens.

L'ARC a pour caractéristique principale de construire des abstractions des liens inter-objets en appliquant des opérations d'échelonnage sur des groupes d'objets. Ces abstractions permettent de grouper des objets qui ont *au moins un / seulement un / tous / au moins 30% / etc.* (parmi) leurs liens sortants pour une certaine relation vers un autre groupe d'objets identifié ; ces quantifieurs sont appelés quantifieurs d'échelonnage. Ceci permet de propager des regroupements d'objets à travers des chaînes de liens inter-objets. Combinée avec la nature incrémentale et exploratoire de l'ARC, où à chaque étape on peut choisir les relations à considérer, la variété des quantifieurs rend le processus très finement réglable (Braud et al., 2018).

D'un côté, ces possibilités de réglage rendent les résultats de l'ARC très expressifs, avec des descriptions utilisant des quantifieurs autres que les classiques quantifieurs universel et existentiel. D'un autre côté, la multiplicité des choix à réaliser lors d'une tâche d'analyse peut submerger l'analyste. Pour traiter ce problème, une adaptation de l'ARC a été proposée par Dolques et al. (2015), où les relations sont explorées de façon graduelle grâce à une configuration pas-à-pas plutôt que globale. Néanmoins, à notre connaissance, aucun outil n'existe qui permette de guider l'utilisateur et de rendre le processus plus intuitif.

Dans cet article, nous proposons d'introduire de la connaissance dans le processus de l'ARC pour faciliter l'analyse : de la connaissance a priori fournie par l'utilisateur pour contraindre le processus au départ, et de la connaissance fournie par le processus à l'utilisateur, qui peut ainsi mieux décider comment le régler. Nous proposons trois sur-couches du processus de l'ARC : la première permet d'exprimer des contraintes sur les quantifieurs, pour en faire un choix cohérent ; la seconde permet de traduire des requêtes de haut niveau (du niveau schéma), qui sont difficiles à exprimer par les utilisateurs, en des expressions d'un langage contrôlé ; la troisième permet de donner des métriques quantitatives sur les treillis et sur les règles d'implication obtenus par des réglages voisins du réglage courant afin d'aider les utilisateurs à affiner leur analyse. Nous appliquons nos propositions à un jeu de données sur la qualité des eaux de rivières, issu du projet FRESQUEAU [1], qui concerne les relations entre l'état physico-chimique de l'eau et les caractéristiques des taxons (macroinvertebrés) qui y vivent. Ce jeu de données est réduit à des fins d'illustration : des jeux de données plus importants, et dans d'autres domaines, peuvent être traités par des techniques de seuillage ou de sélection de concepts,

L'article est organisé de la manière suivante. La section 2 présente le type d'exploration relationnelle que l'ARC permet et pourquoi il peut être difficile pour les experts de conduire une analyse. La section 3 présente l'ARC et son utilisation comme outil de requête. La section 4 décrit les trois sur-couches et les illustre sur les données FRESQUEAU. Nous concluons et dressons quelques perspectives dans la section 5.

2 Exploration de jeux de données relationnelles

De nombreuses données sont multi-relationnelles de façon inhérente, impliquant des relations de différentes natures. Ceci motive le développement de méthodes pour extraire des motifs relationnels ou des règles d'association relationnelles, induire des arbres de décision relationnels, ou encore construire des classes en utilisant des distances relationnelles (Džeroski, 2003). Dans le domaine de l'AFC, les données relationnelles sont envisagées par le biais de représentations à base de graphes (Liquière et Sallantin, 1998; Kötters, 2013; Ferré, 2015), sous forme d'expressions logiques (Ferré et al., 2005) ou sous forme tabulaire, comme dans l'ARC (Hacene et al., 2013).

---

1. http ://engees-fresqueau.unistra.fr

Quand les experts ont une connaissance vague des données et quand leurs questions sont générales, une approche exploratoire s'avère adaptée (Wildemuth et Freund, 2012; Palagi et al., 2017). L'exploration des données peut alors être complètement libre, ou guidée par ces questions générales, souvent au niveau du schéma des données (concepts et relations).

Nous utilisons ici comme illustration un cas d'exploration typique pour un hydroécologue étudiant l'effet de l'état physico-chimique des eaux d'une rivière sur les caractéristiques (ou traits de vie) des taxons qui y vivent. Un extrait du modèle de données est montré sur la figure 1 : les sites échantillonnés (par différentes techniques de prélèvement) ont une certaine abondance de taxons (identifiants d'êtres vivants, ici des macroinvertebrés, organisés en genres et familles) qui ont une certaine affinité pour certaines modalités de traits de vie (p. ex. modalités de taille maximale, stade aquatique – œuf, larve, nymphe – mode de respiration, mode de locomotion). Les sites échantillonnés sont aussi décrits par des mesures sur des paramètres physico-chimiques (PC) (p. ex. nitrites, minéraux, matière organique, température) organisés en catégories selon leur nature. Pour chaque relation, le niveau varie en 5 degrés d'intensité dépendant du nombre d'individus d'un taxon sur le site pour l'*abondance*, de la part de population d'un taxon montrant une modalité d'un trait de vie pour l'*affinité* et de la valeur mesurée sur le site échantillonné pour une *mesure de paramètre PC*. Pour les besoins de l'analyse, chaque relation entre les catégories d'objets est divisée en 5 relations correspondant aux niveaux.

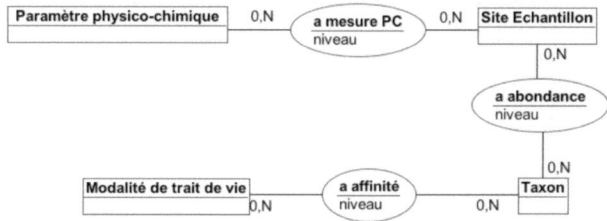

FIG. 1 – *Extrait du modèle de données du projet* FRESQUEAU

Une question générale posée par les hydroécologues est : *quels sont les liens entre les traits de vie des taxons et les valeurs des paramètres physico-chimiques ?* L'exploration du jeu de données pour répondre à cette question peut prendre plusieurs formes, comme l'extraction de règles impliquant les relations, ou le regroupement d'objets de différentes catégories (comme les sites échantillonnés ou les taxons) selon leurs attributs et les objets d'autres catégories avec lesquels ils sont connectés. Par exemple, les experts peuvent être intéressés par les réponses à la question suivante : *trouver des groupes de sites échantillonnés qui ont (1) un certain niveau d'abondance pour un groupe de taxons, ayant eux-même en commun un groupe de traits de vie avec un certain niveau d'affinité et qui ont (2) à un certain niveau, des paramètres physico-chimiques d'un certain groupe.* Les résultats peuvent révéler, par exemple : un groupe de sites contenant des taxons avec une durée de vie longue, et contenant beaucoup de matières organiques ; un groupe de sites avec un haut niveau de minéraux dissous, et contenant des taxons qui se déplacent en rampant (mode de locomotion). Pour une étude plus précise, la question générale et les groupes extraits peuvent être raffinés dans plusieurs directions. Pour en donner seulement un exemple, considérons la question suivante (les termes en caractères gras indiquent des points de variabilité dans la question) :

> — *trouver des groupes de sites échantillonnés qui ont (1) un **certain** niveau d'abondance pour un groupe de taxons (et **plus de 60%** des taxons de chaque site sont dans ce groupe), ayant eux-même **seulement** des traits de vie dans un même groupe de traits de vie avec un certain niveau d'affinité et qui ont (2) à un certain niveau de concentration, **tous les** paramètres physico-chimiques d'un certain groupe.*

D'une part, reformuler la question générale avec ces indications est important pour les experts car ils ont besoin de réponses précises et peuvent aussi vouloir changer le focus de leur analyse. D'autre part, le raffinement peut être fait dans de nombreuses directions, et les experts peuvent être rapidement perdus. Par ailleurs, choisir un raffinement plutôt qu'un autre peut conduire à des ensembles de résultats trop restrictifs, ou au contraire, à des ensembles trop larges. Finalement, les résultats sont des ensembles de groupes d'objets reliés qui respectent un certain schéma de question. Ces groupes peuvent être nombreux et peuvent se spécialiser les uns les autres, comme nous le montrons plus loin.

3   L'ARC, un outil pour l'interrogation de données

L'analyse relationnelle de concepts (Hacene et al., 2013) étend l'analyse formelle de concepts (Ganter et Wille, 1999) aux jeux de données multi-relationnelles et ajoute aux approches citées précédemment une panoplie d'opérateurs et une approche itérative qui permet de suivre la propagation de la connaissance, de faciliter la compréhension du processus de formation des motifs, des règles ou des classifications et de favoriser le raisonnement, y compris abductif. Les jeux de données multi-relationnelles y sont représentés par des familles relationnelles de contextes (RCF), composées de contextes formels et de relations. Chaque contexte formel (ou *contexte objets-attributs*) représente un ensemble d'objets d'une certaine catégorie par ses attributs. Une relation (ou *contexte objets-objets*) connecte les objets des différentes catégories (ou de la même catégorie).

Définition 1 (Famille relationnelle de contextes (RCF)) *Une famille relationnelle de contextes est une paire* $(\mathbf{K}, \mathbf{R})$ *où :* $\mathbf{K} = \{\mathcal{K}_i\}_{i=1,\dots,n}$ *est un ensemble de* $\mathcal{K}_i = (G_i, M_i, I_i)$ *contextes objets-attributs et* $\mathbf{R} = \{r_j\}_{j=1,\dots,p}$ *est un ensemble de* r_j *relations (contextes objets-objets) où* $r_j \subseteq G_k \times G_l$ *pour* $k, l \in \{1, \dots, n\}$.

Le tableau 3 montre un exemple simplifié de RCF inspiré de notre application dans le domaine hydro-écologique (a_abondance est ici une relation binaire pour simplifier l'illustration). Le contexte formel `Taxon` introduit :
- les taxons *Aeschnidae* (`Aes.`), *Agabus* (`Agb.`), *Agraylea* (`Aga.`), *Agriotypus* (`Agi.`), *Ancylus* (`Anc.`), *Anisus* (`Ani.`), *Anodonta* (`Ano.`), *Anthomyiidae* (`Ant.`).
- cinq attributs décrivant leur micro-habitat (rochers, graviers, sable, macrophytes, débris organiques).

Le contexte formel `SiteEchantillon` décrit 8 sites par les caractéristiques de leur flux (torrent, eau calme) et leurs composants chimiques. Le contexte objets-objets `a_abondance` connecte les 8 sites aux taxons qui y ont été trouvés durant l'échantillonage.

L'AFC peut être appliquée aux contextes formels `Taxon` et `SiteEchantillon` pour former des hiérarchies de groupes d'objets partageant des attributs communs (concepts).

Taxon	rochers	graviers	sable	macrophytes	debrisOrg
Aes					×
Agb			×		×
Aga			×		
Agi	×	×	×		×
Anc	×	×			
Ani	×	×	×		×
Ano				×	×
Ant	×	×			

SiteEchantillon	torrent	eauCalme	NH4	SO4	Ca	Mg	C3H8NO5P
se1	×		×				
se2	×		×				
se3		×		×			
se4		×		×			
se5		×		×			×
se6		×		×			×
se7		×		×		×	
se8		×		×	×		

a_abondance	Aes	Agb	Aga	Agi	Anc	Ani	Ano	Ant
se1					×			×
se2					×			×
se3	×	×		×		×		×
se4	×	×		×		×		×
se5				×		×	×	
se6				×	×	×		
se7		×	×					×
se8		×					×	×

TAB. 1 – *RCF* : `Taxon`, `SiteEchantillon`, `a_abondance`.

Définition 2 (Concept formel) *Etant donné un contexte objets-attributs $K = (G, M, I)$, un concept associe un ensemble maximal d'objets avec l'ensemble maximal des attributs qu'ils partagent, pour former une paire $C = (Extension(C), Intension(C))$ telle que :*
$Extension(C) = \{g \in G | \forall m \in Intension(C), (g, m) \in I\}$ est l'extension du concept (objets couverts par le concept) ; $Intension(C) = \{m \in M | \forall g \in Extension(C), (g, m) \in I\}$ est l'intension du concept (attributs partagés).

Les concepts formels sont ordonnés par une relation de spécialisation/généralisation, denotée par $\preceq_C$, fondée sur la relation d'inclusion ensembliste. Etant donnés deux concepts formels $C_1 = (E_1, I_1)$ and $C_2 = (E_2, I_2)$, $C_2 \preceq_C C_1$ si et seulement si $E_2 \subseteq E_1$ (et de façon équivalente $I_1 \subseteq I_2$). C_2 est une spécialisation (i.e., sous-concept) de C_1. C_1 est une généralisation (i.e., super-concept) de C_2. L'intension de C_2 hérite des attributs de l'intension de C_1, tandis que l'extension de C_1 hérite des objets de l'extension de C_2. L'ordre $\preceq_C$ munit l'ensemble des concepts de K d'une structure de treillis, appelée treillis de concepts de K.

La figure 2 montre les treillis de concepts associés aux contextes formels des sites échantillonnés (à gauche) et des taxons (à droite). Le treillis des sites échantillonnés met en évidence le groupe de sites échantillonnés dans des eaux calmes ($C\_SiteEchantillon\_5$) versus le groupe des sites échantillonnés dans des torrents ($C\_SiteEchantillon\_4$). Les sites échantillonnés dans des eaux calmes sont ensuite séparés en trois sous-groupes en fonction de la présence de calcium (`Ca`, pour $C\_SiteEchantillon\_1$), de magnésium (`Mg`, pour $C\_Site-Echantillon\_2$), ou de glyphosate (`C3H8NO5P`, pour $C\_SiteEchantillon\_3$).

L'ARC permet d'introduire des attributs relationnels pour compléter les contextes formels initiaux afin de prendre en compte l'information relationnelle. Une relation $r_j \subseteq G_k \times G_l$ est utilisée pour construire les attributs relationnels de K_k en utilisant les relations entre les objets de G_k et les concepts construits sur les objets de G_l. La figure 3 illustre la notion d'at-

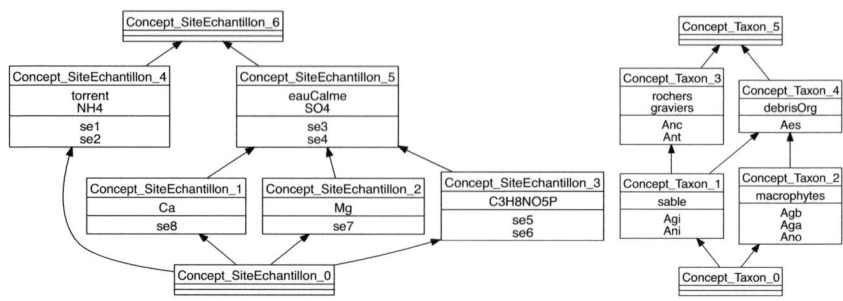

FIG. 2 – *Treillis de concepts pour les contextes formels* SiteEchantillon *et* Taxon. *Un concept est représenté par une boîte en trois parties. La partie supérieure est son identifiant ; la partie intermédiaire contient l'intension privée des attributs hérités des super-concepts (elle ne contient que les attributs "introduits") ; la partie inférieure contient l'extension privée des objets hérités des sous-concepts (elle ne contient que les objets "introduits").*

tribut relationnel avec quelques exemples. Un attribut relationnel est composé d'un quantifieur d'échelonnage, du nom de la relation, et du concept cible. Par exemple :

— l'attribut relationnel $\exists a\_abondance(Concept\_Taxon\_2)$ est associé aux sites échantillonnés $se3$, $se7$ et $se8$ car ils ont **au moins un** lien $a\_abondance$ avec un taxon de l'extension du $Concept\_Taxon\_2$.

— l'attribut relationnel $\exists\forall a\_abondance(Concept\_Taxon\_3)$ est associé au site échantillonné $se6$, car il a **au moins un** lien $a\_abondance$ et ces liens sont **seulement** dirigés vers les taxons de l'extension du $Concept\_Taxon\_3$.

— l'attribut relationnel $\exists\forall_{\geq 60\%}a\_abondance(Concept\_Taxon\_2)$ est associé aux sites échantillonnés $se7$ et $se8$ car ils ont **au moins un** et **au moins 60%** de leurs liens $a\_abondance$ vers les taxons de l'extension du $Concept\_Taxon\_2$.

— l'attribut relationnel $\exists\supseteq a\_abondance(Concept\_Taxon\_1)$ est associé aux sites échantillonnés $se3$ et $se6$ car ils sont reliés à **au moins un** et à **tous les taxons** de l'extension de $Concept\_Taxon\_1$ à travers un lien $a\_abondance$.

En utilisant cette information relationnelle, on peut étendre les contextes formels avec les attributs relationnels et ainsi construire de nouveaux treillis de concepts. Par exemple, à gauche de la figure 4 (resp. à droite) est représenté le treillis de concepts associé au contexte formel des sites échantillonnés étendu avec tous les attributs relationnels possibles composés du quantifieur d'échelonnage $\exists\forall$ (resp. $\exists\forall_{\geq 60\%}$) et des concepts du treillis de concepts des taxons de la figure 2. La figure 4 montre aussi la relation de généralité entre les quantifieurs d'échelonnage. Dans notre exemple, $\exists\forall$ est plus général que $\exists\forall_{\geq 60\%}$ (dénoté par $\exists\forall \preceq_S \exists\forall_{\geq 60\%}$), avec pour conséquence que si un objet possède un attribut relationnel formé avec $\exists\forall$, il possède aussi son équivalent (même relation/même concept) formé avec $\exists\forall_{\geq 60\%}$; il existe ainsi une forme de projection entre les attributs relationnels introduits dans le treillis de gauche vis-à-vis de ceux introduits dans le treillis de droite, et entre les treillis (Braud et al., 2018).

Les questions des hydroécologues pourraient être traitées comme des requêtes à une base de données. Ce que l'AFC apporte est une organisation inhérente des réponses à leurs requêtes par regroupement hiérarchique (Messai et al., 2005; Azmeh et al., 2011). Par exemple, si la

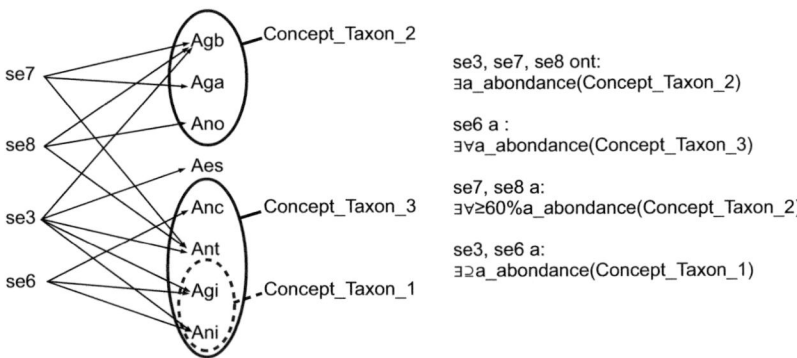

se3, se7, se8 ont:
∃a_abondance(Concept_Taxon_2)

se6 a :
∃∀a_abondance(Concept_Taxon_3)

se7, se8 a:
∃∀≥60%a_abondance(Concept_Taxon_2)

se3, se6 a:
∃⊇a_abondance(Concept_Taxon_1)

FIG. 3 – *Attributs relationnels construits à partir des concepts* Taxon *et de la relation* a_abondance *entre* SiteEchantillon *et* Taxon

question d'un expert est *trouver les sites échantillonnés en eau calme*, le treillis à gauche de la figure 2 organise les réponses via $C\_SiteEchantillon\_5$ et ses sous-concepts. L'expert voit ainsi quelles réponses correspondent à sa question avec le minimum de caractéristiques additionnelles, alors qu'à mesure qu'il/elle descend dans le treillis, des caractéristiques sont ajoutées aux groupes. Il/elle voit aussi quels sont les sites échantillonnés parmi les réponses "équivalentes" (qui ont exactement les mêmes caractéristiques), ou quelles caractéristiques apparaissent ensemble. Toutes ces informations l'aident à naviguer dans les réponses possibles à sa question, à comprendre des propriétés de ces réponses et à formuler des hypothèses. Grâce à l'ARC, ceci s'étend à l'information relationnelle. Par exemple, le treillis de concepts de la figure 4 (à droite) met en évidence le fait que les sites échantillonnés dans les eaux calmes (C_SE_5) ont une proportion significative de leurs taxons qui apprécient les débris organiques. Il représente plus spécifiquement les réponses à la question générale : "trouver les groupes de sites échantillonnés qui ont plus de 60% de leurs taxons dans un certain groupe de taxons". C_SE_5 et ses sous-concepts montrent l'organisation des réponses à la question *trouver les sites échantillonnés en eau calme* ou de façon alternative *trouver les sites échantillonnés qui ont plus de 60% de leurs taxons ayant pour micro-habitat des débris organiques*. Cette spécificité de l'AFC et de l'ARC porte l'attention de l'expert sur la structuration des données et des relations et l'amène à naviguer dans les réponses et dans le jeu de données.

Dans le cas général, le modèle de données peut être cyclique, impliquant un processus itératif qui converge après un nombre d'étapes dépendant du jeu de données. Par exemple, on peut avoir la relation inverse *est_abondant* allant des taxons aux sites échantillonnés. Alors, quand les concepts des sites échantillonnés sont construits, un nouveau treillis de concepts des taxons peut être construit grâce au quantifieur d'échelonnage choisi et aux attributs relationnels en résultant pour *est_abondant* et ainsi ouvrir la voie à d'autres questions.

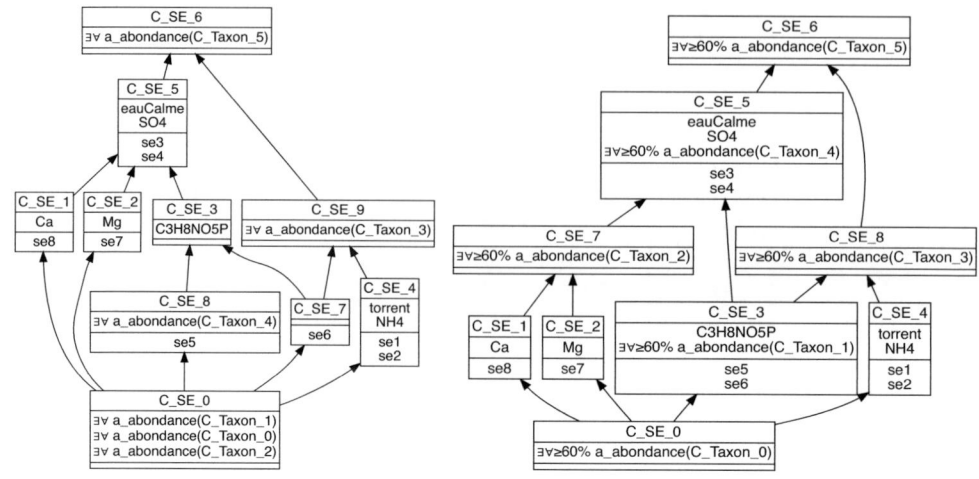

FIG. 4 – *Treillis de concepts SiteEchantillon (SE) avec* $\exists\forall$ *(LHS) et* $\exists\forall_{\geq 60\%}$ *(RHS)*

4   Des guides pour le processus d'exploration de l'ARC

L'outil RCAexplore[2] permet des usages variés de l'ARC : changer à chaque étape le quantifieur d'échelonnage, les contextes formels et les relations considérées, et les concepts calculés. Cette diversité a sa contrepartie dans la difficulté à choisir les bons paramètres pour une question donnée. Pour résoudre cette difficulté, nous avons développé trois sur-couches implantées en python et qui communiquent avec RCAExplore : la première sur-couche concerne l'étape de modélisation, elle permet à l'utilisateur d'exprimer des contraintes sur les relations ; la deuxième et la troisième interviennent à l'étape de choix des quantifieurs permettant la construction des attributs relationnels : l'une pour faciliter l'interprétation des expressions des attributs, l'autre pour anticiper leurs effets, en termes de nombre de concepts et de règles produites. Ces développements ont été faits en proximité avec les hydroécologues du projet Fresqueau, ce qui justifie le caractère appliqué de la présentation que nous en faisons ci-dessous. Notre expérience avec l'ARC nous conduit toutefois à penser que ces outils s'appliqueront de même à d'autres domaines.

Contraindre le choix des quantifieurs d'échelonnage.   RCAExplore offre la possibilité de choisir parmi plusieurs quantifieurs pour chaque relation, mais parfois, des relations sont sémantiquement liées et les quantifieurs qui leur sont associés doivent alors être cohérents. Par exemple, dans notre jeu de données, chaque relation générale (p. ex. *a_abondance*) est représentée par plusieurs relations pour capturer la notion de niveau (p. ex. cinq relations *a_abondance_de_niveau_i*). Si plusieurs relations *abondance* sont sélectionnées ensemble, il serait alors cohérent de leur appliquer le même quantifieur. Pour cela, nous regroupons les relations en classes d'équivalence : les relations d'une même classe d'équivalence sont considérées de la même façon au cours du processus et on leur applique le même quantifieur d'éche-

---

2. http ://dataqual.engees.unistra.fr/logiciels/rcaExplore

lonnage à chaque étape. Néanmoins, le quantifieur d'échelonnage pour une classe peut être différent d'une étape à l'autre. Cette information est analysée quand un quantifieur d'échelonnage est associé à une relation via l'interface utilisateur, afin de propager la contrainte sur les relations de la même classe. L'utilisateur peut accepter ou modifier les propositions du système.

Aide à l'interprétation. Une autre difficulté rencontrée par l'utilisateur est de comprendre l'impact du choix des quantifieurs d'échelonnage sur son analyse. Pour traiter cette difficulté, nous avons développé un interpréteur qui traduit automatiquement les choix réalisés sur l'interface utilisateur en une expression formatée respectant un langage fixé. La partie haute de la figure 5 montre une telle expression, correspondant aux choix faits dans la partie basse. Cette expression est composée à partir d'éléments de la forme :

```
Groupe de <nom d'un Contexte Formel source> qui
<nom d'une Relation> <expression d'un quantifieur >
dans groupe de <nom d'un Contexte Formel cible>
```

Ce type d'expression correspond à un groupe $C = (X, Y) \in \mathcal{L}_{source}$ tel qu'il existe $C' \in \mathcal{L}_{cible}$ avec $qr.C' \in Y$. Le groupe C correspond à `Groupe de <nom d'un Contexte Formel source>` ; r correspond à `<nom d'une Relation>` ; q correspond à `<expression d'un quantifieur>` ; C' correspond à `groupe de <nom d'un Contexte Formel cible>`. Les `<expression d'un quantifieur>` peuvent être :

au moins un <nom d'un Contexte Formel cible>	<nom d'un Contexte Formel cible> seulement
<n> % de <nom d'un Contexte Formel cible>	tous <nom d'un Contexte Formel cible>

La boîte textuelle (en haut de la figure 5) est automatiquement mise à jour quand de nouveaux quantifieurs d'échelonnage sont choisis, clarifiant les choix pour les experts.

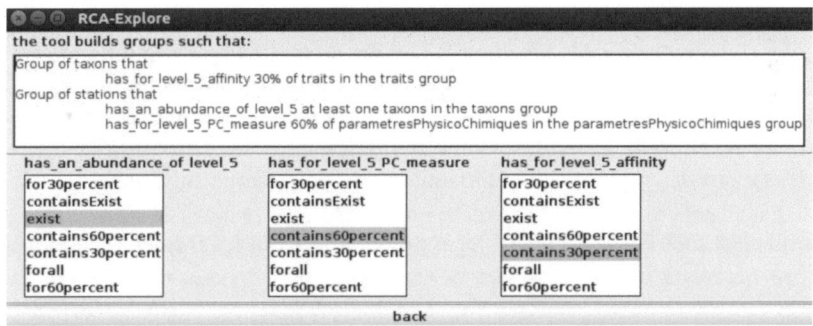

FIG. 5 – *Sélection d'un quantifieur d'échelonnage et interprétation associée (extrait d'écran)*

Tableau de solutions voisines. La troisième sur-couche consiste à calculer des métriques de dimensionnement sur des ensembles de solutions voisines de la requête courante, i.e. qui pourraient être obtenues en variant progressivement les quantifieurs suivant la relation de généralité comme le présentent Braud et al. (2018). Ces métriques peuvent guider l'expert dans la navigation entre les différents réglages des quantifieurs.

formal context	relation	nb concepts	nb règles	taille maximale support
taxons	∃ affinité 3	460	258	153 sur 1 règle
site-échantillon	∃ mesure 3 ∃ abondance 3	1661	Tot = 419 ma = 19 mm = 6 am = 3 aa = 391	1258 sur 1 règle 2 sur 19 règles 2 sur 6 règles 9 sur 1 règle 1258 sur 1 règle
taxons	∃ affinité 3	460	258	153 sur 1 règle
site-échantillon	∃ mesure 3 $\exists\forall_{\geq 30\%}$ abondance 3	1661	Tot = 434 ma = 32 mm = 3 am = 4 aa = 395	1258 sur 1 règle 2 sur 32 règles 2 sur 3 règles 9 sur 1 règle 1258 sur 1 règle
taxons	∃ affinité 3	460	258	153 sur 1 règle
site-échantillon	∃ mesure 3 $\exists\forall_{\geq 60\%}$ abondance 3	1641	Tot = 472 ma = 11 mm = 3 am = 4 aa = 454	1254 sur 1 règle 2 sur 11 règles 2 sur 3 règles 3 sur 3 règles 1254 sur 1 règle
taxons	∃ affinité 3	460	258	153 sur 1 règle
site-échantillon	∃ mesure 3 ∃∀ abondance 3	1641	Tot = 462 ma = 7 mm = 3 am = 3 aa = 449	930 sur 1 règle 2 sur 7 règles 2 sur 3 règles 3 sur 2 règles 930 sur 1 règle

TAB. 2 – *Exemple de métriques sur les réglages voisins pour ajuster la généralisation des quantifieurs universel sur la relation a_abondance (du général au spécifique)*

Dans le tableau 2, nous examinons ce qui se passe quand les quantifieurs (pour l'exemple, $\exists\forall_{\geq n\%}$) sont modifiés sur la relation *a_abondance* de niveau 3. Dans l'étude pratique, pour répondre aux questions sur la connexion entre les paramètres physico-chimiques et les traits de vie des taxons, nous construisons des treillis dans lesquels les experts doivent naviguer, ainsi que des règles. La dimension des résultats se compte en particulier en nombre de concepts des treillis (colonne 3) et certaines règles d'implication non redondantes de prémisse de taille 1 entre attributs relationnels, intéressant les experts (colonne 4). La dernière colonne donne la taille maximale du support des règles (nombre d'objets dans une extension de concept). Dans le treillis des taxons, les règles d'intérêt extraites sont de la forme suivante :
`<affinité quant. d'un groupe traits>` $\implies$ `<affinité quant. d'un groupe traits>`.
Dans le treillis des sites échantillonnés, les règles étudiées ont les formes suivantes :
`ma : <mesure quant. d'un paramètre PC>` $\implies$ `<abondance quant. d'un groupe taxons>`
`aa : <abondance quant. d'un groupe taxons>` $\implies$ `<abondance quant. d'un groupe taxons>`
`mm : <mesure quant. d'un paramètre PC>` $\implies$ `<mesure quant. d'un paramètre PC>`
`am : <abondance quant. d'un groupe taxons>` $\implies$ `<mesure quant. d'un paramètre PC>`

Une règle `ma` révèle un lien entre l'état physico-chimique du cours d'eau et le niveau de présence de certains groupes de taxons. Une règle `aa` révèle la présence simultanée de taxons. Ces deux types de règles sont cohérents avec les questions des hydroécologues. Une règle `mm` donne des résultats déjà connus, comme p. ex. des relations entre les différentes formes de l'azote, qui dépendent des processus chimiques. Les règles `am` sont a priori moins pertinentes car les taxons (ici macroinvertébrés) n'ont pas d'effet attendu sur les paramètres physico-chimiques. L'outil offre la possibilité de ne pas calculer les types de règles, comme ce dernier, s'ils n'intéressent pas l'expert. En exploitant le tableau 2, l'expert peut d'abord remarquer que le jeu de données contient des échantillons très diversifiés en terme de physico-chimie et de population de taxons, ce qui explique la faible valeur du support maximal des règles en général. Si l'expert est intéressé par les classifications, il remarque qu'il n'y pas de grande différence quand le quantifieur d'échelonnage est spécialisé (de 1661 concepts à 1641). Il note que les treillis obtenus pour $\exists \forall_{\geq 60\%}$ et $\exists \forall$ ont le même nombre de concepts ; il est donc inutile de raffiner ce quantifieur jusqu'à 100% si le but est de réduire la taille des résultats pour en faciliter l'analyse. Si l'expert s'intéresse aux règles `mesure/abondance` (`ma`), il peut en examiner le nombre dans la colonne 4, successivement 19, 32, 11 et 7. Il peut alors décider d'utiliser le quantifieur $\exists \forall_{\geq 60\%}$ qui donne un nombre raisonnable de règles reposant sur une connexion relativement élevée entre les mesures physico-chimiques et les taxons.

5   Conclusion

Dans cet article, nous avons présenté plusieurs sur-couches de l'outil en accès libre RCAExplore de manière à guider des experts métier, qui n'auraient pas une connaissance approfondie de l'ARC, dans l'exploration de leurs données. L'ARC permet d'extraire des classifications, des règles et des motifs avec une grande variété de filtres procurés par les quantifieurs, mais les modifications apportées aux résultats par ces quantifieurs peuvent ne pas être très intuitives et le nombre de concepts générés peut se révéler important. L'application des contraintes permet de prendre en compte des groupes cohérents de relations et de leur appliquer des quantifieurs de manière homogène. L'interprète de requêtes inclus dans l'outil permet de les clarifier et aide à la fois à les formuler et à comprendre les résultats obtenus. Les scripts calculent des métriques et extraient des règles d'implication respectant certaines formes. Les métriques permettent aux experts de disposer d'un aperçu sur les treillis (nombre de concepts, nombre et support des règles générées), et ainsi de réorienter l'analyse, en étendant ou en restreignant la recherche. Les règles d'implication informent les experts sur les relations entre objets du domaine.

Pour le futur, nous projetons de développer une version de RCAExplore qui soit un outil d'exploration de données totalement intégré permettant de passer des données brutes à des résultats construits exploitables par les experts métier. Pour cela, une interface devra rendre transparent l'enchaînement de l'appel des différentes parties de l'outil, mettre à disposition tous les résultats, certains étant actuellement stockés dans des fichiers et présenter un menu pour faciliter le processus itératif. Les langages de contraintes et d'interprétation mériteront d'être affinés pour se rapprocher du langage naturel, de manière à procurer une interface plus simple d'utilisation. Nous devrons aussi analyser la réaction des utilisateurs à cette interface et voir en quoi elle facilite effectivement l'usage de l'ARC.

Enfin il sera pertinent de travailler sur la complémentarité entre l'ARC et d'autres approches. Nous avons déjà réalisé une comparaison avec la recherche de motifs temporels et l'apprentissage inductif ; d'autres travaux existent sur les liens entre l'ARC et le bi-clustering, ou, plus généralement, l'apprentissage (Kaytoue et al., 2015). Ces comparaisons pourront être étendues aux bases de données relationnelles, aux bases de données inductives, et également à OWL/RDF et SPARQL.

Remerciements. Ce travail a été partiellement financé par l'AFB (Agence française de biodiversité). Merci à Corinne Grac (UMR 7362 LIVE - ENGEES) pour son aide.

Références

Azmeh, Z., M. Huchard, A. Napoli, M. R. Hacene, et P. Valtchev (2011). Querying relational concept lattices. In *Proceedings of CLA 2011*, pp. 377–392.

Braud, A., X. Dolques, M. Huchard, et F. Le Ber (2018). Generalization effect of quantifiers in a classification based on relational concept analysis. *Know.-Based Syst. 160*(15), 119–135.

Dolques, X., F. Le Ber, M. Huchard, et C. Nebut (2015). Relational Concept Analysis for Relational Data Exploration. *Adv. in Knowledge Discovery and Management 5*, 55–77.

Džeroski, S. (2003). Multi-relational data mining : an introduction. *ACM SIGKDD Explorations Newsletter 5*(1), 1–16.

Ferré, S. (2015). A Proposal for Extending Formal Concept Analysis to Knowledge Graphs. In *Formal Concept Analysis, ICFCA 2015*, Volume LNCS 9113, Nerja, Spain, pp. 271–286.

Ferré, S., O. Ridoux, et B. Sigonneau (2005). Arbitrary Relations in Formal Concept Analysis and Logical Information Systems. In *ICCS'05*, LNAI 3596, pp. 166–180. Springer.

Ganter, B. et R. Wille (1999). *Formal Concept Analysis : Math. Foundations*. Springer Verlag.

Hacene, M. R., M. Huchard, A. Napoli, et P. Valtchev (2013). Relational concept analysis : mining concept lattices from multi-relational data. *Ann. Math. Artif. Intell. 67*(1), 81–108.

Kaytoue, M., V. Codocedo, A. Buzmakov, J. Baixeries, S. O. Kuznetsov, et A. Napoli (2015). Pattern structures and concept lattices for data mining and knowledge processing. In *Machine Learning and Knowledge Discovery in Databases*, pp. 227–231. Springer.

Kötters, J. (2013). Concept Lattices of a Relational Structure. In *ICCS 2013, Mumbai, India*, LNCS 7735, pp. 301–310.

Liquière, M. et J. Sallantin (1998). Structural Machine Learning with Galois Lattice and Graphs. In *ICML, Madison, Wisconsin*, pp. 305–313.

Messai, N., M. Devignes, A. Napoli, et M. Smaïl-Tabbone (2005). Querying a bioinformatic data sources registry with concept lattices. In *Conceptual Structures : Common Semantics for Sharing Knowledge, ICCS 2005, Proceedings*, pp. 323–336.

Palagi, É., F. L. Gandon, A. Giboin, et R. Troncy (2017). A survey of definitions and models of exploratory search. In *ACM Workshop ESIDA@IUI*, pp. 3–8.

Wildemuth, B. M. et L. Freund (2012). Assigning search tasks designed to elicit exploratory search behaviors. In *Human-Computer Inf. Retriev. Symp. (HCIR)*.

Summary

This paper focuses on the exploration of multi-relational datasets, and the various ways they can be analyzed using relational concept analysis (RCA), a variant of Formal Concept Analysis. RCA uses several scaling operators that make the process highly tunable, allowing a high flexibility in the exploration and in the results. Besides, the multiplicity of choices that can be made when performing an analysis task is potentially overwhelming the expert. We therefore propose three overlays for helping users controlling, and foreseeing the results of their choices. This proposition is exemplified on a dataset about the quality state of watercourses.

Prédiction de liens dans les graphes de connaissances avec les concepts de plus proches voisins

Sébastien Ferré*

*Univ Rennes, CNRS, IRISA
Campus de Beaulieu, 35042 Rennes cedex, France
ferre@irisa.fr

Résumé. La nature ouverte des graphes de connaissances implique souvent qu'ils soient incomplets. La prédiction de liens consiste à inférer de nouveaux liens entre entités sur la base des liens existants. La plupart des approches existantes s'appuient sur l'apprentissage de vecteurs de traits latents pour l'encodage des entités et des relations. En général cependant, les traits latents ne sont pas facilement interprétables. Les approches à base de règles sont interprétables mais un ensemble de règles différent doit être appris pour chaque relation. Nous proposons une nouvelle approche qui n'a pas besoin de phase d'apprentissage et qui peut fournir des explications intelligibles pour chaque inférence. Elle repose sur le calcul de Concepts de plus proches voisins (*Concepts of Nearest Neighbours*, CNN) pour identifier des entités similaires fondées sur des motifs de graphe communs. La théorie de Dempster-Shafer est ensuite utilisée pour tirer des inférences à partir des CNN. Nous évaluons notre approche sur FB15k-237, un *benchmark* classique en prédiction de liens, où elle obtient de meilleures performances que les approches existantes.

1   Introduction

Les graphes de connaissances (GC) sont de plus en plus utilisés pour représenter et partager les données sur le Web. Le Web sémantique définit des standards pour la représentation (RDF), l'interrogation (SPARQL) et le raisonnement (RDFS/OWL) sur ces GC. Des milliers de GC sont disponibles : ex., DBpedia, Wikidata (préc. Freebase), YAGO, WordNet. La nature ouverte des GC implique souvent qu'ils soient incomplets, et différentes techniques d'apprentissage automatique ont été étudiées pour les compléter.

La tâche de *prédiction de liens* (Nickel et al., 2016) consiste à prédire les (parties d')arcs manquants. Supposons que le directeur du film *Avatar* soit absent du GC, on souhaite le prédire, c-à-d. l'identifier parmi tous les nœuds du GC. Le principe est de trouver des régularités dans les connaissances existantes et de les exploiter afin de classer les nœuds du GC. Plus haut est un nœud dans le classement, meilleure est la prédiction. La prédiction de liens a été introduite pour les réseaux sociaux avec un seul type d'arc (Liben-Nowell et Kleinberg, 2007) puis a ensuite été étendu à des données multi-relationnelles et appliquée aux GC (Nickel et al., 2016). Comparé à la classification supervisée, la prédiction de liens affronte plusieurs défis. Premièrement, il y a autant de problèmes de classification qu'il y a de relations, qui comptent souvent dans les centaines. Deuxièmement, pour chaque relation, le nombre de "classes" est le nombre d'entités distinctes dans le co-domaine de la relation, lesquelles comptent souvent dans les milliers (ex., relation *époux*). Troisièmement, certaines relations sont multi-valuées, comme la relation entre films et acteurs.

Dans ce papier, nous rapportons de premiers résultats expérimentaux sur une nouvelle approche de prédiction de liens basée sur les *Concepts de plus-proches voisins (CNN, pour Concepts of Nearest Neighbours)* (Ferré, 2017). Cette approche est une forme symbolique des k-plus proches voisins où les distances numériques sont remplacées par des motifs de graphe qui offre une représentation intelligible de la similarité entre deux nœuds. Notre hypothèse est que le partitionnement des nœuds du GC en CNN (voir section 3) fournit une bonne base pour différents types d'inférence. Nous nous concentrons ici sur la prédiction de liens, c-à-d. sur l'inférence du nœud manquant d'un arc incomplet. La contribution de ce travail est une nouvelle approche de la prédiction de liens avec les qualités suivantes :

1. une forme d'apprentissage à base d'instances, donc *sans phase d'entraînement* ;

2. une approche symbolique, donc donnant des *explications* pour chaque inférence ;

3. des performances supérieures à l'état de l'art sur un benchmark difficile.

Le reste du papier est organisé comme suit. La section 2 discute l'état de l'art en prédiction de liens. La section 3 rappelle la définition des CNN et leur calcul efficace. La section 4 présente notre méthode de prédiction de liens, utilisant les CNN et la théorie de Dempster-Shafer. La section 5 présente des résultats expérimentaux positifs sur le benchmark FB15k-237 ainsi que sur la base Mondial. Enfin, la section 6 conclut et ouvre des pistes de travaux futurs.

2   État de l'art

Nickel et al. (2016) ont récemment publié une synthèse sur l'apprentissage automatique pour les graphes de connaissances, où la prédiction de liens est la tâche d'inférence principale. Ils identifient deux types d'approches qui diffèrent par le type de modèle : les modèles à base de *traits latents* et ceux à base de *traits observés*. Les premiers sont de loin les plus étudiés. Avant d'aller plus loin, il est utile de poser le vocabulaire utilisé dans le domaine. Les nœuds sont appelés *entités*, les étiquettes d'arcs sont appelés *relations* et les arcs sont des *triplets* (e_i, r_k, e_j), où e_i est la *tête*, e_j est la *queue* et r_k est la relation de e_i à e_j. Les approches existantes ignorent les valeurs littérales (nombres, dates, chaînes, etc.) ou bien les traitent comme des entités, sans prendre en compte la sémantique de leur domaine.

Les modèles à base de traits latents apprennent des *embeddings* des entités et relations dans des espaces vectoriels de petite dimension, puis font des inférences sur un triplet (e_i, r_k, e_j) en combinant les embeddings des deux entités et de la relation. Les méthodes existantes varient selon la façon d'apprendre ces embeddings et selon la façon des les combiner. Ces méthodes sont fondés sur différentes techniques telles que : factorisation de matrices ou de tenseurs, réseaux de neurones et descente de gradients. Par exemple, une des premières méthodes pour les GC, TransE (Bordes et al., 2013), modélise une relation comme une translation dans l'espace d'embedding des entités, et évalue un triplet candidat d'après la distance entre la tête translatée et la queue. Bordes *et al* ont aussi introduit deux jeux de données, FB15k et WN18 respectivement extraits de Freebase et Wordnet, qui sont devenus des benchmarks de référence pour la prédiction de liens. Toutanova et Chen (2015) ont cependant montré qu'une méthode très simple pouvait battre les méthodes existantes à cause d'un biais dans les jeux de données : de nombreux triplets de test ont leur inverse parmi les triplets d'entraînement. Ils ont extrait un sous-ensemble plus exigeant de FB15k, appelé FB15k-237, où tous les triplets inverses sont supprimés. Récemment, Schlichtkrull et al. (2018) ont amélioré de façon significative les performances sur FB15k-237 en utilisant des *réseaux convolutifs de graphes* pour apprendre les embeddings.

Les modèles à base de traits observés font leurs inférences directement à partir des arcs du GC. L'inférence par marche aléatoire (Lao et al., 2011) utilise des séquences de relations comme traits et définit la valeur de chaque trait par des marches aléatoires dans le GC. Des poids sur les traits sont appris par régression logistique pour chaque relation cible, et ensuite utilisés pour évaluer les triplets candidats. La méthode a démontré une amélioration par rapport à la génération de règles avec la PLI (Programmation Logique Inductive, Muggleton (1995)). AMIE (Galárraga et al., 2015) parvient à générer de telles règles de façon plus efficace en taillant des algorithmes de PLI sur mesure pour les GC. Ils introduisent aussi une nouvelle mesure de règles qui améliore la précision des inférences dans l'hypothèse du monde ouvert en vigueur dans les GC. Ces deux méthodes ont l'avantage de produire des explications intelligibles pour les inférences, contrairement aux traits latents. Cependant, elles requièrent une phase d'entraînement distincte pour chacune des centaines de relations cibles, tandis que les traits latents sont généralement appris conjointement en une seule phase.

Une différence clé de notre approche est qu'il n'y a pas de phase d'entraînement et que tout l'apprentissage est fait lors de l'inférence. Il s'agit donc d'une approche à base d'instances (ou de raisonnement par cas) plutôt qu'une approche à base de modèles. Étant donné un triplet incomplet $(e_i, r_k, ?)$ nous calculons des Concepts de plus proches voisins (CNN) à partir des traits observés de la tête e_i, où les CNN ont une représentation équivalente aux corps des règles d'AMIE. À partir de là, nous inférons un classement d'entités candidates pour la queue de la relation r_k. En fait, comme r_k n'est pas utilisé dans le calcul des CNN, plusieurs relations cibles peuvent être inférées pour presque le même coût qu'une seule relation. En effet le coût principal réside dans le calcul des CNN, lequel est facilement contrôlé car l'algorithme est *any-time*.

3   Concepts de plus proches voisins (CNN)

Dans cette section, nous rappelons brièvement les définitions relatives aux CNN, ainsi que les aspects algorithmiques et pratiques du calcul de leur approximation dans un temps donné. Plus de détails sont disponibles dans des publications précédentes (Ferré, 2017, 2018).

3.1   Définitions théoriques

Un *graphe de connaissance* (CG) est défini par une structure $K = \langle E, R, T \rangle$, où E est l'ensemble des nœuds, aussi appelés *entités*, R est l'ensemble des étiquettes d'arcs, aussi appelées *relations*, et $T \subseteq E \times R \times E$ est l'ensemble des arcs orientés et étiquetés, aussi appelés *triplets*. Chaque triplet (e_i, r_k, e_j) représente le fait que la relation r_k relie l'entité e_i à l'entité e_j. Un exemple de triplet est `(France, capitale, Paris)`. Cette définition est très proche des graphes RDF, où les entités sont des URI ou des littéraux (ou des *blank nodes*) et les relations sont des URI appelées propriétés. Elle est aussi équivalente aux ensembles de faits logiques où les entités sont des constantes et les relations des prédicats binaires.

Les *requêtes* basés sur des *motifs de graphe* jouent un rôle central dans notre approche car elles sont utilisées pour caractériser les CNN, et peuvent être utilisées comme explications des inférences. Un *motif de triplet* $(x, r, y) \in V \times R \times V$ est un triplet avec des variables (prises dans V) à la place des entités. Un *filtre* exprime une condition booléenne sur les variables. On ne considère ici que les égalités entre une variable et une entité : $x = e$. Les *éléments de requêtes* sont l'ensemble des motifs de triplet et des filtres qui peuvent être composés à partir des entités, relations et variables. Un *motif de graphe* P est un ensemble d'éléments de requêtes. Les égalités sont équivalentes à autoriser des entités dans les motifs de triplets mais ont deux avantages : (1) simplifier le traitement de motifs de triplet qui n'ont ainsi qu'une seule forme ; (2) ouvrir des perspectives pour des filtres plus riches (ex., intervales de valeurs : $x \in [a,b]$). Une *requête* $Q = (x_1,...,x_n) \leftarrow P$ est la projection d'un motif de graphe sur un sous-ensemble de ses variables. De telles requêtes ont une forme concrète en SPARQL avec la syntaxe `SELECT ?x1...?xn WHERE { graph pattern }`. Les requêtes peuvent être vues comme des règles anonymes, c-à-d. des règles similaires à celles d'AMIE (Galárraga et al., 2015) mais sans la relation dans la tête de la règle. Par exemple, la requête $(x,y) \leftarrow (x,parent,z),(z,sibling,y),(y,sex,w),w = female$ sélectionne tous les couples personne-tante, c-à-d. les paires (x,y) où y est une sœur d'un parent de x.

Nous définissons maintenant les *réponses* à une requête. Un *matching* d'un motif P sur le GC $K = \langle E,R,T \rangle$ est une fonction μ des variables de P vers des entités de E telle que $\mu(t) \in T$ pour tout motif de triplet $t \in P$ et $\mu(f)$ s'évalue à vrai pour tout filtre $f \in P$, où $\mu(t)$ et $\mu(f)$ sont obtenus à partir de t et f en remplaçant chaque variable x par $\mu(x)$. Les *réponses* $ans(Q,K)$ d'une requête $Q = (x_1,...,x_n) \leftarrow P$ est l'ensemble des n-uplets $(\mu(x_1),...,\mu(x_n))$ pour tout matching μ de P dans K. On notera que plusieurs matchings peuvent produire la même réponse et que les doublons sont ignorés. Dans la suite, nous considérons des requêtes avec une seule variable projetée, dont les réponses sont assimilées à un ensemble d'entités.

Dans Graph-FCA (Ferré, 2015), un *concept de graphe* est defini comme une paire $C = (A,Q)$ telle que $A = ans(Q)$ et Q est la requête la plus spécifique qui vérifie $A = ans(Q)$. Cette requête la plus spécifique Q peut être calculée à partir de A avec le produit catégoriel de graphes (voir intersection PGP dans (Ferré, 2015)), ou avec l'anti-unification de Plotkin (1971). A est appelé l'*extension* du concept et Q l'*intension* du concept. Un concept $C_1 = (A_1,Q_1)$ est plus spécifique qu'un concept $C_2 = (A_2,Q_2)$ si $A_1 \subseteq A_2$.

Dans un précédent travail (Ferré, 2017), nous avons utilisé les concepts de graphe pour définir la *distance conceptuelle* entre deux entités e_1 et e_2 comme le plus petit concept $\delta(e_1,e_2) = (A,Q)$ dont l'extension A contient à la fois e_1 et e_2, et où l'intension $Q = x \leftarrow P$ est une requête qui caractérise ce que les deux entités ont en commun. Cela est bien défini car les concepts sont organisés en treillis (comme prouvé dans (Ferré, 2015)). Les "valeurs de distances" ont donc une représentation symbolique via l'intension de concept Q. Les distances conceptuelles sont organisées en ordre partiel plutôt qu'en ordre total, contrairement aux mesures de distance classiques. Une distance numérique $dist(e_1,e_2) = |ext(\delta(e_1,e_2))|$ peut être dérivée de la taille de l'extension parce que plus e_1 et e_2 sont proches, plus leur distance conceptuelle est spécifique et plus l'extension est petite. De façon duale, une similarité numérique $sim(e_1,e_2) = |int(\delta(e_1,e_2))|$ peut être dérivée de la taille de l'intension (nombre d'éléments de requête) parce que plus e_1 et e_2 sont similaires, plus leur distance conceptuelle est spécifique et plus l'intension est grande.

Partant d'une entité e dont on veut trouver des entités similaires, les distances conceptuelles entre e et chacune des autres entités induisent une partition de l'ensemble d'entités E, où deux entités e_1,e_2 appartiennent au même cluster si elles partagent la même distance conceptuelle, c-à-d. $\delta(e,e_1) = \delta(e,e_2)$. Chaque cluster S_l est représenté symboliquement par la distance conceptuelle partagée δ_l. S_l est un sous-ensemble de l'extension de δ_l et est appelé l'*extension propre* de δ_l : $S_l = proper(\delta_l) \subseteq ext(\delta_l)$. Chaque paire (S_l,δ_l) est appelé un *Concept de plus proches voisins (CNN, Concept of Nearest Neighbours)* et nous notons $CNN(e,K)$ leur collection pour un graphe K.

Discussion. Comme $CNN(e,K)$ est une partition de l'ensemble des entités, le nombre de CNN ne peut qu'être inférieur au nombre d'entités, et en pratique il est très inférieur. C'est intéressant parce qu'en comparaison le nombre de concepts de graphe est exponentiel dans le nombre d'entités dans le pire cas. L'espace de recherche des approches à base de PLI est l'ensemble des règles, lequel est encore plus large que l'ensemble des concepts de graphe. Calculer les CNN pour une entité donnée est donc une tâche nettement plus abordable que la fouille de règles, bien que l'espace de représentations soit le même. La question que nous commençons à étudier dans ce papier est de savoir si ces CNN sont utiles pour l'inférence et comment ils se comparent avec les autres approches.

Comparé aux mesures numériques utilisées dans les approches de plus proches voisins, les CNN définissent un ordre plus subtil sur les entités. Tout d'abord, parce que les distances conceptuelles sont seulement partiellement ordonnées, il se peut que parmi deux entités aucune ne soit plus similaire à e que l'autre. Cela reflète le fait qu'il peut y avoir plusieurs façons d'être similaire à quelque chose, sans qu'une soit nécessairement préférée à l'autre. Par exemple, laquelle est la plus similaire à une "grande vieille maison"? une "petite vieille maison" ou une "grande maison neuve"? Ensuite, il se peut que deux entités soit à exactement la même distance et donc soit indiscernables en terme de similarité. Enfin, l'intension de concept fournit une explication intelligible de la similarité avec e.

3.2 Aspects algorithmiques et pratiques

Nous esquissons ici les aspects algorithmiques et pratiques du calcul de $CNN(e,K)$. Plus de détails sont disponibles dans (Ferré, 2018). Le principe de l'algorithme est de raffiner de façon itérative une partition de l'ensemble des entités, convergeant vers la partition induite par les extensions propres des CNN. Chaque cluster S_l est associé à une requête $Q_l = x \leftarrow P_l$ et à une ensemble d'éléments de requête candidats H_l. La correspondance avec les CNN est que lorsque H_l est vide, (S_l, δ_l) où $\delta_l = (ans(Q_l), Q_l)$ est un CNN, c-à-d. S_l est l'extension propre d'un CNN dont la distance conceptuelle a pour intension Q_l. Tant que H_l n'est pas vide, S_l est susceptible d'être l'union de plusieurs extensions propres (manque de discernement) et Q_l n'est pas nécessairement la requête la plus spécifique qui matche toutes les entités de S_l (manque de précision dans la similarité conceptuelle). Dans ce cas, on obtient une surestimation des distances conceptuelles pour certaines entités de S_l.

Initialement, il y a un seul cluster $S_0 = E$ où P_0 est le motif vide et H_0 est la *description* de e. La description d'une entité e est le motif de graphe obtenu en extrayant le sous-graphe autour de e et, pour toute entité e_i dans le sous-graphe, en remplaçant e_i par une variable y_i et en ajoutant le filtre $y_i = e_i$. Ici, nous choisissons d'extraire le sous-graphe qui contient tous les arcs partant de e jusqu'à une certaine profondeur.

Ensuite à chaque itération, un cluster S de motif P et d'ensemble d'éléments candidats H est partagé en deux clusters S_1, S_0 en utilisant un élément $h \in H$ comme trait discriminant. L'élément h doit être choisi de telle sorte que $P \cup \{h\}$ forme un motif connecté et contenant la variable x. Actuellement, cet élément est choisi de façon à faire un compromis entre exploration en profondeur et en largeur de la description de e, mais d'autres stratégies sont possibles. Les nouveaux clusters sont définis comme suit :

$$P_1 = P \cup \{h\} \qquad S_1 = S \cap ans(Q_1 = x \leftarrow P_1, K) \qquad H_1 = H \setminus \{h\}$$
$$P_0 = P \qquad S_0 = S \setminus S_1 \qquad H_0 = H \setminus \{h\}$$

Les équations pour S_1, S_0 assurent qu'on a bien une partition après chaque partage. Les éventuels clusters vides ($S_i = \emptyset$) sont ôtés de la partition. En conséquence, bien que l'espace de recherche soit l'ensemble des sous-graphes de la description de e, qui a une taille exponentielle dans la taille de la description, le nombre de clusters reste toujours inférieur au nombre d'entités.

Discussion. L'algorithme ci-dessus termine car l'ensemble H décroit à chaque partage. Cependant, dans le cas de grandes descriptions ou de grands GC, le temps de calcul peut être trop long pour une utilisation au moment de l'inférence. Nous pouvons facilement contrôler ce temps d'exécution avec un *timeout* car l'algorithme est *any-time*. En effet, il peut produire à tout moment une partition des entités, avec une surestimation de la distance conceptuelle pour chaque cluster. Des expériences passées (Ferré, 2018) ont montré que l'algorithme a la bonne propriété de produire plus de la moitié des concepts dans une petite fraction du temps total de calcul.

En fait, l'algorithme converge vers une approximation des CNN, dans le sens où la distance conceptuelle peut encore être une surestimation pour certaines entités après termination. La raison vient de ce que les motifs de graphe sont contraints à être des sous-ensembles de la description de e. Afin d'avoir des résultats exacts, il faudrait autoriser la duplication des variables et de leurs arcs adjacents, ce qui augmenterait considérablement l'espace de recherche.

Des expériences sur des GC ayant jusqu'à un million de triplets ont montré que l'algorithme peut calculer tous les clusters pour des descriptions de centaines d'arcs en quelques secondes ou minutes. En comparaison, dans le même délai, les approches par relâchement de requêtes ne parviennent pas à faire plus de 3 relâchements, ce qui est largement insuffisant pour identifier des entités similaires dans la plupart des cas ; et les approches calculant les similarités symboliques avec chaque entité ne passent pas à l'échelle des GC qui ont des dizaines de milliers de nœuds.

4 Prédiction de liens

Le problème de la *prédiction de liens* est d'inférer une entité manquante dans un triplet (e_i, r_k, e_j), c-à-d. soit d'inférer la queue à partir de la tête et de la relation, soit d'inférer la tête à partir de la queue et de la relation. Comme les deux problèmes sont symétriques, nous décrivons ici uniquement l'inférence de la queue. Dans la suite, nous considérons donc e_i et r_k comme étant fixés (ils n'apparaissent pas dans les indices) et e_j comme étant variable. Notre approche de la prédiction de liens s'inspire du travail de Denœux (1995) que nous adaptons aux concepts de plus proches voisins (CNN). Denœux définit une règle de classification à partir des k-plus proches voisins en se basant sur la théorie de Dempster-Shafer (D-S). Chaque k-plus proche voisin x_l d'une instance à classer x est utilisé comme support de l'appartenance de x à la classe c_l de x_l. Le degré de support est fonction de la distance entre x et x_l, de telle sorte que le choix de k est bien moins sensible. La théorie D-S permet de fusionner les k supports en un support global, et ainsi de définir une mesure de *croyance* pour chaque classe.

Nous adaptons le travail de Denœux à l'inférence de e_j dans un triplet (e_i, r_k, e_j) comme suit. Étant donnée une partition des entités $\{(S_l, Q_l)$ avec $Q_l = x \leftarrow P_l\}_l$, comme approximation de $CNN(e_i, K)$, chaque cluster (S_l, Q_l) est utilisé comme support à l'inférence de la queue e_j relativement à la relation r_k. Le degré de support dépend de la *distance extensionnelle* d_l entre e_i et les entités de S_l, définie par

$$d_l = |ans(Q_l)|,$$

c-à-d. le nombre de réponses de la requête Q_l, et de la *confiance* $\phi_{l,j}$ de la règles d'association $(x, r_k, e_j) \leftarrow P_l$, qui est définie par

$$\phi_{l,j} = \frac{|ans(x \leftarrow P_l \cup \{(x, r_k, e_j)\})|}{|ans(Q_l)|},$$

c-à-d. la proportion des entités réponses de Q_l qui ont un r_k-lien vers l'entité e_j. Puisque dans un GC une entité-tête peut être liée à plusieurs entités-queues via la même relation, nous considérons un problème de classification distinct pour chaque entité-queue candidate $e_j \in E$, avec deux classes : c_j^1 (e_j est une entité-queue) et c_j^0 (e_j n'est pas une entité-queue). Pour chaque cluster S_l et chaque entité candidate $e_j \in E$, le degré de support peut ainsi être formalisée en définissant une *affectation de croyance de base* $m_{l,j}$ sur les ensembles de classes.

$$m_{l,j}(\{c_j^1\}) = \alpha_0 \phi_{l,j} e^{-d_l} \qquad m_{l,j}(\{c_j^0\}) = 0 \qquad m_{l,j}(\{c_j^1, c_j^0\}) = 1 - \alpha_0 \phi_{l,j} e^{-d_l}$$

$m_{l,j}(\{c_j^1\})$ représente le degré de croyance que e_j soit une entité-queue, tandis que $m_{l,j}(\{c_j^1, c_j^0\})$ représente le degré d'incertitude. $m_{l,j}(\{c_j^0\})$ est mis à 0 pour refléter l'hypothèse du monde ouvert des GC selon laquelle un fait manquant n'est pas considéré comme faux. La constante α_0 détermine le degré maximum de croyance, qui peut être inférieur à 1 pour refléter l'incertitude concernant la véracité des triplets existants. Le degré de croyance décroit de façon exponentielle avec la distance. Enfin, nous rendons ce degré proportionnel à la confiance de l'inférence de e_j par Q_l. Dans Denœux (1995), ce facteur confiance n'existe pas car il vaudrait 1 pour la classe du plus proche voisin et 0 pour toute autre classe.

En appliquant la thérie D-S pour fusionner les supports venant de tous les clusters de notre partition $\{(S_l, Q_l)\}_l$, nous arrivons à l'équation suivante pour la croyance en chacune des entités candidates e_j.

$$Bel_j = Bel_j(\{c_j^1\}) = 1 - \Pi_l(1 - m_{l,j}(\{c_j^1\}))$$

À partir de la croyance en chaque entité e_j, il est possible de classer les entités par croyance décroissante, ou bien de sélectionner un sous-ensemble d'entités en choisissant un seuil de croyance minimale. Ensuite, les classements d'entités peuvent être évalués par des mesures telles que Hits@N (la proportion des tâches d'inférences où l'entité correcte est parmi les N premières entités) et MRR (Mean Reciprocal Rank, la moyenne des inverses du rang de l'entité correcte). Les sélections d'entités peuvent être évaluées avec des mesures telles que précision, rappel et score F1.

On notera que la méthode ci-dessus se généralise facilement à l'inférence conjointe de la relation r_k et de l'entité-queue e_j. Il suffit d'utiliser les indices k, j partout où l'index j est utilisé : $\phi_{l,k,j}$ serait la confiance dans l'inférence de la relation r_k et de l'entité e_j par Q_l, $c_{k,j}^1$ serait la classe des entités liées à e_j via r_k et $Bel_{k,j}$ serait la croyance en l'inférence d'un tel lien.

5 Évaluation

5.1 Méthodologie

La page "expériences" [1] fournit des liens vers le code source, les jeux de données et les logs.

Données. Nous utilisons le jeu de données FB15k-237 introduit par Toutanova et Chen (2015) comme sous-ensemble exigeant du jeu de données FB15k, introduit par Bordes et al. (2013) pour l'évaluation en prédiction de liens. C'est un ensemble de triplets extraits de Freebase. Les triplets utilisent 237 relations et sont partagés en trois parties : *train* (272 115 triplets), *validation* (17 535) et *test* (20 466). FB15k-237 est plus exigeant que FB15k car les relations qui sont équivalentes à une autre relation ou à son inverse sont ôtées et parce que les paires d'entités de la partie *train* sont ôtées

---

1. http://www.irisa.fr/LIS/ferre/pub/link_prediction/index.html

des autres parties pour éviter d'éventuelles inférences triviales. Le jeu de données contient aussi des mentions textuelles mais nous les ignorons car nous ne considérons ici que les GC.

En complément, nous utilisons aussi le jeu de données Mondial (May, 1999) qui contient des informations géographiques mondiales. Comme la tâche considérée est d'inférer des relations entre entités, nous l'avons simplifié en enlevant les triplets contenant des nombres ou des dates, en enlevant les triplets de nommage des entités et en déréifiant les relations n-aires. Les triplets restant utilisent 20 relations et sont partagés en trois parties : *train* (7979 triplets), *validation* (778) et *test* (970).

Tâche. Nous suivons le même protocole qu'introduit par Bordes et al. (2013) et suivi par les travaux ultérieurs. La tâche consiste à inférer, pour chaque triplet test, l'entité-queue à partir de la tête et de la relation et aussi l'entité-tête à partir de la queue et de la relation. Nous appelons *entité test* l'entité connue et *entité manquante* l'entité à inférer. Nous évaluons la performance de notre approche en utilisant les mesures : MRR (Mean Reciprocal Rank), H@{1,3,10} (Hits@{1,3,10}). Comme dans les travaux existants nous utilisons les versions filtrées de ces mesures pour prendre en compte le fait qu'il peut y avoir plusieurs entités valides dans un classement d'entités. Par exemple, si l'entité correcte est au rang 7 mais que 2 des 6 premières entités forment des triplets valides (c-à-d. qui appartiennent au jeu de données), alors on considère que l'entité correcte est au rang 5.

Méthode. Comme notre approche n'a pas de phase d'entraînement, nous pouvons utiliser les deux parties *train* et *validation* comme exemples pour notre inférence. Notre approche a seulement deux paramètres pour le calcul des CNN : la profondeur de la description de l'entité test et le temps de calcul alloué (*timeout*). Nous étudions la sensibilité à ces deux paramètres. Pour l'inférence d'un classement d'entités, nous posons $\alpha_0 = 0.95$ et utilisons tous les CNN calculés (pas de sélection des k-plus proches CNN). L'implémentation de notre approche a été intégrée à SEWELIS comme amélioration d'une précédente contribution sur l'édition guidée de graphes RDF (Hermann et al., 2012). Nous avons exécuté nos expériences sur une machine Fedora 25, avec un CPU Intel(R) Core(TM) i7-6600U @ 2.60GHz et une mémoire 16GB DDR4.

Baselines. Nous avons choisi la même tâche et les mêmes mesures que Schlichtkrull et al. (2018) de façon à pouvoir récupérer les résultats de plusieurs approches existantes à base de traits latents (LinkFeat, DistMult, CP, TransE, HolE, ComplEx, R-GCN), et les comparer avec notre approche à base de CNN. Nous nous comparons également à une approche à base de règles, AMIE, que nous avons exécuté avec ses paramètres par défaut. Comme suggéré par les auteurs d'AMIE (équation 8, Galárraga et al. (2015)), nous classons les entités e_j en agrégeant les confiances $\phi_{l,j}$ des règles R_l permettant d'inférer le triplet (e_i, r_k, e_j) : $\phi_j = 1 - \Pi_l(1 - \phi_{l,j})$. Nous ajoutons également une méthode naïve, Freq, qui consiste simplement à classer les entités e_j selon leur fréquence décroissante d'usage dans les triplets de relation r_k, que l'on définit par $freq_j = |ans(x \leftarrow (x, r_k, y), y = e_j)|$. Le classement obtenu est indépendant de l'entité test e_i et agit donc comme un classement par défaut.

5.2 Résultats et discussion

Le tableau 1 compare les résultats de notre approche (CNN) aux autres approches. CNN est exécuté avec des timeouts compatibles avec une interaction utilisateur (0.01s,0.1s,1s) et une profondeur de description égale à 10, qui garantit de capturer à peu près tous les traits pertinents de l'entité test. CNN surpasse les performances des autres approches sur FB15k-237 dès 0.01s pour les mesures les plus fines (MRR, H@1, H@3) et dès 1s pour la mesure H@10. CNN-1s atteint un MRR de 0.286 comparé à 0.248 pour la meilleure autre approche, R-CGN, soit une marge de 3,8%. Cette marge est encore plus grande pour les mesures H@1 (6,2%) et H@3 (4,8%). Le choix systématique de la première entité dans les classements produits serait précis à 21,5% au lieu de 15,3% pour

Approche	FB15k-237				Mondial			
	MRR	H@1	H@3	H@10	MRR	H@1	H@3	H@10
Freq	*0.236*	*0.175*	*0.253*	*0.356*	*0.142*	*0.069*	*0.159*	*0.309*
TransE	0.233	0.147	0.263	0.398	-	-	-	-
DistMult	0.191	0.106	0.207	0.376	-	-	-	-
HolE	0.222	0.133	0.253	0.391	-	-	-	-
ComplEx	0.201	0.112	0.213	0.388	-	-	-	-
R-GCN	0.248	0.153	0.258	**0.414**	-	-	-	-
AMIE	0.143	0.096	0.155	0.241	0.179	0.127	0.208	0.281
CNN 0.01s	**0.250**	**0.186**	**0.268**	0.377	0.313	0.254	0.349	0.424
CNN 0.1s	**0.264**	**0.198**	**0.284**	0.395	0.327	0.271	0.355	0.433
CNN 1s	**0.286**	**0.215**	**0.311**	**0.428**	0.320	0.267	0.344	0.431

TAB. 1 – *Résultats sur FB15k-237 et Mondial pour la baseline Freq, plusieurs approches à traits latents (TransE, DistMult, HolE, ComplEx, R-GCN), une approche à règles (AMIE), et notre approche (CNN) avec trois timeouts (0.01s, 0.1s, 1s). Les résultats pour les approches latentes viennent de Schlichtkrull et al. (2018).*

prédictions	FB15k-237 (timeout=1s)				Mondial (timeout=0.1s)			
	MRR	H@1	H@3	H@10	MRR	H@1	H@3	H@10
toutes	0.286	0.215	0.311	0.428	0.327	0.271	0.355	0.433
queues	0.391	0.307	0.428	0.553	0.584	0.503	0.636	0.734
têtes	0.182	0.123	0.194	0.303	0.057	0.027	0.060	0.117

TAB. 2 – *Résultats de CNN (profondeur=10, timeout=1s/0.1s) pour toutes les prédictions, pour les prédictions des queues et pour les prédictions des têtes.*

R-CGN. Ces résultats semblent confirmés sur Mondial, mais nous n'avons malheureusement pas pu obtenir les résultats pour les approches latentes. CNN surpasse AMIE d'une marge allant de 13,4% à 14.8% pour la mesure MRR. On observe également que CNN surpasse Freq sur toutes les mesures et pour tous les timeouts, ce qui implique que les concept de voisins apprennent quelque chose d'utile au-delà de simple statistiques globales. On notera que ce n'est pas le cas des autres approches, en particulier pour les mesures à grain fin (MRR et H@1). Dans FB15k-237, aucune autre approche n'améliore H@1 par rapport à Freq.

Nous étudions maintenant l'impact de la profondeur de description sur les résultats. On s'attend à priori à ce qu'une plus grande profondeur fournisse plus d'information mais soit plus coûteuse en calcul. Cependant, en variant la profondeur de 1 à 20, nous observons de très faibles écarts-types sur les quatre mesures, tous entre 0.003 et 0.007. Cela montre qu'une grande part de l'information utile se trouve déjà à la profondeur 1. De plus, c'est une bonne propriété que l'accroissement de la profondeur ne détériore pas les résultats car cela signifie que cette profondeur peut être fixée à une valeur élevée sans problème. L'explication de cette propriété est que l'algorithme de partitionnement itératif commence avec les triplets peu profonds et se poursuit avec des triplets de profondeur croissante.

Le tableau 2 détaille les résultats de notre approche, en distingant la prédiction des queues et la prédictions des têtes. Il montre clairement qu'il est nettement plus facile de prédire les queues que les têtes. Ce n'est pas surprenant sachant que dans les GC, les relations sont généralement orientées

relation	#têtes	#queues	MRR$_{Freq}$	MRR	H@1	H@3	H@10
profession	4245	150	0.434	0.601	0.455	0.694	0.874
gender	4094	2	0.882	0.899	0.798	1.000	1.000
nationality	4068	100	0.720	0.772	0.662	0.866	0.941
award	3386	406	0.080	0.270	0.154	0.296	0.511
type_of_union	3033	4	0.971	0.971	0.942	1.000	1.000
place_of_birth	2613	704	0.155	0.183	0.100	0.235	0.359
place_lived	2519	804	0.172	0.194	0.108	0.239	0.344
film/genre	1875	123	0.315	0.380	0.226	0.429	0.711
film/language	1735	59	0.744	0.759	0.688	0.790	0.911
film/country	1708	61	0.685	0.701	0.573	0.809	0.931

TAB. 3 – *Résultats des prédictions des queues pour certaines des relations les plus fréquentes dans FB15k-237. #têtes (resp. #queues) est le nombre de têtes uniques (resp. queues uniques) pour cette relation. Le MRR de Freq est aussi inclus pour comparaison.*

dans le sens le plus déterministe. Par exemple, la relation entre films et genres est orientée des films vers les genres parce que chaque film a seulement un ou quelques genres alors que pour chaque genre il y a de nombreux films.

Le tableau 3 détaille davantage les résultats pour une sélection de 10 des relations les plus fréquentes du jeu de données FB15k-237, en considérant seulement la prédiction des queues. Afin de donner une idée de la difficulté de ces prédictions pour chaque relation, nous donnons le nombre de têtes et queues uniques dans les parties *train+valid*, ainsi que le MRR de la baseline *Freq*. Les résultats montrent que le MRR augmente de façon significative avec notre approche pour toutes les relations, sauf *type_of_union* dont le MRR de la baseline est déjà très élevé (0.971). Par exemple, le MRR de *profession* augmente de 16,7% et celui de *award* augmente de 19%. Pour la moitié des relations Hits@1 est supérieur à 0.5, ce qui signifie que choisir la première entité du classement serait correct dans plus de 50% des cas. Cela inclut des relations avec un grand nombre de queues uniques et donc potentiellement difficiles à prédire, par exemple la relation *nationality* avec 100 queues uniques et H@1 = 0.668.

5.3 Exemples d'inférences et explications

Pour compléter cette évaluation, nous illustrons notre méthode d'inférence en inspectant quelques exemples en détail. Dans FB15k-237, la langue du film "Dragon Ball Z : Bojack Unbound" est correctement prédite comme étant "Japanese" avec MRR=1, comparé à MRR=0.2 pour Freq. CNN-1s génère 26 concepts, parmi lesquels la meilleure explication (en terme de croyance) est que le film est produit au Japon et a Toshiyuki Morikawa comme acteur. Le lieu de vie de "Tabu" est correctement prédit comme étant "Mumbai" avec MRR=1, comparé à MRR=0.059 pour Freq. CNN-1s génère 32 concepts, parmi lesquels la meilleure explication est que "Tabu" a reçu le prix "Filmfare Award for Best Actress", ce qui indique qu'un certain nombre de personnes ayant reçu ce prix vivent à Mumbai. Les prédictions suivantes dans le classement sont d'autres villes en Inde. Dans Mondial, le continent de la Suède est correctement prédit comme étant l'Europe car c'est un pays de type monarchie constitutionnelle (requête à 3 éléments), comme le Danemark. Matterhorn est correctement prédit comme étant localisé en Suisse car c'est une montagne des Alpes qui est aussi localisée en Italie (requête à 5 éléments), comme le Monte Rosa. Lagen est correctement prédit comme étant localisé en Norvège car c'est l'estuaire d'une rivière localisée en Norvège (requête à 4 éléments).

De façon plus systématique, nous avons examiné toutes les inférences correctes et non-triviales de la nationalité des personnes dans FB15k-237, c-à-d. les inférences où l'entité correcte n'est pas une des trois nationalités les plus fréquentes ($MRR_{Freq} < 0.333$). Parmi ces 10 inférences, le nombre de concepts générés par CNN-1s est remarquablement stable et petit, entre 22 et 37. Les intensions de ces concepts (les explications) sont des requêtes à 2 ou 3 éléments, et les extensions ont 2 à 29 entités (les entités similaires servant d'exemples). Les meilleures explications disent que la nationalité des personnes peut être inféré soit par le lieu d'habitation (ex., Tokyo $\rightarrow$ Japan), le lieu du décès, la langue parlée, un film dans lequel la personne a joué ou un prix gagné.

Notre approche à base d'instances est capable de trouver des explications très spécifiques, comme illustré ci-dessus, que des approches à base de règles auraientt peu de chance de produire vu leur nombre gigantesque sur l'ensemble du jeu de données. Cependant, une limite de notre méthode d'inférence est qu'elle ne fournit pas encore d'explications généralisées telles que "si une personne X habite dans une ville située dans un pays Y, alors X a pour nationalité Y", alors que c'est le principal type d'explications sur lesquelles s'appuient les approches à base de règles ou de marches aléatoires.

6   Conclusion

Nous avons montré des résultats expérimentaux positifs et encourageants pour une approche symbolique au problème de la prédiction de liens dans les graphes de connaissances, en particulier pour les mesures à grain fin (MRR, Hits@1). Comparé aux approches à traits latents, nous sommes capable de fournir des explications intelligibles à chaque inférence sous forme de motifs de graphe. Comparé aux approches à base de règles, nous avons un meilleur contrôle du temps de calcul, et donc une meilleure capacité à passer à l'échelle, en évitant la phase d'apprentissage (fouille des règles) et en utilisant un algorithme *any-time* contrôlé par un timeout à l'inférence. Notre approche est analogue à la classification par les k-plus proches voisins mais nos distances sont définis par des motifs de graphe plutôt que par des métriques.

De nombreuses pistes de recherche restent ouvertes. Étendre les motifs de graphe avec des filtres plus riches sur les nombres, dates, etc. Optimiser le calcul des CNN en trouvant de bonnes stratégies pour guider le processus de partitionnement ou en le parallélisant. Étendre la procédure d'inférence pour imiter les règles non-instanciées d'AMIE (ex., *la nationalité est le pays du lieu d'habitation*). Évaluer notre approche sur d'autres jeux de données et d'autres tâches d'inférence.

Références

Bordes, A., N. Usunier, A. Garcia-Duran, J. Weston, et O. Yakhnenko (2013).   Translating embeddings for modeling multi-relational data. In *Advances in neural information processing systems*, pp. 2787–2795.

Denœux, T. (1995). A k-nearest neighbor classification rule based on Dempster-Shafer theory. *IEEE Trans. Systems, Man, and Cybernetics 25*(5), 804–813.

Ferré, S. (2015). A proposal for extending formal concept analysis to knowledge graphs. In J. Baixeries, C. Sacarea, et M. Ojeda-Aciego (Eds.), *Int. Conf. Formal Concept Analysis (ICFCA)*, LNCS 9113, pp. 271–286. Springer.

Ferré, S. (2017). Concepts de plus proches voisins dans des graphes de connaissances. In *28es Journées francophones d'Ingénierie des Connaissances (IC)*, pp. 163–174.

Ferré, S. (2018). Answers partitioning and lazy joins for efficient query relaxation and application to similarity search. In A. Gangemi et al. (Eds.), *Int. Conf. The Semantic Web (ESWC)*, LNCS 10843, pp. 209–224. Springer.

Galárraga, L., C. Teflioudi, K. Hose, et F. Suchanek (2015). Fast rule mining in ontological knowledge bases with amie+. *Int. Journal Very Large Data Bases 24*(6), 707–730.

Hermann, A., S. Ferré, et M. Ducassé (2012). An interactive guidance process supporting consistent updates of RDFS graphs. In A. ten Teije et al. (Eds.), *Int. Conf. Knowledge Engineering and Knowledge Management (EKAW)*, LNAI 7603, pp. 185–199. Springer.

Lao, N., T. Mitchell, et W. W. Cohen (2011). Random walk inference and learning in a large scale knowledge base. In *Conf. Empirical Methods in Natural Language Processing*, pp. 529–539. Association for Computational Linguistics.

Liben-Nowell, D. et J. Kleinberg (2007). The link-prediction problem for social networks. *Journal of the American society for information science and technology 58*(7), 1019–1031.

May, W. (1999). Information extraction and integration with FLORID : The MONDIAL case study. Technical Report 131, Universität Freiburg, Institut für Informatik. Available from `http://dbis.informatik.uni-goettingen.de/Mondial`.

Muggleton, S. (1995). Inverse entailment and progol. *New Generation Computation 13*, 245–286.

Nickel, M., K. Murphy, V. Tresp, et E. Gabrilovich (2016). A review of relational machine learning for knowledge graphs. *Proc. IEEE 104*(1), 11–33.

Plotkin, G. (1971). *Automatic Methods of Inductive Inference*. Ph. D. thesis, Edinburgh University.

Schlichtkrull, M., T. N. Kipf, P. Bloem, R. van den Berg, I. Titov, et M. Welling (2018). Modeling relational data with graph convolutional networks. In *The Semantic Web Conf. (ESWC)*, pp. 593–607. Springer.

Toutanova, K. et D. Chen (2015). Observed versus latent features for knowledge base and text inference. In *Work. Continuous Vector Space Models and their Compositionality*, pp. 57–66.

Summary

The open nature of Knowledge Graphs (KG) often implies that they are incomplete. Link prediction consists in infering new links between entities based on existing links. Most existing approaches rely on the learning of latent feature vectors for the encoding of entities and relations. In general however, latent features cannot be easily interpreted. Rule-based approaches offer interpretability but a distinct ruleset must be learned for each relation. We propose a new approach that does not need a training phase, and that can provide interpretable explanations for each inference. It relies on the computation of Concepts of Nearest Neighbours (CNN) to identify similar entities based on common graph patterns. Dempster-Shafer theory is then used to draw inferences from CNNs. We evaluate our approach on FB15k-237, a challenging benchmark for link prediction, where it gets improved performance compared to existing approaches.

Reconnaissance d'entités nommées itérative sur une structure en dépendances syntaxiques avec l'ontologie NERD

Cédric Lopez, Melissa Mekaoui, Kevin Aubry, Jean Bort, Philippe Garnier

Emvista
https://www.emvista.com
Cap Oméga, Rond-point Benjamin Franklin, 34960 Montpellier
prenom.nom@emvista.com

Résumé. La reconnaissance des entités nommées (REN) consiste à repérer des éléments textuels et à les classer dans des catégories prédéfinies (noms de personnes, d'organisations, de marques, d'équipes sportives, *etc.*). La REN est souvent considérée comme l'une des briques de fondation des systèmes visant à structurer un texte tout-venant. Dans cet article, nous décrivons notre système symbolique de REN qui se caractérise par 1) l'utilisation de ressources dictionnairiques limitées et 2) la prise en compte de résultats provenant d'autres briques telles que la résolution de coréférences et l'extraction de relations. Le système est basé sur la sortie d'un analyseur syntaxique en dépendances qui adopte un flot d'exécution itératif intégrant des résultats d'autres briques d'analyse. À chaque itération, des catégories candidates sont générées et sont toutes prises en compte dans les itérations suivantes. L'intérêt d'un tel système est de sélectionner définitivement le meilleur candidat uniquement à la fin du traitement afin de tenir compte de l'ensemble des éléments fournis par les différentes briques. Le système est comparé à des systèmes académiques et industriels.

1 Introduction

La reconnaissance des entités nommées (REN) dans un texte est une tâche consistant à repérer des éléments textuels et à les classer dans des catégories/types prédéfinies (*i.e.* noms de personnes, d'organisations, de marques, d'équipes sportives, *etc.*). La REN est souvent considérée comme l'une des briques de fondation des systèmes visant à structurer un texte tout-venant. Cette brique est généralement conçue de façon indépendante des autres briques du Traitement Automatique du Langage Naturel (TALN) et s'inscrit dans un flot d'exécution linéaire : les briques situées après la REN ne peuvent plus intervenir sur la reconnaissance des entités nommées, et celles situées avant ne peuvent bénéficier des résultats de la REN. Par exemple, la résolution des coréférences et l'extraction des relations sont généralement situées après la REN ce qui impose *de facto* des limites aux systèmes. Soient trois exemples :

(1) Paris visite Paris.
(2) Paris est triste. Elle pleure dans le salon.

(3) Firadsicht est une ville.

Dans l'exemple (1), les systèmes académiques et industriels testés [1] reconnaissent les deux mentions de "Paris" comme des lieux. Pourtant, l'application d'un module d'extraction de relations permettrait de construire le triplet "Paris_*lieu*, rencontrer, Paris_*lieu*" et de mettre en évidence l'inconsistance de l'annotation (un lieu ne peut rencontrer un lieu) pour conduire le système à réviser les solutions proposées. Dans l'exemple (2), les systèmes annotent "Paris" comme un lieu. La résolution de la coréférence "Elle" (*i.e.* "Paris") conduirait le système à mettre en évidence que la ville ne peut pas "pleurer dans le salon", conduisant ainsi le système à revoir son annotation. L'exemple 3 met en évidence les limites des systèmes dès lors que l'entité à annoter est absente des ressources dictionnairiques ("Firadsicht" dans l'exemple n'est pas reconnue). Un constat plus global est que les briques élémentaires à la compréhension du langage sont aujourd'hui encore (trop) cloisonnées tel que récemment souligné par Cartier (2015).

Nous nous focalisons dans ce qui suit sur une approche de REN symbolique (à base de règles). Les systèmes existants sont confrontés à plusieurs contraintes, en sus des contraintes d'ordre analytique présentés ci-avant. Tout d'abord, ils reposent généralement sur un ensemble de règles pour lesquelles la priorité d'application est cruciale (Maurel et al., 2011), impactant directement la qualité des résultats. Ensuite, les systèmes symboliques actuels s'appuient généralement sur des ressources de grand volume qu'il faut alors développer ou enrichir (Sagot et Stern, 2012)(Nouvel et al., 2012)(Nouvel et al., 2016). Enfin, le texte à analyser est généralement traité comme une suite de phrases indépendantes, ce qui réduit considérablement le contexte mis à disposition du système.

Nous proposons une façon de décloisonner à la fois les briques d'analyse du TALN et les phrases en mettant en place une approche itérative pour la reconnaissance d'entités nommées : chaque brique du TALN sollicitée lors d'une itération apporte à la REN de nouveaux éléments de contexte qui la mènent à des solutions plus pertinentes. Ces nouvelles solutions impliquent potentiellement les briques à réviser les éléments précédemment fournis, et ainsi de suite. Par ailleurs, le système tisse des liens entre les phrases grâce à la résolution des coréférences dans le but de propager à travers le texte les solutions identifiées par le système. Il s'ensuit que les types d'entités proposés par le système demeurent des candidats jusqu'à la dernière itération. Dans la suite, nous décrivons le système (section 2) et présentons les résultats de l'évaluation (section 3).

2   Description du système

2.1   Quelle typologie ?

Même si, dans la littérature, des centaines de types d'entités nommées ont été définies (Sekine et Nobata, 2004), les campagnes d'évaluation ou *shared tasks* les plus récentes ainsi que les solutions industrielles n'en utilisent que quelques dizaines tout au plus, selon les besoins

---

1. Une quinzaine au total, y compris pour l'anglais, dont : Google, Alchemy (IBM), Gate (Tablan et al., 2013), SEM (Dupont et Tellier, 2014), NERC-fr (Azpeitia et al., 2014), Polyglot-Ner (Al-Rfou et al., 2015), AllenNLP (Gardner et al., 2018)

applicatifs. Dans notre travail, nous utilisons l'ontologie NERD [2] qui propose un consensus entre les types des systèmes les plus populaires (Rizzo et Troncy, 2012). L'intérêt d'utiliser une telle ontologie réside notamment dans le fait que les solutions retournées par le système permettent d'inférer de nouvelles solutions par la relation de subsomption. Ainsi, une entité typée `nerd:SportsTeam` (*équipe de sport*) est nécessairement typée `nerd:Organization` (*organisation*). L'enjeu est donc de faire en sorte que le système retourne les types les plus spécifiques afin d'inférer, selon le cas d'application visé, des types plus génériques. Inversement, à partir d'un type identifié par le système (par exemple `nerd:Organization`), celui-ci peut être guidé par les types spécifiques possibles pour affiner la solution proposée (par exemple `nerd:Airline`, `nerd:Band` ou encore `nerd:Company`). Ce dernier cas n'est pas exploité par le système actuel et constitue une perspective à nos travaux.

Dans le cadre de ce travail, nous avons développé une extension à NERD en ajoutant des classes telles que les mesures, les noms de méthodes/théories, les récompenses, les lignes de transport, *etc* [3]. Au total, le système dispose de 115 classes et sous-classes.

2.2 Algorithmique

Le système est constitué de six phases principales dont les deux dernières sont itératives (*cf.* Fig. 1). Le texte est d'abord soumis à une analyse syntaxique (phase 1) qui fournit les dépendances entre chaque mot (*token*) de la phrase (par exemple les dépendances *sujet* et *objet*). La structure obtenue est soumise à une série d'expressions régulières permettant le repérage des mesures, e-mails, URLs, numéros de téléphone, *etc.* (phase 2). Les expressions temporelles sont ensuite reconnues dans la phase 3. La phase 4 projette les éléments du lexique de contexte-clés permettant de repérer des éléments de contexte en vue de la désambiguïsation des entités nommées. Par exemple, des termes tels que "société", "organisation", "entreprise" sont des éléments clés pour l'identification des organisations. La ressource lexicosémantique JeuxDeMots (Lafourcade et Joubert, 2008) a été utilisée pour construire de tels lexiques [4]. Les termes repérés sont des couleurs, des ingrédients, des métiers, des matériaux, des instruments de musiques, des nationalités, des sports, *etc.* La phase 4 projette également le lexique des entités nommées ce qui permet de générer les premiers candidats. La phase 5 correspond à l'application des règles en *n* itérations. Une fois les *n* itérations effectuées, la phase 6 intervient (une unique fois) dans le but d'augmenter la couverture en proposant de nouveaux candidats. La base de connaissances DBpedia est utilisée à titre expérimental : par l'extraction de n-grammes de mots, des mentions exactes et partiellement exactes sont recherchées dans la base pour augmenter la couverture du système. Il s'avère que les types fournis par la base (via la propriété `rdf:type`) sont représentés par des classes décrites dans plusieurs ontologies. Nous avons donc projeté ces classes sur celles de l'ontologie NERD en exploitant la propriété `sameAs` et les valeurs associées fournies par NERD [5]. Par exemple, `dbo:Place`, `wm:LOC`, ou encore `ner2:location` sont projetées sur `nerd:Location`. La phase 5 est ensuite à nouveau amorcée car de nouveaux éléments issus de la phase 6 pourraient impliquer le dé-

---

2. `http://nerd.eurecom.fr/ontology/`

3. Cette extension sera publiée prochainement.

4. `http://www.jeuxdemots.org`. Nous utilisons la relation de synonymie.

5. De nombreuses équivalences de classes ont été ajoutées manuellement pour couvrir les ontologies utilisées par DBpedia.

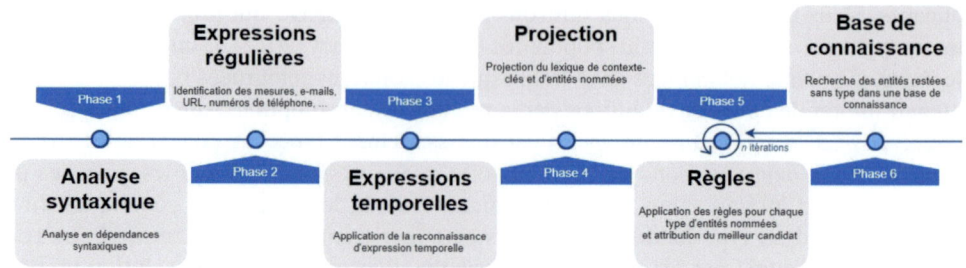

FIG. 1 – *Schéma de l'approche*

clenchement de nouvelles règles. Au bout de n itérations, le système fournit alors les résultats définitifs.

Le système exploite de nombreux éléments de contexte, y compris ceux qui pourraient être éloignés de l'entité à catégoriser, en couvrant plusieurs tâches du TALN dont l'extraction de la terminologie, l'extraction de relations et la résolution de la coréférence. Nous faisons l'hypothèse que, même si ces tâches menées de façon indépendante ne sont pas entièrement résolues, leurs traitements partiels mais combinés apportent des indices pertinents conduisant un système de REN à de meilleures performances. Ces traitements sont sollicités, sous forme de règles, lors de la phase 5 :

— *Acronymes*. Ce module identifie les acronymes entièrement en capitales par un ensemble d'heuristiques. Chaque acronyme est associé à sa forme complète lorsqu'elle existe dans le texte. Par exemple, dans "L'Organisation des Nations Unies (ONU) attire notre attention.", le sigle ONU est lié à "Organisation des Nations Unies" ; tous deux reçoivent les mêmes types candidats.

— *Complétion*. Ce module s'appuie sur les informations d'ordre morphosyntaxique pour compléter une entité nommée (notamment avec les adjectifs, noms communs et noms propres) qui serait partiellement identifiée. On évite ainsi que dans le nom du personnage "La Panthère rose", seul "La Panthère" soit reconnu.

— *Coordination*. La coordination exprime généralement une relation entre plusieurs éléments de même nature. Par exemple, dans "J'ai visité Lisbonne, Ajouda et Benfica.", le fait de connaître le type de Lisbonne (*i.e.* lieu) permet au système de proposer le même type pour les deux autres entités : Ajouda et Benfica.

— *Coréférences*. L'analyse des coréférences est actuellement limitée aux coréférences pronominales, basée sur la sortie d'un analyseur syntaxique. Par exemple, dans "Paris est triste. Elle pleure dans le salon.", "Elle" et "Paris" sont liés par un lien d'identité.

— *Descripteurs*. Les descripteurs, ou marqueurs, sont des mot-outils qui peuvent aider à désambiguïser une entité nommée. Par exemple, "à" et "en" sont plus probablement placés avant un lieu qu'avant la mention d'une équipe de sport.

— *Contexte gauche et droit*. Les relations de dépendances permettent d'identifier le contexte gauche et droit de l'entité, y compris lorsque les éléments textuels sont distants de l'entité nommée. Par exemple, dans "J'ai visité la ville, celle que j'avais toujours rêvé de visiter, Benfica.", "Benfica" est directement lié à "ville".

— *Preuve interne* (McDonald, 1996). Une entité nommée est parfois constituée d'éléments permettant de déduire son type. Par exemple, "Association Valentin Haüy" et "Fédération Française de Football" contiennent "Association" et "Fédération" qui permettent au système de proposer le type candidat "organisation".

— *Appartenance* (Lopez et al., 2014). Ce module exploite l'expression d'appartenance entre deux entités nommées pour déduire une relation hiérarchique entre elles. Par exemple, dans "J'ai testé Revitalift de L'Oréal Paris.", sachant que "L'Oréal Paris" est une marque, la relation d'appartenance exprimée par la préposition "de" indique que "Revitalift" appartient à la marque et est probablement un produit.

— *Relations*. Ce module a pour objectif d'extraire des triplets de la forme "sujet, prédicat, objet". Par exemple, dans "Lilwenn est président du groupe.", le triplet "Lilwenn, être, président_*Function*" est généré. Ce triplet est soumis à une base de connaissances (générée à partir de JeuxDeMots) contenant le triplet "Person, être, Function" qui permet de déduire que le sujet est ici une personne. Les triplets sont générés en exploitant le résultat de l'analyse syntaxique (en particulier les relations sujet et objet, attribut du sujet, *etc.*), évitant ainsi le traitement proposé par Ezzat (2014) qui consiste à analyser les éléments textuels situés entre le prédicat et ses arguments.

— *Comparaison*. Ce module tire profit de l'expression de la comparaison. Par exemple, dans "Pierre est informaticien, comme Mart.", le système considère que Mart est probablement du même type que Pierre.

— *Expressions locales*. Les expressions locales permettent de capturer l'intégralité d'une entité complexe. Par exemple, l'expression "entre *Time* et *Time*" permet de repérer des entités temporelles telles que "entre lundi et jeudi" et "entre 2017 et 2019".

— *Projection par mémoire*. Ce module projette les candidats types reconnus à chaque itération sur l'ensemble du texte. Dans l'exemple "Quel avenir pour Tropico ? [...] Coca-Cola_*Organization* rachète Tropico.", la dernière phrase permet de reconnaître Tropico comme une organisation grâce à la relation "racheter", et propose cette solution pour la mention dans la première phrase.

— *Méta-règles*. Les méta-règles sont construites en utilisant les types proposés par le système. Par exemple, dans "Paris rencontre Marseille.", la méta-règle "Lieu, rencontrer, Lieu -> Equipe, rencontrer, Equipe" permet de typer Paris et Marseille comme des équipes de sport.

— *Propagation*. Ce module propage les types d'entités par le biais de la résolution des coréférences. Par exemple, dans "C'est Iban. Il a téléphoné à Marie.", "Il" est typé comme une personne [6] et est coréférent avec "Iban" que le système type également comme une personne.

Le nombre d'itérations est paramétrable et est pris en compte dans l'évaluation du système (section 3).

2.3 Sélection des candidats

Un candidat contient principalement trois données : le type de l'entité concernée, la règle ayant conduit à ce type, l'URI de l'entité concernée dans le cas de l'utilisation de DBpedia au cours de la phase 6. Un intérêt de l'approche proposée est de conserver les candidats pour une sélection définitive la plus tardive. À l'issue de chaque itération (phase 5), pour chaque

---

6. Grâce au triplet "Personne, téléphoner à, Personne"

entité nommée, un candidat est sélectionné tout en préservant les autres candidats. Si au cours du processus le candidat sélectionné est confronté à une inconsistance, celui-ci est remplacé par un candidat plus adapté. Pour ce faire, chaque règle est associée à un score de confiance déterminé empiriquement[7]. Par exemple, les candidats générés par le module *descripteurs* ont un score plus bas que les règles fondées sur le contexte gauche immédiat. Pour une entité donnée, si plusieurs candidats existent et proviennent de différentes règles, une agrégation des scores (somme) est calculée pour chaque type. Le candidat de meilleur score est retourné.

2.4 Exemple d'application

Nous décrivons pas à pas les phases du système à partir d'un exemple concret (4) :

(4) Matt Bowman (né le 31 mai 1991 à Chevy Chase, Maryland, États-Unis) est choisi par les Mets de New-York. Les Cardinals utilisent Bowman uniquement comme lanceur de relève. À sa première année, il joue 59 matchs des Cardinals. `https://fr.wikipedia.org/wiki/Matt_Bowman`

— **Phase 1 :** L'analyse syntaxique retourne la structure en dépendances qui sert de support à la suite du processus.
— **Phase 2 :** Les expressions régulières permettent d'annoter définitivement l'URL `https://fr.wikipedia.org/wiki/Matt_Bowman`.
— **Phase 3 :** Les expressions temporelles permettent d'annoter définitivement "31 mai 1991" comme une date.
— **Phase 4 :** Le lexique permet de classer New-York et États-Unis comme des lieux et les termes "lanceur_*sportif*" et "matchs_*évènement_sportif*" font désormais partie de l'ensemble des termes du contexte-clé.
— **Phase 5 : Première itération**
  — "Chevy Chase" : candidat "lieu", par déclenchement des règles suivantes : descripteurs ("à Chevy Chase"), coordination contenant un élément typé ("Chevy Chase, Maryland, *États-Unis*")
  — "Maryland" : même cas que "Chevy Chase".
  — "Bowman" : candidat "personne>sportif" par déclenchement de la règle *comparaison* ("Bowman [...] *comme* lanceur_*sportif*").
  — "il" : réfère à "Matt Bowman" et par extraction de relation fait partie du triplet "il, jouer, match" qui permet de déduire que "il" est un sportif, donc "Matt Bowman" est un sportif.
  — "Cardinals" : candidat "équipe de sport" grâce au contexte gauche "matchs des".
— **Phase 5 : Deuxième itération**
  — "Matt Bowman" : candidat "personne>sportif" par propagation de la coréférence "il" résolue dans l'itération précédente ; également candidat par présence de la preuve interne "Bowman" (annoté lors de l'itération précédente).
  — "Mets" : candidat "équipe sportive" par extraction du triplet "Matt Bowman_*sportif*, choisi par, Mets".

---

7. Ces scores sont les suivants : Acronyme : 0,8 ; Completion : 0,4 ; Coordination : 0,6 ; Coréférence : 0,3 ; Descripteur : 0,2 ; Contexte gauche et droit : 1,0 ; Appartenance : 0,6 ; Relation : 0,6 ; Comparaison : 0,9 ; Expression locale : 1,0 ; Projection par mémoire : 0,2 ; Méta-règles : 1,0

— **Phase 6** : A ce stade, toutes les entités ont au moins un candidat. Cette phase peut générer de nouveaux candidats via DBpedia (paramétrable au lancement du système).

3 Évaluation

Dès l'apparition de la tâche de reconnaissance d'entités nommées, il a été démontré et largement accepté qu'une grande quantité de ressources constituait les fondations d'un système de REN (Wakao et al., 1996). Dans le contexte industriel, il a souvent été noté que le développement des ressources linguistiques pour la tâche de REN a un coût non négligeable (Ezzat, 2014). De fait, notre système limite les dépendances avec de telles ressources. Concrètement, hors DBpedia, le système dispose de ressources contenant seulement 26 000 entités nommées (dont 22 000 prénoms), de 1 500 termes (contexte-clé), et de 250 triplets (exemple d'un triplet : "Person, épouser, Person").

Les outils utilisés dans le cadre de cette évaluation sont à l'état de l'art :
— l'analyseur syntaxique Talismane (Urieli, 2013)
— l'analyseur d'expressions temporelles HeidelTime (Strötgen et Gertz, 2010) que nous avons enrichi de nouvelles règles.
Les autres modules décrits dans les sections précédentes ont été développés au sein de la société Emvista.

Pour la tâche de REN en français, les ressources libres annotées sont extrêmement rares. Dans le cadre de cette expérimentation, nous avons utilisé trois corpus : un corpus d'entraînement et deux corpus de test de genres différents :
— "Le tour du monde en quatre-vingts jours" de Jules Verne, 1872 (Lecuit et al., 2011), soient 84 976 *tokens*. Les 3 342 entités annotées dans ce corpus sont répartis en 12 types d'entités nommées (personne, organisation, lieu, place, vaisseau, bâtiment, oronyme, *etc.*[8]) que nous avons projetés sur les types de plus haut niveau de l'ontologie NERD (par exemple "place" est considérée comme `nerd:Location`) de sorte à comparer équitablement les résultats des différents systèmes.
— 280 résumés d'articles Wikipedia aléatoires, soient 10 034 *tokens*. Ce corpus a été annoté manuellement avec le format CoNLL et l'encodage BIO. Il est noté Wikipedia-train dans la suite. Il a été utilisé pour conduire le développement des règles et l'algorithmique.
— 587 résumés d'articles Wikipedia aléatoires, soient 21 855 *tokens*. Comme le précédent, ce corpus a été annoté manuellement en adoptant le format CoNLL et l'encodage BIO et est accessible sur Internet[9]. Il contient 3 125 entités nommées annotées avec les types de l'ontologie NERD. Ce corpus est noté Wikipedia-test dans la suite. Il n'a pas été utilisé lors du développement du système.

Le tableau 1 donne un aperçu de la constitution des corpus de test. La colonne T montre le nombre de tokens annotés pour chaque type, la colonne TU donne le nombre de tokens uniques. Enfin, la colonne TA donne le nombre de tokens ambigus pour chaque type (*i.e.* le nombre de tokens ayant au moins deux types différents).

Dans un premier temps, nous avons expérimenté l'apport de la phase 6 (DBpedia) sur le corpus Wikipedia-train. Les résultats obtenus montrent que l'apport de cette phase, qui in-

---

8. http://tln.lifat.univ-tours.fr/Tln_Corpus80jours.html
9. https://www.emvista.com

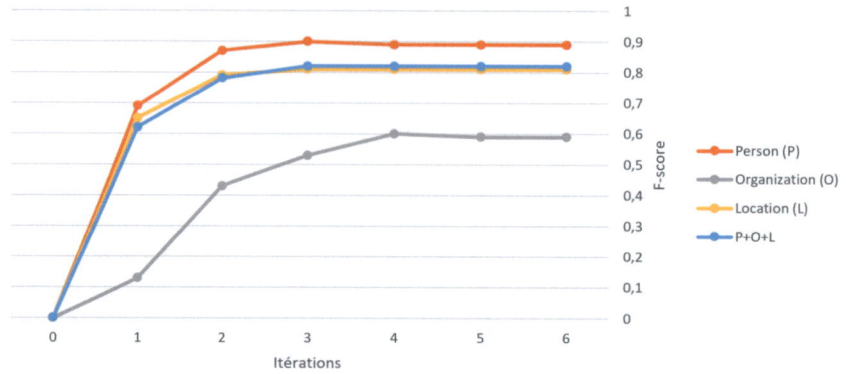

FIG. 2 – *Impact du nombre d'itérations sur Wikipedia-train*

tervient en fin de processus, est quasiment nul. Cela s'explique par le fait que l'analyse du contexte suffit à catégoriser les entités nommées : plus de 98% des entités ont été catégorisées grâce au contexte et non grâce à leur présence dans une base de données. Par conséquent, la phase 6 a été abandonnée dans la suite de l'expérimentation d'autant plus que celle-ci est coûteuse en temps d'exécution. Néanmoins, la suppression de cette phase ne doit pas être généralisée : par exemple, dans le cas des SMS et des tweets, le contexte est très limité et la syntaxe n'est pas standard : appliquer cette approche à de tels genres textuels ne serait pas pertinent.

Dans un deuxième temps, nous avons expérimenté l'impact du nombre d'itérations sur les résultats en utilisant le corpus Wikipedia-train. La Fig. 2 met en évidence que plusieurs itérations augmentent le F-score du système de façon significative. Sur ce corpus, une stabilité apparaît à partir de la quatrième itération. Nous montrons ainsi que le système est en mesure de proposer de nouvelles solutions à chaque itération. Une perspective à ce travail consiste à définir le cas d'arrêt optimal, automatiquement. Dans la suite de l'expérience, nous avons fixé un nombre d'itérations égal à 6.

Enfin, une expérience a consisté à attribuer le même score à chaque module de règles. Sur le corpus Wikipedia-train, la performance du système est diminuée de moitié ce qui montre la pertinence des scores attribués empiriquement. Une perspective consiste à expérimenter plus finement ces scores qui ont un impact immédiat sur les résultats.

Nous avons comparé les résultats de sept systèmes industriels et académiques sur Wikipedia-test et 80 jours : Google, Alchemy (IBM), Gate (Tablan et al., 2013), NERC-fr (Azpeitia et al., 2014), SEM (Dupont et Tellier, 2014), mXS (Nouvel et al., 2011) et notre système symbolique noté "Emvista". Les mesures classiques de précision (P), rappel (R) et F-score (F) sont utilisées. Le tableau de synthèse (*cf.* Tab. 4) présente les résultats en termes de micro mesures afin de tenir compte du déséquilibre des classes.

Sur le corpus "80 jours", le tableau 2 donne la première et la deuxième places (en terme de F-score) à Google et à Emvista. Avec un F-score global de 0,76, notre système obtient la première place (*cf.* Tab. 4). Le même scénario est observé sur le corpus Wikipedia-test (*cf.* Tab. 3). Notre système obtient le meilleur F-score global (0,81), proche du deuxième (0,80).

Il est intéressant de remarquer que, malgré la différence stylistique entre les deux corpus, le système d'Emvista est le plus robuste en ce sens qu'il ne montre que 0,05 point de différence entre les deux corpus (*cf.* Tab. 4). Cela peut s'expliquer par le fait qu'il est plus autonome vis-à-vis des ressources que les autres systèmes. Enfin, les types de situations induisant le système en erreur sont majoritairement 1) les problèmes de frontières à gauche et à droite des entités nommées, 2) les erreurs de l'analyse syntaxique qui impacte directement la qualité du NER, 3) les erreurs relatives à la résolution des coréférences.

	80 jours			Wikipedia-test		
	T	TU	TA	T	TU	TA
nerd:Organization	387	121	61	373	277	103
nerd:Person	3 435	165	44	820	624	54
nerd:Location	2 041	438	100	1886	923	141
nerd:Time	-	-	-	1139	264	39
nerd:Product	-	-	-	318	267	110
nerd:Species	-	-	-	180	153	14
nerd:Function	-	-	-	421	248	103
nerd:Nation	-	-	-	316	74	26
nerd:Facility	-	-	-	108	75	38
nerd:Event	-	-	-	266	130	80

TAB. 1 – *Aperçu du contenu des corpus de test (T : nombre de tokens ; TU : nombre de tokens uniques ; TA : tokens ambigus)*

Systèmes	nerd:Person			nerd:Location			nerd:Organization		
	P	R	F	P	R	F	P	R	F
Alchemy	0,94	0,60	0,73	0,65	0,42	0,51	0,17	0,10	0,12
Gate	**0,95**	0,55	0,69	0,71	0,34	0,45	0,45	0,05	0,09
Google	0,88	0,64	0,74	0,81	**0,62**	**0,70**	0,37	**0,50**	**0,42**
NERC-fr	0,91	0,17	0,28	0,79	0,35	0,48	**0,75**	0,14	0,23
SEM	**0,95**	0,44	0,60	**0,85**	0,38	0,52	0,11	0,45	0,17
mXS	0,65	0,28	0,39	0,84	0,45	0,58	0,16	0,04	0,06
Emvista	0,92	**0,81**	**0,86**	0,74	0,58	0,65	0,61	0,33	**0,42**

TAB. 2 – *Résultats pour le corpus "Le tour du monde en quatre-vingts jours"*

4 Conclusion

Nous avons expérimenté un système visant à compenser l'utilisation d'une très faible quantité de ressources par une analyse du contexte faisant intervenir différentes briques du TALN au-delà des frontières imposées par les phrases : gestion de la coordination, extraction de relations, identification des acronymes, analyse des coréférences, *etc.* Le point essentiel du système réside dans le fait qu'il repose sur un flot d'exécution itératif, évitant ainsi de fixer un ordre d'exécution des différentes briques et règles. À chaque itération, le système est en mesure de

Systèmes	nerd:Person			nerd:Location			nerd:Organization		
	P	R	F	P	R	F	P	R	F
Alchemy	0,78	0,80	0,79	0,63	0,23	0,34	0,46	0,20	0,28
Gate	0,81	0,68	0,73	0,86	0,27	0,41	0,46	0,07	0,12
Google	0,77	**0,95**	0,85	**0,93**	0,74	0,82	0,68	**0,61**	**0,64**
NERC-fr	0,69	0,32	0,43	0,90	0,30	0,45	0,54	0,06	0,01
SEM	0,82	0,69	0,74	0,90	0,46	0,60	0,24	0,37	0,29
mXS	0,77	0,68	0,72	0,72	0,47	0,56	0,47	0,05	0,09
Emvista	**0,83**	0,93	**0,87**	0,91	**0,80**	**0,85**	**0,72**	0,38	0,49

TAB. 3 – *Résultats pour le corpus "Wikipedia-test"*

Systèmes	80 jours			Wikipedia-test		
	P	R	F	P	R	F
Google	0,82	0,62	0,71	0,85	**0,77**	0,80
Emvista	0,84	**0,70**	**0,76**	**0,86**	**0,77**	**0,81**
SEM	**0,87**	0,42	0,55	0,80	0,51	0,61
mXS	0,69	0,33	0,44	0,70	0,48	0,55
Gate	0,83	0,44	0,57	0,80	0,34	0,45
NERC-fr	0,86	0,23	0,35	0,81	0,28	0,41
Alchemy	0,79	0,50	0,62	0,64	0,36	0,43

TAB. 4 – *Synthèse des résultats sur les deux corpus pour les organisations, lieux et personnes*

proposer de nouveaux candidats, dont certains plus pertinents que ceux identifiés jusqu'alors. Ce système obtient des résultats supérieurs aux systèmes académiques et industriels testés. Les résultats sont très encourageants d'autant plus que le système est évolutif puisque de nouvelles règles peuvent être facilement ajoutées.

Une perspective immédiate à ce travail est l'amélioration des briques de TALN, particulièrement la brique de résolution des coréférences de sorte à tisser plus de liens entre les phrases. Il va de soi que cette brique est dépendante des résultats de la REN et d'extraction des relations, entre autres. De fait, nous développons un système itératif couvrant l'ensemble des briques du Traitement Automatique du Langage Naturel, dans le but d'expérimenter le décloisonnement total des différentes tâches du TALN.

Références

Al-Rfou, R., V. Kulkarni, B. Perozzi, et S. Skiena (2015). Polyglot-ner : Massive multilingual named entity recognition. In *Proceedings of the 2015 SIAM International Conference on Data Mining*, pp. 586–594. SIAM.

Azpeitia, A., M. Cuadros, S. Gaines, et G. Rigau (2014). Nerc-fr : supervised named entity recognition for french. In *International Conference on Text, Speech, and Dialogue*, pp. 158–

	P	R	F
nerd:Organization	0,72	0,38	0,49
nerd:Person	0,83	0,92	0,87
nerd:Location	0,91	0,80	0,85
nerd:Time	0,95	0,97	0,95
nerd:Product	0,84	0,41	0,55
nerd:Species	0,99	0,56	0,71
nerd:Function	0,63	0,85	0,72
nerd:Nation	0,94	0,92	0,93
nerd:Facility	0,51	0,45	0,47
nerd:Event	0,88	0,57	0,69
Total (micro-mesures)	0,86	0,78	0,81

TAB. 5 – *Détails des résultats pour quelques types du système d'Emvista (sur Wikipedia-test)*

165. Springer.

Cartier, E. (2015). Extraction automatique de relations sémantiques dans les définitions : approche hybride, construction d'un corpus de relations sémantiques pour le français. In *Conférence annuelle Traitement Automatique des Langues Naturelles*.

Dupont, Y. et I. Tellier (2014). A named entity recognizer for french (un reconnaisseur d'entités nommées du français)[in french]. *Proceedings of TALN 2014 (Volume 3 : System Demonstrations) 3*, 40–41.

Ezzat, M. (2014). *Acquisition de relations entre entités nommées à partir de corpus*. Ph. D. thesis, Paris, INALCO.

Gardner, M., J. Grus, M. Neumann, O. Tafjord, P. Dasigi, N. Liu, M. Peters, M. Schmitz, et L. Zettlemoyer (2018). Allennlp : A deep semantic natural language processing platform. *arXiv preprint arXiv :1803.07640*.

Lafourcade, M. et A. Joubert (2008). Jeuxdemots : un prototype ludique pour l'émergence de relations entre termes. In *JADT'08 : Journées internationales d'Analyse statistiques des Données Textuelles*, pp. 657–666.

Lecuit, É., D. Maurel, et D. Vitas (2011). Les noms propres se traduisent-ils ? étude d'un corpus multilingue. *Corpus 10*, 201–218.

Lopez, C., F. Segond, O. Hondermarck, P. Curtoni, et L. Dini (2014). Generating a resource for products and brandnames recognition. application to the cosmetic domain. In *LREC*, pp. 2559–2564.

Maurel, D., N. Friburger, J.-Y. Antoine, I. Eshkol, et D. Nouvel (2011). Cascades de transducteurs autour de la reconnaissance des entités nommées. *Traitement automatique des langues 52*(1), 69–96.

McDonald, D. D. (1996). Internal and external evidence in the identification and semantic categorization of proper names, corpus processing for lexical acquisition.

Nouvel, D., J.-Y. Antoine, N. Friburger, et A. Soulet (2011). Recognizing named entities using automatically extracted transduction rules. In *Language & Technology Conference*

(LTC'11).

Nouvel, D., J.-Y. Antoine, N. Friburger, et A. Soulet (2012). Coupling knowledge-based and data-driven systems for named entity recognition. In *Proceedings of the Workshop on Innovative Hybrid Approaches to the Processing of Textual Data*, pp. 69–77. Association for Computational Linguistics.

Nouvel, D., M. Ehrmann, et S. Rosset (2016). *Named Entities for Computational Linguistics*. John Wiley & Sons.

Rizzo, G. et R. Troncy (2012). Nerd : a framework for unifying named entity recognition and disambiguation extraction tools. In *Proceedings of the Demonstrations at the 13th Conference of the European Chapter of the Association for Computational Linguistics*, pp. 73–76. Association for Computational Linguistics.

Sagot, B. et R. Stern (2012). Aleda, a free large-scale entity database for french. In *LREC 2012 : eighth international conference on Language Resources and Evaluation*, pp. 4–pages.

Sekine, S. et C. Nobata (2004). Definition, dictionaries and tagger for extended named entity hierarchy. In *LREC*, pp. 1977–1980. Lisbon, Portugal.

Strötgen, J. et M. Gertz (2010). Heideltime : High quality rule-based extraction and normalization of temporal expressions. In *Proceedings of the 5th International Workshop on Semantic Evaluation*, pp. 321–324. Association for Computational Linguistics.

Tablan, V., I. Roberts, H. Cunningham, et K. Bontcheva (2013). Gatecloud.net : a platform for large-scale, open-source text processing on the cloud. *Phil. Trans. R. Soc. A 371*(1983), 20120071.

Urieli, A. (2013). *Robust French syntax analysis : reconciling statistical methods and linguistic knowledge in the Talismane toolkit*. Ph. D. thesis, Université Toulouse le Mirail-Toulouse II.

Wakao, T., R. Gaizauskas, et Y. Wilks (1996). Evaluation of an algorithm for the recognition and classification of proper names. In *Proceedings of the 16th conference on Computational linguistics-Volume 1*, pp. 418–423. Association for Computational Linguistics.

Summary

Named entity recognition (NER) seeks to locate and classify named entities into predefined categories (persons, organizations, brandnames, sports teams, *etc.*). NER is often considered as one of the main modules designed to structure a text. In this article, we describe our symbolic system which is characterized by 1) the use of limited resources, and 2) the embedding of results from other modules such as coreference resolution and relation extraction. The system is based on the output of a dependency parser that adopts an iterative execution flow that embeds results from other analysis blocks. At each iteration, candidate categories are generated and are all considered in subsequent iterations. The advantage of such a system is to select the best candidate only at the end of the process in order to take into account all the elements provided by the different modules. The system is compared to academic and industrial systems.

Une nouvelle approche pour la détection d'anomalies dans les flux de graphes hétérogènes

Abd Errahmane Kiouche*,**, Karima Amrouche*
Hamida Seba**, Sofiane Lagraa***

*Laboratoire de la Communication dans les Systèmes Informatiques(LCSI)
École nationale Supérieure d'Informatique, BP 68M, 16309, Oued-Smar, Alger, Algérie.
http://www.esi.dz
**Université de Lyon, CNRS, Université Lyon 1,
LIRIS, UMR5205, F−69622 Lyon, France.
***SnT, Université du Luxembourg, L-1855 Luxembourg

Résumé. Nous proposons dans ce travail une nouvelle approche de détection d'anomalies dans un flux de graphes hétérogènes orientés et étiquetés. Notre approche utilise une nouvelle représentation des graphes par des vecteurs. Cette représentation est flexible et permet de mettre à jour les vecteurs de graphes de manière incrémentale à fur et à mesure de l'arrivée de nouvelles arêtes. Elle est applicable à n'importe quel type de graphes et optimise l'espace mémoire utilisé. De plus, elle permet la détection d'anomalies en temps réel.

1 Introduction

La détection d'anomalies est un domaine de recherche très actif traité par plusieurs communautés scientifiques telles que : la sécurité informatique, la médecine, l'industrie et la finance. De façon générale, ce problème consiste à détecter les données qui sont significativement différentes des données bénignes ou normales. De nos jours, les données sont de plus en plus représentées par les graphes car ces derniers ont la faculté de modéliser les interactions complexes de façon simple et intuitive. Un graphe $G = (V, E)$ est un outil de représentation de données formé d'un ensemble de sommets V et d'un ensemble de liens (arêtes) E entre les sommets. Lorsque les données sont représentées par des graphes, le problème de détection d'anomalies revient à repérer les graphes qui sont différents des graphes correspondants aux objets normaux observés par le système. De plus, les graphes en flux (graph stream) sont de plus en plus utilisés. En effet, dans la plupart des applications de surveillance en temps réel, la structure complète des graphes n'est pas connue, car les graphes grandissent et évoluent au fil du temps. De même, lorsque les graphes sont trop volumineux pour être chargés entièrement en mémoire centrale, les traiter dans le modèle de flux de données où le flux est en général une séquence d'arêtes est une nécessité. La détection d'anomalies dans un flux d'arêtes pose plusieurs défis comme le traitement incrémental des arêtes, la gestion de l'espace mémoire occupé par le flux et la détection des anomalies en temps réel.

Dans ce travail, nous nous intéressons au problème de la détection d'anomalies dans un flux de graphes hétérogènes et étiquetés. Notre application principale est la sécurité des systèmes informatiques. Chaque graphe dans le flux représente une fenêtre d'une activité particulière du système (accès mémoire, authentification, etc.). Ceci explique l'hétérogénéité du flux.

Considérons un flux d'arêtes provenant de différents graphes hétérogènes orientés et étiquetés. Chaque arête du flux est représentée par un 6-upplet $<$sommet source, l_s, sommet destination, l_d, l_e, $id\ graphe>$ où l_s, l_d et l_e représentent les étiquettes du sommet source, du sommet destination et de l'arête respectivement. Le flux d'arêtes forme des graphes dynamiques qui évoluent au fil du temps. Les arêtes qui partagent le même $id\ graphe$ appartiennent au même graphe. De plus les arêtes qui proviennent de graphes différents peuvent être entrelacées et donc plusieurs graphes peuvent évoluer simultanément. La problématique considérée ici est de détecter, dans ce flux, les graphes anormaux à n'importe quel moment t.

Un graphe anormal est défini comme étant un graphe qui est significativement différent des graphes bénins ou normaux connus par le système. Ainsi, la détection d'anomalies dans ce flux d'arêtes peut être vue comme un problème de comparaison/classification de graphes : au fur et à mesure que les graphes évoluent avec l'arrivée de nouvelles arêtes, on les re-classifie en normaux ou anormaux selon leur similitude avec des graphes d'entraînement qui représentent un comportement normal du système. Les deux problématiques sous-jacentes sont donc : (1) comment calculer la similarité entre les graphes ? et (2) comment les classifier ?

Comparer deux graphes est un problème complexe dont les solutions sont généralement exponentielles (Bunke et Allerman, 1983). Pour obtenir des approches de comparaison polynômiales, la méthode la plus utilisée est de décomposer les deux graphes à comparer en sous-structures plus simples et de comparer les sous-structures obtenues (Riesen et al., 2015). Il existe plusieurs méthodes de calcul de similarité entre les graphes en utilisant leurs sous-structures. Les méthodes basées sur les noyaux de graphes (Shervashidze et al., 2011, 2009) sont les plus rapides mais ne sont pas applicables dans le cas de graphes dynamiques car elles pré-calculent un espace fixe de sous-structures pour représenter les graphes alors que dans un flux la structure complète des graphes change au fil du temps. Les méthodes basées sur la distance d'édition de graphes (GED pour Graph Edit Distance) ne peuvent être utiles non plus car on doit recalculer la GED à chaque arrivée d'une nouvelle arête ce qui est très coûteux. Rappelons que la GED définit la similarité entre deux graphes par la séquence minimale d'opérations d'éditions (i.e., insertions ou suppressions de nœuds ou d'arêtes) nécessaires pour transformer un graphe en l'autre (Sanfeliu et Fu, 1983). Les approximations les plus rapides de la GED sont de complexité polynomiale (Fischer et al., 2017; Riesen et al., 2015).

La phase de classification est une problématique importante. En effet, l'inconvénient principal de la représentation par graphes est le manque de méthodes appropriées pour la classification et le clustering dans l'espace des graphes. Cela est dû principalement au fait que certaines opérations de base nécessaires dans la classification ne sont pas disponibles pour les graphes (Riesen et al., 2007). Une technique pour pallier ce problème consiste à transformer les graphes en vecteurs pour pouvoir appliquer les algorithmes classiques de classification, on parle dans ce cas de plongement de graphes (graph embedding). D'une manière générale, le plongement de graphes consiste à faire associer à chaque graphe un point dans un espace vectoriel, de telle sorte que les points qui sont associés aux graphes similaires soient proches (Foggia et al., 2014). Une des approches de plongement de graphes qui a prouvé son efficacité pour la classification consiste à représenter un graphe G par un vecteur $E_G = (d_1, ..., d_M)$ contenant les distances d'édition entre le graphe G et M graphes prototypes sélectionnés dans l'ensemble des graphes d'entraînement (Riesen et Bunke, 2009). Cependant, cette méthode est inefficace dans le cas de flux d'arêtes, car le coût nécessaire pour mettre à jour la GED de manière incrémentale (càd à chaque arrivée d'une nouvelle arête) est de complexité quadratique $\mathcal{O}(n^2)$ où n représente le nombre de sommets dans le graphe (Mills-Tettey et al., 2007; Toroslu et Üçoluk, 2007).

Nous proposons dans cet article une nouvelle approche pour la détection d'anomalies en temps réel dans un flux de graphes hétérogènes et étiquetés tout en prenant en compte les défis de la gestion de manière incrémentale des arêtes lors de la comparaison des graphes, et de la limitation d'espace mémoire.

La suite de cet article est organisée en 4 sections : La deuxième section présente l'état de l'art. La section 3 est consacrée à la description de l'approche proposée. La section 4 présente la complexité de la méthode en termes de temps et d'espace, ainsi que les résultats que nous avons obtenus par expérimentations. Enfin, la dernière section conclut l'article en présentant quelques perspectives.

2 État de l'art

Le problème de la détection d'anomalies dans les graphes a fait l'objet de plusieurs travaux (Akoglu et al., 2015; Ranshous et al., 2015). Cependant, la plupart des approches existantes ne portent pas sur la détection de graphes anormaux mais plutôt sur la détection d'objets anormaux dans les graphes tels que les sommets anormaux (Akoglu et al., 2010; Papalexakis et al., 2012), les sous-graphes anormaux (Noble et Cook, 2003) ou les communautés et les événements anormaux (Sun et al., 2010; Aggarwal et Subbian, 2012). Parmi les méthodes proposées pour la detection de graphes anormaux dans un flux, nous pouvons citer Classy (Kostakis, 2014), une approche distribuée pour la détection des programmes malveillants dans un flux de graphes orientés et étiquetés représentant des appels de fonctions (call graphs). Classy compare deux graphes avec une approximation de la GED qui utilise le recuit simulé. De plus, afin d'accélérer le processus de la classification des nouveaux graphes entrants, elle utilise une borne inférieure de la GED de complexité temporelle $\mathcal{O}(n)$ où n est le nombre de sommets dans le graphe. Cependant, Classy est conçue pour des flux de graphes entiers et non pour un flux d'arêtes. Spotlight (Eswaran et al., 2018) est un approche basée sur le sketching des graphes pour la détection des graphes anormaux dans un flux d'arêtes de graphes bipartis, orientés et pondérés. Dans cette méthode, l'anomalie est définie comme la disparition ou l'apparition soudaine d'un sous-graphe dense dans un graphe. Le point fort de cette approche est qu'elle arrive à représenter chaque graphe par un vecteur de taille fixe et réduite appelé sketch. Chaque dimension du sketch représente la somme des poids des arêtes d'une région (sous-graphe) du graphe. Les graphes anormaux peuvent être détectés en repérant les sketchs les plus éloignés des sketchs normaux dans l'espace vectoriel. Spotlight ne traite que les graphes bipartis simples et ne détecte qu'un type spécifique d'anomalies (l'apparition ou disparition soudaine d'un sous-graphe dense). StreamSpot (Manzoor et al., 2016) est applicable directement à notre problématique. StreamSpot decompose un graphe en $k-$shingles qui sont des arbres de profondeur k et utilise une extension de la similarité cosinus pour les comparaisons. Cependant, l'inconvénient principal de cette similarité est qu'elle ne prend en compte que le nombre des sous-structures communes entre les deux graphes à comparer et ne fait aucune comparaison entre les sous-structures. Cela rend cette similarité non précise dans le cas où les graphes sont très denses ou dans le cas où les sous-structures sont grandes. Pour remédier à ce problème les auteurs ont divisé les sous-structures en petits morceaux de taille fixe. Cependant, le choix de la taille C des morceaux influe significativement sur la précision de la similarité. En effet, un petit C rend la plupart des paires de graphes similaires, tandis qu'un grand C rend les paires de graphes plus dissemblables. L'inconvénient de cette solution est donc le re-calibrage du paramètre C à chaque arrivée d'un nouveau type de graphes bénins. De plus, pour être incrémentale, l'approche sauvegarde dans un cache de taille limitée les arêtes des graphes. Cependant, lorsque ce cache est plein, StreamSpot supprime les anciennes arêtes pour stocker les nouvelles qui arrivent. Par conséquent, une partie de chaque graphe sera perdue, ce qui influe sur le la précision de la détection.

3 Approche proposée

Dans cette section, nous allons présenter notre approche en commençant par décrire la représentation que nous proposons pour les graphes, ensuite nous décrirons le processus de détection d'anomalies basé sur cette représentation.

3.1 Représentation des Graphes

3.1.1 La décomposition des graphes en sous-structures

Nous décomposons chaque graphe en un ensemble de sous-structures locales appelées branches. Notre décomposition est une extension de la décomposition en branches de Zheng et al. (2013) au cas des graphes orientés. Chaque branche est constituée d'un sommet r et des arêtes dont r est l'origine ou l'extrémité. La figure 1 illustre cette decomposition. Chaque

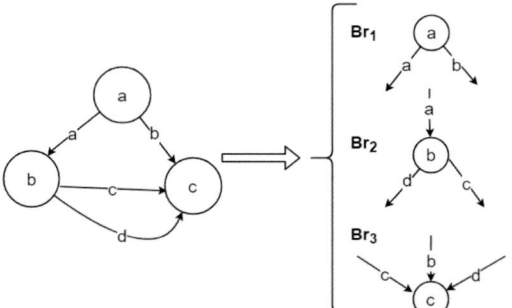

FIG. 1: Exemple de décomposition en branches.

branche est représentée par un couple (r, ES) où r est l'étiquette du nœud racine et ES est un vecteur contenant les arêtes voisines du nœud r. Nous utilisons la structure de données introduite dans (Lopresti et Wilfong, 2003) et appelée "structure d'arêtes" pour les vecteurs ES. Supposons qu'il existe α étiquettes d'arêtes différentes $l_1, ..., l_\alpha$, le vecteur ES de la branche associée au sommet r contient 2α entiers non négatifs, $(x_1, ..., x_\alpha, y_1, ..., y_\alpha)$, tel que x_i est le nombre d'arêtes sortantes de r marquées par l_i et y_j est le nombre d'arêtes vers r marquées par l_j. Pour simplifier, on scinde le vecteur ES en 2 vecteurs ES_{OUT} et ES_{IN} contenant la structure des arêtes sortantes de r et celles entrantes vers r respectivement. Plus formellement, $ES_{OUT} = (x_1, ..., x_\alpha)$ et $ES_{IN} = (y_1, ..., y_\alpha)$. La table 1 illustre la représentation des branches de l'exemple de la figure 1.

Branches	ES_{OUT}				ES_{IN}			
	a	b	c	d	a	b	c	d
BR_1	1	1	0	0	0	0	0	0
BR_2	0	0	1	1	1	0	0	0
BR_3	0	0	0	0	0	1	1	1

TAB. 1: Exemple de représentation de branches.

3.1.2 Calcul de similarité entre les branches

Nous proposons d'utiliser la GED pour calculer la similarité entre deux branches. Ce choix est justifié par le fait que cette métrique nous permet de traiter n'importe quel type de graphe (i.e., orienté ou pas, simple ou multigraphe et étiqueté ou non étiqueté). La distance d'édition entre deux branches est définie comme suit :

Définition 1 *(Zheng et al., 2013) Soient $Br_1 = (r_1, ES_1)$ et $Br_2 = (r_2, ES_2)$ deux branches, la distance d'édition entre les deux branches est :*

$$BED(Br_1, Br_2) = T(r_1, r_2) + \Gamma(ES_{1(IN)}, ES_{2(IN)}) + \Gamma(ES_{1(OUT)}, ES_{2(OUT)}) \quad (1)$$

avec $\Gamma(A, B) = \max(|A|, |B|) - \sum_{i=1}^{\alpha} \min(A_i, B_i)$, et

$$T(r_1, r_2) = \begin{cases} 1 & si\ r_1 = r_2 \\ 0 & sinon \end{cases} \quad (2)$$

Nous calculons la similarité entre deux branches par :

$$Sim(Br_1, Br_2) = 1 - BED_{nrm}(Br_1, Br_2) \quad (3)$$

où $BED_{nrm}(Br_1, Br_2)$ est la distance d'édition normalisée entre les deux branches définie comme suit :

$$BED_{nrm}(Br_1, Br_2) = \frac{BED(Br_1, Br_2)}{1 + \max(|ES_{1(Out)}|, |ES_{2(OUT)}|) + \max(|ES_{1(IN)}|, |ES_{2(IN)}|)} \quad (4)$$

3.1.3 Sélection des branches prototypes

Nous utilisons la stratégie du prototype couvrant en tenant compte des classes indépendantes pour la sélection des branches prototypes, (En anglais SPS-C « Spanning Prototype Class-wise ») (Riesen et Bunke, 2009). Cette stratégie prend en compte toutes les distances par rapport aux prototypes sélectionnés auparavant. La première branche prototype est la médiane du classe. Chaque branche prototype supplémentaire sélectionnée par notre stratégie SPS-C représente la branche la plus éloignée des branches prototypes déjà sélectionnées. Cette stratégie prend en compte toutes les distances par rapport aux prototypes déjà sélectionnés et tente de couvrir l'ensemble des branches bénignes le plus uniformément possible (Riesen et Bunke, 2009).

Soient M le nombre total de branches à sélectionner et K le nombre des différentes classes de graphes normaux, la technique consiste à choisir $\frac{M}{K}$ branches prototypes de chaque classe c comme suit :

$$P_i = \begin{cases} mediane(c) & si\ i = 1 \\ P_{i-1} \cup \{p_i\} & si\ 1 < i < \frac{M}{K} \end{cases} \tag{5}$$

avec $p_i = \underset{br \in C \backslash P_{i-1}}{\arg\max}\ \min_{p \in P_{i-1}} BED(br, p)$

3.1.4 Plongement de graphes par sous-structures pondérées

Soit $P = \{sp_1, ..., sp_M\}$ un ensemble contenant M branches prototypes extraites de graphes normaux dans la phase d'entraînement. Pour chaque graphe G, nous maintenons en mémoire une matrice M_G où $BED(i, j)$ représente la distance d'édition entre la i-ème branche du graphe G et la j-ème branche prototype.

$$M_G = \begin{pmatrix} BED(1,1) & \ldots & BED(1,M) \\ \vdots & \ddots & \vdots \\ BED(N,1) & \ldots & BED(N,M) \end{pmatrix} \tag{6}$$

Nous représentons un graphe G par le vecteur E_G de M composantes, où la i-ème composante représente la somme des similarités pondérées entre les branches de G et la i-ème branche prototype (i.e., $E_G = (e_1, ..., e_M)$ tel que $e_j = \sum_{i=1}^{N} Sim(i,j)w_i$). Le terme $w_i = \frac{|Br_i|}{|G|}$ représente le poids de la branche d'index i. C'est le rapport entre le nombre d'arêtes dans la branche Br_i et le nombre d'arêtes dans le graphe. Le terme $Sim(i,j)$ représente la similarité entre les branches i et j calculée par la formule 3. Le produit $Sim(i,j)w_i$ représente l'impact de la branche i par rapport au prototype j.

Nous calculons la distance entre deux graphes G_1 et G_2 en utilisant la distance euclidienne (norme $L2$) entre leurs deux vecteurs caractéristiques E_{G_1} et E_{G_2} : $d(G_1, G_2) = L_2(E_{G_1}, E_{G_2})$. Il est clair que si deux graphes G_1 et G_2 contiennent des branches similaires, la distance entre eux $d(G_1, G_2)$ sera petite et vice versa. De plus, il est évident qu'en utilisant ce plongement, les graphes anormaux seront les plus éloignés des autres graphes car les branches qu'ils contiennent sont les moins similaires aux branches prototypes.

3.2 Détection d'anomalies

La phase d'entraînement : Avant d'entamer la détection d'anomalies, le système doit être entraîné pour qu'il reconnaisse les modèles de graphes normaux existants. Dans la phase d'entraînement nous avons repris l'algorithme de clustering utilisé dans la méthode StreamSpot (Manzoor et al., 2016), qui consiste à regrouper les graphes d'entraînement dans k clusters en utilisant l'algorithme k-Medoid, le paramètre k est choisi de telle sorte qu'il maximise le coefficient silhouette (Rousseeuw, 1987). Cette technique permet de bien séparer les clusters des graphes les uns des autres. Un seuil d'anomalie est ensuite attribué à chaque cluster en utilisant l'inégalité de Cantelli (Grimmett et Stirzaker, 2001). Ce seuil est fixé à 3 fois l'écart type des distances plus la distance moyenne entre les graphes du cluster et le graphe médoïde. Ensuite, nous calculons le centroïde de chaque cluster qui est la moyenne des vecteurs caractéristiques des graphes du cluster.

La détection d'anomalies en temps réel : à l'arrivée d'une nouvelle arête e du graphe G sortante du sommet v_i et dirigée vers le sommet v_j et étiquetée l_e, les branches Br_i et Br_j changent et par conséquent le vecteur E_G doit être mis à jour. Deux situations sont alors possibles : soit les branches Br_i et Br_j apparaissent pour la première fois, soit elles existent déjà. Dans le premier cas, nous calculons les distances d'édition entre les deux branches et les branches prototypes, puis nous rajoutons l'impact des nouvelles branches au vecteur E_G. Dans le deuxième cas, nous mettons à jour le vecteur E_G en soustrayant les anciens impacts des deux branches et ensuite en rajoutant leurs nouveaux impacts. La complexité de la mise à jour du vecteur E_G est de $\mathcal{O}(M)$. Notons que dans les deux cas, on met à jour les deux branches. Cette opération est de complexité constante $\mathcal{O}(cste)$. Concernant, le calcul des nouveaux impacts, il revient à mettre à jour les distances d'édition entre les branches Br_i et Br_j et les M branches prototypes. Soient d_{im} et d_{jm} les distances d'édition entre la m-ème branche prototype et les branches Br_i et Br_j respectivement avant l'arrivée de l'arête e, les nouvelles distances d'_{im} et d'_{jm} sont calculées comme suit :

$$d'_{im} = \begin{cases} d_{im} + 1 & Si\ (|ES_{i(OUT)}| + 1 > |ES_{m(OUT)}|)\ et \\ & (ES_{i(OUT)}[l_r] + 1 > ES_{m(OUT)}[l_r]) \\ d_{im} - 1 & Si(|ES_{i(OUT)}| + 1 \leq |ES_{m(OUT)}|)\ et \\ & (ES_{i(OUT)}[l_r] + 1 \leq ES_{m(OUT)}[l_r]) \\ d_{im} & Sinon \end{cases}$$

$$d'_{jm} = \begin{cases} d_{jm} + 1 & Si\ (|ES_{j(IN)}| + 1 > |ES_{m(IN)}|)\ et \\ & (ES_{j(IN)}[l_r] + 1 > ES_{m(IN)}[l_r]) \\ d_{jm} - 1 & Si\ (|ES_{j(IN)}| + 1 \leq |ES_{m(IN)}|)\ et \\ & (ES_{ji(IN)}[l_r] + 1 \leq ES_{m(IN)}[l_r]) \\ d_{jm} & Sinon \end{cases}$$

4 Évaluation

4.1 Étude de complexité

— **Complexité spatiale :** pour chaque graphe G, l'approche consomme un espace mémoire de l'ordre de $\mathcal{O}(|V| * (M + 2\alpha))$ car l'espace occupé par les branches du graphe est $\mathcal{O}(|V| * (2\alpha))$, l'espace occupé par la matrice M_G est $\mathcal{O}(|V| * M)$, et l'espace occupé par la vecteur E_G est $\mathcal{O}(M)$.

— **Complexité temporelle :** à l'arrivée d'une nouvelle arête, le temps nécessaire pour la classification du graphe est de $\mathcal{O}(M * k)$ car la mise à jour des branches est $\mathcal{O}(cste)$, la mise à jour des distances d'édition est $O(M)$, la mise à jour du vecteur E_G est $\mathcal{O}(M)$, et la classification est $\mathcal{O}(k * M)$.

4.2 Expérimentation

Nous avons testé notre approche sur une configuration Intel I7 8700K @ 3.7 GHz avec 32Go RAM, en utilisant le dataset sbustreamspot-data[1]crée par Manzoor et al. (2016). Ce dataset consiste en un flux de graphes représentant des activités et des connexions dans un système informatique dans le but de détecter des cyber-attaques. Il contient un scénario d'activités malicieuses et 5 scénarios d'activités bénignes. Les activités bénignes représentent des navigations internet normales, telles que : la navigation sur YouTube, téléchargement de fichiers, navigation sur des sites d'information, consultation d'emails et des jeux vidéo en ligne. Le scénario d'attaque consiste en un téléchargement à la dérobée déclenché par une visite d'une URL malveillante. Les caractéristiques des 6 types de graphes sont présentées dans le tableau 2. Les graphes normaux ont été regroupés en 3 sous-ensembles de données :

— ALL regroupe tous les graphes d'activités bénignes .
— YDC regroupe les activités de : navigation YouTube, téléchargement et navigation sur des sites d'information.
— GFC regroupe les activités de : consultation du courriel, les jeux vidéo et navigation sur des sites d'information.

Activité	# graphes	Moyenne $|V|$	Moyenne $|E|$
Navigation YouTube	100	8291.79	113228
Téléchargement	100	6827.3	37382
Consultation des infos	100	8637.34	112957
Attaque	100	8890.8	28423
Consultation d'émail	100	8831.46	310813
Jeux en ligne	100	8990.09	294903

TAB. 2: Les caractéristiques des graphes du corpus

Nous avons testé notre approche en utilisant différents taux d'entraînement $\tau = \{25\%, 50\%, 75\%\}$ sur les 3 sous-ensembles de données ALL, YDC et GFC. De plus, afin d'observer le comportement de notre approche à l'arrivée des nouveaux graphes non vus au préalable, nous avons contrôlé le nombre de graphes qui arrivent et grandissent simultanément en créant des groupes aléatoires de P graphes de tests. Dans toutes les expérimentations, les métriques de performances sont calculées périodiquement à chaque 10000 arêtes. Nous avons utilisé les métriques suivantes comme mesures de performance :

— F1 score : est la moyenne harmonique de la précision et le rappel. Il combine à la fois la précision et le rappel.
— BACC (Balanced Accuracy) : l'exactitude équilibrée est la moyenne arithmétique des taux des vrais positifs et des vrais négatifs.

Étude paramétrique : Cette première série de tests a pour objectif le calibrage du nombre de branches prototypes M. Pour cela, nous avons varié le paramètre $M = \{25, 50, 75\}$ afin d'étudier son impact sur la méthode. Nous avons lancé les 3 exécutions sur le sous-ensemble de données ALL en utilisant $\tau = 75\%$ de graphes bénins dans la phase d'entraînement. Les 25% restants de graphes bénins avec tous les graphes d'attaques constituent l'ensemble des graphes de test qui sont ensuite partitionnés en groupes de $P = 50$ graphes. La figure 2 montre la performance de notre méthode sur différentes valeurs de M. Nous remarquons que les trois

---

1. https :// github.com/sbustreamspot/sbustreamspot-data

graphiques sont similaires avec des creux périodiques dans chacun d'eux. Chaque creux correspond à l'arrivée d'un nouveau groupe de graphes. Ces baisses de performance sont justifiées par le fait qu'au début de chaque période, seule une petite partie de la structure globale des nouveaux graphes est connue. Les performances se redressent au fur et à mesure que les graphes commencent à grandir pour atteindre un taux de BACC et un score F1 de 99% à la fin de chaque période. Nous remarquons également que les performances pour $M = 25$ sont légèrement meilleures que $M = 50$ et $M = 100$. La table 3 présente la moyenne et l'écart type de chaque mesure de performance, ainsi que le nombre d'arêtes traitées par seconde pour chaque valeur du paramètre M. Nous remarquons que les performances de détection sont presque identiques pour les 3 valeurs de M. Cependant, les durées d'exécution ne le sont pas. En effet, il est évident que plus le nombre M est petit, plus le nombre d'arêtes traitées par seconde est grand. Nous déduisons de la figure 2 et du tableau 3 que la meilleure valeur de M est 25.

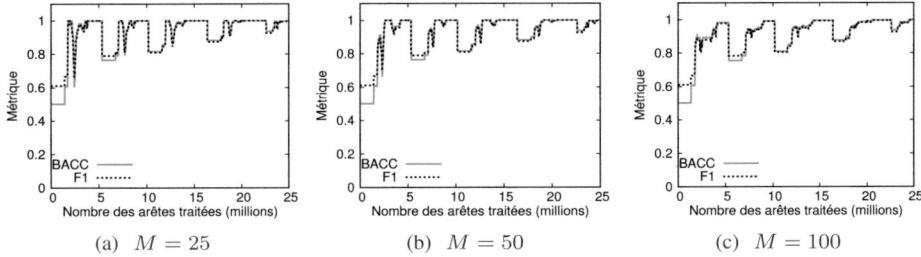

| | (a) $M = 25$ | (b) $M = 50$ | (c) $M = 100$ |

FIG. 2: Effet du paramètre M sur les performances de la méthode

M	Moy BACC	Std BACC	Moy F1 score	Std F1 score	#arêtes/sec
25	0.916	0.132	0.922	0.103	97833
50	0.912	0.132	0.918	0.109	49818
100	0.901	0.126	0.905	0.102	25033

TAB. 3: Performances pour différentes valeurs du paramètre M

Résultats :   Les figures 3,4,5 et la table 4 montrent les performances de notre approche sur les trois sous-ensembles de données. Pour les jeux de données ALL et GFC (figure 3), les performances de notre approche sont presque idéales pour les trois taux d'entraînement. Notre méthode atteint 99% du BACC et 99% du score F1 dès que les nouveaux graphes commencent à grandir. Concernant le dataset YDC (figure 4), nos résultats sont idéaux pour les taux d'entraînement 75% et 50% (BACC=100% et F1=100%) et très satisfaisants pour $\tau = 25\%$ (BACC et F1 score >90%). Concernant la vitesse du traitement, notre méthode est rapide et arrive à traiter plus $9 * 10^4$ arêtes par seconde en moyenne.

5   Conclusion et perspectives

Dans cet article, nous avons présenté une nouvelle représentation de graphes par des vecteurs pour la détection d'anomalies dans un flux de graphes hétérogènes. Cette representation

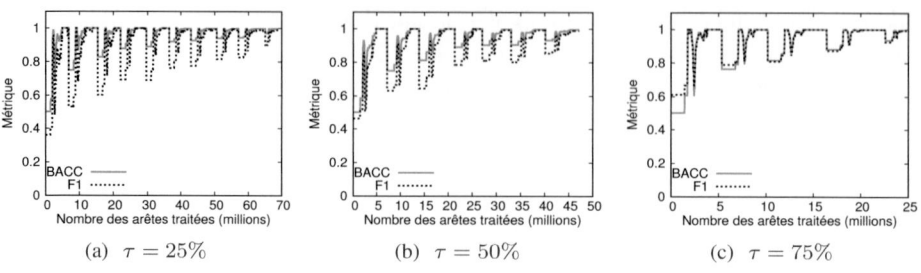

(a) $\tau = 25\%$ (b) $\tau = 50\%$ (c) $\tau = 75\%$

FIG. 3: Performances de la méthode sur le jeu de données ALL

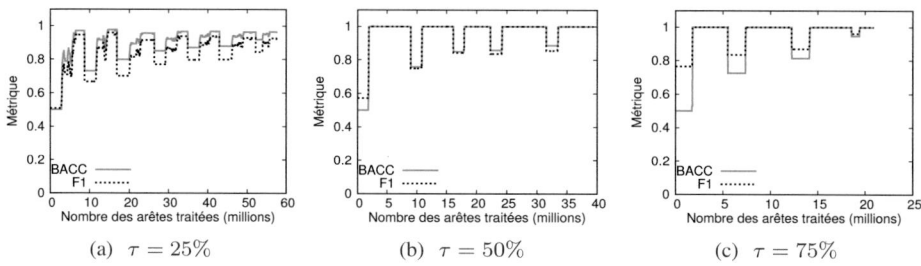

(a) $\tau = 25\%$ (b) $\tau = 50\%$ (c) $\tau = 75\%$

FIG. 4: Performances de la méthode sur le jeu de données YDC

permet la mise à jour rapide des vecteurs de graphes et consomme un espace mémoire limité par graphe. De plus, elle peut être appliquée à n'importe quel type de graphes. Les résultats obtenus montrent l'efficacité de notre approche, qui atteint une précision supérieure à 95% en traitant plus de 9×10^4 arêtes par seconde. Comme perspectives, nous pensons pouvoir améliorer notre approche en utilisant d'autres stratégies de sélection des prototypes. Nous envisageons également de comparer notre approche avec les travaux existants et l'étendre à d'autres domaines d'applications comme l'analyse des réseaux sociaux et la biochimie. Une implémentation sur StremSpark serait également intéressante.

N.B. : Ce travail a été réalisé grace aux séjours scientifiques financés par PHC TASSILI 17MDU984.

Références

Aggarwal, C. C. et K. Subbian (2012). Event detection in social streams. In *Proceedings of the 2012 SIAM international conference on data mining*, pp. 624–635.

Akoglu, L., M. McGlohon, et C. Faloutsos (2010). oddball : Spotting anomalies in weighted graphs. In M. J. Zaki, J. X. Yu, B. Ravindran, et V. Pudi (Eds.), *Advances in Knowledge Discovery and Data Mining*, pp. 410–421. Springer Berlin Heidelberg.

Akoglu, L., H. Tong, et D. Koutra (2015). Graph based anomaly detection and description : A survey. *Data Min. Knowl. Discov. 29*(3), 626–688.

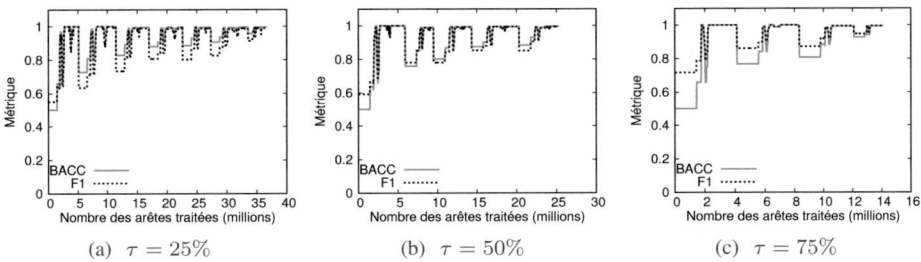

(a) $\tau = 25\%$ (b) $\tau = 50\%$ (c) $\tau = 75\%$

FIG. 5: Performances de la méthode sur le jeu de données GFC

	τ	BACC	F1 Score	#aretes/(sec)
	25%	0.997	0.990	95837
ALL	50%	0.996	0.990	92867
	75%	0.996	0.995	97833
	25%	0.964	0.926	109153
GFC	50%	1.000	1.000	88573
	75%	1.000	1.000	97013
	25%	0.996	0.990	97190
YDC	50%	0.997	0.995	97114
	75%	0.993	0.995	98561

TAB. 4: Performances de notre approche à la fin du flux

Bunke, H. et G. Allerman (1983). Inexact graph matching for structural pattern recognition. *Pattern Recognition Letters - PRL 1*(4), 245–253.

Eswaran, D., C. Faloutsos, S. Guha, et N. Mishra (2018). Spotlight : Detecting anomalies in streaming graphs. In *24th ACM SIGKDD International Conference on Knowledge Discovery and Data Mining*, pp. 1378–1386.

Fischer, A., K. Riesen, et H. Bunke (2017). Improved quadratic time approximation of graph edit distance by combining hausdorff matching and greedy assignment. *Pattern Recognition Letters 87*, 55 – 62. Advances in Graph-based Pattern Recognition.

Foggia, P., G. Percannella, et M. Vento (2014). Graph matching and learning in pattern recognition in the last 10 years. *International Journal of Pattern Recognition and Artificial Intelligence 28*(01).

Grimmett, G. et D. Stirzaker (2001). *Probability and random processes*. Oxford university press.

Kostakis, O. (2014). Classy : fast clustering streams of call-graphs. *Data Mining and Knowledge Discovery 28*(5), 1554–1585.

Lopresti, D. et G. Wilfong (2003). A fast technique for comparing graph representations with applications to performance evaluation. *Document Analysis and Recognition 6*(4), 219–229.

Manzoor, E., S. M. Milajerdi, et L. Akoglu (2016). Fast memory-efficient anomaly detection in streaming heterogeneous graphs. In *22nd ACM SIGKDD International Conference on Knowledge Discovery and Data Mining*, pp. 1035–1044.

Mills-Tettey, G. A., A. Stentz, et M. B. Dias (2007). The dynamic hungarian algorithm for the assignment problem with changing costs. Technical Report CMU-RI-TR-07-27, Robotics

Institute, Carnegie Mellon University.

Noble, C. C. et D. J. Cook (2003). Graph-based anomaly detection. In *9th ACM SIGKDD International Conference on Knowledge Discovery and Data Mining*, pp. 631–636.

Papalexakis, E. E., C. Faloutsos, et N. D. Sidiropoulos (2012). Parcube : Sparse parallelizable tensor decompositions. In P. A. Flach, T. De Bie, et N. Cristianini (Eds.), *Machine Learning and Knowledge Discovery in Databases*, pp. 521–536. Springer Berlin Heidelberg.

Ranshous, S., S. Shen, D. Koutra, S. Harenberg, C. Faloutsos, et N. F. Samatova (2015). Anomaly detection in dynamic networks : a survey. *Computational Statistics 7*(3), 223–247.

Riesen, K. et H. Bunke (2009). Graph classification based on vector space embedding. *International Journal of Pattern Recognition and Artificial Intelligence 23*(06), 1053–1081.

Riesen, K., M. Ferrer, A. Fischer, et H. Bunke (2015). Approximation of graph edit distance in quadratic time. In C.-L. Liu, B. Luo, W. G. Kropatsch, et J. Cheng (Eds.), *Graph-Based Representations in Pattern Recognition*, Cham, pp. 3–12. Springer International Publishing.

Riesen, K., M. Neuhaus, et H. Bunke (2007). Graph embedding in vector spaces by means of prototype selection. In F. Escolano et M. Vento (Eds.), *Graph-Based Representations in Pattern Recognition*, Berlin, Heidelberg, pp. 383–393. Springer Berlin Heidelberg.

Rousseeuw, P. J. (1987). Silhouettes : A graphical aid to the interpretation and validation of cluster analysis. *Journal of Computational and Applied Mathematics 20*, 53 – 65.

Sanfeliu, A. et K. Fu (1983). A distance measure between attributed relational graphs for pattern recognition. *IEEE Trans. on Syst., Man, and Cybernetics (Part B) 13*(3), 353–363.

Shervashidze, N., P. Schweitzer, E. J. v. Leeuwen, K. Mehlhorn, et K. M. Borgwardt (2011). Weisfeiler-lehman graph kernels. *Journal of Machine Learning Research 12*(Sep), 2539–2561.

Shervashidze, N., S. Vishwanathan, T. Petri, K. Mehlhorn, et K. Borgwardt (2009). Efficient graphlet kernels for large graph comparison. In *Artificial Intelligence and Statistics*, pp. 488–495.

Sun, H., J. Huang, J. Han, H. Deng, P. Zhao, et B. Feng (2010). gskeletonclu : Density-based network clustering via structure-connected tree division or agglomeration. In *2010 IEEE International Conference on Data Mining*, pp. 481–490.

Toroslu, I. H. et G. Üçoluk (2007). Incremental assignment problem. *Information Sciences 177*(6), 1523–1529.

Zheng, W., L. Zou, X. Lian, D. Wang, et D. Zhao (2013). Graph similarity search with edit distance constraint in large graph databases. In *22nd ACM international Conference on information & knowledge management*, pp. 1595–1600.

Summary

In this work, we propose a new approach to detect anomalous graphs in a stream of directed and labeled heterogeneous graphs. Our approach uses a new representation of graphs by vectors. This representation is flexible and allows to update the graph vectors as soon as a new edge arrives. In addition, it is applicable to any type of graph and optimizes memory space. Moreover, it allows the detection of anomalies in real-time.

Similarité par recouvrement de séquences pour la fouille de données séquentielles et textuelles

Pierre-Francois Marteau*, Nicolas Béchet*
Oussama Ahmia*,**

*IRISA, Université Bretagne Sud
Campus de Tohannic, 56000 Vannes, FRANCE
prenom.nom@irisa.fr,
https://www.irisa.fr/
**Octopus Mind, 2 Place Saint-Pierre,
Nantes, 44000, FRANCE
https://www.octopusmind.info/

Résumé. Nous introduisons la notion de similarité par recouvrement de séquences pour estimer la similarité entre une séquence et un ensemble de séquences. Nous en dérivons une pseudo-distance qui s'apparente aux distances d'édition de type Levenshtein pour comparer des paires de séquences. La complexité algorithmique associée à cette semi-métrique peut-être ramenée à $O(n \cdot log(n))$ en utilisant des arbres de suffixes. Nous introduisons un nouveau modèle discriminant dédié à la classification de données textuelles dont la complexité algorithmique ne dépend pas de la taille de l'ensemble d'apprentissage, mais uniquement du nombre de classes et de la longueur des séquences. L'étude expérimentale préliminaire présentée s'appuie sur deux benchmaks : le premier concerne des séquences de nucléotides, le second une tâche de classification de textes. Les résultats obtenus positionnent l'approche proposée au niveau de l'état de l'art (incluant les approches "deep learning") sur les tâches considérées., avec des temps de calcul et un nombre de méta-paramètres avantageux.

1 Introduction

Estimer de manière efficace la similarité entre des séquences symboliques est une tâche récurrente dans de nombreux domaines d'application, en particulier en bio-informatique, traitement des textes ou encore dans les domaines de la sécurité et sûreté des systèmes cyber-physiques. De nombreuses mesures de similarité ont été définies pour estimer la similarité entre deux séquences symboliques, comme la distance d'édition (Levenshtein, 1966) et son implémentation proposée par Wagner et Fisher (Wagner et Fischer, 1974), BLAST (Korf et al., 2003), les distances de Smith et Waterman (Smith et Waterman, 1981), de Needleman et Wunch (Needleman et Wunsch, 1970) ou les noyaux séquentiels locaux (Vert et al., 2004).

Dépasser le modèle de sac de mots pour tenir compte de la séquentialité des données textuelles est un problème difficile en général. Nous présentons dans cet article une nouvelle approche pour caractériser la similarité entre séquences symboliques en introduisant la notion de recouvrement de séquences. Dans un contexte de classification de données séquentielles, pour lequel chaque catégorie est représentée par un sous-ensemble de séquences, les approches orientées "modèle de langage" sont attractives dans la mesure où elles offrent un cadre formel bien établi susceptible de fournir, par exemple, une probabilité pour qu'un modèle génératif puisse produire la séquence de test à classer. La difficulté d'inférer des statistiques robustes pour des sous-séquences (n-grammes) de taille supérieure à 2 ou 3 (rares en général) constitue une limite pour ces approches. Pourtant, si, une ou deux phrases ou parties significatives de phrases d'un texte à classer se retrouvent dans une seule séquence d'apprentissage, alors on pourrait être amené, malgré la rareté de l'évènement, à considérer que celui-ci est significatif et discriminant. Cette observation est à la base de l'hypothèse sous-jacente à l'élaboration de la similarité par recouvrement : si à partir des séquences d'apprentissage associées à une classe, il est possible de recouvrir complètement la séquence de test avec un minimum de sous-séquences, alors on dispose d'un modèle génératif parcimonieux qui permet "d'exprimer" avec le minimum de "mots" la séquence de test. C'est ainsi une manière de compresser au mieux la séquence de test en indexant les sous-séquences issues de l'ensemble d'apprentissage (une sous-séquence étant caractérisée par l'identifiant de la séquence d'apprentissage dont elle est issue, l'indice de début, et l'indice de fin de la sous-séquence). La règle de décision consiste alors à affecter à la séquence de test la catégorie de la classe la plus "compressante". Fondamentalement, cette similarité est basée sur un ensemble de séquences dites de référence à partir duquel un vocabulaire de sous-séquences peut être extrait et utilisé pour recouvrir de manière "optimale" une séquence quelconque. Un lien peut-être établi avec les approches "matching pursuit" développées pour caractériser des séries temporelles (Mallat et Zhang, 1993). Ce principe de recouvrement de séquences a été introduit avec succès dans le contexte de la détection d'intrusion sur des machines hôtes d'un réseau (Marteau, 2018). Nous ré-introduisons ci-dessous la définition formelle de cette similarité pour en dériver un modèle discriminant pour la classification de textes.

2 Similarité par recouvrement de séquences

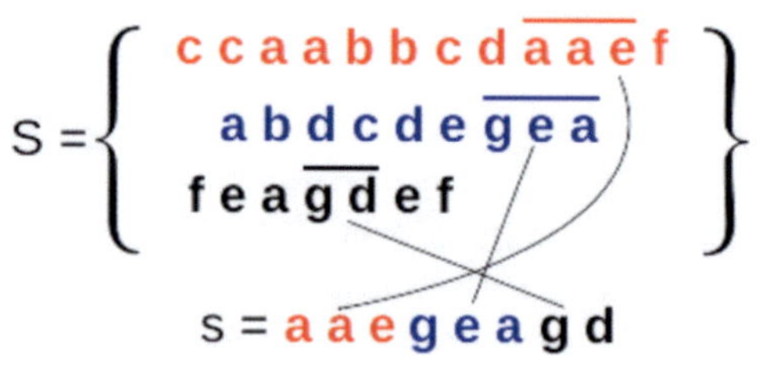

FIG. 1 – *Exemple : recouvrement (optimal) de la séquence (s) en exploitant les sous-séquences des séquences de l'ensemble (S).*

La notion de recouvrement de séquences est simple et illustrée en Fig. 1. La séquence s est *recouverte* par des sous-séquences extraites des séquences de l'ensemble S. Sur cet exemple, le recouvrement est *optimal* dans la mesure où il est construit avec un nombre minimal de sous-séquences. Le recouvrement est *total* dans le sens où tous les symboles de s sont *couverts*.

La similarité par recouvrement met en vis-à-vis i) la taille du recouvrement *optimal* (exprimée en nombre minimal de sous-séquences nécessaires) de s obtenu en utilisant les sous-séquences extraites des séquences de S, avec ii) la taille de la séquence s elle-même (exprimée en nombre d'éléments), notée $|s|$. La similarité est construite de telle sorte qu'elle est maximale égale à 1 si le recouvrement optimal est de taille 1 (une seule sous-séquence est nécessaire pour recouvrir s), et minimale égale à $1/|s|$ si le recouvrement est composé uniquement de sous-séquences de taille unitaire.

2.1   Définitions et notations

Soit Σ un alphabet fini et soit Σ^* l'ensemble de toutes les séquences (ou chaînes) définies sur Σ. On note ϵ la séquence vide.

Soit $S \subset \Sigma^*$ un sous-ensemble quelconque de séquences définies sur Σ, et soit S_{sub} l'ensemble de toutes les sous-séquences que l'on peut extraire des éléments de $S \cup \Sigma$. Notons $\mathcal{M}(S_{sub})$ l'ensemble de tous les multi-ensembles [1] que nous pouvons construire à partir des éléments de S_{sub}.

$c \in \mathcal{M}(S_{sub})$ est appelé recouvrement *partiel* de la séquence $s \in \Sigma^*$ si et seulement si :

1. toutes les sous-séquences qui composent c sont aussi des sous-séquences de s,

2. les copies de tout élément indistinguable de c correspondent à différentes occurrences d'une même sous-séquence dans s.

Si $c \in \mathcal{M}(S_{sub})$ recouvre entièrement s, ce qui signifie que nous pouvons trouver un arrangement contigu de tous les éléments de c qui recouvre entièrement s, alors on dira que c est un recouvrement *total* de s. Enfin, nous appelons recouvrement *S-optimal* de s tout recouvrement total de s composé d'un nombre minimal de sous-séquences extraites des séquences de S_{sub}.

Soit $c_S^*(s)$ un recouvrement S-optimal de s.

La mesure de similarité par recouvrement entre une séquence non vide et un ensemble quelconque de séquences $S \subset \Sigma^*$ est définie de la manière suivante :

$$\mathcal{S}(s, S) = \frac{|s| - |c_S^*(s)| + 1}{|s|} \tag{1}$$

où $|c_S^*(s)|$ est le nombre de sous-séquences qui composent le recouvrement S-optimal de s, et $|s|$ est la longueur de la séquence s. Notons qu'en général $c_S^*(s)$ n'est pas unique, mais puisque tous les recouvrements de ce type ont la même cardinalité, $|c_S^*(s)|$, $\mathcal{S}(s, S)$ est bien défini.

Propriétés de $\mathcal{S}(s, S)$:

1. Si s est une sous-séquence non vide de S_{sub}, alors $\mathcal{S}(s, S) = 1$ est maximal.

2. *A contrario*, dans le cas de plus grande dissimilarité, le recouvrement S-optimal de s a une cardinalité égale à $|s|$, ce qui signifie qu'il est uniquement composé de sous-séquences de longueur 1. Dans ce cas, $\mathcal{S}(s, S) = \frac{1}{|s|}$ est minimal.

3. Si s est non vide, $\mathcal{S}(s, \emptyset) = \frac{1}{|s|}$ (notons que si $S = \emptyset$, alors $S_{sub} = \Sigma$).

---

1. un multi-ensemble est une collection d'éléments dans laquelle les éléments peuvent se répéter ; ainsi, il peut contenir un nombre fini de copies indistinguables d'un même élément particulier

D'autre part, puisque ϵ est une sous-séquence de toute séquence de Σ^*, on convient que pour tout $S \subset \Sigma^*$, $\mathscr{S}(\epsilon, S) = 1.0$

Pour illustrer le calcul de la similarité par recouvrement, considérons l'exemple suivant :

$$s_1 = [0,0,0,0,1,1,1,1,0,0,0,0,1,1,1,1] \qquad s_2 = [0,0,0,0,0,0,0,0,1,1,1,1,1,1,1,1]$$
$$s_3 = [0,0,1,1,0,0,1,1,0,0,1,1,0,0,1,1] \qquad s_4 = [0,1,0,1,0,1,0,1,0,1,0,1,0,1,0,1]$$
$$S = \{s_1, s_2\}$$

Le recouvrement S-optimal de s_3 [2] est de taille 4, donc $\mathscr{S}(s_3, S) = \frac{16-4+1}{16} = 13/16$, et le recouvrement S-optimal de s_4 [3] est de taille 8, ce qui conduit à $\mathscr{S}(s_4, S) = \frac{16-8+1}{16} = 9/16$.

2.2 Construction d'un recouvrement S-optimal pour toute séquence s

L'algorithme brute-force permettant de construire un recouvrement S-optimal d'une séquence quelconque s consiste en un algorithme incrémental qui, 1) détermine la plus longue sous-séquence de s contenue dans S_{sub} qui est de plus un préfixe de s. Cette première sous-séquence est le premier élément du recouvrement S-optimal recherché. Puis, 2), l'algorithme recherche la plus longue sous-séquence de s suivante dans S_{sub} et qui commence à la fin du premier élément du recouvrement trouvé. Cette deuxième sous-séquence est ajoutée au recouvrement en construction, et on itère tant que la fin de la séquence s n'est pas atteinte. Dans (Marteau, 2018), la preuve que cet algorithme fournit un recouvrement S-optimal pour tout S et toute séquence s est proposée.

Par ailleurs, cette version brute-force peut être accélérée en y intégrant une recherche dichotomique de préfixes plus rapide en général. Cette solution, décrite dans (Marteau, 2018), est présentée succinctement sous la forme des algorithmes 1 et 2.

2.3 Pseudo-distance pour comparer des paires de séquences symboliques (chaînes de caractères)

La similarité par recouvrement définie (Eq. 1) entre une séquence s et un ensemble de séquences S permet de définir une mesure de similarité sur l'ensemble Σ^*. Pour toute paire de séquences non vides s_1, $s_2 \in \Sigma^*$ nous définissons cette mesure de la manière suivante :

$$\mathscr{S}_{seq}(s_1, s_2) = \frac{1}{2}(\mathscr{S}(s_1, \{s_2\}) + \mathscr{S}(s_2, \{s_1\})) \qquad (2)$$

où $\mathscr{S}$ est défini par l'équation Eq. 1.

Pour des raisons de complétude, nous posons : $\mathscr{S}_{seq}(\epsilon, \epsilon) = 1.0$, et pour toute séquence $s \in \Sigma^*$, nous avons donc $\mathscr{S}_{seq}(\epsilon, s) = \mathscr{S}_{seq}(s, \epsilon) = \frac{1}{2}(1 + \frac{1}{|s|+1})$

---

2. ([0,0,1,1][0,0,1,1],[0,0,1,1][0,0,1,1]) est un recouvrement S-optimal de s_3

3. ([0,1],[0,1],[0,1],[0,1],[0,1],[0,1],[0,1],[0,1]) est un recouvrement S-optimal de s_4

Finalement nous définissons simplement la pseudo distance δ_c sur Σ^* :

$$\delta_c(s_1, s_2) = 1 - \mathscr{S}_{seq}(s_1, s_2) \tag{3}$$

ce qui conduit à

$$\delta_c(\epsilon, \epsilon) = 0 \; \texttt{et,pour toute séquence non vide} \; s \in \Sigma^*, \tag{4}$$

$$\delta_c(\epsilon, s) = \delta_c(s, \epsilon) = \frac{1}{2}\left(1 - \frac{1}{|s| + 1}\right)$$

Proposition 2.1. $\delta_c(.,.)$ *est une semi-métrique sur* Σ^* *(cette mesure est non négative, symétrique et vérifie la propriété de séparation, mais elle ne vérifie pas l'inégalité triangulaire).*

Algorithme 1 : Find the first break location in s between positions t_b and t_e

---

1   **Function** *breakDichoSearch(s, t_b, t_e, S)*
     input : $s \in \Sigma^*$, a test sequence
     input : $t_b < t_e < |s|$, the index segment in which looking for the break
     input : $S \subset \Sigma^*$, a set of sequences
     output : t, the searched breaking index position

2     $t \longleftarrow \lfloor (t_b + t_e)/2 \rfloor$;
3   **if** $t = t_b$ *and* $s[t_b : t_e] \in S_{sub}$ **then**
4 | **return** t+1
5   **else**
6 |_ **return** t
7   **if** $s[t_b : t] \in S_{sub}$ **then**
8 | **return** breakDichoSearch(s, t, t_e, S);
9   **else**
10 |_ **return** breakDichoSearch(s, t_b, t, S);

---

3   Complexité algorithmique

Une implémentation de l'algorithme 2 s'appuyant sur des arbres de suffixes permet de garantir une complexité algorithmique bornée supérieurement par $O(k \cdot |s| \cdot log(|s|))$, où $k = c_S^*(s)$ est la taille du recouvrement S-optimal de s.

Cette complexité algorithmique ne dépend pas de $|S|$, ce qui signifie que la taille de S peut être en théorie très grande. En pratique, tant que les arbres de suffixe tiennent en mémoire (RAM), l'algorithme sera donc relativement efficace.

Pour la pseudo-distance $\delta_c(s_1, s_2)$, la complexité algorithmique s'exprime en $O(k_1 \cdot |s_1| \cdot log(|s_1|) + k_2 \cdot |s_2| \cdot log(|s_2|))$ où $k_1 = c_{\{s_2\}}^*(s_1)$ est la taille du recouvrement $\{s_2\}$-optimal pour s_1 et $k_2 = c_{\{s_1\}}^*(s_2)$ est la taille du recouvrement $\{s_1\}$-optimal pour s_2. En comparaison, la distance de Levenshtein relève d'une complexité quadratique $O(|s|^2)$).

Algorithme 2 : Find using a binary search a S-optimal covering for s

---

input : $S \subset \Sigma^*$, a set of sequences
input : $s \in \Sigma^*$, a test sequence
output : c^*, a S-optimal covering for s

1   $continue \longleftarrow True$;
2   $start \longleftarrow 0$;
3   $c^* \longleftarrow \emptyset$;
4   **while** $continue$ **do**
5       $t \longleftarrow$ breakDichoSearch(s, start, $|s|$, S_{sub});
6       $c^* \longleftarrow c^* \cup \{s[start : t - 1]\}$;
7   **if** $t = |s|$ **then** $continue \longleftarrow False$;
8       $start \longleftarrow t$;
9   **return** c^*;

---

4   Exemples et premières expériences

Nous présentons ci-dessous quelques exemples qui illustrent certaines caractéristiques de la similarité (ou pseudo-distance) par recouvrement pour la comparaison de chaînes de caractères. Une implémentation python 3 est disponible sur `https://github.com/pfmarteau/STree4CS` et permet de "rejouer" ces exemples ou d'en produire d'autres.

4.1   Distances par recouvrement sur des paires de chaînes de caractères

Le tableau 1 présente les distances par recouvrement obtenues pour quelques paires de chaînes de caractères. Nous utilisons la distance de Levenshtein (Levenshtein, 1966) normalisée comme base de comparaison.

chaîne_1	chaîne_2	δ_c	Levenshtein [4]
'amrican'	'american'	.196	**.067**
'european'	'american'	**.75**	.375
'european'	'indoeuropean'	.167	.25
'indian'	'indoeuropean'	.5	**.583**
'indian'	'american'	.708	.417
'narcotics'	'narcoleptics'	.222	.167
'little big man'	'big little man'	**.143**	.286

TAB. 1 – *Distance par recouvrement et distance de Levenshtein pour quelques paires de chaînes. Les valeurs minimales et maximales des distances sont présentées en caractères gras.*

Ces exemples montrent que la distance par recouvrement est peu sensible aux permutations de sous chaînes comme dans ("little big man", "big little man"), ce qui n'est pas le cas pour la distance de Levenshtein. La paire des séquences les plus éloignées pour la distance par recouvrement est ("european", "american") alors que pour la distance de Levenshtein, il s'agit de ("indian", "indoeuropean").

4.2   Détection de plagiat

Nous montrons sur l'exemple suivant la capacité de la similarité par recouvrement à re-trouver des passages d'un texte original dispersés au sein d'un texte plagié. Cet exemple est tiré d'un article visant à prévenir le plagiat diffusé par l'université de Princeton [5].

Texte source original
"From time to time this submerged or latent theater in Hamlet becomes almost overt. It is close to the surface in Hamlet's pretense of madness, the "antic disposition" he puts on to protect himself and prevent his antagonists from plucking out the heart of his mystery. It is even closer to the surface when Hamlet enters his mother's room and holds up, side by side, the pictures of the two kings, Old Hamlet and Claudius, and proceeds to describe for her the true nature of the choice she has made, presenting truth by means of a show. Similarly, when he leaps into the open grave at Ophelia's funeral, ranting in high heroic terms, he is acting out for Laertes, and perhaps for himself as well, the folly of excessive, melodramatic expressions of grief."

Texte plagié : des passages du texte source ont été repris verbatim, d'autres légère-ment modifiés sans référencement (les passages correspondants sont soulignés)
"Almost all of Shakespeare's Hamlet can be understood as a play about acting and the theater. For example, in Act 1, Hamlet adopts a pretense of madness that he uses to protect himself and prevent his antagonists from discovering his mission to revenge his father's murder. He also presents truth by means of a show when he compares the portraits of Gertrude's two husbands in order to describe for her the true nature of the choice she has made. And when he leaps in Ophelia's open grave ranting in high heroic terms, Hamlet is acting out the folly of excessive, melodramatic expressions of grief".

Distance par recouvrement = 0.219
Similarité par recouvrement = 0.801
Recouvrement = ['A', 'lmost ', 'al', 'l', ' of ', 'S', 'ha', 'k', 'es', 'pe', 'ar', 'e', ''s ', 'Hamlet ', 'c', 'an', ' be', ' u', 'nd', 'ers', 'to', 'od', ' as ', 'a ', 'pl', 'a', 'y ', 'a', 'b', 'out ', 'acting ', 'and ', 'the t', 'heater', '. ', 'F', 'or ', 'ex', 'am', 'pl', 'e, ', 'in ', 'A', 'ct ', '1', ', ', 'Hamlet a', 'd', 'op', 'ts ', 'a ', 'pretense of madness', ' th', 'at ', 'he ', 'us', 'es ', 'to protect himself and prevent his antagonists from ', 'dis', 'co', 'ver', 'ing ', 'his m', 'is', 'sion', ' to ', 'reven', 'ge', ' his ', 'fa', 'ther's ', 'm', 'ur', 'de', 'r', '. ', 'H', 'e a', 'l', 's', 'o pr', 'esent', 's t', 'ruth by means of a show', ' when he ', 'com', 'p', 'ar', 'es ', 'the p', 'or', 'tr', 'a', 'it', 's of ', 'G', 'ert', 'ru', 'de', ''s ', 'two ', 'h', 'us', 'b', 'and', 's in ', ' or', 'de', 'r to ', 'describe for her the true nature of the choice she has made', '. ', 'A', 'nd ', 'when he leaps in', ' Ophelia's ', 'open grave ', 'ranting in high heroic terms, ', 'Hamlet ', 'is acting out ', 'the folly of excessive, melodramatic expressions of grief.']

Les petites différences entre les passages plagiés qui sont soulignés dans le texte original et les sous-séquences du recouvrement proposé sont dues à la non-unicité du recouvrement optimal. Un simple post-traitement peut facilement corriger ces différences. Bien sûr, si le texte plagié est réécrit avec la même structure de texte mais en utilisant des mots synonymes, la similarité par recouvrement, dans sa version actuelle, ne pourra pas détecter le plagiat.

---

5. https://www.princeton.edu/pr/pub/integrity/pages/plagiarism/

4.3 Séquences de gènes promoteurs pour la bactérie E-Coli (Harley et Reynolds, 1987)

Les séquences de gènes promoteurs sont des séquences qui définissent l'endroit où la transcription d'un gène par l'ARN polymérase commence. La tâche considérée issue de l'archive UCI[6] consiste en une classification binaire dont l'objectif est de décider si la séquence testée comporte un gène promoteur ou non. Une procédure de type 'leave-one-out' est proposée pour évaluer les méthodes de classification. Le classifieur basé sur la similarité par recouvrement (CS) exploite la règle de décision :

$$\hat{y} = \arg\max_{y \in Y} \mathscr{S}(s, S_y) \qquad (5)$$

Celle-ci stipule que la classe prédite $\hat{y}$ pour une séquence s est la classe qui maximise la similarité par recouvrement entre s et l'ensemble S_y des séquences d'apprentissage appartenant à la classe y.

Méthode de classification	Taux d'erreur	Commentaire et référence
KBANN	4/106	Méthode d'apprentissage neuronal hybride (Towell et al., 1990)
Perceptron Multicouche	8/106	1 couche cachée (Towell et al., 1990)
O'Neill	12/106	Technique d'alignement partiel développée en bioinformatique
Plus Proches Voisins	13/106	k=3, évalue le nombre de symboles non concordants (Towell et al., 1990; O'Neill).
ID3	19/106	Arbre de décision de Quinlan (Quinlan, 1986; Towell et al., 1990).
CS	**1/106**	1 arbre de suffixe par classe (Marteau, 2018).

TAB. 2 – *Taux d'erreur de classification pour les méthodes testées sur le jeu de données "Promoter Gene Sequences" proposé par l'archive UCI.*

Les résultats présentés dans le tableau 2 montrent une très bonne capacité du classifieur CS a discriminer les séquences comportant un gène promoteur, comparativement aux autres méthodes testées dans la littérature sur cette tâche.

5 Approche discriminante pour la classification de données textuelles

La similarité par recouvrement définie précédemment considère que tous les symboles ou sous-séquences entrant dans la construction des séquences ont la même importance. Dans certaines situations, comme c'est le cas pour les données textuelles, certains termes ou sous-séquences de terme peuvent être considérés comme plus ou moins importants que d'autres. L'heuristique TF-IDF par exemple permet de pondérer l'importance des mots dans un texte en fonction de leur fréquence d'occurrence dans le texte et dans le fond documentaire traité. Dans un contexte de classification supervisée de documents textuels, nous proposons d'étendre la notion de similarité par recouvrement pour prendre en compte une sorte de disparité d'importance dans les sous-séquences qui entrent dans la construction des recouvrements.

---

6. https://archive.ics.uci.edu/ml/datasets/Molecular+Biology+(Promoter+Gene+Sequences)

Nous considérons ici les textes comme des séquences de mots, chaque mot étant assimilé à un symbole. Nous nous inspirons du classifieur de Bayes Naïf dans sa version multinomiale pour définir une pondération (naïve) des mots du vocabulaire conditionnée à la tâche de classification. Étant donnée la classe y, la pondération w_{yi} associée au mot x_i est :

$$w_{yi} = \frac{N_{yi} + \alpha}{N_y + \alpha n} \tag{6}$$

où $N_{yi} = \sum_{x \in T} x_i$ est le nombre de fois que le mot x_i apparaît dans le corpus d'apprentissage T, $N_y = \sum_{i=1}^{n} N_{yi}$ est le nombre total des occurrences des mots dans la classe $y \in Y$, n est la taille du vocabulaire, S_y est l'ensemble des séquences d'apprentissage associées à la classe y et S est l'ensemble des séquences d'apprentissage. α est un paramètre de lissage qui évite les probabilités nulles lorsque aucune occurrence de mot n'est observée étant donné la classe y.

En considérant que les classes sont équiprobables [7], cette pondération associée au mot x_i est normalisée afin de définir une mesure de probabilité sur les classes et une entropie associée $H_i = -\sum_y \hat{w}_{yi} \cdot log_2 \hat{w}_{yi}$:

$$\hat{w}_{yi} = \frac{w_{yi}}{\sum_y w_{yi}} \sim P(y \mid x_i) \tag{7}$$

La similarité entre une séquence s et une classe y est estimée de la manière suivante :

$$\mathcal{S}_d(s, S_y) = \frac{\sum_{e \in c_i^*(s, S_y)} \left(|e| - (1 - \max_{x_i \in e} \hat{w}_{yi}) \right) \cdot (1 - \frac{\max_{x_i \in e} H_i}{H_0})}{log_2(|S_y|) \cdot \sum_{e \in c^*(s, S)} |e| \cdot (1 - \frac{\max_{x_i \in e} H_i}{H_0})} \tag{8}$$

où $H_0 = log_2|Y|$ (les classes sont considérées équiprobables). Le terme $log_2(|S_y|)$ relève d'une heuristique qui pénalise les classes caractérisées par un très grand nombre de séquences.

En pratique, l'équation 8 découle directement de l'équation 1 par apport d'un double effet de pondération. En premier lieu si l'on considère l'élément e du recouvrement optimal de s obtenu pour la classe y, sa pondération a priori, sans connaissance de la classe y, est $(1 - \max_{x_i \in e} H_i/H_0)$. Autrement dit, si aucun terme x_i de la séquence e n'est discriminant, $\max_{x_i \in e} H_i \to H_0$, et la pondération *a priori* associée à e tend vers 0. Dans ce cas, l'élément e n'entre plus dans le calcul de la similarité. *A contrario*, si e contient au moins un mot très discriminant, $\max_{x_i \in e} H_i \to 0$ et la pondération *a priori* associée à e tend vers 1.

En deuxième lieu, la pondération conditionnée à la connaissance de la classe y de l'élément e dépend du terme $(1 - \max_{x_i \in e} \hat{w}_{yi})$. Autrement dit, si un terme est très discriminant et identifie la classe y, i.e. $P(x_i \mid y) \sim 1$, alors $(1 - \max_{x_i \in e} \hat{w}_{yi}) \to 1$ et l'élément e est comptabilisé à hauteur de sa longueur $|e|$ dans le calcul de la similarité. Si au contraire $(1 - \max_{x_i \in e} \hat{w}_{yi}) \to 0$, i.e. aucun mot de e n'est caractéristique de la classe y, alors, il sera comptabilisé à hauteur de sa longueur diminuée d'une unité $(|e| - 1)$.

La règle de décision est la même que celle proposée pour le classifieur à base de similarité par recouvrement simple (Eq.5). L'unique méta paramètre pour cette approche discriminante

---

7. Considérer que les classes ne sont pas équiprobables semble trop pénaliser les classes à faible effectif.

Dataset	4NG		20NG		RSS-EN		RSS-FR		
Méthode	Acc	F1	Acc	F1	Acc	F1	Acc	F1	Rang
NB	.978	.977	.915	.911	.916	.914	.982	.962	7.25
SGD	.975	.975	.931	.929	.926	.925	.997	.996	4.25
DCS	.980	.980	.933	.932	.940	.938	.997	.994	3
DCS+SGD	.983	.983	.943	.941	.932	.932	.997	.995	**1.5**
MLP	.976	.976	.927	.928	.931	.930	.995	.991	5.0
CNN	.981	.981	.930	.929	.918	.913	.991	.981	5.25
CNN Caps	.982	.982	.941	.940	.919	.915	.985	.971	4.0
Bi-GRU+Attention	.982	.982	.924	.923	.912	.909	.993	.986	5.5
Bi-LSTM+Attention	.970	.970	.923	.922	.898	.889	.986	.951	8.75

TAB. 3 – *Taux de bonne classification et scores F1 pour les méthodes testées sur les jeux de données "twenty newsgroup" en considérant 4 et 20 classes, et les jeux de données RSS Français et Anglais. Le rang moyen des méthodes calculé sur la base du score F1 est proposé.*

est le paramètre de lissage α introduit dans l'Eq.6. Il s'apparente au paramètre utilisé pour construire les estimateurs de Laplace qui entrent en jeu dans les classifieurs de Bayes naïfs.

5.1 Expérimentation sur des données textuelles

Nous évaluons l'approche discriminante précédente sur deux jeux de données : 1) "Twenty Newsgroup"[8] qui comporte 18846 documents répartis en 20 classes ; nous considérons également une tâche plus simple qui est composée de 3759 documents répartis en 4 classes (*alt.atheism, comp.graphics, sci.med, soc.religion.christian*). 2) un ensemble de documents collectés sur des flux RSS en anglais (1384 documents) et en français (1585 documents)[9] répartis en 6 classes inhomogènes (*art-culture, économie, politique, santé-médecine, science, sport*). Nous utilisons deux itérations de validation croisée 5 étapes, 80% des documents étant utilisés pour l'apprentissage des modèles et 20% pour les tests, avec un brassage aléatoire (graines initiales identique pour toutes les méthodes) entre chaque itération.

Outre l'approche discriminante basée sur la similarité par recouvrement (DCS) associée à la règle de décision définie par l'équation 5, sont évalués : le classifieur de Bayes Multinomial naïf (NB, (Kibriya et al., 2004)), une machine à support vecteur linéaire optimisée par descente de gradient stochastique (SGD, (Zhang, 2004)), un perceptron multicouche (MLP, (Rumelhart et al., 1986)), un réseau convolutif (CNN, (LeCun et Bengio, 1998)), un réseau type CapsulesNet (CNN-Cap, (Sabour et al., 2017)) et deux réseaux récurrents intégrant un modèle d'attention (Bi-LSTM et Bi-GRU (Du et Huang, 2018) avec attention). L'agrégation des méthodes DCS et SGD par ajout des scores (DCS+SGD) est également évaluée. Tous les méta-paramètres des méthodes précédentes ont été optimisés de manière à minimiser le taux d'erreur de classification sur la base de la répartition "train/test" du corpus twenty-newsgroup, proposé par la boite à outil scikit-learn[10] pour la configuration 4 classes, l'ensemble d'apprentissage comprenant 2257 documents et l'ensemble de test 1502 documents. Les CNN et RNN

8. https://archive.ics.uci.edu/ml/datasets/Twenty+Newsgroups
9. https://github.com/pfmarteau/RSS-Feed-6C-dataset
10. http://scikit-learn.org/0.19/datasets/twenty_newsgroups.html

(GRU, LSTM) ont été entrainés avec des modèles word2vec pré-entraînés, en dimension 300 pour l'anglais [11] et en dimension 500 pour le français [12]. Les résultats présentés dans le tableau 3 montrent que l'approche discriminante à base de similarité par recouvrement discriminante se positionne particulièrement bien comparativement à l'état de l'art sur les jeux de données testés. Si l'on écarte l'agrégation DCS+SGD, C'est elle qui globalement se classe le mieux, les approches "deep learning" étant pénalisées sur les petits jeux de données.

6 Conclusion

Nous avons introduit la notion de similarité par recouvrement de séquences. Cette similarité permet d'évaluer avec une certaine efficacité algorithmique la proximité d'une séquence quelconque avec un sous-ensemble de séquences dites de référence. Les sous séquences exploitées pour construire le recouvrement s'apparentent à des mots ou des expressions d'un langage susceptible d'être inféré à partir des séquences d'apprentissage. Cette notion de similarité par recouvrement est ainsi complémentaire à d'autres mesures de similarités définies pour les données séquentielles. A partir de cette similarité, introduite originellement dans le contexte de la détection d'anomalies comportementales de processus, nous avons dérivé un modèle discriminant pour la classification de séquences. Les expériences préliminaires conduites sur des séquences de nucléotides et sur des données textuelles semblent montrer que cette approche se positionne particulièrement bien comparativement au niveau de l'état de l'art du domaine sur les tâches considérées. La prise en compte des occurrences de n-gram dans les sous-séquences produits par les recouvrements constitue l'une des perspectives à ce travail.

Références

Du, C. et L. Huang (2018). Text classification research with attention-based recurrent neural networks. *International Journal of Computers Communications and Control 13*(1), 50–61.

Harley, C. B. et R. P. Reynolds (1987). Analysis of e. coli promoter sequences. *Nucleic Acids Research 15*, 2343–2361.

Kibriya, A. M., E. Frank, B. Pfahringer, et G. Holmes (2004). Multinomial naive bayes for text categorization revisited. In *Proceedings of the 17th Australian Joint Conference on Advances in Artificial Intelligence*, AI'04, Berlin, Heidelberg, pp. 488–499. Springer-Verlag.

Korf, I., M. Yandell, et J. Bedell (2003). *BLAST*. Sebastopol, CA, USA : O'Reilly & Associates, Inc.

LeCun, Y. et Y. Bengio (1998). The handbook of brain theory and neural networks. Chapter Convolutional Networks for Images, Speech, and Time Series, pp. 255–258. Cambridge, MA, USA : MIT Press.

Levenshtein, V. I. (1966). Binary codes capable of correcting deletions, insertions and reversals. *Soviet Physics Doklady 10*(8), 707–710. Doklady Akademii Nauk SSSR, V163 No4 845-848 1965.

---

11. https://github.com/mmihaltz/word2vec-GoogleNews-vectors
12. fauconnier.github.io/#data

Mallat, S. et Z. Zhang (1993). Matching pursuits with time-frequency dictionaries. *Trans. Sig. Proc. 41*(12), 3397–3415.

Marteau, P.-F. (2018). Sequence covering for efficient host-based intrusion detection. *IEEE Transactions on Information Forensics and Security Early Access*, 1–13.

Needleman, S. B. et C. D. Wunsch (1970). A general method applicable to the search for similarities in the amino acid sequence of two proteins. *J.. of Mol. Biology 48*(3), 443–453.

O'Neill, M. Escherichia coli promoters : Ii. a spacing class-dependent promoter search protocol. *Journal of Biological Chemistry*.

Quinlan, J. R. (1986). Induction of decision trees. *MACH. LEARN 1*, 81–106.

Rumelhart, D. E., G. E. Hinton, et R. J. Williams (1986). Parallel distributed processing : Explorations in the microstructure of cognition, vol. 1. Chapter Learning Internal Representations by Error Propagation, pp. 318–362. Cambridge, MA, USA : MIT Press.

Sabour, S., N. Frosst, et G. E. Hinton (2017). Dynamic routing between capsules. In I. Guyon, U. V. Luxburg, S. Bengio, H. Wallach, R. Fergus, S. Vishwanathan, et R. Garnett (Eds.), *Advances in Neural Information Processing Systems 30*, pp. 3856–3866. Curran Assoc.

Smith, T. et M. Waterman (1981). Identification of common molecular subsequences. *Journal of Molecular Biology 147*(1), 195 – 197.

Towell, G. G., J. W. Shavlik, et M. O. Noordewier (1990). Refinement of approximate domain theories by knowledge-based neural networks. In *Proceedings of the Eighth National Conference on Artificial Intelligence - Volume 2*, AAAI'90, pp. 861–866. AAAI Press.

Vert, J.-P., H. Saigo, et T. Akutsu (2004). *Local Alignment Kernels for Biological Sequences*, pp. 131–153. Cambridge, MA, : MIT Press.

Wagner, R. A. et M. J. Fischer (1974). The string-to-string correction problem. *J. ACM 21*(1), 168–173.

Zhang, T. (2004). Solving large scale linear prediction problems using stochastic gradient descent algorithms. In *Proceedings of the Twenty-first International Conference on Machine Learning*, ICML '04, New York, NY, USA, pp. 116–. ACM.

Summary

This paper introduces the sequence covering similarity, that we formally define for evaluating the similarity between a symbolic sequence (a string) and a set of symbolic sequences (a set of strings). From this covering similarity we derive a pair-wise distance to compare two symbolic sequences. We show that this covering distance is a semi-metric. Some examples are given to show how this string semi-metric in $O(n \cdot log(n))$ compares with the Levenshtein's distance that is in $O(n^2)$. The first toy experiment describes an application to plagiarism detection. Furthermore, from the covering similarity definition, we detail a discriminative model to address sequential data classification. As a preliminary study, we evaluate this model on two benchmaks: the first one relates to a nucleotide sequence classification task, the second one to textual data classification task. On the considered tasks, the results obtained by the proposed method are quite competitive comparatively to the state of the art, including deep learning approaches.

Extraction de communautés ego-centrées par apprentissage supervisé d'espaces prétopologiques

Gaëtan Caillaut*, Guillaume Cleuziou*, Nicolas Dugué**

*Université d'Orléans, INSA Centre Val de Loire, LIFO EA 4022, Orléans, France
prénom.nom@univ-orleans.fr
**Le Mans Université, LIUM, EA 4023, Le Mans, France
prénom.nom@univ-lemans.fr

Résumé. Nous proposons une méthode d'extraction de communautés ego-centrées reposant sur l'apprentissage d'un modèle de propagation prétopologique. Là où les méthodes classiques ne considèrent souvent qu'un aspect de la structuration du réseau pour en extraire ses communautés, la prétopologie permet une analyse multi-critères du réseau. Notre démarche consiste à apprendre de façon supervisée un espace prétopologique défini par une combinaison logique de descripteurs du réseau. Une communauté locale à chaque nœud peut alors être extraite par une opération définie sur l'espace prétopologique appris.La qualité de chaque communauté locale est ensuite évaluée selon une communauté de référence. Nous avons comparé notre approche aux approches existantes sur des réseaux synthétiques et du réel et montrons ainsi sa pertinence.

1 Introduction

La théorie des réseaux complexes a mis en avant l'existence de propriétés communes aux réseaux modélisant des systèmes réels. En particulier, la plupart de ces réseaux possèdent une structure communautaire, i.e. une partition de l'ensemble des nœuds telle que les nœuds de chaque partie sont plus connectés entre eux qu'avec l'extérieur (Newman, 2006). Un cas typique est celui des réseaux sociaux, où les utilisateurs se regroupent autour de thèmes. La structure de communautés est particulièrement importante pour l'étude du réseau puisqu'elle permet de se placer à un niveau intermédiaire (mésoscopique) entre le niveau local (voisinage uniquement) et le niveau global (la totalité du réseau).

Une façon courante d'extraire les communautés d'un réseau consiste à trouver une partition de ses nœuds maximisant la modularité (Newman, 2006), c'est à dire qui maximise la densité des liens au sein des communautés en minimisant le nombre de liens entre communautés. Il est dans ce cas nécessaire de connaître la totalité du réseau afin d'en déterminer ses communautés. Dans le cas des très grands réseaux tels que l'internet ou les réseaux sociaux en ligne, cette condition est parfois impossible à remplir, soit parce qu'on ne connaît pas le réseau complet, soit parce qu'il est difficile de le stocker en mémoire. De plus, définir l'ensemble des communautés d'un réseau comme une partition stricte de ses nœuds est souvent éloigné de la réalité, puisque cela empêche un nœud d'appartenir à plusieurs communautés (Palla et al., 2005).

Ainsi, nous nous concentrons sur la notion de communauté locale à un (ou plusieurs) nœud(s) d'intérêt. On cherche dans ce cas à détecter la ou les communautés de ce nœud, on parle de communautés *ego-centrées* (Chen et al., 2009; Danisch et al., 2013). Cette approche permet de faire une optimisation locale, bien moins gourmande que l'approche globale, et réalisable même dans le cas où la totalité du graphe n'est pas connue. Par ailleurs, cette approche est adaptée à la mise en évidence de communautés chevauchantes, aboutissant ainsi à des résultats plus en accord avec la réalité.

Cet article a pour objectif de présenter une méthode prétopologique d'extraction de communautés locales. La théorie de la prétopologie est une généralisation de la théorie des graphes (Dalud-Vincent, 2017) et est de ce fait particulièrement adaptée à l'étude et à la modélisation de réseaux. Elle permet notamment de représenter des relations de natures différentes entre ensembles d'éléments, là où un graphe ne décrit des relations qu'entre paires d'éléments. Il est par exemple possible d'imaginer une prétopologie sociale définie à partir de différents types de relations entre ses utilisateurs (amis, collègues, familles, ...).

Après une présentation de travaux liés à l'extraction de communautés (Section 2), nous introduisons (Section 3) les concepts clés de la prétopologie ainsi que la classe (générique) des espaces prétopologiques définis par une fonction d'adhérence logique. Cette dernière formalisation offre la possibilité d'apprendre un espace prétopologique adapté aux caractéristiques du réseau. La Section 4 établit le cadre de nos expérimentations et décrit les prédicats qui composent nos règles logiques. La Section 5 expose les résultats obtenus sur quatre jeux de données réels et synthétiques. Une comparaison entre les méthodes classiques et les méthodes prétopologiques est faite.

2   Travaux connexes

De nombreux travaux se sont déjà attelés à la tâche de détection de communautés ego-centrées. On peut en distinguer au moins trois types : les méthodes guidées par une mesure locale inspirée de la modularité (Newman, 2006), celles basées sur des algorithmes de propagations ou encore des méthodes reposant sur des algorithmes d'apprentissage de plongements de graphes (Grover et Leskovec, 2016).

Les méthodes guidées par une mesure de modularité proposent de construire une communauté ego-centrée en ajoutant successivement des nœuds à un ensemble initial de nœuds d'intérêts. La fonction objectif de ces méthodes est une variante de la modularité adaptée au cas des communautés locales. À chaque itération de l'algorithme, le nœud apportant le plus grand gain au score de modularité locale est inséré dans la communauté. L'algorithme s'arrête quand il n'est plus possible d'améliorer le critère ou lorsque la communauté détectée est suffisamment grande (Clauset, 2005). Certaines méthodes ajoutent une étape d'élagage afin de corriger de potentielles erreurs (Chen et al., 2009; Luo et al., 2008).

Par ailleurs, Danisch et al. (2013) définissent une méthode inspirée de la propagation de l'opinion ou de la chaleur dans un graphe. Si l'on considère le nœud d'intérêt comme une source de chaleur, cette chaleur se transmet en suivant les liens du réseau, aboutissant à un score de température pour chaque nœud indiquant la proximité entre le nœud d'intérêt et le reste du réseau. Une communauté ego-centrée peut alors être extraite en ne conservant que les nœuds dont le score dépasse un seuil fixé. Cette méthode offre la possibilité d'extraire des communautés à différents niveaux de granularité.

Enfin, certains travaux démontrent la pertinence de considérer des méthodes d'apprentissage de plongements lexicaux dans le contexte de l'étude des graphes (Figueiredo et al., 2017; Grover et Leskovec, 2016). Pour faire une analogie, si l'on considère qu'un sommet représente un mot, on peut générer des phrases décrivant les chemins empruntés par des marches aléatoires. Ces phrases permettent alors l'apprentissage de plongements pour chaque nœud du réseau, plongements ensuite utilisés par des méthodes d'apprentissage pour en extraire des communautés.

On observe ainsi que de nombreuses approches ont été proposées pour résoudre le problème de détection de communautés. Il est probable qu'il n'existe pas de méthode générique pour réaliser cette tâche de façon optimale. Chaque méthode permet toutefois d'extraire une portion d'information qu'il serait regrettable de ne pas exploiter. C'est pourquoi nous proposons une méthode alternative, basée sur la théorie de la prétopologie, permettant de tirer profit des qualités des différentes approches en les combinant. La prétopologie permet de décrire un processus d'expansion à partir d'une combinaison de plusieurs "sources d'informations". C'est par ce processus d'expansion que nous suggérons d'extraire les communautés d'un réseau.

3   Éléments de Prétopologie

Un espace prétopologique est défini par un couple (E, a) avec E un ensemble fini non-vide d'éléments et $a : \mathcal{P}(E) \to \mathcal{P}(E)$ sa fonction d'adhérence vérifiant les propriétés 1 et 2.

$$\forall A \in \mathcal{P}(E), A \subseteq a(A) \tag{1}$$

$$a(\emptyset) = \emptyset \tag{2}$$

L'opérateur d'adhérence modélise ainsi un processus d'expansion d'une partie A de E. Il est usuellement défini par un ensemble $\mathcal{V}$ de voisinages sur E (Belmandt, 1993) où $V \in \mathcal{V}$ est une application réflexive de E vers $\mathcal{P}(E)$.

$$\forall A \in \mathcal{P}(E), a(A) = \{x \in E \mid \forall V \in \mathcal{V}, V(x) \cap A \neq \emptyset\} \tag{3}$$

Contrairement aux opérateurs de la topologie, l'opérateur d'adhérence prétopologique n'est pas nécessairement idempotent, on peut alors l'appliquer de façon successive sur un ensemble $A \in \mathcal{P}(E)$ jusqu'à obtenir un ensemble K tel que $A \subseteq K \subseteq E$ et $a(K) = K$. On appelle K le fermé de A et on le note $F(A)$. Si $|A| = 1$ alors on appelle $F(A)$ un fermé élémentaire.

Caillaut et Cleuziou (2018) introduisent une nouvelle classe d'espaces prétopologiques dont la fonction d'adhérence est définie par une formule logique Q en forme normale disjonctive (DNF).

$$\forall A \in \mathcal{P}(E), a_Q(A) = \{x \in E \mid Q(A, x)\} \tag{4}$$

Cette définition de l'opérateur d'adhérence possède d'une part l'avantage d'être plus générale que la définition précédente, mais surtout permet d'envisager l'apprentissage de règles de combinaison de voisinages, et donc d'espaces prétopologiques. Cleuziou et Dias (2015) proposent la méthode LPS (*Learning Pretopological Spaces*) qui consiste à apprendre une fonction numérique pour définir l'opérateur d'adhérence. Cette fonction impose quelques restrictions, notamment le fait d'être nécessairement linéaire. C'est pourquoi Caillaut et Cleuziou (2018) proposent la méthode LPSMI (*Learning Pretopological Spaces Multi-Instance*) consistant en l'apprentissage d'une règle logique, plus souple qu'un modèle linéaire.

Ces méthodes proposent d'apprendre un espace prétopologique en se basant sur ses fermés élémentaires. Étant donné un ensemble S^* de fermés élémentaires cibles et une liste de prédicats, LPSMI apprend une DNF Q composée des prédicats donnés en entrée et telle que les fermés élémentaires S^* puissent être obtenus par la fonction d'adhérence logique $a_Q(.)$.

Nous proposons d'appliquer LPSMI pour apprendre un espace prétopologique dont les fermés correspondraient à des communautés locales. Cependant, LPSMI utilise une fonction d'optimisation spécialisée pour l'apprentissage d'espaces prétopologiques de type V. Ces espaces sont définis par une fonction d'adhérence possédant la propriété d'isotonie.

$$\forall A, B \in \mathcal{P}(E),\ A \subseteq B \Rightarrow a(A) \subseteq a(B) \tag{5}$$

Un espace de type V impose une contrainte forte sur la façon dont les communautés peuvent se chevaucher [1]. Soient trois points $x, y, z \in E$, si $y \in F(\{x\})$ et $y \in F(\{z\})$, alors $F(\{y\}) \subseteq F(\{x\}) \cap F(\{z\})$ [2]. Par conséquent, la communauté centrée sur y sera, selon les cas, comprimée entre celle de x et celle z, ou alors elle imposera la présence de nœuds indésirables dans les communautés centrées sur x et sur z. Ce formalisme interdit donc de nombreuses formes de structures qui se retrouvent pourtant dans des cas réels.

C'est pourquoi nous prétendons qu'une prétopologie de type V n'est probablement pas adaptée à la modélisation des communautés à partir de fermés élémentaires. Nous proposons alors de recourir à une variante de LPSMI plus simple et qui n'impose pas ces contraintes de formes sur les communautés.

4   Méthode d'extraction de communautés

L'algorithme d'apprentissage LPSMI reprend le principe de l'apprentissage de concepts et consiste à construire une formule logique Q en forme normale disjonctive de manière gloutonne, c'est-à-dire par ajouts successifs de littéraux. La construction de la règle logique est guidée par un critère objectif exploitant la propriété d'isotonie des espaces de type V. Dans le but de s'affranchir de cette contrainte nous proposons la méthode LPSFM dont la seule différence avec LPSMI est son critère objectif. La construction d'une règle logique par LPSFM est guidée par le score de F-mesure entre les communautés réelles (cibles) et les communautés prétopologiques obtenues. Nous noterons *critère MI* le critère utilisé par LPSMI et *critère FM* celui utilisé par LPSFM. Nous détaillons dans cette section les différences entre ces deux critères ainsi que les prédicats utilisés pour l'apprentissage des règles logiques.

4.1   Fonctions objectives pour l'apprentissage

Étant donné un ensemble de fermés élémentaires cibles S^* et un espace prétopologique (E, a), les deux critères MI et FM proposent d'évaluer la qualité de l'espace prétopologique en mesurant la correspondance entre ses fermés élémentaires et S^*. Les critères MI et FM partagent donc le même objectif, ils sont toutefois fondamentalement différents.

Le critère MI s'appuie sur les propriétés structurelles des espaces prétopologiques de type V (Éq. 5) pour évaluer finement non seulement la *qualité* d'un prédicat au regard des fermés

---

1. Si on considère qu'un fermé élémentaire exprime une communauté ego-centrée.
2. Car $F(\{y\}) \subseteq F(\{x\})$ et $F(\{y\}) \subseteq F(\{z\})$.

élémentaires qu'il génère mais aussi son *potentiel* à travers ses fermés non-élémentaires. Il en résulte que l'espace appris sera nécessairement de type V [3]. Il est donc primordial que les prédicats composant la DNF Q respectent les propriétés des espaces de type V, c'est à dire lorsqu'un ensemble $A \in \mathcal{P}(E)$ se propage par l'opérateur d'adhérence à un élément $x \in E$, tout sur-ensemble de A doit aussi se propager à x. Soit q un prédicat défini sur $\mathcal{P}(E) \times E$, q est de type V s'il respecte :

$$\forall A, B \in \mathcal{P}(E), x \in E, \ A \subseteq B \Rightarrow [q(A, x) \Rightarrow q(B, x)] \tag{6}$$

Le critère FM est quant à lui beaucoup plus simple puisqu'il ne tient pas compte du *potentiel* d'un prédicat, il ne s'appuie que sur les fermés élémentaires générés. Caillaut et Cleuziou (2018) montrent qu'en pratique ce critère est moins efficace que le critère MI lorsque la tâche consiste spécifiquement à apprendre des espaces de type V. Il reste cependant un recours précieux pour guider l'apprentissage d'espaces prétopologiques non contraints (non V). Toute DNF qui induit une fonction d'adhérence respectant les deux propriétés décrites par les équations 1 et 2 est alors autorisée. Les seules propriétés à satisfaire pour les prédicats considérés sont alors les propriétés 7 et 8 suivantes :

$$\forall A \in \mathcal{P}(E), \ \forall x \in A, q(A, x) = 1 \tag{7}$$
$$\forall x \in E, q(\emptyset, x) = 0 \tag{8}$$

4.2   Construction des prédicats/descripteurs d'un réseau

Nous proposons un ensemble de prédicats spécifiquement dédiés à la tâche d'extraction de communautés ego-centrées. Chaque prédicat peut être vu comme un descripteur, il permet de capturer une caractéristique du réseau. Dans la suite, nous notons E l'ensemble des éléments du réseau (qui peut ne pas être connu en totalité), A un sous-ensemble de E et x un élément de E. L'ensemble des prédicats que nous proposons se décompose en trois catégories décrites ci-après. La diversité de cet ensemble de prédicat est un bel exemple illustrant la capacité d'analyse multi-critères offerte par le formalisme prétopologique.

Les prédicats topologiques.   Soient $V(x)$ les voisins du nœud x dans le réseau et $V(A) = \bigcup_{x \in A} V(x)$ l'union des voisinages de chaque élément de A. Nous considérons que ces voisinages sont réflexifs, tels que $x \in V(x)$ (et par conséquent $A \subseteq V(A)$).

Un premier prédicat de base est défini à partir de la matrice d'adjacence du réseau. On le note $q_{adj}(A, x)$ et il est vrai lorsqu'un élément de A est connecté à x.

$$q_{adj}(A, x) = x \in V(A) \tag{9}$$

Nous proposons quatre prédicats supplémentaires définis par les voisinages de A et de x permettant de capturer différentes variantes d'intensités d'interactions entre A et x.

---

3. Les fermés cibles S^* peuvent cependant ne pas correspondre à ceux d'un espace de type V. Les fermés de l'espace prétopologiques résultant ne seront donc jamais similaires à S^*.

	a	b	c	d	e	f	g	h
a	1,00	0,77	0,77	0,59	0,30	0,07	0,00	0,00
b	0,91	1,00	0,86	0,70	0,36	0,07	0,00	0,00
c	0,85	0,79	1,00	0,63	0,30	0,05	0,00	0,00
d	0,68	0,76	0,76	1,00	0,53	0,13	0,00	0,00
e	0,00	0,06	0,06	0,33	1,00	0,44	0,26	0,26
f	0,00	0,04	0,04	0,19	0,58	1,00	1,00	1,00
g	0,00	0,03	0,03	0,14	0,43	0,76	1,00	0,88
h	0,00	0,03	0,03	0,12	0,40	0,73	0,85	1,00

(a) Un réseau possédant deux communautés.

(b) Matrice de proximités *carryover-opinion*.

FIG. 1: Exemple

$$— \quad q_{r1}(A, x, k) = \frac{|A \cap V(x)|}{|A|} \geq k \qquad\qquad — \quad q_{r3}(A, x, k) = \frac{|A \cap V(x)|}{|A \cup V(x)|} \geq k$$

$$— \quad q_{r2}(A, x, k) = \frac{|A \cap V(x)|}{|V(x)|} \geq k \qquad\qquad — \quad q_{r4}(A, x, k) = \frac{|V(A) \cap V(x)|}{|V(A) \cup V(x)|} \geq k$$

avec k un paramètre de seuil dans $[0, 1]$. Parmis ces quatre prédicats, on peut montrer que seul q_{r2} est un prédicat de type V.

Prédicats basés sur la modularité. Trois prédicats sont construits autour des définitions de modularité locale de Clauset (2005), Luo et al. (2008) et Chen et al. (2009) respectivement. On note ces prédicats $q_X(A, x)$ avec $X \in \{clauset, luo, chen\}$. Le prédicat $q_X(A, x)$ est vrai lorsque l'ajout de x à la communauté A améliore sa modularité, notée $mod_X(A)$.

$$\forall A \in \mathcal{P}(E), \, \forall x \in E, \, q_X(A, x) = mod_X(A \cup \{x\}) > mod_X(A) \tag{10}$$

Ces prédicats ne respectent pas les propriétés des espaces de type V et ne peuvent donc pas être exploités par l'approche LPSMI.

Prédicats définis par une mesure de proximité. Le prédicat $q_{danisch}(A, x, k)$ est défini à partir de la mesure de proximité *carryover-opinion* (Danisch et al., 2013). Ce prédicat est vrai lorsqu'il existe un élément de A dont la proximité avec x est supérieure à un seuil k dans $[0, 1]$.

$$\forall A \in \mathcal{P}(E), \forall x \in E, \, q_{danisch}(A, x, k) = \max_{y \in A} \{carryover(x, y)\} \geq k \tag{11}$$

D'autres prédicats pourraient être envisagés, à partir des approches récentes de représentations vectorielles des nœuds d'un graphe (e.g. node2vec). Cependant celles-ci nécessitent de connaître l'intégralité du réseau et ne tiennent pas compte du caractère *local* de la tâche considérée dans cette étude. En outre, les expérimentations que nous avons menées sont venues confirmer l'absence d'efficacité de ce type de prédicat pour l'extraction de communautés ego-centrées.

4.3 Extraction de communautés à partir d'un espace prétopologique

Afin d'illustrer le principe d'extraction d'une communauté ego-centrée par un fermé élémentaire dans un espace prétopologique, nous considérons le réseau de la figure 1a. Soit l'espace prétopologique (E, a_Q) avec E l'ensemble des nœuds du réseau et Q la DNF définie par $Q = q_{danisch}(A, x, 0.5) \wedge q_{r1}(A, x, 0.5)$; soit la matrice de proximités *carryover-opinion* donnée par la table 1b ; la communauté ego-centrée issue du nœud a est obtenue par le fermé élémentaire $F_Q(\{a\})$ dans l'espace prétopologique (E, a_Q) :

$$a_Q(\{a\}) = \{a, b, c\}$$
$$a_Q(\{a, b, c\}) = \{a, b, c, d\}$$
$$a_Q(\{a, b, c, d\}) = \{a, b, c, d\} = F_Q(\{a\})$$

Le fermé obtenu correspond effectivement à une communauté identifiable intuitivement sur le réseau. L'obtention du fermé résulte de deux applications successives de l'adhérence a_Q. Par définition de Q, l'expansion d'un sous-ensemble A à un nouvel élément x nécessite que les deux prédicats $q_{danisch}(A, x, 0.5)$ et $q_{r1}(A, x, 0.5)$ soient satisfaits. Ainsi, le singleton $\{a\}$, s'étend aux éléments b et c par une première application de l'adhérence car :

— d'une part $carryover(a, b) \geq 0.5$ et $\frac{|\{a\} \cap V(b)|}{|\{a\}|} \geq 0.5$

— et d'autre part $carryover(a, c) \geq 0.5$ et $\frac{|\{a\} \cap V(c)|}{|\{a\}|} \geq 0.5$.

mais le nœud d n'est pas atteint par la première application d'adhérence (bien que $q_{danisch}(\{a\}, d, 0.5)$ soit vrai) car $\frac{|\{a\} \cap V(d)|}{|\{a\}|} = 0$. Il le sera lors de la second application de l'adhérence grâce aux éléments b et c précédemment inclus puisque $\frac{|\{a,b,c\} \cap V(d)|}{|\{a,b,c\}|} \geq 0.5$.

Intéressons nous à présent à la communauté locale issue de d :

$$a_Q(\{d\}) = \{b, c, d, e\}$$
$$a_Q(\{b, c, d, e\}) = \{a, b, c, d, e\}$$
$$a_Q(\{a, b, c, d, e\}) = \{a, b, c, d, e\} = F_Q(\{d\})$$

On retrouve encore une fois la communauté identifiable $\{a, b, c, d\}$ à laquelle s'est ajouté l'élément e ce qui est tout à fait cohérent du point de vue local au nœud d.

Cet exemple montre qu'un espace prétopologique correctement défini permet d'extraire la structure complexe latente d'un réseau. Cette notion d'espace prétopologique "correctement défini" nécessite que la DNF définissant l'espace prétopologique soit pertinente. C'est ce problème les méthodes d'apprentissage LPSMI et LPSFM tentent de résoudre.

5   Expérimentations

Il n'existe pas à notre connaissance de travaux visant à résoudre de manière supervisée le problème d'extraction de communautés égo-centrées. C'est pourquoi nous positionnons ces nouvelles contributions supervisées (LPSMI et LPSFM) par rapport aux approches non-supervisées existantes, en toute objectivité.

5.1   Jeux de données

Le premier réseau synthétique est composé de 60 nœuds répartis dans trois communautés de tailles égales. Il est construit sur un modèle aléatoire très simple : tout d'abord, chaque

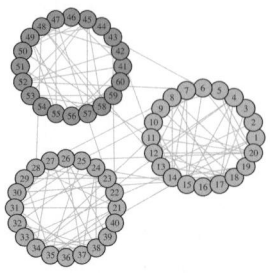 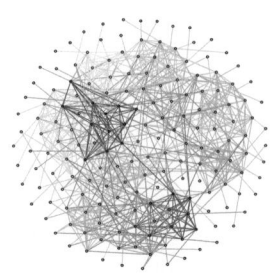

(a) Un réseau composé de trois graphes aléa- (b) Réseau des confrontations entre les équipes
toires formant chacun une communauté. de football américain.

FIG. 2: Deux exemples de réseaux synthétiques et réels.

communauté est générée suivant un modèle d'Erdős–Rényi avec une probabilité de 0.2 ; ensuite des arcs entre chaque paire de nœuds de communautés différentes sont ajoutés avec une probabilité de 0.01. La figure 2a montre un exemple de réseau ainsi généré.

Le second réseau synthétique provient du benchmark LFR (Lancichinetti et Fortunato, 2009) paramétré de sorte à obtenir un réseau de 200 nœuds. La moyenne des degrés des nœuds est 15 et un nœud peut avoir au maximum 30 voisins. Le paramètre de mélange vaut 0.3 et 40 nœuds appartiennent à trois communautés différentes parmi les 15 communautés qui composent ce réseau. Les autres paramètres sont laissés à leur valeur par défaut.

Le premier réseau réel que nous avons utilisé est le célèbre Zachary's karate club (Zachary, 1977). Il modélise les interactions entre les 34 membres d'un club de karaté et est composé de deux communautés connues.

Le second réseau issu de données réelles (figure 2b) représente les interactions entre les équipes universitaires de la division 1-A [4] qui se sont rencontrées lors des matchs de football américains sur la saison 2006. Il est identique au réseau utilisé par Chen et al. (2009). Le réseau est composé de 179 nœuds (équipes) et 787 arcs (matchs) ; 115 équipes sont réparties dans 11 communautés pré-identifiées et 64 équipes ne sont dans aucune communauté.

5.2 Protocole expérimental et résultats

Nous proposons de mesurer la qualité d'une méthode d'extraction de communautés ego-centrées en calculant, via la F-mesure, la correspondance entre les communautés extraites et les communautés réelles ou connues. Soit E l'ensemble des nœuds d'un réseau, pour chaque nœud $x \in E$, une communauté ego-centrée $C(x)$ est extraite puis comparée à la communauté attendue $C^*(x)$. Pour les méthodes prétopologiques proposées, c'est le fermé élémentaire qui défini la communauté ego-centrée extraite ($C(x) = F(\{x\})$). Les scores de précision (P),

---

4. http://www.espn.com/college-football/standings/_/season/2006

rappel (R) et leur moyenne harmonique (FM ou F-mesure) sont rappelées en (12).

$$P = \frac{\sum\limits_{x \in E} |C(x) \cap C^*(x)|}{\sum\limits_{x \in E} |C(x)|} \; ; \; R = \frac{\sum\limits_{x \in E} |C(x) \cap C^*(x)|}{\sum\limits_{x \in E} |C^*(x)|} \; ; \; FM = 2 \cdot \frac{P \times R}{P + R} \qquad (12)$$

Nous comparons les scores obtenus par les méthodes prétopologiques avec les scores obtenus en utilisant les méthodes de Clauset, Luo, Chen (Clauset, 2005; Luo et al., 2008; Chen et al., 2009) et Danisch (Danisch et al., 2013). Les méthode de Clauset, Luo et Chen construisent les communautés ego-centrées par accumulation des noeuds maximisant une mesure de modularité. La méthode de Danisch repose sur l'idée qu'il existe une forte différence entre la proximité d'un nœud à sa communauté locale par rapport à cette proximité aux autres sommets du réseau. Danisch montre que la courbe de la proximité *carryover-opinion* pour un nœud donné est une succession de plateaux suivis de brusques décroissances. Des communautés locales à différents niveaux de granularité peuvent alors être obtenues suivant la pente que l'on considère comme marqueur de fin de la communauté. Nous avons calculé les performances de cette méthode en considérant qu'une communauté regroupe les 2, 3 ou 4 premiers plateaux, respectivement notés "Danisch2", "Danisch3" et "Danisch4" dans la suite.

La méthode LPSMI ne peut combiner que les prédicats de type V tandis que LPSFM dispose de l'ensemble des prédicats décrits dans la section précédente pour apprendre les espaces prétopologiques. Nous avons fixé arbitrairement $k = 0.3$ pour les prédicats topologiques et avons construit deux prédicats $q_{danisch}$ avec les seuils $k = 0.15$ et $k = 0.3$, nous les noterons respectivement $q_{danisch}(k = 0.15)$ et $q_{danisch}(k = 0.3)$.

Les résultats provenant des méthodes LPSMI et LPSFM ont été obtenus par validation croisée à cinq plis (5-*fold* cross-validation). Afin de comparer équitablement toutes les méthodes entre elles, les scores présentés dans la table 1 sont ceux obtenus en évaluant les méthodes sur les cinq mêmes jeux de test représentant chacun 20% des communautés à retrouver. Il est important de noter que les communautés de référence utilisées dans ces expérimentations sont déduites des partitions des nœuds des réseaux (hormis le réseau LFR qui contient des chevauchements). De ce fait, les communautés cibles correspondent à des approximations de communautés ego-centrées, les scores peuvent donc ne pas refléter la qualité réelle de chaque modèle ; ils restent cependant un bon indicateur. Enfin, les meilleures règles logiques apprises par LPSFM sont présentées dans la table 2.

Les résultats obtenus viennent d'abord confirmer l'analyse selon laquelle les espaces prétopologiques de type V (LPSMI) sont inadaptées à la modélisation des structures de communautés locales. S'affranchir des contraintes des espaces de type V permet en revanche de construire de espaces prétopologiques tout à fait pertinents comme le montrent les scores obtenus par LPSFM. La nouvelle approche proposée obtient globalement, et de manière significative, de meilleurs scores que les méthodes existantes. Cela montre l'intérêt de la supervision pour la tâche d'extraction de communautés. En effet, cela permet de prendre en considération les caractéristiques d'un réseau donné, et donc de produire un modèle adapté à celui-ci. À l'inverse, les performances des approches non-supervisées sont fortement liées au réseau sur lequel elles s'appliquent. Les algorithmes de Luo et Chen en sont un très bon exemple. Les communautés extraites sur le réseau *Foot* par Chen sont de bonne qualité, contrairement à celle de Luo. Ce

Extraction de communautés ego-centrées par apprentissage supervisé d'espaces prétopologiques

Méthode	Erdős–Rényi	Karaté	Foot	LFR
Clauset	0.45 ± 0.08	0.68 ± 0.11	0.53 ± 0.07	0.50 ± 0.06
Luo	0.74 ± 0.06	0.82 ± 0.08	0.57 ± 0.07	0.57 ± 0.05
Chen	0.39 ± 0.11	0.37 ± 0.05	0.88 ± 0.04	0.46 ± 0.06
Danisch2	0.70 ± 0.01	0.79 ± 0.05	0.63 ± 0.03	0.43 ± 0.06
Danisch3	0.80 ± 0.03	$\mathbf{0.89 \pm 0.03}$	0.65 ± 0.03	0.51 ± 0.06
Danisch4	0.82 ± 0.04	0.88 ± 0.01	0.52 ± 0.05	0.56 ± 0.06
LPSMI*	0.50 ± 0.00	0.67 ± 0.01	0.31 ± 0.07	0.34 ± 0.09
LPSFM*	$\mathbf{0.85 \pm 0.02}$	0.80 ± 0.07	$\mathbf{0.96 \pm 0.03}$	$\mathbf{0.65 \pm 0.04}$

TAB. 1: Scores de F-mesure obtenus par différentes approches d'extraction de communautés ego-centrées sur 4 réseaux. Les méthodes supervisées sont identifiées par le symbole *.

Réseaux	Règles logiques
Erdős–Rényi	$(q_{luo} \wedge q_{danisch}(k = 0.3)) \vee (q_{r2} \wedge q_{luo}) \vee (q_{adj} \wedge q_{r4} \wedge q_{danisch}(k = 0.3))$
Karaté	$q_{luo} \wedge q_{danisch}(k = 0.15)$
Foot	$(q_{r4}) \vee (q_{r3} \wedge q_{danisch}(k = 0.15))$
LFR	$q_{r1} \wedge q_{luo}$

TAB. 2: Exemples de règles apprises par l'algorithme LPSFM. Les clauses sont affichées dans l'ordre dans lequel elles sont ajoutées dans la DNF.

phénomène s'inverse lorsque l'on considère le réseau *Karaté*. Danisch semble proposer une approche qui ne souffre pas de ce problème mais elle reste sensible aux seuils.

Les modèles prétopologiques appris par LPSFM ont été appliqués sur des jeux de données différents du jeu d'apprentissage de sorte à évaluer leur capacité de généralisation. Les résultats sont présentés dans la table 3. Les mesures ont été effectuées sur l'ensemble du réseau et non plus sur des jeux de test ; c'est pourquoi les valeurs de la diagonale diffèrent des scores de LPSFM présentés dans la table 1.

De toute évidence, les modèles prétopologiques parviennent mal à se généraliser. Les règles apprises (table 2) ne se ressemblent pas, ce qui semble suggérer que les réseaux eux mêmes et leur structure communautaire en particulier ne se ressemblent pas. Il n'est donc pas étonnant qu'un modèle appris spécifiquement pour un réseau ne convienne pour un autre. Nous verrons néanmoins en perspective que nous disposons d'une piste de travail pour lever ce verrou.

Enfin notre méthode d'apprentissage d'espaces prétopologiques ouvre la voie vers des approches exploitant l'intégralité des aspects d'un réseau en permettant de combiner tous types de descripteurs entre eux. La règle apprise sur le réseau Erdős–Rényi propose par exemple

	Erdős–Rényi	Karaté	Foot	LFR
Erdős–Rényi	$0,85 \pm 0,01$	$0,62 \pm 0,07$	$0,29 \pm 0,21$	$0,07 \pm 0,00$
Karaté	$0,75 \pm 0,03$	$0,80 \pm 0,04$	$0,47 \pm 0,14$	$0,34 \pm 0,11$
Foot	$0,41 \pm 0,00$	$0,59 \pm 0,00$	$0,97 \pm 0,00$	$0,41 \pm 0,00$
LFR	$0,54 \pm 0,01$	$0,74 \pm 0,00$	$0,60 \pm 0,00$	$0,65 \pm 0,00$

TAB. 3: Scores de généralisation pour les modèles prétopologiques (LPSFM).

de combiner des descripteurs topologiques de bas niveau (q_{r2}) avec des descripteurs de plus haut niveau (q_{luo}). Cette formulation logique apporte une compréhension précise du modèle appris : il est clair que la règle apprise sur le graphe Erdős–Rényi est guidée par les deux prédicats q_{luo} et $q_{danisch}(k = 0.3)$. Cette règle montre que, sur ce réseau précis, ces deux prédicats sont (1) complémentaires puisqu'ils n'apparaissent pas ensemble dans les clauses 2 et 3 et (2) trop permissifs puisqu'ils doivent être restreints par d'autres prédicats. D'autre part, l'importance des clauses conjonctives est déterminé par l'ordre dans lequel elles apparaissent dans la formule logique apprise : la clause $q_{luo} \wedge q_{danisch}(k = 0.3)$ est ainsi celle apportant le plus d'informations utiles à la détection des communautés du réseau Erdős–Rényi.

6 Conclusion

Dans cette étude nous avons proposé une formalisation du problème d'extraction de communautés ego-centrées fondée sur les techniques récentes d'apprentissage supervisé d'espaces prétopologiques. Nous avons défini une première collection de descripteurs locaux, s'appuyant sur les principales méthodologies existantes pour cette tâche et montré expérimentalement sur des données réelles ou simulées, d'une part qu'il existe des modèles de structuration prétopologiques adaptés aux réseaux étudiés et d'autre part que ces modèles peuvent être appris de façon supervisée.

Nos travaux démontrent la pertinence de la prétopologie dans l'extraction de communautés dans les réseaux puisqu'elle permet de gagner en performance par rapport aux méthodes classiques de détection de communautés ego-centrées. Les outils mis à disposition par la prétopologie permettent d'exprimer naturellement et élégamment des interactions de différentes natures entre ensembles d'éléments. Cette capacité se révèle indispensable lorsqu'il s'agit d'exploiter différents niveaux d'informations présentes dans un réseau. Cette étude ouvre la voie à de nombreuses perspectives de recherche dont nous dégageons quelques pistes de travail.

Notre étude a permis de mettre en évidence qu'une prétopologie de type V n'est pas adaptée à la tâche d'extraction de communautés ego-centrées au moyen des fermés élémentaires. Cependant, il est toutefois possible qu'une définition différente permette l'extraction de communautés de bonne qualité depuis un espace prétopologique de type V.

D'autre part, si les modèles prétopologiques permettent l'extraction de bonnes communautés, ces modèles semblent difficiles à généraliser aux réseaux sur lesquels ils n'ont pas été entraînés, or cet entraînement représente un coût évident et potentiellement rédhibitoire [5]. Apprendre un modèle prétopologique de façon non-supervisée permettrait de lever ce verrou. Dans cet objectif, nous avons observé les bonnes capacités de généralisation du modèle appris sur le réseau LFR. Ce résultat ainsi que de récents travaux (Lu et al., 2018) semblent montrer qu'il est possible d'utiliser des réseaux générés artificiellement pour obtenir des données étiquetées. Une nouvelle approche consisterait alors à générer automatiquement des données d'entraînement à partir d'un réseau synthétique structurellement proche du réseau réel ciblé.

Références

Belmandt, Z. (1993). Manuel de prétopologie et ses applications.

---

5. Bien qu'en pratique, on peut observer que peu d'exemples suffisent à guider efficacement l'apprentissage.

Caillaut, G. et G. Cleuziou (2018). Learning pretopological spaces to model complex propagation phenomena : A multiple instance learning approach based on a logical modeling. *arXiv preprint arXiv :1805.01278*.

Chen, J., O. R. Zaïane, et R. Goebel (2009). Local community identification in social networks. *ASONAM*, 237–242.

Clauset, A. (2005). Finding local community structure in networks. *Physical review E 72*(2), 026132.

Cleuziou, G. et G. Dias (2015). Learning pretopological spaces for lexical taxonomy acquisition. In *ECML/PKDD (2)*, Volume 9285 of *LNCS*, pp. 493–508. Springer.

Dalud-Vincent, M. (2017). Une autre manière de modéliser les réseaux sociaux. applications à l'étude de co-publications. *Nouvelles perspectives en sciences sociales 12*(2), 41–68.

Danisch, M., J. Guillaume, et B. L. Grand (2013). Towards multi-ego-centred communities : a node similarity approach. *IJWBC 9*(3), 299–322.

Figueiredo, D. R., L. F. R. Ribeiro, et P. H. P. Saverese (2017). struc2vec : Learning node representations from structural identity. In *KDD*.

Grover, A. et J. Leskovec (2016). node2vec : Scalable feature learning for networks. In *KDD*, pp. 855–864. ACM.

Lancichinetti, A. et S. Fortunato (2009). Benchmarks for testing community detection algorithms on directed and weighted graphs with overlapping communities. *Physical Review E 80*(1), 016118.

Lu, X., K. Kuzmin, M. Chen, et B. K. Szymanski (2018). Adaptive modularity maximization via edge weighting scheme. *Inf. Sci. 424*(C), 55–68.

Luo, F., J. Z. Wang, et E. Promislow (2008). Exploring local community structures in large networks. *Web Intelligence and Agent Systems 6*(4), 387–400.

Newman, M. E. (2006). Modularity and community structure in networks. *Proceedings of the national academy of sciences 103*(23), 8577–8582.

Palla, G., I. Derényi, I. Farkas, et T. Vicsek (2005). Uncovering the overlapping community structure of complex networks in nature and society. *Nature 435*(7043), 814.

Zachary, W. W. (1977). An information flow model for conflict and fission in small groups. *Journal of anthropological research 33*(4), 452–473.

Summary

We present a pretopological based approach to extract ego-centered communities. Classical methods often consider only one structural feature of the the network, whereas pretopology enables to do multi-criteria analysis. Our approach consists in learning a logical combination of a network's descriptors to define a pretopological space. Ego-centered communities are extracted by computing the elementary closure of each node. The quality of such communities is evaluated against the ground truth communities. We show the benefits of our method by comparing it to others on both real and synthetic networks.

Utilité d'un couplage entre Word2Vec et une analyse sémantique latente : expérimentation en catégorisation de données textuelles.

Oussama Ahmia*, Nicolas Béchet*, Pierre-François Marteau*, Alexandre Garel**

* IRISA, Université Bretagne Sud,
Rue Yves mainguy BP 573 56000 VANNES cedex
nom.prénom@irisa.fr, http ://www-expression.irisa.fr
** 2 Place Saint-Pierre, 44000 Nantes
a.garel@octopusmind.info, http ://www.octopusmind.info

Résumé. Nous réexaminons dans cet article les méthodes de vectorisation de textes dans le cadre d'une étude de classification de documents. Nous étudions les méthodes basées sur des plongements de mots (word2vec) ou de documents (analyse sémantique latente, ou sac de mots associées à diverses pondérations) ainsi que certaines combinaisons de ces méthodes. A cette fin, nous évaluons ces méthodes de vectorisation en utilisant trois modèles de classification (un perceptron multicouches, une machine linéaire à vecteurs supports optimisée par descente de gradient stochastique et un classifieur multinomial naïf de Bayes). Nos résultats montrent que le modèle proposé pour associer les méthodes word2vec et LSA, qui conjugue les deux caractérisations complémentaires du contexte d'occurrence des mots (local pour word2vec et global pour LSA), permet de produire une vectorisation robuste, en général plus discriminante que les autres approches testées.

1   Introduction

Avec la croissance rapide de l'information en ligne, la nécessité de développer des méthodes pour trouver, filtrer et gérer ces ressources de manière rapide et efficace devient d'autant plus prégnante. La classification de données textuelles consiste à classer de façon automatique des textes dans une ou plusieurs catégories. Cette dernière a déjà été appliquée à plusieurs problématiques notamment l'extraction d'information (Kushmerick et al., 2001), l'analyse de sentiments (Dey et Haque, 2009), la détection de SPAM (Jindal et Liu, 2007), etc.

Afin d'exploiter des algorithmes d'apprentissage automatique sur des données textuelles, il est souvent nécessaire de représenter le texte sous la forme d'un vecteur de taille fixe, ceci afin de plonger la donnée dans un espace métrique.

De nombreuse méthodes de "vectorisation" ont été développées au fil des années. La plus utilisée étant la méthode dite *sac de mots* (bag of words) (Harris, 1954) qui consiste à décrire un texte par les occurrences (fréquences) des mots qui le composent. Cette méthode considère que tous les mots dans un document donné ont le même poids ce qui est problématique pour les mots peu discriminants. Dans le contexte d'une classification, afin de pallier ce problème, Karen Spärck Jones a introduit la notion de pondération *tf-idf* (fréquence du terme dans le document-proportion inverse de documents qui contiennent le mot) (Jones, 1972) qui consiste à donner plus de poids aux mots qui apparaissent dans moins de documents. Ainsi, si deux mots m_1 et m_2 ont une même fréquence dans un document, si $m1$ n'est présent que dans ce document, il aura un poids plus important que m_2. Toutefois, ces représentations engendrent des plongements dans des espaces vectoriels de très grande dimension et ne prennent pas en considération la sémantique des mots. Cela signifie par exemple que les mots "se nourrir", "manger" et "conduire" sont équidistants dans cet espace vectoriel malgré le fait que sémantiquement, "manger" devrait être plus proche de "se nourrir" que de "conduire".

Partant de l'hypothèse que les mots utilisés dans les mêmes contextes ont tendance à avoir une signification (sens) similaire, Scott Deerwester et al. ont introduit la notion d'analyse sémantique latente (LSA) (Landauer et al., 1998). LSA est une méthode statistique qui permet d'extraire des motifs dans les relations entre les termes et les concepts dans des documents en appliquant une décomposition en valeurs singulières (SVD) sur une matrice termes-documents.

Chaque composante (vecteur propre) générée représente un concept exprimé sous la forme d'une combinaison linéaire des vecteurs associés aux termes, ce qui permet de réduire grandement la dimensionnalité.

Avec l'arrivée du modèle word2vec, proposé par Mikolov (Mikolov et al., 2013), de nouvelles opportunités sont apparues dans le domaine de la vectorisation des termes. Il existe deux architectures de modèle word2vec : la première, appelée CBOW prédit un mot en fonction de la connaissance seule de son contexte local d'occurrence (les mots qui l'entourent), et la seconde architecture, appelée skip-gram, prédit le contexte local d'occurrence d'un mot en fonction du mot lui-même.

word2vec permet de capturer une certaine sémantique lexicale, dans la mesure où les mots ayant une signification voisine auront une représentation similaire, plus précisément, ils seront proches dans l'espace vectoriel dans lequel ils seront plongés. Par exemple, "se nourrir" et "manger" sont proches, alors que "manger" et "conduire" sont plus distants. Le résultat de la soustraction ou l'addition de vecteurs de mots porte également une signification. Par exemple, les vecteurs de mots peuvent être utilisés pour retrouver des relations d'analogie entre les termes à l'aide d'une algèbre linéaire simple : "Roi" - "homme" + "femme" = "Reine" (Mikolov et al., 2013).

Nous présentons dans cet article, une méthode efficace et peu coûteuse de vectorisation, basée sur word2vec et LSA à des fins de catégorisation de documents. Elle assure la capture de la sémantique d'un document, en préservant au mieux l'intégralité des mots contenus dans le texte.

Notre méthode consiste, dans un premier temps à vectoriser un document en considérant la moyenne des vecteurs word2vec des mots qui le composent, puis, dans un deuxième temps à combiner cette vectorisation word2vec à une vectorisation obtenue par LSA pour ce même document. La combinaison proprement dite est le résultat de la concaténation des deux vectorisations précédentes.

2 Etat de l'art

De nombreux travaux ont expérimenté une combinaison de word2vec avec différentes variantes de vectorisation. Basé sur word2vec, le modèle doc2vec (Le et Mikolov, 2014) propose une représentation vectorielle au niveau du document. Le principe de doc2vec consiste à représenter chaque paragraphe et chaque mot par un vecteur de base unitaire (one hot vector). Le vecteur de paragraphe et les vecteurs de mots sont moyennés ou concaténés. Le vecteur résultant est utilisé pour prédire le mot suivant dans un contexte donné. Néanmoins cette approche nécessite des données peu bruitées, ainsi qu'un grand nombre d'itérations pour converger. Sa complexité dépend de la taille du vocabulaire (Chen, 2017). Ronghui Ju et al (Ju et al., 2015) ont développé un modèle qui combine i) une représentation basée sur LSA, ii) un sac-de-mot associé à la pondération tf-idf et iii) une vectorisation word2vec. Le principe consiste à créer une matrice tridimensionnelle $(m * n * v)$ où m est le nombre de mots, n le nombre de documents et v la dimension du vecteur word2vec. Dans ce tenseur tridimensionnel chaque document est représenté par une matrice, chaque ligne est le produit du sac-de-mot pondéré par tf-idf et de la représentation word2vec des termes. A l'issue de la création de cette matrice qui associe les termes aux documents, une décomposition en valeurs singulières (SVD) est appliquée sur chacune des matrices [termes x documents]. Le résultat est ensuite exploité pour entraîner un réseau neuronal convolutif (CNN) (LeCun et al., 1999). LDA2vec est également une approche combinant word2vec avec cette fois ci LDA (Allocation de Dirichlet latente). C'est un modèle développé par Christopher Moody (Moody, 2016) qui est inspiré de la variante skip-gram de word2vec. Il combine une analyse LDA (Blei et al., 2003) et une représentation word2vec. Le principe de cette méthode est de projeter les vecteurs word2vec des termes et les vecteurs de documents dans un même espace vectoriel. Cela consiste, d'une part, à représenter un document par une somme pondérée des vecteurs des thèmes. Celle-ci est obtenue en multipliant les "topic-vectors" générés par LDA et le vecteur de distribution de thèmes. Le résultat est ensuite combiné avec la représentation word2vec d'un mot pivot afin de générer un vecteur de contexte, qui sera utilisé pour prédire le contexte de ce mot pivot.

3 Modèles utilisés

3.1 Word2vec

Word2vec (Mikolov et al., 2013) constitue une famille de modèles de plongement lexical (word embedding) permettant de créer des représentations vectorielles de mots à partir de grands corpus. Word2vec peut être utilisé via deux architectures différentes : CBOW (sac de mots continus) et Skip-gram (saut de gramme). CBOW construit la représentation vectorielle d'un mot via la prédiction de son occurrence à partir de la connaissance des mots avoisinants. La notion de sac de mots continus implique que l'ordre des mots n'est pas pris en compte. Par ailleurs, la deuxième architecture, Skip-gram, construit la représentation vectorielle d'un mot via la prédiction de son contexte d'occurrence. Les mots avoisinants les plus proches auront un poids plus important par rapport aux plus éloignés (c'est la notion de skip-gram). Pour les deux architectures, ces prédictions sont réalisées à l'aide d'un réseau de neurones à propagation avant (Zell, 1994) qui ne contient que 3 couches (couche d'entrée, couche cachée, couche de sortie) ce qui permet une exécution rapide.

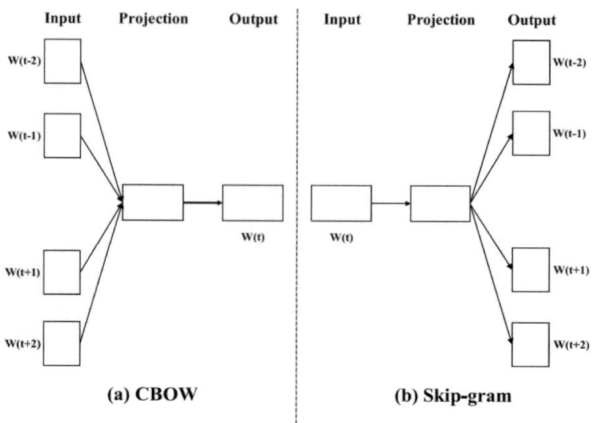

FIG. 1 – *Les deux architectures de word2vec.*

Pour les deux architectures, le nombre de mots avoisinants (ou la fenêtre) est défini par l'utilisateur. On désigne les mots à entraîner par $w_t, t \in \{1 \cdots T\}$. Dans la suite, nous nous focalisons sur l'architecture Skip-gram, que nous avions choisi pour nos expériences. L'objectif du Skip-gram est de maximiser la moyenne des log-probalités :

$$\frac{1}{T} \sum_{t=1}^{T} \sum_{-c \leq j \leq c, j \neq 0} log\, p(w_{t+j}|w_t)$$

Où c est la taille du contexte. Une trop grande valeur de c augmente le temps d'entraînement.
La formulation de Skip-gram définit $p(w_{t+i}|wt)$ en utilisant la fonction *softmax*à:

$$p(w_e|w_s) = \frac{exp(v'_{w_s}\top v_{w_e})}{\sum_{w=1}^{W} exp(v'_{w_s}\top v_{w_e})}$$

Où v et v' sont les représentations vectorielles "entrée" et "sortie" du mot w et w_e/w_s sont les mots entrée/sortie.

3.2 Analyse sémantique latente

L'analyse sémantique latente (LSA) est une méthode utilisée en traitement du langage naturel pour caractériser une forme de sémantique lexicale dite distributionnelle. Elle est basée sur la décomposition en valeurs singulières de la matrice [termes x documents] qui aboutit à la factorisation de cette matrice sous la forme :

$$X = T_k S_k P_k^T \tag{1}$$

où X est la matrice approchée [termes x documents], T_k est la matrice des k premiers vecteurs propres (vecteurs "terme") à gauche, P_k est la matrice des k premiers vecteurs propres (vecteurs "document") à droite et S_k est une matrice diagonale tronquée à l'ordre k.

LSA, comme word2vec, suppose que les mots dont les significations sont proches s'observent dans des parties similaires des textes qui composent le corpus (hypothèse distributionnelle). La différence entre les deux méthodes est que LSA construit une projection linéaire des vecteurs "terme" dans un espace de dimension réduite, le contexte de co-occurrence des termes étant global au document, tandis que word2vec propose une réduction de dimension via une projection non-linéaire en exploitant un contexte local de co-occurrence. Par ailleurs, la proximité sémantique des termes est appréhendée via la similarité cosinus associée aux pondérations *tf* et *tf-idf* pour LSA, tandis que les architectures word2vec proposent une distribution de probabilité associé à une pondération binaire des entrées du vocabulaire exploité.

3.3 Combinaison de Word2vec et LSA

Word2vec permet de créer des représentations vectorielles de mots dans un espace sémantique qui capture en partie le sens du mot. Partant de l'hypothèse que le sens général d'un texte est défini par la combinaison du sens des mots qui le composent, l'idée générale consiste à considérer la représentation vectorielle d'un texte sous la forme d'une combinaison des vecteurs des mots qui le forment. L'approche naïve se borne à effectuer la moyenne des vecteurs de mots obtenus par une représentation word2vec. Cette moyenne est une estimation de l'idée générale du texte. Cependant, toute approche basée sur un moyennage est sensible aux valeurs extrêmes, peu pertinentes dans le cas de données très asymétriques et souvent, la moyenne calculée ne correspond à aucune des valeurs observées. Par ailleurs, à partir de la moyenne word2vec, il est difficile, voire impossible, de remonter aux mots qui forment le texte. En contre-partie, une représentation vectorielle type LSA conserve la connaissance des occurrences des mots importants qui caractérisent les textes. C'est cette complémentarité des deux approches qui motive l'approche proposée. En concaténant la moyenne des vecteurs word2vec et la représentation vectorielle des textes fournie par LSA nous obtenons une représentation vectorielle en basse dimension au niveau du document qui capture la sémantique générale d'un texte tout en conservant une description lexicale/conceptuelle du document. A notre connaissance, cette combinaison n'a pas été explorée.

La concaténation du vecteur moyen word2vec d'un document à sa représentation LSA est illustrée en figure 1. Nous avons choisi d'appliquer LSA sur une matrice (termes x documents) pondérée par le *tf-idf*.

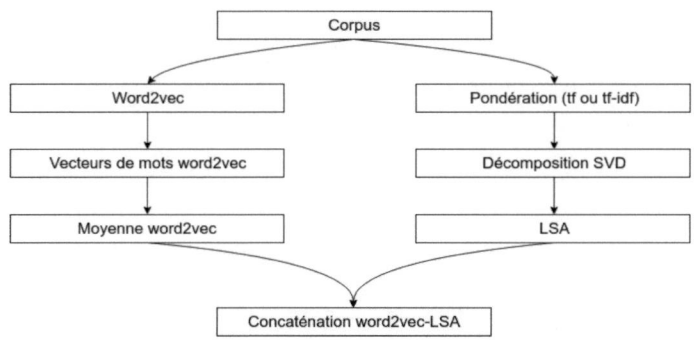

FIG. 2 – *Principe de notre combinaison de LSA avec de word2vec.*

4   Expérimentation

4.1   Données utilisées

Afin d'estimer les performances des différentes méthodes évaluées, nous avons choisi quatre jeux de données possédants les caractéristiques suivantes :

1.   20NewsGroup (Joachims, 1997), noté par la suite 20NG, est une base documentaire anglophone constituée de 20K documents contenants des commentaires extrait d'un forum de discussion, répartis dans 20 catégories. Ces documents contiennent du bruit sous la forme de méta-données présentes notamment dans les entêtes et les pieds de pages qui donnent des informations sur les auteurs des commentaires ou sur leur organisme de rattachement. Ces méta-données peuvent être bénéfiques lors d'une tâche de classification dans certains cas en biaisant l'apprentissage.

2.   RCV1 (Lewis et al., 2004) est un corpus de 800K documents contenant des dépêches en anglais produites par l'agence de presse Reuters, classées dans 103 catégories. Les dépêches sont multi-étiquettes, i.e. *multi-label*, en ce sens qu'une même dépêche peut appartenir à plusieurs catégories.

3.   TED-FR est un sous corpus issue du corpus fd-TED (Ahmia et al., 2018) [1]. contenant des appels d'offres se rapportant aux marchés publics européens. Les documents contiennent beaucoup de bruit qui prend la forme d'information juridico-commercial-administratif. Les documents sont classés en 45 catégories (également *multi-label*). Pour cette expérimentation, nous avons uniquement considéré les annonces en français traduites en entier ce qui constitue 800K documents.

4.   TED-FILTRE, est un corpus de 2000K documents obtenus à partir du corpus complet fd-TED en filtrant les passages juridico-commercial-administratifs, ce qui réduit considérablement la taille des textes. Il comporte également 45 catégories.

4.2   Protocole expérimental

Nous décrivons dans cette section le protocole mis en œuvre afin de comparer notre méthode de vectorisation (combinaison LSA + word2vec) à d'autres types de vectorisation couramment employés dans la littérature sur les jeux de données mentionnés précédemment.

Pour toutes les méthodes testées les pré-traitements suivants s'appliquent. Nous retirons tout d'abord les mots vides (ou stop-words) adaptés aux différentes langues de nos jeux de données. Ensuite, dans le cas spécifique des corpus issus du fd-TED, les codes CPV (système de classification pour les marchés publics) contenus dans le texte sont remplacés par un mot-clé neutre (%digit%), car ces codes définissent la classe des documents. Par ailleurs, nous supprimons également les termes dont le nombre d'occurrences est inférieur à 5 dans un jeu de données.

Une fois les pré-traitements effectués, nous considérons les vectorisations suivantes : les pondérations *tf* et *tf-idf* sans et avec application de LSA (notés respectivement tf, tf-idf, LSA tf, LSA tf-idf par la suite), la moyenne des vecteurs word2vec (noté W2V par la suite), ainsi que la combinaison *tf-idf* avec LSA + word2vec (notée LSA+W2V par la suite).

---

1. https://github.com/oussamaahmia/TED-dataset

Dans notre expérimentation, nous avons choisi 100 dimensions pour LSA et W2V ce qui conduit à une vectorisation combinée en 200 dimensions.

— MLP : Un perceptron multicouches (Rumelhart et al., 1986) avec deux couches cachées de 200 neurones chacune, la fonction d'activation utilisée est la sigmoid : $\frac{e^x}{e^x+1}$.

— SGD : Une machine linéaire à vecteurs supports optimisée par descente de gradient stochastique (Zhang, 2004).

— NB : Un classifieur Bayésien multinomial naïf (Kibriya et al., 2004) avec $\alpha = 1$ pour les pondérations *tf* et *tf-idf*. Un classifieur Bayésien naïf gaussien (Hand et Yu, 2001) est utilisé pour les autres types de vectorisations car ces dernières peuvent contenir des valeurs négatives, avec une variance par défaut de $\sigma = 10^{-9}$.

La performance de ces différents algorithmes est évaluée en fonction des différentes vectorisations décrites précédemment. Toutes les combinaisons ne peuvent cependant pas être évaluées pour des raisons de complexité algorithmique. Il n'est en effet pas concevable en pratique de combiner par exemple une vectorisation en très grande dimension *tf-idf* à un classifieur MLP compte tenu de la combinatoire engendrée.

La classification '*multi-label*' a été effectuée en utilisant lapproche '*One v.s. Rest*', qui consiste à entraîner un modèle binaire par classe. Les individus dune classe sont considérés comme positifs et tous les autres comme négatifs. Un seuil de décision (0.5) est ensuite exploité (si le logarithme de la probabilité d'un individu par rapport à une classe est supérieure au seuil) pour décider de laffectation.

4.3 Résultats expérimentaux

Cette section présente les résultats expérimentaux obtenus pour les différents couples (vectorisation ; algorithme) présentés.

Les algorithmes de classification sont évalués sous l'angle de quatre métriques :

— l'exactitude empirique (*accuracy*) qui représente le pourcentage des observations étiquetées de manière identique à l'annotation : $A = \frac{vp+vn}{vp+fp+vn+fn}$,

— La précision $P = \frac{vp}{vp+fp}$,

— Le rappel $R = \frac{vp}{vp+fn}$ où vp est le nombre de vrais positifs, fp est le nombre de faux positifs et fn est le nombre de faux négatifs,

— La F1-mesure $F = \frac{(1+\beta^2).P.R}{\beta^2.P+R}$ (avec β=1),

où vp, fp, vn, fn représentent respectivement les nombres de vrais positifs, faux positifs, vrais négatifs, faux négatifs.

Les métriques (précision, rappel, F1-score) utilisées sont présentées sous la forme dune moyenne pondérée par rapport au support de chaque classe. Il sagit donc dune macro-moyenne pour tenir compte du déséquilibre des classes.

Par ailleurs, 80% du jeu de chacune des bases de données présentées en section 4.1 sont utilisés en tant que données d'apprentissage et 20% en tant que données de test, en procédant à une validation croisée (k=5).

Les tableaux 1, 2, 3 et 4 présentent les résultats de classification obtenus sur l'ensemble des quatre corpus tels que définis en section 4.1.

	Exactitude	Précision	Rappel	F1-score
SGD (tf-idf)	92,92	92,8	92,8	92,8
NB (tf-idf)	90,07	90,6	90	89,8
MLP (LSA+W2V)	84,46	84,6	84,6	84,6
NB (tf)	83,96	86,2	83,8	83,4
MLP (LSA tf-idf)	81,86	82	81,8	81,6
SGD (LSA tf-idf)	78,99	81,2	79	79
NB (LSA tf-idf)	74,1	75,4	74,4	74,4
MLP (W2V)	73,43	73,6	73,6	73,6
SGD (LSA+W2V)	71,49	80,8	71,4	73
SGD (tf)	71,12	83,2	71	74,6
NB (LSA+W2V)	68,46	71,6	68,4	69
MLP (LSA tf)	59,37	59,2	59,4	58,4
SGD (LSA tf)	54,16	68,4	54,2	54,4
NB (W2V)	51,95	55	51,8	52
SGD (W2V)	51,16	65	51,2	52,6
NB (LSA tf)	39,23	51,2	39,2	41,6

TAB. 1 – *Résultats obtenus pour les méthodes testées sur le jeu de données 20NG.*

Pour le corpus 20NG, la meilleure exactitude est obtenue avec le classifieur SGD pour la vectorisation *tf-idf*. Ce résultat s'explique par le fait que la pondération *tf-idf* arrive à mieux représenter un document en considérant tous les mots qui le forme, ce qui lui permet de séparer de manière plus efficace les classes les plus similaires. En effet, 20NG est une base contenant des classes assez similaires sémantiquement (exemple : religion.misc et religion.christian), et d'autres classes plus éloignées (exemple : religion.misc et sci.electronics).

Pour les autres jeux de données, notre modèle LSA+W2V obtient les meilleurs résultats. Pour le TED, le rappel est très largement supérieur à celui obtenu avec les autres méthodes. Ce jeu de donnés se révèle constituer une tâche difficile de classification, notamment par le fait qu'il contienne beaucoup de bruit, et que les mots réellement discriminants par rapport aux classes ne représentent qu'une partie du texte. LSA (*tf-idf*) se classe en deuxième position avec une exactitude empirique de 49,45% et word2vec en quatrième position avec une exactitude empirique de 45,23% comme indiqué dans le tableau 2.

	Exactitude	Précision	Rappel	F1-score
MLP (LSA+W2V)	55,27	78,2	57	64
MLP (LSA tf-idf)	49,65	76,8	49,4	55,4
SGD (tf)	48,32	78,2	59,6	62,8
MLP (W2V)	45,23	76,6	45	53
MLP (LSA tf)	33,13	64,4	31,8	37
SGD (LSA+W2V)	32,8	66,6	34,4	41
SGD (W2V)	29,9	64,4	31,8	38,4
SGD (LSA tf-idf)	17,63	53	16,6	22
NB (tf)	16,65	34,6	81,2	45,6
SGD (tf-idf)	16,35	73,8	15	20,4
NB (LSA tf-idf)	14,6	32	45,6	35,2
NB (tf-idf)	13,99	68,8	13,4	19,8
NB (LSA tf)	11,41	28,2	41,8	30,4
NB (LSA+W2V)	6,08	26,4	60,8	33,2
SGD (LSA tf)	6,06	30,2	5,8	9
NB (W2V)	5,33	19,8	48,2	25,6

TAB. 2 – *Résultats obtenus pour les méthodes testées sur le jeu de données TED-FR.*

Sur la base RCV1 word2vec se classe en deuxième position avec une exactitude empirique de 57,86%. LSA (tf-idf) se classe en troisième position avec une exactitude empirique de 54,64% comme indiqué dans le tableau 3.

Nous retrouvons des résultats similaires avec TED-FILTRE, comme le montre le tableau 4. Notre modèle LSA+W2V, qui exploite les deux vectorisations complémentaires, facilite la discrimination des classes.

En associant LSA à word2vec, notre modèle, grâce à LSA, tient compte des fréquences d'occurrence des mots importants qui composent le document et, grâce à la moyenne W2V, prend en compte la sémantique générale des documents, tout en préservant une dimension réduite pour la représentation finale du document.

En tirant partie de la complémentarité des deux approches, LSA+W2V atteint le meilleur score sur les bases RCV1 et TED. Pour 20NG, qui comporte des catégories sémantiquement très proches, la vectorisation LSA est potentiellement réalisée avec une dimension trop faible pour préserver une bonne séparation de telles catégories.

	Exactitude	Précision	Rappel	F1-score
MLP (LSA+W2V)	58,51	87	81	83,6
MLP (W2V)	57,86	87,4	80	83
MLP (LSA tf-idf)	54,64	86	77	80,4
SGD (tf-idf)	49,67	91,4	69,2	76,2
MLP (tf)	49,41	84,2	72,2	76,6
SGD (tf)	44,84	81,6	75,6	77,8
SGD (LSA+W2V)	38,32	79	71	73,4
SGD (LSA tf-idf)	36,42	82,8	60,6	67,2
SGD (W2V)	32,99	76,6	67,4	70
SGD (tf)	18,81	78,4	44	53
NB (LSA tf-idf)	4,85	40,8	77,2	50,2
NB (LSA+W2V)	2,58	40,6	85,2	50,4
NB (W2V)	1,54	38,6	85,2	48,4
NB (tf)	0,55	27,4	72,8	36,2
NB (tf)	0,29	4,4	0	0
NB (tf-idf)	0,29	0	0	0

TAB. 3 – *Résultats obtenus pour les méthodes testées sur le jeu de données RCV1.*

	Exactitude	Précision	Rappel	F1-score
MLP (LSA+W2V)	77,47	95,2	75	83,2
MLP (W2V)	75,6	95,2	72,6	81,4
MLP (LSA tf-idf)	69,38	94,4	66,4	76,6
NB (tf-idf)	66,07	88	66,2	74,6
SGD (LSA+W2V)	61,22	91	59,2	69,8
SGD (W2V)	56,16	88	55,2	65,6
SGD (tf)	55,74	89,4	53,8	65
NB (tf)	51,9	62,8	78,2	68,8
SGD (tf-idf)	49,39	93,4	46	59
SGD (LSA tf-idf)	44,73	83,2	42,4	53,4
SGD (tf)	31,82	74,4	30,2	39,2
NB (W2V)	5,72	23,8	77,6	33,8
NB (tf)	2,38	19,8	73	27,8
NB (LSA+W2V)	1,85	22,8	81,2	33,8
NB (LSA tf-idf)	1,63	20	76,8	30,2

TAB. 4 – *Résultats obtenus pour les méthodes testées sur le jeu de données TED-FILTRE.*

Notre modèle obtient respectivement une exactitude empirique de 55.27%, 58.51% et 77.47% sur les jeux de données TED-FR, RCV1, TED-FILTRE, comme le montrent les tableaux 2, 3 et 4. Les résultats plus faibles obtenus sur le TED-FR s'expliquent en grande partie par la nature de la base, qui est très bruitée notamment par la présence d'information juridico-administrative (laquelle représente la majorité des textes), et la difficulté de la classification multi-étiquettes en 45 classes.

5 Conclusion

Nous avons introduit dans cet article un modèle simple de vectorisation en basse dimension des textes d'un corpus qui combine les méthodes LSA et word2vec. Nous avons comparé cette vectorisation aux autres approches classiques de vectorisation proposées dans l'état de l'art.

En particulier, notre méthode obtient de meilleurs résultats comparativement à toutes les autres méthodes testées pour trois des quatre jeux de données traités sur des tâches de classification supervisées. Sur le quatrième jeu de données qui comporte des classes très similaires du point de vue sémantique, notre méthode en basse dimension est pénalisée par rapport aux approches qui représentent les documents sous la forme de sac-de-mots.

L'exploitation de cette approche de vectorisation sur une tâche de clustering de documents textuels constitue une perspective à ce travail.

Références

Ahmia, O., N. Béchet, et P.-F. Marteau (2018). Two multilingual corpora extracted from the tenders electronic daily for machine learning and machine translation applications. In *Proceedings of the Eleventh International Conference on Language Resources and Evaluation (LREC 2018)*.

Blei, D. M., A. Y. Ng, et M. I. Jordan (2003). Latent Dirichlet Allocation. *Journal of Machine Learning Research 3*(Jan), 993–1022.

Chen, M. (2017). Efficient verctor representation for documents through corruption. *arXiv preprint arXiv :1707.02377*, 13.

Dey, L. et S. M. Haque (2009). Opinion mining from noisy text data. *International Journal on Document Analysis and Recognition (IJDAR) 12*(3), 205–226.

Hand, D. J. et K. Yu (2001). Idiot's bayesnot so stupid after all ? *International statistical review 69*(3), 385–398.

Harris, Z. S. (1954). Distributional Structure. *WORD 10*(2-3), 146–162.

Jindal, N. et B. Liu (2007). Review spam detection. In *Proceedings of the 16th international conference on World Wide Web - WWW '07*, Banff, Alberta, Canada, pp. 1189. ACM Press.

Joachims, T. (1997). A Probabilistic Analysis of the Rocchio Algorithm with TFIDF for Text Categorization. In *Proceedings of the Fourteenth International Conference on Machine Learning*, ICML '97, San Francisco, CA, USA, pp. 143–151. Morgan Kaufmann Publishers Inc.

Jones, K. S. (1972). A statistical interpretation of term specificity and its application in retrieval. *Journal of Documentation 28*, 11–21.

Ju, R., P. Zhou, C. H. Li, et L. Liu (2015). An Efficient Method for Document Categorization Based on Word2vec and Latent Semantic Analysis. In *2015 IEEE International Conference on Computer and Information Technology; Ubiquitous Computing and Communications; Dependable, Autonomic and Secure Computing; Pervasive Intelligence and Computing*, LI-VERPOOL, United Kingdom, pp. 2276–2283. IEEE.

Kibriya, A. M., E. Frank, B. Pfahringer, et G. Holmes (2004). Multinomial naive bayes for text categorization revisited. In *Proceedings of the 17th Australian Joint Conference on Advances in Artificial Intelligence*, AI'04, Berlin, Heidelberg, pp. 488–499. Springer-Verlag.

Kushmerick, N., E. Johnston, et S. McGuinness (2001). Information Extraction By Text Classification. In *In The IJCAI-2001 Workshop on Adaptive Text Extraction and Mining*.

Landauer, T. K., P. W. Foltz, et D. Laham (1998). An introduction to latent semantic analysis. *Discourse Processes 25*(2-3), 259–284.

Le, Q. V. et T. Mikolov (2014). Distributed Representations of Sentences and Documents. *arXiv :1405.4053 [cs]*. arXiv : 1405.4053.

LeCun, Y., P. Haffner, L. Bottou, et Y. Bengio (1999). Object recognition with gradient-based learning. In *Shape, contour and grouping in computer vision*, pp. 319–345. Springer.

Lewis, D. D., Y. Yang, T. G. Rose, et F. Li (2004). Rcv1 : A new benchmark collection for text categorization research. *Journal of machine learning research 5*(Apr), 361–397.

Mikolov, T., K. Chen, G. Corrado, et J. Dean (2013). Efficient Estimation of Word Representations in Vector Space. *arXiv :1301.3781 [cs]*. arXiv : 1301.3781.

Moody, C. E. (2016). Mixing Dirichlet Topic Models and Word Embeddings to Make lda2vec. *arXiv :1605.02019 [cs]*. arXiv : 1605.02019.

Rumelhart, D. E., G. E. Hinton, et R. J. Williams (1986). Parallel distributed processing : Explorations in the microstructure of cognition, vol. 1. Chapter Learning Internal Representations by Error Propagation, pp. 318–362. Cambridge, MA, USA : MIT Press.

Zell, A. (1994). *Simulation neuronaler netze*, Volume 1. Addison-Wesley Bonn.

Zhang, T. (2004). Solving large scale linear prediction problems using stochastic gradient descent algorithms. In *Proceedings of the Twenty-first International Conference on Machine Learning*, ICML '04, New York, NY, USA, pp. 116–. ACM.

Summary

We present in this article a study on text vectorization methods for document classification. We study methods based on word embedding (word2vec), and document embedding (latent semantic analysis and bag of words associated with various weightings) as well as some combinations of this methods. To this end, we evaluate these vectorization approaches by using three classification models (a multilayer perceptron, a linear vector-support machine based on stochastic gradient descent optimization and multinomial or Gaussian naïve Bayes classifiers). Our results clearly show that the straightforward combination of word2vec and LSA methods that we propose, which achieves the association of two complementary definitions of the context (local for word2vec and global for LSA) of word occurrences, makes it possible to produce a robust vectorization for texts that is, in general, significantly more discriminating than the other tested vectorization approaches.

Apprentissage fédératif pour la prédiction du churn : une évaluation

Sébastien Godard *, Nicolas Voisine**
Tanguy Urvoy**, Vincent Lemaire**

*Université de Bretagne Sud, **Orange Labs Lannion

Résumé. Les smartphones sont omniprésents dans notre quotidien. Ils constituent une ressource informatique à portée de la main avec un accès direct à une quantité considérable d'informations personnelles. Ils représentent une source de données très précieuse pour les opérateurs de télécommunication, mais la nature très décentralisée de ces données et les attentes évidentes des clients en matière de respect de la vie privée requièrent de nouvelles approches en apprentissage statistique. L'apprentissage ubiquitaire (ou *ubiquitous datamining*) qui intègre des terminaux avec la capacité de traiter localement leurs propres données, est une alternative intéressante à la centralisation de masse en traitement de données. L'apprentissage fédératif, (ou *federated learning*) est une réalisation de l'ubiquitous datamining, qui permet de déployer certains modèles d'apprentissage automatique sur des terminaux "autonomes" tels les smartphones. Cet article propose une évaluation détaillée de ce type d'apprentissage distribué dans le cadre de la prédiction de l'attrition (ou *churn*) sur des données issues d'un opérateur télécom.

1 Introduction

Omniprésents dans notre quotidien, les smartphones représentent une véritable ressource informatique à portée de la main. Pour de nombreuses personnes, il s'agit des appareils informatiques les plus utilisés. Fréquemment sollicités, ils ont accès à une quantité considérable de données issues de leurs puissants capteurs (appareils photos, microphones, GPS, etc.), ainsi qu'à des objets connectés auxquels ils sont reliés. Cette riche source de données est potentiellement porteuse de nombreuses promesses pour les opérateurs télécoms et leurs clients : elle permet de contrôler au plus près la qualité des services et leur ergonomie, elle permet aussi d'envisager des services innovants par apprentissage statistique. Mais ces données sont aussi, et surtout, des données très personnelles et très sensibles.

L'entrée en vigueur du RGPD (règlement général sur la protection des données European Union, 2016) redéfinit complètement la politique de gestion des données. Il n'est plus question de recueillir massivement les données de clients sans objectif précis de service. Le RGPD fixe le cadre juridique relatif à la protection des données personnelles au sein de l'Union Européenne. Responsabilisant davantage les entreprises, le RGPD donne de nouvelles obligations aux opérateurs de services quant à la gestion des données, rendant notamment leur centralisation beaucoup plus encadrée. Le respect de la vie privée est plus que jamais une problématique importante au cœur du traitement des données.

L'objectif de cette étude expérimentale est de proposer et d'évaluer une solution d'apprentissage statistique décentralisée, destinée à être déployée sur les smartphones [1] . Le fait de s'affranchir de la centralisation des données clients, est un apport en termes de protection de la vie privée qui permet de se conformer aux normes du RGPD. La solution que nous proposons est grandement inspirée par une publication récente qui introduit une réalisation du domaine de l'ubiquitous datamining : le *federated learning* (May et Saitta, 2010; McMahan et Ramage, 2017). L'objectif est de réaliser une instanciation d'un des concepts clés du federated learning : l'apprentissage d'un modèle de classification (dans cet article un réseau de neurones), de façon décentralisée et fortement distribuée en partageant les paramètres de modèles statistiques plutôt que les données sensibles. Les analyses que nous présentons sont basées sur des simulations à partir de données réelles d'opérateur de télécommunication.

2 Federated learning

2.1 Définition du concept

Le federated learning est une approche décentralisée de machine learning. Il s'inscrit dans le cadre de l'ubiquitous datamining (Park et Kargupta, 2002; Bhaduri et al., 2008). Il s'applique à un environnement ubiquitaire, dans lequel les données sont fortement distribuées et proviennent de nombreuses sources mobiles et hétérogènes. Ces mêmes sources sont dotées de capacités de calcul et de mémoire qui, bien que limitées, offrent la possibilité de participer activement à l'apprentissage de modèles statistiques. L'idée centrale de cette approche est de partager le modèle plutôt que les données, pour un calcul et une analyse sécurisés. Ainsi, un modèle statistique est défini, commun à l'ensemble des agents intervenant dans le système. L'apprentissage du modèle global est réalisé de façon collaborative en sollicitant directement les capacités de calcul des appareils sources des données. Chaque appareil calcule des statistiques locales à partir de ses propres données. Les seules informations échangées dans le système sont des résultats d'algorithmes intermédiaires correspondant à ces opérations, peu sensibles par nature. Ainsi, les données ne font l'objet d'aucune centralisation. Elles restent hébergées localement sur les appareils qui les ont générées : c'est une démarche plus respectueuse de la vie privée. Elle permet également de répondre à la problématique de la sécurité, limitant la surface d'attaque à l'appareil seul.

2.2 Principale méthode

L'apprentissage distribué de réseaux de neurones est, à ce jour, la principale méthode d'application du federated learning (McMahan et al., 2016; McMahan et Ramage, 2017). Un modèle unique est défini et partagé à l'ensemble des agents. Reposant sur une architecture client/serveur, la tâche d'apprentissage de ce modèle est réalisée par un ensemble d'appareils,

---

1. Il ne serait pas aisé actuellement de faire tourner des réseaux de neurones à grande échelle sur des téléphones. Cet aspect est peu étudié dans l'article (et dans la littérature à notre connaissance). Cependant il faut noter qu'il est déjà possible de le faire via Tensorflow lite (Abadi et al., 2015) et que les smartphone actuels ont une puissance de calcul comparable à un petit PC, de plus les constructeurs les équipent de plus en plus de GPU. Ces aspects ne sont pas étudiés dans l'article et seront investigués ultérieurement.

communément appelés clients. Un serveur central coordonne l'apprentissage. Le serveur sélectionne aléatoirement des clients, auxquels il transmet les poids actuels du modèle global (A), comme le représente la Figure 1. Chacun de ces clients, en prenant comme paramètres initiaux ces poids, entraîne indépendamment le modèle à partir de ses propres données (B). Le serveur agrège les résultats en effectuant la moyenne (pondérée par la taille des jeux de données locaux) des poids résultants de chaque entrainement indépendant (C). Il actualise ainsi les poids du modèle global. Ces étapes constituent un "tour de communication". Elles sont répétées itérativement afin de réaliser l'apprentissage du modèle.

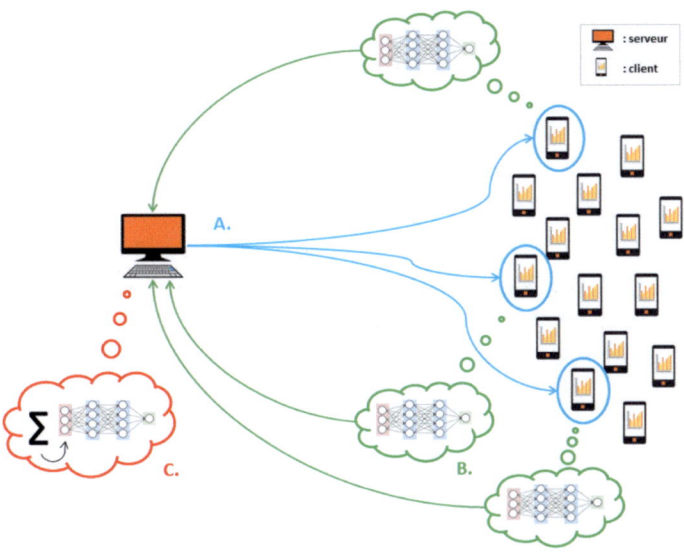

FIG. 1 – *Apprentissage fédéré d'un modèle de réseau de neurones.*

2.3 Algorithme

L'ensemble des paramètres du modèle "fédératif"[2] sont listés ci-dessous. Ces paramètres sont dictés par la partie centralisée du système d'apprentissage global. L'algorithme 1 montre comment ces paramètres sont utilisés au sein d'une structure algorithmique globale telle que nous l'avons utilisée pour nos expériences.

Paramètres du modèle :
— T : nombre de tours de communication ($t = 1, 2, ..., T$).
— K : nombre total de clients.
— C : fraction de clients à sélectionner lors de chaque tour t.
— B : taille des batchs locaux ($B = \infty$ correspond à un batch intégral)

---

2. Le modèle de réseaux de neurones est lui décrit dans la partie expérimentation

— E : nombre d'itérations effectuées par les modèles locaux.
— η : taux d'apprentissage local (learning rate).
— L_R : paramètre contrôlant la mise à jour des poids du modèle global.

Algorithme 1 *Les K clients sont indexés par k ; B est la taille du minibatch local, E est le nombre d'époques locales, and η est le taux d'apprentissage.*

Le serveur exécute :
initialiser w_0
pour chaque tour de communication $t = 1, 2, ...$ **faire**
    $m \leftarrow max(C \cdot K, 1)$
    $S_t \leftarrow$ (ensemble aléatoire de m clients)
    pour chaque client $k \in S_t$ **en parallèle faire**
        $w_{t+1}^k \leftarrow ClientUpdate(k, w_t)$
    fin pour
    $w_{t+1} \leftarrow \sum_{k=1}^{K} \frac{n_k}{n} w_{t+1}^k$
fin pour

ClientUpdate(k, w) : *// Exécution du client k*
$\beta \leftarrow$ (diviser P_k en batch de taille B.)
pour chaque epoque local i de 1 à E **faire**
    pour batch $b \in \beta$ **faire**
        $w \leftarrow w - \eta \triangledown l(w; b)$
    fin pour
fin pour
renvoyer w au serveur

Le serveur initialise [3] les poids w_0 du modèle, avant chaque tour de communication t. Le nombre m de clients que le serveur doit sélectionner à chaque tour, parmi les K clients, est défini par le coefficient C (par définition, si $C = 0$, $m = 1$). A chaque tour, le serveur sélectionne aléatoirement un ensemble S_t de m clients et demande aux clients de calculer une mise à jour des poids du modèle (ClientUpdate). Dans cette procédure un clients sélectionnés calcule une mise à jour des poids du modèle à partir de ses propres données P_k, avec pour poids initiaux les poids courants du modèle. Les paramètres B et E contrôlent l'apprentissage local, correspondant respectivement à la taille des batchs locaux et au nombre d'itérations à effectuer sur les données locales. Le serveur actualise ensuite les poids du modèle en effectuant une moyenne pondérée par la quantité de données de chaque client participant.

Par rapport à l'algorithme décrit dans l'article (McMahan et al., 2016), nous avons ajouté un paramètre au niveau serveur afin de "contrôler" la mise à jour des paramètres du modèle global. A l'issue de chaque tour de communication, le serveur effectue la moyenne pondérée des poids résultant des entrainements locaux effectués par les clients. Au lieu de faire de cette moyenne pondérée les nouveaux poids du modèle global, nous n'effectuons qu'une mise à jour partielle. Pour ce faire, les poids résultant de l'entrainement distribué sont moyennés avec les poids courants du modèle global (voir Équation 1).

---

3. Ces poids sont issus du tour précédent.

$$w_{t+1} \leftarrow L_R * \frac{1}{n} \sum_{k=1}^{K} n_k * w_{t+1}^k + (1 - L_R) * w_t \qquad (1)$$

Le nouveau paramètre, L_R, contrôle le poids de la mise à jour. Nous avons fixé sa valeur par défaut à 0.5, valeur pour laquelle les paramètres courants et les paramètres issus de l'entrainement distribué ont le même poids. Ce paramètre agit comme un moment d'inertie : il apporte de la stabilité dans l'apprentissage global du modèle.

Afin de tester ce type d'apprentissage distribué, tel que défini ci-dessus, nous avons utilisé une approche client/serveur au cours des expérimentations. Les données ont été réparties en jeux de données "locaux" indépendants représentant les clients. Le rôle de serveur était de coordonner l'apprentissage du modèle en étapes successives. Nous avons considéré un ensemble de clients fixés, disposant chacun d'une base de données locale fixée. La partie expérimentale présentée plus bas dans l'article a été intégralement réalisée en langage Python avec TensorFlow (Abadi et al., 2015).

3 Les données de churn (attrition)

Le concept marketing de *churn*, ou d'attrition, désigne la résiliation d'un contrat ou d'un forfait dans le cas des télécoms, et plus généralement la perte de clients. L'intérêt avec ce genre de données est de prédire les clients susceptibles de résilier leur offre. Ainsi, il est possible de prendre les devants en menant auprès de ces clients des actions marketing dans le but de les conserver.

Afin de ne pas centraliser les données un jeu de données est construit à partir de deux fichiers de logs anonymisés qui restent localisés sur le terminal du client. Le premier fichier contient des logs de type parcours client, fournissant des informations sur les interactions du client avec les canaux de communication Orange. À chaque ligne sont notamment relevées la date et l'heure précise ainsi que le motif de l'interaction. Ces informations de logs sont ensuite transformées sous forme vectorielles, à la manière d'images, tel que suggéré dans (Castanedo et al., 2014).

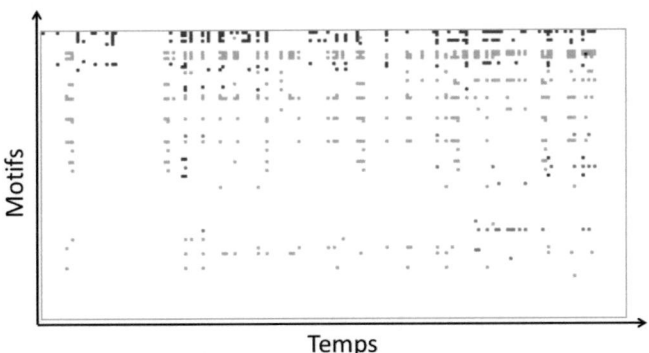

FIG. 2 – *Exemple de représentation des données de churn.*

Un exemple de ces images est donné en figure 2. Les abscisses correspondent à des intervalles de temps et les ordonnées aux valeurs des différents motifs. A chaque pas de temps (en X) correspond un vecteur (en Y). Chaque composante de ce vecteur est une représentation d'un compte ou d'un agrégat calculé sur les logs (par exemple nombre de contacts vers le service client). Le code couleur du pixel est une représentation "imagée" de la valeur de cette composante. Le second fichier contient l'information cible, à savoir la résiliation ou non du contrat du client. Il nous permet de construire la variable réponse du jeu de données. C'est une variable binaire pour laquelle un label positif indique une résiliation (churn). Les données d'entrainement sont composées de 61 251 exemples pour l'apprentissage et de 15 313 exemples pour le test.

4 Protocole d'apprentissage des modèles locaux

4.1 Modèles locaux neuronaux utilisés

Nous avons repris l'architecture de modèle qui a été définie dans le cadre des travaux de Castanedo et al. (2014). Il s'agit d'un modèle convolutif, constitué de 3 couches de convolution (respectivement (100,3), (1,3), (1,3)) avec 32 noyaux de profondeur et une fonction d'activation ReLU. Elles sont toutes suivies d'une couche de MaxPooling (1,3), puis de Dropout (0.5), et d'une BatchNormalization. Ensuite, une couche de linéarisation, suivie d'une couche dense de 100 unités avec une fonction d'activation ReLU, suivie d'un Dropout (0.5), précèdent une couche de sortie Sigmoid.

4.2 Critère de performances

L'AUC est utilisée pour évaluer les performances de classement (*ranking*) du modèle global, à partir des données de test. Le choix d'utiliser ce critère d'évaluation plutôt que la précision (*accuracy*) est notamment motivé par la nature "déséquilibrée" que présentent les données. En effet, seulement 5.4% des données étant labellisées "churn", un modèle trivial qui répondrait systématiquement "non-churn" obtiendrait une précision 84%.

4.3 Performances de références

Pour avoir une valeur de référence des résultats qui sont utilisés avec le modèle où les données sont distribuées nous avons entrainé un modèle "classique" avec les données centralisées (même données et même format de prétraitement). Ce modèle obtient une AUC en test de 82%. Nous nous référerons donc à cette valeur afin de comparer les performances observées avec l'approche d'apprentissage fédéré.

4.4 Régularisation et Early Stopping

Lors de l'apprentissage du modèle de référence nous avons constaté un problème de surapprentissage et donc des performances statistiques en test éloignées de celles en apprentissage. Afin de remédier à ce problème nous avons utilisé le dropout (Srivastava et al., 2014) et la batchNormalization (Ioffe et Szegedy, 2015). Le dropout est une technique employée pour éviter le sur-apprentissage, qui consiste à désactiver aléatoirement une certaine proportion de neurones (ou de connections) lors de l'apprentissage du modèle. La BatchNormalization consiste à normaliser les sorties des couches du réseau.

Toujours dans le but de limiter le sur-apprentissage (au niveau des modèles locaux) nous avons contrôlé l'AUC après chaque itération d'apprentissage au sein d'une procédure "d'early stopping" utilisant un ensemble de validation prélevé au sein de l'ensemble d'apprentissage. Nous conservons de ce fait le modèle le plus performant en validation, qui sera retourné au serveur.

L'intérêt de l'early stopping est de stopper l'apprentissage dès lors que celui-ci ne progresse plus. Cela trouve encore plus son sens dans le cadre de l'apprentissage fédéré, puisque les clients ne disposant chacun que d'un nombre limité d'exemples des données, ceux-ci pourraient être rapidement appris "par cœur" par le modèle. L'early stopping permet aussi de s'affranchir d'une charge de calcul inutile.

Note : Certains clients n'ont qu'un seul label présent dans leurs données [4], ce qui ne permet pas d'évaluer l'AUC localement. On doit donc se contenter de maximiser la précision (*i.e.* le taux de bonnes prédictions du label présent). Le partage des poids (et le paramètre d'inertie L_R) permettent de compenser ce problème en stabilisant le processus d'apprentissage global.

5   Résultats

Nous présentons dans cette section les résultats selon plusieurs axes d'analyse : le parallélisme, la charge locale sur chaque client et la distribution des données.

5.1   Parallélisme multi-client

iid_weighted	B=12	
C	T	V
0	78	baseline
0,1	39	x 2,0
0,2	36	x 2,2
0,5	34	x 2,3
1	34	x 2,3

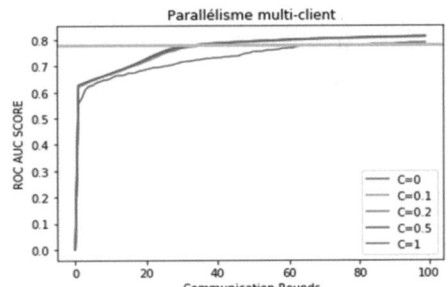

FIG. 3 – *Effet du parallélisme multi-client sur l'apprentissage global en termes d'accélération du nombre de tours de communication (pour atteindre 0.78 d'AUC).*

FIG. 4 – *Effet du parallélisme multi-client sur l'apprentissage global : convergence de l'AUC versus C et du nombre de tours de communication (T).*

Le parallélisme multi-client est contrôlé par le coefficient C. Il s'agit de la fraction de clients que le serveur doit sélectionner lors de chaque tour de communication. Afin d'étu-

---

4. Un client est rarement "churner" et "non-churner" au même moment.

dier l'effet du parallélisme multi-client sur l'apprentissage global du modèle, nous avons entraîné de façon distribuée notre modèle, pour différentes valeurs de C. Nous avons fixé les valeurs des autres paramètres à : K=100 ; B=12 ; E=1 ; L_R=0.5 ; $\eta = 0.001$. Nous avons réalisé ces tests à partir d'une distribution des données IID en utilisant un dictionnaire de poids ("class_weight") afin de rééquilibrer la représentativité des données. Cette distribution est nommée IID_weighted. L'attribut "class_weight" est utilisé pour pondérer la fonction de perte pendant l'entraînement. Cela permet ainsi de donner un poids différent aux observations au cours de l'entrainement du modèle, en fonction de leur classe. Pour définir la valeur des poids mappés à chaque indice de classe, on utilise la fonction "compute_class_weight" de scikit-learn, permettant d'estimer les poids des classes pour les jeux de données unbalanced.

Les Figures 3 et 4 présentent sous forme de tableau ou de courbes le nombre T de tours de communication nécessaires avant d'attendre 0.78 d'AUC en test. La colonne V (dans la figure 3) correspond au facteur d'accroissement de vitesse pour atteindre ce taux, relativement au modèle de référence où C=0 (un unique client par tour). On constate que le modèle est deux fois plus rapide pour atteindre le seuil d'AUC en test en passant d'un (C=0) à dix clients (C=0.1) sollicités par tour de communication. En revanche, au-delà de ce nombre, le gain de performances obtenu en augmentant le nombre de clients sollicités s'estompe, comme on peut l'observer sur la Figure 4. Afin de tirer bénéfice du parallélisme multi-client, tout en conservant un bon compromis entre performances statistiques et charge de calcul, fixer la valeur de C à 0.1 semble être un choix judicieux.

Note de lecture des résultats : le gain en temps d'apprentissage qui se limite à un facteur 2 n'est pas mesuré en temps lors de la comparaison au "non parallèle", on mesure ici le nombre de tours de communication C pour différentes hypothèses de parallélisation.

5.1.1 Charge locale de calcul

Deux paramètres locaux influent sur la charge de calcul imputée aux clients : la taille des batchs B et le nombre d'itérations (epochs) E. Afin d'accroître la charge locale de calcul (performance), on peut à la fois réduire la valeur de B et augmenter celle de E. Nous avons au préalable réalisé une distribution "IID_weighted" des données, c'est-à-dire une distribution IID en recourant à un dictionnaire de poids ("class_weight") afin de rééquilibrer la représentativité des données. Nous avons donc réalisé diverses expériences en faisant varier à la fois les valeurs de B et de E, les autres paramètres étant fixées : K=100, C=0.1, η=0.001, L_R=0.5. Nous avons réalisé ces expériences pour B=12, B=51 et B=612 (full-batch), avec E=1, puis E=10 avec utilisation d'un early stopping.

On observe sur la Figure 5 que le modèle est plus performant lorsque l'on réduit la taille des batchs et que l'on augmente le nombre d'itérations réalisées en local.

5.2 Distribution des données

Dans le contexte de l'ubiquitous datamining, les données sont susceptibles d'être hétérogènes en fonction de leur source. Nous avons donc utilisé divers modes de répartition des données afin d'étudier l'influence de l'hétérogénéité de la distribution sur l'apprentissage global. Nous nous intéressons à l'hétérogénéité des données (IID ou non-IID), et au déséquilibre de leur répartition en termes de quantité. Pour réaliser une répartition équilibrée, les données sont réparties en quantités équitables entre les différents clients. Une répartition déséquilibrée

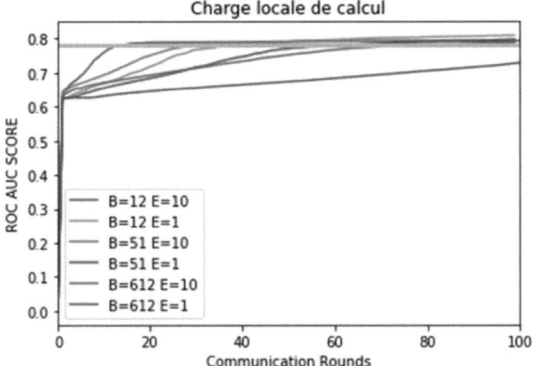

FIG. 5 – *Effet de la charge locale de calcul sur l'apprentissage global.*

consiste à affecter des quantités de données différentes aux clients (voir Figure 6). Pour ce faire, la quantité de données affectées à chaque client est définie par un tirage pseudo-aléatoire. Une répartition équilibrée (au sens uniforme) en quantité consiste à affecter le même nombre de données à chaque client, contrairement à une répartition déséquilibrée (unbalanced) pour laquelle cette quantité est définie pseudo-aléatoirement.

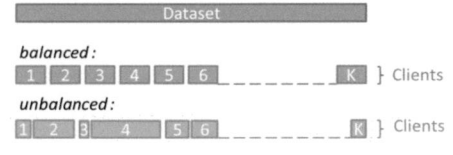

FIG. 6 – *Distribution balanced / unbalanced*

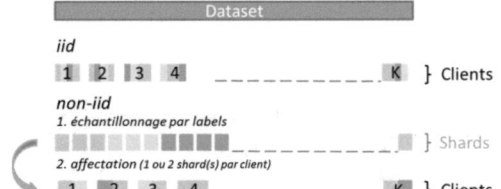

FIG. 7 – *Distribution IID / non-IID.*

Pour obtenir une répartition IID, les données doivent être mélangées suivant les classes avant d'être affectées aux clients. Le jeu de données est ensuite fractionné. À l'inverse, la répartition la plus hétérogène (non-IID) consiste à affecter des données d'un unique label à chaque client. Pour ce faire, nous procédons à un tri des données suivant les labels, puis nous divisons les données en échantillons ("shards"). Un "shard" est un sous-échantillon du jeu de données complet de label unique. Nous affectons ensuite aléatoirement un échantillon à chaque client (voir Figure 7). Ainsi, chaque client non-IID ne possède que des données d'un unique label dans son jeu local. Les clients IID possèdent 2 labels.

Ce type de distribution peut sembler modéliser une vision "extrême" du problème. Dans un cas tel que celui des données provenant des smartphones, on peut s'attendre à une surreprésentation de certaines classes dues à un usage propre à l'utilisateur. Toutefois, cela n'implique pas nécessairement la non-représentation totale d'autres classes parmi ses données.

Une distribution non-IID "1 shard" a été réalisée en triant préalablement les données suivant les labels, avant de constituer 100 sous-échantillons (shards) de 612 exemples chacun. Chaque sous-échantillon constitue le jeu de données d'un client. Ainsi, en moyenne, un unique label est représenté dans chaque jeu d'entrainement client. Une distribution "partiellement IID" (25% IID) a été effectuée en combinant les deux modes de distribution précédents. Ainsi, 25% des données ont été affectées de manière IID, les données restantes étant réparties de la même sorte que pour la distribution "1 shard". Le choix de ce coefficient modéré s'explique par le faible nombre d'exemples labellisés "churn". Il permet à plusieurs clients d'avoir une représentation de "churn" plus importante. Utilisé un coefficient plus fort reviendrait à s'approcher d'une distribution non-IID (sous formes de "shards"), puisque la quasi-totalité des clients ne possèderaient pratiquement que des exemples de la même classe.

Ensuite, en raison du côté très déséquilibré des données, nous avons réalisées ces mêmes répartitions en tentant de rééquilibrer la représentativité des classes. Pour le mode de répartition IID, nous avons donc utilisé un dictionnaire de poids ("class_weight"), afin de repondérer les données localement lors de l'entrainement du modèle. Nous appelons cette expérience "IID_weighted".

Nous avons donc entrainé de manière fédérée notre modèle à partir des différents modes de distributions décrits ci-dessus. Afin de comparer les résultats obtenus en fonction des distributions, les valeurs des paramètres du modèle ont été fixées : K=100 ; C=0.1 ; B=12 ; E=10* (avec early stopping) ; $\eta = 0.001$; L_R=0.5.

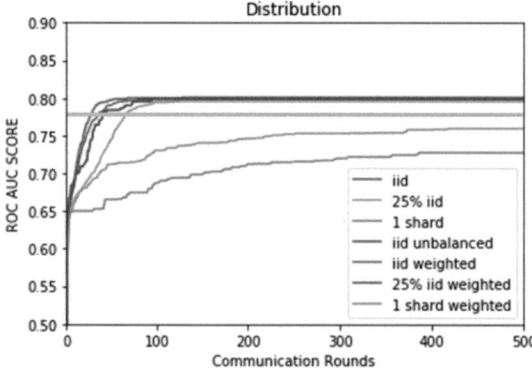

FIG. 8 – *Apprentissage distribué en fonction de la distribution des données.*

La figure 8 présente les résultats obtenus de l'apprentissage fédéré des données de churn en fonction du type de distribution. Les courbes représentent pour chaque modèle l'AUC de test en fonction du nombre de tours de communication. La ligne horizontale grise représente le seuil de 0.78 d'AUC en test. On observe que plus la répartition des données présente un caractère non-IID, plus les performances sont moindres. Cela implique que les performances du modèle sont plus aléatoires. Cette pondération au niveau global permet même à la distribution de type partiellement IID de surpasser les performances maximales de classification obtenues avec la distribution IID. Aussi, on remarque que l'hétérogénéité de la quantité de données détenues par chaque client ne nuit pas aux performances du modèle, dépassant même celles du modèle de référence (à partir de la distribution "IID").

6   Discussion et Conclusion

Les expérimentations réalisées dans le cadre de cette étude nous ont permis de simuler le federated learning modifié pour les problèmes de classification supervisée déséquilibré. Nous avons mis en œuvre cette approche sur un problème et des données d'opérateur provenant du Groupe Orange.

On en retire un certain nombre d'enseignements :
— Les performances statistiques constatées au cours de ces expérimentations sont intéressantes, atteignant les performances obtenues par un apprentissage centralisé.
— Nous avons pu constater l'intérêt de tirer profit du parallélisme multi-client, ne nécessitant toutefois pas de solliciter l'ensemble des ressources à disposition. L'optimisation de la charge locale de calcul, mobilisant les ressources locales, permet d'accélérer significativement l'apprentissage du modèle global.
— L'hétérogénéité en termes de quantité de données détenues par chaque client ne nuit pas aux performances du modèle, lui profitant même dans certains cas. Concernant l'hétérogénéité de la représentativité des classes dans les données des clients, nous avons pu constater qu'elle pouvait contraindre l'apprentissage du modèle global, nécessitant davantage de temps ce qui peut dégrader les performances prédictives. Toutefois, sauf dans les cas les plus extrêmes, des performances de classification restent satisfaisantes.

Il faut néanmoins noter que les expérimentations réalisées dans le cadre de cette étude n'ont permis que de simuler l'aspect distribué de l'apprentissage. Ces travaux n'ont pas en effet fait l'objet d'une réelle mise en application, ne permettant donc pas d'appréhender pleinement la problématique des autres coûts : coûts de communication dans un environnement réel, contraintes matérielles et logicielles. Le federated learning demeure aujourd'hui au stade expérimental et n'a encore été appliqué que dans des problèmes d'apprentissage supervisé. Son utilisation en apprentissage non-supervisé pourrait être une piste de recherche intéressante.

Enfin même si pour le nouveau règlement européen sur la protection des données personnelles l'apprentissage distribué va dans le bon sens (car il n'y pas de recueil explicite et centralisé des données personnelles) il ne garantit pas totalement le respect de la vie privée car certaines informations sensibles pourraient tout de même être extraites des modèles partagés. Il offre tout de même une première étape technique vers des méthodes plus robustes telles que la *local differential privacy* Duchi et al. (2014).

Références

Abadi, M., A. Agarwal, P. Barham, E. Brevdo, Z. Chen, C. Citro, G. S. Corrado, A. Davis, J. Dean, M. Devin, S. Ghemawat, I. Goodfellow, A. Harp, G. Irving, M. Isard, Y. Jia, R. Jozefowicz, L. Kaiser, M. Kudlur, J. Levenberg, D. Mané, R. Monga, S. Moore, D. Murray, C. Olah, M. Schuster, J. Shlens, B. Steiner, I. Sutskever, K. Talwar, P. Tucker, V. Vanhoucke, V. Vasudevan, F. Viégas, O. Vinyals, P. Warden, M. Wattenberg, M. Wicke, Y. Yu, et X. Zheng (2015). TensorFlow : Large-scale machine learning on heterogeneous systems. Software available from tensorflow.org.

Bhaduri, K., K. Das, K. Liu, H. Kargupta, , et J. Ryan (2008). Distributed data mining bibliography. https ://www.csee.umbc.edu/ hillol/DDMBIB/ddmbib.pdf.

Castanedo, F., G. Valverde, J. Zaratiegui, et A. Vazquez (2014). Using deep learning to predict customer churn in a mobile telecommunication network. http://www.wiseathena.com/pdf/wa_dl.pdf, last visited November 2018.

Duchi, J. C., M. I. Jordan, et M. J. Wainwright (2014). Privacy aware learning. *J. ACM 61*(6), 38 :1–38 :57.

European Union (2016). Regulation (EU) 2016/679 of the European Parliament and of the Council of 27 April 2016 on the protection of natural persons with regard to the processing of personal data and on the free movement of such data, and repealing Directive 95/46/EC (General Data Protection Regulation). *Official Journal of the European Union L119*, 1–88.

Ioffe, S. et C. Szegedy (2015). Batch normalization : Accelerating deep network training by reducing internal covariate shift. In *ICML*, Volume 37 of *JMLR Workshop and Conference Proceedings*, pp. 448–456.

May, M. et L. Saitta (2010). *Ubiquitous knowledge discovery : challenges, techniques, applications*, Volume 6202. Springer.

McMahan, B. et D. Ramage (2017). Federated learning : Collaborative machine learning without centralized training data. `https://research.googleblog.com/2017/04/federated-learning-collaborative.html`, last visited November 2018.

McMahan, H. B., E. Moore, D. Ramage, S. Hampson, et al. (2016). Communication-efficient learning of deep networks from decentralized data. *arXiv preprint arXiv :1602.05629*.

Park, B.-H. et H. Kargupta (2002). Distributed data mining : Algorithms, systems, and applications. pp. 341–358.

Srivastava, N., G. Hinton, A. Krizhevsky, I. Sutskever, et R. Salakhutdinov (2014). Dropout : A simple way to prevent neural networks from overfitting. *Journal of Machine Learning Research 15*(1), 1929–1958.

Summary

Smartphones are ubiquitous in our daily lives. They form an easy-to-reach computing resource with a direct access to a considerable amount of personal information. They represent a highly valuable source of data for telecom operators, but their highly decentralized nature and the evident customer's expectations regarding privacy require new statistical learning approaches. Ubiquitous datamining, by including the device's ability to process their own data locally constitutes an interesting alternative to massively centralized data analysis. Federated learning is a realization of ubiquitous datamining intended to deploy the training of neural networks on smartphones. We propose here an experimental evaluation of this distributed learning approach on mobile operator data.

Découverte de sous-groupes à partir de données séquentielles par échantillonnage et optimisation locale

Romain Mathonat[*,**], Jean-François Boulicaut[*]
Mehdi Kaytoue[*,***]

[*]Université de Lyon, CNRS, INSA-Lyon, LIRIS, UMR5205, F-69621, France
[**]Atos, 34 Rue de la Soie, 69100 Villeurbanne
[***]Infologic, 99 avenue de Lyon, 26500 Bourg-Lès-Valence, France
prenom.nom@insa-lyon.fr

Résumé. La découverte de règles caractéristiques d'une classe reste un problème difficile, particulièrement dans le cadre des données séquentielles (séquences d'ensembles). La découverte de sous-groupes est une bonne formalisation de cette tâche et de nombreux algorithmes dédiés ont été proposés ces 20 dernières années. Une exploration dite exhaustive est souvent inapplicable au vu de la taille de l'espace de recherche, et les méthodes heuristiques de référence, principalement les recherches en faisceau, posent des problèmes de paramétrage. Nous proposons une méthode d'échantillonnage depuis l'espace des motifs pour la découverte de sous-groupes dans des données séquentielles étiquetées. Celle-ci permet, entre autres, de trouver des optima locaux, ne nécessite pas de paramétrage, est indépendante de la mesure de qualité utilisée, et est simple à mettre en oeuvre. La validation empirique sur divers jeux de données nous permet de valider les qualités de cette approche.

1 Introduction

Les données séquentielles sont présentes dans de nombreux contextes applicatifs (analyses de textes ou de vidéos, exploitation de traces d'interactions, supervision de processus industriels, exploration de données en biologie moléculaire, etc). Le cas d'utilisation qui motive nos propres travaux est celui de la supervision industrielle, où les suites d'états du système étudié constituent une séquence. Nous voulons fouiller ces collections de séquences étiquetées par des experts métiers pour découvrir des règles sur les co-occurences de pannes. Ceci permettrait, d'une part, de mieux comprendre le système étudié, d'autre part, de pouvoir construire un moteur de règles explicables, offrant alors des perspectives de prédiction et d'anticipations de certains dysfonctionnements. Une formalisation simple de ce contexte est de considérer qu'il s'agit de découvrir des motifs séquentiels co-occurrents à une variable cible (étiquette ou classe). La découverte de règles caractérisant une classe ou une étiquette a été très étudiée (Novak et al. (2009)), notamment dans le cadre de la découverte de sous-groupes (Wrobel (1997)). La découverte de sous-groupes dans des données étiquetées consiste à trouver des motifs (e.g., des motifs séquentiels), également appelés descriptions, qui définissent en intention des objets (e.g., des séquences) pour lesquelles une mesure de qualité indique qu'ils se répartissent d'une façon particulière entre les classes ou étiquettes. Nous décidons de travailler à l'exploitation de collections de séquences d'itemsets étiquetées. Pour la découverte de sous-groupes, les approches classiques d'énumération exhaustives comme celle de SD-MAP (Atzmüller et Puppe (2006)) posent rapidement un problème de passage à l'échelle. Dans le cas simple des itemsets, deux facteurs influent sur la faisabilité du calcul : le nombre d'items et le nombre de transactions dans la base de données. Concernant notre type de données séquentielles, nous avons comme facteur supplémentaire le nombre d'itemsets pour chaque séquence. De fait, l'espace de recherche devient rapidement trop grand pour pouvoir être exploré exhaustivement et il faut se contenter d'approches heuristiques qui ne peuvent détecter que certains des sous-groupes intéressants. De plus, les meilleurs motifs (et donc sous-groupes) ne doivent pas être *redondants* : fournir des motifs très similaires à un expert limite la confiance dans la méthode et freine la dissémination de tels outils. Diverses approches heuristiques ont été proposées mais partagent les deux problèmes qui sont le besoin de paramétrisation et la redondance des résultats obtenus. Récemment, plusieurs approches heuristiques prometteuses d'échantillonnage dans l'espace des motifs ont été étudiées (Boley et al. (2011); Egho et al. (2017); Diop et al. (2018)). Il y a eu notamment le travail sur l'algorithme Misère (Egho et al. (2017)) qui propose la détection par échantillonnage de sous-groupes dans des séquences d'items et donc un contexte de données séquentielles simplifié. Les auteurs montrent l'intérêt qu'il y a dans un échantillonnage qui se construit à partir de l'une des séquences présentes dans les données. Nous proposons une exploration de l'espace de recherche pour des séquences d'itemsets qui développe certaines des propositions présentes dans Misère pour l'échantillonnage de motifs suivi d'un processus d'exploration locale et d'extraction d'optima locaux. Notre méthode présente plusieurs avantages hérités de Misère : elle donne des résultats à tout moment de l'exécution, bénéficie de la recherche aléatoire pour limiter la redondance des résultats, et est indépendante de la mesure de qualité utilisée. Nous l'améliorons en étendant le langage de motifs (séquence d'itemsets), et en permettant la découverte d'optima locaux, sans paramétrage de l'utilisateur. D'un point de vue technique, nous utilisons une représentation verticale des données sous la forme de bitsets pour l'amélioration des performances et avons porté une attention particulière à la consommation mémoire. Notons enfin que la méthode est facilement parallélisable. La suite de cet article est organisée comme suit : la Section 2 introduit formellement le problème, la Section 3 discute l'état de l'art, la Section 4 détaille notre proposition qui est ensuite validée empiriquement dans la Section 5.

2 Formalisation du problème traité

Soit $\mathcal{I}$ un ensemble d'*éléments*. Tout sous-ensemble $X \subseteq \mathcal{I}$ est appelé un *itemset*. Une *séquence* $s = \langle X_1, ..., X_n \rangle$ est une liste ordonnée de $n > 0$ itemsets. n est la longueur de la séquence, et $\sum_{i=1}^{n} |X_i|$ est sa taille. Une base de données $\mathcal{D}$ est un ensemble de $|\mathcal{D}|$ séquences d'itemsets. Les séquences peuvent avoir diverses longueurs et tailles et sont identifiées de manière unique (voir Table 1). Chaque séquence comprend une étiquette c parmi un ensemble d'étiquettes C. On note $\mathcal{D}_c \subseteq \mathcal{D}$ l'ensemble des séquences ayant l'étiquette c.

Sous-séquence   Une séquence $s = \langle X_1, ..., X_{n_s} \rangle$ est une *sous-séquence* d'une séquence $s' = \langle X'_1, ..., X'_{n'_s} \rangle$, noté $s \sqsubseteq s'$, s.s.i il existe $1 \leq j_1 < ... < j_{n_s} \leq n'_s$ tel que $X_1 \subseteq X'_{j_1}, ..., X_{n_s} \subseteq$

id	$s \in \mathcal{D}$	$class(s)$
s_1	$\langle \{a\}, \{abc\}, \{ac\}, \{d\}, \{cf\} \rangle$	+
s_2	$\langle \{ad\}, \{c\}, \{bc\}, \{ae\} \rangle$	+
s_3	$\langle \{ef\}, \{ab\}, \{df\}, \{c\}, \{b\} \rangle$	−
s_4	$\langle \{e\}, \{g\}, \{abf\}, \{c\}, \{b\}, \{c\} \rangle$	−

TAB. 1: Un exemple de base de données $\mathcal{D}$.

$X'_{j_{n_s}}$. Dans Table 1, $\langle \{a\}, \{bc\} \rangle$ est une sous-séquence de s1 et de s2.

Dans les définitions qui suivent, nous omettrons l'ajout du paramètre base de données $\mathcal{D}$ lorsqu'il n'y a pas d'ambiguïté, afin de simplifier les notations.

Définition en extension, support et fréquence La *définition en extension* ou *extension* d'un motif séquentiel s est $ext(s) = \{s' \in \mathcal{D} \mid s \sqsubseteq s'\}$. Le *support* d'un motif séquentiel s est $supp(s) = |ext(s)|$. Sa *fréquence* est $freq(s) = supp(s)/|\mathcal{D}|$. L'extension de $\langle \{a\}, \{bc\} \rangle$ dans les données de Table 1 est $\{s1, s2\}$.

Mesure de qualité Soit $\mathcal{S}$ l'ensemble des sous-séquences possibles. Une mesure de qualité φ est une fonction $\mathcal{S} \to \mathbb{R}$. La précision, définit par $\frac{supp(s, \mathcal{D}_c)}{supp(s, \mathcal{D})}$, est une mesure de qualité.

S-extension, I-extension Une séquence s_b est une S-extension de $s_a = < X_1, X_2, ..., X_n >$ par un item x si $\exists i, 0 \leq i \leq n$ tel que $s_b = < X_1, ..., \{x\}_i, ..., X_n >$. Une séquence s_b est une I-extension de $s_a = < X_1, X_2, ..., X_n >$ par un item x si $\exists 1 \leq i \leq n$ tel que $s_b = < X_1, ..., X_i \cup \{x\}, ..., X_n >$. Par exemple, $\langle \{ab\}, \{b\} \rangle$ est une I-extension de $\langle \{a\}, \{b\} \rangle$

Voisinage direct vertical ou horizontal On appelle *voisinage direct vertical* d'un motif s l'ensemble des motifs identiques à s si (1) on applique à s une I ou S-extension et (2) on applique à s une suppression d'un item. On appelle *voisinage direct horizontal* d'un motif s l'ensemble des motifs identiques à s si l'on modifie un item de s par un autre item du jeu de données.

Optimum local Soit $N(s)$ le voisinage direct d'un motif s. $r^\star$ est un optimum local de $\mathcal{S}$ par une mesure de qualité φ s.s.i $\forall r \in N(r^\star), \varphi(r^\star) \geq \varphi(r)$.

Motif non θ-redondant Un ensemble de motifs est non θ-redondant si $\forall s1, s2 \in \mathcal{S} \times \mathcal{S}, sim(s1, s2) \leq \theta$. Notre mesure de similarité est l'indice de Jaccard défini par :

$$sim(s1, s2) = \frac{|ext(s1) \cap ext(s2)|}{|ext(s1) \cup ext(s2)|}$$

Découverte de sous-groupes diversifiés   Soit une base de données $\mathcal{D}$, un entier k, une mesure de similarité sim. La découverte de sous-groupes diversifiés a pour but l'extraction de l'ensemble des meilleurs motifs non θ-redondants de taille inférieure ou égale à k, au regard d'une mesure de qualité φ et d'une classe cible c.

3   État de l'art

Les approches classiques d'énumération exhaustive de motifs séquentiels de type SPADE (Zaki (2001)) peuvent être adaptées à notre problème, comme, par exemple (Zhou et al. (2016)). Cependant, la taille de l'espace de recherche devient rapidement trop grande et une exploration exhaustive est souvent inapplicable en pratique.

Les classifieurs de données séquentielles comme, par exemple (Dafé et al. (2015)), pourraient à première vue nous intéresser. Cependant, ils résolvent le problème de la classification d'une donnée nouvelle, et non pas celui de la découverte d'un motif caractéristique de classe. Sur les méthodes d'échantillonnage dans l'espace des motifs, les auteurs de (Diop et al. (2018)) proposent une technique qui garantit que la probabilité de tirage d'un motif est proportionnelle à sa fréquence. Cette méthode est intrinsèquement liée à la recherche de motifs fréquents, et ne peux donc pas être facilement adaptée à notre problème. Notons aussi que les approches d'échantillonnage visant à limiter la taille du jeu de données, par exemple Toivonen (1996), traitent un problème bien différent de celui de l'échantillonnage dans l'espace des motifs.

L'approche de référence dans le cas de la découverte de sous-groupes mais aussi celle de motifs d'exception est la recherche en faisceaux ("Beam Search") décrite par exemple dans (Duivesteijn et al. (2016)). L'idée est d'explorer l'espace de recherche étage par étage, en gardant les motifs les plus intéressants, qui généreront les motifs potentiellement intéressants de l'étage suivant. Cette méthode gloutonne présente le désavantage de devoir ajuster un paramètre en fonction du jeu de données (la taille du faisceau). De plus les motifs trouvés peuvent être redondants. Une approche visant à résoudre le problème de découverte de règles de classifications a été proposée dans Egho et al. (2017). Une mesure de qualité ("level") a été proposée. L'algorithme associé, baptisé `misère`, est basé sur de l'échantillonnage de motifs et la généralisation des éléments tirés afin de proposer de nouveaux motifs de classification. La force de `misère` réside dans le fait qu'un objet du jeu de données est tiré et le motif généré possède donc un support non nul. Cette contribution est perfectible : la séquence tirée aléatoirement dans le jeu de données ne contient pas forcément l'étiquette cible, et `misère` effectue simplement un nouveau tirage à chaque itération, sans garantie de tomber sur un optimum local. Notons enfin que `misère` traite des séquences d'items plutôt que des séquences d'itemsets. Dans Bosc et al. (2018), les auteurs ont proposé une exploration de l'espace de recherche basée sur la recherche arborescente de Monte Carlo dans le cadre des itemsets étiquetées. Cette méthode est donc également basée sur de l'échantillonnage, où chaque tirage renvoie de l'information sur l'espace de recherche. Ces suites d'informations permettent de guider la recherche selon un compromis d'exploitation/exploration. Cette méthode présente cependant l'inconvénient de devoir stocker tous les éléments rencontrés (construction de l'arbre), ce qui peut présenter un budget mémoire élevé. De plus, son adaptation aux données séquentielles est difficile.

Notre algorithme permet à la fois d'extraire des règles de co-occurrences motif-classe (en maximisant une mesure de qualité bien connue appelée $WRAcc$, Lavrac et al. (1999)). Cependant, notre méthode est assez générique pour permettre l'utilisation de n'importe quelle

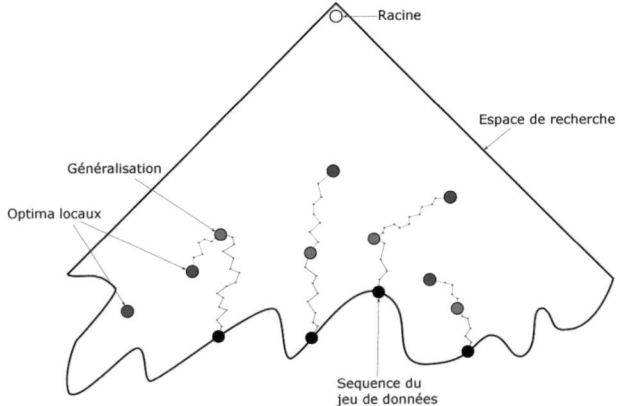

FIG. 1: Fonctionnement de l'algorithme.

mesure, sans exiger de propriétés particulières, comme la monotonie du support. Aucun paramétrage n'est nécessaire. Contrairement à `misère`, nous avons la garantie de trouver des optima locaux grâce au hill-climbing.

4 Échantillonnage de données et optimisation locale

Notre algorithme d'exploration de l'espace de recherche présente l'avantage d'être simple mais suffisamment efficace. A chacune de ses étapes, des variations sont possibles et cette généricité devrait permettre de l'adapter à d'autres problèmes. Une représentation visuelle du fonctionnement de notre algorithme est dans Figure 1 et son pseudo-code est décrit par Algorithme 1. Dans le contexte des motifs séquentiels, l'espace de recherche est a priori infini. Nous avons cependant matérialisé la limite de l'espace de recherche (la frontière du bas sur le schéma) comme étant les derniers motifs dont toutes les I-extensions et S-extensions produiront des motifs de support nul. On peut prouver facilement que tout élément de cette frontière correspond en fait à au moins un élément du jeu de données. La forme de l'espace de recherche est donc totalement dépendante du jeu de données.

4.1 Mesure de qualité

Pour extraire des règles de co-occurences motifs-classe pertinentes, nous choisissons d'utiliser la Weighted Relative Accuracy ($WRAcc$, Lavrac et al. (1999)). Elle permet de comparer la proportion d'éléments possédant l'étiquette ciblée dans le sous-groupe à la proportion d'éléments possédant l'étiquette ciblée dans la population totale.

Weighted Relative Accuracy   Soit $c \in C$ une étiquette et s un motif séquentiel :

$$WRAcc(s, c) = freq(s) \times \left(\frac{supp(s, \mathcal{D}_c)}{supp(s, \mathcal{D})} - \frac{|\mathcal{D}_c|}{|\mathcal{D}|} \right)$$

Algorithm 1 Recherche de sous-séquences pertinentes

1: **fonction** TOP-KSOUSSEQUENCES($donnees, k, classeCible$)
2:     $motifsTrie \leftarrow filePriorite()$
3:     **tant que** Budget disponible **faire**
4:         $sequenceActuelle \leftarrow tirage(donnees)$
5:         $sequenceActuelle \leftarrow generalisation(sequenceActuelle)$
6:         $qualiteActuelle \leftarrow calculQualite(sequenceActuelle)$
7:         **faire**
8:             $variations \leftarrow calculVoisinage(sequence)$
9:             $sequence, qualite = max(variations)$
10:            $ameliore \leftarrow Faux$
11:            **si** qualite > qualiteActuelle **alors**
12:                $qualiteActuelle, sequenceActuelle \leftarrow qualite, sequence$
13:                $ameliore \leftarrow Vrai$
14:            **fin si**
15:         **tant que** ameliore
16:         $motifsTrie.ajouteMotif(qualiteActuelle, sequenceActuelle)$
17:     **fin tant que**
18:     **retourne** $motifsTrie.extraireTopKNonRedondant(k)$
19: **fin fonction**

Autrement dit, la $WRAcc$ est la différence de précision entre les règles $s \rightarrow c$ et $\langle \rangle \rightarrow c$. Cette différence est pondérée par la fréquence du motif pour éviter l'extraction de sous-groupes peu fréquents et trop précis : trouver une différence de précision parfaite pour des sous-groupes très spécifiques et donc couvrant très peu de données est à éviter. La $WRAcc$ prend ses valeurs dans l'intervalle [-0.25, 0.25].

4.2   Tirage

Dans un premier temps, une séquence est tirée aléatoirement parmi les séquences du jeu de données ayant l'étiquette cible. Ceci permet de s'assurer que le motif généré par la suite contiendra au minimum un élément du jeu de donnée et le motif aura donc un support non nul.

Plusieurs stratégies sont possibles :
— Tirer uniformément un élément du jeu de données avec remise. C'est la stratégie la plus simple que nous utilisons aujourd'hui.
— Tirer uniformément sans remise : ceci permet de ne pas réutiliser un motif déjà utilisé afin de favoriser la diversité, dans une certaine mesure.
— Tirer avec remise, avec diminution de la probabilité de prendre un élément déjà choisi.

4.3   Généralisation

Dans un second temps, cette séquence est généralisée, c'est à dire qu'un nouveau motif plus général est construit à partir de cette séquence. Pour cela, chaque item du motif est examiné, et a une probabilité d'être supprimé de 0.5.

4.4   Recherche d'optima locaux

Dans une troisième phase, une recherche d'optimum local est lancée. Autrement dit, un calcul du voisinage est effectué afin de trouver le motif maximisant la mesure de qualité dans le voisinage. Une première méthode possible est de calculer l'ensemble des voisins directs verticaux et horizontaux. Le voisin direct maximisant la mesure de qualité cible est choisi. Cette procédure est répétée jusqu'à ne plus avoir de voisins qui aient une meilleure mesure de qualité : on a trouvé un optimum local.

On pourrait également ne calculer que les voisins directs verticaux. Ceci permettrait de limiter le nombre d'éléments voisins (et donc leur $WRAcc$) à calculer. De plus tout élément appartenant au voisinage direct horizontal est atteignable avec la sélection successive de deux éléments du voisinage direct vertical (suppression puis addition d'item ou l'inverse). Enfin, étant donné le grand facteur de branchement dans l'espace de recherche, le calcul de l'ensemble des voisins et de leurs mesures (souvent dépendante du calcul du support) est coûteux. Pour contrer cela, une technique est de générer aléatoirement un nombre de voisins compris entre 1 et le nombre réel de voisins directs, valant, pour m items possibles et n itemsets dans la séquence, $m(2n + 1)$ (voir preuve ci-dessous).

Démonstration :   Pour une séquence s, soit n sa longueur (son nombre d'itemsets), k sa taille, et m le nombre d'items possibles. On a alors :

$$|VoisinsDirects| = |VoisinsSuppression| + |Sextension| + |Iextension|$$
$$= k + m(n+1) + |Iextension|$$
$$|Iextension| = \sum_{i=1}^{n} |\{itemsPossibles\}| - |\{itemset\}_i|$$
$$= nm - \sum_{i=1}^{n} |\{itemset\}_i| = nm - k$$
$$|VoisinsDirects| = m(2n+1)$$

4.5   Filtrage

Afin de limiter la redondance des motifs trouvés, une procédure de filtrage est nécessaire, même si la composante aléatoire de notre algorithme permet déjà une bonne diversité des résultats. Une première possibilité, que nous utilisons, est de stocker l'ensemble des résultats obtenus (optima locaux) dans une structure de données, et de les filtrer en fin d'algorithme à la manière de Bosc et al. (2018).

Une autre possibilité, est de stocker les motifs dans une file de priorité F de taille k. A chaque fois qu'un nouveau motif est trouvé, si sa qualité est meilleure que le minimum des motifs de F, alors il est ajouté, et le ou les autres éléments similaires dans F sont supprimés. Cette technique permet de minimiser l'utilisation de mémoire utilisée. Notre coût mémoire est alors minimal. On constate cependant que les résultats sont de moins bonne qualité via ce filtrage heuristique.

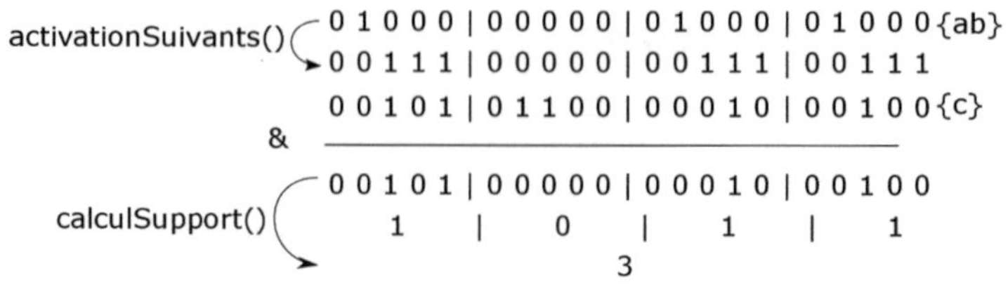

activationSuivants() 0 1 0 0 0 | 0 0 0 0 0 | 0 1 0 0 0 | 0 1 0 0 0 {ab}
                       0 0 1 1 1 | 0 0 0 0 0 | 0 0 1 1 1 | 0 0 1 1 1
                       0 0 1 0 1 | 0 1 1 0 0 | 0 0 0 1 0 | 0 0 1 0 0 {c}

&   ───

calculSupport()   0 0 1 0 1 | 0 0 0 0 0 | 0 0 0 1 0 | 0 0 1 0 0
                     1 | 0 | 1 | 1

                                    3

FIG. 2: Visualisation de CalculSupport pour la séquence $\langle\{ab\},\{c\}\rangle$.

4.6 Représentation verticale

Des algorithmes de découverte de motifs séquentiels comme SPAM (Ayres et al. (2002)) utilisent une représentation verticale afin d'améliorer le temps de calcul. Cette technique suppose un ordre lexicographique sur l'énumération, permettant de réutiliser une représentation verticale d'un motif pour l'étendre (I ou S-extension) en ajoutant un élément *en fin de séquence*. Dans notre cas, on doit pouvoir ajouter un élément à tout endroit de la séquence. Il faut donc pouvoir calculer la représentation verticale sans cette pré-condition. Pour cela nous proposons de garder dans une table de hashage l'ensemble des représentations verticales des itemsets rencontrés (mémoïsation) et nous les recombinons unes par unes afin de construire la représentation verticale de la séquence voulue. Dans le cas où un ensemble d'éléments nouveau est rencontré, nous le calculons.

Un exemple est donné dans Figure 2. Dans ce cas, le motif $\langle\{ab\},\{c\}\rangle$ a été généré. Imaginons que $\langle\{c\}\rangle$ soit un motif déjà généré, mais pas $\langle\{ab\}\rangle$. Nous sommes donc dans un cas qui n'est pas géré par SPAM, puisque l'on ajoute un nouvel itemset avant une séquence dont on connaît la représentation verticale. L'algorithme de calcul du support va d'abord chercher à trouver la représentation verticale de $\{ab\}$. Puisqu'elle n'a pas encore été trouvée, elle va être générée et ajoutée à la structure de mémoïsation. Une fois ceci fait, les représentations verticales sont combinées comme décrit dans Figure 2.

5 Expérimentations

Nous évaluons empiriquement notre approche, à travers les questions suivantes : Quelle est la qualité de nos résultats comparativement à l'état de l'art ? La représentation verticale permet-elle d'obtenir un gain de performances ? Comment évolue la consommation mémoire ? Est-il plus intéressant d'effectuer une recherche d'optimum local en calculant seulement le voisinage direct vertical ou les voisinages directs verticaux et horizontaux ?

Pour l'évaluation empirique, nous évaluons notre algorithme baptisé `HillSeqS` sur divers jeux de données (décrits dans le tableau 3) : **promoters**, **splice** sont issus du célèbre répertoire UCI [1], **aslbu**, **block** et **context** sont associés à la publication (Mörchen et Ultsch (2007)). Enfin, nous utilisons **sc2** un jeu de données associé à la publication (Bosc et al. (2017)). Dans ce dernier, chaque itemset correspond à des actions d'un joueur sur Starcraft 2 durant une fenêtre de temps avec une étiquette qui correspond au type de la faction gagnante.

---

1. http ://archive.ics.uci.edu/ml/index.php

Dataset	$|Seq|$	$|items|$	kmax
aslbu	441	126	30
promoters	106	4	58
splice	3190	8	62
blocks	210	8	13
context	240	47	124
sc2	500	25	31

FIG. 3: Jeux de données.

Dataset	$Naive$	$Bitset$	amélioration(%)
aslbu	141	709	402
promoters	161	472	193
splice	4	12	200
blocks	7896	48612	515
context	16	22	37
sc2	126	1695	1245

FIG. 4: Nombre d'itérations pour 180 s.

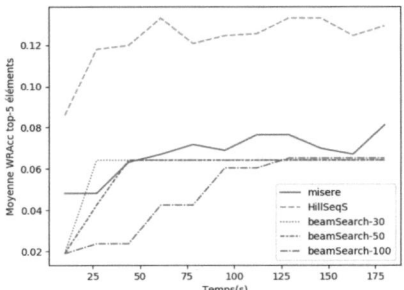

FIG. 5: WRAcc en fonction du temps.

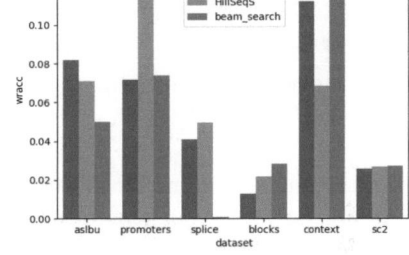

FIG. 6: WRAcc moyenne pour k=5, t=180s.

Notre approche est au pire comparable aux autres algorithmes, au mieux supérieure, et ce sans nécessiter de paramétrage. Elle s'avère relativement stable selon le jeu de données, contrairement aux expérimentations avec notre implémentation Beam Search paramétrée pour un nombre de faisceaux de 30, une valeur qui donne de bons résultats en moyenne. Notons qu'un "Beam Search" souffre du problème de redondance des motifs et que, pour des comparaisons plus justes, nous avons ajouté l'étape de filtrage à chaque étape de la recherche en faisceau. Notre algorithme est moins performant sur le jeu **context** qui possède des séquences très longues. Une explication pourrait être que ce jeu de données possède des optima locaux "longs" à atteindre, et que beaucoup d'entre eux sont de mauvaises qualités. Une amélioration possible serait donc de relancer la recherche en cas "d'enfermement" dans la recherche d'optimum local.

La recherche d'optimum local peut être trop longue de sorte que le nombre d'optima locaux trouvés peut être inférieur à k. Si le peu de motifs trouvés sont de mauvaises qualités, ce qui est le cas pour le jeu **context**, la moyenne des WRAcc sera plus faible. Une piste d'amélioration pourra être de sortir de la recherche d'optimum si l'amélioration de la qualité du motif courant n'est pas significative. Le graphique Figure 5 présente les moyennes des WRAcc pour les 5 meilleurs motifs non-redondants trouvés et différents budgets de temps, sur le jeu **promoters**. A chaque pas de temps, chaque algorithme a été relancé et c'est pourquoi on observe parfois une légère diminution locale de la qualité des résultats sur les approches à composante aléatoire misère et HillSeqS. On constate une augmentation avec le temps de la qualité des résultats pour notre approche. Ceci est dû au fait que chaque tirage garantit la découverte d'un optimum local : on exploite des zones de l'espace de recherche de manière aléatoire et un budget temps plus important permet une plus grande exploration. Notons cependant que notre algorithme, tout comme misère, ne garantit pas une recherche exhaustive.

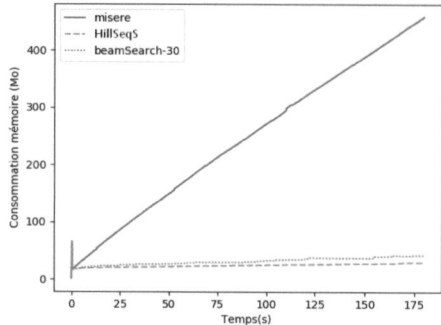

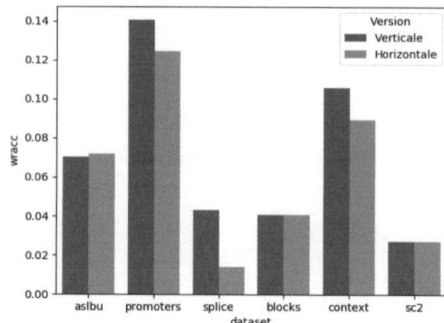

FIG. 7: Consommation mémoire.   FIG. 8: Évaluation des voisinages.

Les consommations en mémoire en fonction du temps pour `HillSeqS`, pour `misère` et pour `Beam Search` sont présentés dans Figure 7. Le jeu de données utilisé est **sc2**. La consommation mémoire de notre algorithme est très faible : nous ne stockons dans la file de priorité que les optima locaux, un nombre négligeable au vu de tous les motifs calculés. La consommation mémoire de `misère` augmente au fil des tirages effectués. Ceci s'explique par notre implémentation qui reprend le pseudo-code de (Egho et al. (2017)) où chaque élément est ajouté dans une file de priorité : tous les éléments sont conservés. Le pic observé sur Figure 7 est dû à la mise en mémoire des jeux de données.

Le graphique Figure 8 montre que le calcul du voisinage direct vertical uniquement (en bleu) donne de meilleurs résultats en moyenne que le calcul du voisinage direct vertical et horizontal. Une explication pourrait être que le changement d'un item de la séquence (parcours horizontal) est atteignable en deux étapes verticales : la suppression et l'ajout d'un item. Ainsi, on diminue le nombre de calculs de voisins lors de la recherche d'un optimum local, ce qui augmente le nombre d'échantillonnages possibles, menant à des résultats plus intéressants en moyenne. De plus, on peut voir dans Table 4 que dépendamment du jeu de données, la représentation verticale permet un net gain de performances : la représentation sous forme de bitsets permet d'augmenter le nombre d'itérations, mais cette augmentation est variable. Ceci peut s'expliquer par la composante aléatoire de l'algorithme, et par la « forme » des zones autour des optima locaux : la vitesse de convergence vers un optimum local est variable. Un autre paramètre influençant cette hétérogénéité des augmentations est le nombre d'itemsets possibles. A chaque nouvel itemset trouvé, un calcul sur tout le jeu de données est effectué, ce qui est beaucoup plus coûteux que de faire appel à la structure de mémoization. De même, la longueur des séquences influence l'efficacité de la représentation sous forme de bitsets, et ce potentiellement différemment de la façon dont elle influence l'implémentation naïve, ceci pouvant expliquer la variation des augmentations.

Le motif suivant est donné par notre algorithme sur le jeu de données sc2. Il correspondant à une suite de constructions lors d'une partie et caractérise la victoire du joueur de type "Terran" lors des matchs "Terran vs Zerg", avec une WRAcc de 0.048 :

$$\langle \{Barracks\}, \{SupplyDepot\}, \{Hatchery\}, \{SpineCrawlerBarrack\}, \{Barracks\} \rangle$$

Starcraft 2 est un jeu de stratégie où il existe un dilemme entre la production d'unités de combat et l'économie à plus long terme. Ici, on constate que le joueur Terran construit des bâtiments de production d'unité de combat ("Barracks"), et que le joueur Zerg préfère construire un bâtiment permettant d'améliorer son économie sur le long terme ("Hatchery"), au détriment de ses capacités militaires sur le court terme. La construction d'un "Spine Crawler", un bâtiment militaire défensif Zerg, ne permet pas de compenser suffisamment l'avantage militaire du joueur Terran, qui agresse son adversaire en début de partie, et finit par gagner. Cet exemple nous montre que notre algorithme produit des motifs qui peuvent être pertinents. Ici nous l'avons utilisé afin de mieux expliquer le système "jouer une partie", mais on pourrait aussi imaginer, entre autres, l'utiliser dans un outil prédictif permettant, au cours d'une partie, de prédire son issue, utile pour les paris en ligne, ou bien pour améliorer l'entraînement des joueurs, par exemple.

6 Conclusion

Nous avons décrit un travail pour la découverte de sous-groupes depuis des séquences d'itemsets étiquetées. Nous développons des propositions récentes adaptées aux séquences d'items avec Misère (Egho et al. (2017)) pour un échantillonnage de motifs suivi d'un processus d'exploration locale et une extraction d'optima locaux. Notre méthode donne des résultats à tout moment de l'exécution, permet la découverte d'optima locaux sans paramétrage et bénéficie de la recherche aléatoire pour limiter la redondance dans les résultats. Différents axes d'amélioration feront l'objet de futurs travaux. L'impact de nouvelles stratégies de tirage doit être testé. La généralisation des séquences tirées pourrait exploiter des connaissances statistiques extraites par un pré-traitement (par exemple, favoriser la suppression d'un item peu présent dans les séquences étiquetées par la classe cible). De plus, notre recherche d'optima locaux doit pouvoir être améliorée, notamment pour empêcher l'algorithme de s'enfermer dans une zone de l'espace où la recherche des sous-groupes de qualité s'avère trop lente.

Références

Atzmüller, M. et F. Puppe (2006). Sd-map – a fast algorithm for exhaustive subgroup discovery. In *Proceedings PKDD 2006*, pp. 6–17.

Ayres, J., J. Flannick, J. Gehrke, et T. Yiu (2002). Sequential pattern mining using a bitmap representation. In *Proceedings ACM SIGKDD 2002*, pp. 429–435.

Boley, M., C. Lucchese, D. Paurat, et T. Gärtner (2011). Direct local pattern sampling by efficient two-step random procedures. In *Proceedings ACM SIGKDD 2011*, pp. 582–590.

Bosc, G., J.-F. Boulicaut, C. Raïssi, et M. Kaytoue (2018). Anytime discovery of a diverse set of patterns with monte carlo tree search. *DMKD 32*(3), 604–650.

Bosc, G., P. Tan, J.-F. Boulicaut, C. Raïssi, et M. Kaytoue (2017). A Pattern Mining Approach to Study Strategy Balance in RTS Games. *IEEE Transactions on Computational Intelligence and AI in games 9*(2), 123–132.

Dafé, G., A. Veloso, M. Zaki, et W. Meira (2015). Learning sequential classifiers from long and noisy discrete-event sequences efficiently. *DMKD 29*(6), 1685–1708.

Diop, L., C. T. Diop, A. Giacometti, D. H. Li, et A. Soulet (2018). Echantillonnage de motifs séquentiels sous contrainte sur la norme. In *Proceedings EGC 2018*, pp. 35–46.

Duivesteijn, W., A. J. Feelders, et A. Knobbe (2016). Exceptional model mining. *Data Mining and Knowledge Discovery 30*(1), 47–98.

Egho, E., D. Gay, M. Boullé, N. Voisine, et F. Clérot (2017). A user parameter-free approach for mining robust sequential classification rules. *KAIS 52*(1), 53–81.

Lavrac, N., P. A. Flach, et B. Zupan (1999). Rule evaluation measures : A unifying view. In *Proceedings ILP 1999*, pp. 174–185.

Mörchen, F. et A. Ultsch (2007). Efficient mining of understandable patterns from multivariate interval time series. *Data Mining and Knowledge Discovery 15*(2), 181–215.

Novak, P. K., N. Lavrač, et G. I. Webb (2009). Supervised descriptive rule discovery : A unifying survey of contrast set, emerging pattern and subgroup mining. *Journal Machine Learning Research 10*, 377–403.

Toivonen, H. (1996). Sampling large databases for association rules. In *Proceedings VLDB 1996*, pp. 134–145.

Wrobel, S. (1997). An algorithm for multi-relational discovery of subgroups. In *Proceedings PKDD 1997*, pp. 78–87.

Zaki, M. J. (2001). Spade : An efficient algorithm for mining frequent sequences. *Machine Learning 42*(1), 31–60.

Zhou, C., B. Cule, et B. Goethals (2016). Pattern based sequence classification. *IEEE Transactions on Knowledge and Data Engineering 28*, 1285–1298.

Summary

Discovering rules that characterize classes remains difficult, especially within the context of sequential data analysis. This has been nicely formalized within the subgroup discovery setting and numerous algorithms have been proposed over the last 20 years. An exhaustive enumeration strategy is generally intractable. Therefore, heuristic approaches are needed and the reference framework relies on a beam search stategy and its run time parameters. We propose a sampling method that samples patterns from the search space to support subgroup discovery in labeled sequences of itemsets. Our approach enables the discovery of local optima with respect to a quality measure though the method remains generic with respect to the chosen quality measure. We do not have to set parameters and it is simple to implement. Our empirical validation that includes a comparison with state-of-the-art algorithms exhibits interesting results.

Approximation du score CFOF de détection d'anomalie dans un arbre d'indexation iSAX : Application au contexte SI de la SNCF

Lucas Foulon*,**, Christophe Rigotti***
Serge Fenet****, Denis Jouvin**

*Univ Lyon, CNRS, LIRIS, UMR5205, F-69621, Villeurbanne, France
lucas.foulon@sncf.fr
**SNCF Mobilité, DSI Production Ferroviaire, F-69393, Lyon, France
denis.jouvin@sncf.fr
***Univ Lyon, INSA-Lyon, CNRS, INRIA,
LIRIS, UMR5205, F-69621, Villeurbanne, France
christophe.rigotti@insa-lyon.fr
****Univ Lyon, Université Claude Bernard Lyon 1, CNRS,
LIRIS, UMR5205, F-69621, Villeurbanne, France
serge.fenet@liris.cnrs.fr

Résumé. La finalité de notre travail est la détection des anomalies dans les traces de fonctionnement de l'infrastructure de communication du Système d'Information (SI) de la SNCF. Deux techniques récentes et indépendantes semblent particulièrement appropriées dans notre cas. Il s'agit d'une part du stockage et de l'indexation de séries temporelles dans un arbre appelé arbre iSAX, et d'autre part d'un score de détection d'anomalie nommé CFOF dont la robustesse au phénomène de concentration en haute dimension a été établie de façon formelle. Dans cet article nous montrons qu'il est possible d'utiliser la structuration des informations dans l'arbre iSAX pour déterminer rapidement une approximation du score CFOF. La valeur obtenue est proche du score exact sur des données synthétiques et réelles. Les premiers retours d'expertises indiquent que la méthode semble pertinente pour le déclenchement d'alarmes sur les données issues de trace d'activité du SI de la SNCF.

1 Introduction

Une anomalie peut être définie comme une déviation par rapport à ce qui est défini comme normal. La détection d'anomalie constitue une tâche importante dans de nombreux domaines tels que l'analyse de données, la reconnaissance d'image médicale, la détection d'intrusion dans les systèmes informatiques, ou encore la fraude à la carte bancaire. Avec le développement croissant des volumes de données issues des applications métier, la détection d'anomalie représente par ailleurs un enjeu de plus en plus important dans de nombreux domaines industriels.

Dans le contexte industriel de la SNCF[1], l'objectif de ce travail est de détecter un comportement anormal dans les traces de messages au sein de son système d'information (SI). L'historique des séries temporelles observées par le passé est indexé à l'aide d'un arbre *i*SAX pour permettre son archivage et son interrogation. En effet, les arbres *i*SAX (Shieh et Keogh, 2008, 2009) sont des structures d'indexation multidimensionnelles très performantes pour les séries temporelles. Elles permettent des recherches par similarité très efficaces sur des critères de distance, mais sont aussi parmi les seules à supporter la pondération des portions de signaux et la déformation temporelle dynamique (*dynamic time warping*) durant la recherche. Elles ont également montré qu'elles restaient opérationnelles même lorsque la base de séries temporelles dépasse le milliard de séries.

Sur ces données, nous nous intéressons à la détermination du score de détection d'anomalie CFOF proposé récemment par (Angiulli, 2017). L'intérêt particulier de ce score est qu'il soit actuellement le seul pour lequel la robustesse vis-à-vis de l'augmentation de la dimensionnalité des données ait été établie de façon formelle et expérimentale. Notre contribution principale est de montrer qu'il est possible de tirer parti des propriétés des arbres *i*SAX pour calculer de façon efficace une approximation du score CFOF. La méthode proposée a été testée sur des jeux de données synthétiques, ainsi que sur des données SNCF. Dans tous les cas, les scores approchés sont très proches des scores réels. Enfin, l'interprétation des résultats sur les données réelles confirme la pertinence de l'utilisation de la méthode.

2 Positionnement par rapport aux approches existantes

La détection d'anomalies est toujours un domaine très actif obtenant de nombreux résultats, comme par exemple les travaux récents de Abràmoff et al. (2015) pour aider au diagnostic de la rétinopathie diabétique grâce à l'utilisation d'un réseau de neurones convolutionnel. Il existe de multiples méthodes appliquées à des domaines très différents (Chandola et al., 2009, 2012). La partie 2.1 suivante décrit quelques unes de ces méthodes.

2.1 Différentes méthodes

On peut trouver parmi ces méthodes des approches non supervisées telle que l'utilisation de forêt d'arbres d'isolation dans l'article de Ting et al. (2008). Ces arbres d'isolation travaillent chacun sur un échantillon des données, et les données marquées comme *isolées* par plusieurs arbres sont considérées comme *anormales*. Il existe aussi des méthodes supervisées, comme par exemple celle de Mukkamala et al. (2002), qui utilise un classifieur de type *Support Vector Machine* dans le cadre de détection d'intrusions système (programme américain Defense Advanced Research Projects Agency 1998). Parmi ces méthodes supervisées, on notera également ment l'utilisation de règles et de motifs, comme notamment dans la technique proposée par Li et al. (2007) pour détecter des trajectoires anormales d'objets.

---

1. Société Nationale des Chemins de fer Français.

2.2 Méthodes basées sur une notion de proximité

Ces méthodes sont largement utilisées, avec de nombreuses variantes. On peut y trouver trois sous-familles (Aggarwal, 2013) : les méthodes basées sur du clustering, celles basées sur des distances et celles basées sur des densités.

Les méthodes basées sur du clustering observent si un objet appartient ou non à un cluster. L'objet est considéré anormal s'il ne se trouve rattaché à aucun cluster (Mukkamala et al., 2002). Les méthodes basées sur des distances les plus typiques utilisent simplement, pour calculer le score d'anomalie d'un objet q, les distances entre q et ses k plus proches voisins (Knox et Ng, 1998). La troisième sous-famille, basée sur des densités, contient des techniques qui vont tenir compte des objets dans une zone *proche* autour de l'objet q à évaluer. Ces objets et leur distribution influenceront le score attribué à q (Breunig et al., 2000).

Une des meilleures méthodes de détection par densité est celle basée sur le *Local Outlier Factor* (Breunig et al., 2000). Cependant, sa pertinence diminue très fortement lorsque la dimensionnalité de l'espace augmente, à cause du phénomène communément appelé *malédiction de la dimensionnalité*. En effet, lorsque la dimension augmente, les valeurs des distances entre objets tendent à être plus similaires (alors que les objets, eux, ne le sont pas forcément) et les méthodes sont confrontées au problème dit de *concentration* des objets. Comme montré par Angiulli (2017), le score *Local Outlier Factor* n'échappe pas à cela, et il tend vers 1 pour tous les objets lorsque la dimensionnalité augmente. C'est pourquoi Angiulli (2017) propose une nouvelle méthode appelé CFOF (*Concentration Free Outlier Factor*) ayant la propriété de résister à ce phénomène de concentration. Cette méthode sera plus amplement détaillée dans la section 3.1.

Angiulli (2017) propose une technique efficace de calcul de CFOF par échantillonnage, où les scores CFOF de tous les objets d'un échantillon sont calculés par rapport à tous les autres objets du même échantillon. Cette technique tire partie d'une factorisation des opérations nécessaires au sein de chaque échantillon. La qualité des estimations dépend de la taille de l'échantillon, et si cette technique est bien adaptée lorsque l'on souhaite calculer les scores pour tous les objets d'une base, elle ne l'est pas lorsque l'on veut calculer seulement le score d'un nouvel objet vis-à-vis d'un historique de référence.

Nous nous plaçons dans le cadre d'un stockage existant d'un historique de séries temporelles dans un arbre *i*SAX (Shieh et Keogh, 2008, 2009), qui est une structure d'indexation particulièrement performante pour l'interrogation et la recherche par similarité. La méthode que nous présentons permet de calculer une approximation du score CFOF d'une nouvelle série en tirant parti des propriétés de l'arbre *i*SAX.

3 Proposition

La méthode introduite dans cet article permet, lorsque des séries temporelles sont stockées et indexées dans un arbre *i*SAX (Shieh et Keogh, 2008, 2009), de tirer parti des propriétés de cet arbre pour calculer le score d'anomalie CFOF (Angiulli, 2017) d'une nouvelle série. Nous allons tout d'abord rappeler brièvement la définition du score CFOF et nous présenterons ensuite la méthode proposée.

3.1 Rappel de la définition du score CFOF

Le calcul du score CFOF (Angiulli, 2017) d'un objet q vis-à-vis d'un ensemble d'objets de référence $\mathcal{R}$ consiste à chercher la taille du voisinage minimale k_m telle que q soit dans les k_m plus proches voisins d'au moins une fraction ϱ des objets de $\mathcal{R}$. Le score $\mathrm{CFOF}(q)$ est alors la valeur de k_m normalisée par rapport à la taille de $\mathcal{R}$. Ce score est paramétré par le seuil ϱ (dans $[0;1]$) qui détermine la proportion d'objets de $\mathcal{R}$ devant inclure q dans leur voisinage (de taille k_m). Ce paramètre rend la valeur du score plus ou moins sensible au nombre d'objets de référence auxquels q doit ressembler, et comme le montrent les expériences de la section 4 son réglage est simple en pratique.

De façon plus formelle, la mesure se définit comme suit. Soit $\mathrm{nn}_k(x)$ le $k$ième plus proche voisin d'un objet x, c'est-à-dire tel qu'il existe seulement $k-1$ objets plus proches de x que ne l'est l'objet $\mathrm{nn}_k(x)$. L'ensemble des k plus proches voisins de x est noté $\mathrm{NN}_k(x)$ et inclut tous les objets tel que $\{\mathrm{nn}_i(x) \mid 1 \leq i \leq k\}$. Soit $\mathrm{N}_k(x)$ le nombre d'objets de référence ayant x parmi leur k plus proches voisins et défini par $\mathrm{N}_k(x) = |\{y \mid x \in \mathrm{NN}_k(y)\}|$. Le score CFOF d'un objet q est alors : $\mathrm{CFOF}(q) = \min\{k/|\mathcal{R}| : \mathrm{N}_k(q) \geq \varrho \times |\mathcal{R}|\}$

Le score CFOF de détection d'anomalies est actuellement le seul pour lequel il a été montré de façon formelle et constaté de façon expérimentale (Angiulli, 2017) qu'il n'était pas sensible au phénomène de concentration quand la dimensionnalité des données augmente.

3.2 Principe général de la méthode de calcul proposée

Dans notre contexte, l'historique de référence (par exemple une mesure au fil du temps) est découpé en séries de longueur fixe pouvant se chevaucher ou non. Une série de longueur $\mathcal{D}$ (contenant $\mathcal{D}$ valeurs) est alors considérée comme étant un objet dans un espace à $\mathcal{D}$ dimensions, et chacune des séries est stockée sous la forme d'un objet indexé dans l'arbre iSAX.

Pour un nouvel objet q (une nouvelle série), qui n'est pas dans l'arbre iSAX, la méthode que nous proposons permet de calculer une approximation du score CFOF de q par rapport aux objets de référence stockés dans l'arbre iSAX, en tirant parti des propriétés de cet arbre.

Dans les arbres iSAX, comme dans tout arbre d'indexation en général, une feuille contient un ensemble d'objets similaires, mais un arbre iSAX possède deux autres propriétés dont nous allons tirer parti :

1. Les feuilles ne se chevauchent pas, et une zone de l'espace multidimensionnel n'est représentée que par une feuille.

2. L'indexation utilisée permet de borner les distances lors des recherches dans l'arbre. Par exemple, pour un objet p (contenu dans l'arbre ou non), il est possible au niveau de tout nœud $\mathcal{N}$ (intermédiaire ou feuille) de connaître une borne inférieure de la distance entre p et l'objet le plus proche de p indexé dans le sous-arbre à partir de $\mathcal{N}$.

La première propriété est importante car elle va permettre de précalculer et de stocker des statistiques liées à la distribution des objets pour tout l'espace couvert par l'arbre, et ce à une granularité qui est celle de la feuille. La seconde propriété sera quant à elle mise à profit pour élaguer, lors du calcul d'un score CFOF, les zones de l'espace ne pouvant pas contenir d'objets participant au voisinage en cours de détermination.

Pour calculer le score CFOF d'un nouvel objet q par rapport aux objets de référence stockés dans l'arbre iSAX, une des principales difficultés est d'arriver à obtenir pour chacun des objets

p stockés dans l'arbre la valeur du rang de q dans le voisinage de p. Ce rang vaudra 1 si q est le plus proche voisin de p, 2 si q est le second plus proche voisin de p, etc. La valeur de ce rang, notée $v\text{-}rang_p(q)$, est définie plus précisément comme étant la valeur de k pour laquelle $\mathrm{nn}_k(p) = q$. Lorsque ces valeurs $v\text{-}rang_p(q)$ sont connues pour tous les objets p de référence, l'obtention de $\mathrm{CFOF}(q)$ est simple. Il suffit de placer ces valeurs dans une liste triée par ordre croissant, que nous noterons $l_{v\text{-}rang}$, et de prendre dans $l_{v\text{-}rang}$ l'élément d'indice $\lceil \varrho \times |\mathcal{R}| \rceil$ (obtenu par arrondi supérieur). La valeur de cet élément correspond à la taille de voisinage minimale k_m telle que q soit dans les k_m plus proches voisins d'au moins une fraction ϱ des objets de $\mathcal{R}$. La valeur de $\mathrm{CFOF}(q)$ est alors la valeur normalisée de k_m par rapport à la taille de $\mathcal{R}$, c'est-à-dire $l_{v\text{-}rang}[\lceil \varrho \times |\mathcal{R}| \rceil]/|\mathcal{R}|$.

Revenons sur l'étape clef de calcul de $v\text{-}rang_p(q)$. Pour determiner cette valeur nous devons obtenir le nombre d'objets de référence r tels que $distance(p, r) \leq distance(p, q)$. Afin d'éviter d'avoir à compter chaque objet r un par un, nous proposons de calculer une approximation de $v\text{-}rang_p(q)$ en utilisant des fonctions de répartition des distances des objets dans différentes zones de l'espace. Le calcul de $v\text{-}rang_p(q)$ s'effectue alors en parcourant toutes les zones non vides de l'espace, c'est-à-dire toutes les feuilles $\mathcal{N}_f$ de l'arbre iSAX, et en utilisant une fonction de répartition pour déterminer le nombre d'objets r de $\mathcal{N}_f$ qui sont tels que $distance(p, r) \leq distance(p, q)$. Pour des vecteurs dont les composantes suivent une loi normale, le module de ces vecteurs suit une loi du χ (apparentée à la loi du χ^2). C'est une généralisation d'autres lois, notamment de la loi de Maxwell qui décrit la distribution des modules de vitesses de particules en 3 dimensions. Un aspect intéressant de cette loi du χ est qu'elle tend rapidement vers une loi normale quand la dimensionnalité augmente. Notons $F_{\mu,\sigma}(x)$ la fonction de réparation de la loi normale de moyenne μ et d'écart type σ. Soit, pour une feuille $\mathcal{N}_f$ et un objet p, des approximations $\tilde{\mu}$ et $\tilde{\sigma}$ de la moyenne et de l'écart type des distances entre p et les objets contenus dans $\mathcal{N}_f$. La fraction d'objets de $\mathcal{N}_f$ situés à une distance de p inférieure ou égale à $distance(p, q)$ peut alors être approximée par $F_{\tilde{\mu},\tilde{\sigma}}(distance(p, q))$. C'est ce principe qu'utilise l'algorithme détaillé dans la section suivante.

3.3   Algorithme d'approximation de CFOF à partir d'un arbre iSAX

Le pré-traitement nécessaire à l'exécution de l'algorithme est le calcul des approximations $\tilde{\mu}$ et $\tilde{\sigma}$ pour chaque objet de référence p vis-à-vis de chaque nœud feuille $\mathcal{N}_f$. Pour un objet p et un nœud feuille $\mathcal{N}_f$, $\tilde{\mu}$ est noté $\widetilde{dist}(\mathcal{N}, p)$ et $\tilde{\sigma}$ est noté $\tilde{\sigma}_{\mathcal{N}}(p)$. Le principe de l'algorithme proposé est indépendant de ces approximations, et nous détaillerons leurs calculs ensuite dans la Section 3.4.

En plus des valeurs $\tilde{\mu}$ et $\tilde{\sigma}$, l'approximation du score CFOF d'un objet q à partir des objets de référence contenus dans un arbre iSAX, nécessite d'autres paramètres d'entrée : la racine $\mathcal{N}_{racine}$ de l'arbre ISAX, l'ensemble $\mathcal{R}$ des objets de référence (en pratique cet ensemble peut aussi être obtenu à partir de l'arbre) et le paramètre ϱ. L'algorithme 1 décrit le calcul de l'estimation CFOF q à partir de ces entrées.

Le principe général est celui présenté dans la section précédente. Pour chaque objet de référence p l'algorithme calcule $v\text{-}rang_p(q)$ par cumul dans la variable $v\text{-}rang$ (boucle commençant à la ligne 2). Chaque valeur de $v\text{-}rang$ est insérée dans la liste triée $l_{v\text{-}rang}$, permettant de retourner la valeur de l'approximation de $CFOF(q)$ (ligne 24).

Pour le calcul de $v\text{-}rang_p(q)$, pour un p donné dans la boucle principale, l'algorithme parcourt l'arbre à partir de sa racine (boucle interne commençant ligne 6) en tenant à jour une liste $liste_\mathcal{N}$ des nœuds restants à visiter. Le nœud courant est ôté de cette liste ligne 7. Ensuite l'algorithme utilise les bornes `minDist` et `maxDist` sur la distance entre p et les objets contenus dans le sous-arbre associé au nœud courant, qui sont des bornes fournies par la structure d'indexation iSAX. Deux élagages sont alors réalisés :

1. Si la distance minimale entre p et les objets représentés par le nœud courant est supérieure à la distance $dist$ entre p et q (ligne 8), alors le sous-arbre ne contient pas d'objet à compter dans $v\text{-}rang_p(q)$. L'exploration du sous-arbre peut alors être évitée de façon certaine.

2. Si c'est la distance maximale qui est inférieure à la distance $dist$ (ligne 10), alors tous les objets du sous-arbre sont plus proches de p que ne l'est q. Il est donc possible de réaliser un second type d'élagage sûr, en comptant tous ces objets directement dans $v\text{-}rang_p(q)$ sans parcourir le sous-arbre. Ceci est réalisé ligne 11 avec $nbrObj(\mathcal{N}_{courant})$ représentant le nombre d'objets du sous-arbre du nœud $\mathcal{N}_{courant}$.

S'il n'y a pas eu d'élagage, deux cas sont possibles selon que $\mathcal{N}_{courant}$ soit un nœud feuille ou pas. Si c'est un nœud feuille (ligne 12), alors l'algorithme va comptabiliser dans $v\text{-}rang_p(q)$ les objets du nœud qui sont plus proches de p que ne l'est q, en approximant ce décompte avec la fonction de répartion $F_{\tilde{\mu},\tilde{\sigma}}$. Enfin, si le nœud courant est un nœud interne de l'arbre sans possibilité d'élagage (ligne 16), alors les nœuds enfants immédiats de $\mathcal{N}_{courant}$ dans l'arbre sont ajoutés à la liste des nœuds restants à visiter.

3.4   Calcul des paramètres $\widetilde{\text{dist}}(\mathcal{N}, p)$ et $\tilde{\sigma}_\mathcal{N}(p)$

Même si le principe de l'algorithme et des élagages présentés Section 3.3 sont indépendants des paramètres $\tilde{\mu}$ et $\tilde{\sigma}$ de la fonction de répartition F, ces paramètres vont influer sur la qualité globale de l'approximation de CFOF réalisée. Nous indiquons ici les valeurs utilisées dans les expériences présentées Section 4, et qui ont permis d'obtenir une très bonne approximation du score CFOF tant sur des données synthétiques de distributions gaussiennes que sur les données réelles traitées dans le système d'information de la SNCF.

Tout d'abord pour $\tilde{\mu}$, c'est-à-dire $\widetilde{\text{dist}}(\mathcal{N}, p)$ pour un objet p et un nœud $\mathcal{N}$, c'est la moyenne quadratique aussi appelée RMS (*Root Mean Square*) qui est utilisée :

$$\widetilde{\text{dist}}(\mathcal{N}, p) = \sqrt{\frac{1}{|\mathcal{N}|} \times \left(\sum_{r \in \mathcal{N}} |r - p|^2 \right)}$$

avec $\mathcal{N}$ dénotant ici l'ensemble des objets contenus dans le nœud lui-même. Soit C le barycentre des objets de $\mathcal{N}$ (en prenant une masse unitaire pour chaque objet). Par le théorème de *Huygens* nous avons :

$$\sum_{r \in \mathcal{N}} |r - p|^2 = \sum_{r \in \mathcal{N}} |r - C|^2 + |\mathcal{N}| \times |C - p|^2$$

c'est-à-dire :

$$\widetilde{\text{dist}}(\mathcal{N}, p) = \sqrt{\frac{1}{|\mathcal{N}|} \times \left(\sum_{r \in \mathcal{N}} |r - C|^2 + |\mathcal{N}| \times |C - p|^2 \right)}$$

Algorithme 1 : Calcul de l'approximation du score CFOF de q dans un arbre *i*SAX

Data : L'objet q, l'ensemble $\mathcal{R}$ des objets de référence, la racine $\mathcal{N}_{racine}$ de l'arbre, les valeurs $\widetilde{\text{dist}}(\mathcal{N}_f, p)$ et $\tilde{\sigma}_{\mathcal{N}_f}(p)$, le paramètre CFOF ϱ

1 $l_{v\text{-}rang} \leftarrow \emptyset$
2 **forall** p *dans* $\mathcal{R}$ **do**
3     $v\text{-}rang \leftarrow 0$
4     $dist \leftarrow \text{distance}(p, q)$
5     $liste_{\mathcal{N}} \leftarrow [\mathcal{N}_{racine}]$;   // nœuds restants à parcourir
6   **while** $liste_{\mathcal{N}} \neq \emptyset$ **do**
7        $\mathcal{N}_{courant} \leftarrow liste_{\mathcal{N}}.pop()$
8   **if** $\text{minDist}(p, \mathcal{N}_{courant}) \geq dist$ **then**
9   Rien à faire, ignorer simplement $\mathcal{N}_{courant}$
10   **else if** $\text{maxDist}(p, \mathcal{N}_{courant}) \leq dist$ **then**
11          $v\text{-}rang \leftarrow v\text{-}rang + nbrObj(\mathcal{N}_{courant})$
12   **else if** $\mathcal{N}_{courant}$ *est un nœud feuille* **then**
13          $\tilde{\mu} \leftarrow \widetilde{\text{dist}}(\mathcal{N}_{courant}, p)$
14          $\tilde{\sigma} \leftarrow \tilde{\sigma}_{\mathcal{N}_{courant}}(p)$
15          $v\text{-}rang \leftarrow v\text{-}rang + F_{\tilde{\mu}, \tilde{\sigma}}(dist) * nbrObj(\mathcal{N}_{courant})$
16   **else**
17   **forall** $\mathcal{N}$ *dans* $\mathcal{N}_{courant}.enfants$ **do**
18   Insérer $\mathcal{N}$ dans $liste_{\mathcal{N}}$
19   **end**
20   **end**
21   **end**
22   Insérer $v\text{-}rang$ dans $l_{v\text{-}rang}$ par ordre croissant
23 **end**
24 **return** $l_{v\text{-}rang}[\lceil \varrho \times |\mathcal{R}| \rceil]/|\mathcal{R}|$

Nous pouvons donc pré-calculer $\sum_{r \in \mathcal{N}} |r - C|^2$ pour chaque feuille de l'arbre iSAX et ensuite déterminer simplement $|C - p|^2$ lorsqu'il est nécessaire d'obtenir la valeur de $\widetilde{\text{dist}}(\mathcal{N}, p)$.

L'autre étape de pré-traitement est le calcul des écarts types $\tilde{\sigma}$, c'est-à-dire des valeurs $\tilde{\sigma}_{\mathcal{N}}(p)$. Pour cela, nous utilisons une moyenne pondérée des écarts types pris sur chacune des dimensions, afin de privilégier les dimensions où p s'écarte le plus de C (le barycentre des objets du nœud $\mathcal{N}$). Soit $\mathcal{D}$ le nombre de dimensions et $\sigma_1, \sigma_2, \ldots, \sigma_{\mathcal{D}}$ les écarts types des objets de $\mathcal{N}$ pour chaque dimension. Soit $(p_1, p_2, \ldots, p_{\mathcal{D}})$ les coordonnées de p et $(C_1, C_2, \ldots, C_{\mathcal{D}})$ celle de C. La valeur de $\tilde{\sigma}_{\mathcal{N}}(p)$ est alors :

$$\tilde{\sigma}_{\mathcal{N}}(p) = \sum_{d=1}^{\mathcal{D}} \left(\sigma_d * \frac{|C_d - p_d|}{\sum_{i=1}^{\mathcal{D}} |C_i - p_i|} \right)$$

4 Évaluations et analyses

Nous avons évalué notre approche sur deux ensembles de tests. Le premier, construit sur le même jeu de données que celui utilisé par Angiulli (2017), est destiné à estimer la capacité de notre algorithme à effectuer une approximation correcte du score CFOF. Le second utilise un jeu de données issu du SI de la SNCF, et sert à évaluer sa capacité à détecter des anomalies réelles identifiées et qualifiées par les experts.

4.1 Évaluation sur le jeu de données *Clust2*

La première évaluation a pour but de vérifier la qualité de notre estimation du score CFOF. Pour ce faire, nous utilisons le jeu de données *Clust2* de Angiulli (2017), généré de la manière suivante : pour un ensemble de dimensions $\mathcal{D} \in [2, 5, 10, 20, 50]$, 10000 points sont générés selon deux distributions normales. La première est centrée sur l'origine avec un écart-type de 1 sur chaque dimension, et la seconde est centrée sur $(4 \ldots 4)$ avec un écart-type de 0.5. Dans cette première évaluation, le paramètre CFOF ϱ est fixé à 0.1. Pour chaque point, nous calculons d'une part le score CFOF réel, et d'autre part son approximation avec l'algorithme 1.

Les résultats de cette évaluation sont présentés sur la figure 1. Elle montre une comparaison du score exact (en bleu) et du score estimé (en jaune) pour les jeux de données en 2, 5, 10, 20 et 50 dimensions, par ordre croissant de score CFOF exact (et donc par ordre d'anormalité croissante). Nous voyons que quelle que soit la dimension des données, la courbe d'estimation suit la courbe du score exacte avec beaucoup de précision. Nous voyons aussi qu'au fur et à mesure que l'on augmente le nombre de dimensions, une faible transition a lieu : jusqu'en dimension 10 le score estimé est légèrement inférieur au score réel pour toutes les valeurs du score. À partir de la dimension 20, le score devient légèrement surestimé pour les faibles valeurs de score (pour les 2000 premiers points). Cette tendance s'accentue en 50 dimensions, où le score est surestimé pour les 6000 premiers points.

La figure en 20 dimensions représente par ailleurs, une estimation de l'apport lié à l'utilisation de l'arbre *i*SAX. En effet, la structure hiérarchique de l'arbre reflète l'organisation multi-dimensionnelle du nuage des points qui y sont stockés, et notamment l'anisotropie de sa distribution spatiale. Nous pouvons évaluer l'apport de cette structure en faisant la supposition que pour chaque nœud, les objets stockés sont distribués uniformément entre les distances minimale et maximales aux objets de ce nœud. Nous pouvons calculer un score CFOF avec cette estimation, en nous attendant à ce que ce score soit de plus mauvaise qualité que celui obtenu en exploitant la structure de l'arbre. C'est ce que l'on constate sur la courbe en 20 dimensions, avec le score tracé en vert. Là aussi, nous voyons que le score est surestimé pour les 2000 premiers objets, et sous-estimé pour les objets suivants, mais avec une différence bien plus grande par rapport à notre algorithme. Le dernier graphique de la figure 1 présente un zoom sur les 500 derniers scores en 20 dimensions, montrant que l'apport de la structure arborescente *i*SAX est indispensable et que sans elle l'approximation du score CFOF n'est pas exploitable.

Concernant la rédution du temps d'exécution, sur le jeu en 20 dimensions, le temps moyen de calcul de notre approximation du score CFOF est de 40 secondes par objet (machine Linux équipée d'un Intel Xeon Silver 4114 à 2.2 GHz), et de plus de 40 fois cette valeur pour le calcul du score exact.

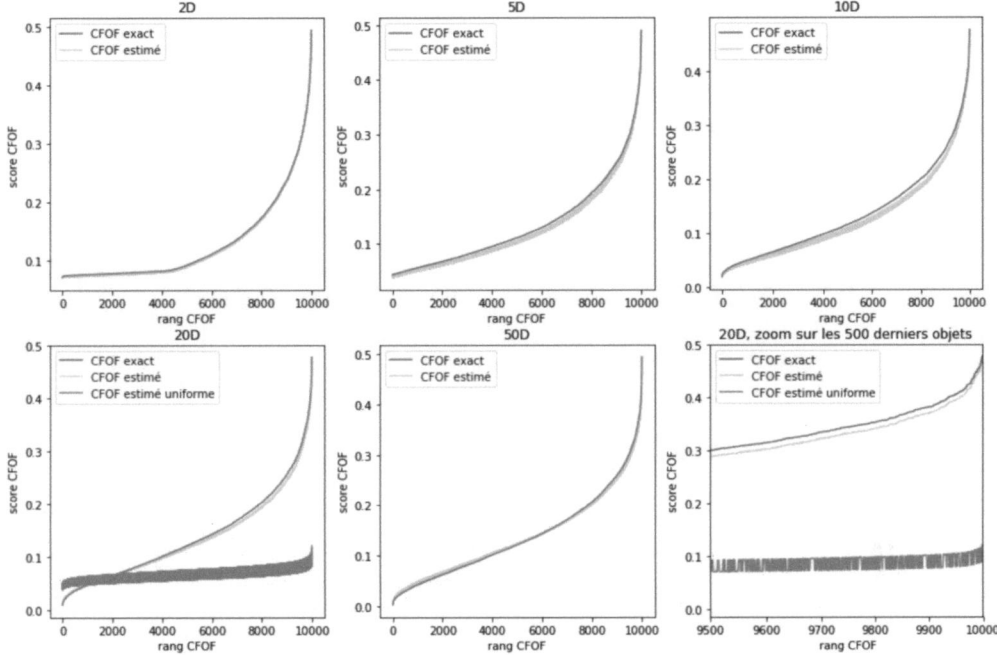

FIG. 1 – *Les cinq premiers graphiques comparent le score CFOF réel et le score CFOF estimé, pour des objets de 2, 5, 10, 20 et 50 dimensions. Le graphique en 20 dimensions illustre l'évaluation de la distance proportionnelle. Le dernier graphique présente un zoom sur les 500 derniers scores.*

4.2 Évaluation sur données réelles de la SNCF

La seconde évaluation de notre algorithme porte sur un jeu de données réel issu du contexte industriel de la plateforme de médiation SNCF appelée CanalTrain. Cette évaluation sert à mettre en avant trois points importants dans la cadre de l'application industrielle. Tout d'abord, nous comparons le score CFOF estimé et le score réel sur les vraies données métier, ce qui nous permet de constater que notre estimation est de qualité suffisante pour l'application industrielle envisagée. Ensuite, l'interprétation des résultats montre une utilisation possible dans le cadre de flux de messages, où les nouvelles séries sont construites par agrégation des données arrivant, et leurs scores CFOF sont calculés par rapport à l'arbre *i*SAX contenant les séries relatives à un historique donné. Enfin, plusieurs scores sont calculés en faisant varier le paramètre ϱ. Nous montrons que ce paramètre permet de régler la sensibilité de la détection d'anomalie : avec un paramètre ϱ faible, seules les anomalies les plus grossières sont identifiées. Avec un paramètre plus élevé, les anomalies plus fines sont aussi identifiées et donnent lieu à un score CFOF plus élevé. Dans notre application, le réglage de ce paramètre se fera en fonction du taux de faux négatifs levés et des retours des experts, mais nous montrons d'ores et déjà qu'un paramètre unique permet de piloter la détection.

L'historique des données d'apprentissage couvre la période de novembre 2017 à fin août

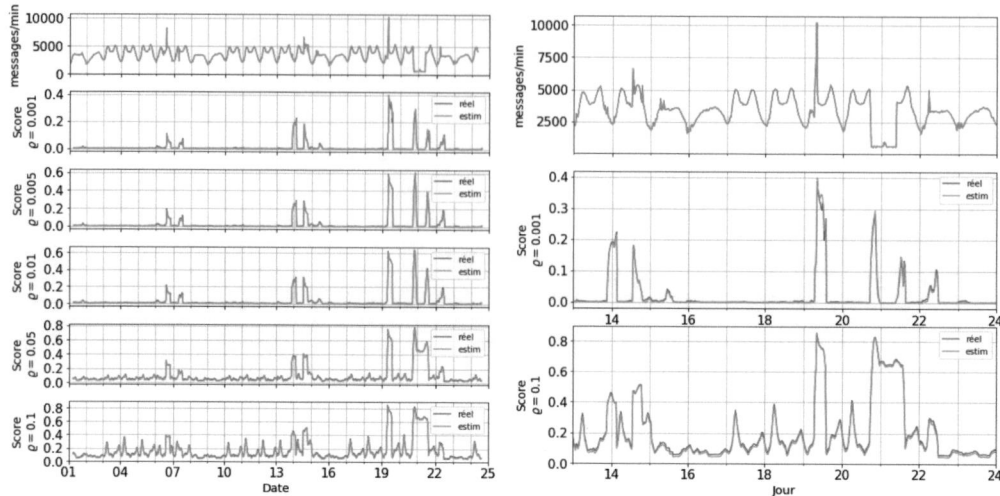

FIG. 2 – *À gauche : la première courbe représente le nombre de message par minutes. Les cinq courbes suivantes représentent le score* CFOF *avec* $\varrho = (0.001, 0.005, 0.01, 0.05, 0.1)$. *À droite : zoom sur la période du 13 au 23 septembre, avec* $\varrho = (0.001, 0.1)$.

2018, et porte sur le nombre de messages par minute sur la plateforme de médiation. Dans une première phase de pré-traitement, nous générons à partir des données brutes un ensemble de séries de mesures. Chaque série comporte 24 mesures (c'est un objet en 24 dimensions) et couvre une fenêtre temporelle de 6 heures. Chacune de ces 24 mesures représente le nombre de messages reçus sur 15 minutes. Les séries se recouvrent dans le temps, et le début d'une série est décalé de 30 minutes par rapport au début de la précédente. Nous obtenons ainsi 13883 séries, chacune contenant 24 valeurs nous informant sur le nombre de messages reçus par pas de temps de 15 minutes. Ces séries sont ensuite insérées dans l'arbre, qui constitue la base de référence à laquelle nous allons comparer le reste des données.

La même méthode de d'extraction à partir des donnée brutes de séries temporelles est appliquée aux données disponibles sur la période du 1er au 24 septembre 2018, ce qui nous donne 1122 séries. Nous estimons ensuite le score CFOF de chacune de ces séries par rapport aux séries de référence stockées dans l'arbre. À des fins d'évaluation et de comparaison, nous calculons aussi leur score exact, mais dans l'application finale cette phase sera omise. Nous voyons que les deux courbes correspondantes, présentées sur la figure 2, sont presque tout le temps confondues. Plusieurs valeurs du paramètre ϱ sont évaluées, afin de voir dans quelle mesure nous pouvons contrôler le taux de faux négatifs.

Pour ce jeu de données, les exécutions ont également été réalisées sur un Intel Xeon Silver 4114 à 2.2 GHz, et se terminent avec un temps moyen de calcul de notre approximation du score CFOF de 160 secondes par objet, alors que le temps mesuré pour le calcul du score exact est plus de 25 fois supérieur.

Toutes les anomalies détectées avec un paramètre ϱ de 0.001 correspondent à des incidents métiers réels. Nous en discutons trois en particulier ici. Une première anomalie, identifiée autour du 7 septembre, provient de l'accumulation de messages provenant d'une plateforme en amont. Notre méthode permet de détecter d'une part un pic anormal du nombre de messages entre le 6 et le 7 septembre, et d'autre part une baisse anormale le matin du 7. Une deuxième anomalie, représentative des anomalies souvent détectées, est visible le 19 septembre au matin. Nous voyons que le nombre de messages a arrêté d'augmenter de 3h à 6h du matin, avant de brusquement grimper à plus de 10000 messages par minute. C'est un cas d'anomalie assez classique dans lequel la plateforme n'arrive pas à traiter tous les messages arrivant suite à une saturation, lorsqu'une ou plusieurs files d'attente en amont de CanalTrain vident massivement leurs buffers de messages accumulés. Le même type de comportement, mais plus atténué, peut être observé le 6 septembre autour de 14h. Un des premiers constats techniques, avant la purge et le redémarrage des nœuds de la plateforme, était une saturation de la mémoire vive suivie d'une saturation du CPU. L'anomalie la plus frappante se situe dans la nuit du 20 au 21 septembre, où l'on constate que le nombre de message s'est totalement écroulé, et tous les flux de la plateforme CanalTrain sont soudain stoppés. Cette anomalie, qui a dans les faits été résolue très tardivement, provenait du dysfonctionnement du système de gestion des messages (ActiveMQ) interne à CanalTrain. Un redémarrage s'est avéré nécessaire, mais la cause du comportement anormal du composant n'a cependant toujours pas pu être identifiée. On constate qu'avec le paramètre $\varrho \in (0.001, 0.005, 0.01)$ l'anomalie est marquée en début et en fin par deux pics de scores élevés, tandis qu'avec $\varrho = 0.05$ et $\varrho = 0.1$, l'anomalie est signalé du début à la fin. En effet, une valeur de ϱ plus élevée rend le coefficient CFOF plus exigeant en terme de similarité.

Les évaluations présentées dans cette section mettent en avant deux points importants : (1) notre méthode d'approximation du score CFOF à partir de l'arbre *i*SAX permet d'obtenir une qualité suffisante pour l'application envisagée de détection d'anomalies, (2) le paramètre ϱ permet de régler la sensibilité de la détection, et de l'adapter aux motifs recherchés.

5   Conclusion et perspectives

Nous avons présenté dans cet article une nouvelle méthode permettant d'approcher rapidement le score CFOF d'objets multi-dimensionnels en utilisant un arbre d'indexation *i*SAX. Nous avons comparé la qualité du score réel avec le score approximé, et montré la très bonne qualité de ce dernier sur un jeu de données artificiel et sur un jeu réel. Par ailleurs, les éléments détectées dans le cas d'utilisation réel au sein de la SNCF reflètent bien un comportement anormal du système d'information validé ultérieurement par les experts.

Plusieurs perspectives sont envisagées pour ce travail. Tout d'abord, bien que l'approximation obtenue soit de bonne qualité, nous souhaitons étudier la possibilité de borner les erreurs commises, et notamment comprendre pourquoi le nombre de dimensions influence le signe de l'erreur lorsque le score augmente. Ensuite, étant donné le faible coût du calcul, nous pensons que notre méthode permet d'une part de traiter les données sous forme de flux, et d'autre part de lever des alertes en temps réel, et de mettre l'arbre à jour incrémentalement. Enfin, il serait intéressant dans notre contexte au sein de la SNCF d'utiliser la temporalité des données pour donner un poids variable aux différents objets lors du calcul du score. Dans notre cas, nous pourrions privilégier les objets similaire du point vue temporel, et par exemple commencer par prendre en compte les objets d'un même type de jour et d'un même créneau horaire, avant d'élargir au besoin aux différents contextes des données.

Références

Abràmoff, M. D., Y. Lou, A. Erginay, W. Clarida, R. Amelon, . C. Folk, et M. Niemeijer (2015). Improved automated detection of diabetic retinopathy on a publicly available dataset through integration of deep learning. *Investigative Ophthalmo. and Visual Science 57*(13), 7 pages.

Aggarwal, C. C. (2013). *Outlier Analysis*. Springer Publishing Company, Incorporated.

Angiulli, F. (2017). Concentration free outlier detection. In *Machine Learning and Knowledge Discovery in Databases*, pp. 3–19. Springer International Publishing.

Breunig, M. M., H.-P. Kriegel, R. T. Ng, et J. Sander (2000). Lof: Identifying density-based local outliers. *SIGMOD Rec. 29*(2), 93–104.

Chandola, V., A. Banerjee, et V. Kumar (2009). Anomaly detection: A survey. *ACM Comput. Surv. 41*(3), 15:1–15:58.

Chandola, V., A. Banerjee, et V. Kumar (2012). Anomaly detection for discrete sequences: A survey. *IEEE Transactions on Knowledge and Data Engineering 24*(5), 823–839.

Knox, E. M. et R. T. Ng (1998). Algorithms for mining distance-based outliers in large datasets. In *Proc. of the International Conference on Very Large Data Bases*, pp. 392–403.

Li, X., J. Han, S. Kim, et H. Gonzalez (2007). Roam: Rule- and motif-based anomaly detection in massive moving object data sets. In *Proceedings of the 2007 SIAM International Conference on Data Mining*, pp. 273–284.

Mukkamala, S., G. Janoski, et A. Sung (2002). Intrusion detection using neural networks and support vector machines. In *Proceedings of the 2002 International Joint Conference on Neural Networks. IJCNN'02 (Cat. No.02CH37290)*, Volume 2, pp. 1702–1707.

Shieh, J. et E. Keogh (2008). iSAX: Indexing and mining terabyte sized time series. In *Proceedings of the 14th ACM SIGKDD International Conference on Knowledge Discovery and Data Mining*, KDD '08, New York, NY, USA, pp. 623–631. ACM.

Shieh, J. et E. Keogh (2009). iSAX: disk-aware mining and indexing of massive time series datasets. *Data Mining and Knowledge Discovery 19*(1), 24–57.

Ting, K. M., F. T. Liu, et Z. Zhou (2008). Isolation forest. In *2008 Eighth IEEE International Conference on Data Mining(ICDM)*, Volume 00, pp. 413–422.

Summary

Our work focuses on the detection of anomalies in traces of the communication infrastructure of the Information System (IS) of the SNCF. Two recent and independent techniques seem particularly appropriate in our case. The first is the storage and indexation of time series in a tree called iSAX tree, and the second is an anomaly detection score named CFOF, score that has been proven to resist to the concentration phenomenon in high dimension. In this article, we show that it is possible to use the structuration of information in the iSAX tree to quickly determine an approximation of the CFOF score. We show that the approximated score is close to the exact score on synthetic and real datasets, and the first feedbacks indicate that this score seems relevant for triggering alarms related to the anomalies detected in the activity traces of SNCF IS.

Conception physique d'un entrepôt de données distribuées basée sur K-means équilibré

Yassine Ramdane*, Omar Boussaid*
Nadia Kabachi**, Fadila Bentayeb *

*Université de Lyon, Lyon 2, ERIC EA 3083, 5, avenue Pierre Mendês 69676 Bron-France,
{Yassine.Ramdane, Omar.Boussaid, Fadila.Bentayeb}@univ-lyon2.fr
**Université de Lyon, université Claude Bernard Lyon 1, ERIC EA 3083, 43 boulevard
du 11 novembre 1918, 69100, Villeurbanne-France
Nadia.Kabachi@univ-lyon1.fr

Résumé. Le partitionnement horizontal est l'une des techniques les plus performantes pour améliorer l'exploitation de données sur les plateformes de traitements parallèles comme Hadoop et Spark. Dans les entrepôts de données distribués (EDD), l'opération la plus coûteuse est la jointure en étoile qui nécessite plusieurs cycles MapReduce lors de son exécution. Dans ce papier, nous proposons une nouvelle stratégie de placement des données d'un entrepôt volumineux dans Hadoop, en se basant sur l'algorithme K-means équilibré (*K-means balanced*). Ce schéma de placement permet d'exécuter des opérations de certaines requêtes OLAP, dont la jointure en étoile, en une seule étape de Spark. Dans notre approche, nous prenons en compte les caractéristiques physiques du *cluster* et le volume des données. Pour évaluer notre proposition, nous avons effectué des expérimentations sur un *cluster* de 5 nœuds avec un entrepôt de données issu du banc d'essai TPC-DS. Les résultats obtenus montrent un gain de temps d'exécution, de certaines requêtes OLAP, allant jusqu'à 60% par rapport à d'autres approches existantes.

1 Introduction

Un entrepôt de données (ED) est une grande base de données conçue pour analyser les données. La taille d'un ED peut atteindre des dizaines de teraoctets (To). Il est modélisé à l'aide d'un schéma en étoile ou en flocons de neige, comprenant une ou plusieurs tables de faits et plusieurs dimensions.

Plusieurs techniques de partitionnement horizontal ont été utilisées pour améliorer les performances des entrepôts de données distribuées (EDD), comme l'équilibrage des charges de données ou les stratégies de placement et de distribution des bases de données (Zamanian et al., 2015; Lu et al., 2017). On peut distinguer deux types de partitionnement : statique et dynamique. Dans les techniques statiques, on effectue le placement et la distribution des données avant de traiter une requête en se basant soit sur le schéma de l'entrepôt (Eltabakh et al., 2011; Dittrich et al., 2010), soit sur une charge de requêtes stable (Arres et al., 2015). Dans les techniques dynamiques, la distribution des données se fait au moment de l'élaboration du plan d'exécution de la requête (Zamanian et al., 2015; Tang et al., 2018). Certaines techniques, comme dans (Eltabakh et al., 2011; Dittrich et al., 2010), n'utilisent pas de charge de requêtes, mais plutôt des fichiers logs, cependant, elles ne sont pas adaptables dans le contexte des EDD et les requêtes de jointure en étoile.

Dans Hadoop, les bases de données sont constituées de tables, dont les données sont accessibles via un langage de requêtes tels que Hive-QL (Thusoo et al., 2009) ou Spark-SQL (Armbrust et al., 2015). Les tables, dans Hive ou dans Spark-SQL, sont similaires aux tables d'une base de données relationnelle. Dans un entrepôt, les données des tables sont sérialisées et chaque table possède un répertoire HDFS correspondant. Hadoop utilise des techniques de partitionnement et d'équilibrage de charges pour améliorer l'exécution des requêtes. Cependant, la distribution aléatoire des blocs, effectuée par HDFS, peut diminuer les performances des EDD, plus particulièrement avec les requêtes OLAP.

Les requêtes OLAP se composent de plusieurs opérations, comme le filtrage, la projection, la jointure et l'agrégation. Chaque opération peut s'exécuter lors de la phase *Map* ou celle de *Reduce*. Ainsi, chaque opération génère un coût d'E/S ou de CPU. L'opération de jointure est la plus coûteuse et peut générer un coût de communication considérable. Elle peut nécessiter $n-1$ ou $2*(n-1)$ cycles MapReduce, où n est le nombre des tables utilisées dans la requête. Pour minimiser le nombre de ces cycles et améliorer le traitement des requêtes, plusieurs travaux ont été proposés (Purdilă et Pentiuc, 2016; Brito et al., 2016). Cependant, autant que nous sachions, il n'existe aucun travail antérieur pouvant exécuter l'opération de jointure en étoile en une seule étape de Spark sur la plateforme Hadoop.

Dans ce papier, nous proposons un nouveau schéma de placement de données massives d'un EDD sur un cluster de nœuds homogènes, en utilisant l'équilibrage des charge de données sans se baser sur une charge de requêtes donnée. Nous prenons en compte les caractéristiques physiques du cluster et la distribution des clés primaires et étrangères des dimensions. Notre stratégie permet d'exécuter plusieurs opérations d'OLAP dont la jointure en étoile avec un seul cycle de Spark. Pour développer et évaluer notre approche, nous avons utilisé le langage Scala, la plateforme Hadoop-YARN avec Spark, le système Hive et le banc d'essai TPC-DS.

Le reste de cet article est structuré comme suit. La Section 2 résume les travaux liés aux différents types de jointure en MapReduce. Dans la Section 3, nous détaillons notre approche. Nous présentons nos expérimentations dans la Section 4 et nous concluons dans la Section 5.

2   Etat de l'art

La plupart des algorithmes de jointure en *MapReduce* reposent sur des techniques de partitionnement dynamiques, comme *repartition join* et *broadcast join* (Blanas et al., 2010), *multi-way join* (Afrati et Ullman, 2011) ainsi que le travail récent de (Kalinsky et al., 2016). Par contre, il y a peu de travaux qui utilisent des techniques statiques comme (Dittrich et al., 2010) et (Azez et al., 2015). Ce genre de technique nécessite la connaissance au préalable du type de traitement à faire. De plus, bien que le partitionnement dynamique effectué par les algorithmes de (Afrati et Ullman, 2011) et (Kalinsky et al., 2016) sont performants pour l'exécution de la jointure en étoile, cependant, le temps des transferts des données entre les nœuds durant la phase *Shuffle* peut être considérable, surtout dans le cas des dimensions de grande taille.

D'autre part, la technique de réplication totale de certaines dimensions, utilisée dans les travaux de (Blanas et al., 2010) et (Abouzeid et al., 2009), est une méthode inappropriée pour les tables de grande taille. Ainsi, la méthode de pré-jointure effectuée par l'approche JOUM (Azez et al., 2015), n'est pas une solution flexible pour les entrepôts de données massives et peut occuper un espace disque trop important. D'autres travaux, comme (Purdilă et Pentiuc, 2016; Brito et al., 2016), ont proposé des méthodes pour réduire le nombre des cycles *Ma-pReduce* dans l'opération de jointure. Telle que la stratégie de Purdilă et Pentiuc (2016) qui exécute la jointure en étoile en deux itérations *MapReduce*; Brito et al. (2016) proposent deux algorithmes : *Spark Broadcast Join (SBJ)* et *Spark Bloom-Filtered Cascade Join (SBFCJ)* qui permettent de minimiser le coût de communication pour cette opération.

Spark-SQL utilise aussi par défaut le *Hash-BroadCast join (HBJ)* si les dimensions sont de faible taille. Dans ce cas, la jointure en étoile s'exécute dans la phase *Map*, sinon, Spark-SQL utilise le Shuffle join (c.à.d., *repartition join* (Blanas et al., 2010)) qui nécessite plusieurs cycles de Spark. Zamanian et al. (2015) utilisent un schéma de partitionnement dynamique implémenté dans un système de traitement des bases de données parallèles, appelé "*predicate-based reference*". Leur stratégie assure automatiquement la localité des données en co-partitionnant les tables qui partagent la même clé de jointure dans le même "*Bulk*" (partition).

Notre stratégie de placement est une technique de partitionnement statique comme (Dittrich et al., 2010). Nous traitons le problème des données dupliquées, comme dans (Zamanian et al., 2015), en utilisant l'algorithme de *clustering* "*K-means Balanced*". Avec notre technique et indépendamment de la charge de requêtes utilisée, nous pouvons exécuter le filtrage (c.à.d., prédicats dans la clause *Where*), la projection et la jointure en étoile en un seul cycle de Spark. Nous avons utilisé le moteur de traitement parallèle Spark et la plateforme Hadoop-YARN. L'ED utilisé est en schéma en étoile. Nous avons employé la technique de compartiment de données (*Bucketing*), qui existe en Hive et Spark-SQL, appelée *Sort-Merge-Bucket (SMB) join*.

3   L'approche proposée

Notre approche consiste à construire des fragments horizontaux des tables de faits et de dimensions, puis de les distribuer de façon équilibrée sur les différents nœuds d'un cluster, afin d'exécuter la jointure en étoile localement et en un seul cycle de Spark. Nous disposons au préalable du schéma de l'ED et des caractéristiques physiques du cluster. Notre démarche est composée de deux phases : (1) construction des *buckets* des tables de faits et de dimensions; (2) placement des *buckets* qui partagent la même clé de jointure dans le même nœud. La Fig. 1 montre les étapes de notre approche. Dans ce qui suit, nous détaillons notre solution en commençant par la formalisation de notre problème.

3.1   Formulation du problème

Soit un schéma en étoile d'un ED, $E=\{F, D1, D2,..,Dk\}$, tel que F est la table des faits et Dd, $d \in 1..k$, sont les dimensions. Notons par $FK=\{fk_1, fk_2,..,fk_k\}$, l'ensemble des clés étrangères dans F en provenance de différentes dimensions, et par $PK=\{pk_1, pk_2,..,pk_k\}$, l'ensemble des clés primaires de différentes dimensions. Nous symbolisons par "*index*" la clé de *bucketing* qui va servir à partitionner les tables de faits et de dimensions, tel qu'"*index* $\in$

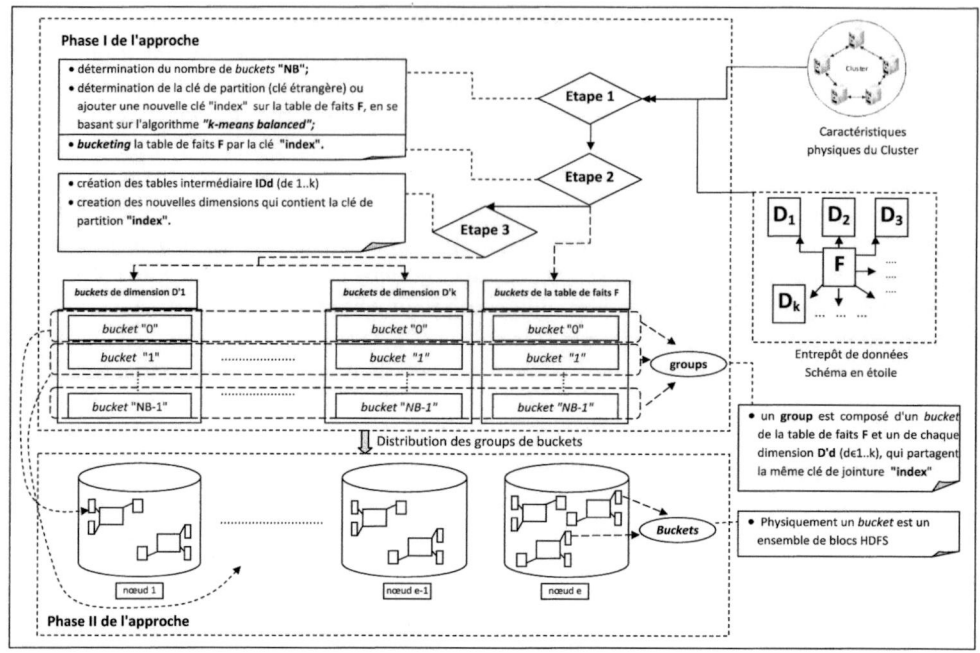

FIG. 1 – *les étapes de l'approche*

FK", ou bien "$index$" pourrait être une nouvelle colonne à ajouter à toutes les tables de l'ensemble E. Nous notons par NB le nombre des fragments (*buckets*) construits. Nous notons aussi par $CF = \{bucketF_0, bucketF_1, ..., bucketF_{NB-1}\}$, l'ensemble des *buckets* de la table des faits F, par $CDd = \{bucketDd_0, bucketDd_1, ..., bucketDd_{NB-1}\}$, ceux des dimensions, et par $W_{CF} = \{\|bucketsF_0\|, \|bucketF_1\|, ..., \|bucketF_{NB-1}\|\}$ l'ensemble des tailles des *buckets* de la table des faits F et $W_{CDd} = \{\|bucketDd_0\|, \|bucketDd_1\|, ..., \|bucketDd_{NB-1}\|\}$, $d \in 1...k$, celles des dimensions. Nous notons par "$group$", l'ensemble des *buckets* qui partagent la même clé de jointure "$index$", composé d'un *bucket* de F et un *bucket* de chaque dimension Dd, $d \in 1..k$. $N=\{n_1, n_2,.., n_e\}$ est l'ensemble des nœuds du *cluster*.

Notre objectif est de savoir comment choisir la clé $index$ et le nombre NB, pour obtenir des tailles plus ou moins égales des *buckets* de l'ensemble W_{CF} et W_{CDd}, $d \in 1..k$, et comment distribuer ces *buckets* sur les nœuds du cluster afin d'exécuter des opérations d'OLAP dont la jointure en étoile localement et en un seul cycle de Spark. Dans ce que suit, nous détaillons notre approche.

3.2 Construction des *Buckets*

Cette phase est composée de trois parties : (1) détermination du nombre de *buckets* "NB" et de la clé de partitionnement "$index$" ; (2) construction des *buckets* de la table des faits "CF" ; et (3) construction des *buckets* des dimensions "$CDd, d \in 1..k$".

3.2.1 Détermination du nombre *NB* et de la clé *index*

Pour déployer notre stratégie de partitionnement, la détermination du nombre idéal NB et de la clé de partition $index$, est une tâche primordiale.

a) Détermination du nombre NB : nous devons sélectionner celui-ci comme suit :

$$NB \in [min\_NB, .., max\_NB] \tag{1}$$

tel que min_NB est le nombre minimum des *buckets*, et max_NB le nombre maximum. Pour déterminer ces valeurs, nous employons les règles suivantes :

— **Règle 1**. Pour paralléliser notre traitement, il est préférable d'exploiter tous les CPU *cores*. Donc, au minimum, nous avons $min\_NB = N_{ct}$, tel que N_{ct} est le nombre total des CPU *cores* des *DataNodes* du *cluster*. C.à.d., N_{ct} est le nombre total des CPU *cores* affectés aux *executors* de Spark [1]. Notre démarche consiste à affecter pour chaque partition de Spark un CPU *cores* (dans notre cas une partition est un *group*, voir les notations dans la Section 3.1).

— **Règle 2**. Le choix d'un grand nombre NB peut pénaliser le traitement distribué, dû à l'augmentation du nombre d'E/S et à la taille des méta-données persistant en mémoire dans le *NameNode*. Pour palier à cela, le max_NB est déterminé comme suit :

$$max\_NB \leq \lfloor min\_NB \times \left(\frac{V_E}{V_M} \right) \rfloor \ et \ max\_NB \leq |T| \tag{2}$$

tel que V_E est la taille de l'entrepôt E, V_M est la somme des tailles mémoires (RAM) de tous les *DataNodes*, et T est la dimension ayant la plus faible taille dans E. Si $V_E < V_M$, on met $\frac{V_E}{V_M} = 1$. Notre raisonnement ici porte sur la première partie de la formule (2) ; ceci signifie que si nous avons un espace mémoire suffisant (c.à.d. $V_M \approx V_E$), $max\_NB \approx min\_NB$, nous pouvons exécuter des partitions de grande taille. Cependant, si la taille de la mémoire est faible ($V_M \ll V_E$), le max_NB augmente. Dans ce cas, le traitement de petites partitions est préférable. La seconde partie de l'équation, c.à.d. $max\_NB \leq |T|$, permet d'éviter l'obtention des *buckets* vides dans CF et CDd.

— **Règle 3.** Pour accélérer la sélection du meilleur nombre NB, nous commençons par exécuter des requêtes avec $NB = N_{ct}$, et à chaque fois, nous incrémentons la valeur NB, c.à.d. $NB = NB + N_{ct}$, jusqu'à ce que $NB = max\_NB$, ou lorsque le temps d'exécution des requêtes augmente.

b) Détermination de la clé $index$: le premier objectif de déterminer la clé $index$ est de créer des "$groups$" de *buckets*. Nous distinguons deux techniques pour choisir la clé de jointure $index$: (1) nous choisissons la clé $index$ comme l'une des clés étrangères de la table des faits F, tel que le nombre de ses valeurs distinctes soit supérieur ou égal au nombre NB (pour éviter l'obtention des *buckets* vides) et pour qu'elle ait la meilleure distribution homogène de ses valeurs (c.à.d. la plus faible valeur du coefficient d'asymétrie [2]) ; (2) dans la deuxième technique, nous ajoutons une nouvelle clé de type entier à toutes les tables de l'entrepôt E. Cependant, afin d'obtenir une meilleure *classification* des enregistrements de F et déterminer

---

1. *un executor* est un processus intelligent permettant de lancer d'une façon autonome les tâches d'une application.

2. dans notre cas, le coefficient d'asymétrie Sk est calculé par la formule : $Sk = \frac{n}{(n-1)(n-2)} \sum (\frac{x_i - \mu}{\sigma})^3$

où n est le cardinal de l'ensemble $Dist$, x_i est l'élément i de $Dist$, σ est l'écart type de $Dist$ et μ est la moyenne de $Dist$, (c.f. https ://en.wikipedia.org/wiki/Skewness).

les valeurs d'$index$ pour minimiser l'écart-type des ensembles W_{CF} et W_{CDd}, $d \in 1..k$, nous appliquons l'algorithme de *clustering* "*K-means balanced*" (c.f. dans la Section 3.4).

3.2.2 Construction des *buckets* de la table des faits

La construction de l'ensemble CF est basée sur les deux paramètres : le nombre "NB" et la clé de partition "$index$". Quelque soit la technique utilisée pour choisir la clé $index$, nous appliquons la formule suivante pour construire les *buckets* de l'ensemble CF : *enregistrements du bucket* $F_i \equiv$ *enregistrements de F qui ont la même valeur de la clé* "$index$".

3.2.3 Construction des *buckets* des dimensions

Nous construisons à present les ensembles de *buckets*, CDd, $d \in 1..k$, pour les tables de dimensions. Nous distinguons deux techniques : (1) dans la première, nous la désignons par $FkKey$, nous partitionnons la dimension Dm, dont la clé étrangère fk_m vérifie les deux conditions expliquées dans la Section 3.2.1.b, et nous créons ses *buckets* en utilisant la même formule dans 3.2.2 (où nous remplaçons F par Dm). Cependant pour partitionner les Di, $i \in 1..k/m$, nous devons d'abord construire une table intermédiaire IDi, composée de deux colonnes, la première contenant la clé étrangère fk_i et la deuxième, contient une clé, notée fk_m ; ses valeurs sont calculées par la formule : $fk_m[j]$ *modulo* NB, tel que les $fk_m[j]$ sont les valeurs de la clé étrangère fk_m dans F et $j \in 1..|F|$. Puis, nous supprimons tous les enregistrements dupliqués dans la table IDi. Enfin, nous faisons une jointure entre Di et IDi pour obtenir une nouvelle dimension $D'i$ qui contient la même clé de jointure de la dimension Dm. Et nous construisons l'ensemble $CD'i$, en utilisant la formule 3.2.2. La Fig. 2 donne un exemple comment créer une nouvelle dimension avec cette technique. (2) Dans la deuxième technique, notée par $NewKey$, après avoir ajouter la clé $index$ à la table des faits, en utilisant l'algorithme "*K-means balanced*" et la création de l'ensemble CF, nous devons ajouter la clé $index$ à toutes les dimensions pour créer les CDd, $d \in 1..k$. Pour ce faire, nous suivons ces deux étapes : (a) premièrement, nous construisons une table intermédiaire IDd pour chaque dimension Dd, $d \in 1..k$. IDd est composée de deux attributs, fk_d et $index$, tel que fk_d est la clé étrangère dans F qui correspond à la dimension Dd, et $index$ est la clé de partition ajoutée à F. La table IDd a la même taille, c.à.d. le même nombre d'enregistrements que F. Avant de faire la jointure entre IDd et Dd, pour obtenir une nouvelle dimension $D'd$ qui contient la clé de jointure $index$, nous supprimons tous les enregistrements dupliqués dans la table IDd ; (b) nous construisons après les ensembles $CD'd$ en appliquant la même formule dans 3.2.2 (où nous remplaçons F par $D'd$). Notons que la taille d'une nouvelle dimension $D'd$ change selon la valeur du nombre NB et la façon de déterminer la clé $index$. La Fig. 3 montre un exemple de construction d'une nouvelle dimension et ses *buckets* avec la technique $NewKey$.

3.3 Placement des *Buckets*

Dans la phase II de notre approche, nous distribuons équitablement les $groups$ construits sur les nœuds du *cluster*. Formellement, si on note par $group_i = bucketF_i \uplus_{d=1}^{k} bucketD'd_i$, $i \in 0..NB - 1$, nous commençons par placer le $group_0$ sur le nœud 1, le $group_1$ sur le nœud 2,..., et le $group_{p-1}$ sur le nœud e, tel que $e = p$ *modulo* NB et $p <= NB$. Nous recommençons l'opération de la même manière, nous plaçons le $group_p$ sur le nœud 1, le $group_{p+1}$ sur le

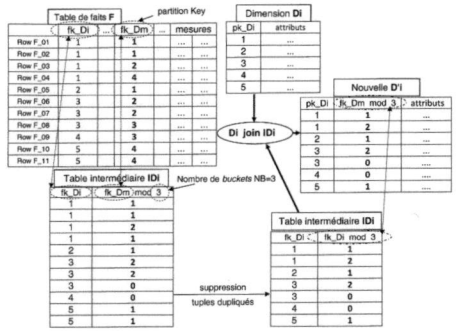
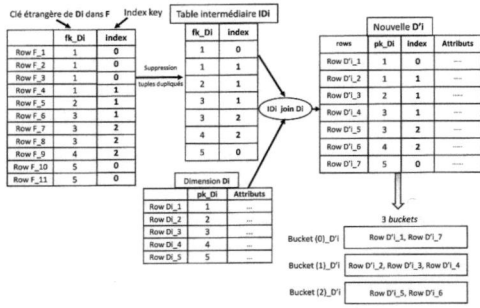

FIG. 2 – *Construction d'une nouvelle dimension selon la technique FkKey*

FIG. 3 – *Construction d'une nouvelle dimension selon la technique NewKey et ses 3 buckets*

nœud 2,..., jusqu'au $group_{NB-1}$. Cette technique de placement permet d'exécuter toutes les opérations de jointure en étoile localement et avec un seul cycle de Spark.

3.4 Détermination de la Clé *Index*

Nous remarquons que la taille des *buckets* dépend des deux paramètres NB et $index$. Nous pouvons déterminer la valeur du NB en suivant les étapes de la Section 3.2.1. Cependant, le choix des valeurs de la clé $index$ est une tâche très difficile à gérer. Donc, puisque en général, les tailles des dimensions sont négligeables par rapport à la table des faits, nous cherchons comment minimiser l'écart-type de l'ensemble W_{CF}. Cependant, il y a un facteur important qui influe directement sur la taille des nouvelles dimensions construites. Celui-ci est la similarité des enregistrements des *buckets* de F. Pour palier à ce problème, nous proposons une solution approximative basée sur l'algorithme "*K-means Balanced*". Les étapes de notre méthode sont :

1. A partir de la table F, nous construisons la matrice *MV*, tel que :

$$MV = \begin{bmatrix} V_{FD11} & V_{FD21} & \cdots & V_{FDk1} \\ V_{FD12} & V_{FD22} & \cdots & V_{FDk2} \\ \cdots & \cdots & \cdots & \cdots \\ \cdots & \cdots & V_{FDdj} & \cdots \\ V_{FD1n} & W_{FD2n} & \cdots & V_{FDkn} \end{bmatrix}$$

ici, V_{FDdj} est la valeur de la colonne fk_d dans la ligne j et $n = |MV| = |F|$.

2. Une fois *MV* obtenue, nous construisons les NB *clusters* de *MV*. Donc, nous avons choisi l'algorithme *K-means balanced* (Malinen et Fränti, 2014) pour regrouper les vecteurs dans *MV*, pour deux raisons : la première est d'obtenir des tailles presque égales de *buckets* de CF ; la deuxième est de minimiser l'erreur quadratique moyenne (MSE) et d'augmenter la similarité interne des *clusters*. *MSE* est calculée comme suit :

$$MSE = \sum_{j=1}^{k} \sum_{X_i \in C_j} \frac{\|X_i - C_j\|^2}{n} \qquad (3)$$

ici, les X_i sont des vecteurs de la matrice *MV*, les C_j sont les centres des groupes ou des clusters et $n = |MV|$.

Nous obtenons ($n \bmod NB$) *clusters* de taille $\lceil \frac{n}{NB} \rceil$, et NB-($n \bmod NB$) *clusters* de taille $\lfloor \frac{n}{NB} \rfloor$.

3. Finalement, nous affectons les valeurs obtenues à l'issue du *clustering* aux valeurs de la clé *index*.

Dans notre technique de regroupement, nous n'avons pas inclus un autre facteur qui influe sur la taille des nouvelles dimensions. Celui-ci est le nombre d'attributs d'une dimension. Certaines dimensions peuvent avoir peu d'attributs alors que d'autres en ont plusieurs (voire des centaines). Cependant, avec les formats de stockage en colonne comme *Parquet* et *ORC*, seuls les attributs sollicités par les requêtes sont chargés en mémoire.

3.5 Transformation des requêtes

Dans notre approche, nous faisons quelques transformations aux niveaux des prédicats de jointure pour obtenir des résultats non erronés. Dans la technique $NewKey$, pour chaque $d \in 1..k$, le prédicat $F.fk_d = Dd.pk_d$ devient $F.index = D'd.index$, tel que $D'd$ est la nouvelle dimension construite. De plus, les deux conditions de jointures "$F.index = D'd.index$" et "$F.fk_d = D'd.pk_d$" ne doivent pas être dans la même requête. Pour la technique $FkKey$, le prédicat $F.fk_d = Dd.pk_d$ devient $F.fk_m \ modulo \ NB = D'd.fk_m$. Cette nouvelle condition de jointure augmente le coût du CPU suite à l'opération de *modulo*, comme nous le montrons dans les Sections 4.2 et 4.3.

4 Expérimentations

4.1 Configuration de l'Environnement

Dans cette Section, nous présentons les étapes d'implémentation de notre approche. Premièrement, nous générons l'ED en utilisant le banc d'essai TPC-DS. Nous stockons directement en HDFS *Parquet* format. Nous avons implémenté les deux phases de notre approche. Nous avons utilisé un *cluster* de 5 machines esclaves (*DataNodes*) et une machine maître (*NameNodes*), caractérisées par : des CPU Pentium I7 avec 8 cores, une mémoire vive de 16 GB et un disque dur de 1 TB. Nous avons installé sur tous les nœuds Hadoop-YARN V-2.9.1, Hive V-2.3.3, Spark V-2.3.2, le banc d'essai TPC-DS, le langage Scala et l'outil "SBT".

Nous avons configuré Spark comme suit : *spark.executor.instances*=10, *spark.executor.memory*=6 GB, *spark.executor.cores*=3 CPU cores, la taille des blocs HDFS est de 128 MB et le facteur de réplication est égal à 3. Pour chaque nœud, nous gardons 4 GB de mémoire et 2 CPU *cores* pour le "système d'exploitation", "*executors*", et pour "*Application Master*". Avec cette configuration, nous pouvons exécuter $10 \times 3 = 30$ tâches au même temps.

4.1.1 Génération des données

Nous adoptons l'application *spark-sql-perf*[3] en utilisant Scala et Spark, pour générer une partie de *DW*, composé d'une table des faits et de 9 dimensions. Suite aux limitations physiques de notre *cluster*, nous générons la table des faits *store_sales* par partition, où, nous avons choisi la clé étrangère *ss_store_sk* de la dimension *store* comme clé de partition, puisque l'attribut *ss_store_sk* possède le moins de valeurs distinctes comparé aux clés des autres dimensions (voir Tab. 1).

---

3. disponible sur le site https ://github.com/databricks/spark-sql-perf

Nom de la table	Entrepôt de données (DW)	
	nombre de tuples	taille en Parquet
store_sales	2 879 995 413	142.6 GB
customer	12 000 000	607.8 MB
customer_address	6 000 000	111.4 MB
customer_demographics	1 920 800	7.4 MB
item	300 000	27.3 MB
time_dim	86 400	1 126 KB
date_dim	73 049	1 740 KB
household_demographics	7 200	30.0 KB
promotion	1 500	76.0 KB
store	1 002	88.0 KB

TAB. 1 – *Caractéristiques de DW*

Nom	code de la requête
Q1	select dt.d_year, item.i_brand, item.i_brand_id, from date_dim dt, item, store_sales where dt.d_date_sk = store_sales.ss_sold_date_sk and store_sales.ss_item_sk = item.i_item_sk and item.i_manufact_id = 128 and dt.d_moy=11 limit 100;
Q2	select dt.d_year, dt.d_month_seq, item.i_brand, item.i_brand_id, item.i_class from date_dim dt, item, store_sales where dt.d_date_sk = store_sales.ss_sold_date_sk and store_sales.ss_item_sk = item.i_item_sk and item.i_manufact_id = 128 and dt.d_moy=11 limit 100;
Q3	select c_customer_id, c_first_name, c_last_name, c_preferred_cust_flag, c_birth_country, c_login, c_email_address, d_year, d_month_seq from customer, date_dim, store_sales where c_customer_sk = ss_customer_sk and ss_sold_date_sk = d_date_sk limit 100;
Q4	select a.ca_city, d.d_month_seq, i.i_brand from customer_address a, date_dim d, item i, store_sales s where a.ca_address_sk = s.ss_addr_sk and s.ss_sold_date_sk = d.d_date_sk and s.ss_item_sk = i.i_item_sk and i.i_manufact_id = 128 and d.d_moy=11 limit 100;
Q5	select a.ca_city, d.d_month_seq, i.i_brand from customer_address a, date_dim d, item i, store_sales s where a.ca_address_sk = s.ss_addr_sk and s.ss_sold_date_sk = d.d_date_sk and s.ss_item_sk = i.i_item_sk limit 100;
Q6	select c.c_customer_id, c.c_first_name, c.c_last_name, c.c_preferred_cust_flag, c.c_birth_country, c.c_login, a.ca_city, a.ca_state, a.ca_country, d.d_month_seq, d.d_date, i.i_brand, i.i_class, i.i_product_name from customer_address a, customer c, date_dim d, item i, store_sales s where a.ca_address_sk = s.ss_addr_sk and c.c_customer_sk = s.ss_customer_sk and s.ss_sold_date_sk = d.d_date_sk and s.ss_item_sk = i.i_item_sk limit 100;

TAB. 2 – *Les 6 requêtes sélectionnées*

4.1.2 Implémentation de l'Approche

Pour implémenter la première phase de notre approche, nous avons utilisé trois composants de Spark : $Dataframe$, $Dataset$ et $ArrayBuffer$. Pour placer les goupes des *buckets*, nous ne changeons pas la politique de placement par défaut d'HDFS comme (Eltabakh et al., 2011). Car la modification du nouveau framework API d'Hadoop V-2.x, est une tâche très difficile à effectuer. Notre stratégie est comme le *balancer* externe d'Hadoop.

4.2 Évaluation

Pour évaluer notre approche, nous générons un ED, noté *DW*, dont la taille est de 500 GB en format CSV (environ 143 GB en format compressé *Parquet*, voir les caractéristiques dans Tab. 1). Nous avons sélectionné puis adapté 6 requêtes de TPC-DS (voir Tab. 2). Nous supprimons "*Group by*" clause les agrégations, puisque cette opération s'exécute dans la phase *Reduce* et nécessite d'autre cycles (*stages*) de Spark. Les caractéristiques des requêtes sont : dans $Q1$, nous joignons 2 dimensions de faible taille avec la table des faits, ainsi nous sélectionnons quelques attributs avec l'utilisation de 2 filtres ; $Q2$ est comme $Q1$, mais avec la sélection de plusieurs attributs ; dans $Q3$, nous joignons 2 dimensions, dont une de large taille, avec la table de faits, sans utiliser des filtres ; la requête $Q4$ est comme $Q1$, avec l'ajout d'une dimension de grande taille $customer\_address$; $Q5$ est comme $Q4$, sans utiliser des filtres ; et $Q6$ est comme $Q5$, mais nous joignons 4 dimensions avec la table de faits.

Nous avons exécuté les 6 requêtes avec 4 approches : (1) SSH (partitionnement et distribution par défaut d'Hadoop et Spark), qui utilise *Shuffle Hash join* (*SH* join est comme *répartition join* de (Blanas et al., 2010)). Dans ce cas, nous désactivons le *Hash Broadcast Join* (*HBJ*) ; (2) l'approche SHB (partitionnement et distribution par défaut d'Hadoop et Spark), en activant *HBJ* ; (3) $SSMBO_{NB}$ est notre propre approche de partitionnement et de distribution avec la technique $NewKey$, qui utilise l'algorithme de *clustering K-means Balanced*, en activant le *Sort-Merge-Bucket join* "*SMB*" de Spark-SQL ; et enfin (4) $SSMBO'_{NB}$ qui est comme $SSMBO_{NB}$, mais avec la technique $FkKey$ pour le choix de clé de partitionnement [4]

Le nombre NB est sélectionné selon les recommandations de la Section 3.2.1. Dans SSH et SHB, nous mettons "$spark.sql.shuffle.partitions$" égale à 180. pour désactiver le *HBJ*

---

4. Notons que durant la génération des tables, nous avons partitionné la table des faits $store\_sales$ par la clé ss_store_sk qui a 1002 valeurs distinctes. Si nous avons partitionné par la clé "$ss\_customer\_sk$" qui a plus de 12 millions de valeurs, nous obtenons de mauvais résultats dans SSH et SHB.

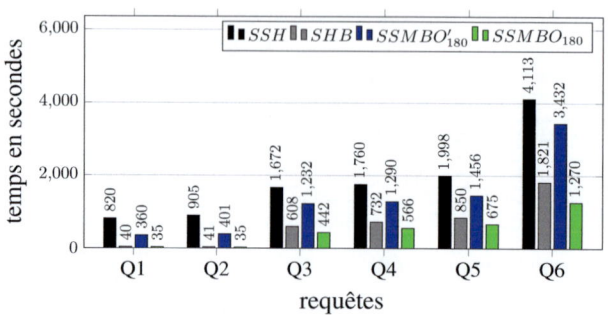

FIG. 4 – *Temps d'exécution des 6 requêtes*

en Spark, nous utilisons l'instruction : *Session.conf.set("spark.sql.auto Broad castJoinThreshold",-1)*. Avec notre configuration, nous pouvons exécuter 30 tâches en parallèle. Donc, min_NB = 30 et $max\_NB \leq \lfloor min\_NB \times \left(\frac{V_E}{V_M}\right)\rfloor = \lfloor 30 \times \left(\frac{500}{80}\right)\rfloor = 187$ (noter que $187 \leq (|T| = 1002)$). Où $V_E = 500GB$ en CSV format et $V_M = (16GB \times 5) = 80$ GB. La Fig. 4 montre le temps d'exécution des 6 requêtes. Pour montrer l'impact de NB sur ces mauvais résultats, nous avons exécuté les 3 requêtes $Q1$, $Q3$ et $Q6$ avec 5 valeurs de NB, (30, 60, 90, 180, 360) (voir Fig. 5). Dans la Fig. 6, nous comparons la taille des dimensions dans les approches $SSMBO$ et $SSMBO'$, et le partitionnement par défaut de Spark et Hadoop (SSH ou SHB). Notons que cette taille concerne une seule réplication des blocs HDFS.

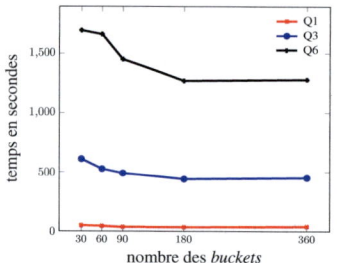

FIG. 5 – *L'impact de NB sur le temps d'exécution des requêtes*

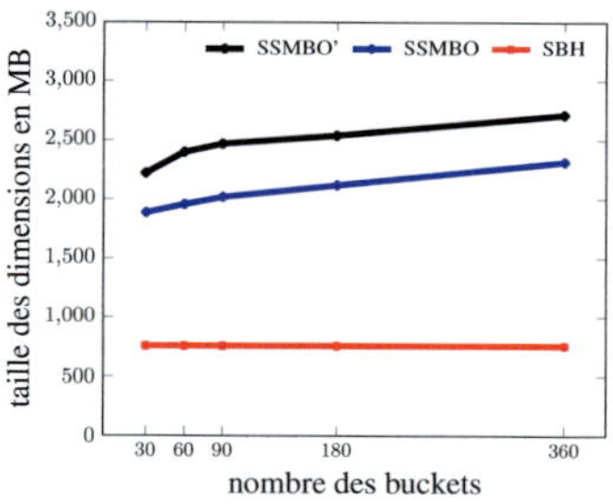

FIG. 6 – *L'impact de NB sur les tailles des dimensions*

4.3 Discussion

Concernant les résultats de la Fig. 4, notre approche $SSMBO$ a permis d'améliorer les temps d'exécution de 25% à 60% par rapport à SHB. Pour toutes les requêtes, des mauvais résultats sont obtenus par les 2 approches SSH et $SSMBO'$ (en appliquant la technique $FkKey$). Dans SSH, ceci est dû au taux élevé du *shuffle* durant la phase *Reduce*. Alors que dans $SSMBO'$, nous obtenons de mauvais résultats bien que nous ayons partitionné toutes les tables avec une seule clé tout en activant SMB join de SPARK-SQL. Dans ce cas, l'optimiseur *Catalyst* de Spark doit planifier d'autres cycles pour calculer la condition de jointure ($F.fk_m$ modulo $NB = D'd.fk_m$), ce qui augmente le coût de CPU.

Dans $Q1$ et $Q2$, nous sélectionnons quelques attributs des dimensions faibles, ($item$ et $date\_dim$), avec 2 filtres, et puisque les données sont stockées en format *Parquet*, le taux d'amélioration de $SSMBO$ est juste entre 15% et 20% par rapport à SHB. Nous remarquons aussi, que les meilleurs résultats sont obtenus avec $Q3$ et $Q6$. Ceci est dû au fait d'avoir utilisé 2 dimensions de grande taille, ($customer$ et $customer\_address$), et la jointure en étoile devient alors lourde pour SHB. Les requêtes $Q3$ et $Q6$ sont exécutées respectivement en 4 et 7 *cycles* dans SHB, tandis que dans $SSMBO$ cela ne nécessite qu'un seul *cycle*. Donc, avec $SSMBO$, et comme nous avons partitionné la table de faits et toutes les dimensions avec la même clé "$index$", nous avons ainsi réussi à utiliser correctement le *SMB join* de Spark-SQL.

La Fig. 5 montre l'impact du nombre NB sur les performances des requêtes. Pour toutes les requêtes, les meilleurs résultats sont obtenus avec la valeur de $NB \in \{90, .., 180\}$, et cela montre la fiabilité de notre méthode pour déterminer le nombre NB. De plus, bien que la Fig. 6 montre qu'il y a un impact du nombre NB sur la taille des nouvelles dimensions, cependant, cela n'influe pas réellement sur l'espace disque, puisque, nous remarquons que le volume des données n'a augmenté qu'entre 2.5 et 2.8 fois par rapport aux tailles originales des dimensions. Notons par exemple, si nous répliquons la dimension $customer$ sur les différents nœuds du *cluster*, l'espace disque occupé par cette dimension se sera $5 \times 607.8 = 3\,039 MB$ en format parquet (voir Tab. 1). Nous remarquons aussi, avec notre algorithme "*K-means Balanced*", nous avons gagné entre 20 et 23% d'espace disque par rapport à $SSMBO'$.

5 Conclusion et travaux futurs

Dans cet article, nous avons présenté une nouvelle stratégie de placement de données volumineuses dans un entrepôt distribué sur un *cluster* de nœuds homogènes, en se basant sur l'algorithme de *clustering K-means balanced*. Notre approche permet d'exécuter plusieurs opérations de certaines requêtes OLAP dont la jointure en étoile avec un seul cycle de Spark. Nous pouvons améliorer davantage le temps d'exécution des requêtes, si on partitionne certaines tables par les attributs des prédicats les plus fréquemment utilisés.

Il y a plusieurs perspectives dont les plus importantes sont : (1) l'améliorer de notre conception à travers une charge de requêtes ; (2) l'ajout d'une partie dynamique pilotée par un Système Muli-Agents pour équilibrer les partitions générées lors les résultats intermédiaires.

Références

Abouzeid, A., K. Bajda-Pawlikowski, D. Abadi, A. Silberschatz, et A. Rasin (2009). Hadoopdb : an architectural hybrid of mapreduce and dbms technologies for analytical workloads. *Proceedings of the VLDB Endowment 2*(1), 922–933.

Afrati, F. N. et J. D. Ullman (2011). Optimizing multiway joins in a map-reduce environment. *IEEE Transactions on Knowledge and Data Engineering 23*(9), 1282–1298.

Armbrust, M., R. S. Xin, C. Lian, Y. Huai, D. Liu, J. K. Bradley, X. Meng, T. Kaftan, M. J. Franklin, A. Ghodsi, et al. (2015). Spark sql : Relational data processing in spark. In *Proc. of the 2015 ACM SIGMOD Int Conf. on Management of Data*, pp. 1383–1394. ACM.

Arres, B., N. Kabachi, et O. Boussaid (2015). Optimizing olap cubes construction by improving data placement on multi-nodes clusters. In *Parallel, Distributed and Network-Based Processing (PDP), 2015 23rd Euromicro International Conference on*, pp. 520–524. IEEE.

Azez, H., M. H. Khafagy, et F. A. Omara (2015). Joum : An indexing methodology for improving join in hive star schema. *Int. J. Sci. Eng. Res 6*, 111–119.

Blanas, S., J. M. Patel, V. Ercegovac, J. Rao, E. J. Shekita, et Y. Tian (2010). A comparison of join algorithms for log processing in mapreduce. In *Proceedings of the 2010 ACM SIGMOD Int. Conf. on Management of data*, pp. 975–986. ACM.

Brito, J. J., T. Mosqueiro, R. R. Ciferri, et C. D. de Aguiar Ciferri (2016). Faster cloud star joins with reduced disk spill and network communication. *Procedia Computer Sc. 80*, 74–85.

Dittrich, J., J.-A. Quiané-Ruiz, A. Jindal, Y. Kargin, V. Setty, et J. Schad (2010). Hadoop++ : making a yellow elephant run like a cheetah. *Proc. of the VLDB Endow. 3*(1-2), 515–529.

Eltabakh, M. Y., Y. Tian, F. Özcan, R. Gemulla, A. Krettek, et J. McPherson (2011). Cohadoop : flexible data placement and its exploitation in hadoop. *Proceedings of the VLDB Endowment 4*(9), 575–585.

Kalinsky, O., Y. Etsion, et B. Kimelfeld (2016). Flexible caching in trie joins. *arXiv preprint arXiv :1602.08721*.

Lu, Y., A. Shanbhag, A. Jindal, et S. Madden (2017). Adaptdb : adaptive partitioning for distributed joins. *Proceedings of the VLDB Endowment 10*(5), 589–600.

Malinen, M. I. et P. Fränti (2014). Balanced k-means for clustering. In *Joint IAPR International Workshops on Statistical Techniques in Pattern Recognition (SPR) and Structural and Syntactic Pattern Recognition (SSPR)*, pp. 32–41. Springer.

Purdilă, V. et Ş.-G. Pentiuc (2016). Single-scan : a fast star-join query processing algorithm. *Practice and Experience 46*(3), 319–339.

Tang, Z., X. Zhang, K. Li, et K. Li (2018). An intermediate data placement algorithm for load balancing in spark computing environment. *Future Generation Comp. Sys. 78*, 287–301.

Thusoo, A., J. S. Sarma, N. Jain, Z. Shao, P. Chakka, S. Anthony, H. Liu, P. Wyckoff, et R. Murthy (2009). Hive : a warehousing solution over a map-reduce framework. *Proceedings of the VLDB Endowment 2*(2), 1626–1629.

Zamanian, E., C. Binnig, et A. Salama (2015). Locality-aware partitioning in parallel database systems. In *Proc. of the 2015 ACM SIGMOD Int. Conf. on Management of Data*, pp. 17–30.

Summary

Horizontal partitioning has been widely used to optimize query processing in distributed system such as Hadoop and Spark. In distributed data warehouses, the most expensive operation for OLAP queries is star join which requires many MapReduce cycles to perform it. In this paper, we propose new data placement in Hadoop based on K-means balanced algorithm. This schéma allows to perfom star join operation in only one Spark stage. In our technique, we take into account the physical characteristics of the cluster and the volume of data. To evaluate our approach, we conducted some experiments on a cluster of 5 nodes. Where, our approach has improved the execution time of some OLAP queries by 60% over some existing approaches.

Detecting Overlapping Communities in Two-mode Data Networks using Formal Concept Analysis

Abir Messaoudi, Rokia Missaoui
Mohamed-Hamza Ibrahim

LARIM, Université du Québec en Outaouais, Québec, Canada
{mesa08,missro01,ibrm05}@uqo.ca

Abstract. Social networks frequently feature complex structures such as two-mode data expressed by bipartite graphs. Most research work on community detection in bipartite graphs focus on either finding non-overlapping communities or identifying overlapping ones by first projecting two-mode (bi-dimensional) data into two one-mode tables which are further analyzed. However, this often leads to a loss of information and produces inaccurate communities. Therefore, efficiently detecting communities in such two-mode data networks often remains a key challenge in social network analysis. In this paper, we introduce a novel three-step strategy to detect overlapping as well as hierarchically nested communities in bipartite graphs. First, we extract the formal concepts that represent potential groups in the social network. Then, we rank and filter the obtained groups to keep only core ones that have a high mean of stability and separation. Finally, we detect communities by refining the core groups using a Silhouette Analysis. Our experiments on real-world social networks show that our method can accurately identify overlapping communities.

1 Introduction

Although numerous community detection methods have been proposed, relatively few ones are designed for heterogeneous or multi-layer networks or even two-mode data ones (*i.e.*, two types of nodes and one type of links). The main focus is generally on homogeneous (commonly called one-mode data) networks, which are extracted from real-world networks by considering one type of nodes (objects) and one type of links. Moreover, most of the studies are concerned with disjoint communities rather than overlapping and hierarchically nested ones which are very common in real-life situations and applications. For the reasons cited above, the number of research studies on identifying overlapping and nested communities in heterogeneous networks is growing up. This is an issue we seek to address in the following paper. Our method is completely unsupervised and can automatically determine both the number of communities and their description. It relies on the inherent structure discovered from data using Formal Concept Analysis (FCA), and two relevancy metrics associated with formal concepts, namely stability and separation. Finally, it makes use of Silhouette analysis to refine the process of community detection.

The rest of this paper is organized as follows: Section 2 provides background on social network analysis (SNA) and FCA while Section 3 gives a brief overview of related work. In Section 4 we describe and illustrate our approach. Section 5 presents the empirical study while the conclusion and future work are given in Section 6.

2 Background

2.1 Social Network Analysis

There are many types of social networks. A particular one is the two-mode data network with two types of nodes and one type of ties that are only established between two nodes belonging to different sets. The first set represents objects (actors) while the second one represents attributes (characteristics, properties). Such a network is expressed by a bipartite graph $\mathcal{B} = (U, V, E)$, where U and V are two independent/disjoint sets of vertices, and E is the set of edges between one node in U and one node in V. For instance, a community in a social network may represent researchers closely connected to publications according to a co-authorship link.

The most studied topics in SNA are link prediction, influence maximization and propagation, position and role computation, network destabilization vs reinforcement, and community detection. The latter topic (Fortunato, 2010) aims at finding clusters as sub-graphs within a given network.

Communities can be either disjoint or overlapping (Wang and Fleury, 2013; Xie et al., 2013). Partial or full nesting is an important aspect of real-world networks, and means that communities are strongly hierarchical. For example, a community of graduate students having the same supervisor is mainly a subset of a larger group of students enrolled in the same program.

2.2 Formal Concept Analysis

Formal Concept Analysis is a branch of applied mathematics, which is based on a formalization of concept and concept hierarchy (Ganter and Wille, 1999; Ganter and Obiedkov, 2016). It uses a formal binary context to construct a concept (Galois) lattice whose nodes are formal concepts.

A formal context is a triple $\mathbb{K} = (\mathcal{G}, \mathcal{M}, \mathcal{I})$, where $\mathcal{G}$ is a set of objects, $\mathcal{M}$ a set of attributes, and $\mathcal{I}$ a binary relation between $\mathcal{G}$ and $\mathcal{M}$ with $\mathcal{I} \subseteq \mathcal{G} \times \mathcal{M}$. For $g \in \mathcal{G}$ and $m \in \mathcal{M}, (g, m) \in \mathcal{I}$ holds (i.e., $(g, m) = 1$) iff the object g has the attribute m, and otherwise $(g, m) \notin \mathcal{I}$ (i.e., $(g, m) = 0$). Given arbitrary subsets $A \subseteq \mathcal{G}$ and $B \subseteq \mathcal{M}$, the following derivation operators are defined:

$$A' = \{m \in \mathcal{M} \mid \forall g \in A, (g, m) \in \mathcal{I}\}, \ A \subseteq \mathcal{G}$$

$$B' = \{g \in \mathcal{G} \mid \forall m \in B, (g, m) \in \mathcal{I}\}, \ B \subseteq \mathcal{M}$$

where A' is the set of attributes common to all objects of A and B' is the set of objects sharing all attributes from B. The closure operator $(.)''$ implies the double application of $(.)'$. The subsets A and B are closed when $A = A''$, and $B = B''$.

A formal concept of the context $\mathbb{K} = (\mathcal{G}, \mathcal{M}, \mathcal{I})$, is a pair $c = (A, B) \subseteq \mathcal{G} \times \mathcal{M}$ where $A' = B$ and $B' = A$. A is called the *extent* of c while B is its *intent*.

A partial order exists between two concepts $c_1 = (A_1, B_1) \leq$ and $c_2 = (A_2, B_2)$ if $A_1 \subseteq A_2 \iff B_1 \supseteq B_2$.

The set $\mathcal{C}$ of all concepts together with the partial order form a concept lattice.

The selection of the most relevant concepts from a possibly huge set of elements is a crucial task. Stability and separation indices (Kuznetsov, 2007; Buzmakov et al., 2014; Kuznetsov and Makhalova, 2018) are among the relevancy measures used for concept selection.

For a given formal concept $c = (A, B)$, the *intensional stability* is defined as follows:

$$\sigma(c) = \frac{|\{e \in \mathcal{P}(A)|e' = B\}|}{2^{|A|}} \qquad (1)$$

It measures the strength of dependency between the intent B and the objects of the extent A. More precisely, it expresses the probability to maintain B closed when a subset of noisy objects in A are deleted with equal probability. In fact, this measure quantifies the amount of noise in the extent A and overfitting in the intent B. Obviously, the stability index highlights concepts with high internal cohesion since most of the subsets in A have the intent B whenever the stability is high. Such a feature can then be exploited to retrieve communities within networks.

The separation $\alpha(c)$ of a formal concept $c = (A, B)$ (Klimushkin et al., 2010) is computed as follows where g' is the set of attributes of an object g while m' gives the objects that have the attribute m:

$$\alpha(c) = \frac{|A| \cdot |B|}{\sum_{g \in A} |g'| + \sum_{m \in B} |m'| - |A| \cdot |B|} \qquad (2)$$

It expresses the proportion of cells in c among the area corresponding to the intent of each element in A and the extent of every attribute in B. Therefore, it estimates the specificity of the object-attribute relation of a concept with respect to the formal context, and assesses how much noise exists in the concept.

Silhouette coefficient ($\mathcal{S}$) is mainly used to capture the quality or goodness of a clustering output (Rousseeuw, 1987). For a given object o_i in the data set, let C_a denote the cluster to which it has been assigned to, and $a(o_i)$ the average distance between o_i and all other objects within the same cluster C_a. Now, let us consider any cluster C_c different from C_a and compute the average distance between o_i and all other objects in C_c. Let $b(o_i)$ be the lowest average distance of o_i to all points in any other cluster, of which o_i is not a member. Silhouette coefficient for object o_i is given by:

$$\mathcal{S}(o_i) = \frac{b(o_i) - a(o_i)}{max\{a(o_i), b(o_i)\}} \qquad (3)$$

where $\mathcal{S}(o_i) \in [-1, 1]$. A negative value indicates that o_i is assigned to the wrong cluster while a positive value means that o_i is in the right cluster and far away from its neighboring clusters. When $\mathcal{S}(o_i) = 0$, it shows that o_i is very close to the decision boundary between two neighboring clusters.

The silhouette coefficient of a cluster is then computed as the average of the Silhouette coefficient of its elements.

3 Related work

Although numerous community detection methods have been developed for social network analysis, most of them cannot be directly applied to mine two-mode data networks.

There are two main categories of work for community detection in two-mode data networks. The first one assumes a projection of the initial two-mode network into two one-mode data networks where nodes of the same type are connected if they share links to the same nodes of the second node type. One of these methods is "dual-projection" (Everett and Borgatti, 2013) that produces non overlapping biclusters expressing regular or structural equivalence. However, the number of biclusters produced by this method must be set in advance by the user.

The second category, known as direct or combined approach, extends existing methods to determine the community structure of both modes simultaneously. The related studies are mainly based on modularity, clustering, biclustering, or block modelling. Modularity is defined (Newman and Girvan, 2004), (Blondel et al., 2008) as a quality function that evaluates clusters based on the idea that a cluster is a set of nodes connected based on sharing common properties in the network. Concretely, starting from a node or a small set of nodes, a community can be obtained by adding neighboring nodes that improve a given quality function. The choice of the quality function depends on the context and application requirements.

Block modelling, which was generalized to two mode-data networks in (Borgatti, 2009) consists to group nodes inside the same block whenever they are statistically equivalent in terms of their connectivity to nodes within the block.

There are a few studies that exploit FCA for community identification in two-mode data networks. (Roth et al., 2008) use FCA to consider only concepts whose support is over a given threshold. Clearly, some interesting rare concepts may be discarded. In order to avoid this flaw, (Jay et al., 2008) rely on concept stability and support measures to detect communities. Computed concepts that exceed a given threshold of these measures are kept. In fact, the proposed method retains the rare but stable concepts and the frequent but unstable concepts. Another method was proposed in (Crampes and Plantié, 2012). It takes only the concepts of the first two layers of the concept lattice, and computes cohesion, separation and autonomy of concepts to identify communities. The cohesion of a given community is based on the Jaccard coefficient, which is not the best adapted score for FCA (Kuznetsov and Makhalova, 2018).

4 Proposed Approach

At a conceptual level, our overall strategy contains the following key steps: (i) generate the whole set of concepts - without the partial order - from the formal context that describes the two-mode data network, (ii) compute the autonomy of concepts as the harmonic mean of its stability and separation indices to further select the concepts with the highest autonomy scores without relying on any threshold, and (iii) refine the core communities using the Silhouette coefficient analysis to get the final overlapping communities.

4.1 Generating Formal Concepts

At the beginning we build the formal context $\mathbb{K}$ (see Table 1) of the two-mode network $\mathcal{B}$ by computing *the incidence matrix* as follows:

$$\mathbb{K} = (\mathcal{G}, \mathcal{M}, \mathcal{I}) = \begin{cases} (g_i, m_j) = 1 & \text{If } g_i \in \mathcal{G}, m_j \in \mathcal{M}, \exists\, (g_i, m_j) \in \mathcal{I}, \\ (g_i, m_j) = 0 & \text{Otherwise.} \end{cases} \tag{4}$$

Then, the set of concepts is computed. For instance, The concept $c = (\{6, 7\}, \{E, F\})$ is highlighted in Table 1.

	A	B	C	D	E	F	G
1	1	0	1	0	1	0	1
2	0	1	0	1	0	0	0
3	0	1	1	0	0	0	0
4	0	0	0	1	0	0	1
5	1	0	1	1	0	0	0
6	0	0	0	0	1	1	0
7	0	0	0	0	1	1	0
8	0	0	0	0	1	0	0

TAB. 1 – *An example of formal context.*

We used the *In-Close* algorithm (Andrews, 2011) to generate the set $\mathcal{C}$ of concepts from the constructed formal context.

4.2 Selecting Cohesive and Separable Concepts

This step selects a relatively small set of concepts from $\mathcal{C}$ that can serve as core communities without relying on any threshold. We consider a concept $c \in \mathcal{C}$ as a core community if its extent represents a cohesive group and the objects are separable from the rest of objects found in other concepts. This means that this concept represents a very likely standalone community or a portion of a larger potential community. Now, given a concept $c = (A, B)$, how can we measure the cohesion and separability of its objects? Here the stability and separation indices come to play to quantify the strength of ties between objects inside c and the weakness of ties between the objects in the extent of c and all other objects in other concepts. This in fact implies that a high stability or separation index of a concept indicates that the objects inside this concept are very cohesive (i.e., they have strong ties among each other) and are very separable (i.e., they have weak ties with all other objects that exist outside their concept). Given a concept c, we can compute the harmonic mean of its stability $\sigma(c)$ and separation $\alpha(c)$ indices to obtain a new score that we call autonomy: $\zeta(c) = 2 \times \left(\frac{\sigma(c) \times \alpha(c)}{\sigma(c) + \alpha(c)} \right)$

For example, the concept $c = (\{6, 7\}, \{E, F\})$ in our example, has a stability value of $\frac{3}{4} = 0.75$ and a separation value of $\frac{(2 \times 2)}{((2+2)+(4+2)-(2 \times 2))} = 0.66$. Thus, its autonomy score is equal to $2 \times \frac{0.75 \times 0.66}{0.75 + 0.66} = 0.70$. This concept represents likely a core community.

4.3 Refining Core Communities

This stage aims at identifying the final overlapping communities by refining the core communities $\tilde{\mathcal{C}}$ using the Silhouette coefficient. This helps us check that each object is in the proper communities. If it is not the case, then the object is moved to the right community.

Algorithm 1 Community detection procedure

Input: Formal context $\mathbb{K} = (\mathcal{G}, \mathcal{M}, \mathcal{I})$
Output: Set of overlapping communities ($\tilde{\mathcal{C}}$)

1: $\Gamma \leftarrow \mathcal{D} \leftarrow \emptyset$
2: $\mathcal{C} \leftarrow$ Compute the concepts of $\mathbb{K}$
3: **for** *each concept* $c = (A, B) \in \mathcal{C}$ **do**
4:      $t_c \leftarrow$ Compute the autonomy $\zeta(c)$
5:      $\Gamma \leftarrow \Gamma \cup \{(c, t_c)\}$
6: **end for**
     // Sort the concepts in a descending order of t_c in Γ
7: $\mathcal{D} \leftarrow \text{Sort}(\Gamma)$
     // Select the core communities
8: $\tilde{\mathcal{C}} \leftarrow \mathcal{O} \leftarrow \emptyset$
9: **while** $\mathcal{O} \neq \mathcal{G}$ **do**
10:      $(A, B) \leftarrow \mathcal{D}.\textbf{pop}()$
11:      **if** $(A \not\subset \mathcal{O})$ **then**
12:          $\tilde{\mathcal{C}} \leftarrow \tilde{\mathcal{C}} \cup \{(A, B)\}$ // (A, B) is a core community
13:          $\mathcal{O} \leftarrow \mathcal{O} \cup \{A\}$
14:      **end if**
15: **end while**
     // Refine core communities in $\tilde{\mathcal{C}}$ to detect the final ones.
16: **for** *each core community* $c = (A, B) \in \tilde{\mathcal{C}}$ **do**
17:      **for** $e \in A$ **do**
18:          $s_e \leftarrow \mathcal{S}(e)$ // Compute the Silhouette coefficient of e
19:          **if** $s_e < 0$ **then**
     //Move e from $c = (A, B)$ to the nearest community
20:             $A \leftarrow A \setminus \{e\}$
21:             $(A_1, B_1) \leftarrow$ Find the closest core community to e
22:             $A_1 \leftarrow A_1 \cup \{e\}$
23:          **else if** $s_e = 0$ **then**
     //Add e of c to the nearest community
24:             $c_1(A_1, B_1) \leftarrow$ Find the closest core community to e
25:             $A_1 \leftarrow A_1 \cup \{e\}$
26:          **end if**
27:      **end for**
28: **end for**
29: **return**($\tilde{\mathcal{C}}$)

Algorithm 1 gives the pseudo-code of our procedure in which the input is the formal context

	Core	Autonomy
$\tilde{C}_1$	$(\{6, 7\}, \{E, F\})$	0.7
$\tilde{C}_2$	$(\{1, 6, 7, 8\}, \{E\})$	0.53
$\tilde{C}_3$	$(\{2, 4, 5\}, \{D\})$	0.46
$\tilde{C}_4$	$(\{3\}, \{B, C\})$	0.44

TAB. 2 – *Core communities*

$\tilde{C}_1$	$(\{6, 7\}, \{E, F\})$
$\tilde{C}_2$	$(\{6, 7, 8\}, \{E\})$
$\tilde{C}_3$	$(\{4, 5\}, \{D\})$
$\tilde{C}_4$	$(\{3,1,5\}, \{C\})$

TAB. 3 – *Final communities*

associated with the network. First, it computes the set of concepts. Then, it calculates the autonomy score of all concepts (lines 3-6) to further sort the concepts in Γ in a descending order of their autonomy value (line 7). Subsequently, it constructs the core community collection $\tilde{C}$ by selecting the concepts with the highest autonomy values until the set of selected concepts cover all objects (and their attributes) in the formal context (lines 8-15). At a later step (lines 16-28), it refines the group of core communities by calculating the Silhouette coefficient $\mathcal{S}(e)$ of each object $e \in A$ in each core community $c = (A, B) \in \tilde{C}$. If the Silhouette coefficient value is less than 0, then e is not in the correct community c and is then moved to the closest core community. If the Silhouette coefficient value is equal to 0, then e will also appear in another close core community. Otherwise, e is kept in its community c. After refining all core communities, the algorithm outputs the final detected overlapping communities as given in Tables 2 and 3. One can notice that two changes occurred at the last step (Silhouette analysis) since object 1 is moved from $\tilde{C}_2$ to $\tilde{C}_4$ and object 5 is shifted from $\tilde{C}_3$ to $\tilde{C}_4$. Community $\tilde{C}_1$ is nested into $\tilde{C}_2$ while the other communities are now overlapping.

It is important to note that the description (*i.e.*, the shared attributes) of communities is given by the intent B of $c = (A, B)$ whenever a core community is not altered by an object insertion or elimination. Otherwise, it can be easily obtained by computing A', *i.e.*, the set of attributes associated with the objects in A.

Complexity Analysis

The computation of formal concepts is $O(|\mathcal{G}|^2 \times |\mathcal{M}| \times |\mathcal{C}|$, where $|\mathcal{G}|$, $|\mathcal{M}|$, and $|\mathcal{C}|$ represent the size of the set of objects, attributes, and concepts respectively. To calculate the autonomy of a concept $c = (A, B)$, we need to compute both the stability and the separation. The first measure can be approximately computed using low-discrepancy sampling (Ibrahim and Missaoui, 2018) in $O(|\mathcal{S}|)$, where $|\mathcal{S}|$ stands for the number of samples generated from $\mathcal{P}(A)$. As the complexity of computing the separation for one concept is $O(|\mathcal{G}| \times |\mathcal{M}|)$, the calculation of the autonomy for all concepts is then $O(|\mathcal{C}| \times (|\mathcal{S}| + (|\mathcal{G}| \times |\mathcal{M}|))$. The sort of concepts is $O(|\mathcal{C}| \times Log(|\mathcal{C}|))$. Finally, since the Silhouette analysis needs to compare each element of a cluster with the objects of the other ones, its complexity is $O(|\tilde{C}| \times |\mathcal{M}| \times |\mathcal{G}|^2)$, where $\tilde{C}$ stands for the generated community set. The overall complexity is therefore dominated by the first and last steps of the algorithm.

5 Experimental Evaluation

To evaluate the proposed approach, we analyze its performance and accuracy against four other community detection algorithms using real-world networks with built-in nested community structure. Algorithms are implemented in Python and the experiments were executed on an Intel Core i7 with 3.4 GHz and a RAM of 16 GB.

The datasets are as follows (see Table 4) where the first three sets have ground-truth communities: (1) Southern women Davis [1], which describes the participation of eighteen Southern women to fourteen social events, (2) Zoo [2], which gives the description of different types of animals in a zoo, (3) Customer-Product (C-P), which describes 1143 customers in terms of 865 products they ordered (see Gazelle.com), (4) senators x committees, which indicates the links between the senators in the 124-th Maine State Legislature and the legislative committees, (5) *DBpedia* languages which involves the semantic web of official languages spoken by people living in different countries, and (6) Star Alliance, which captures a set of airline companies and their flying destinations in Year 2000.

We then compare the accuracy and performance of our proposed approach with the following community detection algorithms (see Section 3): (i) Oslom (Lancichinetti et al., 2010), (ii) (Crampes and Plantié, 2012), (iii) (Jay et al., 2008), and (iv) Bitector procedure (Du et al., 2008) which exploits biclique computation.

	Objects	Attributes	Links	Density in %
Southern woman (S-W)	18	14	89	70
Zoo	101	17	746	43.4
Customer-Product (C-P)	1143	865	2008	0.4
Senators x Committees (Senat)	189	59	890	7.98
DBpediaLanguages (PL)	316	169	9022	16.8
Star alliance (Star)	28	58	579	35.6

TAB. 4 – *A brief description of the tested social networks*

Furthermore, we consider three metrics to assess the accuracy of the algorithms, namely Omega index, Overlapping Normalized Mutual Information (NMI), and link-belonging modularity (Collins and Dent, 1988; Chakraborty et al., 2017; Nicosia et al., 2009). The latter is used for networks without ground-truth communities.

5.1 Results and discussion

It can be observed from Figure 1 that our algorithm is tested under two variants: one in which the third (refinement) step is included (i.e., the three steps), and one in which the third step is excluded. One can see that it behaves well in terms of accuracy compared to the tested methods for the two kinds of datasets (with or without ground-truth communities). This is mainly the case when the third step of Silhouette analysis is used. Our algorithm is followed by Bitector for the first kind of datasets (with ground-truth for Southern women, Zoo and C-P)

---

1. https://networkdata.ics.uci.edu/netdata/html/davis.html
2. http://archive.ics.uci.edu/ml/datasets/zoo

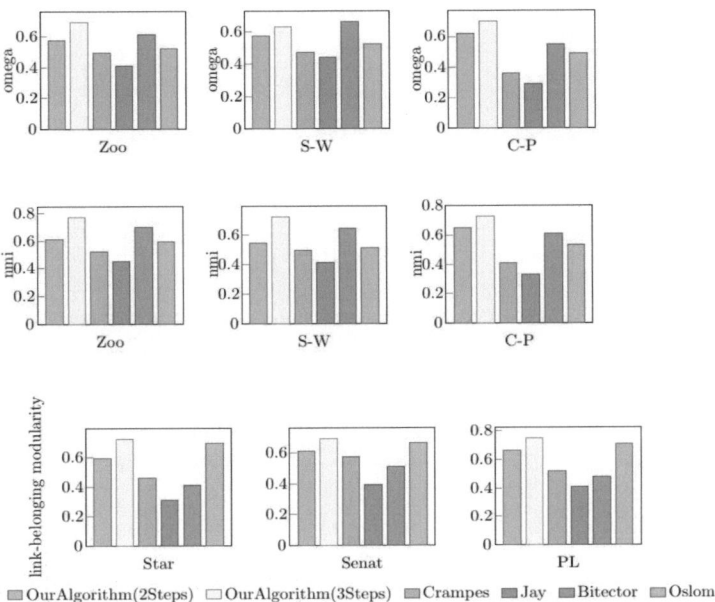

FIG. 1 – *Evaluation of the detected communities using NMI, OMEGA and link-belonging modularity*

and by Lancichinetti for the second kind. Indeed, the latter approach did not perform so well on networks with ground-truth communities although it did better on datasets without ground-truth. This may be due to the fact that the metric used to assess communities without ground truth was based on modularity. The less accurate method seems to be Jay's algorithm probably because some objects may be ignored using a threshold on the used metrics. BiTector finds small communities and works slightly better with sparse networks.

For our approach, the execution time is exhibited according to the two variants given earlier, and includes the cost of concept computation. The time is given in seconds and represents the average of five execution times of each one of the evaluated algorithms.

As shown in Figure 2, the execution time of our whole procedure is more important than the one for the first two steps. However, the accuracy is improved in the former variant as previously observed from Figure 1. The less performing algorithms are Crampes's and Jay's procedures.

6   Conclusion

In this paper, we proposed a new method for detecting overlapping and hierarchically nested communities in two-mode data networks. Our method does neither require a user-predefined number of groups nor thresholds on metrics. It can automatically identify cohesive and separable communities and their description through the shared features of formal concepts

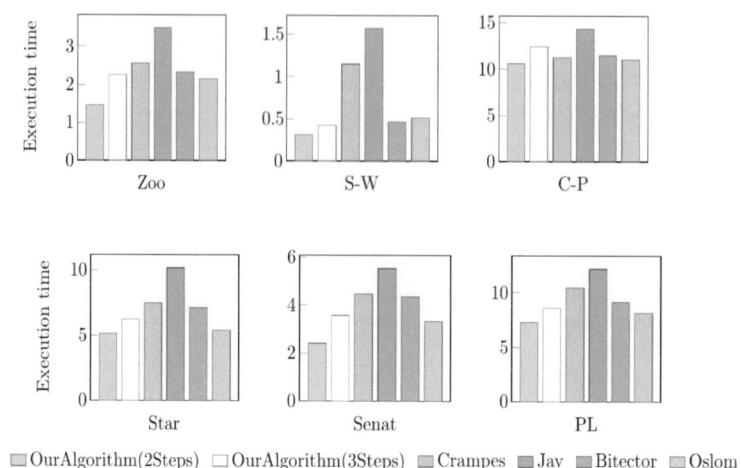

FIG. 2 – *Execution time (in secs) for the tested community detection algorithms*

using FCA-based metrics like stability and separation. Finally, it uses Silhouette coefficient to refine communities, which combines both the cohesion and separation measures.

We tested our algorithm on a set of networks with or without ground-truth communities and showed its accuracy and execution time against four other methods. Further empirical studies are needed to better assess its efficiency and accuracy in large and dense datasets.

From a computational complexity point of view, there is still room for improvement. The running time of the proposed algorithm can be further reduced using optimization techniques (e.g., computing a subset of concepts) and/or other relevancy concept measures, or exploiting the notion of context coverage (Ferjani et al., 2012) to identify core communities. We also plan to extend our work to identify communities in multi-layer networks where nodes from a given layer can be linked to some other nodes of another layer. Finally, we believe that when the set of generated communities is large, a percolation step can be added to reduce such a set.

Acknowledgments

The second author acknowledges the financial support of the Natural Sciences and Engineering Research Council of Canada (NSERC).

References

Andrews, S. (2011). In-close2, a high performance formal concept miner. In *International Conference on Conceptual Structures*, pp. 50–62. Springer.

Blondel, V. D., J.-L. Guillaume, R. Lambiotte, and E. Lefebvre (2008). Fast unfolding of communities in large networks. *Journal of statistical mechanics: theory and experiment 2008*(10), P10008.

Borgatti, S. P. (2009). 2-mode concepts in social network analysis. *Encyclopedia of complexity and system science 6*, 8279–8291.

Buzmakov, A., S. O. Kuznetsov, and A. Napoli (2014). Scalable estimates of concept stability. In *International Conference on Formal Concept Analysis*, pp. 157–172. Springer.

Chakraborty, T., A. Dalmia, A. Mukherjee, and N. Ganguly (2017). Metrics for community analysis: A survey. *ACM Computing Surveys (CSUR) 50*(4), 54.

Collins, L. M. and C. W. Dent (1988). Omega: A general formulation of the rand index of cluster recovery suitable for non-disjoint solutions. *Multivariate Behavioral Research 23*(2), 231–242.

Crampes, M. and M. Plantié (2012). Détection de communautés dans les graphes bipartis. In *IC 2012*, pp. 125.

Du, N., B. Wang, B. Wu, and Y. Wang (2008). Overlapping community detection in bipartite networks. In *Proceedings of the 2008 IEEE/WIC/ACM International Conference on Web Intelligence and Intelligent Agent Technology-Volume 01*, pp. 176–179. IEEE Computer Society.

Everett, M. G. and S. P. Borgatti (2013). The dual-projection approach for two-mode networks. *Social Networks 35*(2), 204–210.

Ferjani, F., S. Elloumi, A. Jaoua, S. B. Yahia, S. A. Ismail, and S. Ravan (2012). Formal context coverage based on isolated labels: An efficient solution for text feature extraction. *Inf. Sci. 188*, 198–214.

Fortunato, S. (2010). Community detection in graphs. *Physics reports 486*(3-5), 75–174.

Ganter, B. and S. A. Obiedkov (2016). *Conceptual Exploration*. Springer.

Ganter, B. and R. Wille (1999). *Formal Concept Analysis: Mathematical Foundations*. Springer-Verlag New York, Inc. Translator-C. Franzke.

Ibrahim, M. H. and R. Missaoui (2018). An efficient approximation of concept stability using low-discrepancy sampling. In *Graph-Based Representation and Reasoning - 23rd International Conference on Conceptual Structures, ICCS 2018, Edinburgh, UK, June 20-22, 2018, Proceedings*, pp. 24–38.

Jay, N., F. Kohler, and A. Napoli (2008). Analysis of social communities with iceberg and stability-based concept lattices. In *International Conference on Formal Concept Analysis*, pp. 258–272. Springer.

Klimushkin, M., S. Obiedkov, and C. Roth (2010). Approaches to the selection of relevant concepts in the case of noisy data. In *International Conference on Formal Concept Analysis*, pp. 255–266. Springer.

Kuznetsov, S. O. (2007). On stability of a formal concept. *Annals of Mathematics and Artificial Intelligence 49*(1), 101–115.

Kuznetsov, S. O. and T. Makhalova (2018). On interestingness measures of formal concepts. *Information Sciences 442*, 202–219.

Lancichinetti, A., F. Radicchi, J. J. Ramasco, and S. Fortunato (2010). Finding statistically significant communities in networks. *CoRR abs/1012.2363*.

Newman, M. E. and M. Girvan (2004). Finding and evaluating community structure in networks. *Physical review E 69*(2), 026113.

Nicosia, V., G. Mangioni, V. Carchiolo, and M. Malgeri (2009). Extending the definition of modularity to directed graphs with overlapping communities. *Journal of Statistical Mechanics: Theory and Experiment 2009*(03), 3–24.

Roth, C., S. Obiedkov, and D. G. Kourie (2008). On succinct representation of knowledge community taxonomies with formal concept analysis. *International Journal of Foundations of Computer Science 19*(02), 383–404.

Rousseeuw, P. J. (1987). Silhouettes: a graphical aid to the interpretation and validation of cluster analysis. *Journal of computational and applied mathematics 20*, 53–65.

Wang, Q. and E. Fleury (2013). Overlapping community structure and modular overlaps in complex networks. In *Mining Social Networks and Security Informatics*, pp. 15–40. Springer.

Xie, J., S. Kelley, and B. K. Szymanski (2013). Overlapping community detection in networks: The state-of-the-art and comparative study. *ACM computing surveys (csur) 45*(4), 43.

Résumé

Les réseaux sociaux ont fréquemment des structures complexes comme ceux à deux modes représentés par des graphes bipartis. Plusieurs travaux sur la détection de communautés mettent l'accent soit sur l'identification de groupes disjoints ou chevauchants en procédant d'abord à la projection des données à deux modes (dimensions) en deux tables à un seul mode qui sont ensuite analysées. Cependant, cela entraîne une perte d'information et aboutit à des communautés mal définies. Ainsi, la détection précise des communités dans un graphe biparti reste un défi majeur en analyse de réseaux sociaux. Dans cet article, nous introduisons une approche à trois étapes pour la détection de communautés chevauchantes et même imbriquées dans les graphes bipartis. Tout d'abord, on détermine les concepts formels à partir des données. Ensuite, les concepts ayant une valeur élevée de la moyenne de la stabilité et de la séparation sont retenues comme les communautés de base. Finalement, une analyse Silhouette permet de raffiner l'identification des communautés. Des tests préliminaires sur des réseaux réels montrent que notre approche permet d'identifier correctement des communautés chevauchantes.

Quand les sous-groupes rencontrent les graduels : découverte de sous-groupes identifiant des corrélations exceptionnelles

Mohamed-Ali Hammal*, Céline Robardet*
Marc Plantevit**

*Université de Lyon, CNRS, INSA-Lyon, LIRIS, UMR5205, F-69621
**Université de Lyon, CNRS, Université Lyon 1, LIRIS UMR5205, F-69622, France
prénom.nom@liris.cnrs.fr

Résumé. La découverte de sous-groupes permet d'identifier des ensembles d'objets définis en intention qui sont intéressants vis-à-vis d'une mesure de qualité impliquant un ou plusieurs attributs cibles (par exemple motifs discriminants pour une variable de classe). Dans cet article nous proposons une approche pour un nombre quelconque (≥ 2) d'attributs cibles numériques. Pour cela, nous nous appuyons sur l'exploration conjointe de motifs graduels identifiant des corrélations de rang et de sous-groupes afin d'identifier des contextes pour lesquels les corrélations décrites par les motifs graduels sont exceptionnellement fortes par rapport au reste des données. Nous présentons un algorithme d'énumération s'appuyant sur des propriétés d'élagage avec des bornes supérieures. Une étude empirique sur plusieurs jeux de données démontre la pertinence et l'efficacité de notre méthode.

1 Introduction

Parmi les différentes techniques d'analyse exploratoire de données, la découverte de sous-groupes (Klösgen (1996)) vise à identifier des régions dans les données qui se détachent par rapport à une cible. Le principe est d'identifier des ensembles d'objets définis en intention qui sont fortement associés à certaines valeurs de la cible. Dans cet article nous proposons de généraliser cette approche au cas où l'on a plusieurs attributs cibles numériques. On cherche alors à la fois un sous-groupe d'objets défini par une conjonction de restrictions sur un ensemble d'attributs descriptifs et un sous-ensemble d'attributs cibles dont les valeurs sont fortement correlées sur cet ensemble. L'exploration conjointe de l'espace des descriptions et de l'espace des cibles permet de rechercher des corrélations pouvant être expliquées par d'autres variables descriptives de manière complètement non-supervisé.

Pour cela, nous introduisons le problème de **découverte de sous-groupes corrélés sur les rangs** basé sur l'exploration conjointe de motifs graduels identifiant des corrélations de rang et de sous-groupes afin d'identifier des contextes pour lesquels les corrélations sont exceptionnellement fortes par rapport au reste des données. Les motifs recherchés sont composés d'un ensemble D de conditions sur les attributs descriptifs, qu'ils soient numériques ou nominaux, et de C, un modèle de corrélation de rang sur des attributs numériques qui capture des corrélations de rang (positives ou négatives) basées sur une généralisation de τ de Kendall.

Nous présentons un algorithme d'énumération s'appuyant sur des propriétés d'élagage avec des bornes supérieures. Une étude empirique sur plusieurs jeux de données démontre la pertinence et l'efficacité de notre méthode.

2 Travaux connexes

Il existe plusieurs travaux visant à la découverte de motifs à forte co-variations entre des attributs numériques ou ordinaux. De telles approches sont connues sous plusieurs vocables : itemsets corrélés par les rangs (Calders et al. (2006)), dépendances graduelles (Hüllermeier (2002)), itemsets graduels (Do et al. (2010, 2015)) ou motifs de co-variation (Prado et al. (2013)). La plupart de ces approches considèrent la fouille de motifs pour lesquels la corrélation des attributs numériques est supérieure à un seuil défini par l'utilisateur. Par exemple, dans un article fondateur, Calders et al. (2006) proposent un processus d'extraction de motifs sous contrainte de correlation. Ils utilisent la mesure de corrélation τ de Kendall et proposent un processus d'élagage permettant la fouille de ce type de motifs. Cette approche a été généralisée dans Prado et al. (2013) pour découvrir des corrélations positives ou négatives entre un nombre quelconque (≥ 2) d'attributs. On peut noter que Calders et al. (2006) et Prado et al. (2013) introduisent des mesures supplémentaires qui prennent en compte la distribution de paires d'objets qui supportent les motifs : dans Calders et al. (2006), ces mesures caractérisent un seul attribut catégoriel avec des motifs corrélés sur les rangs, alors que Prado et al. (2013) introduit le concept de motifs émergents selon un seul attribut numérique ou un graphe. Ces deux approches ne considèrent néanmoins qu'une seule cible et ne visent pas à trouver des motifs exceptionnels en fonction de cibles multiples. Do et al. (Do et al. (2010, 2015)) utilisent une mesure de support basée sur la longueur du chemin le plus long entre les objets ordonnés par les attributs numériques. Cette mesure a plusieurs inconvénients, que ce soit au niveau calculatoire ou sémantique. Plus récemment, Downar et Duivesteijn (2017) ont proposé une approche pour trouver des sous-groupes dans le cas où deux cibles numériques interagissent de manière inhabituelle. L'interaction entre les deux cibles est modélisée par plusieurs mesures de corrélation (par exemple, le coefficient de corrélation de Pearson, la corrélation de rang τ de Kendall). La principale limitation de ce travail est que les deux attributs numériques cibles doivent être spécifiés apriori et l'approche ne fonctionne pas avec un ensemble arbitraire d'attributs numériques.

3 Sous-groupes corrélés sur les rangs

Un sous-groupe corrélé sur les rangs est un ensemble d'attributs fortement corrélés sur un ensemble d'objets défini en intention. Cet ensemble d'objets est identifié par une description, c'est-à-dire une conjonction de conditions sur des attributs descriptifs (par opposition aux attributs cibles). Plus formellement, un tel motif est composé de deux parties : un ensemble d'attributs corrélés positivement ou négativement, et une conjonction de restrictions sur certains attributs descriptifs. Les objets qui satisferont la description constituent le sous-groupe de données sur lequel les corrélations sont évaluées.

Avant d'introduire formellement le langage de motifs qui nous intéresse, établissons une notation. Dans ce qui suit, un ensemble de données est noté $\mathbb{D} = (\mathcal{O}, \mathcal{C}, \mathcal{R})$ où $\mathcal{O}$ est un ensemble de n objets, $\mathcal{C}$ un ensemble d'attributs numériques qui associe à chaque objet une valeur réelle ($\forall c \in \mathcal{C}$, $c : \mathcal{O} \to \mathbb{R}$). Des corrélations sont recherchées parmi les attributs de cet ensemble. $\mathcal{R}$ est un ensemble d'attributs qui peuvent être soit numériques soit catégoriels et dont la restriction de leurs domaines de valeurs identifie les sous-groupes.

3.1 Evaluer la corrélation d'un ensemble d'attributs

Les mesures de corrélation évaluent la force de l'association entre deux attributs ainsi que la direction de la relation. Trois types de corrélations sont utilisés en statistique : la corrélation de Pearson, le τ de Kendall et les corrélations de rang de Spearman. La corrélation de Pearson est la mesure la plus utilisée, mais elle nécessite des attributs continus, et pas seulement ordinaux. De plus, elle est basée sur des hypothèses fortes (les deux attributs doivent être distribués selon une loi normale, être corrélés avec relation linéaire et homoscédastique) qui ne sont généralement pas satisfaites dans la pratique. Des mesures de corrélation de rang (par exemple, la mesure de corrélation de rang τ de Kendall, ou de rang de Spearman) sont mieux adaptées car elles ne reposent pas sur les hypothèses mentionnées ci-dessus.

Contrairement au coefficient de Spearman, la mesure τ de Kendall est facile à interpréter et peut être facilement utilisée pour la fouille de motifs (Calders et al. (2006)).

Définition 1 (Motif corrélé sur le rang). *Un motif corrélé sur les rangs C est un ensemble d'au moins deux attributs signés de $\mathcal{C}$ noté $C = \{(a, s) \mid a \in \mathcal{C}$ et $s \in \{-, +\}\}$ avec, par convention, le signe du premier attribut dans l'ordre canonique à $+$. Etant donné un ensemble d'objets $O \subseteq \mathcal{O}$, l'ensemble des paires concordantes d'objets O avec un motif C est défini par $\eta(C, O) = \{(o_i, o_j) \in O \times O \mid \nu_C(o_i, o_j)\}$ avec*

$$\nu_C(o_i, o_j) \equiv \bigwedge_{(a,s) \in C} (a(o_i) <_s a(o_j))$$

et $<_s$ est la relation binaire classique sur $\mathbb{R}$: $<$ quand $s = +$, et $>$ quand $s = -$. La mesure de corrélation τ de Kendall généralisée à un nombre quelconque d'attributs est alors :

$$\tau(C, O) = \frac{|\eta(C, O)|}{N(O)} \text{ avec } N(O) = \binom{|O|}{2}. \tag{1}$$

3.2 Corrélations de rang contextualisées

L'objectif du processus de fouille proposé est de trouver des sous-groupes d'objets O, définis en intention, pour lesquels la valeur de $\tau(C, O)$ sur les attributs C est plus forte que sur l'ensemble de tous les objets $\tau(C, \mathcal{O})$. Ces sous-groupes sont définis au moyen de conjonctions de restrictions sur les attributs de $\mathcal{R}$:

Définition 2 (Sous-groupe et support). *Un sous-groupe d'objets est défini en intention par la description $D = \langle f_1, \ldots, f_{|\mathcal{R}|} \rangle$ avec chaque f_ℓ est une restriction sur le domaine de valeurs de l'attributs $d_\ell \in \mathcal{R}$. En fonction du type de d_ℓ, la restriction f_ℓ est définie par :*
- *$f_\ell = \{v\}$ avec $v \in \textbf{Dom}(d_\ell)$, ou $f_\ell = \textbf{Dom}(d_\ell)$, si d_ℓ est nominal*
- *$f_\ell = [v, w]$ avec $v, w \in \textbf{Dom}(d_\ell)$ et $v < w$, si d_ℓ est numérique.*

L'ensemble des objets $\mathcal{O}$ qui vérifient D est appelé support de la description $D = \langle d_1, \ldots, d_{|\mathcal{R}|}\rangle$:

$$\sigma(D) = \{o_i \in \mathcal{O} \mid d_\ell(o_i) \in f_\ell, \forall \ell = 1 \ldots |\mathcal{R}|\}$$

Nous avons maintenant tous les ingrédients pour définir les sous-groupes corrélés.

Définition 3 (Sous-groupes corrélés). *Un sous-groupe corrélé est une paire (C, D) avec C un motif de corrélation sur $\mathcal{C}$ et D une description sur $\mathcal{R}$ qui définit un sous-groupe d'objets en intention. La corrélation de C sur $\sigma(D)$ est mesurée par $\mathcal{T}(C, \sigma(D))$.*

Exemple 1 L'intérêt de ce modèle est illustré sur l'exemple du Tableau 1. Ces données décrivent un ensemble de baux commerciaux décrits par la date de début et de fin de bail, la localisation GPS du commerce, et son type. Les attributs de la cible décrivent l'environnement géographique du commerce sur la durée du bail, c'est-à-dire le nombre de commerces de chaque type se trouvant dans un rayon de 300m (pharmacie, boulangerie, boucherie). Un attribut supplémentaire indique la durée du bail du magasin (durée de vie). Sur cet exemple, le motif $C = Duree\_De\_Vie^+, Boulangerie^-, Boucherie^+$ est fortement corrélé sur le sous-groupe décrit par $D = x \in [1, 3], y \in [1, 3], cat \in \{Boulangerie\}$: on a $\tau(C, \sigma(D)) = 6/6$ alors que sur l'ensemble de tous les objets, $\tau(C, \mathcal{O}) = 6/21$. Ce motif indique que les magasins de boulangerie dans la région de coordonnées $[1, 3] \times [1, 3]$ durent d'autant plus longtemps qu'il y a peu de boulangeries mais beaucoup de boucheries dans leur voisinage.

	Attributs descriptifs					Attributs cibles			
Id	DateDébut	DateFin	x	y	type	DuréeDeVie	pharmacie	boulangerie	boucherie
o1	1991	2000	1	3	boulangerie	10	5	7	1
o2	2000	2013	3	3	boulangerie	13	7	5	3
o3	1975	1992	2	1	boulangerie	18	3	2	7
o4	1986	2005	2	3	boulangerie	20	9	1	9
o5	1999	2008	2	3	Pharmacie	10	7	2	2
o6	1995	2014	5	3	boucherie	20	8	3	1
o7	1980	1999	4	4	boulangerie	20	6	3	1

TAB. 1 – *Exemple de données et de motif.*

Certains sous-groupes corrélés peuvent être considérés comme équivalents car ils partagent le même support. Ces motifs appartenant à une même classe d'équivalence peuvent être retirés par un opérateur de fermeture.

Définition 4 (Les opérateurs de fermeture). *Suivant le formalisme de l'analyse formelle de concepts (Wille (1982)), on définit deux fonctions H and M qui permettent d'associer à un sous-groupe corrélé l'ensemble des paires d'objets qui le supportent et réciproquement :*

1. *$H(C, D) \equiv \eta(C, \sigma(D)) = \{(o_i, o_j) \in \sigma(D) \times \sigma(D) \mid \nu_C(o_i, o_j)\}$, comme défini ci-dessus (Définition 1).*

2. *Etant donné un ensemble de paires d'objets $X \subseteq \mathcal{O} \times \mathcal{O}$, $M(X)$ est le sous-groupe corrélé (C', D') défini par*
   - *$C' = \{(a, s) \in \mathcal{C} \times \{+, -\} \mid \forall(o_i, o_j) \in X, a(o_i) <_s a(o_j)\}$*
   - *$D' = \langle f'_1, \ldots, f'_{|\mathcal{R}|}\rangle$ avec*
     - *$f'_\ell = \begin{cases} v, \textit{Si } \forall(o_j, o_k) \in X, d_\ell(o_j) = d_\ell(o_k) = v \\ \textbf{Dom}(d_\ell) \textit{ Sinon} \end{cases}$ si d_ℓ est catégoriel,*

$$— f'_\ell = [v, w] \; avec \; \begin{array}{l} v = \min_{(o_i, o_j) \in X \cup (o_j, o_i) \in X} d_\ell(o_i) \\ w = \max_{(o_i, o_j) \in X \cup (o_j, o_i) \in X} d_\ell(o_j) \end{array} \; si \; d_\ell \; est \; numérique.$$

Le couple $(H(C, D), M(X))$ *forme un concept formel.*

Les sous-groupes corrélés et fermés qui capturent le mieux les corrélations locales dans les données doivent avoir une valeur de corrélation élevée par rapport à ce qui est observé sur l'ensemble des données. Une mesure appropriée de ce phénomène est la précision relative pondérée (WRAcc) (Lavrač et al. (1999)). Cette mesure prend en compte l'accroissement de la précision par rapport à la corrélation par défaut, c'est-à-dire la corrélation sur l'ensemble de tous les objets.

Définition 5 (WRAcc). *Le caractère exceptionnel d'un sous-groupe corrélé* (C, D) *est évalué en utilisant la mesure Wracc, définie comme suit :*

$$\boldsymbol{WRAcc}(C, D) \;\; = \;\; \frac{N(\sigma(D))}{N(\mathcal{O})} \left(\mathcal{T}(C, \sigma(D)) - \mathcal{T}(C, \mathcal{O}) \right) \tag{2}$$

Notre tâche de fouille peut maintenant être entièrement exprimée comme le problème suivant :

Problème 1 (Fouille de sous-groupes corrélés et fermés). *Sois* $\mathcal{S}$ *la collection de sous-groupes corrélés et fermés définie comme :*

$$\forall (C, D) \in \mathcal{S}$$

$$\boldsymbol{Closure}(C, D) = (C, D)$$
$$\sigma(D) \geq \alpha$$
$$\mathcal{T}(C, \sigma(D)) \geq \beta$$
$$\boldsymbol{WRAcc}(C, D) \geq 0$$

Nous voulons également un ensemble concis de motifs inattendus qui maximisent la mesure WRAcc. Cependant, il est bien connu (Xin et al. (2006)) qu'en général ces motifs sont très redondants, certains étant une petite variation des autres. Nous proposons de limiter cette redondance à l'aide de l'appproche suivante :

Problème 2 (Fouille des top-k sous-groupes fermés, corrélés, exceptionnels et diversifiés). *Sois* $\mathcal{K}$ *un sous-ensemble de* $\mathcal{S}$ *contenant les top-k sous-groupes fermés et corrélés par rapport à la mesure* **WRAcc** *et qui sont aussi diversifiés. La diversité entre deux motifs est évaluée par la mesure de Jaccard, définie comme suit :*

$$\boldsymbol{Jaccard}((C, D), (C', D')) \;\; = \;\; \frac{|\eta(C, \sigma(D)) \bigcap \eta(C', \sigma(D'))|}{|\eta(C, \sigma(D)) \bigcup \eta(C', \sigma(D'))|} \tag{3}$$

Etant donné un seuil δ*, l'ensemble* $\mathcal{K}$ *des k sous-groupes les plus diversifiés, est défini par :*

1. $\forall (C, D), (C', D') \in \mathcal{K}^2$, $\boldsymbol{Jaccard}((C, D), (C', D')) \leq \delta$
2. $\forall (C, D) \in \mathcal{K}$ and $\forall (C', D') \in \mathcal{S}$ *tel que* $\boldsymbol{Jaccard}((C, D), (C', D')) > \delta$*, on a* $\boldsymbol{WRAcc}(C, D) \geq \boldsymbol{WRAcc}(C', D')$.
3. $|\mathcal{K}| = k$

Le point 2 est très difficile à garantir dans un processus incrémental. Cela est dû à la non-transitivitée de la mesure de similarité. En effet, si un sous-groupe corrélé (C, D) est exclu de $\mathcal{K}$ par un motif similaire (C', D') de meilleure qualité, il n'y a aucune garantie que d'autres sous-groupes corrélés exclus par similitude avec (C, D) soient également similaires à (C', D'). Nous relaxons donc cette condition de la manière suivante :

$$\forall(C, D) \in \mathcal{K}, \exists(C', D') \in \mathcal{S} \ tel \ que \ \textbf{\textit{Jaccard}}((C, D), (C', D')) > \delta$$
$$et \ \textbf{WRAcc}(C, D) \geq \textbf{WRAcc}(C', D')$$

4 Algorithme

Nous énumérons récursivement les sous-groupes corrélés par une recherche en profondeur DFS à l'aide de l'algorithme LoCoM (voir Algorithme 1). Étant donné le motif (C, D) actuellement exploré, l'algorithme retourne toutes ses spécialisations qui sont des sous-groupes corrélés exceptionnels. Pour le premier appel, le motif (C, D) est initialisé à $(\emptyset, M(\mathcal{O}))$. L'ordre de spécialisation considéré est $\preceq$, l'ordre partiel défini par : $(C, D) \preceq (C', D')$ si et seulement si $C \subseteq C'$ et, pour $D = \langle f_1, \ldots, f_{|\mathcal{R}|}\rangle$ et $D' = \langle f'_1, \ldots, f'_{|\mathcal{R}|}\rangle$, $f'_\ell \subseteq f_\ell, \forall \ell = 1 \ldots |\mathcal{R}|$. De plus, pour éviter de générer des motifs plusieurs fois, nous utilisons des ordres arbitraires, $\ll_{\mathcal{C}}$ sur $\mathcal{C}$ et $\ll_{\mathcal{R}}$ sur $\mathcal{R}$. L'ordre canonique entre les motifs est donc défini par $\ll$ avec :

$$(C, D) \ll (C', D') \quad \Leftrightarrow$$
$$(C, D) \preceq (C', D')$$
$$et \ \forall a \in C, \forall a' \in C' \setminus C, \quad a \ll_{\mathcal{C}} a'$$
$$et : \text{argmax}_\ell f_\ell \neq \textbf{Dom}(d_\ell) \ll_{\mathcal{R}} \text{argmin}_\ell f'_\ell \neq \textbf{Dom}(d_\ell) \neq f_\ell$$

Si X n'est pas vide (lignes 4 à 37), les sous-groupes corrélés actuels sont spécialisés soit en ajoutant un attribut signé en C, soit en réduisant la valeur du domaine d'un attribut dans $\mathcal{R}$. Si cet attribut est catégorique, son domaine est limité à une seule valeur (ligne 17). S'il est numérique, deux sous-intervalles peuvent être générés : un réduit d'une seule valeur sur la gauche (ligne 25) et l'autre à droite (ligne 32). Pour éviter de générer deux fois le même intervalle, la réduction sur la droite n'est autorisée que lorsqu'aucune réduction sur la gauche précédente ne s'est produite (Kaytoue et al. (2011)). La fonction de fermeture est utilisée pour faire *des sauts* dans le processus d'énumération, et obtenir directement le motif le plus spécifique couvrant les mêmes paires d'objets.

La fonction **Propager** $(X, (C_c, D_c))$ est utilisée pour éliminer rapidement les candidats peu prometteurs de X. Trois techniques d'élagage sont utilisées pour arrêter le processus d'énumération (ligne 6) : l'anti-monotonicité de la mesure support $\sigma(D)$, et deux bornes supérieures, une sur le τ de Kendall, et l'autre sur la mesure WRAcc.

Algorithme 1 : LoCoM((C, D), X, gauche)

Entrées : (C, D) le motif en cours de construction, X l'ensemble des couples attributs-valeurs de $\mathcal{C} \cup \mathcal{R}$, à énumérer. *left* : Un tableau de $|\mathcal{R}_n|$ valeurs booléennes indiquant si les intervalles de l'attribut numérique correspondant ont été réduits sur le côté gauche.

Il y a aussi des variables globales :
— β, α, δ : les seuils utilisés pour les contraintes
— minWRAcc : la valeur WRAcc minimale des k motifs

Sorties : $\mathcal{K}$, Liste des top-k motifs diversifiés actuels.

1   **si** $X = \emptyset$ **alors**
2   **si** $\mathcal{T}(C, \sigma(D)) \geq \beta$ *et* **WRAcc**$(C, D) \geq minWRAcc$ **alors**
3        $minWRAcc \leftarrow$ TopKDiv$(\mathcal{K}, (C, D))$
4   **sinon**
5   **si** $(UB_\tau(C, D) \geq \beta)$ *et* $(\sigma(S_D) \geq \alpha)$
6   *et* $(UB_{\textbf{WRAcc}}(C, D) \geq minWRAcc)$ **alors**
7   Sois $(a, v) \in X$
8   **si** $a \in \mathcal{C}$ **alors**
9          $C' \leftarrow C \cup \{(a, v)\}$
10          $(C_c, D_c) \leftarrow$ **Closure**(C', D)
11   **si** $(C', D) \ll (C_c, D_c)$ **alors**
12   LoCoM$((C_c, D_c)$, **Propager**$(X, (C_c, D_c))$, *gauche*)
13   LoCoM$((C, D)$, $X \setminus \{(a, v)\}$, *gauche*)
14   **sinon**
15   //$a \in \mathcal{R}$
16   **si** (*a est le ième attribut symbolique de* $\mathcal{R}$) **alors**
17            $D' = \langle f_1, \ldots, f_{i-1}, \{v\}, f_{i+1}, \ldots, f_{|\mathcal{R}|} \rangle$
18            $(C_c, D_c) \leftarrow$ **Closure**(C, D')
19   **si** $(C, D') \ll (C_c, D_c)$ **alors**
20   LoCoM$((C_c, D_c)$, **Propager**$(X, (C_c, D_c))$, *gauche*)
21   LoCoM$((C, D)$, $X \setminus \{(a, v)\}$, *gauche*)
22   **sinon**
23   // a est le $i$ème attribut numérique de $\mathcal{R}$
24            $[x, y] \leftarrow v$
25            $D' = \langle f_1, \ldots, f_{i-1}, [x+1, y], f_{i+1}, \ldots, f_{|\mathcal{R}|} \rangle$
26            $(C_c, D_c) \leftarrow$ **Closure**(C, D')
27   **si** $(C, D') \ll (C_c, D_c)$ **alors**
28              $gauche[i]' \leftarrow true$
29   LoCoM$((C_c, D_c)$, **Propager**$(X, (C_c, D_c))$, *gauche'*)
30   LoCoM$((C, D)$, $X \setminus \{(a, v)\}$, *gauche*)
31   **si** *gauche[i]=faux* **alors**
32              $D' = \langle f_1, \ldots, f_{i-1}, [x, y-1], f_{i+1}, \ldots, f_{|\mathcal{R}|} \rangle$
33              $(C_c, D_c) \leftarrow$ **Closure**(C, D')
34   **si** $(C, D') \ll (C_c, D_c)$ **alors**
35                $gauche'[i] \leftarrow faux$
36   LoCoM$((C_c, D_c)$, **Propager**$(X, (C_c, D_c))$, *gauche'*)
37   LoCoM$((C, D)$, $X \setminus \{(a, [x, y])\}$, *gauche*)

---

5 Etude empirique

Dans cette section, nous présentons nos principaux résultats expérimentaux. Nous commençons par décrire les jeux de données réels utilisés, ainsi que les questions auxquelles nous voulons répondre. Après l'étude quantitative, nous donnons quelques exemples de motifs trouvés. Pour garantir la reproductibilité, le code source et les données sont librement accessibles [1]. Nous exposons dans cette section qu'un échantillon des études que nous avons réalisées. L'ensemble complet des figures issues de ces expérimentations sont accessibles via le pointeur précédent.

5.1 Jeux de données et objectifs

Nous considérons 4 jeux de données réels bien connus. Le premier [2], **SA-heart**, décrit des individus d'une région d'Afrique du Sud présentant des anomalies cardiaques. Les trois autres jeux de données, issus de la collection UCI Machine Learning [3], décrivent différent domaines d'applications (Abalon, Seismic-bumps, German Credit). Cette étude expérimentale vise à répondre à différentes questions : Comment se comporte LoCoM vis-à-vis des différents paramètres, des caractéristiques des jeux de données et d'une baseline ? des propriétés d'élagage de LoCoM ?

Nous montrons dans le tableau 2 les meilleurs motifs (par rapport à la WRAcc) obtenus par notre approche sur les différents jeux de données.

5.2 Etude quantitative

Comme baseline, nous considérons l'algorithme PAIRMINING (Prado et al. (2013)), dérivé de Calders et al. (2006) afin de gérer les variations positives et négatives. Pour chaque contexte, l'algorithme PAIRMINING recherche des motifs graduels. Les temps d'exécution de LoCoM et PAIRMINING en fonction des paramètres α et β pour le jeu de données SA-heart sont décrits dans la figure 2. Comme attendu, l'algorithme LoCoM est meilleur que PAIRMINING, excepté quand α est suffisamment élevé et que quasiment aucun motif n'est retourné. Plus intéressant, cette baseline ne finit pas dans de nombreuses configurations.

Nous étudions ensuite le comportement de notre algorithme plus en détail. Plus particulièrement, la figure 1 retourne le temps d'exécution, le nombre d'éléments explorés avec ou sans l'exploitation de la borne supérieure $UB_{\textbf{WRAcc}}$ en fonction de k. La distribution des valeurs **WRAcc** des motifs découverts est également affichée sur cette figure. L'optimisation basée sur $UB_{\textbf{WRAcc}}$ permet d'accélérer la découverte des top-k sous-groupes corrélés grâce à un élagage de l'espace de recherche plus efficace. Ce gain atteint même un facteur de 2 sur certains jeux de données.

---

1. https://www.dropbox.com/sh/arjr651tk5hvqqf/AAB1dJq5Nd9AvVKc6_H5hlnAa?dl=0
2. https://web.stanford.edu/~hastie/ElemStatLearn/datasets/
3. https://archive.ics.uci.edu/ml/index.php

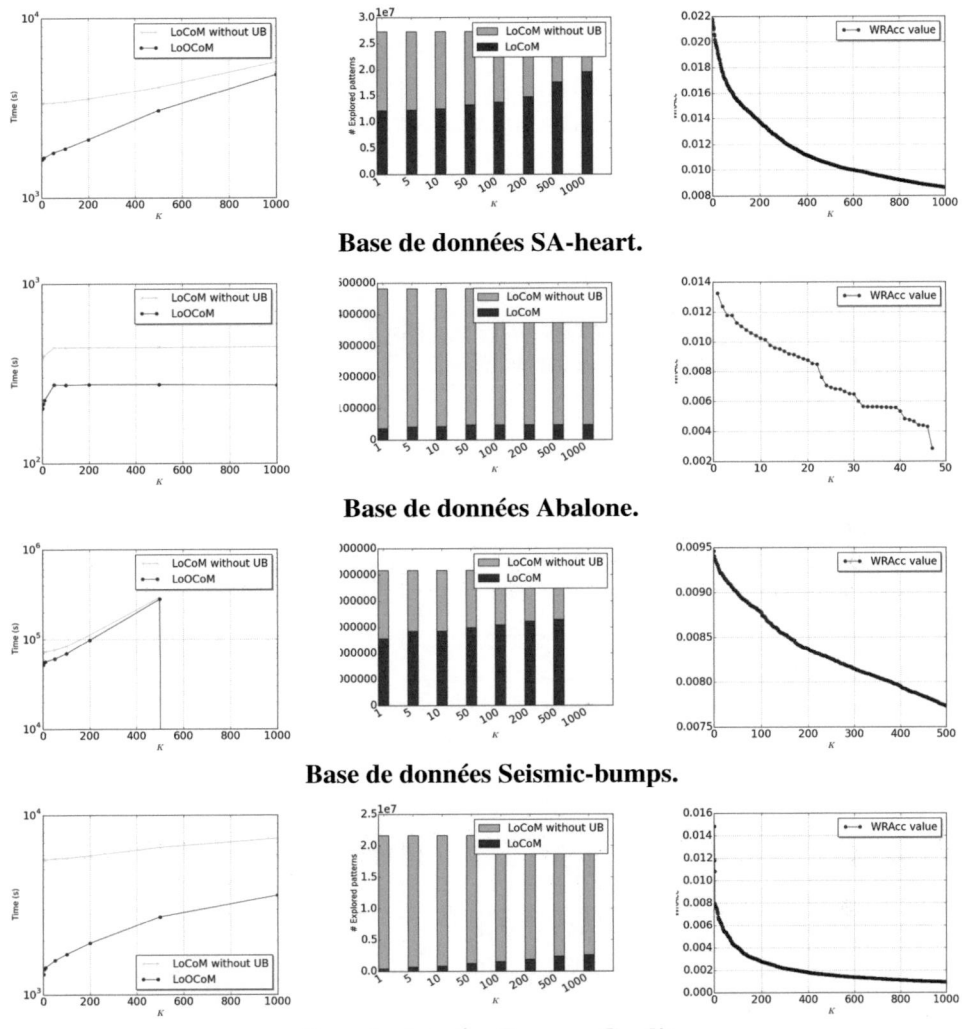

Base de données SA-heart.

Base de données Abalone.

Base de données Seismic-bumps.

Base de données German Credit.

FIG. 1 – *Temps d'exécution (à gauche), nombre de candidats explorés (au centre) et distribution des top-k (à droite) pour* LoCoM *avec et sans optimisation basée sur* UB_{WRAcc} *selon k* ($\alpha = 0.05$ *et* $\beta = 0.4$).

5.3   Etude qualitative

Ces motifs sont cohérents par rapport aux connaissances du domaine. Par exemple, pour SA-heart, les maladies coronariennes (chd) sont positivement corrélées avec l'âge et l'obésité. L'âge et la consommation d'alcool sont anti-corrélés pour des valeurs de tensions artérielles (Sdb) élevées. Les motifs découverts sur Abalone mettent en évidence des corrélations entre les différentes mesures de poids sur l'ensemble de données ($\sigma(D) \geq 0,99$).

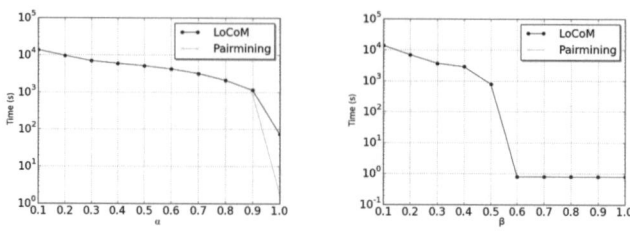

base de données SA-heart.

FIG. 2 – *Temps d'exécution de* LoCoM *et* PAIRMINING *en fonction de la variation de* α *(gauche) et* β *(droite) (par défaut,* $\alpha = 0.1 = \beta$*).*

C	D	$\tau(C,O)$	$\sigma(D)$	$\tau(C,\sigma(D))$	**WRAcc**
Motifs SA-heart ($\alpha = 0.05$, $\beta = 0.5$ et $\delta = 0.2$).					
Alcohol$^+$, Age$^-$	Sdb = $[121, 194]$	0.512	0.803	0.536	0.015
Age$^+$, Chd$^+$	Sdb = $[101, 138]$	0.591	0.628	0.617	0.010
Obesity$^+$, Chd$^+$	Sdb = $[117, 148]$	0.510	0.665	0.523	0.005
Motifs Abalone ($\alpha = 0.05$, $\beta = 0.5$ et $\delta = 0.7$).					
Shucked weight$^+$, Shell weight$^+$	Diam. =$[0.055, 0.630]$, Height = $[0.01, 0.230]$	0.879	0.996	0.880	0.0005
Shucked weight$^+$, Shell weight$^+$, Rings$^+$	Diam. =$[0.055, 0.545]$, Height = $[0.01, 0.130]$	0.874	0.406	0.876	0.0004
Whole weight$^+$, Shucked weight$^+$	Diam. =$[0.055, 0.650]$, Height = $[0.01, 0.250]$	0.699	0.999	0.699	0.0002
Seismic-bumps patterns ($\alpha = 0.05$, $\beta = 0.5$ et $\delta = 0.8$).					
Number-of-bumps5$^+$, Number-of-bumps6$^+$	shift = coal_setting	0.661	0.643	0.757	0.039
German credit patterns ($\alpha = 0.05$, $\beta = 0.3$ et $\delta = 0.8$).					
Age$^+$, Number-of-credits$^-$	Marital = single, Guarantors = none, Type_of_apartment = own	0.447	0.369	0.503	0.007

TAB. 2 – *Meilleurs motifs par rapport à* **WRAcc**.

Ces mesures sont également corrélées avec l'âge de l'abalone (Rings) quand ils sont plutôt petits. Dans les données Seismic-bumps, les nombres de secousses sismiques (Number-ofbumps) dont l'énergie varie entre $[10^6, 10^7)$ (Number-of-bumps5) et $[10^7, 10^8)$ (Number-of-bumps6) sont corrélés dans des contextes où l'on a de l'extraction de charbon.

Dans les données German credit, l'âge est anti-corrélé avec le nombre de crédits (Number-of-credit) pour les hommes célibataires qui sont propriétaires de leur appartement (Type of apartment = own).

6   Conclusion et perspectives

Dans cet article, nous avons introduit le problème de la découverte des sous-groupes corrélés sur les rangs avec un nombre arbitraire de cibles numériques (supérieur ou égal à 2). Cela permet de mettre en évidence des sous-groupes d'objets – identifiés par des conditions sur des attributs numériques et/ou nominaux – pour lesquels la corrélation de rang entre un sous-groupe d'attributs (numériques ou ordinaux) signés est exceptionnellement supérieure à celle évaluée sur l'ensemble des données. Les motifs de corrélation de rang que nous considérons sont basés sur une généralisation du τ de Kendall qui permet de représenter un sous-ensemble d'attributs numériques qui co-varient d'une manière positive ou négative. Nous avons défini LoCoM, un algorithme de type *Branch-and-Bound* qui exploite certaines propriétés d'élagage basées sur le calcul de bornes supérieures et sur des propriétés de fermeture. Une étude empirique sur plusieurs ensembles de données démontre l'efficacité de LoCoM. Ce travail ouvre de nouvelles perspectives de recherche. Par exemple, d'autres mesures et paradigmes peuvent être étudiées pour évaluer l'intérêt des sous-groupes, en particulier l'intérêt subjectif qui permet de prendre en compte les connaissances a priori de l'utilisateur Bie (2011). Une autre direction intéressante consiste à concevoir des méthodes d'exploration instantanée en abandonnant la complétude de l'algorithme et en échantillonnant directement l'espace des motifs Boley et al. (2011).

Remerciements

Ce travail est partiellement financé par le Labex IMU (Intelligences des Mondes Urbains) dans le cadre du projet RESALI – REseaux et Système ALImentaire Systèmes d'information innovants et exploratoires pour plus de justice alimentaire dans les métropoles (2015).

Références

Bie, T. D. (2011). Maximum entropy models and subjective interestingness : an application to tiles in binary databases. *Data Min. Knowl. Discov. 23*(3), 407–446.

Boley, M., C. Lucchese, D. Paurat, et T. Gärtner (2011). Direct local pattern sampling by efficient two-step random procedures. In *Proceedings of the 17th ACM SIGKDD International Conference on Knowledge Discovery and Data Mining, San Diego, CA, USA, August 21-24, 2011*, pp. 582–590.

Calders, T., B. Goethals, et S. Jaroszewicz (2006). Mining rank-correlated sets of numerical attributes. In *Proceedings of the 12th ACM SIGKDD international conference on Knowledge discovery and data mining*, pp. 96–105. ACM.

Do, T. D. T., A. Laurent, et A. Termier (2010). PGLCM : efficient parallel mining of closed frequent gradual itemsets. In *ICDM*, pp. 138–147.

Do, T. D. T., A. Termier, A. Laurent, B. Negrevergne, B. Omidvar-Tehrani, et S. Amer-Yahia (2015). Pglcm : efficient parallel mining of closed frequent gradual itemsets. *Knowledge and Information Systems 43*(3), 497–527.

Downar, L. et W. Duivesteijn (2017). Exceptionally monotone models—the rank correlation model class for exceptional model mining. *Knowledge and Information Systems 51*(2), 369–394.

Hüllermeier, E. (2002). Association rules for expressing gradual dependencies. In *PKDD*, pp. 200–211.

Kaytoue, M., S. O. Kuznetsov, et A. Napoli (2011). Revisiting numerical pattern mining with formal concept analysis. In T. Walsh (Ed.), *IJCAI 2011, Proceedings of the 22nd International Joint Conference on Artificial Intelligence, Barcelona, Catalonia, Spain, July 16-22, 2011*, pp. 1342–1347. IJCAI/AAAI.

Klösgen, W. (1996). Explora : A multipattern and multistrategy discovery assistant. In *Advances in Knowledge Discovery and Data Mining*, pp. 249–271. AAAI.

Lavrač, N., P. Flach, et B. Zupan (1999). Rule evaluation measures : A unifying view. In S. Džeroski et P. Flach (Eds.), *Inductive Logic Programming*, Berlin, Heidelberg, pp. 174–185. Springer Berlin Heidelberg.

Prado, A., M. Plantevit, C. Robardet, et J.-F. Boulicaut (2013). Mining graph topological patterns : Finding covariations among vertex descriptors. *IEEE Transactions on Knowledge and Data Engineering 25*(9), 2090–2104.

Wille, R. (1982). Restructuring lattice theory : an approach based on hierarchies of concepts. In *Ordered sets*, pp. 445–470. Springer.

Xin, D., H. Cheng, X. Yan, et J. Han (2006). Extracting redundancy-aware top-k patterns. In *Proceedings of the 12th ACM SIGKDD international conference on Knowledge discovery and data mining*, pp. 444–453. ACM.

Summary

Subgroup discovery (SD) is a mature field at the frontier of data mining and machine learning. It gathers methods designed to find coherent subgroups of a dataset where one or more targets interact in an unusual way. Correlation model classes have already been defined to discover interesting subgroups when dealing with two numerical targets. However, in this supervised setting, the two numerical targets are fixed before the subgroup search. To make unsupervised exploration possible, we propose to search for arbitrary subsets of numerical targets whose correlation is exceptional for an automatically found subgroup. We introduce the problem of rank-correlated subgroup discovery with an arbitrary subset of numerical targets. A rank-correlated subgroup is identified by both conditions on descriptive attributes, whether numeric or nominal, and a pattern on numeric attributes that captures (positive or negative) rank correlations. We define a new branch-and-bound algorithm that exploits some pruning properties. An empirical study on several datasets demonstrates the efficiency and the effectiveness of the algorithm.

Une approche basée graphes pour la détection de zones fonctionnelles urbaines

Noudéhouénou Lionel Jaderne Houssou*, Jean-Loup Guillaume*
Armelle Prigent*

*L3i, Université de La Rochelle,Avenue Michel Crépeau, 17042 La Rochelle, France
noudehouenou.houssou1,jean-loup.guillaume,armelle.prigent@univ-lr.fr

Résumé. Dans cet article, nous proposons une méthode pour l'identification de zones fonctionnelles, utilisant la détection de communautés dans un graphe de mobilité. Les sommets du graphe correspondent à des unités spatiales, issues du découpage d'une ville suivant le réseau routier. Les arêtes relient des sommets entre lesquels des déplacements sont observés et sont pondérées en fonction du nombre de déplacements et de la distance entre sommets. Notre approche optimise la modularité sur ce réseau pour assurer que les zones fonctionnelles obtenues maximisent les interactions spatiales en leur sein. De plus, nous utilisons les points d'intérêts pour maintenir une hétérogénéité suffisante dans les zones détectées. Nous avons mené des expérimentations avec des trajectoires de taxi et des points d'intérêts de la ville de Porto, afin de montrer la capacité de notre approche à identifier les zones fonctionnelles.

1 Introduction

D'ici 2050, les villes auront 2,5 milliards d'habitants de plus qu'aujourd'hui [1] et plus des deux-tiers de la population mondiale sera urbaine. Cette projection impose de repenser les méthodes de gestion urbaine pour faire face aux challenges qui en découleront. Dans cette optique, une approche consiste à tirer parti des données décrivant les activités des citadins pour découper les villes en zones fonctionnelles, capables de fournir une meilleure compréhension de la structuration spatiale et socio-économique des cités.

En effet, les zones fonctionnelles urbaines sont un formidable outil d'aide à la décision pour la planification urbaine et sont également utiles pour la recommandation de circuits touristiques ou de sites d'implantation de nouveaux commerces. Cependant, délimiter automatiquement des zones fonctionnelles urbaines peut s'avérer complexe car le concept de zone fonctionnelle n'a pas, à l'heure actuelle, de définition harmonisée et les segmentations de villes obtenues dans l'état de l'art sont difficiles à valider comme montré dans Farmer et Fotheringham (2011). Toutefois, cela n'influe pas sur l'intérêt scientifique porté à la délimitation des zones fonctionnelles, au vu de la multiplicité des travaux de recherche traitant du sujet. Lesdits travaux se fondent le plus souvent sur des méthodes de clustering que l'on peut répartir en

---

La version originale de cet article a été publiée en anglais dans la conférence SAC 2019 (Houssou et al., 2019)
1. https ://www.un.org/development/desa/fr/news/population/2018-world-urbanization-prospects.html

deux grandes familles. D'une part, les approches statistiques, développées par les auteurs qui assimilent les zones fonctionnelles urbaines aux zones résidentielles, commerciales et autres. D'autre part celles à base de graphes qui sont proposées par des chercheurs considérant les zones fonctionnelles urbaines comme des régions marquées par de fortes interactions internes. Nos travaux se positionnent dans le second groupe car l'objectif de notre étude est d'identifier des zones hétérogènes abritant de fortes interactions socio-économiques. En d'autres termes, nous recherchons des villes au sein de la ville.

Dans cet article nous présentons donc une approche à base de graphe pour délimiter les zones fonctionnelles en utilisant à la fois des données de mobilité et des points d'intérêt (POI), sachant que dans les autres approches basées sur les graphes seules les données de mobilité sont exploitées. Le reste de l'article est organisé comme suit : nous donnons plusieurs définitions de la notion de zone fonctionnelle dans la section 2. Nous présentons ensuite plusieurs travaux proches de notre proposition dans la section 3. Puis nous décrivons notre méthodologie pour extraire les zones fonctionnelles dans la section 4 et présentons les résultats obtenus en section 5 avant de conclure dans la section 6.

2   Le concept de zone fonctionnelle

Le problème de la délimitation des zones fonctionnelles est fréquemment et diversement abordé dans la littérature. Cependant, à notre connaissance, aucune défintion consensuelle n'a pu être donnée jusqu'ici à la notion de zone fonctionnelle. Plusieurs propositions coexistent, chacune ayant sa particularité. Le plus souvent elles mettent l'accent sur les interactions socio-économiques au sein des zones fonctionnelles.

Par exemple, l'OCDE (OCDE, 2002) définit une zone fonctionnelle comme une unité territoriale résultant de l'organisation de relations sociales et économiques de sorte que ses frontières ne reflètent pas de particularités géographiques ou historiques. En général, elle est organisée autour d'un ou de plusieurs noeuds de sorte que les zones alentour soient connectées à ce(s) noeud(s) à travers différents systèmes (transports, communications, travail, échanges) (CSIL, 2015). Dans le même ordre d'idées, Karlsson (2007), postule qu'une zone fonctionnelle est caractérisée par une agglomération d'activités et par des infrastructures de transport intra-régionales qui facilitent la mobilité des individus et des produits à l'intérieur de ses frontières.

D'autres auteurs se font plus précis, en restreignant les interactions socio-économiques au cadre du marché du travail et donc aux déplacements travail-maison. Ainsi, selon Antikainen (2005), une zone fonctionnelle est une zone de mobilité domicile-travail. Elle est une agglomération de lieux de travail qui attirent la main d'oeuvre des régions environnantes. Sa qualité la plus importante est sa capacité à dépasser les frontières administratives. Farmer et Fotheringham (2011), abondent dans le même sens en considérant les zones fonctionnelles comme des régions géographiques au sein desquelles les interactions en termes de trajets domicile-travail sont maximisées et entre lesquelles ces interactions sont plutôt minimisées.

Au delà des interactions socio-économiques, une zone fonctionnelle est aussi définie comme un territoire possédant une fonction particulière (zone résidentielle, commerciale, touristique, etc.) qui dépend des activités humaines s'y déroulant. Suivant cette conception, une zone fonctionnelle correspond à une certaine utilisation des terres (Zhi et al., 2014; Gao et al., 2017).

En dépit de leur diversité, ces définitions permettent d'identifier des caractéristiques essentielles concernant les zones fonctionnelles. Premièrement et fondamentalement, elles sont délimitées de sorte que les interactions socio-économiques sont plus fortes en leur sein qu'entre elles. Deuxièmement, elles sont hétérogènes parce qu'elles regroupent différents types d'activités. Troisièmement, elles ne correspondent pas à un découpage administratif, géographique ou historique. Enfin, elles peuvent être associées à des utilisations spécifiques des terres.

Précisons que lorsque les zones fonctionnelles sont délimitées à l'échelle de centres urbains, elles sont qualifiées de zones fonctionnelles urbaines et c'est précisément l'identification de ce type de zones qui nous intéresse dans cet article. Par ailleurs, du fait des caractéristiques sus-citées, la détermination des zones fonctionnelles impose de disposer de données décrivant des interactions socio-économiques. Dans notre contexte, nous utiliserons des données de mobilité et des POI pour leur identification.

3   Travaux proches

L'identification des zones fonctionnelles urbaines, dans la plupart des travaux récents, rime avec la détermination de l'utilisation des terres. Habituellement, délimiter des zones fonctionnelles urbaines revient à délimiter des zones résidentielles, commerciales, administratives, touristiques, etc. Cette tendance traduit une perception de la zone fonctionnelle urbaine comme étant un espace remplissant une fonction spécifique aux yeux des usagers qui le fréquentent. Plusieurs méthodes, essentiellement statistiques, ont été proposées afin de délimiter automatiquement ce type d'espace. Ainsi, dans Yuan et al. (2012), les auteurs présentent une approche basée sur une régression de mélanges de Dirichlet multinomiaux (DMR pour Dirichlet-Multinominal Regression) pour identifier les zones fonctionnelles de Beijing. Ils utilisent à la fois des données décrivant les déplacements des taxis et les POI dans leur modèle qui est une amélioration du LDA (Latent Dirichlet Allocation). D'autres méthodes utilisant la factorisation de matrices (Wang et al., 2018), l'algorithme Expectation Maximization (Long et Shen, 2015), le clustering hiérarchique (Tu et al., 2018) pour ne citer que celles-là, ont aussi été développées. Elles usent des données provenant des GSM, des trajectoires de taxis, des media sociaux, des carte de bus, d'images satellites, etc.

Toutefois, les zones fonctionnelles urbaines ne sont pas exclusivement associées à l'utilisation des terres dans la littérature. Certains auteurs les conçoivent comme des régions présentant des interactions socio-économiques plus fortes en leur sein que vis à vis de l'extérieur. Nous partageons cette conception car elle correspond à notre sens à la caractéristique fondamentale et traditionnelle de la notion de zone fonctionnelle. Les méthodes développées pour extraire les zones fonctionnelles suivant cette conception présentent une constante. Elles modélisent sous forme de graphe les interactions qui ont lieu dans un territoire puis recherchent des communautés au sein de ce graphe. Ceci s'explique par le fait que premièrement, les graphes permettent de modéliser naturellement les interactions et deuxièmement, la notion de communauté dans un graphe sert à formaliser aisément le concept de zones fonctionnelles. Une communauté étant un ensemble de noeuds plus fortement inter-connectés entre eux qu'avec l'extérieur. Cette formalisation est explicitée dans Farmer et Fotheringham (2011). Les auteurs y proposent une approche pour identifier les zones fonctionnelles, fondée sur l'extraction de communautés dans un graphe obtenu à partir des flux travail-domicile sur tout le territoire Irlandais. Les poids des liens du graphe dépendent à la fois de la distance séparant deux noeuds et du nombre de déplacements observés entre eux. La particularité de leur travail réside dans l'utilisation d'une méthode spectrale pour maximiser la modularité. Pour découvrir les zones fonctionnelles de

Shanghai, Fan et al. (2015) recherchent également des communautés, mais plutôt par le biais de l'algorithme Fast-Newman, dans un graphe de cellules de Voronoï construit à partir des trajectoires de taxis. Demsar et al. (2014) se démarquent des deux travaux précédents en cherchant à détecter des communautés recouvrantes et donc des zones fonctionnelles qui se chevauchent dans la ville de Londres, à partir de données sur la circulation des taxis.

Ces approches à base de graphes n'exploitent que des données d'interaction, plus précisément de mobilité. Elles ne prennent pas en compte la composition socio-économique des territoires étudiés. Or les zones fonctionnelles ne sont pas que des zones de fortes interactions, ce sont aussi des zones hétérogènes rassemblant différents types d'activités. Par conséquent, l'intégration des données socio-économiques peut aider à améliorer la qualité du processus de détermination des zones fonctionnelles. C'est la raison pour laquelle nous proposons une méthode de délimitation des zones fonctionnelles fondée sur l'extraction de communautés et qui enrichit celles déjà existantes en alliant l'utilisation des POI aux données de mobilité. Nous décrivons cette nouvelle approche dans la section suivante.

4   Méthodologie

En nous référant aux définitions de la section 2, l'une des caractéristiques principales des zones fonctionnelles est d'avoir de plus fortes interactions internes que vis à vis de l'extérieur. La détection de telles zones a été formalisée par Farmer et Fotheringham (2011) comme un problème de détection de communautés dans un graphe d'interaction. Problème qui peut être résolu en maximisant la modularité.

La modularité, proposée par Newman (2006), est une mesure évaluant la qualité d'une partition des sommets d'un graphe. Cette mesure utilise le fait qu'une communauté est plus connectée en interne que vers l'extérieur. Elle est formellement définie par l'équation 1 pour un graphe de matrice d'adjacence A et une partition P des sommets de ce graphe :

$$Q(P) = \frac{1}{2m} \sum_{C \in P} \sum_{i,j \in C} \left[A_{ij} - \frac{k_i k_j}{2m} \right] \tag{1}$$

où C est une partie de P, i et j sont deux sommets de C avec k_i, k_j leur degré respectif et m est le nombre d'arêtes dans le graphe.

L'idée sous-tendant cette formulation consiste à comparer, pour chaque partie, ou communauté, le nombre de liens internes (somme des A_{ij}) avec le nombre de liens attendus dans un modèle de référence (somme des $k_i k_j / 2m$). La qualité est ainsi d'autant meilleure que le nombre d'arêtes observées est supérieur à ce qui était attendu. Pour la modularité le modèle de référence est le modèle configurationnel (Bender et Canfield, 1978) qui préserve uniquement la distribution de degrés du graphe original mais mélange toutes les arêtes. La modularité prend des valeurs comprises entre -0,5 et 1.

Notre méthode s'inspire de celle de Farmer et Fotheringham (2011) et repose également sur la maximisation de la modularité mais (i) nous y intégrons des informations sur les points d'intérêt pour contrôler l'hétérogénéité des zones identifiées et (ii) nous remplaçons la méthode spectrale d'optimisation par une autre plus efficace. Les trois étapes de notre approche sont : segmentation du territoire en unités spatiales, construction des graphes modélisant les interactions entre ces unités et clustering des unités spatiales pour extraire des zones fonctionnelles.

4.1 Segmentation du territoire

Le découpage en grille est une méthode classique de segmentation du territoire très utilisée car simple à implémenter et produisant des zones de surface identique (Wang et al., 2016; Liu et al., 2015; Pei et al., 2014; Liu et al., 2012). Cependant, le découpage qui en résulte ne respecte pas l'aménagement urbain, manque de sémantique (Yuan et al., 2012) et dépend d'un paramètre fixant la taille des cellules.

Afin de pallier ces insuffisances, nous avons préféré diviser l'espace d'étude en zones disjointes en utilisant le réseau routier. Les unités spatiales obtenues sont *a priori* homogènes d'un point de vue socio-économique et évitent les limitations du découpage en grille. Nous utiliserons le terme de zones formelles pour les identifier dans la suite de l'article, comme dans Bednarz et al. (1994).

4.2 Graphe d'interaction

Les interactions entre zones formelles sont modélisées par un graphe de flux, pondéré par le nombre de trajets entre les zones sources et destinations durant une certaine période (en pratique nous ignorons la direction ce qui rend la matrice symétrique). Afin d'obtenir des régions fonctionnelles connexes, les pondérations sont ajustées avec une pondération géographique : les poids sont calculés grâce à une fonction Gaussienne, voir équation 2 telle que proposée par Farmer et Fotheringham (2011) :

$$A_{ij} = W_{ij} \exp(-d_{ij}^2/h^2) \tag{2}$$

où A_{ij} est l'interaction pondérée entre les zones formelles i et j, W_{ij} représente le nombre de trajets entre i et j, d_{ij} est la distance euclidienne entre i et j, h est un paramètre contrôlant la variance de la Gaussienne et donc la compacité des zones.

4.3 Extraction de zones fonctionnelles

L'optimisation de la modularité est un problème NP-difficile (Brandes et al., 2006) mais de nombreuses heuristiques ont été proposées pour trouver rapidement des solutions de bonne qualité. Selon Fortunato (2010), la méthode de Louvain proposée par Blondel et al. (2008) est l'une des méthodes les plus efficaces à la fois en temps et en qualité, c'est la raison pour laquelle nous l'avons sélectionnée pour calculer les partitions.

Afin d'extraire les zones fonctionnelles nous avons donc appliqué la méthode de Louvain sur divers graphes d'interaction obtenus en faisant varier le paramètre h (la variance) de la Gaussienne. Puis, pour chaque partition, nous avons mesuré l'hétérogénéité des régions générées en calculant leur entropie moyenne, comme définie par l'équation 3, grâce à la distribution des points d'intérêt.

$$E_{average} = \frac{1}{|R|} \sum_{R \in P} E_R \tag{3}$$

où E_R est l'entropie (Shannon, 1948) de la région R calculée par :

$$E_R = -\sum_{i \in R} p_i * \log p_i \tag{4}$$

avec p_i la proportion de la i-ème catégorie de points d'intérêts dans la région R.

Notre intuition est que plus une région est hétérogène, plus son entropie sera élevée et plus y devrait y avoir des interactions spatiales en son sein. Enfin, nous sélectionnons la partition qui maximise le produit de la modularité par l'entropie moyenne. Ce produit constitue une règle de sélection multi-critères pour s'assurer que les zones fonctionnelles aient de fortes interactions internes et une hétérogénéité suffisante.

5 Résultats et discussions

5.1 Données et zone d'étude

Notre zone d'étude, Porto, est le centre de la seconde plus grande zone urbaine du Portugal, après Lisbonne. Elle a une population de 237591 habitants (recensement de 2011, http ://mapas.ine.pt) et couvre une surface de 41,42 km2. Cette ancienne ville européenne, également capitale de la région Nord est bordée par le fleuve Douro et l'océan Atlantique.

Porto a un système de transport combinant bus, tramways, métro et taxis. Certains taxis sont équipés de terminaux mobiles capables d'enregistrer leurs positions. Suite à la collecte des données issues de ces taxis, le jeu de données ouvert "Taxi Service Trajectory" a été construit et mis à disposition pour la compétition "ECML/PKDD 15 Kaggle competition". Il comporte les trajets effectués par 442 taxis pendant un an, du 1er juillet 2013 au 30 juin 2014 dans Porto (Moreira-Matias et al., 2013). Chaque trajet comporte un identifiant, l'origine de la demande (envoi par le central, demande à un arrêt ou dans la rue, etc.), un identifiant anonymisé du téléphone du demandeur, l'arrêt de taxi en cas de demande à un arrêt, l'identifiant du taxi, un horodatage, le type de jour (vacances, jour ouvré, week-end), l'absence éventuelle de données GPS, et les coordonnées GPS collectées toutes les 15 secondes.

Le jeu de données contient 1710670 enregistrements. Après un léger nettoyage pour exclure les trajets incomplets, trop courts ou trop longs, il nous reste 1438924 trajectoires. Les trajectoires très courtes peuvent avoir leurs origines et leurs destinations associés à la même zone formelle et les trajectoires très longues peuvent avoir une extrémité en dehors de la zone d'étude. Dans cette étude nous n'utilisons que la source et la destination des trajectoires que nous stockons dans une base de données Postgresql indexée avec l'extension Postgis, utile pour manipuler et effectuer des calculs sur des données spatiales.

Outre ces données, 7710 points d'intérêt ont été collectés depuis openstreetmap[2]. Ces POI sont étiquetés par des types de base (distributeur de billets, banque, église, hotel, etc.) que nous avons regroupés en dix catégories plus générales pour en réduire le nombre. Ces catégories sont : Logement, Lieux de travail et services publics, Alimentation et loisirs, Tourisme, Transports, Business et industries, Education, Santé, Espaces verts, Lieux de culte.

Enfin, les zones formelles sont extraites de l'atlas urbain de 2012 disponible en ligne[3]. Il s'agit de données vectorielles avec des informations cadastrales. Le processus de segmentation fournit 2453 zones formelles qui sont représentées sur la figure 1.

---

2. https ://www.openstreetmap.org
3. http ://mapas.dgterritorio.pt/atom-dgt/CDG_atlasurbano2012_Continente_Atom.xml

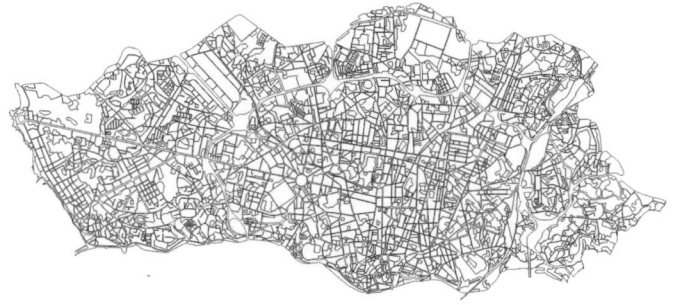

FIG. 1 – *Zones formelles de Porto.*

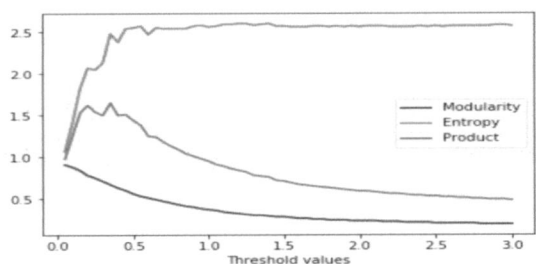

FIG. 2 – *Modularité et entropie moyenne en fonction de la variance h de la Gaussienne.*

5.2 Experimentations et résultats

Nos expériences ont été menées sur un ordinateur portable HP Zbook, possédant un processeur octocœur Intel i7-6700HQ ayant une fréquence de 8 * 2.60Ghz et 16Gb de Ram. Les opérations de SIG sont effectuées avec QGIS sous Ubuntu 16.04 LTS.

A partir des zones formelles et des données origines-destinations, nous avons construit des graphes d'interaction pour des valeurs de la variance de la Gaussienne (le paramètre h de l'équation 2) comprises entre 0,05 et 3 avec un pas de 0,05. Les régions n'ayant aucune interaction sont supprimées lors de la phase de construction du graphe. La méthode de Louvain est ensuite exécutée 10 fois sur chaque graphe et la partition de plus forte modularité est conservée. L'entropie moyenne est ensuite calculée ainsi que le produit modularité par entropie moyenne. Les résultats sont présentés figure 2. Notons que la condition d'arrêt de notre expérimentation est la convergence de l'entropie moyenne. Or d'après la figure 2 l'entropie moyenne stagne pour des valeurs de variance comprises entre 1,5 et 3. Ce qui explique que nous n'ayons pas effectué d'expérimentations au delà.

La variance qui maximise le produit entre entropie moyenne et modularité est $h = 0,35$. La partition correspondante contient 11 communautés qui correspondent aux zones fonctionnelles illustrées figure 3. Les figures 4 et 5 montrent deux exemples avec des variances valant respectivement 0, 1 et 2. On peut noter une corrélation claire entre la taille des communautés et la variance même si nous n'avons pas formalisé cette corrélation.

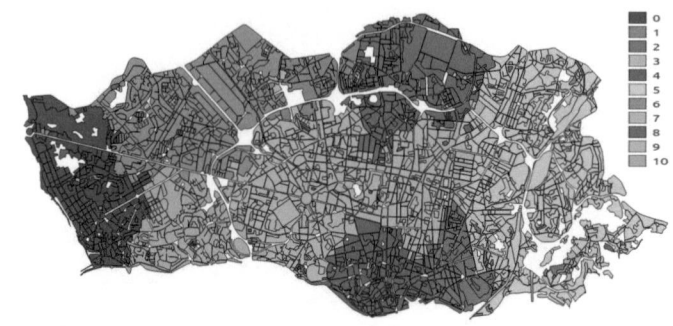

FIG. 3 – *Zones fonctionnelles obtenues avec une variance* $h = 0,35$.

FIG. 4 – *Zones fonctionnelles obtenues avec une variance* $h = 0,1$.

FIG. 5 – *Zones fonctionnelles obtenues avec une variance* $h = 2$.

Après comparaison, les zones fonctionnelles obtenues ne correspondent pas aux frontières administratives des districts de Porto représentées figure 6 même si on peut noter quelques similarités. Cela confirme que la ville a une structure cachée qui n'est accessible que via l'exploitation des données de mobilité. La diversité des activités de chaque zone est présentée figure 7 (les couleurs identifient les zones et les POI ne sont pas corrélées). La figure 7 montre que les communautés ont une bonne variété de types de POI et que les zones résidentielles sont dominantes dans la majorité des communautés. Cette situation est normale étant donné que fournir des logements est l'une des principales, sinon la principale, fonction d'une ville.

Bien que les communautés détectées soient de grands blocs contigus, il arrive que certaines de leurs zones formelles se retrouvent en dehors de leurs frontières. Cela vient du fait que quelques zones formelles géographiquement éloignées restent fortement interconnectées même en pénalisant grandement les distances élevées avec le calcul de l'équation 2. Ce phénomène peut être géré en assignant aux zones formelles l'identifiant de la communauté dans laquelle elles sont incluses ou, au contraire, il est possible de les laisser en l'état pour ne pas perdre l'information de la forte connectivité.

D'après les expérimentations de Farmer et Fotheringham (2011), la variance h devrait être calculée de manière adaptative pour chaque origine à partir des distances des trajets partant de cette origine et aboutissant à d'autres zones formelles. Néanmoins, ce calcul génère des zones fonctionnelles très dispersées comme illustré figure 8. La méthode de Farmer et Fotheringham (2011) s'avère donc assez inefficace pour la détection de zones fonctionnelles à l'échelle d'une ville. Comme solution, nous avons choisi une approche globale plutôt que locale. Autrement

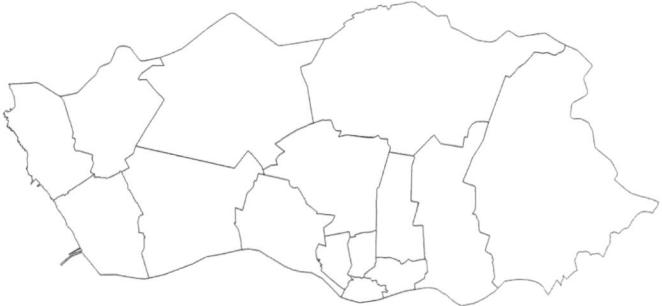

FIG. 6 – *Districts de Porto.*

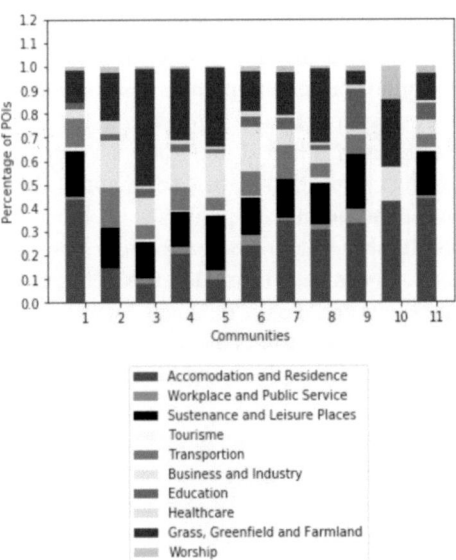

FIG. 7 – *Distribution de points d'intérêts par communauté.*

FIG. 8 – *Zones fonctionnelles avec une*
évaluation automatique de la variance
pour chaque région.

FIG. 9 – *Zones fonctionnelles avec une*
évaluation automatique de la variance
pour toutes les régions.

dit, nous déterminons la variance h pour l'ensemble des zones formelles en ajustant la distribution des distances avec une loi gaussienne. Cependant, ce mode de calcul génère également des zones fonctionnelles très dispersées comme illustré figure 9. En raison des résultats de mauvaise qualité, obtenus avec ces deux modes de sélection automatique de la variance, nous ne sommes pas en mesure de comparer notre modèle à celui proposé par Farmer et Fotheringham (2011) et qui nous sert de modèle de référence.

6   Conclusions et perspectives

Cet article propose une méthode à base de graphes pour délimiter les zones fonctionnelles d'une ville. Cette méthode consiste à diviser la ville en zones formelles à partir du réseau routier puis à construire un graphe d'interaction entre ces zones en utilisant les trajectoires de taxis. Les noeuds du graphe correspondent aux zones formelles et deux noeuds sont connectés si il existe un ou des trajets de taxis allant d'une zone à l'autre. Les arêtes sont pondérées en fonction du nombre de trajets et de la distance entre zones formelles. L'utilisation d'une fonction à décroissance gaussienne permet de pénaliser les longues distances et d'obtenir un ensemble de graphes en modifiant la valeur de la variance. Les graphes obtenus sont ensuite décomposés en communautés maximisant la modularité. Chaque communauté correspond à une zone fonctionnelle. Le meilleur découpage en zones fonctionnelles est identifié en utilisant l'information apportée par l'entropie des points d'intérêts au sein des communautés. Toutes les expériences ont été menées sur la ville de Porto grâce à des trajectoires de taxis enregistrées pendant un an et des POI.

Ce travail peut être approfondi en étudiant la stabilité des zones détectées au cours du temps. En particulier, les données pourraient être divisées en sous-ensembles couvrant différentes périodes et les zones fonctionnelles identifiés pour chaque sous-ensemble. On déterminerait ensuite des coeurs de communautés (Gfeller et al., 2005) pour l'ensemble des partitions obtenues. Par ailleurs, il peut également être pertinent de calculer des communautés recouvrantes pour obtenir un découpage plus réaliste qui ne soit pas une partition stricte. En outre, l'utilisation des trajectoires est pour l'instant minimale étant donné que seules les zones de départ et d'arrivée sont exploitées. Les zones traversées pourraient aider à affiner la détection des zones fonctionnelles. Enfin, la dimension temporelle peut également apporter une information forte pour la pondération des arêtes du graphe.

Références

Antikainen, J. (2005). The concept of functional urban area. findings of the espon project. *Informationen zur Raumentwicklung 7*, 447–452.

Bednarz, S. et al. (1994). *Geography for Life : National Geography Standards*. Distributed by ERIC Clearinghouse (Washington, D.C.).

Bender, E. et E. Canfield (1978). The asymptotic number of labeled graphs with given degree sequences. *Journal of Combinatorial Theory, Series A 24*(3), 296 – 307.

Blondel, V., J.-L. Guillaume, R. Lambiotte, et E. Lefebvre (2008). Fast unfolding of communities in large networks. *J. Stat. Mech*, P10008.

Brandes, U., D. Delling, M. Gaertler, R. Goerke, M. Hoefer, Z. Nikoloski, et D. Wagner (2006). Maximizing modularity is hard. cite arxiv :physics/0608255 Comment : 10 pages, 1 figure.

CSIL (2015). *Territorial Agenda 2020 put in practice. Enhancing the efficiency and effectiveness of Cohesion Policy by a place-based approach*. Publications Office of the European Union.

Demsar, U., J. Reades, E. Manley, et J. Batty (2014). Edge-based communities for identification of functional regions in a taxi flow network. In *Extended Abstract Proceedings of the GIScience 2014*, pp. 55–60.

Fan, K., D. Zhang, Y. Wang, et S. Zhao (2015). Discovering urban social functional regions using taxi trajectories. In *Proceedings of the 2015 IEEE 12th Intl Conf on Ubiquitous Intelligence and Computing*, pp. 356–359.

Farmer, C. et A. Fotheringham (2011). Network-based functional regions. *Environment and Planning A : Economy and Space 43*(11), 2723–2741.

Fortunato, S. (2010). Community detection in graphs. *Physics Reports 486*(3-5), 75 – 174.

Gao, S., K. Janowicz, et H. Couclelis (2017). Extracting urban functional regions from points of interest and human activities on location-based social networks. *Transactions in GIS 21*(3), 446–467.

Gfeller, D., J.-C. Chappelier, et P. D. L. Rios (2005). Finding instabilities in the community structure of complex networks. *Phys. Rev. E 72*, 056135.

Houssou, N., J.-L. Guillaume, et A. Prigent (2019). A graph based approach for functional urban areas delineation. In *Proceedings of the 34rd Annual ACM Symposium on Applied Computing, SAC 2019, Limassol, Cyprus, April 08-12, 2019*.

Karlsson, C. (2007). Clusters, Functional Regions and Cluster Policies. Working Paper Series in Economics and Institutions of Innovation 84, Royal Institute of Technology, CESIS - Centre of Excellence for Science and Innovation Studies.

Liu, X., L. Gong, Y. Gong, et Y. Liu (2015). Revealing travel patterns and city structure with taxi trip data. *Journal of Transport Geography 43*, 78 – 90.

Liu, Y., F. Wang, Y. Xiao, et S. Gao (2012). Urban land uses and traffic 'source-sink areas' : Evidence from gps-enabled taxi data in shanghai. *Landscape and Urban Planning 106*(1), 73 – 87.

Long, Y. et Z. Shen (2015). *Discovering Functional Zones Using Bus Smart Card Data and Points of Interest in Beijing*, pp. 193–217. Cham : Springer International Publishing.

Moreira-Matias, L., J. Gama, M. Ferreira, J. Mendes-Moreira, et L. Damas (2013). Predicting taxi-passenger demand using streaming data. *IEEE Transactions on Intelligent Transportation Systems 14*(3), 1393–1402.

Newman, M. (2006). Modularity and community structure in networks. *Proceedings of the National Academy of Sciences 103*(23), 8577–8582.

OCDE (2002). *Redefining Territories : The Functional Regions*. Éditions OCDE, Paris.

Pei, T., S. Sobolevsky, C. Ratti, S.-L. Shaw, T. Li, et C. Zhou (2014). A new insight into land use classification based on aggregated mobile phone data. *International Journal of Geographical Information Science 28*(9), 1988–2007.

Shannon, C. (1948). A mathematical theory of communication. *The Bell System Technical Journal 27*(3), 379–423.

Tu, W., Z. Hu, L. Li, J. Cao, J. Jiang, Q. Li, et Q. Li (2018). Portraying urban functional zones by coupling remote sensing imagery and human sensing data. *Remote Sensing 10*(1).

Wang, Y., Y. Gu, M. Dou, et M. Qiao (2018). Using spatial semantics and interactions to identify urban functional regions. *ISPRS International Journal of Geo-Information 7*(4).

Wang, Y., T. Wang, M.-H. Tsou, H. Li, W. Jiang, et F. Guo (2016). Mapping dynamic urban land use patterns with crowdsourced geo-tagged social media (sina-weibo) and commercial points of interest collections in beijing, china. *Sustainability 8*(11).

Yuan, J., Y. Zheng, et X. Xie (2012). Discovering regions of different functions in a city using human mobility and pois. In *Proceedings of the 18th ACM SIGKDD International Conference on Knowledge Discovery and Data Mining*, KDD '12, New York, NY, USA, pp. 186–194. ACM.

Zhi, Y., Y. Liu, S. Wang, M. Deng, J. Gao, et H. Li (2014). Urban spatial-temporal activity structures : a new approach to inferring the intra-urban functional regions via social media check-in data. *CoRR abs/1412.7253*.

Summary

In this paper, we presented a method for the structural analysis of a city, specifically for the determination of its functional areas, based on communities detection in graph. The nodes of the graph correspond to geographical units resulting from a cartographic division of the city according to the road network. The edges are weighted using a Gaussian distance-decay function and the amount of spatial interactions between nodes. Our approach optimize the modularity to ensure that the functional areas detected have strong interactions within their borders but lower interactions outside. Moreover, it leverages on POIs' entropy to maintain a good socioeconomic heterogeneity in the detected areas. We conducted experiments using taxi trips and POIs datasets from the city of Porto, as a study case, to demonstrate the ability of our method to portray functional areas while including spatial and socioeconomic dynamics.

Représentation condensée de règles d'association multidimensionnelles

Alexandre Bazin*, Aurélie Bertaux** et Christophe Nicolle***

Le2i, Université de Bourgogne
21000 Dijon
*contact@alexandrebazin.com
**aurelie.bertaux@iut-dijon.u-bourgogne.fr
***cnicolle@u-bourgogne.fr

Résumé. La fouille de règles d'association est un problème qui a donné lieu à une littérature foisonnante, notamment dans les données binaires bidimensionnelles classiques. En particulier, la relation entre les ensembles fermés et les règles d'association est bien connue. Tel n'est pas le cas dans les données multidimensionnelles. Dans ce papier, nous montrons que la connaissance des n-ensembles fermés d'un tenseur booléen multidimensionnel est suffisante pour inférer la confiance de toutes les règles d'association multidimensionnelles.

1 Introduction

Le calcul de règles d'association (Agrawal et al. (1993)) est un problème important en fouille de données qui a donné lieu à une littérature foisonnante. Dès sa naissance, et pour pallier au grand nombre de motifs produits, l'accent a été mis sur la recherche d'ensembles réduits de règles contenant une information jugée intéressante. Comme souvent lorsque deux critères sont à optimiser – ici le nombre de règles et l'information contenue –, l'un d'eux prend le pas. Ainsi, dans le domaine des règles d'association, le nombre de règles est souvent vu comme primordial.

Le problème de la représentation de la totalité des règles – et donc de l'ensemble de l'information – est celui qui nous intéresse ici. Dans le cas de données binaires bidimensionnelles, le premier à être considéré, la question n'est plus ouverte. Nous savons que les règles peuvent être représentées de façon minimale par les ensembles fermés. Ce résultat, basé sur le fait que les fermés sont des représentants uniques de leurs classes d'équivalence vis à vis du support, a donné lieu à de nombreuses combinaisons avec les mesures d'intérêt utilisées pour réduire le nombre de règles au détriment de l'information.

Dans ce papier, nous considérons le cas des données binaires multidimensionnelles. Bien qu'il ait été moins étudié que le cas bidimensionnel, des moyens de réduire le nombre de règles ont déjà été proposées en généralisant la mesure d'intérêt la plus connue : la fréquence. Cependant, à notre connaissance, aucun résultat n'existe sur des représentations condensées de l'entièreté des règles. Nous nous proposons ici d'y remédier en montrant que, tout comme dans le cas bidimensionnel, les ensembles n-fermés d'une transformation d'un tenseur booléen multidimensionnel sont suffisants pour dériver le support de toutes les associations et donc la confiance de toutes les règles.

Dans la Section 2, nous rappelons les définitions et propriétés connues et utiles des tenseurs, ensembles fermés et règles dans les tenseurs bi- et multidimensionnels. Dans la Section 3, nous montrons que le support naturel de toute association peut être calculé à partir du support d'associations particulières impliquant $n-1$ dimensions. Dans la Section 4, nous présentons une transformation du tensor permettant la dérivation du support d'associations par rapport à des ensembles de dimensions. Enfin, dans la Section 5, nous utilisons les résultats produits pour conclure que les n-ensembles fermés contiennent une information nécessaire et suffisante.

2 Définitions

2.1 Matrices, tenseurs et fermetures

Nous appelons *dimension* un ensemble $\mathcal{D}_i = \{d_1, \ldots, d_k\}$ d'éléments de même nature. Soient $\mathcal{D} = \{\mathcal{D}_1, \ldots, \mathcal{D}_n\}$ un ensemble de dimensions et $\mathcal{R} \subseteq \prod_{\mathcal{D}_i \in \mathcal{D}} \mathcal{D}_i$ une *relation n-aire* entre les éléments des dimensions. Ensemble, $\mathcal{D}$ et $\mathcal{R}$ forment le *tenseur booléen* $\mathcal{T} = (\mathcal{D}, \mathcal{R})$, une matrice binaire n-dimensionnelle représentant des données. Ce tenseur est aussi appelé *contexte n-dimensionnel* ou *n-contexte* dans le domaine de l'analyse formelle de concepts. Le tenseur illustré dans la Figure 1 servira d'exemple tout au long de ce papier.

	p_1	p_2	p_3	p_1	p_2	p_3	p_1	p_2	p_3
c_1	×		×				×		
c_2		×		×	×	×	×		×
c_3			×		×			×	
		m_1			m_2			m_3	

FIG. 1 – *Tenseur tridimensionnel représentant des clients (c_1,c_2,c_3) achetant des produits (p_1,p_2,p_3) dans différents magasins (m_1,m_2,m_3).*

Dans $\mathcal{T}$, un *ensemble n-fermé* est un tuple $(X_1, \ldots, X_n)$ avec $X_i \subseteq \mathcal{D}_i$ tel que

$$\prod_{i \in \{1, \ldots, n\}} X_i \subseteq \mathcal{R}$$

et chaque composant est maximal pour cette propriété. Ainsi, dans le cas classique bidimensionnel, les 2-ensembles fermés sont les paires (A, B) dans lesquelles A et B sont maximaux tels que $\forall a \in A, \forall b \in B, (a, b) \in \mathcal{R}$. Dans ce cas, à la fois A et B sont dits *fermés*. Lorsque X est un sous-ensemble de l'une des deux dimensions, nous utiliserons $c(X)$ pour noter le plus petit (pour l'inclusion) ensemble fermé contenant X.

Dans notre exemple, nous trouvons les 3-ensembles fermés suivants :

(c_1,p_1p_3,m_1)	(c_1c_3,p_3,m_1)	(c_2,p_2,m_1m_2)	(c_1,p_1,m_1m_3)
$(c_2,p_1p_2p_3,m_2)$	(c_2c_3,p_2,m_2)	(c_2,p_1p_3,m_2m_3)	(c_1c_2,p_1,m_3)
(c_3,p_2,m_2m_3)	$(\emptyset,p_1p_2p_3,m_1m_2m_3)$	$(c_1c_2c_3,\emptyset,m_1m_2m_3)$	$(c_1c_2c_3,p_1p_2p_3,\emptyset)$

L'ensemble des 2-ensembles fermés, ordonnés par la relation d'inclusion sur l'un de leurs deux composants, forme un treillis complet (Ganter et al. (1997)). De la même façon, l'ensemble des n-ensembles fermés, ordonnés par la relation d'inclusion sur l'un de leurs n-composants, forme un n-treillis complet (Voutsadakis (2002)). Les n-ensembles fermés peuvent être calculés grâce à DATA-PEELER (Cerf et al. (2008)).

2.2 Règles d'association dans le cas bidimensionnel

Traditionnellement, les règles d'association sont recherchées dans des relations binaires. Soient $\mathcal{D}_1$ et $\mathcal{D}_2$ deux dimensions, par exemple des *objets* et des *propriétés*, et $\mathcal{R} \subseteq \mathcal{D}_1 \times \mathcal{D}_2$ une relation binaire telle que $(o, p) \in \mathcal{R}$ signifie que l'objet o possède la propriété p.

	p_1	p_2	p_3	p_4	p_5
c_1	×	×			
c_2		×	×	×	
c_3		×		×	×
c_4	×		×		
c_5				×	×

FIG. 2 – *Tenseur bidimensionnel représentant des clients (c_1,c_2,c_3,c_4,c_5) achetant des produits (p_1,p_2,p_3,p_4,p_5).*

Soit A un sous-ensemble de $\mathcal{D}_2$. Le *support* de A, noté $s(A)$, est l'ensemble des éléments de $\mathcal{D}_1$ qui sont en relation avec tous les éléments de A. Une *règle d'association sur $\mathcal{D}_2$* est un motif de la forme $A \xrightarrow{c} B$ dans lequel A et B sont des sous-ensembles de $\mathcal{D}_2$ et c, la *confiance* de la règle, est tel que

$$c = \frac{|s(A \cup B)|}{|s(A)|}$$

La règle représente le fait que $100c\%$ des éléments de $\mathcal{D}_1$ qui sont en relation avec tous les éléments de A sont aussi en relation avec tous les éléments de B. Nous utiliserons parfois les notations $A \to B$ pour la règle elle-même et $conf(A \to B)$ pour sa confiance.

Dans l'exemple de la Figure 2, la règle $p_1 \to p_2$ a une confiance de 0.5 car $s(\{p_1\}) = \{c_1, c_4\}$ et $s(\{p_1, p_2\}) = \{c_1\}$.

En l'absence de restrictions, il y a $2^{2|\mathcal{D}_2|}$ règles possibles. Il est donc nécessaire de n'en considérer qu'une partie ; idéalement la plus intéressante. Pour ce faire, un certain nombre de *mesures d'intérêt* ont été proposées (Zhang et al. (2009)). La première est la *fréquence*. Une règle $A \to B$ est dite *fréquente*, par rapport à un seuil $t \in [0, 1]$, si et seulement si $|s(A \cup B)| \geq t \times |\mathcal{D}_1|$. Ne s'intéresser qu'aux règles fréquentes permet ainsi de réduire significativement le nombre de motifs. Le seuil de fréquence peut être combiné à un seuil de confiance pour réduire encore le nombre de règles.

Cependant, le nombre d'ensembles fréquents peut se révéler toujours trop élevé. Pour y remédier, d'autres méthodes ont été proposées. Les propriétés suivantes font maintenant partie du folklore :

— $conf(A \rightarrow B) = conf(A \rightarrow A \cup B)$
— $conf(A \rightarrow B) = conf(c(A) \rightarrow c(B))$

La première indique que les règles importantes sont celles dont la conclusion contient la prémisse tandis que la seconde signifie qu'il suffit de ne considérer que les règles entre ensembles fermés.

Dans l'exemple de la Figure 2, la fermeture de $\{p_2\}$ est $\{p_2\}$ et celle de $\{p_2, p_5\}$ est $\{p_2, p_4, p_5\}$. De ce fait, les confiances de $p_2 \rightarrow p_2 p_5$ et $p_2 \rightarrow p_2 p_4 p_5$ sont toutes deux égales à 1/3.

Cependant, construire des bases de règles d'association en utilisant toutes les règles entre ensembles fermés comparables n'est toujours pas suffisamment efficace puisqu'il peut y avoir jusqu'à $2^{|\mathcal{D}_2|}$ ensembles fermés. Afin de réduire encore plus le nombre de règles, il a été montré qu'il était suffisant de ne considérer que les règles de la forme $A \rightarrow B$ telles que $A = c(A)$, $B = c(B)$, $A \subset B$ et il n'y a aucun fermé X entre A et B. Cela correspond à une règle par arête dans le diagramme de Hasse du treillis des 2-ensembles fermés. La confiance de n'importe quelle règle peut alors être calculée en trouvant un chemin entre sa prémisse et sa conclusion dans le diagramme et en multipliant les confiances des règles parcourues.

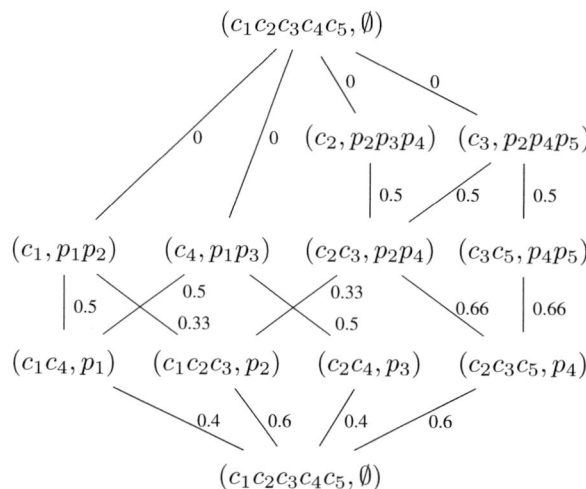

FIG. 3 – *Treillis des ensembles 2-fermés dans le tenseur bidimensionnel présenté dans la Figure 2 avec les confiances des règles d'association correspondantes aux arêtes.*

Sur le diagramme de Hasse illustré dans la Figure3, nous constatons que la confiance de $\emptyset \rightarrow p_4 p_5$ peut être obtenue en multipliant les confiances de $\emptyset \rightarrow p_4$ et $p_4 \rightarrow p_4 p_5$, ce qui nous donne $\frac{3}{5} \times \frac{2}{3} = 0.4$.

Luxenburger (Luxenburger (1991)) a montré que des ensembles de règles plus petit peuvent être obtenu en considérant uniquement un arbre couvrant du diagramme de Hasse. Cependant, l'utilisation de ces règles pour dériver des confiances implique de résoudre des problèmes d'optimisation linéaire, ce qui se révèle être trop chronophage pour la plupart des applications.

Puisque, par définition, les ensembles ont le même support que leur fermeture, les ensembles fréquents ont des fermetures fréquentes. Les deux approches pour réduire le nombre de règles peuvent donc être combinée en ne calculant que les règles entre ensembles fermés fréquents voisins (Lakhal et Stumme (2005)).

2.3 Règles d'association dans le cas multidimensionnel

Différentes généralisations des règles d'association dans les relations n-aires ont été étudiées. Dans Nguyen et al. (2011), les auteurs proposent ce qui est, pour nous, la plus générale. Nous la présentons ici et l'utilisons dans le reste de ce travail.

Soient $\mathcal{D} = \{\mathcal{D}_1, \ldots, \mathcal{D}_n\}$ un ensemble de dimensions et $\mathcal{R} \subseteq \mathcal{D}_1 \times \cdots \times \mathcal{D}_n$ une relation n-aire entre les dimensions. Nous voulons extraire des "règles d'association" du tenseur $(\mathcal{D}, \mathcal{R})$. Cependant, contrairement au cas bidimensionnel, les motifs composant les règles peuvent impliquer différentes dimensions.

Soit $D \subseteq \mathcal{D}$ un ensemble de dimensions. Sans perte de généralité, nous supposons que $D = \{\mathcal{D}_1, \ldots, \mathcal{D}_{|D|}\}$. Soit $X_d \subseteq \mathcal{D}_d, \mathcal{D}_d \in D$, un ensemble non vide d'éléments de la dimension $\mathcal{D}_d$. L'ensemble de tuples $\prod_{\mathcal{D}_d \in D} X_d$ est appelé une *association sur* D et D est appelé son *domaine*. Nos règles d'association seront entre deux telles associations. Nous utiliserons $dom(X)$ pour noter le domaine d'une association X.

Nous omettrons les accolades des ensembles lorsque cela n'induit pas d'ambiguïté et nous utiliserons la notation $X.Y$ à la place de $X \times Y$ pour représenter le produit cartésien de deux ensembles. Dans notre exemple, p_1 et $p_3.m_1$ sont des associations sur, respectivement, les domaines $\{\mathcal{D}_{produits}\}$ et $\{\mathcal{D}_{produits}, \mathcal{D}_{magasins}\}$ et $p_1 \to p_3.m_1$ est une règle d'association.

Soient $\mathcal{D}_i$ une dimension et $X = \prod_{\mathcal{D}_d \in Dom(X)} X_d$ une association. La *projection* $\pi_{\mathcal{D}_i}(X)$ de X sur $\mathcal{D}_i$ est égale à X_i si $\mathcal{D}_i \in Dom(X)$ ou à $\emptyset$ sinon.

Dans notre exemple, $\pi_{\mathcal{D}_{produits}}(p_3.m_1) = p_3$ $\pi_{\mathcal{D}_{clients}}(p_3.m_1) = \emptyset$ et $\pi_{\mathcal{D}_{magasins}}(p_3.m_1) = m_1$.

Dans le cas bidimensionnel, le support d'une association sur une dimension est un sous-ensemble de l'autre dimension. De la même façon, dans le cas multidimensionnel, le support d'une association est calculé sur les dimensions qui ne sont pas dans son domaine. Soit X une association, le *support de* X, noté $s(X)$, est l'ensemble $\{t \in \prod_{\mathcal{D}_i \in \overline{dom(X)}} \mathcal{D}_i \mid \forall x \in X, x.t \in \mathcal{R}\}$ des tuples dans le produit cartésien des dimensions absentes du domaine de X qui forment un élément de $\mathcal{R}$ avec un élément de X.

Dans notre exemple, nous avons que $s(p_1) = \{(c_1, m_1), (c_2, m_2), (c_1, m_3), (c_2, m_3)\}$ et $s(p_3.m_1) = \{c_1, c_3\}$.

Soient X et Y deux associations. Leur *union* est l'association $X \sqcup Y$ telle que, pour tout $\mathcal{D}_i \in \mathcal{D}$, $\pi_{\mathcal{D}_i}(X \sqcup Y) = \pi_{\mathcal{D}_i}(X) \cup \pi_{\mathcal{D}_i}(Y)$. Le motif $X \to Y$ est une *règle d'association multidimensionnelle sur le domaine* $dom(X \sqcup Y)$ si et seulement si $X \sqcup Y$ est une association sur $dom(X \sqcup Y)$.

Dans notre exemple, $p_1 \to p_3.m_1$ est une règle d'association sur le domaine $\{\mathcal{D}_{produits}, \mathcal{D}_{magasins}\}$.

Soit $X \rightarrow Y$ une règle sur $dom(X \sqcup Y)$. Si $dom(X)$ est différent de $dom(X \sqcup Y)$, les supports $s(X)$ et $s(X \sqcup Y)$ sont définis sur des ensembles différents et ne peuvent donc pas être comparés pour calculer la confiance de la règle. Le support de la prémisse doit donc être défini différemment. Le support de X par rapport à un domaine $D \supseteq dom(X)$ est défini par

$$s_{\overline{D}}(X) = \{t \in \prod_{\mathcal{D}_d \in \overline{D}} \mathcal{D}_d \mid \exists u \in \prod_{\mathcal{D}_i \in D \setminus dom(X)} \mathcal{D}_i \text{ such that } \forall x \in X, x.u.t \in \mathcal{R}\}$$

Grâce à ce support, nous pouvons définir la *confiance naturelle* de $X \rightarrow Y$ sur le domaine $D = dom(X \sqcup Y)$ par

$$conf(X \rightarrow Y) = \frac{|s(X \sqcup Y)|}{|s_{\overline{D}}(X)|}$$

Dans notre exemple, $s_{\mathcal{D}_{clients}}(p_1) = \{c_1, c_2\}$ et $s(p_1 p_3.m_1) = \{c_1\}$. Ainsi, la confiance de $p_1 \rightarrow p_3.m_1$ est

$$\frac{|\{c_1\}|}{|\{c_1, c_2\}|} = \frac{1}{2}$$

Ces règles d'association multidimensionnelles conservent la propriété que

$$conf(X \rightarrow Y) = conf(X \rightarrow X \sqcup Y)$$

Le nombre de ces règles est, évidemment, encore plus élevé que dans le cas bidimensionnel. Dans Nguyen et al. (2011), les auteurs utilisent la fréquence et la confiance pour le réduire. Il paraîtrait donc naturel d'imiter le cas bidimensionnel et de représenter aussi l'ensemble des règles d'associations n-dimensionnelles avec des n-ensembles fermés. Cependant, peu de résultats existent sur le sujet.

2.4 Transformations de tenseurs

Cette section présente les définitions de transformations de tenseurs que nous utilisons dans nos preuves.

Soient $\mathcal{D} = \{\mathcal{D}_1, \ldots, \mathcal{D}_n\}$ un ensemble de dimensions, $\mathcal{R} \subseteq \mathcal{D}_1 \times \cdots \times \mathcal{D}_n$ une relation n-aire et $\mathcal{T} = (\mathcal{D}, \mathcal{R})$ un tenseur. Soient $D \subseteq \mathcal{D}$ un sous-ensemble des dimensions et $\mathcal{D}_d \in D$ une dimension. Le tenseur peut être transformé en :

— "fixant" des éléments d'une dimension
— combinant des dimensions

La première opération consiste en la restriction du tenseur à un sous-ensemble de l'une de ses dimensions. Soient $X_d \subseteq \mathcal{D}_d$ un ensemble d'éléments de la dimension $\mathcal{D}_d$ et $X_D = \{X_{j_1}, \ldots, X_{j_{|D|}}\}$ une collection d'ensembles d'éléments des dimensions dans D. Le tenseur $\mathcal{T}_{X_d} = (\mathcal{D} \setminus \mathcal{D}_d, \mathcal{R}_{X_d})$ avec

$$\mathcal{R}_{X_d} = \{(x_1, \ldots, x_{d-1}, x_{d+1}, \ldots, x_n) \mid \forall x_d \in X_d, (x_1, \ldots, x_d, \ldots, x_n) \in \mathcal{R}\}$$

	p_1	p_2	p_3
c_1	×		×
c_2		×	
c_3		×	

	p_1	p_2	p_3
	×		×

	m_1	m_2	m_3
c_1	×		
c_2		×	×
c_3			

FIG. 4 – *Transformations $\mathcal{T}_{m_1}$, $\mathcal{T}_{m_1,c_1}$ et $\mathcal{T}_{p_1,p_3}$ du tenseur $\mathcal{T}$ présenté dans la Figure 1.*

est construit en intersectant les "couches" de $\mathcal{T}$ correspondantes aux éléments de X_d. Le résultat est un tenseur $(n-1)$-dimensionnel. Lorsque plusieurs dimensions sont fixées simultanément, nous écrivons $\mathcal{T}_{X_D} = (((\mathcal{T}_{X_{j_1}})_{X_{j_2}})\ldots)_{X_{j_{|D|}}}$. La Figure 4 illustre cette transformation.

La seconde opération est le remplacement d'ensembles de dimensions par leur produit cartésien. Soient $\Omega = (\omega_1,\ldots,\omega_m)$ une partition de $\mathcal{D}$ en m ensembles et

$$\mathcal{D}^\Omega = \{ \prod_{\mathcal{D}_i \in \omega_1} \mathcal{D}_i, \ldots, \prod_{\mathcal{D}_j \in \omega_m} \mathcal{D}_j\}$$

le nouvel ensemble de dimensions. Le nouveau tenseur est alors $\mathcal{T}^\Omega = (\mathcal{D}^\Omega, \mathcal{R}^\Omega)$ avec

$$\mathcal{R}^\Omega = \{(x_1,\ldots,x_m) \mid x_1.x_2.\ldots.x_m \in \mathcal{R}\}$$

La Figure 5 illustre cette transformation.

	(p_1,m_1)	(p_2,m_1)	(p_3,m_1)	(p_1,m_2)	(p_2,m_2)	(p_3,m_2)	(p_1,m_3)	(p_2,m_3)	(p_3,m_3)
c_1	×		×				×		
c_2		×		×	×	×	×		×
c_3			×		×			×	

FIG. 5 – *Transformations $\mathcal{T}^{(\{\mathcal{D}_{clients}\},\{\mathcal{D}_{produits},\mathcal{D}_{magasins}\})}$ du tenseur $\mathcal{T}$ présenté dans la Figure 1.*

3 Dériver le support d'associations

Nous cherchons à identifier un ensemble restreint de règles d'association multidimensionnelles suffisantes pour dériver la confiance de toutes les autres. Pour ce faire, nous commencerons par montrer que la taille du support de n'importe quelle association intéressante peut être dérivée de la taille des supports de n-ensembles fermés. Nous supposons uniquement qu'une des dimensions n'apparait dans le domaine d'aucune association intéressante. Nous estimons cette supposition raisonnable car, en pratique, une dimension contient habituellement les "objets" ou "transactions" et ses éléments n'apparaissent pas dans les règles. Sans perte de généralité, nous supposerons que cette dimension est $\mathcal{D}_1$.

Tel que mis en évidence dans la Figure 6, le tenseur n-dimensionnel $\mathcal{T}$ peut être vu comme un empilement de tenseurs $(n-1)$-dimensionnels. De ce fait, la taille du support d'une association X est la somme des tailles de ses supports dans les différentes couches composant le tenseur.

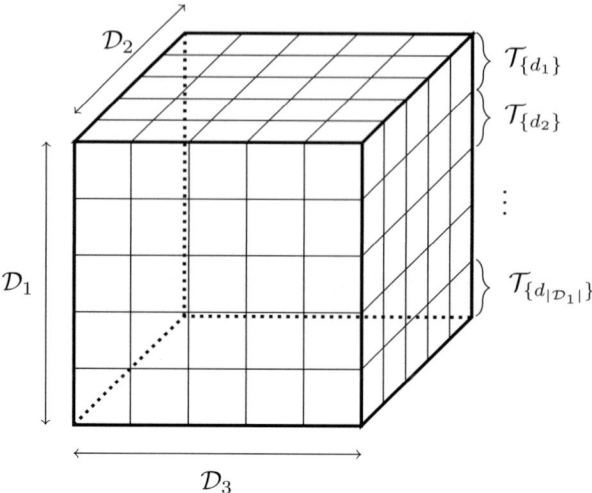

FIG. 6 – *Les tenseurs n-dimensionnels sont un empilement de tenseurs $(n-1)$-dimensionnels.*

Proposition 1. *Soit X une association. Soit*

$$D = \prod_{\mathcal{D}_i \in \mathcal{D} \setminus (dom(X) \cup \mathcal{D}_1)} \mathcal{D}_i$$

le produit cartésien de toutes les dimensions support de X à l'exception de $\mathcal{D}_1$. Nous avons que

$$|s(X)| = \sum_{d \in D} |s_d|$$

tel que s_d est le support de X dans $\mathcal{T}_d$..

Preuve. Par définition, tout $r \in \mathcal{R}_d$ est tel que $r.d \in \mathcal{R}$. Par conséquent, le support de X dans $\mathcal{T}_d$ est le sous-ensemble O de $\mathcal{D}_1$ tel que, $\forall o \in O$, $o.d$ est dans le support de X dans $\mathcal{T}$. Puisque les tuples $d \in D$ sont distincts deux-à-deux, la taille du support de X dans $\mathcal{T}$ est la somme des tailles des supports de X dans les différents $\mathcal{T}_d$. $\square$

La Proposition 1 exprime le fait que les tailles des supports d'associations X et Y – et donc la confiance de la règle $X \rightarrow Y$ – dans un tenseur $\mathcal{T}$ peut se calculer à partir des tailles des supports de X et Y dans les différents tenseurs obtenus en fixant des éléments du produit cartésien de toutes les dimensions supports sauf $\mathcal{D}_1$. Dans ces tenseurs, $s(X)$ et $s(Y)$ sont tous deux sous-ensembles de $\mathcal{D}_1$.

Supposons que nous voulons connaître la taille des supports de p_1 et p_1p_3 dans notre exemple $\mathcal{T}$ et que $\mathcal{D}_{clients}$ est la dimension n'apparaissant pas dans les règles. Le produit cartésien de la seule dimension support qui n'est pas $\mathcal{D}_{clients}$ est $\{m_1, m_2, m_3\}$. Les supports de p_1 dans $\mathcal{T}_{\{m_1\}}$, $\mathcal{T}_{\{m_2\}}$ et $\mathcal{T}_{\{m_3\}}$ sont, respectivement, de taille 1, 1 et 2 donc $|s(p_1)| = 4$ dans $\mathcal{T}$. Les tailles des supports de p_1p_3 dans les mêmes tenseurs sont 1, 1 et 1 donc $|s(p_1p_3)| = 3$ dans $\mathcal{T}$. Ainsi, $p_1 \rightarrow p_1p_3$ a une confiance de $\frac{3}{4}$.

Proposition 2. *Soient X une association dans $\mathcal{T}$ et Z un élément du produit cartésien de dimensions supports de X. Le support de X dans $\mathcal{T}_Z$ est le support de $X \sqcup Z$ dans $\mathcal{T}$.*

Preuve. $\Rightarrow$. Soit S le support de X dans $\mathcal{T}_Z$. Par définition, $\forall s \in S$, $\forall x \in X$, $s.x \in \mathcal{R}_Z$. Puisque $\mathcal{T}_Z$ est construit à partir de $\mathcal{T}$ en intersectant les couches correspondantes à Z, nous avons que $s.x \in \mathcal{R}_Z$ implique que $s.Z.x \in \mathcal{R}$. Par conséquent, S est un sous-ensemble du support de $X \sqcup Z$ dans $\mathcal{T}$.

$\Leftarrow$. Soit S' le support de $X \sqcup Z$ dans $\mathcal{T}$. Par définition, $\forall s \in S$, $\forall x \in X$, $s.Z.x \in \mathcal{R}$. De la construction de $\mathcal{T}_Z$ nous obtenons que $s.Z.x \in \mathcal{R}$ implique que $s.x \in \mathcal{R}_Z$. Par conséquent, S' est un sous-ensemble du support de X dans $\mathcal{T}_Z$ et donc $S = S'$. $\qquad\square$

Dans notre exemple, le support de $p_1.m_3$ dans $\mathcal{T}$ est $\{c_1, c_2\}$. Le support de m_3 dans $\mathcal{T}_{p_1}$ est aussi $\{c_1, c_2\}$.

La Proposition 2 implique que les supports des associations – et donc la confiance des règles – dans les tenseurs mentionnés dans la Proposition 1 peuvent être dérivés des supports des associations sur le domaine $\overline{\mathcal{D}_1}$ dans $\mathcal{T}$. Des Propositions 1 et 2, nous pouvons déduire que le support de n'importe quelle association dans $\mathcal{T}$ peut être dérivé des supports des associations sur le domaine $\overline{\mathcal{D}_1}$.

4   Règles entre associations sur différents domaines

Dans la Section 3, nous avons montré que la taille du support de n'importe quelle association peut être dérivée des tailles des supports d'associations sur $\overline{\mathcal{D}_1}$. Ce résultat est suffisant lorsque nous voulons calculer la confiance d'une règle entre deux associations sur le même domaine. Cependant, les règles de la forme $X \rightarrow Y$ avec $dom(X) \subset dom(X \sqcup Y)$ requièrent la connaissance du support $s_{\overline{dom(X \sqcup Y)}}(X)$ de X par rapport à $dom(X \sqcup Y)$. Dans cette section, nous montrons que le tenseur peut être transformé pour unifier les domaines des prémisses et conclusions de façon à ce que le support de n'importe quelle association par rapport à n'importe quel domaine puisse être dérivé d'associations sur $\overline{\mathcal{D}_1}$.

Comme nous l'avons présenté dans la Section 2.3, le support d'une association X par rapport à un domaine D est l'union des supports de toutes les associations pouvant être construites en augmentant de façon minimale X pour que D soit son domaine. Ce support peut être vu comme le support d'une association augmentée de façon à ce que chaque dimension additionnelle contienne un élément qui représente une disjonction sur l'entièreté de la dimension.

Définition 3. *Soit $\mathcal{T} = (\mathcal{D}_1, \ldots, \mathcal{D}_n, \mathcal{R})$ un tenseur. Nous définissons le tenseur $\mathcal{T}^\uparrow$ par $\mathcal{T}^\uparrow = (\mathcal{D}_1, \mathcal{D}_2 \cup \{\vee_2\}, \ldots, \mathcal{D}_n \cup \{\vee_n\}, \mathcal{R}^\uparrow)$ avec*

$$\mathcal{R}^\uparrow = \mathcal{R} \cup \{(x_1, \ldots, x_n) \mid \forall x_i = \vee_i, \exists x_i' \neq x_i \text{ such that } (x_1, \ldots, x_i', \ldots, x_n) \in \mathcal{R}^\uparrow\}$$

En d'autres termes, le tenseur $\mathcal{T}^\uparrow$ est construit à partir de $\mathcal{T}$ en ajoutant un élément à chaque dimension (à l'exception de $\mathcal{D}_1$) et en projetant les croix sur ces éléments jusqu'à saturation tel qu'illustré dans la Figure 7.

	p_1	p_2	p_3	$\vee_p$	p_1	p_2	p_3	$\vee_p$	p_1	p_2	p_3	$\vee_p$	p_1	p_2	p_3	$\vee_p$
c_1	×		×	×					×			×	×		×	×
c_2		×		×	×	×	×	×	×		×	×	×	×	×	×
c_3			×	×			×	×		×		×		×	×	×
	m_1				m_2				m_3				$\vee_m$			

FIG. 7 – *Le tenseur* $\mathcal{T}^\uparrow$ *correspondant à notre exemple* $\mathcal{T}$ *de la Figure 1.* $\mathcal{D}_{clients}$ *joue le rôle de* $\mathcal{D}_1$.

Définition 4. *Soient* X *une association dans* $\mathcal{T}$ *et* $D \supseteq dom(X)$ *un domaine.* $X^{D\uparrow}$ *est l'association dans* $\mathcal{T}^\uparrow$ *telle que*

$$\pi_{\mathcal{D}_i}(X^{D\uparrow}) = \begin{cases} \pi_{\mathcal{D}_i}(X) \cup \{\vee_i\} & \text{si } \mathcal{D}_i \in D \\ \emptyset & \text{sinon} \end{cases}$$

Proposition 5. *Soient* X *une association dans* $\mathcal{T}$ *et* $D \supseteq dom(X)$ *un domaine.* $s_{\overline{D}}(X)$ *dans* $\mathcal{T}$ *est égal à* $s(X^{D\uparrow})$ *dans* $\mathcal{T}^\uparrow$.

Preuve. Soit t un élément du support de $X^{D\uparrow}$ in $\mathcal{T}^\uparrow$. De la construction de $\mathcal{T}^\uparrow$, nous déduisons que, $\forall \mathcal{D}_i \in \overline{\mathcal{D}_1}$, $(x_1, \ldots, \vee_i, \ldots, x_n) \in \mathcal{R}^\uparrow$ implique que $(x_1, \ldots, x_i, \ldots, x_n) \in \mathcal{R}^\uparrow$ avec $x_i \neq \vee_i$. En suivant ce raisonnement récursivement sur les différentes dimensions dans D, nous obtenons que, pour tout $x \in X$, il existe un tuple $a \in \prod_{\mathcal{D}_i \in D \setminus dom(X)} \mathcal{D}_i$ tel que $t.a.x \in \mathcal{R}$. Ainsi, par définition, $t \in s_{\overline{D}}(X)$ dans $\mathcal{T}$. Par conséquent, $s(X^{D\uparrow})$ dans $\mathcal{T}^\uparrow$ est un sous-ensemble de $s_{\overline{D}}(X)$ dans $\mathcal{T}$.

Soit t' un élément de $s_{\overline{D}}(X)$ dans $\mathcal{T}$. Si t' n'est pas dans le support de $X^{D\uparrow}$, alors cela signifie qu'il n'y a aucun tuple $a \in \prod_{\mathcal{D}_i \in D \setminus dom(X)} \mathcal{D}_i$ tel que $t'.a.x \in \mathcal{R}$. Cela contredit notre supposition initiale. Par conséquent, $s_{\overline{D}}(X)$ dans $\mathcal{T}$ est un sous-ensemble de $s(X^{D\uparrow})$ dans $\mathcal{T}^\uparrow$ et ils sont donc égaux. $\square$

La Proposition 5 implique que le support de X par rapport à un domaine D dans $\mathcal{T}$ est le même que le support de $X^{D\uparrow}$ dans $\mathcal{T}^\uparrow$. A partir de cela et des Propositions 1 et 2, nous pouvons déduire que la taille du support de n'importe quelle association X par rapport à n'importe quel domaine dans $\mathcal{T}$ peut être dérivé des tailles des supports d'associations sur $\overline{\mathcal{D}_1}$ dans $\mathcal{T}^\uparrow$.

Dans notre exemple $\mathcal{T}$ décrit dans la Figure 1, le support de m_3 par rapport au domaine $D = \{\mathcal{D}_{produits}, \mathcal{D}_{magasins}\}$ est $s_{\mathcal{D}_{clients}}(m_3) = \{c_1, c_2, c_3\}$. Dans le tenseur $\mathcal{T}^\uparrow$, l'association $m_3^{D\uparrow} = \vee_p.m_3\vee_m$ a aussi $\{c_1, c_2, c_3\}$ pour support. décrit dans la Figure 7. De la même façon, le support de $p_1.m_3$ dans $\mathcal{T}$ et de $p_1.m_3^{D\uparrow} = p_1 \vee_p .m_3\vee_m$ dans $\mathcal{T}^\uparrow$ est $\{c_1, c_2\}$.

5 Fermés et supports

Dans les Sections 3 et 4, nous avons montré que le support de n'importe quelle association par rapport à n'importe quel domaine peut être dérivé des supports des associations sur $\overline{\mathcal{D}_1}$ dans le tenseur $\mathcal{T}^\uparrow$. Il ne nous reste plus qu'à montrer que la connaissance de l'ensemble des n-ensembles fermés est suffisante pour retrouver ces supports.

Soit X une association sur le domaine $\overline{\mathcal{D}_1}$ dans $\mathcal{T}^\uparrow$. De par la définition d'une association et de son support, nous savons que $s(X).X \subseteq \mathcal{R}$. En d'autres termes, $s(X).X$ est une boîte de croix n-dimensionnelle dans le tenseur. Elle n'est pas nécessairement maximale sur toutes les dimensions mais le support lui-même l'est. De ce fait, il y a au moins un n-ensemble fermé $(s(X), C_2, \ldots, C_n)$ avec $\pi_{\mathcal{D}_i}(X) \subseteq C_i, \forall i \in \{2, \ldots, n\}$. Cela implique que $s(X) = s(\prod_{i \in \{2,\ldots,n\}} C_i)$. Dans le cas bidimensionnel, il n'y a qu'un tel 2-ensemble fermé pour X. Lorsque $n \geq 3$, il peut y en avoir plusieurs.

Définition 6. *Pour une association X, $c(X)$ désigne l'association résultante du produit cartésien des $n-1$ derniers composants d'**un** des n-ensembles fermés $(s(X), C_2, \ldots, C_n)$ avec $\pi_{\mathcal{D}_i}(X) \subseteq C_i, \forall i \in \{2, \ldots, n\}$.*

Par exemple, $c(\vee_p.m_1) = \vee_p.m_1m_3\vee_m$ parce que $s(\vee_p.m_1) = \{c_1c_2c_3\}$ et le triplet $(c_1c_2c_3, \vee_p, m_1m_3\vee_m)$ est un 3-ensemble fermé dans $\mathcal{T}^\uparrow$ (Figure 7).

Puisque X et $c(X)$ ont le même support, la connaissance de tous les n-ensembles fermés de $\mathcal{T}^\uparrow$ est suffisante pour dériver le support de n'importe quelle association X sur $\overline{\mathcal{D}_1}$ et donc de toute autre association, permettant ainsi de calculer la confiance de n'importe quelle règle d'association. Par extension, les règles de la forme $c(X) \to c(Y)$ telles que $c(X) \subseteq c(Y)$ sont suffisantes pour résumer toutes les autres règles.

6 Conclusion

Nous avons montré que le support des associations et donc la confiance des règles d'association dans un tenseur booléen multidimensionnel peuvent être dérivés de la connaissance des n-ensembles fermés d'une transformation du tenseur. Cela généralise les résultats connus dans le cas bidimensionnel puisque, dans ce contexte, la transformation ne modifie pas les 2-ensembles fermés.

Cependant, le fait que les supports des associations fréquentes puissent être dérivés des fermés fréquents, dans le cas bidimensionnel, ne se généralise pas au cas multidimensionnel. Les nombres d'associations fréquentes et de n-ensembles fermés mériteraient donc d'être à l'avenir comparés.

Remerciements

Ce projet a été partiellement financé par l'Union Européenne au travers du projet EUROSTAR PSDP. Les auteurs tiennent à remercier Nicolas Gros pour son apport.

Références

Agrawal, R., T. Imieliński, et A. Swami (1993). Mining association rules between sets of items in large databases. In *ACM SIGMOD record*, Volume 22, pp. 207–216. ACM.

Cerf, L., J. Besson, C. Robardet, et J.-F. Boulicaut (2008). Data-peeler : Constraint-based closed pattern mining in n-ary relations. In *proceedings of the 2008 SIAM International conference on Data Mining*, pp. 37–48. SIAM.

Ganter, B., R. Wille, et C. Franzke (1997). Formal concept analysis : Mathematical foundations.

Lakhal, L. et G. Stumme (2005). Efficient mining of association rules based on formal concept analysis. In *Formal concept analysis*, pp. 180–195. Springer.

Luxenburger, M. (1991). Implications partielles dans un contexte. *Mathématiques, informatique et sciences humaines 29*(113), 35–55.

Nguyen, K.-N. T., L. Cerf, M. Plantevit, et J.-F. Boulicaut (2011). Multidimensional association rules in boolean tensors. In *Proceedings of the 2011 SIAM International Conference on Data Mining*, pp. 570–581. SIAM.

Voutsadakis, G. (2002). Polyadic concept analysis. *Order 19*(3), 295–304.

Zhang, Y., L. Zhang, G. Nie, et Y. Shi (2009). A survey of interestingness measures for association rules. In *International Conference on Business Intelligence and Financial Engineering, 2009. BIFE'09.*, pp. 460–463. IEEE.

Summary

Association rules mining is a problem that gave rise to a rich literature, especially in classic binary bidimensional data. In particular, the relation between closed sets and association rules is well understood. This is not the case in multidimensional data. In this paper, we show that the knowledge of the closed n-sets of a multidimensional boolean tensor is enough to allow for the derivation of the confidence of every multidimensional association rule.

Extraction de composés phénoliques végétaux susceptibles de limiter les émissions de méthane chez les ruminants

Sylvie Guillaume*, Didier Macheboeuf**

*CNRS, UMR 6158, LIMOS, Université Clermont Auvergne, F-63173 Aubière, France
sylvie.guillaume@uca.fr
**Université Clermont Auvergne, INRA, VetAgro Sup, UMR Herbivores,
F-63122 Saint-Genès-Champanelle, France
Didier.Macheboeuf@inra.fr

Résumé. L'objectif de cet article est de rechercher les composés phénoliques des plantes qui pourraient avoir une action sur les microbes du rumen et limiter la production de méthane. Comme il y a une très grande diversité de structures chimiques, nous avons eu recours à la fouille de données pour faire émerger des composés susceptibles d'avoir un effet significatif. La pertinence des règles d'association a été améliorée grâce à une nouvelle mesure d'intensité qui a permis de sélectionner quelques composés qui seront à identifier. Ainsi, parmi les *1075* composés inconnus présents dans le jeu de plantes, *26* ont émergé desquels *7* ont un effet seuil.

1   Introduction

Le méthane est le deuxième gaz à effet de serre après le dioxyde de carbone mais il a un pouvoir de réchauffement global *23* fois supérieur. En Europe, la quasi-totalité des émissions de méthane sont d'origine agricole parmi lesquelles deux tiers proviennent de l'élevage des ruminants. Pendant la digestion, la matière végétale est dégradée par l'écosystème microbien du rumen et produit entre autres, des gaz de fermentation dont le méthane. Les composés phénoliques des plantes peuvent avoir un effet sur les fermentations ruminales et diminuer la production de méthane. Cependant, la très grande diversité des structures chimiques possibles pour ces composés ne permettait pas de tester pour tous, leur activité.

Ainsi, notre stratégie a été d'effectuer un essai de criblage par fermentations *in vitro* sur *208* plantes et d'identifier parmi celles-ci, les plantes bio-actives contre le méthane. Parallèlement le profil en composés phénoliques de chacune de ces plantes a été déterminé. L'analyse par *HPLC-DAD* confirmait la présence d'un composé par un pic. Celui-ci était alors caractérisé par son temps de rétention sur la colonne et son spectre dans l'ultra violet. A ce stade, les composés ne pouvaient pas être identifiés car il y avait en moyenne plus d'une centaine de pics par plante. La priorité était de sélectionner quelques composés susceptibles d'être responsables de l'effet observé sur le méthane.

Compte-tenu de la très grande fluctuation des profils en termes d'importance relative des composés et de leur faible taux de présence dans les plantes, il n'était pas possible d'établir des corrélations entre les composés et l'effet observé par les méthodes classiques de l'analyse statistique. Nous avons donc eu recours à la fouille de données, et plus particulièrement aux règles d'association de classe (Srikant et al., 1997), pour faire émerger les composés susceptibles d'avoir un effet positif. Nous nous focalisons ici sur la recherche des composés actifs et non sur les synergies car il était impératif de sélectionner d'abord un nombre raisonnable de composés. En effet, les phases suivantes qui sont, d'une part, l'identification des composés et, d'autre part, la vérification *in vitro* de l'effet escompté, sont onéreuses en temps et en coût.

L'article s'organise donc de la façon suivante. La *section 2* présente les données et la façon dont elles ont été acquises. Le reste de l'article se consacre à la procédure d'extraction des composés prometteurs (*sections 3 et 4*).

2   Présentation des données

Les substrats qui ont été utilisés pour les fermentations *in vitro* et pour la détermination des profils en composés phénoliques, ont été obtenus à partir de *208* espèces de plantes.

2.1   Les variables prémisses

Les composés phénoliques sont extraits des substrats par un traitement éthanol : eau puis séparés avec une chaîne *HPLC*. Le profil chromatographique de chaque plante est enregistré à *280* nm. Un composé de référence, la flavone, a été utilisé pour le calcul des temps de rétention relatifs (T_i) des pics. L'alignement des séquences est réalisé en repositionnant les T_i des standards. Les composés des plantes étant inconnus, ils sont identifiés (*noms des variables prémisses*) par leur temps de rétention relatif T_i, $i \in [0, 1.124]$.

Il a été détecté au total dans le jeu de *208* plantes, *1 075* composés différents. Le nombre de composés différents trouvés en moyenne par plante est de *106*. Le nombre d'occurrences d'un composé dans le jeu de plantes est très variable allant d'une unique apparition à une fréquence d'apparition de près de *58%*. En moyenne, la fréquence d'apparition est de *10%*. Les données des variables prémisses sont les aires des pics si le composé est présent.

Les données brutes sont donc structurées en une matrice *208* (*plantes*) x *1 075* (*composés*) à *280 nm* contenant les valeurs numériques des aires des pics. Cette matrice a un taux de remplissage faible de *10%*. Les composés omniprésents dans les plantes (*fréquence > 30%*) ont été retirés du jeux de données pour éviter le risque de faux-positifs, c'est-à-dire *28* composés. Les données ont ensuite été binarisées avant la fouille comme indiqué dans la partie suivante.

2.2   La variable cible

La particularité de ce travail de fouille de données est qu'il ne comporte qu'une seule variable cible : le méthane. La production de méthane mesurée *in vitro* est un vecteur colonne de dimension *208* sans aucune données manquantes, dont les valeurs (*moyenne de 3 répétitions*) sont des ratios compris entre *0,10* et *1,33*. Cette variable a été transformée pour calculer un index anti-méthanogène. Toute plante qui a un index supérieur à *0* a un effet anti-méthanogène très significatif (*p<0,01*). L'index est converti en données binaires et nommé $indMeO$. L'effet anti-méthanogène est présent (*index >0*) chez *64* plantes, soit environ *30%* de l'effectif, pour lesquelles $indMeO$ a pris la valeur *1*.

3   Extraction des composés potentiellement prometteurs

La technique d'extraction des règles d'association (Agrawal et Srikant, 1994) nécessite que les données soient sous la forme binaire. Comme nous l'avons dit dans la *section 2*, la particularité de cette base de données est qu'elle est éparse puisque les plantes ne possèdent qu'une centaine de composés en moyenne parmi les *1 075* qui ont été détectés. Nous allons donc discrétiser les variables numériques prémisse de la façon suivante : la valeur *1* sera attribuée pour tous les composés exprimés, c'est-à-dire pour toutes les valeurs supérieures strictement à *0* ; et la valeur *0* pour les composés non exprimés.

L'extraction a été effectuée en utilisant la bibliothèque `arulesViz` (Hahsler, 2017) du logiciel R. Nous avons retenu comme seuil minimum pour le support [1], la valeur de *0,025*, soit vérifié par au moins *6* individus (*substrats*), et comme seuil minimum pour la confiance [2], la valeur de *0,50*. La base de données possède *30%* de plantes anti-méthanogènes ce qui se traduit par *sup(indMe0)=0,30*. Par conséquent, le seuil retenu pour la confiance nous garantit que les règles extraites sont obligatoirement dans la zone attractive, c'est-à-dire la zone où $conf(T \Rightarrow indMeO) > sup(indMeO)$.

2 892 règles de classe ont été extraites dont *26* de niveau 2, c'est-à-dire les règles composées de *2* items et par conséquent avec un seul composé en prémisse.

Afin d'aider les biologistes dans le choix des composés prometteurs, nous avons proposé la visualisation représentée dans la *figure 1*. Un tel graphique n'est intéressant et lisible que dans le cas d'un nombre limité de règles et avec des valeurs pour la confiance pas trop proches de *1*.

Ce graphique nous restitue les informations suivantes :

1. Le nombre d'individus vérifiant la prémisse T_i ou support absolu $sup_{abs}(T_i)$ du composé T_i grâce à la longueur du segment de droite (*segments rouge et bleu*).

2. Le nombre d'exemples ou le support absolu $sup_{abs}(T_i indMeO)$ de la règle $T_i \Rightarrow indMeO$ grâce à la longueur du segment de droite qui se situe à gauche de la droite d'équation $x = 0$ (*segment rouge*).

3. Le nombre de contre-exemples ou le support absolu $sup_{abs}(T_i \overline{indMeO})$ grâce à la longueur du segment de droite qui se situe à droite de la droite d'équation $x = 0$ (*segment bleu*).
   On rappelle que $sup_{abs}(T_i) = sup_{abs}(T_i indMeO) + sup_{abs}(T_i \overline{indMe0})$.

4. La confiance de la règle visible grâce à l'orientation du segment de droite : plus le segment de droite est vertical, plus la confiance de la règle est importante. Un segment de droite horizontal indique une valeur égale à *0,50* pour la confiance, et un segment de droite vertical indique une valeur égale à *1* pour la confiance.

5. Une mesure de notre choix sur l'axe des ordonnées. Nous avons choisi ici la mesure M_G qui mesure la distance entre deux points caractéristiques : (1) l'équilibre ($conf(X \Rightarrow Y) = 0,5$) ou l'indépendance ($conf(X \Rightarrow Y) = sup(Y)$) et (2) l'implication logique ($conf(X \Rightarrow Y) = 1$). Pour plus de détails concernant cette mesure, nous renvoyons le lecteur aux travaux de (Guillaume, 2010).

Ce mode de représentation s'inspire du diagramme de Venn, qui est ici condensé et aplati. On rappelle que pour toutes ces règles, la conclusion est la même, l'item $indMeO$. Le support

---

1. Le support $sup(X)$ du motif X évalue la proportion d'individus le vérifiant.
2. La confiance $conf(X \Rightarrow Y)$ de la règle $X \Rightarrow Y$ est la probabilité conditionnelle $P(Y/X)$.

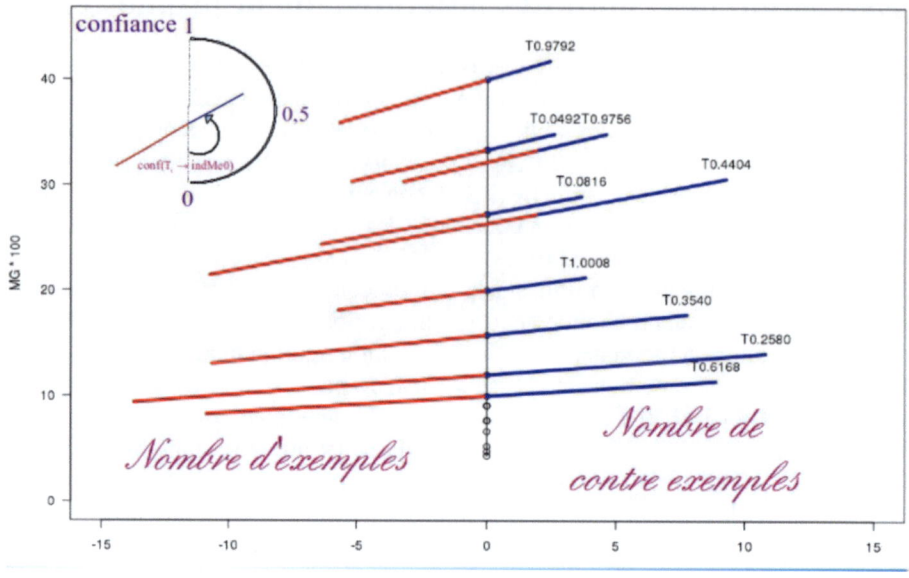

FIGURE 1 – *Visualisation des 9 meilleures règles $T_i \Rightarrow indMeO$.*

absolu $sup_{abs}(indMeO)$ n'est pas représenté sur le graphique car d'une part, c'est la même valeur pour toutes les règles, et d'autre part, la valeur de son support est environ six fois plus élevée que la valeur du support de toutes les règles extraites.

On note que dans le cas où deux règles ont la même valeur pour la mesure choisie sur l'axe des ordonnées, nous effectuons une translation de la représentation de la seconde règle selon l'axe des abscisses. C'est le cas notamment pour les composés *T0.9756* et *T0.4404*.

Après avoir extrait les composés potentiellement prometteurs sur la base de données binaires, nous confrontons ces résultats avec les données initiales, c'est-à-dire avec les données numériques, afin de prendre en compte l'intensité d'expression des composés.

4   Sélection des composés les plus prometteurs

Plus un composé est fortement présent dans une plante, plus la valeur de celui-ci sera élevée. Ainsi, pour notre problématique, une règle de classe sera d'autant plus intéressante que le composé phénolique sera fortement exprimé, donc aura de fortes valeurs. Par conséquent, les règles qui vont particulièrement nous intéresser sont celles où les fortes valeurs pour le composé T_i sont présentes, règles que nous pouvons formaliser de la façon suivante :
$T_i \geq v \Rightarrow indMe0$ avec v une valeur prise par le composé T_i.

Afin de détecter ce type de règles, nous retenons la stratégie suivante que nous expliquons en nous appuyant sur un exemple.

La *figure 2* restitue l'ensemble des valeurs prises par le composé *T0.6696*, et ceci par catégorie de substrats, c'est-à-dire ceux pour lesquels il n'y a aucun effet sur les émissions de

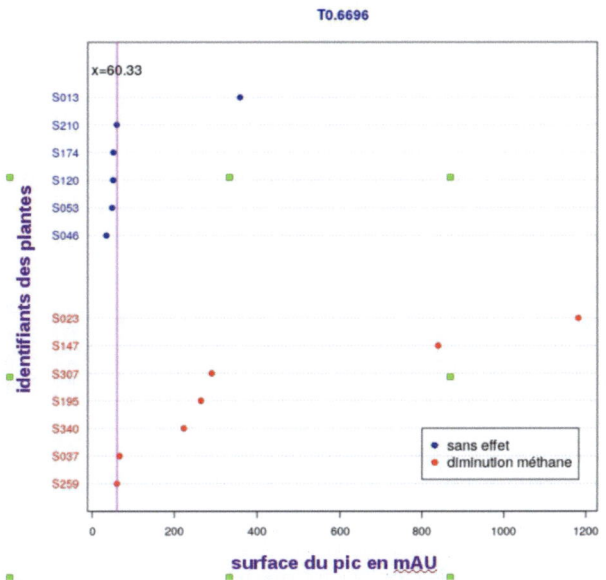

FIGURE 2 – *Distribution des valeurs pour le composé T0.6696 et ceci par catégorie d'effet.*

méthane et ceux pour lesquels il y a un effet positif (*diminution de méthane*). Nous recherchons donc la valeur optimale v_{opt} du composé où la proportion de substrats ayant un effet positif est supérieure à la proportion de substrats n'ayant aucun effet.

Pour se faire, nous allons évaluer toutes les règles pour chacune des valeurs prises par le composé T_i, excepté évidemment la valeur minimale. Comme nous voulons que ces règles vérifient le support minimum déterminé par l'utilisateur, nous n'allons évaluer qu'un sous-ensemble des règles possibles. Afin de formaliser notre stratégie d'extraction, nous définissons les notations suivantes. Soit t_i le nombre de valeurs distinctes prises par le composé T_i et soit $\{v_{i1}, .., v_{ik}, .., v_{it_i}\}$ avec $k \in \{1, .., t_i\}$ l'ensemble des valeurs ordonnées prises par le composé. Soit s le support absolu minimum déterminé par l'utilisateur. Nous recherchons donc la ou les meilleures règles au regard d'une mesure de qualité (*confiance, leverage, ...*) choisie par l'utilisateur parmi toutes les règles suivantes : $T_i \geq v_{ik} \Rightarrow indMeO$ avec $v_{ik} \in \{v_{i2}, .., v_{i(t_i-s)}\}$.

Voici un exemple de règle extraite : $T0.6696 \geq 60,33 \Rightarrow indMeO$ avec une valeur pour la confiance de *0,875* et une valeur pour le support de *0,034*. La valeur de la confiance de la règle binaire $T0.6696 \Rightarrow indMeO$ extraite précédemment est de *0,54* et la valeur du support de *0,034*. Il y a une amélioration importante de la confiance lorsque le composé $T0.6696$ est présent sous la forme d'un pic majeur (> *1 000 mAU*).

Afin de nous guider dans le choix final de ces règles, nous utilisons une nouvelle mesure, l'intensité d'expression de la règle Int_{exp}, qui va nous renseigner sur l'intensité de la règle par rapport à l'intensité moyenne du composé. C'est le rapport entre la moyenne des valeurs prises par la règle numérique, c'est-à-dire la moyenne des valeurs supérieures à v_{ik}, et la moyenne des valeurs prises par le composé T_i :

$$Int_{exp}(T_i \geq v_{ik} \Rightarrow IndMeO) = \frac{moy(T_i \geq v_{ik})}{moy(T_i)}$$

Ainsi, plus l'intensité de la règle est supérieure à *1*, meilleure sera celle-ci.

La règle $T0.6696 \geq 60,33 \Rightarrow indMeO$ a une intensité d'expression Int_{exp} de *1,51*. C'est une règle prometteuse, donc un composé à étudier.

A l'issue de cette étape, *7* composés ont montré un effet seuil qui permet d'améliorer encore la confiance : $T0.9792$, $T0.0492$, $T0.9756$, $T1.0008$, $T1.0464$, $T0.6696$, $T0.5784$.

5 Conclusion

A partir des *1 075* composés phénoliques non identifiés qui étaient présents dans notre jeu de plantes, l'extraction des règles d'association de classe, a restitué dans un premier temps *26* composés prometteurs. La nouvelle visualisation des règles qui est proposée, permet d'intégrer dans la représentation graphique cinq mesures importantes et guide l'utilisateur plus efficacement dans ses choix et donc dans la sélection des composés. Enfin, après une discrétisation contextuelle des règles, l'évaluation de l'intensité des règles par la nouvelle mesure proposée, permet encore d'affiner la pertinence des règles, et de réduire la sélection à quelques composés qu'il sera alors possible d'identifier. L'examen des spectres ultra-violet de ces composés montre déjà qu'ils appartiennent à la famille des acides cinnamiques pour une part, et à la famille des flavonols d'autre part. Il restera à les identifier précisément, à obtenir les produits purs par synthèse et à vérifier qu'ils sont effectivement responsables d'un effet anti-méthanogène en reproduisant l'essai de fermentation avec les produits de synthèse.

Références

Agrawal, R. et R. Srikant (1994). Fast algorithms for mining association rules. In *Proceedings of the 20th Very Large Data Bases Conference*, pp. 487–499.

Guillaume, S. (2010). Améliorations de la mesure d'intérêt m_{GK}. In *Actes des XVIIèmes rencontres de la Société Francophone de Classification*, pp. 41–45.

Hahsler, M. (2017). arulesviz: Visualizing association rules with r. In *R Journal*, Volume 9(2), pp. 163–175.

Srikant, R., Q. Vu, et R. Agrawal (1997). Mining association rules with item constraints. In *Proceedings ACM SIGKDD'97*, pp. 67–73.

Summary

Methane is a powerful greenhouse gas. In Europe, methane emissions come mainly from breeding, and in particular from ruminants that have in their paunch a microbial ecosystem that ferments the plant matter. The purpose of this paper is to find the phenolic compounds of plants that could have an action on these microbes and limit the production of methane, in order to propose natural alternatives of feedstuff. As these compounds have a very wide variety of chemical structures, it is not possible to test them all. So we used data mining, and more specifically class association rules, to bring out compounds that could have a significant effect.

Une méthodologie pour l'implémentation d'applications tierces intelligentes à destination des assistants vocaux via des bandits linéaires

Robin Allesiardo*, Christophe Sauldubois*, Fabrice Depaulis[1] **, Nicolas Bulteau[1]**
Frédéric Chantrel[1]**, Erwan Pigneul *

* Solocal,
rallesiardo/epigneul/csauldubois@solocal.com
** Orange,
prenom.nom@orange.com

Résumé. Les applications tierces déployées sur les assistants vocaux (Google Home, Amazon Echo) suivent habituellement des règles de gestions basées sur un graphe de dialogue codé en dur. Dans ce papier, nous décrivons la manière dont nous avons inclus de l'intelligence artificielle dans notre application, à destination d'Amazon Echo et de la Google Home, déployée actuellement en production. Notre approche est basée sur un algorithme de bandits contextuels qui permet de piloter le dialogue à l'intérieur d'un graphe de dialogue flou tout en utilisant les fonctionnalités et les variables mises à disposition par les frameworks propriétaires utilisées pour la création d'applications tierces.

1 Introduction

Les agents conversationnels se sont démocratisés au travers des smartphones (Google Assistant, Siri) et des assistants vocaux (Google Home, Amazon Echo...). Les utilisateurs peuvent installer des applications tierces qui interagissent avec ces périphériques via des briques logicielles propriétaires mises à la disposition des développeurs. Notre cas d'utilisation est la recherche de professionnels au travers des assistants vocaux (par exemple, un plombier ou un restaurant) et entre dans la famille des systèmes de dialogues orientés tâches. Ces systèmes sont conçus pour remplir une tâche particulière, en interagissant avec un utilisateur et n'ont pas pour but de participer à des conversations non structurés sans rapport avec les tâches à accomplir. Dans ce papier, nous décrivons les méthodes et algorithmes utilisées par notre système de dialogue orienté tâches et comment les intégrer au sein de l'éco-système technique associé aux assistants vocaux pour ajouter de l'intelligence aux application tierces. En effet, même si des algorithmes de traitement du langage naturel sont utilisés au sein des assistants vocaux, les applications tierces sont contraintes de suivre un graphe de dialogue prédéfini pour associer les requêtes utilisateurs aux fonctionnalités des applications. Notre approche tire partie

---

1. Travaux effectués au sein de Solocal

d'une fonctionnalité particulière des assistants vocaux pour transférer le contrôle de la conversation de l'assistant vocal vers notre système de dialogue personnalisé afin de nous permettre d'entrainer notre modèle de conversation dynamiquement au contact des utilisateurs.

État de l'art

Les applications tierces sont crées à partir de bibliothèques propriétaires. Certaines d'entre-elles permettent de concevoir des applications portables sur plusieurs plateformes. Pour la plupart, ces bibliothèques partagent les concepts d'intentions et d'entités.

Intentions : la phrase parlée de l'utilisateur n'est pas toujours disponible au niveau application. À la place, le périphérique analyse l'entrée audio et renvoie une intention à l'application. Une intention est une correspondance entre une requête utilisateur et un ensemble d'actions utilisateurs définies par l'application. Par exemple, la phrase "Je cherche un restaurant" peut être associée à l'intention "recherche_restaurant". Sur Amazon Echo, ni l'audio, ni sa transcription ne sont transmis à l'utilisateur, uniquement l'intention détectée.

Entités : ce sont les valeurs des paramètres associés à chaque intention et sont extraites des requêtes utilisateurs. Par exemple, dans "je cherche un restaurant à Londres", le mot "Londres" pourrait être extrait comme une entité "localisation".

Les applications tierces sont supposées être dirigées par un graphe de dialogue statique contrôlé par les différentes intentions et entités détectées durant le dialogue. Le système doit connaitre les différentes transitions entre l'intégralité des état de dialogue possible.

L'apprentissage par renforcement a été étudié pour l'entrainement de systèmes de dialogue. Dans RLDS (Singh et al., 1999), le dialogue est considéré comme un processus de décision Markovien et les états du dialogue sont estimés grâce à un oracle. Les travaux récents visent à entrainer les systèmes de dialogue par l'apprentissage par renforcement combiné à des réseaux de neurones profonds (Dhingra et al., 2016). Cependant, ces algorithmes nécessitent de grosses quantités de données et ne peuvent pas être déployé en production sans un entrainement préalable. Pour résoudre ce problème, une approche utilisant un magicien d'Oz (Rojas-Barahona et al., 2017) a été proposée. Celle-ci est cependant difficile à utiliser en pratique car un opérateur humain doit répondre à la place de l'agent pendant une longue période de temps. Une seconde approche utilise des bots utilisateurs (Li et al., 2017, 2016), codés en dur, ayant chacun un comportement reflétant un cas d'utilisation. Cette approche permet d'entrainer l'agent aux contacts des bots, remplaçant le besoin d'utilisateurs. Ces deux méthodes ne sont pas utilisables dans notre cas car elles nécessitent la requête textuelle, qui n'est pas disponible sur notre cible, Amazon Echo.

2 Le système de dialogue

Nous définissons un dialogue comme une séquence de tours de dialogue entre un utilisateur et le système. Après chaque entrée utilisateur, le système renvoie une réponse. Cette réponse peut être parlée ou bien être une action effectuée par le périphérique. Les kits de développement Alexa et DialogFlow sont basés sur la même architecture. Après une requête utilisateur, le périphérique lui associe une intention et en extrait des entités. Ensuite, la réponse correspondante au prochain nœud du graphe de dialogue est retournée. Afin de gagner en flexibilité, les développeurs tiers peuvent utiliser un webhook. Un webhook permet d'envoyer des informations à une API au travers d'une requête POST pour requêter une base de données ou mettre à jour des informations utilisateur. Nous avons cependant utilisé le webhook pour court-circuiter le graphe de dialogue du périphérique en routant toutes les intentions vers le même appel d'API. Les intentions et entités sont traitées dans notre système de dialogue personnalisé et la réponse textuelle est ensuite envoyée au périphérique vocal pour être lue à l'utilisateur.

2.1 Le système de décision

Notations. Soient $i \in \mathbb{N}^+$ un index de conversation et $t \in \mathbb{N}^+$ le nombre de tours de conversation depuis le début du dialogue i. Soit $k \in [K]$ une action et $[K]$ l'ensemble des actions à la disposition du système. Soit D_k la dimension du contexte $x_{i,t,k} \in \mathbb{R}^{D_k}$ associé à l'action k. Étant donné les contextes actuels, $[K]_{i,t} \subseteq [K]$ est l'ensemble des actions disponibles au tour t de la conversation i. Après avoir joué l'action $k_{i,t}$, une récompense $r_{i,t} \in [0, 1]$ est générée.

L'algorithme de bandits linéaires Un dialogue est un problème à information partielle avec un compromis entre l'exploration et l'exploitation. En effet, ne connaissant pas la politique de dialogue optimale à son initialisation, il est nécessaire pour l'algorithme d'explorer afin de trouver les actions permettant ensuite de maximiser sa récompense cumulée (la somme des $r_{i,t}$). Ce problème est connu comme le problème des bandits contextuels. LinUCB (Li et al., 2010; Chu et al., 2011) est un algorithme de bandits contextuels qui utilise des modèles linéaires pour prédire les récompenses des actions tout en maintenant un intervalle de confiance supérieur sur les récompenses pour engendrer une exploration optimiste des actions. Bien qu'étant linéaire, LinUCB possède de fortes garanties théoriques et peut-être compétitif sur le court terme face à des algorithmes basés sur des réseaux de neurones (Allesiardo et al., 2014) ou des forêts aléatoires (Féraud et al., 2016) grâce à sa rapidité de convergence.

La fonction de récompense utilise un retour en N-étapes, inspiré de l'apprentissage TD (Sutton, 1988), pour permettre au modèle d'apprendre des dépendances temporelles. Cela permet au modèle d'être récompensé avec des récompenses obtenues plusieurs itérations après avoir joué une action et un facteur de "discount" est utilisé de manière à favoriser les récompenses immédiates plutôt que celles sur le long terme. Ceci permet d'éliminer les actions inutiles n'ayant pas d'impact positif sur les performances.

Soit $\gamma \in [0, 1]$ un facteur de "discount". La récompense $r_{i,t}$ est générée après avoir joué l'action $k_{i,t}$. Chaque action $k_{i,t'} \in H_i$ est récompensée avec la récompense $r_{i,t}\gamma^{t-t'}$. Au temps T, la récompense cumulée de l'action $k_{i,t}$, avec $t \leq T$ est :

$$y_{i,t} = r_{i,t} + \gamma r_{i,t+1} + \gamma^2 r_{i,t+2} + ... + \gamma^{T-t} r_{i,T}$$

Nous utilisons une version modifiée de LinUCB (voir Algorithme 1) où chaque action peut avoir des contextes de tailles différentes. La linéarité de LinUCB permet aussi de mettre à jour les modèles immédiatement lorsqu'une récompense intermédiaire est disponible.

2.2 Le gestionnaire de dialogue

Deux objets principaux sont manipulés, les contextes et les actions. Les actions sont des réponses possibles à une requête utilisateur. Par exemple "Je vous propose param :POI à param :localisation". Des appels à des systèmes externes peuvent aussi être associés aux actions, comme une réservation de table ou l'achat de billets d'avions. Les contextes sont construits par le système et reflètent l'état de la conversation. Les variables principales des contextes sont les

Algorithme 1 LinUCB Asynchrone avec relations temporelles

// Initialisation des modèles linéaires
Entrées : $\alpha \in \mathbb{R}^+, \gamma \in [0,1]$
for $k \in [K]$ **do**
    $A_k \leftarrow I_{D_k}$ // la matrice identité de dimensions D_k par D_k
    $b_k \leftarrow 0_{D_k}$
end for
for each call do
    for $k \in [K]_{i,t}$ **do**
        $x_k \leftarrow x_{i,t,k}$
        $\theta_k \leftarrow A^{-1} b$
        $p_k \leftarrow \theta_k^T x_k + \alpha \sqrt{x_k^T A^{-1} x_k}$ /* l'intervalle de confiance est ajouté à la récompense */
    end for
    $k_{i,t} \leftarrow \arg\max_{k \in [K]_{i,t}} p_k$
    $A \leftarrow A + x_k x_k^T$
    Observer la récompense $r_{i,t}$
    for $j \in \{0,..,t\}$ **do**
        $b_{k_{i,j}} \leftarrow b_{k_{i,j}} + x_{i,j,k_{i,j}} \gamma^{t-j} r_{i,t}$
    end for
end for

intentions et les entités. Bien que les intentions et les entités soient créés manuellement, des méthodes existent pour les créer de manière automatique depuis des historiques de dialogues existants (Bouraoui et Lemaire, 2017). Afin d'aider l'algorithme d'apprentissage, plusieurs méthodes permettent de le guider et de réduire l'espace d'exploration.

Des intentions et des actions génériques : une intention "recherche_restaurant" peut être remplacée par "recherche_professionnel" ayant pour paramètre "param :professionnel". Procéder de la sorte permet de déléguer l'analyse générale de la requête au périphérique et d'analyser nous même les entités détectées. Définir les bonnes intentions a été particulièrement important car notre cible principale, Amazon Alexa, ne restitue pas la requête utilisateur, mais uniquement le nom de l'intention et les valeurs des entités.

Contraindre le graphe avec des déclencheurs : pour guider les choix de l'algorithme et s'assurer de sa sureté, nous avons ajouté des déclencheurs (règles métiers) contrôlant les actions disponibles dans $[K]_{i,t}$. Certaines règles peuvent forcer l'algorithme à choisir une action particulière (avec un ensemble d'action de taille 1) tandis-que d'autres peuvent simplement retirer une action de l'ensemble. Ceci est important pour permettre de protéger certains actions derrière une action de confirmation.

Construire de contexte de dialogue : chaque système de dialogue peut contextualiser des variables différentes, dépendantes des tâches à accomplir, et chaque action peut avoir des contextes de tailles différentes. Quelques exemples de variables : le nombre de tours de dialogue, l'intention détectée, la liste des actions précédentes, le nombre de résultats de recherches (utile pour les actions de filtrage). Ces variables sont regroupées avant chaque décision pour former les vecteurs de contextes. Il est important de préciser que LinUCB est robuste aux contextes générés par un adversaire. Cela signifie que l'algorithme peut-être utilisé même lorsque les contextes ne sont pas tirés depuis des distributions stationnaires.

Les récompenses sont définie manuellement et sont déclenchées lorsque l'utilisateur effectue une action entrainant une conversion (déclenchement d'un appel téléphonique, d'un achat, d'une réservation). Les nœuds du dialogue n'entrainant pas de récompense seront peu à peu négligés puis éliminés au profit de chemins aux récompenses plus élevées.

2.3 Les utilisations pratiques du système de décision

Bien que cette approche ouvre de nombreuses possibilités, cette architecture n'est pas supposée fournir un dialogue contrôlé par une IA de bout en bout comme l'envisagent les méthodes d'apprentissage profond. Elle peut être utilisé principalement :

L'optimisation de la formulation. La formulation des réponses peut impacter l'expérience utilisateur. Même si la sémantique des deux phrases parlées est identique, une mauvaise formulation peut porter à confusion tandis-qu'une bonne formulation pour augmenter le taux de complétion des tâches.

Le remplacement des règles expertes. Ce type de système de dialogue comprend un certain nombre de règles expertes. Certaines sont factuelles, comme la protection d'une action de réservation par une action de confirmation, et peuvent raisonnablement être définies manuellement. Cependant d'autre règles relèvent de l'heuristique et bénéficient grandement d'un apprentissage dynamique. Par exemple, que faire si l'utilisateur n'a pas précisé la localisation de sa recherche ? Est-ce qu'il faut utiliser la géo-localisation du périphérique ? Ou bien la ville entrée dans son profil ? La localisation de la dernière recherche ? Qu'en est-il si cette recherche a été effectuée il y a 30 secondes, ou bien 2 jours ? Le système de décision peut résoudre ce type de problème. Après avoir ajouté ces informations au vecteur de contexte, la règle sera apprise de manière automatique par le système de décision.

3 Conclusion

Dans ce papier, nous avons décrit les méthodes et algorithmes utilisés par notre système de dialogue orienté tâches déployé dans notre environnement de production. Nous avons proposé une nouvelle approche permettant d'intégrer des méthodes d'apprentissage par renforcement de bandits contextuels dans des assistants vocaux tels que Amazon Echo ou Google Home pour ajouter de l'intelligence aux application tierces. Le développement des applications pour les assistants vocaux est toujours à ses débuts, sans conventions, et ceci est à notre connaissance la première description de la mise en pratique d'algorithmes d'apprentissage par renforcement dans une application tierce. Nous pensons que cette architecture est une manière élégante de faire cohabiter des règles expertes ainsi que de l'intelligence artificielle dans les assistants vocaux.

Références

Allesiardo, R., R. Féraud, et D. Bounffouf (2014). A neural networks committee for the contextual bandit problem. In *Neural Information Processing - 21st International Conference, ICONIP*, pp. 374–381.

Bouraoui, J.-L. et V. Lemaire (2017). Cluster-based graphs for conceiving dialog systems. In *Workshop DMNLP at European Conference on Machine Learning (ECML)*.

Chu, W., L. Li, L. Reyzin, et R. Schapire (2011). Contextual bandits with linear payoff functions. In *Proceedings of the Fourteenth International Conference on Artificial Intelligence and Statistics*, Volume 15 of *Proceedings of Machine Learning Research*, Fort Lauderdale, FL, USA, pp. 208–214. PMLR.

Dhingra, B., L. Li, X. Li, J. Gao, Y.-N. Chen, F. Ahmed, et L. Deng (2016). End-to-end reinforcement learning of dialogue agents for information access. Technical report.

Féraud, R., R. Allesiardo, T. Urvoy, et F. Clérot (2016). Random forest for the contextual bandit problem. In *Proceedings of the 19th International Conference on Artificial Intelligence and Statistics, AISTATS 2016, Cadiz, Spain, May 9-11, 2016*, pp. 93–101.

Li, L., W. Chu, J. Langford, et R. E. Schapire (2010). A contextual-bandit approach to personalized news article recommendation. In *Proceedings of the 19th International Conference on World Wide Web*, WWW '10, New York, NY, USA, pp. 661–670. ACM.

Li, X., Y. Chen, L. Li, et J. Gao (2017). End-to-end task-completion neural dialogue systems. *CoRR abs/1703.01008*.

Li, X., Z. C. Lipton, B. Dhingra, L. Li, J. Gao, et Y. Chen (2016). A user simulator for task-completion dialogues. *CoRR abs/1612.05688*.

Rojas-Barahona, L. M., M. Gasic, N. Mrksic, P. Su, S. Ultes, T. Wen, S. J. Young, et D. Vandyke (2017). A network-based end-to-end trainable task-oriented dialogue system. In *Proceedings of the 15th Conference of the European Chapter of the Association for Computational Linguistics, EACL 2017, Valencia, Spain, April 3-7, 2017, Volume 1 : Long Papers*, pp. 438–449.

Singh, S. P., M. J. Kearns, D. J. Litman, et M. A. Walker (1999). Reinforcement learning for spoken dialogue systems. In *Advances in Neural Information Processing Systems 12, [NIPS Conference, Denver, Colorado, USA, November 29 - December 4, 1999]*, pp. 956–962.

Sutton, R. S. (1988). Learning to predict by the methods of temporal differences. *Machine Learning 3*, 9–44.

Summary

Third-party applications deployed on vocal home-devices (Google Home, Amazon Echo...) are usually rule-based and follow an hard-coded dialogue graph. In this paper we describe how we included artificial intelligence in our vocal conversational agent actually running in production on Amazon Echo and soon on Google Home. This approach is based on contextual bandits, a special case of reinforcement learning, that allows to pilot the dialogue inside a fussy dialogue graph while taking advantage of the features available in the home-devices' frameworks.

Évaluation des améliorations de prédiction d'hospitalisation par l'ajout de connaissances métier aux dossiers médicaux

Raphaël Gazzotti*,****, Catherine Faron-Zucker*, Fabien Gandon**,
Virginie Lacroix-Hugues***, David Darmon***

*Université Côte d'Azur, Inria, CNRS, I3S, France, prénom.nom@unice.fr
**Inria, Université Côte d'Azur, CNRS, I3S, France, prénom.nom@inria.fr
***Université Côte d'Azur, Département de Médecine Générale,
vhugues@outlook.fr, david.darmon@unice.fr
****SynchroNext, France

Résumé. Les dossiers médicaux électroniques (DME) contiennent des informations essentielles sur les différents épisodes symptomatiques qu'un patient a subis. Cependant, les connaissances disponibles à travers ces enregistrements restent limitées : les attributs extractibles à partir de ces textes pour un algorithme d'apprentissage ne contiennent pas toutes les informations implicites connues par un expert. Afin d'évaluer et de pallier ce problème, nous avons étudié l'impact de l'augmentation des textes et des informations textuelles en provenance des DMEs par des annotations ontologiques générées automatiquement à partir de leur analyse afin d'enrichir en amont les représentations vectorielles utilisées ensuite par des algorithmes d'apprentissage.

1 Introduction

Les dossiers médicaux électroniques (DME) contiennent des informations essentielles sur les différents épisodes symptomatiques traversés par un patient. Ils possèdent le potentiel d'améliorer le bien-être des patients et constituent une source de données précieuse pour les approches d'intelligence artificielle. Dans cet article, nous augmentons avec des connaissances ontologiques les champs textuels issus des DMEs et évaluons leur impact sur la tâche de prédiction d'une hospitalisation. Notre évaluation se base sur un jeu de données réelles extrait de la base PRIMEGE PACA (Lacroix-Hugues et al. (2017)) qui contient plus de 350 000 consultations par 16 médecins généralistes. Dans cette base, les descriptions textuelles rédigées par les généralistes sont disponibles avec les codes de classification internationaux des médicaments prescrits, antécédents personnels, familiaux, facteurs environnementaux, pathologies et raisons de consultation, ainsi que les valeurs numériques des différents résultats d'examens médicaux. Les connaissances disponibles dans un DME restent cependant limitées aux spécificités de chaque patient et les textes qui s'y trouvent reposent sur un certain nombre d'informations implicites connues des experts médicaux et à des niveaux de détail variables. Aussi, un algorithme d'apprentissage automatique reposant sur ces seules informations ne pourra pas exploiter de connaissances spécifiques implicites dans les documents à analyser ou devra les réapprendre, possiblement de façon incomplète et coûteuse.

Notre principale question de recherche est alors la suivante : *Des apports de connaissances ontologiques dans les représentations destinées à l'apprentissage peuvent-ils améliorer la prédiction d'un événement ?* dans notre cas d'étude, nous cherchons à améliorer la prédiction de l'hospitalisation d'un patient à l'aide de connaissances provenant de différentes ontologies du domaine médical. Dans cet article, nous nous concentrons sur les sous-questions suivantes :

— *Comment intégrer des connaissances du domaine dans une représentation vectorielle destinée à un algorithme d'apprentissage ?*
— *L'ajout de connaissances du domaine améliore-t-il la prédiction d'hospitalisation ?*
— *Quelles connaissances du domaine combinées à quelles méthodes d'apprentissage fournissent une meilleure prédiction de l'hospitalisation d'un patient ?*

Pour répondre à ces questions, nous introduisons la méthode proposée pour l'annotation sémantique et l'extraction de connaissances à partir de textes puis nous précisons la façon dont les connaissances ontologiques sont injectées dans la représentation vectorielle des DMEs (section 2). Ensuite, nous présentons le protocole expérimental et les résultats obtenus (section 3), pour terminer avec la conclusion et les perspectives de cette étude (section 4).

2 Utilisation de connaissances ontologiques

2.1 Extraction de connaissances ontologiques

Afin d'extraire les connaissances du domaine sous-jacentes aux termes employés dans les descriptions textuelles rédigées par les médecins, nous recherchons au sein des textes les entités du domaine médical et les liens aux concepts auxquels ils correspondent dans Wikidata, DBpedia et des ontologies spécifiques au secteur de la santé. Wikidata et DBpedia ont été choisis du fait que des concepts généraux ne sont identifiables qu'avec des référentiels généraux. Notre étude vise à analyser et comparer l'impact apporté par ces connaissances issues de diverses sources sur la prédiction de l'hospitalisation.

Extraction de connaissances de DBpedia Pour détecter dans un DME les concepts du domaine médical dans DBpedia, nous avons utilisé l'annotateur sémantique DBpedia Spotlight. Nous avons procédé à une analyse manuelle des entités nommées détectées sur un échantillon de DME et déterminé 14 concepts SKOS désignant des sujets médicaux pertinents pour la prédiction d'hospitalisation, car relatifs à de lourdes pathologies : Anatomo-pathologie des tumeurs, Cancérologie, Radio-oncologie, Maladie cardio-vasculaire, Trouble du rythme cardiaque, Maladie neuro-vasculaire, Hémopathie maligne, Maladie auto-immune, Etat médical lié à l'obésité, Maladie génétique, Ablation chirurgicale, Défaillance d'organe, Urgence médicale et Urgence en cardiologie. Pour chaque DME à représenter, à partir de la liste des ressources identifiées par DBpedia Spotlight, nous interrogeons le point d'accès francophone de DBpedia afin de déterminer si ces ressources ont pour sujet (propriété `dcterms:subject`) un ou plusieurs des 14 concepts retenus. Afin d'améliorer l'annotation de DBpedia Spotlight, les mots ou expressions abrégées au sein des DMEs sont ajoutés aux champs textuels à l'aide d'une approche symbolique, par l'utilisation de règles et dictionnaire.

Extraction de connaissances de Wikidata Wikidata est une base de connaissances ouverte centralisant les données des divers projets de la fondation Wikimedia. Sa couverture est sur certains domaines de connaissances différente de celle de DBpedia. Nous avons extrait des connaissances relatives aux médicaments en requêtant le point d'accès de Wikidata. Plus précisément, nous avons identifié trois propriétés de médicaments pertinentes pour la prédiction d'une hospitalisation : 'agit en tant que tel' (propriété `wdt:P2868`), 'maladie traitée' (propriété `wdt:P2175`), et 'médicament interagit avec' (propriété `wdt:P769`). A partir de l'URI d'un médicament, nous extrayons des couples propriété-concept liés aux médicaments pour les trois propriétés retenues (e.g. la péthidine est un narcotique, le méproprobamate soigne la céphalée, l'atazanavir interagit avec le rabéprazole).

Extraction de connaissances issues d'ontologies spécifiques au domaine Nous nous sommes intéressés à l'impact de connaissances issues d'ontologies spécifiques au domaine notamment sur les champs textuels comportant des codes internationaux de médicaments issus de la classification Anatomique, Thérapeutique et Chimique (ATC) et des codes relatifs aux raisons de la consultation auprès d'un médecin généraliste avec la Classification Internationale des Soins Primaires (CISP-2). Le choix de CISP2 et ATC dans notre étude vient du fait que la base de données PRIMEGE adopte ces nomenclatures. Nous avons extrait du vocabulaire ATC [1] représenté à l'aide de primitives OWL et SKOS les labels des super classes des classes relatives aux médicaments répertoriés dans la base de données PRIMEGE, grâce aux propriétés `rdfs:subClassOf` et `atc:member_of` sur différents niveaux de profondeur à l'aide de requêtes SPARQL avec des chemins de propriétés (e.g. le 'meprednisone' (code H02AB15) a pour super classe 'Glucocorticoids, Systemic' (code H02AB) qui a elle-même pour super classe 'CORTICOSTEROIDS FOR SYSTEMIC USE, PLAIN' (code H02)). De manière analogue, nous avons extrait de la représentation OWL-SKOS de CISP2 [2] les labels des super classes avec la propriété `rdfs:subClassOf`, cependant étant donné la faible profondeur de cette représentation, il n'est possible d'extraire qu'une super classe par problème de santé diagnostiqué ou procédure de soins identifiée (e.g. Symptôme et plaintes (code H05) a pour super classe Oreille (code H)).

2.2 Intégrer des connaissances ontologiques au vecteur de représentation

Il est crucial avec un corpus spécifique à un domaine de générer sa propre représentation, car de nombreux termes peuvent se trouver en dehors d'une représentation généraliste ou une notion ambiguë peut être associée à un terme alors qu'il possède un sens bien précis dans le domaine considéré. Nous avons opté pour un modèle exploitant la représentation par sac de mots (BOW) pour différentes raisons : (i) les principales informations de documents textuels sont extraites sans nécessiter un large corpus ; (ii) les attributs ne sont pas transformés ce qui permet d'identifier quels termes participent à la distinction de patients devant être hospitalisés ou non ; (iii) l'intégration de données hétérogènes est facilitée, car il suffit de concaténer d'autres attributs à ce modèle. À l'image de la structure employée dans PRIMEGE, certaines données textuelles doivent être distinguables les unes des autres lors du passage à la représentation vectorielle des DMEs comme, par exemple, les antécédents d'un patient et ses antécédents familiaux. Pour ce faire, un préfixe a été introduit à la création du BOW en fonction du champ textuel source. Soit $C^i = \{c_1^i, c_2^i, ..., c_n^i\}$ le sac de concepts résultant de l'extraction de

---

1. http://bioportal.bioontology.org/ontologies/ATC
2. http://bioportal.lirmm.fr/ontologies/CISP-2

concepts issus d'ontologies sur le $i^{\text{ème}}$ patient après analyse des données textuelles structurées et des textes libres tels que les observations. Soit $V^i = \{w_1^i, w_2^i, ..., w_n^i\}$ le BOW obtenu à partir des données textuelles. Les différents algorithmes d'apprentissage exploitent l'agrégation de ces deux vecteurs : $x^i = V^i \oplus C^i$. Les concepts issus d'ontologies sont ainsi considérés comme un token dans un texte, lorsqu'un concept est identifié, il est ajouté à un vecteur de concepts et son attribut aura pour valeur le nombre d'occurrences de ce concept au sein du DME du patient.

3   Expérimentations et Résultats

3.1   Protocole

Nous avons expérimenté et évalué notre approche sur un ensemble de données équilibré DS_B contenant 714 patients hospitalisés et 732 non hospitalisés. Comme nous nous servons d'algorithmes d'apprentissage non-séquentiels pour évaluer l'enrichissement apporté par les connaissances ontologiques, nous avons dû agréger toutes les consultations d'un patient afin de s'affranchir de la dimension temporelle inhérente aux épisodes médicaux dans la vie d'un patient. Ainsi, toutes les consultations survenant avant une hospitalisation sont agrégées en une représentation vectorielle du dossier du patient. Pour les patients n'ayant pas été hospitalisés, l'ensemble de leurs consultations est agrégé. Nous avons évalué les représentations vectorielles ainsi construites par validation croisée imbriquée (Cawley et Talbot (2010)), avec une boucle externe ayant un K fixé à 10 et pour la boucle interne un K fixé à 3 avec exploration des hyperparamètres par recherche aléatoire sur 150 itérations. Les différentes expériences ont été menées sur un HP EliteBook 840 G2, 2,6 hHz, 16 go de RAM sous Python 3.6.3 ainsi qu'un Precision Tower 5810, 3.7GHz, 64GB RAM sous Python 3.5.4. La création des représentations vectorielles a été effectuée sur le HP EliteBook et sur cette même machine ont été déployés DBpedia Spotlight ainsi que les ontologies spécifiques au domaine.

3.2   Algorithmes d'apprentissage automatique

Nous avons effectué la tâche de prédiction d'hospitalisation avec différents algorithmes de l'état de l'art disponibles dans la bibliothèque Scikit-Learn avec des hyperparamètres déterminés par validation croisée imbriquée :

— SVC : Machine à vecteurs de support dont l'implémentation se base sur celle de libsvm (Chang et Lin (2011)). Le coefficient de régularisation C, le noyau utilisé par l'algorithme ainsi que le coefficient gamma du noyau ont été optimisés.

— RF : L'algorithme des forêts aléatoire (Breiman (2001)). Le nombre d'arbres dans la forêt, la profondeur maximale des arbres, le nombre minimal d'échantillons requis afin de diviser un nœud interne, le nombre minimal d'échantillons à prélever au niveau d'un nœud foliaire et le nombre maximal de nœuds foliaires ont été optimisés.

— Log : L'algorithme de la régression logistique (McCullagh et Nelder (1989)). Le coefficient de régularisation C et la norme utilisée dans la pénalisation ont été optimisés.

Nous avons opté pour ces algorithmes comme il est possible de fournir une interprétation native de leur décision, permettant ainsi de préciser au médecin les raisons d'hospitaliser un patient avec les facteurs sur lesquels il peut intervenir afin d'éviter que cet événement ait lieu.

3.3 Résultats et discussion

Afin d'évaluer l'intérêt de prendre en compte des connaissances ontologiques, nous nous sommes servis de la mesure $F_{tp,fp}$ (Forman et Scholz (2010)) pour évaluer les performances des algorithmes de classification. Soit TN, le nombre d'instances négatives correctement classées, FP le nombre d'instances négatives incorrectement classées, FN le nombre d'instances positives incorrectement classées et TP le nombre d'instances positives correctement classées.

$$TP_f = \sum_{i=1}^{K} TP^{(i)} \quad FP_f = \sum_{i=1}^{K} FP^{(i)} \quad FN_f = \sum_{i=1}^{K} FN^{(i)}$$

$$F_{tp,fp} = \frac{2.TP_f}{2.TP_f + FP_f + FN_f}$$

La Table 1 synthétise les résultats pour chaque méthode que nous avons testée sur DS_B :
— $référence$: représente notre base de comparaison où aucun enrichissement ontologique n'est fait sur les DMEs i.e. seulement les données textuelles sous forme de BOW.
— $+s$: enrichissement apporté avec des concepts de la base de connaissances DBpedia.
— $+s*$: indique un enrichissement apporté avec des concepts de DBpedia, contrairement à $+s$, la totalité des champs textuels n'est pas exploitée, ainsi sont extraits les concepts des champs relatifs aux antécédents du patient, ses allergies, les facteurs environnementaux, ses problèmes de santé actuels, ses motifs de consultations, ses diagnostics, ses médicaments, ses procédures de soin suivies, ses motifs de prescription de médicaments et les observations du médecin.
— $+t$: enrichissement avec des concepts de la représentation OWL-SKOS de CISP-2.
— $+c$: enrichissement avec des concepts de la représentation OWL-SKOS de ATC, le nombre ou la fenêtre de nombres accolés indique les niveaux hiérarchiques utilisés.
— $+wa$: enrichissement avec la propriété 'agit en tant que tel' de Wikidata.
— $+wi$: enrichissement avec la propriété 'médicament interagit avec' de Wikidata.
— $+wm$: enrichissement avec la propriété 'maladie traitée' de Wikidata.

Représentation	SVC	RF	Log	Moyenne
$référence$	0.8270	**0.8533**	0.8491	0.8431
$+t$	0.8239	0.8522	**0.8545**	0.8435
$+s$	0.8221	0.8522	0.8485	0.8409
$+s*$	0.8339	0.8449	0.8514	0.8434
$+c_1$	0.8235	0.8433	0.8453	0.8245
$+c_{1-2}$	0.8254	0.8480	0.8510	0.8415
$+c_2$	0.8348	0.8522	0.8505	**0.8458**
$+wa$	0.8223	0.8468	**0.8545**	0.8412
$+wi$	0.8149	0.8484	0.8501	0.8378
$+wm$	0.8221	0.8453	0.8458	0.8377

TAB. 1 – $F_{tp,fp}$ pour les différents ensembles vectoriels envisagés avec différentes méthodes d'apprentissage sur le jeu de données équilibré DS_B.

Malgré la faible profondeur de la représentation OWL-SKOS de CISP2 la configuration $+t$, est suffisante pour améliorer la prédiction d'hospitalisation d'un patient. Un deuxième niveau de hiérarchie de super classes, $+c_2$ de la représentation OWL-SKOS de ATC fournit de meilleurs résultats qu'un seul niveau avec $+c_1$. Cependant, les résultats montrent que l'expansion par DBpedia à des champs indirectement liés à l'état du patient, tels que les antécédents familiaux, peut conduire les algorithmes de classification à tirer de mauvaises conclusions même si un préfixe a été ajouté pour distinguer l'origine des champs textuels. Le champ de texte relatif aux symptômes a été mal complété (souvent renseigné comme le champ d'observation) et la majorité des remarques ainsi détectées par DBpedia Spotlight sont principalement des fausses alertes. De plus, l'analyse qualitative des résultats a révélé des cas de négation (e.g. 'pas de SC d'insuffisance cardiaque') et de mauvaise prise en compte de plusieurs termes (e.g. "brûlures mictionnelles" qui est associé par DBpedia Spotlight à une "Brûlure" rapportant ainsi ce terme à une 'Urgence médicale').

4 Conclusion

Dans cet article, nous avons présenté une méthode pour coupler connaissances ontologiques, spécialisées ou généralistes, et données textuelles pour prédire l'hospitalisation de patients. Ainsi, nous avons généré diverses représentations couplant vecteurs de concepts et BOWs puis évalué leurs efficacités pour la prédiction avec divers algorithmes de classification. Nous prévoyons à court terme d'évaluer l'impact de nouvelles ontologies spécifiques au domaine et d'autres propriétés participant à la prédiction de l'hospitalisation de patients. Nous projetons aussi de travailler sur une représentation alternative couplant relations sémantiques et données textuelles, ainsi que la détection de la négation et des expressions complexes.

Références

Breiman (2001). Random forests. *Machine learning 45*(1), 5–32.

Cawley et Talbot (2010). On over-fitting in model selection and subsequent selection bias in performance evaluation. *Journal of Machine Learning Research 11*(Jul), 2079–2107.

Chang et Lin (2011). Libsvm : a library for support vector machines. *ACM transactions on intelligent systems and technology (TIST) 2*(3), 27.

Forman et Scholz (2010). Apples-to-apples in cross-validation studies : pitfalls in classifier performance measurement. *ACM SIGKDD Explorations Newsletter 12*(1), 49–57.

Lacroix-Hugues et al. (2017). Creation of the first french database in primary care using the icpc2 : Feasibility study. *Studies in health technology and informatics 245*, 462–466.

McCullagh et Nelder (1989). *Generalized linear models*, Volume 37. CRC press.

Summary

The knowledge available through electronic medical records (EMR) themselves remains limited by the fact the features used by a machine learning algorithms from a text alone do not contain all the implicit information known by a domain expert. We propose and evaluate the ontological augmentations of features extracted from textual information from EMRs on several machine learning algorithms to predict hospitalization.

Accélération de k-means par pré-calcul dynamique d'agrégats

Nabil El Malki*,**, Franck Ravat *, Olivier Teste *

* IRIT (CNRS/UMR5505)
**Capgemini (www.capgemini.com), Toulouse, France
prenom.nom@irit.fr, prenom.nom@capgemini.com

Résumé. L'algorithme de classification non supervisé 'k-means' nécessite un accès itératif et répétitif aux données allant jusqu'à effectuer plusieurs fois le même calcul sur les mêmes données. Ces calculs répétés peuvent s'avérer coûteux lorsqu'il s'agit de classifier des données massives. Nous proposons d'étendre l'algorithme de k-means en introduisant une approche d'optimisation basée sur le pré-calcul dynamique d'agrégats pouvant ensuite être réutilisés afin d'éviter des calculs redondants.

1 Introduction

Dans le cadre des approches non supervisées, un algorithme de classification tente de diviser les données en plusieurs classes de sorte à ce que les données (appelés également individus, observations ou points) qui se trouvent dans la même classe soient les plus similaires possibles, et inversement, les points appartenant à des classes différentes soient les plus dissemblables possibles.

Parmi les algorithmes de classification, l'algorithme de k-means (centres fixes) est probablement un des plus connus (Forgy, 1965) et constitue l'objet de notre étude. Sa première version est apparue dès les années 50 (Jain, 2010). Ce dernier, repose sur un traitement itératif (i.e. les instructions de l'algorithme doivent être réalisées plusieurs fois avant de converger vers une classification stable) et répétitif (i.e. un même calcul est potentiellement effectué plusieurs fois sur les mêmes données). Dans 'k-means', les résultats d'une itération ne sont pas conservés pour alimenter l'itération suivante. Cette caractéristique engendre des dégradations de performances notamment lorsque la dimension (nombre d'attributs) est important et lorsque ces dimensions possèdent de nombreuses valeurs de densité variable.

Contribution : Afin de permettre à k-means d'offrir de meilleures performances notamment sur de gros volumes de données, nous proposons une nouvelle version de k-means basée sur un principe de pré-agrégats. Cette extension repose sur les principes sont les suivants : (i) pré-calculer et stocker les différents calculs effectués lors des itérations successives, (ii) réutiliser les pré-calculs stockés pour accélérer les itérations futures. En section 2, nous discutons l'état de l'art. Ensuite, nous exposons notre modèle (section 3) et nos expérimentations (section 4).

2 Etat de l'art

Approches k-means. L'utilisation de la version standard de k-means nécessite un temps d'exécution proportionnel au produit du nombre de classes et du nombre de points par itération. Ce temps d'exécution total est relativement coûteux en termes de calcul, en particulier pour les grands ensembles de données (Alsabti, 1997). Plusieurs extensions de la version standard du k-means ont été proposées pour accélérer les temps d'exécution (Hung et al., 2005) :

— accélération de l'algorithme par la parallélisation et la distribution des données et des traitements. Cette solution est basée sur les paradigmes MapReduce ou MPI (Zhang et al., 2013) (Zhao, Weizhong ; Ma, Huifang ; He, 2009) ;

— accélération par réduction du nombre de calculs à effectuer pour chaque itération (propriétés de l'inégalité triangulaire) (Elkan, 2003) (Hamerly, 2010) ;

— accélération par organisation ou structuration des données (Hung et al., 2005).

Approches de pré-agrégations. Les précédentes optimisations n'utilisent pas le concept de pré-calcul d'agrégats déjà été utilisé dans plusieurs domaines.

— La structuration multidimensionnelle permet d'anticiper les calculs analytiques qui sont donc pré-calculés et stockés dans des cubes de données (Gray, 1996). Dans (Deshpande, 1998), les auteurs partitionnent les données en blocs uniformes (« chunks ») qui sont réutilisés lors des calculs suivants.

— Dans le cadre des données statistiques, des travaux intégrant le pré-calcul des agrégats ont été proposés par Wasay et al. (2017). Dans ce système baptisé « Datacanopy », un arbre binaire contenant des pré-agrégats est défini. Les pré-agrégats des nœuds fils sont imbriquées dans ceux des pères.

Tous ces travaux reposent sur des calculs d'agrégats statiques. Or, dans le cadre de l'apprentissage automatique, il n'est pas possible d'anticiper les calculs à pré-agréger. Notre approche repose donc sur un principe de stockage « à chaud » des pré-agrégats.

3 Contribution

3.1 Modèle

Notations de base. Soit $A = \{a_i | i = 1, \ldots, n\}$ un ensemble d'attributs d'un vecteur n-dimensionnel et $X = \{x_i | i = 1, \ldots, r\}$ un ensemble de données correspondants aux instances de A. L'algorithme de k-means sépare X en K classes d'une parition $C = \{C_j | j = 1, \ldots, K\}$. Chaque classe a un centroïde $\{G_j | j = 1, \ldots, K\}$ tel que G_j est la moyenne des valeurs des données de la classe C_j.

Les centroïdes intermédiaires. Soient $G^{t-1} = \{G_j^{t-1} | j = 1, \ldots, K\}$ et $G^t = \{G_j^t | j = 1, \ldots, K\}$ deux ensembles des centroïdes des K classes. G^{t-1} et G^t représentent les centroïdes des classes respectivement aux itérations t-1 et t.

Les classes des identifiants des observations. Soit $CID = \{CID_j | j = 1, \ldots, K\}$ l'ensemble des indices des classes. Les différentes classes des CID et C se réfèrent aux mêmes données. Un indice CID_j est formé à partir des indices des données de la classe C_j lui correspondant.

Les agrégats. Soit $M = \{M_{cle}\}$ un ensemble d'agrégats correspondants à tous les centroïdes des classes utilisés dans le processus de k-means. A chaque agrégat est associé un indice de

CID (clé) permettant de l'identifier. M est vide au début du processus et il est alimenté au fur et à mesure que de nouveaux agrégats sont calculés.

3.2 Algorithme de k-means étendu

Dans cette section nous présentons l'algorithme de k-means étendu (voir Fig. 1) :

— Ligne 1 : La fonction initialiser() assigne des valeurs aux K centroïdes de gravité soit de manière aléatoire soit via une méthode d'initialisation comme dans le cas de k-means++ (Arthur et Vassilvitskii, 2007).

— Ligne 7 : $argmin|x - G_j^{t-1}|$ renvoie l'indice j du centroïde le plus proche de x.

— Ligne 13 : la fonction trier(CID_j) trie les indices des données contenus dans CID_j dans l'ordre croissant.

— Lignes 14-15 : concatener(CID_j) concatène les indices des données contenus dans CID_j. Le symbole «-» est placé entre chaque paire d'indices. Exemple : 4-7-9. Le résultat de la concaténation est assigné à l'indice «cle» . Ce dernier permet d'identifier l'agrégat M_{cle}.

— Ligne 17 : Si les données sont de dimension d alors moyenne(C_j) renvoie la moyenne des valeurs des données de la classe C_j pour chaque dimension. Le résultat est un vecteur de moyennes de taille d.

```
input  : X,  K ≤ |X|
output : C
1  G^{t-1} ← initialiser() ;
2  converge ← Faux ;
3  tant que converge = Faux faire
4      G^t ← ∅;  C ← ∅;  CID ← ∅ ;
5      /*affectation de chaque donnée au centroïde le plus proche*/;
6      pour chaque x ∈ X faire
7          k ← argmin|x - G_j^{t-1}|; C_k ← C_k ∪{x}; CID_k ← CID_k ∪{indice(x)};
8      fin
9      /*calcul du centroïde de chaque classe*/;
10     pour j allant de 1 à K faire
11         CID_j ← trier(CID_j); cle ← concatener(CID_j) ;
12         si ∃ M_{cle} alors
13             G_j^t ← M_{cle} ;
14         sinon
15             M_{cle} ← moyenne(C_j); G_j^t ← M_{cle} ;
16         fin
17     fin
18     si G^t = G^{t-1} alors
19         converge ← Vrai ;
20     sinon
21         G^{t-1} ← G^t;
22     fin
23 fin
```

FIG. 1: Pseudo-code de l'algorithme de k-means étendu

4 Expérimentations

Pour valider notre approche, nous utilisons la plate-forme de calcul OSIRIM de l'IRIT (cluster de 24 nœuds ayant chacun 8 processeurs de 7.5 Go de mémoire). Nous utilisons un jeu de données synthétiques composé de deux ensembles : données sphériques (DS) i.e. plusieurs groupes de données homogènes (gaussienne isotropique) et des données homogènes (DH), i.e.

un seul groupe compact de données (mélange de gaussiennes) où chaque donnée représente des valeurs réelles comprises dans l'intervalle $[-10; 10]$.

Protocole expérimental Pour chaque expérimentation, 4 paramètres sont renseignés : d la dimension de la donnée $\in [1;97000]$, t le nombre de données à générer $\in [2000;202000]$, k le nombre de classes $\in [4;20]$ et D le type de distribution (sphérique, homogène). Chaque expérimentation est exécutée 10 fois. Quelque soit la version de k-means (standard ou étendue) et nous avons toujours le même partitionnement dû à la même initialisation.

4.1 Différence de temps d'exécution entre les deux k-means avec des données sphériques et homogènes

Dans cette section, nous évaluons, pour les données sphériques et homogènes, la différence de temps d'exécution (qu'on appellera DFEMS) entre les deux versions de k-means. Elle est calculé en faisant la différence entre le temps pris par le k-means étendu et le k-means standard ; il est positif lorsque k-means étendu est favorable par rapport à k-means standard (cf tab.1).

Description des données	Nombre d'expéri- mentations	Cas favo- rables à k-means étendu	Cas fa- vorables DFEMS >= 100s	Temps min&max (DFEMS en min)
DS	1987	1353	497	-26 à 29
DS (d <= 2000)	1155	542	39	-26 à 9
DS (d >= 2000)	832	811	458	-2 à 29
DH	774	348	51	-77 à 26
DH (d <= 2000)	313	39	2	-45 à 4
DH (d >= 2000)	461	309	49	-77 à 26

Tab. 1: Résultats des exécutions de k-means sur les données sphériques et homogènes

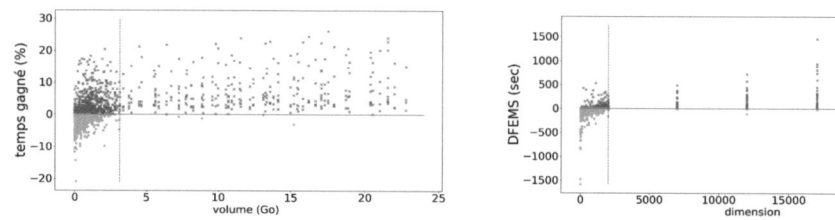

Fig. 2: k-means appliqué sur les DS ($d \in [1; 97000]$)

La version étendue présente de meilleurs résultats en termes de temps d'exécution : sur 1987 expériences sur des données sphériques toutes dimensions confondues, la version étendue présente 1353 cas favorables (68%) où le DFEMS atteint 1758s. Nous constatons également que la performance de la version étendue dépasse de plus de 100 secondes la version standard dans 25% des cas. Le nombre de cas favorables est encore plus important lorsqu'il s'agit de données sphériques avec des dimensions d >= 2000, où on atteint un taux de cas favorables de 97% et avec 55% présentant un DFEMS supérieur à 100s. Les figures (Fig. 2) montre une ligne horizontale en rouge séparant les cas favorables (croix vertes) des cas défavorables (cercles oranges) à k-means étendu. A gauche de la figure on montre le pourcentage en gain de temps d'exécution de la version étendue par rapport au k-means standard : à partir de 3.15 Go de données, le k-means étendu est pratiquement toujours favorable allant jusqu'à jusqu'à 30% plus vite. Dans la figure 3, on observe que la version étendue de k-means est très favorable à partir de données de dimension supérieure à 2000 (ligne verticale verte) avec une DFEMS allant jusqu'à 1758s (97% de gain) alors que le temps moyen d'exécution de k-means standard est de 3473s. Les cas défavorables se concentrent principalement dans le sous-espace de dimension inférieure à 2000.

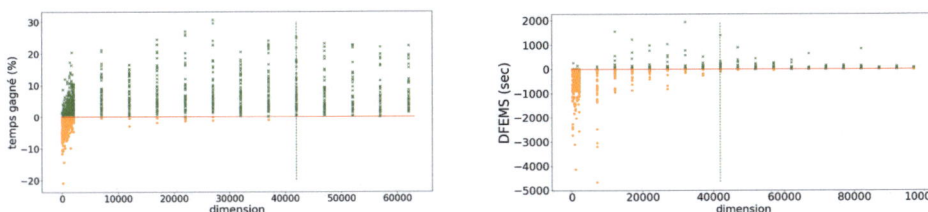

FIG. 3: k-means appliqué sur les DH ($d \in [1; 97000]$)

Dans la figure (Fig. 3), nous évaluons le comportement des deux algorithmes avec des données homogènes. Dans la partie gauche de la figure, le pourcentage de gain en temps par rapport au temps d'exécution de k-means standard est d'environ de 0 à 21% lorsque la dimension des données homogènes est égale ou supérieure à 42000. La même allure est observée dans la partie droite de la figure, la version étendue est avantageuse à partir de la dimension 42000. A partir de cette dimension, le temps moyen d'exécution de k-means étendu est de 1755 secondes. Le gain pouvant atteindre les 372 secondes.

L'approche est beaucoup plus avantageuse sur les DS que les DH puisque dans k-means appliqué à ces derniers beaucoup plus de centroïdes sont utilisés et peu de centroïdes réutilisés comparés au k-means appliqué sur les DS.

5   Conclusion

Dans cet article, nous avons proposé une approche pour optimiser le calcul de l'algorithme d'apprentissage non supervisé de données, k-means. Cette approche repose sur un algorithme qui pré-calcule et stocke les résultats intermédiaires, appelés pré-agrégats dynamiques, pour être réutilisés dans les itérations suivantes.

Nos expérimentations comparent notre version de k-means étendue avec la version standard. Notre approche montre un gain allant jusqu'à 30% sur des données de grande dimension.

Plusieurs perspectives sont envisagées. Nous allons entraîner cette version étendue de k-means avec des données plus massives encore pour mieux évaluer le coût du calcul des pré-agrégats. Nous envisageons également d'élargir notre approche à d'autres algorithmes d'apprentissage automatique des données.

Références

Alsabti, K. (1997). An efficient k-means clustering algorithm. *EECS*.

Arthur, D. et S. Vassilvitskii (2007). k-means++ : the advantages of careful seeding. In *ACM-SIAM symposium on Discrete algorithms*, pp. 1027–1025.

Deshpande, P. M. (1998). Caching multidimensional queries using chunks. In *SIGMOD '98*.

Elkan, C. (2003). Using the triangle inequality to accelerate k-means. *ICML-2003*.

Forgy, E. (1965). Cluster analysis of multivariate data : efficiency versus interpretability of classifications. *Biometrics*.

Gray, J. (1996). Data cube : A relational aggregation operator generalizing group-by, cross-tab, and sub-totals. *Data Mining and Knowledge Discovery 1*(1), 29–53.

Hamerly, G. (2010). Making k -means even faster. *2010 SIAM international conference on data mining (SDM 2010)*, 130–140.

Hung, M.-C., J. Wu, et J.-H. Chang (2005). An efficient k-means clustering algorithm using simple partitioning. *JISE 1177*, 1157–1177.

Jain, A. K. (2010). Data clustering : 50 years beyond K-means. *Pattern Recognition Letters 31*(8), 651–666.

Wasay, A., X. Wei, N. Dayan, et S. Idreos (2017). Data canopy. *SIGMOD '17*.

Zhang, J., G. Wu, X. Hu, S. Li, et S. Hao (2013). A parallel clustering algorithm with mpi – mkmeans. *Journal of Computers 8*(1), 10–17.

Zhao, Weizhong; Ma, Huifang; He, Q. (2009). Parallel K -Means Clustering Based on MapReduce. *Cloud Computing. Springer Berlin Heidelberg 2009*, 674–679.

Summary

The well-known unsupervised classification algorithm called 'k-means' requires iterative and repetitive access to the data, which goes to the same (detailed) data many times over. These repeated calculations can prove costly especially when it comes to classifying massive data. In this article we propose to extend the k-means algorithm by introducing an optimization approach based on the dynamic pre-calculation of aggregates that can then be reused to avoid redundant calculations.

Combiner analyse syntaxique de surface et apprentissage supervisé pour la fouille d'opinion ciblée : expérimentations sur des données d'opinion concernant les livres

Jeanne Villaneau*, Stefania Pecore*
Farida Saïd*,**, Pierre-François Marteau*

* IRISA, Campus de Tohannic, Université de Bretagne-Sud, 56000 Vannes
jeanne.villaneau, stefania.pecore, farida.said, pierre-francois.marteau@univ-ubs.fr
** LMBA, Campus de Tohannic, Université de Bretagne-Sud, 56000 Vannes

Résumé. La fouille d'opinion ciblée est une tâche complexe, susceptible de bénéficier de l'apport d'approches variées. Nos expérimentations testent des combinaisons de méthodes sur un corpus d'avis d'internautes concernant les livres. Sur ces données et pour ce qui concerne la polarité de l'opinion, des résultats prometteurs ont été obtenus par une approche basée sur une analyse linguistique de surface et un lexique enrichi par les informations discriminantes basées sur des méthodes de classification statistiques supervisées.

1 Introduction

La fouille d'opinion est devenue un champ de recherche important du Traitement Automatique des Langues (TAL) et sa maturité est attestée par les nombreux états de l'art dont elle a fait l'objet [Chapate et all. (2015); Feldman (2013); Liu (2012), etc.]. Son objectif est d'analyser l'ensemble des opinions des internautes sur un objet donné. La tâche se veut plus précise avec la fouille d'opinion ciblée (ABSA ; Aspect Based Sentiment Analysis) [Liu (2012)] : les cibles correspondent aux différentes caractéristiques des objets concernés et les avis des internautes sont analysés en fonction de ces cibles. L'ABSA a fait l'objet de différents challenges, parmi lesquels SemEval-2014, 2015 et 2016 [Pontiki (2016)].

Ciblée ou non, la fouille d'opinion est une tâche extrêmement complexe pour de multiples raisons : forme indirecte de l'expression, humour, subjectivité, nécessité d'un traitement fin de la négation, etc. Les approches utilisées sont nombreuses et variées, généralement divisées entre méthodes statistiques, généralement supervisées [Pang et Lee (2008)] et méthodes basées sur un lexique d'opinion [1], à base de règles [Neviarouskaya et al. (2010)] ou statistiques [Wilson et al. (2005)], une tendance actuelle étant de combiner différentes approches.

La fouille d'opinion ciblée peut être partagée en trois sous-tâches : (i) détection de phrases ou portion de phrases porteuses d'opinion, (ii) détection de la cible relative à l'opinion émise, (iii) détection de la polarité et éventuellement, de l'intensité de l'opinion en question. Nos expérimentations concernent les deux dernières. Par ailleurs, les travaux présentés analysent des

---

1. Pour un état de l'art des méthodes basées sur l'utilisation d'un lexique, cf. Taboada et al. (2011).

avis laissés par les internautes concernant les livres : un domaine plus complexe que ceux généralement envisagés, où l'opinion est souvent exprimée de manière indirecte ou complexe et les cibles parfois peu différenciées. La langue, intermédiaire entre la langue académique et celle des tweets, rend possible l'utilisation d'une analyse syntaxique de surface (*chunking*). Notre étude s'est plus particulièrement attachée à explorer les améliorations que peut apporter ce type d'analyse, jamais testée en ABSA précédemment à notre connaissance. La section 2 décrit les corpus et la tâche de détection des cibles, où le *chunking* semble inopérant ; la section 3 montre les avantages de la méthode pour la détection de la polarité.

2   Corpus et détection des cibles

2.1   Corpus et annotations

En fouille de données ciblée, l'absence de corpus disponible en langue française dans le domaine des livres qui nous intéressait, nous a conduit à combler ce manque : nous avons annoté 900 avis d'internautes collectés sur le site *Amazon.fr*. Le schéma d'annotation proposé se veut générique et très précis ; il distingue 5 cibles principales, elles-mêmes divisées en attributs pour un total final de 21 classes possibles. L'annotation distingue (a) l'expression de l'opinion ; (b) l'entité à laquelle cette opinion se rattache (si exprimée) ; (c) la cible et (d) une valeur entière comprise entre -2 et 2, qui exprime la polarité de l'opinion en même temps que son intensité. Au total, le corpus comporte 3300 expressions d'opinion ainsi annotées [Pecore et Villaneau (2018)].

Pour les tâches que nous nous proposions de réaliser, nous avons réduit le nombre de cibles à 8 en effectuant des regroupements et nous n'avons pas tenu compte de l'intensité des opinions. Comme corpus de tests, nous avons présélectionné 340 phrases ou portions de phrases porteuses d'opinion dans la partie non annotée du corpus et nous avons choisi pour chacune d'elles l'une des 8 cibles et la polarité de l'opinion correspondantes.

2.2   Détermination des cibles

Pour ce qui concerne la détection des cibles, le domaine étudié se distingue des domaines classiquement étudiés par deux particularités. La première est que la désignation des entités n'y suffit pas. Par exemple, dans la phrase : « *le livre est bien écrit* », la cible est le *Style* alors que l'entité, *le livre*, ne la désigne pas. La deuxième est que les classes diffèrent très fortement de par leurs importances relatives : avec près de 45% des annotations, la classe qui désigne une opinion globale sur l'ouvrage (*General*), est très fortement prévalente ; à l'inverse, la classe *Illustrations* en regroupe moins de 1%.

Nous avons testé plusieurs modèles statistiques classiques entraînés avec les noms, adjectifs, verbes et adverbes (sauf mots grammaticaux) figurant dans les expressions d'opinion et les entités annotées : kNN, Random Forest, Neural Network, SVM, Fuzzy classification, SOM (Kohonen package in R), etc. La prévalence de la classe *General* pose problème à tous les classifieurs, jusqu'à aboutir à une totale inefficacité de certains qui classent la quasi-totalité des tests en *General*[2]. Nous avons également utilisé Word2Vec pour pouvoir prendre en compte

---

2. Pour plus d'informations, on pourra se reporter à Villaneau et al. (2018)

les mots du corpus de test absents du corpus d'entraînement (SVMW2V). Par ailleurs, les essais d'introduction de paramètres linguistiques n'ont pas donné de résultats concluants. Les meilleurs résultats ont été obtenus en utilisant une méthode en sac de mots lemmatisés avec les SVM (noyau linéaire) et les Random Forest (ntree=500) pour des macro-moyennes respectives (F1-scores) de 0,673 et 0,642. Si l'utilisation de Word2Vec n'a pas permis d'améliorer les résultats des SVM, un vote majoritaire entre SVM, RF et SVMW2V a permis d'augmenter le score final, avec une macro-moyenne de 0,703.

Dans une tâche similaire (livres scolaires, même nombre de classes), Hamdan et al. (2016) obtient des F1-scores compris entre 0,610 et 0,615. Dans Semeval 2016, la détermination des cibles dans le domaine des restaurants obtient respectivement en Anglais et en Français des F1-scores égaux à 0,73 et 0,61. La qualité de nos résultats confirme l'intérêt de prendre en compte conjointement les lemmes annotés comme entités et comme expression de l'opinion. Elle confirme également que la détermination des cibles est avant tout un problème lexical.

3   Chunking et polarité de l'opinion

3.1   Approche par analyse syntaxique de surface et lexique d'opinion

Nous avons choisi une approche globale proche de la sémantique compositionnelle utilisée par Moilanen et al. (2010) : le système calcule le score des mots, expressions et *chunks* en utilisant le lexique d'opinion et les règles définies sur les différents types de groupes de mots (*chunks*). Le score d'une phrase s'obtient en combinant ces scores et en appliquant des fonctions définies pour prendre en compte le temps et les modes des verbes ainsi que certains éléments structurants de la phrase (*mais, pourtant,* etc.).

Pour la reconnaisance des différents *chunks*, nous avons réadapté un outil précédemment utilisé dans une étude de patrons sémantiques [El Maarouf et al. (2011)]. La difficulté rencontrée à ce stade est la recherche d'un compromis entre les erreurs inévitables du *chunking* - en particulier causées par les agrammaticalités du texte - et la précision nécessaire.

3.1.1   Le lexique d'opinion

Le lexique d'opinion est l'une des pierres angulaires d'un système de détection de l'opinion dans une approche linguistique [Breck et Cardie (2017)]. Nous avons d'abord utilisé un lexique obtenu par compilation de deux lexiques existants : la norme émotionnelle *ValEmo* [Syssau et Font (2005)] et une extension de la norme *F-POL* [Vincze et Bestgen (2011)]. Le lexique obtenu s'est avéré trop général : par exemple le verbe *dormir* qui y est positivement connoté, exprime généralement une opinion négative lorsqu'il est utilisé dans une critique de livres.

De plus, nous sommes arrivés à la conclusion énoncée par Taboada et al. (2011) que *« more words may lead to including more noise" »[plus de mots peut conduire à plus de bruit]* et nous avons réduit le vocabulaire à celui qui exprime clairement une opinion sur un livre. En revanche, nous avons introduit un lexique d'expressions courantes en langue française, une étude plus approfondie étant en dehors du cadre de notre étude.

3.1.2 Traitement de la négation

Le traitement de la négation est une pierre d'achoppement en analyse d'opinion. Wiegand et al. (2010) en présente diverses approches, les deux problèmes principaux étant d'une part, sa détection et d'autre part, la détermination de sa portée.

Bon nombre de difficultés se retrouvent dans d'autres langues, notamment l'anglais : fausses négations (« *non seulement* »), doubles négations, patrons spécifiques à chaque mot négatif, négation exprimée de manière indirecte ou subtile [Pang et Lee (2008); Asmi et Ishaya (2012)], etc. L'un des problèmes spécifique à la langue française est l'usage de l'adverbe *ne* : fréquemment omis dans la langue orale, son omission tend à se répandre dans la langue écrite informelle, jusqu'à conduire à des expressions ambigües dans la langue écrite, telles que « *il y en a plus* », qui peut signifier aussi bien *il y en a davantage* que *il n'y en a plus*.

Dans notre approche compositionnelle, une fonction est attachée à la négation : elle modifie le score des éléments qui sont dans la portée de cette dernière. Nous avons testé plusieurs fonctions proposées dans la littérature sans constater de modification globale des résultats obtenus : il semble donc que le choix exact de la fonction soit beaucoup moins significatif que la détermination de la portée. Globalement, il convient de prend en compte le fait qu'une négation atténue l'intensité tout en étant généralement l'indice d'une opinion plutôt négative.

3.1.3 Les chunks et leur usage

Le *chunking* permet de prendre en compte partiellement les problèmes liés à l'association des mots si l'on associe un traitement spécifique à chaque forme de *chunk*. Les *chunks verbaux* jouent un rôle majeur dans notre approche. Outre la prise en compte du temps et du mode, ils transmettent ou non une éventuelle négation aux chunks qui les entourent en fonction de la nature du verbe qui est à leur tête. Le rôle essentiel des *chunks nominaux* est la prise en compte des associations entre adjectif et nom, certains adjectifs induisant une polarité stable, positive ou négative (par exemple *mauvais, excellent*) alors que d'autres accentuent, atténuent ou inversent la polarité du nom qu'ils qualifient (*grand, faux*). Les *chunks adjectivaux* ou *adverbiaux* permettent de prendre en considération les modifieurs qui peuvent, comme les adjectifs, atténuer, renforcer ou inverser la polarité (*très, trop, un peu*, etc.) [Zhang et al. (2012)].

3.2 Mises en œuvre et résultats

En guise de baseline, nous avons utilisé plusieurs méthodes statistiques classiques pour classifier les 340 phrases de test entre opinion positive et opinion négative. SVM (avec un noyau linéaire), Glmnet (régression logistique), NeuralNet (20-5) (NN) et Random Forest (500 arbres) (RF) obtiennent des F1-scores compris entre 0,768 et 0,803 (cf. table 1), par une approche en sacs de mots utilisant comme variables les lemmes des noms, verbes, adjectifs et adverbes présents dans les annotations. Contrairement à ce qui avait été observé dans la détection des cibles, un vote majoritaire entre méthodes n'améliore en rien les résultats.

Les résultats obtenus par l'approche basée sur le *chunking* (Chv1) avec le lexique utilisé s'avèrent décevants : avec un F1-score de 0,774, ils sont inférieurs à ceux obtenus par trois des quatre baselines. Le nombre important de phrases qui obtiennent un score nul suggère un problème de lexique.

SVM	Glmnet	NN	RF	Chv1	SPLex
0,803	0,800	0,780	0,768	0,774	**0,859**

TAB. 1 – *Polarité : F1-score (macro-moyenne) des quatre baselines, du système linguistique avant (Chv1) et après (SPLex) enrichissement du lexique.*

Glmnet et Random Forest donnent des indications concernant l'importance des variables statistiques . Une sélection des premiers mots (une cinquantaine) rendu par la fonction *importance* du package Random Forest du logiciel R nous a permis de compléter notre lexique d'opinion avec la trentaine d'entre eux qui n'y figuraient pas (noms et adjectifs essentiellement). Ce lexique enrichi améliore considérablement l'efficacité du système (cf. SPLex table 1). Comparé aux résultats obtenus par Hamdan et al. (2016) sur une tâche très similaire (F1-score de 0,794) et les meilleurs F1-scores rapportés sur cette tâche à Semeval 2016 (0,840 et 0,605) dans les domaines des restaurants et des ordinateurs, le F1-score (0,859) obtenu par SPLex est une très bonne performance.

4   Conclusion et perspectives

La cible d'une opinion peut généralement être déterminée en étudiant les mots utilisés pour l'exprimer : les approches lexicales et statistiques s'avèrent très efficaces dans cette tâche et nos expérimentations ne remettent pas en cause cette prépondérance. En revanche, elles suggèrent que, combinée à un lexique d'opinion très ciblé, une analyse de surface est une approche efficace pour déterminer la polarité de l'opinion. Elles suggèrent également que la pertinence d'un lexique d'opinion est très dépendant du domaine et, très probablement, du corpus lui-même, ce qui, en soi, restreint la généricité des approches basées sur de tels lexiques. Ces résultats demandent à être confortés et validés sur d'autres corpus et d'autres domaines.

Références

Asmi, A. et T. Ishaya (2012). The second international conference on advances in information mining and management negation identification and calculation in sentiment analysis. In *IMMM (Advances in Information Mining and Management)*.

Breck, E. et C. Cardie (2017). *Oxford Handbook of Computational Linguistics*. (2nd ed.)., Chapter Opinion mining and sentiment analysis. Oxford University press.

Chapate et all. (2015). Survey on sentiment analysis and its classification technique. In *National Conference on Advances in Computing (NCAC 2015)*, Stroudsburg, PA, USA, pp. 793–801. Association for Computational Linguistics.

El Maarouf, I., J. Villaneau, et S. Rosset (2011). Extraction de patrons sémantiques appliquée à la classification d'Entités Nommées. In *TALN'2011*, Montpellier, France.

Feldman, R. (2013). Techniques and applications for sentiment analysis. *Commun. ACM 56*(4), 82–89.

Hamdan, H., P. Bellot, et F. Bechet (2016). Sentiment analysis in scholarly book reviews. In *arXiv preprint arXiv :1610.03106*.

Liu, B. (2012). *Sentiment Analysis and Opinion Mining*. Morgan and Claypool Publishers.

Moilanen, K., S. Pulman, et Y. Zhang (2010). Packed feelings and ordered sentiments : Sentiment parsing with quasi-compositional polarity sequencing and compression. In *Proceedings of workshop WASSA 2010 at ECAI 2010*, pp. 36–43.

Neviarouskaya, A., H. Prendinger, et M. Ishizuka (2010). Affect analysis model ;novel rule-based approach to affect sensing from text. *Natural Language Engineering 17*(1).

Pang, B. et L. Lee (2008). Opinion mining and sentiment analysis. *Found. Trends Inf. Retr. 2*(1-2), 1–135.
english

Pecore, S. et J. Villaneau (2018). Complex and Precise Movie and Book Annotations in French Language for Aspect Based Sentiment Analysis. In *Proceedings of LREC 2018*, Miyazaki, Japan. ELRA.

Pontiki, M. *et al.* (2016). Semeval-2016 task 5 : Aspect based sentiment analysis. In *ProWorkshop on Semantic Evaluation (SemEval-2016)*, pp. 19–30. Association for Computational Linguistics.

Syssau, A. et N. Font (2005). évaluations des caractéristiques émotionnelles d'un corpus de 604 mots. *Bulletin de psychologie 3*(477), 361–367.

Taboada, M., J. Brooke, M. Tofiloski, K. Voll, et M. Stede (2011). Lexicon-based methods for sentiment analysis. *Comput. Linguist. 37*(2), 267–307.

Villaneau, J., S. Pecore, et F. Saïd (2018). Aspect detection in book reviews : Experimentations. In *Proceedings of the 2nd Workshop NL4AI 2018*, Volume 2244, Trento, Italy, pp. 16–27.

Vincze, N. et Y. Bestgen (2011). Une procédure automatique pour étendre des normes lexicales par l'analyse des cooccurrences dans des textes. *TAL 52*(3), 191–216.

Wiegand, M., A. Balahur, B. Roth, D. Klakow, et A. Montoyo (2010). A survey on the role of negation in sentiment analysis. In *Proceedings of NeSp-NLP '10*, Stroudsburg, PA, USA, pp. 60–68. Association for Computational Linguistics.

Wilson, T., J. Wiebe, et P. Hoffmann (2005). Recognizing contextual polarity in phrase-level sentiment analysis. In *Proceedings of HLT'05*, Stroudsburg, PA, USA, pp. 347–354. Association for Computational Linguistics.

Zhang, L., S. Ferrari, et P. Enjalbert (2012). Opinion analysis : The effect of negation on polarity and intensity. In J. Jancsary (Ed.), *Proceedings of KONVENS 2012*, pp. 282–290. ÖGAI. PATHOS 2012 workshop.

Summary

Aspect Based Sentiment Analysis (ABSA) is a complex task, for which using combinations of various approaches can be efficient. Our work was led on a corpus of book reviews in French language and tests. On these data and to determining opinion polarity, very good results are obtained for an approach which combines outputs of a chunking with a lexicon enriched by the words as features used by statistical lexical methods.

Recommandation séquentielle à base de séquences fréquentes

Corentin Lonjarret*,***, Marc Plantevit**
Céline Robardet*, Roch Auburtin***

*INSA Lyon, CNRS, LIRIS UMR5205, F-69621 France
corentin.lonjarret@insa-lyon.fr, celine.robardet@insa-lyon.fr
**Université Lyon 1, CNRS, LIRIS UMR5205, F-69622 France
marc.plantevit@liris.cnrs.fr
***Visiativ, France
roch.auburtin@visiativ.com

Résumé. La modélisation des préférences utilisateur et de leur dynamique est au cœur de la construction des systèmes de recommandation séquentielle. Les défis résident dans la combinaison réussie de l'historique des utilisateurs et de leurs actions récentes pour fournir des recommandations personnalisées. Les méthodes existantes s'appuient sur des chaînes de Markov d'ordre fixe, limitant la personnalisation. Nous proposons d'utiliser des séquences fréquentes de longueur variable, pour mieux identifier la dynamique séquentielle, et projetons les items dans un espace euclidien en fonction de la préférence utilisateur et de leur historique récent. Une étude empirique sur 13 jeux de données montre que notre méthode surpasse les performances des différentes méthodes de l'état de l'art. De plus, nous pouvons fournir des éclairages sur la recommandation.

1 Introduction

Notamment à travers les sites de vente en ligne ou les plateformes d'intermédiation, les utilisateurs sont de plus en plus confrontés à un nombre de possibilités rendant impossible l'analyse exhaustive de l'ensemble des choix possibles par l'utilisateur. Il est alors devenu indispensable de recourir à un système de recommandation dans ces situations. Dans cet article, nous abordons le problème de recommandation séquentielle dont le but est de prédire la prochaine action d'un utilisateur à partir de sa séquence d'actions passées. Dans la suite une action est assimilée à un item. Pour ce faire, la préférence à long terme de l'utilisateur et sa dynamique à plus court terme sont prises en compte. Considérons tout d'abord les méthodes récentes traitant ce problème.

Modéliser la préférence utilisateur. Les techniques de factorisation de matrices (Koren et Bell. (2011)) permettent de modéliser les interactions entre les utilisateurs et les items en décomposant la matrice d'interaction en un produit de deux matrices de rang k. La prédiction qu'un utilisateur u choisisse l'item i est estimée par le produit scalaire du vecteur de longueur k associé à u, par le vecteur de longueur k associé à i. Cependant, la matrice d'interaction est généralement creuse, ce qui rend la décomposition peu précise. Pour essayer de pallier ce problème, d'autres méthodes comme FISM (Kabbur et al. (2013)) décomposent une matrice de similarité d'items en deux matrices de rang k. Plus un item i est similaire aux items déjà choisis par l'utilisateur, plus i a des chances d'être recommandé.

Modéliser la dynamique séquentielle. Une autre tendance dans les systèmes de recommandation est de prendre en compte les informations séquentielles présentes dans l'historique des utilisateurs. La dynamique à court terme est généralement modélisée à l'aide de chaînes de Markov. La matrice de transition est décomposée par le produit de deux matrices de rang k. Ainsi, la probabilité d'avoir l'item i sachant que l'item j appartient à l'historique de l'utilisateur est estimée par le produit scalaire des deux matrices.

Modèle unifié. Plusieurs approches récentes cherchent à unifier la préférence utilisateur et la dynamique séquentielle pour obtenir de meilleures performances, comme par exemple la méthode FPMC (Rendle et al. (2010)). Plus récemment, Fossil (He et McAuley (2016)) propose d'associer une approche de similarité entre items comme FISM avec des chaînes de Markov d'ordre L. PRME (Feng et al. (2015)) a amélioré FPMC et Fossil en remplaçant le produit scalaire par des distances Euclidiennes. En effet, les méthodes utilisant des distances permettent une meilleure généralisation. Dernièrement, TransRec (He et al. (2017)) unifie la préférence utilisateur et la dynamique séquentielle en utilisant des translations dans un espace Euclidien.

Ces méthodes combinent la dynamique de long et court terme en n'utilisant uniquement des chaînes de Markov d'ordre fixe. Pour pallier ce problème, nous proposons une nouvelle méthode, **REBUS**, qui utilise des séquences fréquentes pour identifier les items les plus pertinents des historiques des utilisateurs. Ces items permettent de mieux capturer la dynamique séquentielle. Notre contribution se résume au développement d'un nouveau modèle, **REBUS**, qui unifie la préférence utilisateur et la dynamique séquentielle en les plongeant dans un même espace euclidien. De plus, l'ordre personnalisé des chaînes Markov est déterminé grâce à l'utilisation de séquences fréquentes. La figure 1 résume le fonctionnement de **REBUS**. Dans une étude empirique sur 13 jeux de données, nous démontrerons que **REBUS** surpasse l'état de l'art des systèmes de recommandation séquentielle. Les données et le code sont disponibles [1].

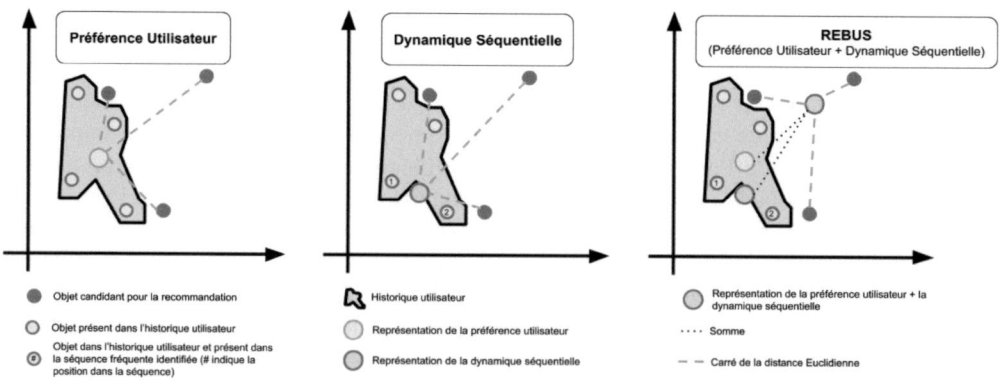

FIG. 1 – *La préférence utilisateur : plongement des items de l'historique de l'utilisateur ; La dynamique séquentielle : plongement des items de la séquence fréquente ; REBUS recommande l'item le plus proche de la somme des deux plongements.*

---

1. https://tinyurl.com/yaxve89j

2   Le modèle REBUS

2.1   Evaluer la dynamique séquentielle par un contexte personnel

Le point de vue défendu dans cet article, est que l'utilisation de séquences plus longues et variées permet de mieux représenter la dynamique séquentielle et donc d'améliorer la recommandation. C'est pourquoi nous proposons d'utiliser des chaînes de Markov d'ordre variable, contrairement aux méthodes existantes qui utilisent des chaînes d'ordre fixe. L'approche utilisée pour trouver le contexte le plus adapté pour un utilisateur u au pas de temps t, comporte deux étapes : (1) La construction d'un ensemble de contextes commun pour tous les utilisateurs et (2) l'identification du contexte le plus adapté à un utilisateur u au pas de temps t.

Identifier des contextes pertinents. Les contextes pris en compte sont ceux qui apparaissent dans au moins ***minCount*** séquences d'utilisateurs et ont une taille inférieure ou égale à L. Nous proposons de les identifier à l'aide d'un extracteur de sous-chaînes fréquentes. L'ensemble généré est appelé F.

Personnalisé le contexte de u au pas de temps t. L'objectif est de déterminer la sous-chaine $m_{s_u^{[1,t]}}$ la mieux adaptée à u au temps t. Pour ce faire, on sélectionne la séquence de F la plus longue et récente présente dans $s_u^{[1,t]}$, la sous-séquence de l'utilisateur u tronquée en position t. Dans le cas où aucune sous-chaîne ne peut être sélectionnée, nous définissons $m_{s_u^{[1,t]}} = i^{\star}$, où $i^{\star}$ est un item fictif.

2.2   Le modèle proposé

REBUS est un modèle qui plonge les items dans un espace euclidien de telle sorte que la projection d'un item est influencée par la préférence utilisateur et la dynamique séquentielle. L'utilisation d'une distance euclidienne possèdent deux avantages : (1) cela permet d'avoir une meilleure généralisation car les distances conservent l'inégalité triangulaire, (2) cela permet d'effectuer un seul calcul de distance tout en unifiant les dynamiques à long et court terme. L'objectif est d'apprendre un vecteur P_i pour chaque item i de I de telle sorte que la prédiction $\hat{p}_{u,i,t}$ que u choisisse i au temps t soit aussi proche que possible que ce qui est observé dans les données. Le modèle est alors défini par :

$$\widehat{p}_{u,i,t} \propto -(\beta_i + ||\Big(\frac{1}{|I_{s_u^{[1,t]}} \setminus \{i\}|^{\alpha}} \sum_{j \in I_{s_u^{[1,t]}} \setminus \{i\}} P_j + \sum_{r=0}^{|m_{s_u^{[1,t]}}|} \eta_r P_{m_{s_u^{[1,t]}}^r} \Big) - P_i||_2^2)$$

où (1) β_i est un terme de biais, (2) le premier terme, la dynamique à long terme, est la moyenne des vecteurs associés aux items j de l'historique de l'utilisateur, (3) le second terme modélise la dynamique à court terme à l'aide du paramètre η_r qui augmente avec r, le rang de l'item dans la séquence représentant l'historique, pour donner plus d'importance aux items récents [2]. **REBUS** apprend les paramètres **P** et β [3]. Le critère d'optimisation BPR (Rendle et al. (2009)) permet d'ordonner l'item vérité plus haut que tous les autres items. Il optimise les paramètres θ du modèle afin de maximiser la probabilité d'avoir i classé plus haut que j pour l'utilisateur u

---

2. η_r suit l'exponentielle normalisée de 1 moins la loi de répartition de Weilbull avec $x = 2$ et $y = 7$.

3. Les hyper-paramètres, tels que α, L, **minCount** et les autres paramètres liés à l'apprentissage sont déterminés à l'aide d'une recherche sur grille.

au pas de temps t, lorsque $i = s_u^t$. En supposant l'indépendance entre les items, les utilisateurs et les pas de temps, cela revient à estimer les paramètres du modèle par le maximum a posteriori (MAP). Les paramètres sont appris à l'aide d'une descente de gradient stochastique (SGD) qui a prouvé son efficacité (He et al. (2017); Feng et al. (2015)).

3 Expériences

	Datasets	#U	#I	$\sum$#seq.	avg (#seq.)	avg (#i occ.)
	Epinions	5015	8335	26932	5.3703	3.2312
	Foursquare	43110	13335	306553	7.1109	22.9886
	Visiativ	1398	590	16417	11.7432	27.8254
Amazon	Ama-Auto	34316	40287	183573	5.3495	4.5566
Amazon	Ama-Cell	68330	60083	429231	6.2817	7.1440
Amazon	Ama-Office	16716	22357	128070	7.6615	5.7284
Amazon	Ama-Toy	57617	69147	410920	7.1319	5.9427
Amazon	Ama-Game	31013	23715	287107	9.2576	12.1066
MovieLens	ML-5	6040	2848	30175	4.9959	10.5952
MovieLens	ML-10	6040	3114	59610	9.8692	19.1426
MovieLens	ML-20	6040	3324	111059	18.3873	33.4113
MovieLens	ML30	6040	3391	152160	25.1921	44.8717
MovieLens	ML50	6040	3467	215676	35.7079	62.2082

TAB. 1 – *Caractéristiques des jeux de données.*

Jeux de données et objectifs. Pour évaluer les performances de **REBUS**, nous avons utilisé les jeux de données présentés dans le tableau 1 [4]. Nous voulons répondre aux questions suivantes : Quelles sont les performances de **REBUS** comparé aux approches de l'état de l'art ? Est-ce que **REBUS** tire un bénéfice des contextes personnalisés ? Est-ce **REBUS** permet de mieux comprendre la recommandation séquentielle ?

Méthodes de l'état de l'art. Nous avons utilisé comme point de comparaison 7 méthodes de l'état de l'art : Popularity (**POP**) qui recommande les items les plus populaires ; Bayesian Personalized Ranking (**BPR-MF**) (Rendle et al. (2009)) qui utilise la factorisation de matrices ; Factorized Markov Chains (**FMC**) (Rendle et al. (2010)) qui factorise la matrice item-item de transition ; Factorized Personalized Markov Chains (**FPMC**) (Rendle et al. (2010)) qui prend en compte la préférence utilisateur et la dynamique séquentielle avec chaînes de Markov d'ordre 1 ; Personalized Ranking Metric Embedding (**PRME**) (Feng et al. (2015)) qui représente la préférence utilisateur et la dynamique séquentielle par la somme de deux distances Euclidiennes ; Factorized Sequential Prediction with Item Similarity Models (**Fossil**) (He et McAuley (2016)) qui unifie des chaînes de Markov d'ordre L avec FISM ; Translation-based Recommendation (**TransRec**) (He et al. (2017)) qui unifie la préférence utilisateur et la dynamique séquentielle avec des translations dans un espace euclidien. Nous évaluons notre modèle **REBUS** avec deux configurations : (1) avec la dynamique séquentielle basée sur les sous-chaînes fréquentes, (2) avec la dynamique séquentielle basée sur les chaînes de Markov d'ordre 1, notée **REBUS**$_{1MC}$.

Protocole expérimental. Pour chaque jeu de données, nous avons séparé les séquences des utilisateurs en 3 parties : (1) l'item le plus récent qui sera utilisé pour évaluer les méthodes et

---

4. http://epinions.com/, http://grouplens.org/datasets/movielens/1m/, https://foursquare.com/

appelé *l'item vérité*, (2) le deuxième item le plus récent qui sera utilisé pour la validation des méthodes lors de la phase d'apprentissage et (3) tous les autres items qui seront utilisés pour entraîner les méthodes. La précision de l'approche est mesurée par l'**AUC** et le **HIT50**.

Études des performances. Les performances des différentes méthodes pour chaque jeu de données sont résumées dans le tableau 2. Nous pouvons observer que les résultats de la métrique AUC de **REBUS** surpassent les autres approches sur la plupart des jeux de données. **REBUS** obtient également de bonnes performances sur la métrique HIT50 avec un rang moyen de 3.2 sur 9 méthodes. PRME est très performant sur les jeux de données denses tels que ML30 et ML50. Cependant, il montre ses limites sur les jeux de données éparses. Cela permet de conclure qu'avoir des vecteurs latents indépendants n'est pas un avantage sur des jeux de données éparses. En utilisant des chaînes de Markov d'ordre personnalisé, nous remarquons que cela permet d'obtenir de meilleurs résultats par rapport à l'utilisation des chaînes de Markov d'ordre 1 (c.à.d. **REBUS**$_{1MC}$).

Models	Metric	Epinions	Foursq	Visiativ	Auto	Cell	Office	Toy	Video	Avg (Amazon)	ML-5	ML-10	ML-20	ML-30	ML-50	Avg(ML)	Avg(All)
Pop	AUC	0.4575	0.9169	0.7864	0.5870	0.6959	0.6428	0.6240	0.7497	0.6599	0.7352	0.7722	0.7919	0.7981	0.8032	0.7801	0.7201
	HIT50	3.42%	55.65%	48.24%	3.84%	4.43%	1.66%	1.69%	5.17%	3.36%	12.65%	12.93%	12.82%	12.72%	13.13%	12.85%	14.49%
BPRMF	AUC	0.5359	0.9527	0.8384	0.6342	0.7611	0.7054	0.7280	0.8562	0.7370	0.7817	0.8309	0.8446	0.8514	0.8576	0.8332	0.7829
	HIT50	3.58%	66.65%	56.85%	3.80%	5.49%	4.33%	3.65%	12.47%	5.95%	17.80%	18.43%	17.39%	17.06%	16.54%	17.44%	18.77%
FMC	AUC	0.5476	0.9471	0.8341	0.6442	0.7548	0.6865	0.6943	0.8423	0.7244	0.7234	0.8012	0.8341	0.8441	0.8550	0.8116	0.7699
	HIT50	2.88%	63.47%	57.13%	2.49%	7.14%	3.02%	4.30%	14.30%	6.25%	14.44%	18.99%	20.55%	21.49%	22.22%	19.54%	19.42%
FPMC	AUC	0.5518	0.9480	0.8247	0.6415	0.7376	0.6859	0.7194	0.8524	0.7274	0.7405	0.8286	0.8476	0.8654	0.8802	0.8325	0.7787
	HIT50	2.93%	64.64%	55.34%	2.24%	2.81%	2.97%	4.42%	11.95%	4.88%	12.20%	19.32%	18.25%	25.83%	26.89%	20.50%	19.22%
PRME	AUC	0.6138	0.9604	0.8618	0.6523	0.7987	0.7155	0.7411	0.8763	0.7568	0.7761	0.8354	0.8681	**0.8786**	**0.8884**	0.8493	0.8051
	HIT50	2.88%	65.94%	64.01%	3.77%	7.03%	6.43%	5.25%	**16.29%**	7.75%	16.81%	23.48%	**26.49%**	**27.84%**	**28.18%**	**24.56%**	**22.65%**
Fossil	AUC	0.5974	0.9607	0.8429	0.6887	0.7980	0.7219	0.7620	0.8776	0.7696	0.7916	0.8478	0.8624	0.8677	0.8677	0.8479	0.8068
	HIT50	3.51%	63.21%	55.63%	5.21%	7.50%	5.44%	4.77%	13.87%	7.36%	19.01%	23.36%	22.80%	22.27%	21.64%	21.82%	20.63%
TransRec L1	AUC	0.6030	0.9632	**0.8649**	0.6767	0.7997	0.7230	0.7478	0.8755	0.7646	0.7856	0.8430	0.8645	0.8689	0.8743	0.8487	0.8069
	HIT50	3.02%	65.99%	**64.23%**	5.14%	7.88%	**6.78%**	4.80%	15.39%	8.00%	20.30%	23.60%	23.86%	24.08%	24.26%	23.22%	22.26%
TransRec L2	AUC	0.6084	0.9621	0.8639	0.6902	0.8049	0.7258	0.7646	0.8844	0.7740	0.7936	0.8488	**0.8711**	0.8750	0.8791	0.8535	0.8132
	HIT50	**5.02%**	67.15%	63.08%	**5.56%**	**8.99%**	5.12%	**5.60%**	15.98%	**8.25%**	20.85%	**24.67%**	24.09%	24.42%	23.94%	23.60%	**22.65%**
REBUS	AUC	0.6350	0.9676	0.8630	**0.7108**	0.8266	**0.7521**	**0.7775**	**0.8888**	**0.7912**	**0.8030**	**0.8510**	0.8682	0.8731	0.8757	**0.8542**	**0.8225**
	HIT50	4.83%	68.79%	63.87%	4.57%	8.44%	6.35%	4.46%	15.91%	7.95%	**22.04%**	23.07%	24.24%	22.44%	21.46%	22.65%	22.34%
REBUS$_{1MC}$	AUC	**0.6392**	**0.9684**	0.8643	0.7101	**0.8271**	0.7441	0.7765	0.8876	0.7891	0.8026	0.8501	0.8671	0.8730	0.8768	0.8539	0.8221
	HIT50	3.97%	**69.17%**	63.08%	5.34%	8.90%	6.47%	4.76%	15.38%	8.17%	21.20%	22.39%	24.03%	22.87%	21.54%	22.40%	22.24%
Rang	AUC	1	1	2	1	1	1	1	1	1	1	1	1	2	3	2.2	1.5
	HIT50	2	1	1	2	2	2	5	3	2.8	1	5	2	5	7	4.2	3.2
Amélioration	AUC	4.14%	0.54%	-0.07%	2.98%	2.76%	3.62%	1.69%	0.50%	2.22%	1.12%	0.26%	-0.33%	-0.63%	-1.31%	0.08%	1.14%
	HIT50	-3.78%	3.01%	-0.56%	-3.96%	-1.00%	-4.57%	-15.00%	-2.33%	-0.97%	3.67%	-6.49%	-8.49%	-17.85%	-23.56%	-7.78%	-1.37%

TAB. 2 – *AUC et HIT50 pour les différentes expérimentations. La ligne Amélioration montre les gains/pertes de* **REBUS** *comparé à la meilleure des autres méthodes (en gras).*

Exemples de recommandations. La figure 2 montre quelques exemples de recommandation de notre approche sur les jeux de données Amazon-Games et Amazon-Office. **REBUS** capture la dynamique séquentielle et recommande des items qui sont similaires à l'item vérité. Par exemple, pour le premier utilisateur, **REBUS** recommande *Final Fantasy X-2* car l'utilisateur avait acheté les éditions précédentes de *Final Fantasy* (Les carrés rouges autour des items). L'item vérité, *The Legend of Dragoon*, est un jeu similaire. On voit dans cet exemple que la dynamique séquentielle est capturée par une séquence avec 4 items et un joker. Les 2 derniers exemples utilisent des séquences compactes de 2 items.

4 Conclusion

Nous avons proposé une nouvelle méthode **REBUS** utilisant des distances dans un espace Euclidien pour tenter de régler le problème de recommandation séquentielle. Notre approche utilise des chaînes de Markov d'ordre personnalisé grâce à l'exploitation de sous-chaines fréquentes. **REBUS** apprend une représentation de la préférence utilisateur et la dynamique sé-

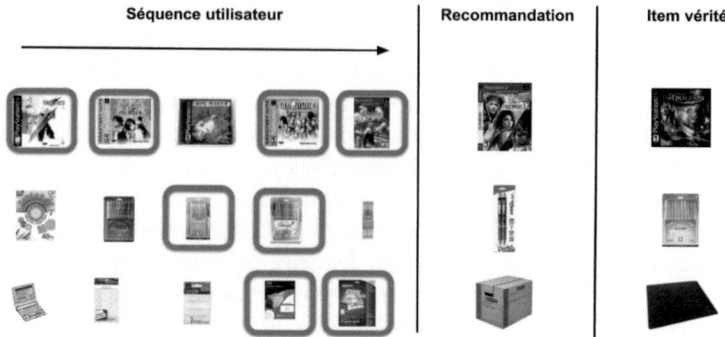

| Séquence utilisateur | Recommandation | Item vérité |

FIG. 2 – *Exemples de recommandations pour les jeux de données Amazon Games (ligne [1]) et Office (lignes [2-3]). Les carrés rouges sont les items présents dans* $m_{s_u^{[1,t]}}$.

quentielle dans un même espace Euclidien. Nous avons effectué des expériences sur 13 jeux de données et démontré que **REBUS** surpasse les approches présentes dans l'état de l'art.

Références

Feng, S., X. Li, Y. Zeng, G. Cong, Y. M. Chee, et Q. Yuan (2015). Personalized ranking metric embedding for next new POI recommendation. *IJCAI*.

He, R., W. Kang, et J. McAuley (2017). Translation-based Recommendation. *RecSys*.

He, R. et J. McAuley (2016). Fusing similarity models with markov chains for sparse sequential recommendation. *ICDM*.

Kabbur, S., X. Ning, et G. Karypis. (2013). FISM: factored item similarity models for top-n recommender systems. *SIGKDD*.

Koren, Y. et R. Bell. (2011). Advances in collaborative filtering. *in Recommender Systems Handbook*.

Rendle, S., C. Freudenthaler, Z. Gantner, et L. Schmidt-Thieme. (2009). BPR: Bayesian personalized ranking from implicit feedback. *Uncertainty in Artificial Intelligence*.

Rendle, S., C. Freudenthaler, et L. Schmidt-Thieme (2010). Factorizing personalized markov chains for next-basket recommendation. *WWW*.

Summary

Modeling user preferences and user dynamics is of greatest importance to build efficient recommender systems. Existing methods capture the sequential dynamics of a user using fixed-order Markov chains. We propose to use frequent sequences to identify the important part of user history and use a unified metric model to embed items based on user preferences and dynamics. Experiments demonstrate the advantages of this approach.

Résistance au bruit et à la rareté de la détection d'anomalies par arbre de décision de systèmes physiques simulés

Nesrine Bannour*, Anne Jeannin-Girardon*
Nicolas Lachiche*, Etienne Schneider*

* ICube, Université de Strasbourg
300 Bd Sébastien Brant
67400 Illkirch-Graffenstaden
bannour.nesrine@gmail.com,
{anne.jeannin, nicolas.lachiche, etienneschneider}@unistra.fr

Résumé. La détection d'anomalie est une tâche d'apprentissage dans laquelle les anomalies sont beaucoup plus rares que les comportements normaux. Notre objectif est de détecter une anomalie, en l'occurrence une fuite de fluide, le plus tôt possible, avant l'arrêt préventif de la machine. Dans cet article, nous étudions la résistance au bruit et à la rareté des anomalies d'une technique d'apprentissage supervisée, les arbres de décision. Nous considérons des données artificielles représentatives d'anomalies de systèmes physiques comme la crevaison d'un pneumatique ou la fuite de fluide réfrigérant d'une pompe à chaleur. Nos tests montrent qu'un arbre de décision est capable d'apprendre un seuil sur la pression observée, en présence de bruit, qui s'adapte à des fréquences très faibles d'anomalies, jusqu'à 1 pour 100 000.

1   Introduction

La détection d'anomalies est définie comme la recherche de structures dans un jeu de données qui ne correspondent pas au comportement attendu (Chandola et al., 2009).

Dans cet article, nous étudions la résistance au bruit et à la rareté de la détection d'anomalies par arbre de décision dans le cas de systèmes physiques simulés. En fait, la question est de savoir si l'apprentissage supervisé est adapté à des problèmes de détection d'anomalies, où la classe positive (anomalie) est extrêmement moins fréquente que la classe négative (normale), en présence de bruit bien sûr. La fonction cachée étant simple (un hyperplan, sur une seule variable), toutes les techniques d'apprentissage supervisées pourraient être utilisées (perceptron, SVM, plus proche voisin, etc.). Nous avons choisi les arbres de décision car ils fournissent un modèle explicite et peuvent gérer un grand nombre de données.

La suite de notre article s'organise comme suit. La Section 2 expose le contexte et la problématique de la détection d'anomalies des systèmes physiques que nous considérons : le pneumatique et la pompe à chaleur. Ensuite, nous détaillons dans la Section 3 notre générateur de données artificielles. La Section 4 présente notre modèle de détection d'anomalies et les différents résultats obtenus suite à son évaluation. Enfin, une conclusion est établie dans la Section 5 et propose quelques perspectives.

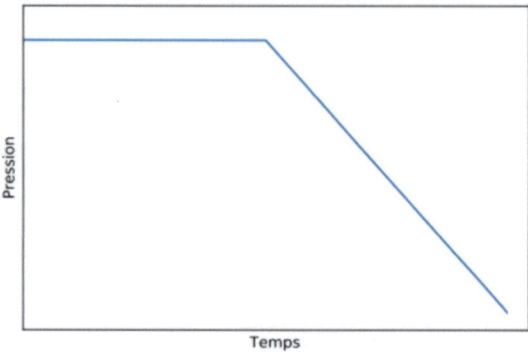

FIG. 1 – *Crevaison du pneumatique en l'absence de bruit.*

2   Problématique

Dans cet article, nous nous intéressons à deux systèmes physiques, le pneumatique et la pompe à chaleur. Cette section présente deux anomalies typiques de ces systèmes et comment les représenter sous la forme d'une même tâche d'apprentissage automatique.

Le pneumatique est un composant essentiel dans un véhicule qui assure sa sécurité et son confort. Des statistiques récentes montrent que la perte de pression du pneumatique est la principale cause de sa défaillance et par conséquent, de plusieurs accidents. Ainsi, des textes de réglementation européenne imposent la présence d'un système de surveillance de la pression des pneumatiques (SSPP) dans tous les nouveaux véhicules dès 2012. Ce dispositif doit être capable de détecter une perte de pression d'au moins 20% de la pression à chaud (El Tannoury, 2012). La crevaison d'un pneumatique est un problème simple à modéliser et à comprendre, cf. Figure 1. Ceci nous permet de mieux évaluer notre modèle d'apprentissage en nous focalisant sur la problématique du déséquilibre des données et de la robustesse de ce modèle.

La pompe à chaleur est un dispositif thermodynamique qui transfère l'énergie du milieu le plus froid vers le milieu le plus chaud. Il s'agit d'un système physique compliqué qui fait intervenir plusieurs variables dans son fonctionnement. Il peut y avoir donc une grande diversité de pannes. Parmi ces pannes, nous considérons la perte de fluide frigorigène ou réfrigérant. Cette perte de fluide pourrait se représenter comme une perte de pression (ou de poids) de fluide et conduire à une courbe similaire à celle de la crevaison d'un pneumatique. Cependant, les pompes à chaleur ne sont pas forcément équipées de capteurs mesurant cette pression. Des experts indiquent que cette perte est détectable en observant la vitesse de dégivrage qui diminue.

Les anomalies que nous considérons pour le pneumatique et pour la pompe à chaleur se ramènent à observer une variable continue, respectivement la pression du pneumatique et la vitesse de dégivrage, qui est constante dans le cas normal, mais qui diminue en cas de fuite. La tâche d'apprentissage consiste donc simplement à apprendre un seuil sur cette unique variable d'entrée. Dans la suite de cet article, nous prendrons l'exemple de la pression du pneumatique. Il ne s'agit ici que d'une première étape, avant de considérer une représentation plus complexe de ces systèmes physiques ou d'autres anomalies. L'intérêt principal de cette première étape est d'étudier si une technique d'apprentissage supervisée peut être mise en oeuvre sur un tel problème, où les anomalies sont extrêmement moins fréquentes que le fonctionnement normal, et avec quelle performance.

3   Génération de données artificielles bruitées

Un jeu de données réel a une taille donnée et une complexité fixe et inconnue (Barse et al., 2003). L'intérêt de générer des données artificielle est de pouvoir contrôler la complexité de la fonction cible et d'avoir autant de données que souhaité.

Nous fixons arbitrairement mais de façon réaliste la pression nominale à 2 bars, considérant que le pneumatique se dégonfle si la pression est inférieure, et la pente de dégonflement à 0.01, c'est-à-dire que le dégonflement se fait linéairement en 40 unités de temps, avant que le seuil d'alerte de 1.6 bar soit atteint. Les paramètres que nous faisons varier sont le nombre N d'observations et la durée T de la phase normale à l'issue de laquelle le dégonflement commence. La durée T nous permet de contrôler le déséquilibre de nos données en testant différentes fréquences de déséquilibre. Ces fréquences représentent la fréquence d'anomalies dans un jeu de données. Par exemple, une fréquence 1 pour 10 signifie que dans un jeu de données de 10 observations, une seule observation représente une anomalie. Les cinq fréquences que nous utilisons sont : 1 pour 10, 1 pour 100, 1 pour 1 000, 1 pour 10 000, 1 pour 100 000. Le nombre N d'observations est obtenu en répétant plusieurs cycles terminés chacun par un dégonflement.

Les données que nous obtenons à la sortie de notre générateur sont des fichiers d'enregistrements (fichiers logs) qui décrivent les mesures de la pression datées et classées par ordre chronologique. Cependant, comme notre objectif est de détecter une anomalie à un instant t précis, nous transformons nos fichiers logs en un format attribut-valeur et suite à cette transformation, chaque ligne de données représentera une observation de la valeur de la pression et la classe associée.

Dans notre simulation du comportement du pneumatique, nous ne modélisons pas explicitement d'autres paramètres qui peuvent influencer son comportement (Température extérieure, échauffement du roulement, etc). Afin de prendre en considération l'incertitude liée aux mesures de la pression et de nous rapprocher le plus possible du comportement réel du pneumatique, nous ajoutons un bruit de type Gaussien à la pression générée précédemment. La classe associée à chaque ligne ne change pas, bien sûr. Afin de mieux évaluer la résistance au bruit de la détection d'anomalies par arbre de décision, nous avons choisi de tester deux bruits gaussiens :
- **Premier niveau de bruit :** Un bruit gaussien avec une espérance μ égale à 0 et un écart type σ égale à 0.01. Cet écart-type correspond volontairement à la pente du dégonflement du pneumatique. Sans bruit, le dégonflement serait détecté dès que la pression devient strictement inférieure à 2 bars.
- **Deuxième niveau de bruit :** Un bruit gaussien avec une espérance μ égale à 0 et un écart type σ égale à 0.03, donc 3 fois plus "fort".

4   Détection d'anomalies par arbre de décision

Peu de travaux sur la détection d'anomalies s'appliquent à une fonction cible aussi simple en présence de données très nombreuses et de classes très déséquilibrées. Par exemple nos tests d'une approche typique pour traiter des données déséquilibrées, one-class SVM (Scholkopf et al., 1999), montrent qu'elle ne résiste pas au déséquilibre de nos données et génère un grand nombre de fausses alertes. Les forêts d'arbres d'isolation, d'après l'algorithme et les tests publiés (Liu et al., 2008), risquent d'être moins précises car elles sous-échantillonnent les données alors que nous cherchons des anomalies jusqu'à 10 fois plus rares que les tests publiés, et plus lentes puisqu'elles construisent -aléatoirement qui plus est- un arbre séparant les données alors que nous ne cherchons qu'un seuil/noeud et considérons plus de 100 fois plus de données.

Détecter le dégonflement du pneumatique consiste à trouver la pression qui représente le seuil de séparation entre le comportement normal et le comportement anormal. Ainsi, nous imposons que la profondeur de notre arbre de décision ait une valeur de 1 en conservant les autres paramètres par défaut. Nous utilisons dans ce travail l'implémentation CART de l'arbre de décision de la librairie Scikit-learn (Pedregosa et al., 2011) de Python dont le critère de segmentation est l'indice de diversité de Gini. Les évaluations sont réalisées avec 80 millions de données pour chaque expérience. Elles sont divisées en 75% pour la phase d'entraînement et 25% pour la phase de test.

La performance de notre modèle est évalué par la précision, le rappel et la F-mesure. Rappelons que l'exactitude (*accuracy* en anglais) n'est pas une mesure de performance adaptée à notre problème. En effet, en travaillant avec un jeu de données déséquilibré, un programme d'apprentissage a tendance à construire des modèles qui prédisent correctement la classe majoritaire et ont donc une exactitude élevée. Mais cette exactitude ne sera pas utile parce qu'elle ne reflète pas l'aptitude à détecter les anomalies et donc la classe minoritaire.

Nous interprétons les résultats de notre modèle d'apprentissage supervisé en fonction en des deux niveaux de bruits afin d'établir un bilan de sa résistance au bruit et au déséquilibre des données.

— **Premier niveau de bruit :** Avec le premier niveau de bruit, la performance de l'arbre de décision est assez impressionnante même avec des données très déséquilibrées. En effet, quand la classe majoritaire (classe normale) devient plus importante, l'arbre de décision devient plus exigeant en terme du seuil de décision qui baisse. L'arbre de décision "préfère" rater quelques exemples positifs en les attribuant à la classe normale (et donc le rappel diminue) plutôt que de déclencher de nombreuses fausses alertes en classant mal les exemples négatifs de plus en plus nombreux. Il maintient ainsi une précision élevée. Vu que la F-mesure est une moyenne de la précision et du rappel, elle diminue lentement.

— **Deuxième niveau de bruit :** Avec le deuxième niveau de bruit, nous observons un comportement similaire : le seuil de décision diminue en augmentant le déséquilibre. Néanmoins, l'arbre de décision est moins performant qu'avec le premier niveau de bruit : il n'arrive pas à maintenir une précision parfaite (égale à 1) même pour un déséquilibre minimal. Ceci est dû à l'augmentation du bruit.

Pourtant pour la cinquième fréquence, nous observons une précision égale à 1 avec les deux niveaux de bruits. C'est étonnant vu qu'il s'agit d'un très grand déséquilibre de données. Nous supposons qu'il s'agit d'une aberration probablement liée aux limites d'implémentation de notre générateur. En effet, vu que nous ajoutons un bruit Gaussien à nos données, les exemples négatifs (dont la pression est nominale, 2 bars) suivent une loi normale également. Si nous reprenons l'exemple de la cinquième fréquence avec le premier niveau de bruit, nous aurons

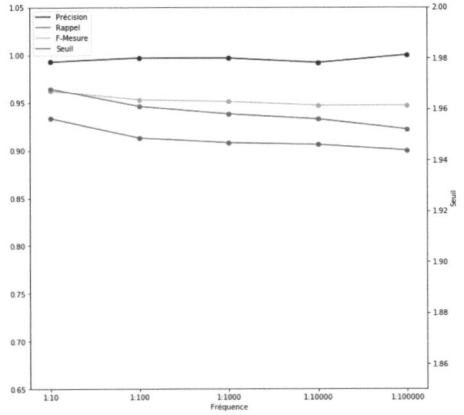 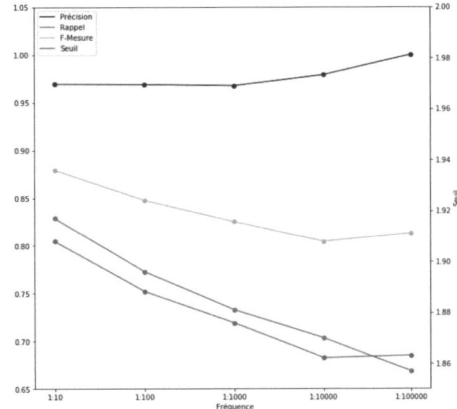

FIG. 2 – *Performance de l'arbre de décision avec le premier niveau de bruit.*

FIG. 3 – *Performance de l'arbre de décision avec le deuxième niveau de bruit.*

z	4.4	4.5	4.6	4.7	4.8	4.9
F(z)	0.999995	0.999997	0.999998	0.999999	0.999999	1.000000

TAB. 1 – *Probabilité F(z) de trouver une valeur inférieure à z*

des données de moyenne μ égale à 2 avec presque le même écart type du bruit σ qui est égal à 0.01. Selon la figure 2, le seuil a été fixé par l'arbre à 1,952. La probabilité d'avoir un exemple inférieur ou égal à ce seuil revient à calculer la probabilité $P(X \leq 1.952)$. Nous pouvons ramener les calculs à une loi normale centrée réduite ($|-1,952-2|/0,01 = 4,8$) et la probabilité à calculer sera donc $P(Z \geq 4.8) = 1/1000000$, cf. Table 1. Nous avons donc une chance sur un million, en théorie, de tirer une observation de valeur inférieure à ce seuil mais il est probable qu'en pratique notre générateur ne génère aucune donnée au delà de 5 σ. Ceci explique la valeur de la précision, égale à 1, lors du dernier test puisque notre modèle n'a trouvé aucune valeur de la classe normale inférieure au seuil de décision pour la classer comme étant dégonflement. De même pour le deuxième niveau bruit suite à l'augmentation du bruit et donc de σ, le seuil se rapproche de $2 - 0,03 * 4,8 = 1,856$. Sur 80 millions d'exemples négatifs générés, aucun ne descend en dessous de ce seuil. Même en générant un nombre encore plus grand d'exemples négatifs, il est probable qu'aucun ne serait inférieur à ce seuil.

5 Conclusion

Malgré l'aspect temporel de nos données, notre objectif est de faire une détection d'anomalie à chaque instant. Nous constatons que nous n'avons pas eu besoin de prendre en compte les valeurs précédentes de la pression et que la valeur courante de la pression a suffi.

Nous avons généré un très grand nombre de données (80 millions pour chaque fréquence et niveau de bruit) afin d'avoir au moins 200 exemples positifs dans le jeu de test dans le cas des jeux de données les plus déséquilibrés. Nous avons observé que nous avons probablement atteint la limite pratique du notre générateur aléatoire de bruit gaussien utilisé.

Ces expériences permettent de constater qu'un arbre de décision est capable de traiter plusieurs millions d'exemples et d'apprendre un seuil permettant d'obtenir d'excellents précision, rappel et F-mesure alors que la fréquence de la classe positive descend jusqu'à 1 pour 100 000.

Les prochaines étapes sont de tester sur des données réelles. Nous espérons que ce sera l'occasion de considérer des fonctions cachées plus complexes (sur plusieurs attributs) et qui nécessiteront éventuellement de prendre en compte l'historique de la séquence de données.

Références

Barse, E. L., H. Kvarnström, et E. Jonsson (2003). Synthesizing test data for fraud detection systems. In *Proceedings of the 19th Annual Computer Security Applications Conference*, ACSAC '03, Washington, DC, USA, pp. 384–. IEEE Computer Society.

Chandola, V., A. Banerjee, et V. Kumar (2009). Anomaly detection : A survey. *ACM Comput. Surv. 41*(3), 15 :1–15 :58.

El Tannoury, C. (2012). *Development of vehicle tire pressure monitoring tools using methods based on spectral analysis and observers synthesis*. Theses, Ecole Centrale de Nantes (ECN).

Liu, F. T., K. M. Ting, et Z.-H. Zhou (2008). Isolation forest. In *Proceedings of the 8th IEEE International Conference on Data Mining (ICDM 2008)*, pp. 413–422.

Pedregosa, F., G. Varoquaux, A. Gramfort, V. Michel, B. Thirion, O. Grisel, M. Blondel, P. Prettenhofer, R. Weiss, V. Dubourg, J. Vanderplas, A. Passos, D. Cournapeau, M. Brucher, M. Perrot, et E. Duchesnay (2011). Scikit-learn : Machine learning in Python. *Journal of Machine Learning Research 12*, 2825–2830.

Scholkopf, B., J. Platt, J. Shawe-Taylor, A. Smola, et R. Williamson (1999). Estimating the support of a high-dimensional distribution. Technical report, Microsoft Research. MSR-TR- 99-87.

Summary

Anomaly detection is a learning task in which anomalies are extremely less frequent than the normal behaviour. We aim at detecting anomaly, actually fluid leakage, as soon as possible, before a preventive shutdown of the machine. In this article, we study the resistance to noise and to rarity of anomalies of a supervised learning technique, decision trees. We consider artificial data representative of physical system anomalies such as a tire puncture or a refrigerant leak from a heat pump. Our tests show that a decision tree is able to learn a threshold on the pressure observed, in the presence of noise, which adapts to very low frequencies of anomalies, down to 1 per 100,000.

Apprentissage et évaluation de plongements lexicaux sur un corpus SNCF en langue spécialisée

Nicolas Dugué*, Nathalie Camelin*, Luce Lefeuvre**, Xining Li*, Coralie Reutenauer**,
Cyndel Vaudapiviz**

*Le Mans Université, LIUM, EA 4023,
Laboratoire d'Informatique de l'Université du Mans
**SNCF INNOVATION & RECHERCHE
1-3, avenue Francois Mitterrand,93210 SAINT-DENIS

Résumé. Au sein du groupe SNCF, le programme PRISME d'excellence sécurité intègre une démarche de simplification de l'accès à l'information et de la production de contenus dans la documentation métier. Dans ce contexte, nous avons mis en œuvre des traitements sur un corpus de référentiels métiers SNCF afin de guider l'utilisateur dans sa recherche documentaire. Les travaux présentés visent à évaluer l'usage des plongements lexicaux pour générer des représentations sémantiques denses sur lesquelles se baseront des méthodes de deep learning pour structurer le corpus SNCF. Le protocole mis en place consiste en l'évaluation empirique des voisinages de mots par des experts. Dans cette étude, nous montrons les difficultés d'apprentissage et d'évaluation inhérentes à ce type de corpus avec de nombreux mots soit très spécifiques, soit polysémiques, rendant la construction d'un espace de représentations robuste difficile.

1 Introduction

Au sein du groupe SNCF, la documentation métier est aujourd'hui en pleine mutation, avec des métiers qui se digitalisent, plus mobiles et marqués par de nouveaux modes de consommation de l'information. Dans le cadre du programme PRISME de transformation en matière de sécurité ferroviaire, SNCF cherche à simplifier l'accès à l'information et la production de contenus dans la documentation métier. L'évaluation de nouveaux systèmes intelligents d'accès aux contenus, d'aide à l'interprétation et à la saisie participe à cette démarche.

Dans ce contexte, nous avons mis en œuvre des traitements sur un corpus de référentiels métiers SNCF pour répondre à deux objectifs. Le premier est celui de guider l'utilisateur dans sa recherche documentaire à travers la structuration des résultats de recherche, en regroupant en thématiques (classification *non supervisée*) les documents retournés en réponse à une requête. Le second objectif est d'aider les rédacteurs à qualifier automatiquement de nouveaux documents selon des thèmes définis dans une arborescence construite par les experts métiers (classification *supervisée*). Les enjeux dans notre contexte d'application industrielle sont de disposer de systèmes performants (réponse rapide et pertinente), maîtrisés (résultats interprétables et explicables) et adaptés aux besoins des utilisateurs de ces systèmes (pertinence des descripteurs par rapport aux connaissances de l'utilisateur). Dans le cas des deux objectifs présentés, et dans ce contexte applicatif, le choix de la représentation des contenus (descripteurs lexicaux) constitue une étape préalable à l'application d'algorithmes d'apprentissage.

Les travaux présentés ici évaluent l'usage des *plongements lexicaux* (word embeddings) comme moyen de représenter les contenus. Ils abordent en particulier la question de l'apprentissage et de l'évaluation de ces plongements sur un corpus en langue française et spécialisée. Si nous nous intéressons à ces plongements, c'est tout d'abord parce qu'ils aboutissent à des représentations des contenus en faible dimension, ce qui permet d'accélérer les traitements et donc de proposer des réponses rapides à l'utilisateur. Par ailleurs, cette efficacité en calcul ne se fait pas au détriment de la qualité des résultats puisque ces vecteurs encapsulent une information sémantique riche contrairement aux représentations creuses dites *one-hot*.

Nous décrirons Section 2 les spécificités du corpus sur lequel nous travaillons et verrons que ces particularités ont donné lieu à des pré-traitements adaptés. Ensuite, nous détaillerons Section 3 la méthode d'apprentissage utilisée pour apprendre les plongements lexicaux. Nous discuterons Section 4 le protocole d'évaluation ainsi que les premiers résultats. Enfin, nous ouvrirons la discussion en considérant la polysémie des mots du vocabulaire spécialisé.

2   Corpus et pré-traitements

Les données sont constituées de 7029 textes, avec un contenu technique relatif à la sécurité, à l'exploitation et à l'utilisation du réseau ferroviaire. À cette base documentaire s'ajoutent un lexique ferroviaire et une base d'acronymes fournis par la SNCF.

Initialement au format pdf, le corpus a été converti au format txt et nettoyé (élimination d'erreurs liées à des problèmes de conversion, suppression de métadescripteurs des documents). Plusieurs pré-traitements ont ensuite été appliqués au corpus pour obtenir une représentation vectorielle robuste du contenu des documents. Le contenu a été découpé en unités lexicales selon les standards d'Unitex. Le corpus a ensuite été lemmatisé par une version du Lefff (Lexique des Formes Fléchies du Français, (Sagot (2010)) adaptée pour prendre en compte certaines spécificités du corpus SNCF : les problématiques SNCF étant étroitement liées à un ancrage territorial, les noms de communes françaises ont été ajoutés ; des variantes de graphie récurrentes dans le corpus (même mot avec ou sans accent, ou graphie tantôt avec oe ou avec œ) ont également été ajoutées. Le lexique a ensuite été filtré, pour conserver uniquement les lemmes de type noms propres, noms communs, verbes, adverbes et adjectifs, et les termes répertoriés dans les ressources lexicales fournies par SNCF (lexique et acronymes).

À l'issue des pré-traitements, la taille du vocabulaire est de 18k mots et la taille du corpus de l'ordre de 10^7. Ces pré-traitements ont été appliqués itérativement de façon à améliorer la qualité des embeddings, notamment en ce qui concerne le vocabulaire très spécifique du corpus (voir Section 4.2). Empiriquement, nous avons constaté une réduction du bruit dans les résultats de l'apprentissage que nous décrivons à la section suivante.

3   Plongements lexicaux

L'objectif est d'apprendre des vecteurs denses pour représenter notre vocabulaire : un espace de représentation des contenus de dimension réduite permet des temps de réponse plus rapide qu'avec une matrice creuse de grande dimension, et les résultats de classification et de clustering bénéficient de l'utilisation des plongements (Kim (2014)). Dans notre cas, le corpus est de petite taille en comparaison des corpus utilisés pour l'apprentissage de plongements lexicaux à l'état de l'art (Mikolov et al. (2013)). Nous privilégions donc une approche basée sur la décomposition en valeur singulière (SVD) et décrite par Levy et al. (2015). Celle-ci est efficace sur de petits corpus et ses performances sont comparables à l'état de l'art.

Dans un premier temps, nous créons la matrice de cooccurrence termes-termes en utilisant une taille de fenêtre contextuelle de 5 mots. La matrice ainsi générée est une matrice symétrique creuse, de dimension égale à la taille du vocabulaire. Dans un second temps, les fréquences de cooccurrence de chaque paire de termes sont pondérées de façon à refléter leur significativité. Pour ce faire, nous calculons une variante de l'information mutuelle, la *PPMI*. Enfin, nous procédons à une réduction de dimension par application de la SVD. La taille du nouvel espace de représentation est un paramètre du modèle, elle est dans notre cas fixée arbitrairement à 200, une valeur prise dans l'intervalle des valeurs communes de l'état de l'art.

Nous souhaitons attirer l'attention sur le fait que, sur un tel corpus, il est important d'apprendre des plongements spécifiques. À titre d'exemple, prenons le mot courant *manette*. Parmi ses 10 plus proches voisins avec notre approche, 7 sont des acronymes SNCF, ce qui aurait été impossible d'obtenir avec des plongements appris sur un autre corpus.

4   Évaluation des plongements lexicaux

4.1   Protocole d'évaluation

Afin d'évaluer la qualité de l'espace de représentation construit sur le corpus SNCF, nous proposons dans cette section un protocole d'évaluation sollicitant plusieurs experts SNCF. L'évaluation consiste à valider la pertinence de l'association de deux mots donnés. Par exemple, l'association de *train* et *wagon* est pertinente, tandis que l'association de *billet* et *passage à niveau* ne l'est pas. Nous proposons de solliciter l'expert sur la pertinence de l'association entre un mot donné et ses 6 plus proches voisins dans l'espace de représentation généré via l'approche décrite Section 3. Le résultat d'évaluation de l'association est binaire : pertinente ou non pertinente. Ce protocole permet de simplifier le travail des experts dont le temps est précieux. Ceci nous permet de couvrir suffisamment le corpus et ainsi de garantir la significativité statistique des résultats. Enfin, une tâche claire laisse moins de place au subjectif (c'est le cas avec plusieurs degrés de similarité).

Les mots évalués ont été regroupés et proposés aux experts selon 4 catégories : Mots issus du lexique SNCF (*Lexique*) ; Acronymes SNCF polysémiques (*Acr. poly*) ; Acronymes SNCF non polysémiques (*Acr.*) ; N-grammes fréquents dans le corpus (*ngram fréq.*, $n \in \{1, 2, 3\}$). Pour chaque catégorie, on considère la fréquence d'apparition des mots dans le corpus pour échantillonner notre vocabulaire. Deux fois 20 mots de chacune des catégories sont présentés aux experts : 20 parmi les mots les plus fréquents, et 20 parmi ceux dont la fréquence se situe au niveau de la médiane de la distribution. Ainsi chaque expert se voit proposer 160 mots auxquels sont associés les 6 mots les plus proches, soit 960 paires de mots à juger comme étant pertinentes ou non. Le nombre d'associations différentes proposées à l'évaluation est détaillée par catégorie et fréquence Table 1.

	Lexique		Acr.		Acr. poly		ngram fréq.	
Fréquence	++	=	++	=	++	=	++	=
#Asso unique	585	635	1068	978	968	980	952	982

TAB. 1: Nombre d'associations différentes proposées à l'évaluation des experts selon les 4 catégories et selon la fréquence des termes : haute (++) ou médiane (=).

Les experts. Neuf experts SNCF ont participé. Il s'agit de responsables ou chefs en poste depuis en moyenne 10 ans (de 9 mois à 25 ans à la SNCF) exerçant à des postes variés : documentation métier, sécurité système, qualité et performance, organisation de travaux, *etc.*

L'interface. Une plateforme regroupant plusieurs formulaires web a été développée par le LIUM. Pour chacune des 4 catégories, un tableau est proposé contenant le mot et ses 6 voisins. Les 6 voisins sont associés à une case à cocher. Si l'expert estime que le mot voisin n'est pas en relation avec le mot courant alors il coche la case. S'il estime que l'association des deux mots est correcte, il n'a aucune action à faire. De plus, une fonctionnalité permettant d'indiquer que le mot n'est pas connu est proposée afin de bien faire la différence entre une association qui ne serait pas pertinente et une association qui ne peut être évaluée car au moins l'un des mots n'est pas connu. Nous estimions le temps d'annotation d'un formulaire à moins d'une heure (environ 20 secondes pour les 6 associations à un mot). Les experts ont en effet mis de une demi-heure à une cinquantaine de minutes pour annoter un formulaire.

4.2 Résultats

Analyse quantitative. La Table 2 présente les résultats numériques issus de l'évaluation par les experts. La somme des pourcentages des associations pertinentes et non pertinentes donne 100, les associations inconnues ont été écartées. En premier lieu, on constate de fortes différences entre les deux catégories d'acronymes d'une part, et les catégories *lexique* et *ngram fréq* d'autre part. Dans les deux premières catégories, le pourcentage d'associations inconnues est très élevée (entre 40 et 50%) tandis que dans les autres, il est faible (moins de 10% dans le cas des expressions fréquentes). On constate également cette dichotomie sur l'accord inter-évaluateur, plus faible sur les catégories d'acronymes que sur les autres.

	Lexique		Acr.		Acr. poly		ngram fréq.	
Fréquence	++	=	++	=	++	=	++	=
% asso ok	69	59	58	73	65	59	70	66
% asso ko	31	41	42	27	35	41	30	34
% asso ??	**4**	7	37	49	45	56	**8**	21
% p. accord	**71**	68	55	56	58	67	**73**	57

TAB. 2: Pourcentages d'associations validées (*ok*), jugées non pertinentes (*ko*) ou contenant un mot inconnu (*??*). Pourcentage d'accord inter-évaluateurs (*p. accord*).

En second lieu, on constate que les termes fréquents (++) sont mieux connus que les autres et donnent ainsi lieu à moins d'associations inconnues. L'accord inter-évaluateur est également plus élevé dans cette sous-catégorie, quelque soit la catégorie des termes. Ces deux constats montrent la difficulté de conduire une évaluation concernant le vocabulaire spécifique : les acronymes qui sont très spécifiques sont souvent inconnus (en particulier les polysémiques), le vocabulaire moins fréquent est moins connu.

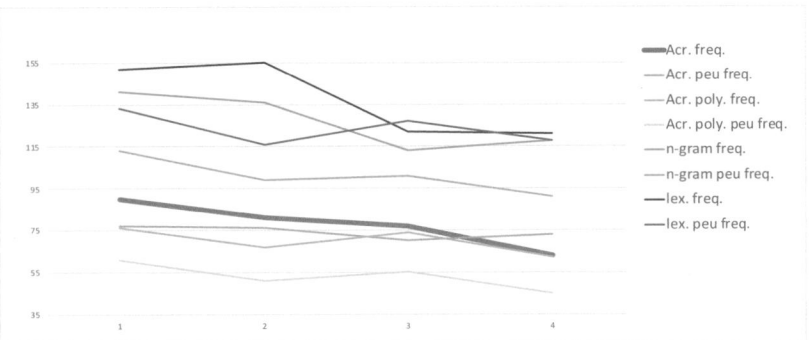

FIG. 1: Nombres d'associations jugées pertinentes en fonction de la catégorie (couleur) et de la proximité du voisinage (abscisse) comprise entre 1 (le mot le plus proche), et 4 (le quatrième mot le plus proche dans l'espace appris). Les mots les plus proches sont jugés plus pertinents.

Les résultats de l'évaluation montrent que 30 à 40% des paires proposées ne sont pas jugées pertinentes. Ces chiffres pris dans l'absolu ne sont pas très informatifs, ils mettent simplement en avant la difficulté de la tâche. En revanche, ils vont servir de référence pour les prochaines évaluations prévues avec les experts. Cela montre également que le nombre de 6 associations par terme est peut-être trop élevé et conduit à plus d'erreurs. En effet, la Figure 1 nous montre que les premières associations proposées sont systématiquement plus pertinentes.

Analyse qualitative. La catégorie des acronymes a été jugée comme étant la plus compliquée à évaluer. Ce résultat n'est en outre pas surprenant étant donné l'importante polysémie des acronymes au sein du groupe. L'acronyme n'est bien souvent pas connu de l'évaluateur. Deux stratégies sont alors mises en œuvre : i) l'expert recherche la signification de l'acronyme et évalue les associations proposées ; ii) il indique via l'interface que l'acronyme lui est inconnu. Dans de rares cas, les mots proposés ont permis d'élucider le sens d'un acronyme. Dans le cas des associations pertinentes, les experts remarquent que les mots proposés apparaissent potentiellement au sein de la même phrase. Cela signifie que les experts réfléchissent au contexte de l'acronyme pour évaluer son sens. D'autre part, les stratégies mises en oeuvre ici pour inférer le sens des acronymes lorsqu'il est inconnu montrent qu'il est difficile d'évaluer une paire de mots de manière indépendante des autres paires de mots.

La spécificité locale (au sens géographique) de certains acronymes a été évaluée comme surprenante et non pertinente par rapport à la réalité du terrain. Par exemple, pour le sigle *GL* (Grande Ligne) est proposé *Saint Denis*. En réalité, les trains grandes lignes passent bien par Saint-Denis, mais une proposition comme *Gare du Nord* aurait été jugée plus pertinente et plus dimensionnante. Cet exemple illustre la difficulté à intégrer des connaissances métiers dans la modélisation du vocabulaire de spécialité.

Afin de mettre en évidence la difficulté de l'évaluation sur les acronymes et leur polysé-mie, nous discutons quelques exemples. Dans le cas de *CTRL*, l'apprentissage a capté le sens de la touche du clavier *control*. Parmi les voisins proposés et validés par un évaluateur, on ob-serve *cliquer*, *menu*, *sélectionner*, *clavier numérique*. Or, l'acronyme au sens SNCF était défini comme *CTRL - Channel tunnel rail link*. On constate ainsi l'importance de gérer la polysémie sous peine de créer de faux positifs. Au contraire, dans le cas de *TIS*, le sens qui ressort de notre apprentissage est l'un de ceux défini dans le lexique SNCF comme *TIS - Technique d'inter-vention de la surveillance générale*. Les voisins proposés sont *enseignement général*, *épreuve*, *épreuve orale*, *évaluation finale*, *jury final* et *épreuve finale* qui semblent tous pertinents. Pour-tant, l'un des évaluateurs a considéré toutes ces associations comme non pertinentes. Il ne connaissait pas ce sens de l'acronyme TIS, ce qui a conduit à ces faux négatifs.

5   Conclusion

Ce travail met en évidence la difficulté de travailler sur un corpus en langue spécialisée. L'évaluation avec des experts s'est révélée difficile : les niveaux d'accord entre évaluateurs sont bas, leurs connaissances ne leur permettent d'annoter qu'une partie des associations - les autres mots de vocabulaires leur sont inconnus, et la polysémie des acronymes crée des faux positifs (*CTRL*) ainsi que des faux négatifs (*TIS*). Dans la suite de notre travail, nous souhaitons donc travailler sur l'apprentissage de plongements multi-prototypes (Tian et al. (2014)). Dans l'état de l'art, le nombre de sens (donc de prototypes) pour chaque mot est fixé arbitrairement. Les ressources lexicales de la SNCF nous donnent pour chaque acronyme, la liste de ses *sens*, chaque sens étant une liste des mots auxquels correspondent les initiales de l'acronyme. Nous prévoyons ainsi d'utiliser ces ressources pour guider l'apprentissage.

Références

Kim, Y. (2014). Convolutional neural networks for sentence classification. *arXiv preprint arXiv :1408.5882*.

Levy, O., Y. Goldberg, et I. Dagan (2015). Improving distributional similarity with lessons learned from word embeddings. *Transactions of the ACL 3*, 211–225.

Mikolov, T., I. Sutskever, K. Chen, G. S. Corrado, et J. Dean (2013). Distributed representa-tions of words and phrases and their compositionality. In *NIPS*, pp. 3111–3119.

Sagot, B. (2010). The lefff, a freely available and large-coverage morphological and syntactic lexicon for french. In *LREC*.

Tian, F., H. Dai, J. Bian, B. Gao, R. Zhang, E. Chen, et T.-Y. Liu (2014). A probabilistic model for learning multi-prototype word embeddings. In *COLING*, pp. 151–160.

Summary

This paper investigates the evaluation of word embeddings trained on a SNCF corpora with a very specific vocabulary. In particular, we consider this task regarding SNCF acronyms and lexicon, and show its hardness. We also highlight the relevance of considering polysemy.

Application des Pattern Structures à la découverte de biclusters à changements de signes cohérents

Nyoman Juniarta*, Miguel Couceiro*, Amedeo Napoli*

*Université de Lorraine, CNRS, Inria, LORIA, F-54000 Nancy, France
firstname.lastname@loria.fr

Résumé. Le "biclustering" joue un rôle majeur dans beaucoup d'applications du monde réel. Il est lié au "clustering" qui regroupe des lignes similaires dans une matrice de données numériques, tandis que le biclustering cherche à regrouper simultanément des lignes et colonnes similaires, c'est-à-dire trouver des sous-matrices où émerge une corrélation entre les entrées. Le biclustering s'appuie sur un critère de similarité, et dans cet article, nous nous intéressons au biclustering "à colonnes constantes" (CC), où les valeurs numériques dans les colonnes des sous-matrices sont constantes pour chaque ligne. L'étude est ensuite étendue au biclustering à "changements de signes cohérents" (CSC), où la différence entre les valeurs de deux colonnes consécutives de la sous-matrice est du même signe pour chaque ligne.

1 Introduction

Le "biclustering" est une technique de fouille de données qui permet de retrouver des motifs sous la forme d'une sous-matrice dans une matrice ou un tableau de données à deux entrées [Madeira et Oliveira (2004)]. Il est lié au "clustering" [Arabie et al. (1996)] dont l'objectif est de regrouper des lignes de la matrice en fonction des similarités qu'elles présentent. Pour une sous-matrice considérée, la similarité entre les lignes doit alors être vérifiée pour toutes les colonnes. D'une façon alternative, le biclustering consiste à regrouper les lignes et les colonnes d'une sous-matrice simultanément, en fonction d'un certain critère de similarité. Par exemple, dans le biclustering à colonnes constantes (CC), pour chaque ligne d'une sous-matrice les valeurs dans les colonnes sont constantes et (possiblement) différentes d'une colonne à l'autre.

Pour mettre en oeuvre le biclustering, nous utilisons dans cet article l'analyse formelle de concepts (FCA pour "Formal Concept Analysis" [Ganter et Wille (1999)]) et les "Pattern Structures", une extension de la FCA pour traiter les tableaux numériques [Ganter et Kuznetsov (2001); Kaytoue et al. (2011)]. La FCA est très liée au biclustering car elle cherche aussi à regrouper les lignes et colonnes d'un tableau de données binaires en fonction d'une similarité qui consiste à partager les mêmes croix (ou 1) pour chaque ligne d'une sous-matrice.

Nous présentons ici deux méthodes pour découvrir des biclusters dits "à changements de signes cohérents" (CSC), comme défini dans [Madeira et Oliveira (2004)], à partir d'une matrice de signes. Cette matrice est obtenue en deux étapes : (i) en "échelonnant" ("scaling") la matrice numérique d'origine où ont été recherchés les biclusters à colonnes constantes (CC),

(ii) en appliquant des "partition pattern structures" dans la matrice des signes pour retrouver des partitions de lignes exhibant des changements de signes cohérents.

Le biclustering a été beaucoup utilisé pour analyser des données biologiques et en particulier des données d'expression de gènes. Ainsi l'algorithme de biclustering CSC SAMBA est proposé dans [Tanay et al. (2002)], où dans la matrice des données, les gènes sont en ligne et les conditions expérimentales en colonne. Il s'agit alors de découvrir des sous-matrices où les conditions affectent les gènes de façon cohérente, c'est-à-dire que chaque couple de conditions produit toujours le même effet, positif ou négatif, dans la sous-matrice. La matrice des données est considérée comme un graphe biparti, où les sommets se divisent en gènes et conditions, et où une arête existe entre un sommet de type "gène" g et un sommet de type "condition" c si c affecte g. Un bicluster correspond alors à une biclique du graphe biparti, ce qui est équivalent à la recherche de concepts en FCA standard.

Dans le même esprit, l'algorithme QUBIC proposé dans [Li et al. (2009)] recherche aussi tous les biclusters CSC dans une matrice de données. Un graphe pondéré est construit, où chaque gène est représenté par un sommet, et deux sommets sont reliés par une arête en fonction du degré de leur similarité. Ce degré de similarité fournit la pondération attachée à l'arête. Ensuite, la tâche de biclustering consiste à retrouver les sous-graphes de pondération maximale.

Pour notre part, nous explorons dans cet article la découverte de biclusters CSC en utilisant les techniques de FCA et l'extension des patterns structures pour traiter les données numériques. Tout d'abord nous décrivons la relation existante entre biclustering et FCA (section 2). Puis nous présentons une approche originale de recherche de biclusters à changements de signes cohérents et les expérimentations réalisées (section 3), avant de conclure le papier.

2 Biclustering et FCA

2.1 Biclustering

Dans un tableau de données numériques, considéré comme une matrice, il est intéressant de rechercher des sous-matrices où les éléments ont tous la même valeur (table 1a). Cette tâche correspond à la recherche de biclusters à valeurs constantes, ce qui revient exactement à calculer les concepts en FCA. Il peut aussi être intéressant de découvrir des biclusters dits "à colonnes constantes" (CC) où les valeurs sont identiques pour chaque colonne de la sous-matrice (table 1b), ce qui a directement des applications en recommandation où le bicluster représente un groupe d'individus (en ligne) donnant la même note à un produit (en colonne). Enfin, dans un bicluster "à changements de signes cohérents" (CSC, table 1c), les éléments de la sous-matrice sont considérés comme des symboles, soit '↗' ou soit '↘'. Les signes sont corrélés dans le "même sens" ou dans le "sens opposé", par exemple la colonne 1 en table 1c) est identique à la colonne 2 et opposée à la colonne 3.

Dans cet article, nous étudions les deux types de biclusters CC et CSC, que nous appliquons à la fouille de "motifs graduels" [Di-Jorio et al. (2009)]. La recherche de biclusters de type CC en FCA a été introduite dans [Codocedo et Napoli (2014)] et s'appuie sur les "partition pattern structures". Elle est expliquée dans la section suivante.

2	2	2	2	4	2	5	3	↗	↗	↘
2	2	2	2	4	2	5	3	↙ ↗	↙ ↗	↘
2	2	2	2	4	2	5	3	↘ ↙	↙ ↖	↗
2	2	2	2	4	2	5	3	↘	↘	↗
		(a)			(b)				(c)	

TAB. 1 – *Trois types de biclusters : (a) "à valeurs constantes", (b) "à colonnes constantes" (CC), et (c) "à changements de signes cohérents" (CSC).*

	m_1	m_2	m_3	m_4	m_5
g_1	1	5	3	2	7
g_2	1	1	4	2	7
g_3	2	5	4	5	3
g_4	2	5	4	5	7

TAB. 2 – *Un tableau de données numériques avec 4 objets (en ligne) et 5 attributs (en colonne).*

2.2 Biclustering de type CC et "partition pattern structures"

La FCA est un formalisme mathématique qui s'appuie sur la théorie des treillis et qui est utilisé en classification et en fouille de données [Ganter et Wille (1999)]. La FCA s'applique à un tableau de données binaire, calcule les concepts formels, qui correspondent à des rectangles maximaux de croix dans le tableau binaire, et les organise en un treillis de concepts. Les "pattern structures" généralisent la FCA et sont utilisées pour traiter des données complexes comme les données numériques (entre autres).

Les "partition pattern structures" (PPS) ont été étudiées dans le cadre de la recherche de dépendances fonctionnelles [Baixeries et al. (2014)] mais aussi pour la recherche de biclusters de type CC dans une matrice numérique. Ici une partition correspond à un regroupement des objets (en ligne) en fonction des valeurs de leurs attributs (en colonne). Ainsi, un exemple de "partition pattern concept" (pp-concept) est donné par $(\{m_1, m_4\}, \{\{g_1, g_2\}, \{g_3, g_4\}\})$ dans la table 2. Deux biclusters de type CC sont obtenus, $(\{g_1, g_2\}\{m_1, m_4\})$ et $(\{g_3, g_4\} \{m_1, m_4\})$. Par manque de place, nous ne pouvons détailler les calculs qui le sont en revanche dans [Codocedo et Napoli (2014)].

3 Biclustering CSC et "partition pattern structures"

Dans cette section, nous présentons deux approches pour mettre en oeuvre les biclustering CSC en s'appuyant sur les "partition pattern structures" (PPS). D'abord nous décrivons comment résoudre le problème avec un échelonnage (scaling) de la matrice des données. Ensuite, nous montrons comment les biclusters CSC peuvent être retrouvés directement avec PPS. Dans la première approche (algorithme 1), à partir d'une matrice binaire nous construisons une nouvelle matrice dans laquelle chaque colonne décrit la cohérence entre deux colonnes de la matrice d'origine. Puis nous appliquons PPS pour calculer les biclusters CC.

Considérons la matrice des signes données dans la table 3a. Cette matrice peut être échelonnée pour produire l'apposition des trois matrices binaires données dans la table 3b, où chaque couple de colonnes (c_i, c_j) constitue une nouvelle colonne. Dans une colonne (c_i, c_j), la valeur

Input : Une matrice des signes binaires S avec un ensemble de colonnes C
Output : Un ensemble de biclusters CSC extrait de S

1 $all\_csc := \emptyset$;
2 **foreach** $c_x \in C$ **do**
3   À partir de tous les couples d'attributs (c_x, c_y), $x < y$, construire une matrice échelonnée T ;
4   Calculer les biclusters à colonne constante dans T, puis les sauvegarder dans B ;
5   **foreach** $b \in B$ **do**
6         $b_r :=$ ensemble de lignes dans T ;
7         $b_c :=$ ensemble de colonnes dans T ;
8         $csc :=$ une sous-matrice de S dont les lignes sont b_r et les colonnes sont les attributs présents dans b_c ;
9   all_csc.add(csc) ;
10   **end**
11 **end**
12 **return** all_csc ;

Algorithme 1 : Biclustering CSC avec échelonnage.

1 apparaît si le signe est différent pour les deux colonnes i et j, et 0 sinon (opération XOR). Ensuite, nous appliquons un biclustering CC à l'apposition des trois matrices échelonnées. Un bicluster CC résultant correspond à un bicluster CSC de la matrice d'origine (voir table 4). Les colonnes associées à un bicluster CSC proviennent de l'union des couples de colonnes associées à un bicluster CC.

	c_1	c_2	c_3	c_4	c_1c_2	c_1c_3	c_1c_4	c_2c_3	c_2c_4	c_3c_4
r_1	↘	↘	↗	↗	0	1	1	1	1	0
r_2	↗	↘	↗	↗	1	0	0	1	1	0
r_3	↗	↗	↘	↗	0	1	0	1	0	1
r_4	↘	↗	↘	↘	1	0	0	1	1	0
			(a)					(b)		

TAB. 3 – *(a) Une matrice binaire des signes et (b) l'apposition des trois matrices échelonnées.*

Pour éviter l'échelonnage et la combinaison des colonnes deux à deux, nous pouvons appliquer directement PPS à la matrice originale. C'est l'objet du second algorithme (algorithme 2), où les biclusters CSC sont découverts en examinant les pp-concepts engendrés.

Un pp-concept (A, d) est composé d'un ensemble d'attributs A et d'un ensemble de composants de partitions p. De plus, comme tout couple (p, A) est un bicluster CC, un bicluster CSC est soit un bicluster CC ou encore un couple de biclusters CC de signes opposés.

Par exemple, dans la matrice donnée en table 3a, trois biclusters CC sont engendrés à partir du pp-concept $(\{c_2, c_3, c_4\}, \{\{r_1, r_2\}, \{r_3\}, \{r_4\}\})$.

— $b_x = (\{r_1, r_2\}, \{c_2, c_3, c_4\})$
— $b_y = (\{r_3\}, \{c_2, c_3, c_4\})$
— $b_z = (\{r_4\}, \{c_2, c_3, c_4\})$

biclusters CC	biclusters CSC
$(\{r_2, r_4\}\{c_1c_2, c_1c_3, c_1c_4\})$	$(\{r_2, r_4\}\{c_1, c_2, c_3, c_4\})$
$(\{r_1, r_3\}\{c_1c_2, c_1c_3\})$	$(\{r_1, r_3\}\{c_1, c_2, c_3\})$
$(\{r_1, r_2, r_3, r_4\}\{c_2c_3\})$	$(\{r_1, r_2, r_3, r_4\}\{c_2, c_3\})$
$(\{r_1, r_2, r_4\}\{c_2c_3, c_2c_4\})$	$(\{r_1, r_2, r_4\}\{c_2, c_3, c_4\})$

TAB. 4 – *Quelques biclusters CC de la table 3b et leurs biclusters CSC correspondant dans la table 3a.*

Input : Une matrice binaire de signes S
Output : Un ensemble de biclusters CSC de S
1 $all\_csc := \emptyset$;
2 $all\_ppc :=$ tous les pp-concepts de S
3 **foreach** $ppc \in ppcs$ **do**
4   Créer une nouvelle partition en fusionnant deux "partitions opposées" ;
5   Ajouter les éléments de la nouvelle partition à all_csc ;
6 **end**
7 **return** all_csc ;

Algorithme 2 : Biclustering CSC sans échelonnage.

Ici, b_x est "opposé" à b_z car le signe de b_x dans chaque colonne ('$\searrow$ $\nearrow$ $\nearrow'$) est l'inverse du signe correspondant dans b_z ('$\nearrow$ $\searrow$ $\searrow'$). De fait, $(\{r_1, r_2, r_4\}, \{c_2, c_3, c_4\})$ est un bicluster CSC. Quant à b_y, il est lui-même un bicluster CSC puisqu'il n'est en "opposition" avec aucun autre bicluster CC.

Dans nos expérimentations, nous avons comparé les temps d'exécution des deux approches appliquées à des jeux de données numériques générés de façon aléatoire. À partir d'un tableau de données de taille $m \times n$, les deux méthodes construisent une matrice binaire de signes de taille $C_2^m \times n$ et similaire à celle de la table 3a. Ensuite, pour 10 attributs par exemple, la méthode *"avec-scaling"* applique PPS dans des matrices de 9, 8, 7, ... et 1 attributs séparément tandis que la méthode *"sans-scaling"* applique PPS sur une seule matrice de 10 attributs.

Pratiquement, il apparaît que les méthodes *"avec-scaling"* et *"sans-scaling"* se comportent de façon quasi-identique pour des jeux de données de petite taille. Les différences de temps d'exécution n'étant pas significatives, de plus amples expérimentations doivent être menées sur des jeux de données plus conséquents avant de conclure en faveur de l'une ou l'autre méthode.

4 Conclusion

Dans cet article, nous avons introduit et discuté des approches de biclustering dans le cadre de l'analyse formelle de concepts et des "partition pattern structures". Ensuite, nous avons adapté la recherche de biclusters à colonne constante à celle des biclusters à changements de signes cohérents. Deux types d'algorithmes et d'expérimentations ont aussi été proposés, "avec-scaling" et "sans-scaling", qui ne présentent pas pour l'heure de différences significatives.

Pour le futur, il faut encore affiner la théorie et mener une étude plus fondamentale et systématique des possibilités du biclustering dans un cadre FCA. Et surtout, il faut faire beaucoup plus d'expérimentations, en particulier sur des jeux de données réels tels qu'il en existe en biologie pour l'expression de gènes, et comparer les possibilités de notre approche avec d'autres approches de biclustering ou co-clustering numériques.

Références

Arabie, P., L. Hubert, et G. D. Soete (Eds.) (1996). *Clustering and Classification*. World Scientific Publishers.

Baixeries, J., M. Kaytoue, et A. Napoli (2014). Characterizing functional dependencies in formal concept analysis with pattern structures. *Annals of Mathematics and Artificial Intelligence 72*, 129–149.

Codocedo, V. et A. Napoli (2014). Lattice-based biclustering using partition pattern structures. In *Proceedings of the Twenty-first European Conference on Artificial Intelligence*, pp. 213–218. IOS Press.

Di-Jorio, L., A. Laurent, et M. Teisseire (2009). Mining frequent gradual itemsets from large databases. In *International Symposium on Intelligent Data Analysis*, pp. 297–308. Springer.

Ganter, B. et S. O. Kuznetsov (2001). Pattern structures and their projections. In *International Conference on Conceptual Structures*, pp. 129–142. Springer.

Ganter, B. et R. Wille (1999). *Formal Concept Analysis : Mathematical Foundations* (2nd ed.). Springer.

Kaytoue, M., S. O. Kuznetsov, A. Napoli, et S. Duplessis (2011). Mining Gene Expression Data with Pattern Structures in Formal Concept Analysis. *Information Science 181*(10), 1989–2001.

Li, G., Q. Ma, H. Tang, A. H. Paterson, et Y. Xu (2009). QUBIC : a qualitative biclustering algorithm for analyses of gene expression data. *Nucleic Acids Research 37*(15), e101–e101.

Madeira, S. C. et A. L. Oliveira (2004). Biclustering algorithms for biological data analysis : a survey. *IEEE/ACM Transactions on Computational Biology and Bioinformatics (TCBB) 1*(1), 24–45.

Tanay, A., R. Sharan, et R. Shamir (2002). Discovering statistically significant biclusters in gene expression data. *Bioinformatics 18*(suppl_1), S136–S144.

Summary

Biclustering plays a crucial role in many real world applications. Related to clustering, which groups similar rows in a matrix (data table), biclustering aims at simultaneously grouping similar rows and columns, i.e. to find submatrices which exhibit a correlation among their respective cells. There are many types of biclustering based on a similarity criterion. In this paper we are interested in constant-column (CC) biclustering, where the objective is to discover submatrices whose columns have a constant value all the rows. Then, we study an extension of CC biclustering to the so-called coherent-sign-changes (CSC) biclustering.

Entre factorisation de matrices et apprentissage profond pour la recommandation dans le domaine du pneumatique

Kilian Bourhis**, Khalid Benabdeslem*
Bruno Canitia**

*Université Lyon1, 43 Boulevard du 11 novembre 1918, Villeurbanne cedex 69622
khalid.benabdeslem@univ-lyon1.fr
**Lizeo Online Media Group, 42 Quai Rambaud, 69002 Lyon
kilian.bourhis,bruno.canitia@lizeo-group.com

Résumé. Les moteurs de recommandations ont aujourd'hui une place de plus en plus importante dans l'aiguillage de nos choix de consommation sur internet. Cependant, les données disponibles pour effectuer une recommandation varient selon les utilisateurs, les moyens de l'industrie et le type des produits. Dans cet article, nous nous intéressons d'une part, aux performances des modèles de factorisation de matrice ainsi qu'à l'apprentissage profond, et d'autre part, à la recommandation sur des données massives. Une étude comparative entre plusieurs modèles de l'état de l'art est proposée dans un cadre applicatif lié à un industriel spécialisé dans la captation et la gestion des données sur le marché des pneumatiques.

1 Introduction

Un système de recommandation peut effectuer principalement trois sortes de tâches (Zhang et al. (2017)) : prédire l'évaluation qu'un utilisateur associerait à un produit ; prédire les produits qu'un utilisateur aurait sélectionnés à travers une liste classée de N produits ; et enfin, prédire la classe d'appartenance d'un produit (classification).

Dans notre cas, la recommandation de pneumatiques, nous visons à proposer un classement de pneus pertinents vis-à-vis des utilisateurs. Pour cela, nous devrons aussi, selon l'approche utilisée, prédire l'évaluation que donnerait un utilisateur envers les produits. Cependant, le cas particulier d'un comparateur en ligne de pneumatiques, qui est notre cas applicatif, nous impose des contraintes au niveau des données. En effet, nous n'avons à notre disposition aucun profil d'utilisateur, aucune évaluation explicite d'un utilisateur envers un produit, ni aucune information validant le fait qu'un utilisateur ait bien acheté un produit après avoir été redirigé vers un site marchand. Nous devons donc nous appuyer sur les éléments restants, à savoir les interactions implicites des utilisateurs ainsi que leurs parcours (sessions) et les caractéristiques techniques des produits. Ces contraintes, ainsi que notre volonté d'explorer les modèles de factorisation de matrices et d'apprentissage profond, nous ont amenés à effectuer les choix suivants parmi les principales approches de l'état de l'art (*cf.* fig. 1).

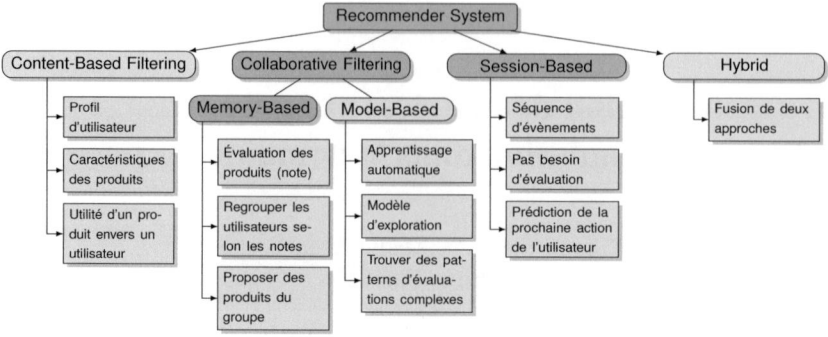

FIG. 1: Principales approches de la recommandation.

Deux approches ont ainsi retenu notre attention. Le **Memory-Based Collaborative Filtering** (*e.g.* Hu et al. (2008); Gong (2010); Bokde et al. (2015); He et al. (2016, 2017)) qui se base sur l'hypothèse suivante : les utilisateurs ont tendance à acheter les mêmes produits que d'autres utilisateurs ayant des goûts similaires. On veut ainsi regrouper les utilisateurs similaires, afin de proposer à un utilisateur des produits qu'il na pas encore consultés mais avec lesquels les autres membres de son groupe ont interagi. Pour déterminer si des utilisateurs ont des goûts similaires, on peut par exemple comparer le score qu'ils ont attribué aux produits. On dispose alors de la note d'un utilisateur envers un produit (explicite) ou on la déduit des interactions (implicite). Enfin l'approche **Session-Based** (*e.g.* Hidasi et al. (2015); Quadrana et al. (2017); Tuan et Phuong (2017)), qui consiste à traiter le problème de la recommandation sous la forme d'une séquence d'événements (ordonnés chronologiquement) où l'objectif est de prédire l'élément suivant pour chaque interaction. Contrairement à une vision plus classique, cette méthode a l'avantage de pouvoir se passer des évaluations que les utilisateurs peuvent donner aux produits. Ainsi, elle se concentre uniquement sur les produits avec lesquels les utilisateurs vont interagir et de quelle manière. Dans cet article, nous présentons dans un premier temps les méthodes d'apprentissage qui feront l'objet d'une comparaison dans l'étude. Puis, nous détaillerons les données et le protocole expérimental utilisés. Enfin, nous terminerons par les résultats de notre étude comparative et statistique.

2 Méthodes d'apprentissage pour la recommandation

Notre objectif, est d'étudier les performances de ces deux approches à travers des techniques de factorisation de matrices et d'apprentissage profond. Notre choix s'est porté sur cinq modèles issus de l'état de l'art car ils présentent des caractéristiques variés et n'ont pas été évalués dans des conditions similaires (métriques, taille du classement et nombre de produits).

	Approche	Type de données	Modèles	Références
eALS [1]	Memory-Based CF	Implicite	FM	He et al. (2016)
NeuMF [2]	Memory-Based CF	Implicite	FM + MLP	He et al. (2017)
DMF [3]	Memory-Based CF	Explicite	FM + DSSM	Xue et al. (2017)
GRU4Rec [4]	Session-Based	Implicite	RNN GRU	Hidasi et al. (2015)
3D CNN [5]	Session-Based	Implicite + Annexe	CNN	Tuan et Phuong (2017)

TAB. 1: Résumé des caractéristiques des modèles sélectionnés pour l'étude.

Le premier modèle, **Element-wise Alternating Least Square**, possède deux implémentations. Un algorithme *offline* qui sert à pré-entraîner le modèle grâce aux données de départ et un algorithme *online* pour traiter le nouveau flux de données en temps réel. Mais, la particularité de ce modèle est sa gestion des produits populaires. On entend par *populaire* le fait qu'un produit soit très présent sur l'ensemble des interactions utilisateur-produit. Pour cela, l'eALS calcule la *confidence* d'un produit, soit la probabilité qu'un produit n'ait pas été vu par les utilisateurs. En effet, plus un produit est populaire, plus les chances qu'il soit recommandé (ou du moins visible sur la page) pour les utilisateurs sont importantes. Dans ce cas, il faut apporter un poids plus important au fait que l'utilisateur n'ait pas interagi avec lui, non pas parce qu'il ne l'a pas vu, mais bien parce qu'il ne l'intéresse pas.

Le **Neural Collaborative Filtering**, est une hybridation de deux modèles pouvant être utilisés indépendamment pour produire une recommandation. Le *GMF* (Generalized Matrix Factorization) va modéliser les facteurs latents des interactions de manière linéaire. Le *MLP* (Multi-Layer Perceptron) va apprendre la fonction d'interaction, de manière non-linéaire, afin de modéliser lui aussi les interactions utilisateur-produit. Enfin, une fois que l'on a les poids de sortie de chacun des deux modèles, on les concatène pour produire le score d'un utilisateur envers un produit.

Le **Deep Matrix Factorization** est lui aussi une hybridation, mais entre une factorisation de matrices et un réseau de neurones *DSSM* (Deep Semantic Similarity Model), qui ne sont pas indépendants car le DSSM travaille sur la sortie de la factorisation de matrices (matrice d'interaction). La particularité du DSSM est qu'il peut calculer le vecteur latent d'un utilisateur sur une «branche» et le vecteur latent d'un produit sur une deuxième. Chaque branche va ainsi transposer le vecteur dans un nouvel espace à plus faible dimension, au fur et à mesure des couches. La fonction *cosinus* sera ensuite appliquée sur la concaténation de la sortie de chaque branche pour calculer le score d'une interaction utilisateur-produit.

Le **GRU4Rec** est un *RNN* (Recurrent Neural Network) utilisant l'architecture GRU (Gated Recurrent Unit). Ses différentes mémoires et portes lui permettent de traiter des séquences d'événements. Ainsi, l'idée est de prédire le prochain produit avec lequel l'utilisateur va interagir en fonction des produits précédents. Comme ce modèle utilise des interactions explicites, nous avons recréé artificiellement des données explicites via nos données implicites en attribuant des poids à chaque type d'interaction utilisateur-produit (*cf.* section 3 pour les types d'interactions). Ces poids agissent ainsi comme une note qu'aurait attribué un utilisateur envers un produit. Nous avons attribué ces poids de façon arbitraire en fonction de la proximité du type d'interaction avec un achat potentiel.

Enfin, le **3D CNN** (Convolutional Neural Network) est un réseau de neurones qui utilise des convolutions en trois dimensions, afin d'encoder l'aspect temporel d'une séquence d'interactions entre un utilisateur et des produits. L'objectif est le même que pour le GRU4Rec, à la différence que l'on n'utilise pas seulement l'ID des produits, mais aussi des informations annexes. Dans notre implémentation, nous utilisons la nature de l'interaction utilisateur-produit ainsi que l'ID de l'utilisateur à qui appartient la session, afin de faire le lien avec d'autres sessions pouvant lui appartenir.

---

1. Code disponible ici : https://github.com/hexiangnan/sigir16-eals
2. Code disponible ici : https://github.com/hexiangnan/neural_collaborative_filtering
3. Code disponible ici : https://github.com/RuidongZ/Deep_Matrix_Factorization_Models
4. Code disponible ici : https://github.com/hidasib/GRU4Rec
5. Le code d'origine ainsi que notre réimplémentation sont non publics.

3 Étude comparative sur des données de pneumatique

Nos jeux de données proviennent tous d'un fichier log du comparateur en ligne de pneumatique de l'industriel. Ce fichier répertorie l'ensemble des interactions utilisateur-produit depuis septembre 2016 jusqu'en avril 2018. Le tableau suivant résume leur volumétrie.

	eALS	NeuMF	DMF	GRU4Rec[6]	3D CNN	
Interaction	61 204	61 204	77 864	62 490	79 547	
Produit	4 260	4 260	4 281	4 192	4 216	**Pattern Full**
Utilisateur	24 761	24 761	30 626	25 169	29 611	
Session	-	-	-	25 169	31 881	
Interaction	59 007	59 007	75 789	60 223	77 470	
Produit	3 278	3 278	3 288	3 197	3 211	**Product Full**
Utilisateur	23 924	23 924	30 154	24 237	28 814	
Session	-	-	-	24 237	31 038	

TAB. 2: Volumétrie des deux jeux de données principaux.

Parmi les types d'interaction utilisateur-produit possible, nous en avons sélectionné cinq selon leur présence dans le fichier log et leur pertinence pour la recommandation (présentés par ordre croissant de leur poids) :

InfoProduit : Affichage de la fiche détaillée du produit cible. Quelques caractéristiques sont déjà visibles pour le top 3 des produits recommandés.

VoirOffre : Affichage des revendeurs qui vendent le produit cible avec leur localisation.

InfoMarchand : Affichage d'une fiche avec les informations détaillées du revendeur.

AfficherNuméroMarchand : Génération puis affichage d'un numéro pour appeler le centre du revendeur. N'indique en aucun cas si l'utilisateur a bien appelé le centre.

AcheterEnLigne : Redirection vers le site du revendeur. N'indique en aucun cas si l'utilisateur a bien acheté le produit par la suite.

Enfin, pour mener à bien des tests statistiques, nous avons créé quatre autres jeux de données en découpant en deux les deux premiers. On obtient ainsi les jeux *Pattern A*, *Pattern B*, *Product A* et *Product B*.

En ce qui concerne notre méthodologie, les cinq modèles effectuent leur recommandation sur tous les produits d'un jeu de données. Ils sont ensuite évalués par le **HR** (Hit Rank) et le **NDCG** (Normalized Discounted Cumulative Gain) sur des top 100 et 200. Le *HR* va mesurer la capacité du système à donner toutes les solutions pertinentes. Dans le cadre de la recommandation, cela correspond à indiquer si oui ou non le produit cible est bien présent dans la recommandation top N. Si l'on a recommandé le produit cible à chaque fois, alors on aura un score de **1**. Le *NDCG*, va mesurer la qualité de notre classement. Ainsi, plus notre produit cible sera en haut du classement, plus la valeur sera proche de **1**.

Pour l'étude statistique nous avons utilisé les tests suivants (Demsar (2006)) :

1. **Test de Friedman** : le but est de réfuter l'hypothèse suivante : «Tous les algorithmes ont des performances équivalentes». Une p-value de $0, 05$ sera utilisée ;

2. **Test de Nemenyi** : une fois le test de Friedman validé, on peut utiliser celui-ci pour montrer qu'un algorithme ou un groupe d'algorithmes est significativement plus performant qu'un autre. La confiance utilisée sera de $0, 1$ à cause du faible nombre de jeux de données pour mener cette étude.

---

6. Une session égale un utilisateur dans cette approche.

La table 3 présente nos résultats, avec en gras le meilleur algorithme de la ligne. Chaque valeur représente la moyenne obtenue sur dix expériences, tandis que l'intervalle de confiance est calculé par l'écart type.

Jeu de données	Métrique	eALS Online	eALS Offline	NeuMF	DMF	GRU4Rec	3D CNN
Pattern Full	HR@100	$0,5223 \pm 0,0076$	$0,5756 \pm 0,0241$	$0,528 \pm 0,0018$	$0,4868 \pm 0,0447$	$0,6674 \pm 0,0009$	**$0,6861 \pm 0,0055$**
	NDCG@100	$0,1747 \pm 0,0035$	$0,1987 \pm 0,0102$	$0,1816 \pm 0,0057$	$0,1566 \pm 0,0145$	**$0,2507 \pm 0,0015$**	$0,2253 \pm 0,009$
	HR@200	$0,6008 \pm 0,0091$	$0,6668 \pm 0,0025$	$0,6253 \pm 0,0023$	$0,5863 \pm 0,0413$	$0,7247 \pm 0,0011$	**$0,743 \pm 0,0075$**
	NDCG@200	$0,1871 \pm 0,0034$	$0,2113 \pm 0,0023$	$0,1988 \pm 0,0053$	$0,169 \pm 0,0119$	**$0,2584 \pm 0,0003$**	$0,2332 \pm 0,0012$
Product Full	HR@100	$0,5794 \pm 0,0062$	$0,647 \pm 0,0074$	$0,5767 \pm 0,0054$	$0,5269 \pm 0,0375$	$0,7108 \pm 0,0007$	**$0,7195 \pm 0,0062$**
	NDCG@100	$0,1954 \pm 0,0031$	$0,2203 \pm 0,0015$	$0,1928 \pm 0,0076$	$0,178 \pm 0,0137$	**$0,2634 \pm 0,0001$**	$0,2328 \pm 0,0009$
	HR@200	$0,6429 \pm 0,0073$	$0,7169 \pm 0,0074$	$0,6861 \pm 0,0039$	$0,6409 \pm 0,0513$	$0,757 \pm 0,0008$	**$0,7821 \pm 0,0078$**
	NDCG@200	$0,2019 \pm 0,0023$	$0,2314 \pm 0,0025$	$0,2104 \pm 0,0071$	$0,1866 \pm 0,0147$	**$0,2698 \pm 0,0001$**	$0,2419 \pm 0,0012$
Pattern A	HR@100	$0,5151 \pm 0,0082$	$0,5462 \pm 0,0293$	$0,5395 \pm 0,0033$	$0,4946 \pm 0,0463$	$0,6717 \pm 0,0017$	**$0,7033 \pm 0,0064$**
	NDCG@100	$0,1719 \pm 0,0023$	$0,1911 \pm 0,0117$	$0,1861 \pm 0,0054$	$0,1579 \pm 0,0149$	**$0,2569 \pm 0,0007$**	$0,2321 \pm 0,0011$
	HR@200	$0,5946 \pm 0,0057$	$0,6394 \pm 0,0133$	$0,6393 \pm 0,0027$	$0,5916 \pm 0,041$	$0,7106 \pm 0,0012$	**$0,7689 \pm 0,0095$**
	NDCG@200	$0,1855 \pm 0,0044$	$0,2029 \pm 0,0052$	$0,1987 \pm 0,0052$	$0,1748 \pm 0,0071$	**$0,2624 \pm 0,0006$**	$0,2416 \pm 0,0016$
Pattern B	HR@100	$0,5149 \pm 0,0057$	$0,5549 \pm 0,0272$	$0,5345 \pm 0,0025$	$0,4847 \pm 0,0326$	$0,675 \pm 0,0024$	**$0,7355 \pm 0,0055$**
	NDCG@100	$0,1748 \pm 0,0029$	$0,1937 \pm 0,0106$	$0,1821 \pm 0,0052$	$0,1552 \pm 0,0121$	**$0,2635 \pm 0,0007$**	$0,2471 \pm 0,0012$
	HR@200	$0,5861 \pm 0,0073$	$0,636 \pm 0,0203$	$0,6349 \pm 0,0015$	$0,6193 \pm 0,0338$	$0,7238 \pm 0,0012$	**$0,7865 \pm 0,0076$**
	NDCG@200	$0,1834 \pm 0,0029$	$0,2098 \pm 0,0093$	$0,1945 \pm 0,0043$	$0,1735 \pm 0,0113$	**$0,2703 \pm 0,0005$**	$0,254 \pm 0,0012$
Product A	HR@100	$0,5708 \pm 0,007$	$0,6382 \pm 0,0012$	$0,5881 \pm 0,002$	$0,5484 \pm 0,0355$	$0,7063 \pm 0,0015$	**$0,7272 \pm 0,0069$**
	NDCG@100	$0,1918 \pm 0,0027$	$0,2198 \pm 0,0007$	$0,1996 \pm 0,0046$	$0,1799 \pm 0,0074$	**$0,2669 \pm 0,0011$**	$0,2348 \pm 0,0009$
	HR@200	$0,6488 \pm 0,0076$	$0,6981 \pm 0,0194$	$0,6958 \pm 0,0023$	$0,6332 \pm 0,047$	$0,7436 \pm 0,0014$	**$0,7911 \pm 0,0133$**
	NDCG@200	$0,202 \pm 0,0019$	$0,2293 \pm 0,0074$	$0,2127 \pm 0,0032$	$0,1863 \pm 0,0099$	**$0,2722 \pm 0,0011$**	$0,2441 \pm 0,0021$
Product B	HR@100	$0,5598 \pm 0,0085$	$0,6208 \pm 0,0209$	$0,5827 \pm 0,0028$	$0,5535 \pm 0,0308$	$0,7143 \pm 0,0014$	**$0,7248 \pm 0,0114$**
	NDCG@100	$0,19 \pm 0,0035$	$0,2089 \pm 0,0047$	$0,1968 \pm 0,004$	$0,1829 \pm 0,0078$	**$0,2717 \pm 0,0006$**	$0,2379 \pm 0,0019$
	HR@200	$0,6333 \pm 0,006$	$0,6968 \pm 0,0047$	$0,6928 \pm 0,0023$	$0,6542 \pm 0,0472$	$0,7511 \pm 0,0017$	**$0,7967 \pm 0,0086$**
	NDCG@200	$0,2004 \pm 0,0028$	$0,2222 \pm 0,0046$	$0,2142 \pm 0,0051$	$0,1901 \pm 0,013$	**$0,2769 \pm 0,0003$**	$0,2485 \pm 0,0014$

TAB. 3: Résultats des algorithmes sur les six jeux de données.

Une fois le test de *Friedman* validé pour le top 100 et 200, nous avons procédé au test de *Nemenyi* avec pour résultat les figures suivantes.

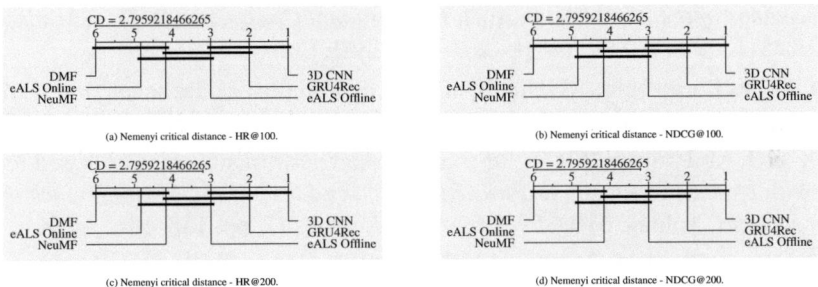

(a) Nemenyi critical distance - HR@100.

(b) Nemenyi critical distance - NDCG@100.

(c) Nemenyi critical distance - HR@200.

(d) Nemenyi critical distance - NDCG@200.

FIG. 2: Résultats des tests de Nemenyi pour le top 100 et 200

4 Conclusion

Dans ce papier, nous avons présenté cinq modèles appartenant à deux approches de la recommandation, *Memory-Based CF* et *Session-Based*. Notre étude sur des données réelles (*cf.* table 3), a montrée que la vision en session des données est significativement meilleure (*cf.* figures 2) que celle du collaborative filtering, pour une quantité d'information équivalente (*cf.* table 2 : eALS, NeuMF et GRU4Rec) et des données de même nature (implicites). La mauvaise performance des hybrides, peut s'expliquer en partie par la difficulté à les paramétrer (grand nombre de paramètres). En outre, il est à noter la bonne performance de notre implémentation du 3D CNN, qui pourrait être encore plus importante en utilisant plus d'informations annexes (le prix du produit, sa consommation ou ses performances) qui seraient susceptibles d'influencer le choix des consommateurs.

Références

Bokde, D. K., S. Girase, et D. Mukhopadhyay (2015). Role of matrix factorization model in collaborative filtering algorithm: A survey. *CoRR 1503.07475*.

Demsar, J. (2006). Statistical comparisons of classifiers over multiple data sets. *The Journal of Machine Learning Research 7*, 1–30.

Gong, S. (2010). A collaborative filtering recommendation algorithm based on user clustering and item clustering. *5*, 745–752.

He, X., L. Liao, H. Zhang, L. Nie, X. Hu, et T. Chua (2017). Neural collaborative filtering. In *Proceedings of the 26th International Conference on World Wide Web*, Volume 3038912.3052569 of *WWW '17*, pp. 173–182. Springer.

He, X., H. Zhang, M. Kan, et T. Chua (2016). Fast matrix factorization for online recommendation with implicit feedback. In *Proceedings of the 39th International ACM SIGIR Conference on Research and Development in Information Retrieval*, Volume 2911451.2911489 of *SIGIR '16*, pp. 549–558. ACM.

Hidasi, B., A. Karatzoglou, L. Baltrunas, et D. Tikk (2015). Session-based recommendations with recurrent neural networks. *CoRR 1511.06939*.

Hu, Y., Y. Koren, et C. Volinsky (2008). Collaborative filtering for implicit feedback datasets. In *Proceedings of the 2008 Eighth IEEE International Conference on Data Mining*, Volume 1510528.1511352 of *ICDM '08*, pp. 263–272. IEEE Computer Society.

Quadrana, M., A. Karatzoglou, B. Hidasi, et P. Cremonesi (2017). Personalizing session-based recommendations with hierarchical recurrent neural networks. *CoRR 1706.04148*.

Tuan, T. X. et T. M. Phuong (2017). 3d convolutional networks for session-based recommendation with content features. In *Proceedings of the Eleventh ACM Conference on Recommender Systems*, Volume 3109859.3109900 of *RecSys '17*, pp. 138–146. ACM.

Xue, H., X. Dai, J. Zhang, S. Huang, et J. Chen (2017). Deep matrix factorization models for recommender systems. *3172077.3172336*, 3203–3209.

Zhang, S., L. Yao, et A. Sun (2017). Deep learning based recommender system: A survey and new perspectives. *CoRR 1707.07435*.

Summary

The recommendation engines have today an increasing influence on our consumption on the Internet. However, the data available to make a recommendation varies according to the users, the means of the industry and the type of products. In this paper, we focus on one hand, on the performances of matrix factorization as well as deep learning models and on the other hand, the recommendation on big data. A comparative study between several state-of-the-art models was carried out with an applicative purpose linked to a tyre data industrial.

Identification de symboles dans des documents déstructurés

Jacques Péré-Laperne*

*1A3i Arcangues 64200 France
Univ. Bordeaux, ESTIA INSTITUTE OF TECHNOLOGY, F-64210 Bidart, France
j.perelaperne@gmail.com,
http://www.1a3i.com

Résumé. Nous décrivons une approche originale pour extraire efficacement les symboles graphiques d'un fichier vectoriel (de type PDF par exemple). Après passage d'un espace d'objets graphiques 2D à une chaîne de codes (1D), l'identification des symboles consiste à rechercher une sous-séquence de codes qui se répète dans le fichier d'entrée. Les travaux de la littérature utilisent l'arbre ou le tableau des suffixes, notre algorithme s'appuie sur le principe du tri par paquets pour identifier les répétitions. La taille et la fréquence sont spécifiées par l'utilisateur.

1 Introduction

L'interprétation d'un fichier vectoriel (PDF, PS, EMF, WFM, IGES, STEP, DXF...), donne une suite ordonnée d'objets graphiques. Dans ce travail nous nous intéressons à l'identification des symboles dans les fichiers vectoriels de type schémas ou plans produits par des logiciels de DAO/CAO (Dessin Assisté par Ordinateur/Conception Assistée par Ordinateur) ou de PAO (Publication Assistée par ordinateur). Ces logiciels dessinent toujours les objets graphiques complexes (symboles) ou simples (rectangles, ellipses) de la même façon, et avec le même ordre chronologique. Partant de ce constat, et des travaux de Péré-Laperne et Couture (2017), ainsi que de ceux de Péré-Laperne (2018) qui précisent comment passer de l'espace des objets graphiques 2D à une chaîne de codes en 1D , sachant que les fonctions de transformation sont insensibles aux translations, aux rotations, ou aux homothéties, l'identification des symboles dans ces fichiers revient à rechercher les sous-chaînes de codes dans ces chaînes de codes issues des fichiers d'entrée. Cette identification des symboles est une des étapes de la méthode (A)KDD (Antropocentric Knowledge Discovery in Database) décrite par Péré-Laperne et Couture (2017) pour la restructuration des documents déstructurés. Cette méthode s'appuie sur les premiers travaux de Fayyad et al. (1996) pour l'extraction des connaissances des données.

Dans la section suivante, nous dressons un bref état de l'art. Dans la section 3, nous faisons le lien entre les répétitions et les paquets de l'algorithme de tri par paquet et nous proposons un algorithme linéaire au niveau du temps et de l'espace d'exécution. Dans la section 4 nous présentons les bénéfices de l'algorithme proposé , avant de conclure dans la dernière section.

2 État de l'art

Dans le domaine des objets graphiques vectoriels, l'état de l'art sur l'identification des symboles est inexistant. Des travaux existent sur l'identification des symboles dans des fichiers images (*bitmap*), mais, les problèmes sont très différents. Ces derniers manipulent des *pixels*, alors que nous utilisons des entités de plus haut niveau (segments, poly lignes, lettres, etc...), qui, même déstructurées, contiennent beaucoup plus d'informations que les *pixels*.

Comme introduit précédement pour identifier les symboles il faut identifier les répétitions. Les travaux de Gusfield (1997), puis ceux de Saha et al. (2008)), pour identifier des répétions dispersées dans l'ADN, se sont heurtés à la taille de la cible génomique. Ces travaux utilisent les arbres des suffixes ce qui entraîne une occupation mémoire (en octets) supérieure à 15 fois la taille du génome. L'utilisation du tableau des suffixes par Franěk et al. (2003) et Narisawa et al. (2007) ramène cette taille à 5 fois la taille du fichier d'entrée (1 fois pour les données en entrée et 4 fois pour le tableau des suffixes). Depuis, les travaux de Puglisi et al. (2010), Yusufu et Yusufu (2015), ou ceux plus récents de Louza et al. (2017) confirment l'abandon de l'arbre des suffixes pour utiliser le tableau des suffixes, pour des raisons d'occupation mémoire. Ces algorithmes nécessitent la création du tableau des suffixes (SA), des plus longs préfixes communs (LCP) et de 2 autres tableaux (BWT,LAST). On constate, cependant, dans les résultats obtenus par Puglisi et al. (2010) (Tab.1), que la somme des temps pour créer les 4 tableaux préparatoires (1,912+0,17,+0,035+0,039) est égal à 144 fois le temps de l'algorithme (0,015) le plus rapide PSY1-1 pour détecter les répétitions.

Fichier	Temps des traitements (en microsecondes par lettre)							
	Prétraitement des tableaux				Les algorithmes PSY_{1-1} PSY_{1-4}			
	SA	LCP	BWT	LAST	PSY_{1-1}	PSY_{1-2}	PSY_{1-3}	PSY_{1-4}
HowTo(*)	1,912	0,178	0,035	0,039	**0,015**	0,017	0,018	0,016
(*) le fichier "Howto" est accessible à l'adresse http ://www.cas.mcmaster.ca/ bill/strings/)								

TAB. 1 – *Extrait des résultats de Puglisi et al. (2010)*

3 Algorithme proposé

Nous partons de la chaîne de départ, de longueur n, notée S : S est une séquence de n codes de l'ensemble Σ, dans notre cas $|\Sigma| \leq 256$. Pour identifier un symbole, dans un schéma, à partir de la chaîne de codes 1D, nous devons trouver les sous-chaînes de codes qui se répètent au moins T_{inf} fois et qui sont composées d'au moins L_{inf} codes. Prenons deux exemples. Le premier, pour identifier les cartouches dans un dossier électrique de 100 folios, le cartouche est présent sur chaque folio, donc si on cherche les sous-chaînes qui se répètent plus de 90 fois (T_{inf}=90) et qui sont composées d'au moins 50 codes (L_{inf}=50 un cartouche est composé d'un très grand nombre de codes voir Fig.1), on est sûr d'avoir identifié les cartouches. Le deuxième pour identifier les protections. Le symbole protection, dans un tel dossier de 100 folios, est présent au moins une trentaine de fois et le nombre de codes qui le compose est d'une quarantaine (T_{inf}=30 et L_{inf}=40), Donc, si on identifie les sous-chaînes qui se répètent au moins 30 fois, et qui ont une longueur supérieure à 40, on est sûr d'identifier les protections.

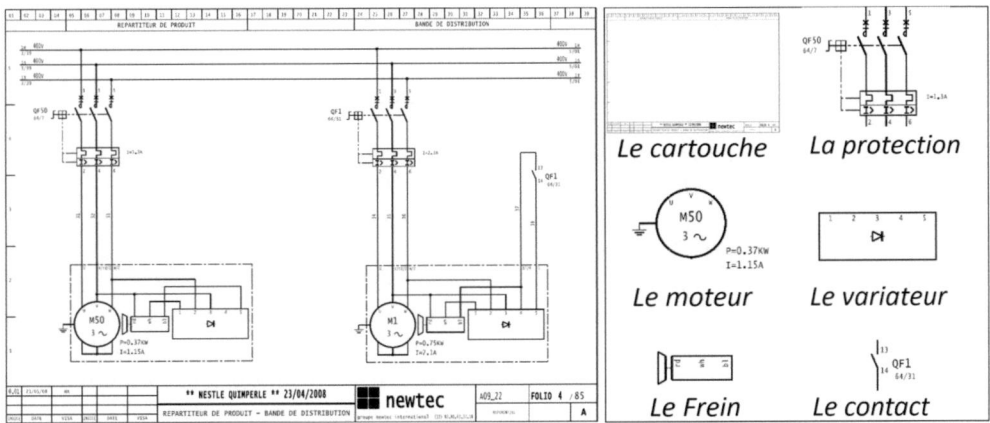

Le folio contenant les symboles **Les symboles à identifier**

FIG. 1 – *A gauche le folio, à droite les symboles*

Dans les travaux de l'état de l'art, le tableau SA est créé pour obtenir la totalité des suffixes triés, puis le tableau LCP permet de déterminer le nombre de codes identiques entre 2 suffixes triés. Ensuite les autres tableaux servent à identifier les répétitions. Dans ces méthodes, ce qui prend le plus de temps, c'est la création du tableau SA car tous les suffixes sont triés.

Algorithm 1 TriPaquet(R,p)

If $|R| < t$ **then** $insertionSort(Rpd)$ {tri par insertion si nombre suffixe < t}
For $s \in R$ **do** $B[S[p]] := B[S[p]U\{s\}$ {range les suffixes dans les paquets}
For $c \in \Sigma$ **do if** $|B[c]| > 0$ **then** $TriPaquet(B[c], p + 1)$ {appel récursif, p incrémenté}

L'algorithme que nous proposons ne trie pas tous les suffixes, ne crée pas le tableau (SA), et, il extrait les répétitions en une seule passe. Notre algorithme repose sur l'algorithme de tri par paquets (bucket sort). L'article de Kärkkäinen et Rantala (2009) décrit ce type de tri qui est linéaire en temps. Pour des raisons de performance Sedgewick et Wayne (2015) montrent qu'il faut passer au tri par insertion, quand le nombre de suffixes du paquet est proche de $\sqrt{|\Sigma|}$. Ils affirme que c'est le problème majeur de presque tous les algorithmes de tri (*Small subarrays are of critical importance in the performance of MSD string sort. We have seen this situation for other recursive sorts quicksort and mergesort*). Donc, si on supprime le tri des paquets les plus petits, on diminue de façon considérable le temps de tri, c'est l'objectif de notre algorithme.

Avant de le décrire, il faut définir la relation qui existe entre les répétitions et les paquets du tri. Une répétition est un ensemble de sous-chaînes répétées. Une répétition dans S est définie par $R_{S,u} = (L_r; i_1, i_2..., i_{T_r})$, où $T_r \geq 2$ et $0 \leq i_1 < i_2... < i_{T_r} \leq n - 1$, la longueur de L_r est égale à la longueur des sous-chaînes, la taille T_r est égale au nombre de sous-chaînes et les i_i sont les adresses des sous-chaînes. Pour l'algorithme de tri, un paquet est égal à la répétition $R_{S,u} = (p + 1; i_1, i_2..., i_{T_r})$ ou p est la profondeur de la récursivité et les i_i sont les adresses suffixes du paquet à trier et T_r le nombre de suffixe du paquet. On démontre (assez facilement) que toutes les répétitions correspondent à des paquets et que tous les paquets sont les répétitions de la chaîne S.

Algorithm 2 Répétition(R,p)

$bProfond := True$ {Indicateur du paquet le plus profond de la récursivité est mis à vrai}	
For $s \in R$ **do** $B[S[p]] := B[S[p]]U\{s\}$	{Range les suffixes dans les paquets}
For $c \in \Sigma$ **do**	{Pour chaque code}
if $(|B[c]| > T_{inf})$ and $(p \leq L_{inf})$ **then**	{Est ce que le paquet a assez de suffixe ?}
$\quad Repetition(B[c], p + 1)$	{Et profondeur < limite alors appel recursif}
if $ConditionsPourEnregistrer$ **then**	{Si les conditions pour enregistrer sont vrais}
$\quad EnregistreRepetition$	{Alors on enregistre la répétition}
$bProfond := False$	{Indicateur du paquet le plus profond est mis à faux}

Dans notre algorithme, l'appel de la récursivité n'est exécuté que si le nombre de suffixes du paquet est $\geq T_{inf}$ et si la profondeur de la récusivité est $\leq L_{inf}$. L'indicateur $bProfond$ est mis à vrai en début de procédure, et, remis à faux en fin de procédure. En fin procédure, l'enregistrement des répétitions ne se fait que si $bProfond$ est vrai, le nombre de suffixes du paquet est $\geq T_{inf}$, la profondeur p est $\geq L_{inf}$ et à condition que les suffixes ne se chevauchent pas.

4 Résultats

Seuil	Tri insertion	Pas de tri
256	1,308	0,111
128	1,155	0,123
64	1,112	0,154
32	1,121	0,204
16	1,189	0,285
8	1,298	0,442
Temps en microsecondes par lettre		

TAB. 2 – *Temps des tris par paquets du fichier "HowTo" en fonction d'un seuil*

La colonne "Tri insertion" (Tab.2) est conforme aux résultats de Sedgewick et Wayne (2015), et montre la nécessité de changer de tri quand la taille du paquet est petite. La première colonne contient les valeurs des seuils (c'est à dire le nombre de suffixes du paquet) qui déclenche le changement de tri. La colonne "Pas de tri" correspond au fait que l'on ne fait plus de tri en dessous du seuil indiqué par la première colonne. Là encore, on vérifie très bien les propos de Sedgewick et Wayne (2015). Ce qui prend du temps c'est le tri des petits paquets. Or pour identifier les répétitions il n'est pas nécessaire de les trier.

Algorithme "REPETITION" sur le Fichier "HowTo"						
$T_{inf}(*)$	Longueur des répétitions : L_{inf}					
	8	16	32	64	128	256
256	0,084	0,093	0,095	0,097	0,102	0,103
128	0,087	0,101	0,108	0,115	0,120	0,125
64	0,093	0,123	0,136	0,140	0,145	0,146
32	0,108	0,140	0,161	0,170	0,183	0,194
16	0,115	0,180	0,208	0,227	0,242	0,258
8	0,154	0,245	0,296	0,332	0,356	0,388
(*) Nombre des suffixes dans un paque T_{inf}						

TAB. 3 – *Temps d'éxécution de l'algorithme "REPETITION" sur le fichier "HowTo"*

Dans notre algorithme RÉPÉTITION, le temps pour identifier les répétitions qui ont un nombre de suffixes supérieur à 16 (T_{inf}) et une longueur de sous-chaîne supérieure à 8(L_{inf}) est de 0,115 microsecondes (voir Tab.3). Ce temps est à comparer aux 1,112 microsecondes du tri complet de tous les suffixes (voir Tab.2). Le temps de traitement est divisé par 10. Comparé à ceux de Puglisi et al. (2010) il est 19 fois plus rapide (voir Tab.1). L'espace mémoire occupé par notre algorithme est légèrement supérieur à ceux utilisant les tableaux des suffixes, il faut rajouter l'espace occupé par les compteurs : dans notre cas 1024 octets ainsi que 4 fois la taille du plus grand paquet. On peut diminuer l'espace total occupé à 8 fois la taille du plus grand paquet plus la taille des compteurs, cela complexifie l'algorithme et diminue ses performances d'environ 10%.

La méthode (A)KDD est centrée utilisateur, c'est lui qui fixe les seuils T_{inf} et L_{inf}. La stratégie consiste à identifier en premier les symboles présents le plus grand nombre de fois et/ou les plus grands, puis, ceux qui apparaissent le moins souvent et/ou les plus petits. A chaque itération les symboles identifiés sont supprimés du fichier d'entrée, de cette façon l'itération suivante se fait sur un fichier de taille inférieure, elle est plus rapide.

5 Conclusion

Nous avons proposé un algorithme de détection des répétitions qui est très efficace dans la recherche des répétitions sur des fichiers textuels. Nous avons utilisé des fichiers textuels car c'est le seul moyen de vérifier la performance de l'algorithme par rapport à l'état de l'art. Les premiers résultats obtenus pour la détection des symboles dans les fichiers graphiques sont très encourageants (non décrit dans cet article). Ils feront l'objet de nos prochains travaux. Nous utiliserons les mémoires caches de façon optimale, comme le propose Kärkkäinen et Rantala (2009). Et surtout, nous paralléliserons l'algorithme par paquets, qui se prête très bien à ce type d'optimisation. La recherche des répétitions est l'algorithme principal de la méthode (A)KDD : (Antropocentric) Knowledge Discovery in Database), il est utilisé pour détecter les symboles, mais aussi, les types de segments (pointillés, tirets, axes), les hachures ,les remplissages, les formes simples (cercle, arc, ellipse, rectangle, triangle, carré) et les fonctions.

6 Remerciements

Je tiens à remercier la professeur Nadine Couture pour l'aide apportée dans la structuration de cet article et ses nombreuses relectures.

Références

Fayyad, U. M., G. Piatetsky-Shapiro, et P. Smyth (1996). Advances in knowledge discovery and data mining. pp. 1–34. Menlo Park, CA, USA : American Association for AI.

Franěk, F., W. F. Smyth, et Y. Tang (2003). Computing all repeats using suffix arrays. *J. Autom. Lang. Comb. 8*(4), 579–591.

Gusfield, D. (1997). Algorithms on strings. *Trees and Sequences*, 89–180.

Kärkkäinen, J. et T. Rantala (2009). Engineering radix sort for strings. In A. Amir, A. Turpin, et A. Moffat (Eds.), *String Processing and Information Retrieval*. Springer Berlin Heidelberg.

Louza, F. A., G. P. Telles, S. Hoffmann, et C. D. A. Ciferri (2017). Generalized enhanced suffix array construction in external memory. *Algorithms for Molecular Biology 12*(1), 26.

Narisawa, K., S. Inenaga, H. Bannai, et M. Takeda (2007). Efficient computation of substring equivalence classes with suffix arrays. In *CPM 2007, Proceedings*, pp. 340–351.

Péré-Laperne, J. (2018). (A)KDD for Structuring Destrured Documents. In *Proceedings of the 2018 International Conference on Artificial Intelligence ICAI'18*, Las Vegas, NV. 89, USA.

Péré-Laperne, J. et N. Couture (2017). Restructuring Unstructured Documents. In *SMART INTERFACES 2017*, Venice, Italy, pp. 60–65. Berntzen, L. et al.

Puglisi, S. J., W. F. Smyth, et M. Yusufu (2010). Fast, practical algorithms for computing all the repeats in a string. *Mathematics in Computer Science 3*(4), 373–389.

Saha, S., S. Bridges, Z. V. Magbanua, et D. G. Peterson (2008). Empirical comparison of ab initio repeat finding programs. *Nucleic Acids Research 36*(7), 2284–2294.

Sedgewick, R. et K. Wayne (2015). *Algorithms, Fourth Edition (Deluxe) : Book and 24-Part Lecture Series* (1st ed.). Addison-Wesley Professional.

Yusufu, M. et G. Yusufu (2015). Efficient Algorithm for Extracting Complete Repeats from Biological Sequences. *International Journal of Computer Applications 128*(16), 33–37.

Summary

We describe an approach to efficiently extract graphical symbols from a vector file (such as PDF). After passing from a space of 2D graphic objects to a code string (1D), the identification of the symbols consists in looking for a repeated sub-sequence of codes in the input file. The works of the literature use the tree or array of suffixes. Our algorithm is based on the bucket sort algorithm in order to identify repetitions. The size and frequency, are specified by the end-user.

Étude lexicographique de sous-graphes pour l'élaboration de modèles structures à activité – cas de la chimie organique

Nicolas Bloyet*,**,***, Pierre-François Marteau*
Emmanuel Frénod**,***

*IRISA, Université Bretagne Sud – 56000 VANNES - UMR 6074
{nicolas.bloyet, pierre-francois.marteau}@irisa.fr,
https://www.irisa.fr
**LMBA, Université Bretagne Sud – 56000 VANNES - UMR 6205
{nicolas.bloyet, emmanuel.frenod}@univ-ubs.fr
http://web.univ-ubs.fr/lmba/
***See-d SAS – Parc d'Innovation Bretagne Sud - 56000 VANNES
{nicolas.bloyet, emmanuel.frenod}@see-d.fr
https://www.see-d.fr

Résumé. Les modèles structure–activité (QSAR) cherchent à extraire de l'information utile dans des observations relatives à des structures, dans le but d'associer des éléments structurels à une activité d'ordre macroscopique. Un exemple typique est celui de la chimie organique, où certaines propriétés physiques et chimiques d'une molécule sont fonction de son agencement interne (conformation). On retrouve en particulier des sous-structures caractéristiques, nommées groupements fonctionnels ou fragments qui s'apparentent à des sous-graphes, ainsi que des structures de liaison. Nous proposons une analyse lexicographique de ces fragments et montrons que ceux-ci suivent approximativement des lois de puissance, proches des lois de Zipf observées dans le cadre des langues naturelles. En poursuivant cette analogie, nous développons la notion de "plongement" de fragment (fragment-embedding). Nous montrons l'intérêt de cette notion et en déduisons quelques perspectives.

1 Introduction

Les molécules chimiques s'apparentent bien plus à un réseau/graphe d'atomes qu'à une information de type vectorielle, contenant un nombre fini de descripteurs. Cette information structurelle renferme ainsi une grande partie de l'information caractéristique des molécules : elle définit la manière dont celles–ci vont se conformer dans l'espace, ce qui conditionnera considérablement leurs propriétés macroscopiques où leur réactivité potentielle en présence d'une autre espèce. Le traitement de cette information structurelle est spécifiquement dénommé *Quantitative Structure–Activity Relationship* (QSAR). On distingue deux cas d'usage des modèles QSAR : le premier est purement applicatif, il vise à estimer le comportement macroscopique d'une molécule vis-à-vis d'une propriété donnée. Le second cas d'usage est la restitution d'information. Pouvoir interpréter directement un modèle QSAR permet d'identifier quelle serait la relation liant les éléments structurels aux propriétés macroscopiques de la molécule. Dans ce cas, il est nécessaire de s'appuyer sur des prédicteurs conservant un certain sens chimique.

2 Modèles QSAR *"Sac de Fragments"*

Parmi les nombreux types d'approche exploitant ces modèles (Wu et al., 2018), nous nous intéressons dans cet article aux approches orientées graphe. Les molécules sont assimilables à des graphes, dans lesquels les atomes tiennent le rôle de nœuds, tandis que les liaisons atomiques covalentes tiennent le rôle d'arêtes. Au sein même de cette famille d'approches, on distingue les méthodes de type fragmentation (Varnek et al., 2008), qui visent à séparer le graphe entier en plusieurs sous–graphes plus aisés à analyser individuellement. De part leur correspondance naturelle avec les groupements fonctionnels et structure bien connues, ces méthodes offrent une ré-interprétabilité accrue par rapport à des descripteurs plus artificiels.

2.1 Principe

On décrit ici un modèle de type *sac de fragments (Bag of Fragments)*, similaire à celui proposé dans (Baskin et Varnek, 2008). La méthodologie est la suivante : disposant d'une notation nous permettant d'assurer que deux graphes *isomorphes*[1] seront représentés par le même identifiant dans le contexte de l'étude, nous générons à partir de chaque nœud (atome) un sous–graphe centré sur lui–même, de longueur arbitraire. Ces sous–graphes pourront ainsi faire l'objet de *descripteurs topologiques*, en d'autres termes de nouvelles variables explicatives (prédicteurs), dont la valeur pour une molécule donnée correspondra au nombre d'occurrences de ce sous–graphe et de ses isomorphes dans cette molécule. On projette ainsi les molécules sur un espace de fragments (sous–graphes), d'où le terme de "sac" de fragments. Cette projection peut ensuite être exploitée par des méthodes d'analyse classiques (Varnek et al., 2008).

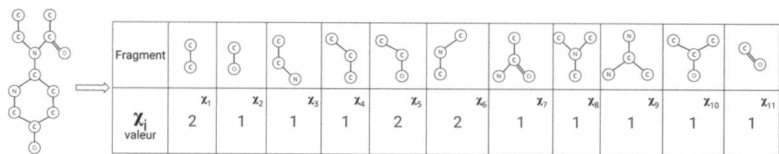

FIG. 1: Projection d'un graphe (molécule) sur un espace de fragments

Ces fragments sont utilisables en l'état pour la prédiction de certaines propriétés (densité, LogP[2] par exemple), mais se révèlent insuffisants pour d'autres propriétés telles que le point d'ébullition par exemple. On provoque en effet une perte d'information en ne tenant pas compte du contexte d'apparition de ces fragments.

---

1. identiques à un ensemble de permutations près de l'un à l'autre
2. rapport de solubilité eau/octanol, soit le caractère lipophile ou lipophobe de l'espèce chimique

Afin d'exploiter au mieux cette approche *Bag of Fragments*, et d'être le plus précis possible pour la suite de l'étude, il est nécessaire d'utiliser une notation qui permette de garantir au maximum que des fragments identiques, appartenant à la même classe d'isomorphisme, soient regroupés sous la même modalité de descripteur topologique. On utilise ici une méthode à base de projection vers un arbre canonique et de notation de Newick modifiée, pour exprimer les différentes modalités de fragments.

2.2 Vocabulaire généré

Selon les fragments que l'on considère (taille, prise en compte ou non du label, etc.), on génère un vocabulaire de fragments, dont la taille va être fonction du caractère précis ou au contraire approximatif de ceux-ci. En revanche, on constate un effet de la taille de ce vocabulaire sur la modélisation de QSAR, qui ne donne d'ailleurs pas nécessairement l'avantage aux fragments les plus précis. Dans (Ruggiu et al., 2010) notamment, on constate qu'en autorisant un niveau d'imprécision [3] sur les fragments considérés, ceux-ci peuvent s'avérer être plus discriminants sur certaines tâches de prédiction. Cela pourrait être révélateur d'une forme de *polysémie* à considérer, voire même d'une sémantique véhiculée par ces fragments.

3   Étude lexicographique des fragments moléculaires

L'observation précédente, qui révèle une apparente influence de polysémie, amène à formuler l'hypothèse d'une analogie avec ce que l'on observe au niveau des lexèmes en traitement automatique du langage naturel (TALN).

On propose pour étayer cette hypothèse l'étude suivante : considérant des fragments de taille t (un atome "feuille" est distant d'au plus t liaisons avec l'atome "racine"), et un corpus extrait de *PubChem* [4] recouvrant un espace chimique assez large (1 510 000 molécules), quels sont les écarts de fréquence entre les fragments les plus courants et les plus exotiques ? Le cas échéant, cette répartition se rapproche-t-elle d'une loi statistique connue ?

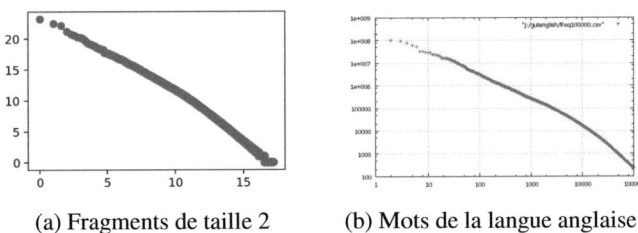

(a) Fragments de taille 2   (b) Mots de la langue anglaise

FIG. 2: Fréquence du terme (fragment/mot) selon le rang, en repère log-log

Cette étude, effectuée ici pour $t = 2$, montre qu'il existe un écart très important entre le fragment le plus courant et le fragment le plus rare [5]. Il est plus aisé de constater cette disparité

---

3. considérant les propriétés pharmacophoriques (plus générales) d'un atome au lieu de son symbole atomique (plus précis)

4. base de données publique de molécules https://pubchem.ncbi.nlm.nih.gov

5. 16'978'587 occurrences pour le fragment de rang 1, 1 seule occurrence pour le fragment de rang 153 004

dans un repère log-log, où l'on trace la fréquence d'un terme (fragment) en fonction de son rang (figure 2a). Apparaissent alors plusieurs lois de puissance, phénomène caractéristique d'une famille de distributions dites *Zipfienne* (Newman, 2005) , que l'on retrouve empiriquement sur les corpus textuels. On retrouve ainsi une distribution similaire sur le corpus *projet Gutemberg* [6] en langue anglaise, exception faite du nombre de termes (figure 2b).

On constate également que la taille du vocabulaire généré semble soumis à une explosion combinatoire quand t augmente [7], ce qui a pour conséquence de rendre très difficile une exploitation statistique de ces fragments pourtant plus précis sans disposer au choix d'un très grand nombre d'observations couvrant cet espace de fragments très vaste, ce qui est difficile à obtenir pour une propriété cible, ou d'une méthode permettant de rapprocher des fragments différents, mais porteurs d'une information similaire.

4   Vers une utilisation des fragments en contexte

Les observations empiriques précédentes indiquent que des fragments de graphes pris en tant que prédicteurs deviennent rapidement difficiles à analyser d'un point de vue statistique, au vu de l'explosion de dimensionalité que cela implique. Composer avec des observations caractérisées par des vecteurs creux à dimensionalité très élevée est une des problématiques avec lesquelles compose le traitement automatique des langages naturels (TALN), par troncature de vocabulaires (termes trop fréquents ou trop rares), ou bien grâce aux travaux plus récents dans le domaine des plongements *(embeddings)*, techniques de réduction de dimension basées sur une contextualisation des termes (Mikolov et al., 2013), (Le et Mikolov, 2014), (Pennington et al., 2014). Il est à noter que des apprentissages de représentation ont été récemment adaptés pour les graphes selon plusieurs variantes (Goyal et Ferrara, 2017) (Narayanan et al., 2017).

On propose ici de continuer à considérer des fragments de taille t comme des termes (lexèmes) qui composent un graphe, structure d'ordre supérieure. On embarque ainsi les informations portées par les arêtes dans cette structure de base que sont les fragments. On génère au préalable pour chaque nœud v de chaque graphe son fragment de taille t associé, noté φ_v. On considère ensuite une distance n de voisinage maximale, définissant I_v l'ensemble des voisins de ce nœud. Pour chaque $i \in I_v$, nous allons générer un ensemble de *n-grams* de fragments (figure 3).

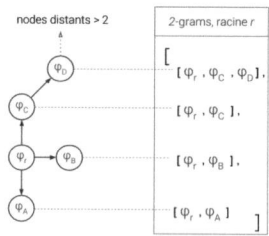

FIG. 3: Composition d'un *n-gram* comme énumération de fragments

---

6. source : http://1.lol.in/en/webtools/semantic-depth
7. on passe ainsi de 153 004 à 1 386 918 fragments en passant t de 2 à 3

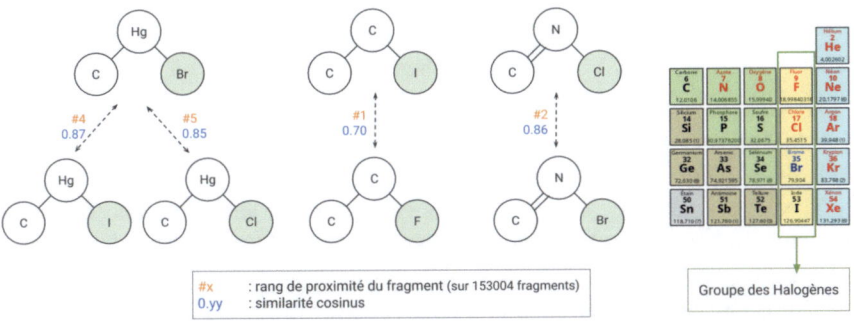

FIG. 4: Observation de substitutions dans des fragments similaires

Étude de similarités

Suivant le protocole précédent, les *embeddings* des 153 004 fragments de taille $t = 2$ sont calculés sur un corpus de 1 510 000 molécules avec un modèle Skip-Gram de paramètre $n = 4$. Les fragments étant projetés sur un nombre de dimensions arbitraire $m = 100$, on peut définir une similarité entre deux fragments. La figure 4 illustre une tendance qui semble se retrouver en opérant une recherche de fragments les plus proches d'un fragment de référence au sein du corpus étudié, au vu de la similarité cosinus. Dans le cas où l'on soumet un fragment de référence comportant des atomes appartenant au groupe des halogènes [8], on constate bien souvent la présence parmi les fragments les plus proches, de fragments identiques à la référence, à une substitution d'halogène près. Ce type de substitution concerne donc deux atomes aux propriétés similaires, ce qui du point de vue chimique fait sens. Les embeddings de fragments en contexte, contrairement aux fragments bruts, semblent donc capable, sur cet exercice, d'inférer des proximités sémantiques intéressantes, tâche nécessitant pourtant une certaine connaissance de ce domaine. Des études complémentaires sont requises pour confirmer l'intérêt de tels embeddings sur des tâches de régression et de classification de molécules.

5 Conclusion

Dans cet article nous avons présenté un état de l'art sur l'utilisation des modèles *Bag of Fragments* dans l'élaboration de QSAR. Des études lexicographiques menées sur ces fragments sur un corpus conséquent exposent empiriquement des similarités étonnantes vis-à-vis des lois distributionnelles typiques des langages naturels, et nous encourage à formuler une analogie entre ces domaines, notamment pour résoudre des problématiques bien adressées en TALN. En ce sens, nos premières expérimentations (application requête-réponse par exemple) portant sur des *plongements* de fragments *(embeddings)*, pris dans leur contexte d'apparition, paraissent très encourageantes, et nous amènent à approfondir cette analogie en élaborant de nouvelles méthodes de caractérisation de graphe, dans l'espoir d'améliorer notamment la prédiction de propriétés physico-chimiques des molécules.

---

8. Fluor F, Chlore Cl, Brome Br, Iode I, tous situés dans la 17-ième colonne du tableau périodique, et présentant des propriétés chimiques très homogènes

Références

Baskin, I. et A. Varnek (2008). Building a chemical space based on fragment descriptors. *Combinatorial chemistry & high throughput screening 11*(8), 661–668.

Goyal, P. et E. Ferrara (2017). Graph embedding techniques, applications, and performance : A survey. *arXiv preprint arXiv :1705.02801.*

Le, Q. et T. Mikolov (2014). Distributed representations of sentences and documents. In *International Conference on Machine Learning*, pp. 1188–1196.

Mikolov, T., I. Sutskever, K. Chen, G. S. Corrado, et J. Dean (2013). Distributed representations of words and phrases and their compositionality. In *Advances in neural information processing systems*, pp. 3111–3119.

Narayanan, A., M. Chandramohan, R. Venkatesan, L. Chen, Y. Liu, et S. Jaiswal (2017). graph2vec : Learning distributed representations of graphs. *arXiv preprint arXiv :1707.05005.*

Newman, M. E. (2005). Power laws, pareto distributions and zipf's law. *Contemporary physics 46*(5), 323–351.

Pennington, J., R. Socher, et C. Manning (2014). Glove : Global vectors for word representation. In *Proceedings of the 2014 conference on empirical methods in natural language processing (EMNLP)*, pp. 1532–1543.

Ruggiu, F., G. Marcou, A. Varnek, et D. Horvath (2010). Isida property-labelled fragment descriptors. *Molecular informatics 29*(12), 855–868.

Varnek, A., D. Fourches, D. Horvath, O. Klimchuk, C. Gaudin, P. Vayer, V. Solov'ev, F. Hoonakker, I. V. Tetko, et G. Marcou (2008). Isida-platform for virtual screening based on fragment and pharmacophoric descriptors. *Current Computer-Aided Drug Design 4*(3), 191.

Wu, Z., B. Ramsundar, E. N. Feinberg, J. Gomes, C. Geniesse, A. S. Pappu, K. Leswing, et V. Pande (2018). Moleculenet : a benchmark for molecular machine learning. *Chemical science 9*(2), 513–530.

Summary

The development of structure-activity models (QSAR) consists in being able to extract useful information in observations relating to molecular structures, in order to associate structural elements with an macroscopic activity. A typical example is that of organic chemistry, where certain physico-chemical properties of a molecule are a function of its internal arrangement (conformation). In particular, we find characteristic substructures, called functional groups or fragments that are similar to subgraphs, as well as structural links. We describe in this paper a distributional analysis of these fragments and show that they follow approximately power laws, close to the Zipf laws well known for natural languages. Pursuing this analogy, we develop the concept of "fragment-embedding" that we evaluate on classification/regression tasks by comparing our results to traditional "bag-of-fragments" approaches. We show the interest of this concept and deduce some perspectives.

Prédiction d'événements distants
basée sur des règles séquentielles

Lina Fahed*, Philippe Lenca*, Yannis Haralambous*, Riwal Lefort**, Marie-Laure Tallec**

*IMT-Atlantique, Lab-STICC, F-29238 Brest, France
{lina.fahed, philippe.lenca, yannis.haralambous}@imt-atlantique.fr
**Crédit Mutuel ARKEA, Pôle Innovation et Opération, service Datalabs
{riwal.lefort, marie-laure.tallec}@arkea.com

Résumé. Dans cet article, nous nous concentrons sur la prédiction d'évènements distants à travers la fouille de règles séquentielles en proposant l'algorithme *D-SR* (Distant Sequential Rules). L'originalité de *D-SR* réside dans le fait qu'il fouille les règles avec un conséquent temporellement distant de l'antécédent, en appliquant une contrainte de gap minimal entre les deux éléments. Nous proposons d'intégrer *D-SR* dans les algorithmes traditionnels de fouille de règles en tant qu'étape de post-traitement ou pendant le processus de fouille. Les expérimentations montrent l'efficacité de *D-SR* en termes de scalabilité et de performance en prédiction.

1 Introduction

La fouille de données est un domaine qui a pour but la recherche de motifs, de tendances ou de relations cachées dans les données. Depuis son introduction en 1993 par Agrawal (**?**), la fouille de motifs séquentiels dans une base de séquences reste toujours aujourd'hui un domaine actif (**?**). Un motif séquentiel, noté $P = <p_1, \ldots, p_k>$, est une liste ordonnée d'événements. Une occurrence du motif dans une séquence est la série d'instants d'apparition des événements qui le composent dans la limité d'une fenêtre de taille w de la séquence. Le support d'un motif, $supp(P)$, est le nombre de ses occurrences. Un motif est considéré comme fréquent si $\text{supp}(P) \geq \text{minsupp}$ où minsupp est un seuil prédéfini.

Mis à part la fouille de motifs séquentiels, il est également possible de fouiller des règles d'association séquentielles, appelées « règles séquentielles » et notées $R : P \to Q$ où $P = <p_1, \ldots, p_k>$ et $Q = <q_1, \ldots, q_e>$. Une règle séquentielle indique que si un ou plusieurs évènements arrivent dans un ordre donné (l'antécédent de la règle), alors un ou plusieurs évènements sont susceptibles d'arriver (le conséquent) avec une certaine probabilité, appelée la confiance de la règle : $\text{conf}(P \to Q) = \frac{\text{supp}(P \cdot Q)}{\text{supp}(P)}$. Une règle est confiante si $\text{conf}(R) \geq$ minconf, où minconf est un seuil prédéfini. Les règles séquentielles sont souvent utilisées pour prédire des évènements futurs (le conséquent des règles) (**?**).

La tâche de fouille de règles séquentielles est souvent décomposée en deux sous-tâches (**?**) : la fouille de motifs séquentiels fréquents et la génération de règles confiantes à partir de motifs (**?**). Dans la fouille de motifs séquentiels, et afin d'éviter d'explorer la totalité de l'espace de recherche, il devient important de concevoir des algorithmes efficaces qui imposent des contraintes sur les motifs. Nous pouvons citer par exemple la contrainte de gap (?), définie généralement comme une distante temporelle minimale ou maximale entre les occurrences de deux événements consécutifs dans un motif. Plusieurs contraintes ont été proposées pour les règles (et non les motifs), comme dans la fouille de règles non redondantes (?), ou dans celle de règles munies d'une position précise (?). Cependant, ces algorithmes requièrent l'ensemble complet de motifs candidats, ce qui est extrêmement coûteux en termes de ressources de calcul. Dans l'état de l'art, certains algorithmes ont été proposés afin de fouiller les règles sans se baser sur une étape de fouille de motifs, comme l'algorithme *TRuleGrowth* (?) et l'algorithme DEER (?) pour une séquence d'événements.

Du point de vue de l'exploitation des règles séquentielles, comme seul l'ordre des évènements est considéré, celles-ci peuvent être utilisées pour prédire l'évènement suivant. Cependant, aucune information ne peut être fournie sur l'horizon d'apparition de l'évènement futur, ce qui pourrait être important pour certaines applications où il est préférable de prédire des évènements temporellement distants. C'est, par exemple, le cas quand il est utile de disposer d'un certain intervalle de temps avant l'apparition de l'évènement prédit. Considérons, par exemple, le domaine bancaire : une prédiction intéressante serait le fait qu'un client ayant un profil donné pourrait quitter la banque sous x mois. Il peut s'avérer utile de faire cette prédiction au plus tôt, puisque la banque aurait ainsi le temps de réagir en essayant d'éviter l'évènement.

Dans cet article, nous traitons la fouille de règles séquentielles dans le but de prédire des évènements distants. Pour cela, les règles doivent refléter une relation distante entre l'antécédent et le conséquent. Nous nous confrontons ainsi au défi de la *fouille de règles séquentielles avec conséquent distant*. Pour relever ce défi, nous proposons un nouvel algorithme, appelé *D-SR* (Distant-Sequential Rules). À notre connaissance, la fouille de règles séquentielles distantes n'a pas encore été proposée pour les bases de séquences [1].

Nous introduisons l'algorithme *D-SR* dans la section 2. Nos résultats expérimentaux sont présentés en section 3. Nous concluons dans la section 4.

2 Algorithme *D-SR* : comment fouiller des règles séquentielles pour la prédiction d'événements distants ?

Dans cette section, nous présentons l'algorithme *D-SR* (Distant Sequential Rules). Afin de fouiller des règles distantes, l'algorithme impose une contrainte de gap entre l'antécédent et le conséquent pour chaque occurrence de la règle. Nous formalisons la définition de l'occurrence de la règle et la définition du gap comme suit :

Definition 1 *Soit $R : P \to Q$ une règle séquentielle composée du motif $P.Q = <p_1, \ldots, p_k, q_1, \ldots, q_e>$. Une **occurrence** de R, notée occ(R), est représentée comme suit : $\mathrm{occ}(R : P \to Q) = \mathrm{occ}(P.Q : <p_1, \ldots, p_k, q_1, \ldots, q_e>) = (t_{p_k}, t_{q_1})$.*

Definition 2 *Soit l'occurrence $\mathrm{occ}(R) = \mathrm{occ}(P.Q) = (t_{p_k}, t_{q_1})$. Elle respecte une **contrainte de gap minimal** de taille gap, si $(t_{q_1} - t_{p_k}) \geq$ gap.*

---

1. L'idée de règles avec un conséquent distant a été introduite dans le contexte de fouille de règles d'épisode dans une seule et longue séquence d'évènements (?), ce qui est différent de l'objectif du présent article de fouille de règles séquentielles dans une base de séquences (les contraintes de fouille n'étant pas les mêmes).

Afin de pouvoir intégrer notre algorithme dans les algorithmes traditionnels de fouille de règles, nous classons ces derniers en deux familles : (i) ceux qui fouillent les motifs puis construisent les règles, et (ii) ceux qui fouillent directement les règles en fixant le conséquent tôt, durant le processus de fouille. Pour chaque famille d'algorithmes, nous proposons une version de l'algorithme *D-SR* en tant qu'extension qui permette de fouiller des règles distantes. Nous allons présenter deux versions : la fouille de règles distantes (i) durant une étape de post-traitement, et (ii) durant le processus de la fouille.

La fouille de règles distantes durant une étape de post-traitement Pour les algorithmes de l'état de l'art qui fouillent les motifs avant de construire les règles, imposer la contrainte du gap entre l'antécédent et le conséquent ne peut être réalisé durant le processus de fouille, car lorsqu'on ajoute un événement au motif en cours de construction, on ne peut pas savoir s'il fera partie du conséquent ou de l'antécédent de la future règle. Pour cela, nous proposons d'intégrer la contrainte du gap comme étape de post-traitement :

1. Durant la fouille d'un motif, nous proposons de tracer la distance temporelle entre le suffixe du motif et chaque événement ajouté, en sauvegardant leurs instants d'apparition.

2. Une fois la règle construite, ses occurrences qui ne respectent pas la contrainte du gap minimal sont filtrées (voir définition 2). La fréquence et la confiance de la règle sont mises à jour suite à ce filtrage. Seules les règles fréquentes et confiantes pour lesquelles toutes les occurrences respectent la contrainte du gap sont retenues.

Il est important de mentionner que les algorithmes traditionnels (qui fouillent les motifs puis construisent les règles), sur lesquels se base cette version de *D-SR*, consomment beaucoup de ressources en temps et en mémoire afin de construire toutes les règles qui sont par la suite filtrées lors de l'application de notre algorithme. Par conséquent, nous considérons que ces algorithmes ne sont pas les plus adaptés pour la prédiction d'événements distants.

La fouille de règles distantes durant le processus de fouille Récemment, certains algorithmes de l'état de l'art ont été proposés pour fouiller directement les règles sans se baser sur une étape de fouille de motifs. Ces algorithmes commencent par combiner des événements afin de construire directement une règle de taille 1, à savoir une règle avec un seul événement dans l'antécédent et un seul événement dans le conséquent : $R : P \rightarrow Q = p_1 \rightarrow q_1$: $p \in P \wedge q \in Q$. Si cette règle est fréquente et confiante, elle est étendue par la suite en ajoutant un événement à l'antécédent ou au conséquent, afin de construire une règle plus longue. Dans cette version de l'algorithme *D-SR*, nous proposons d'intégrer la contrainte du gap durant la fouille de règles comme suit :

1. Dès le début du processus de la fouille, lorsque la règle $R : P \rightarrow Q$ est construite, nous proposons de tracer ses occurrences (à la manière de la définition 1). Ces occurrences sont directement filtrées afin de ne garder que celles qui respectent le gap minimal (définition 2). Suite à cette étape, seules les règles fréquentes et confiantes sont retenues.

2. Lorsque le processus de fouille continue pour obtenir des règles plus longues, l'étape 1 est réitérée. Il est important de mentionner que l'évaluation de la contrainte de gap est réalisée uniquement lorsque l'antécédent de la règle est étendu (en y ajoutant un événement). Il n'est pas nécessaire de faire cette vérification au cas où le conséquent est étendu, car la distance entre le suffixe de l'antécédent p_k et le préfixe du conséquent q_1 reste inchangée.

3 Expérimentations

Cette section est dédiée à l'évaluation de l'algorithme *D-SR*. Le tableau 1 montre les caractéristiques des deux corpus de données utilisés pour valider l'algorithme. Le corpus *Kosarak* [2] est utilisé pour l'évaluation de la scalabilité des algorithmes. Le *corpus bancaire* est un corpus de données réelles anonymisées fourni par le groupe *Crédit Mutuel ARKEA* [3]. Ce corpus représente l'historique des actions (événements) de nombreux clients anonymisés.

Corpus	# Séquences	# Événements	Nombre moyen d'événements par séquence (taille moyenne des séquences)
Kosarak	990.000 (70.000)	21.144	7,97 (max= 796)
Corpus Bancaire	825.741	71	25 (max= 80)

TAB. 1: Caractéristiques des corpus de données.

Performance de *D-SR* durant une étape de post-traitement Nous évaluons, sur le corpus *Kosarak*, la performance de *D-SR* lorsqu'il est intégré en tant qu'étape de post-traitement dans l'algorithme traditionnel *MINEPI+* (**?**). Les valeurs des paramètres d'entrée sont : minsupp = 0,003, minconf = 0,5, $w = 10$ et gap = 10 (le gap est utilisé uniquement pour *D-SR*). Comme prévu, l'algorithme *MINEPI+* consomme beaucoup de temps (30 secondes) pour fouiller toutes les règles (1 900 règles), qui sont filtrées par *D-SR* : 1 seconde pour 520 règles retenues. Nous concluons que les algorithmes de fouille de motifs puis de règles ne sont pas optimaux pour la fouille de règles distantes.

Évaluation de la scalabilité Nous évaluons, sur le corpus *Kosarak*, la scalabilité de *D-SR* lorsqu'il est intégré durant le processus de la fouille de l'algorithme traditionnel *TRuleGrowth* (**?**), comparée à celle de l'algorithme de base *TRuleGrowth*, pour minsupp = 0,003, minconf = 0,5, $w = 10$ et gap = 0. Il est important de préciser que les deux algorithmes ne sont comparables que lorsque gap = 0. Les figures 1 (a) et 1 (b) montrent que le temps d'exécution des deux algorithmes augmente de manière linéaire avec le nombre de séquences et de manière significative pour *TRuleGrowth* avec la taille de fenêtre w. Cela peut être expliqué via les figures 1 (a') et 1 (b') qui montrent que *D-SR* fouille significativement beaucoup moins de règles. Aussi, la figure 1 (c) montre que le temps d'exécution diminue considérablement avec la taille du gap, ce qui s'explique par le fait que moins de règles sont obtenues quand on dispose d'un plus grand gap (figure 1 (c')). Nous concluons que *D-SR* est plus évolutif que *TRuleGrowth*, et qu'en outre, il est plus évolutif en augmentant w qu'en augmentant le nombre de séquences.

Performance dans une tâche de prédiction Nous évaluons la performance en prédiction sur le corpus *Kosarak* (pour minsupp = 0,002) en le divisant en deux sous-corpus : 50% pour l'apprentissage des règles et 50% pour le test (prédiction par la règle la plus confiante). Les figures 2 (a) et (a'), montrent qu'en fonction de w, *D-SR* donne toujours une meilleure précision : on obtient jusqu'à 30% de précision supplémentaire malgré une couverture inférieure à celle de *TRuleGrowth*. Nous concluons que l'utilisation de fenêtres est bénéfique, car en augmentant w, plus de règles sont potentiellement plus fréquentes et donc retenues, ce qui améliore leur couverture. Dans les figures 2 (b) et (b'), nous remarquons que la précision diminue en augmentant le gap, ce qui est prévisible, car plus le gap est grand, plus la prédiction devient

---

2. Kosarak dataset : http://goo.gl/4B6ve5.

3. Pour des raisons de confidentialité, ce corpus a été anonymisé au sein du groupe Crédit Mutuel ARKEA.

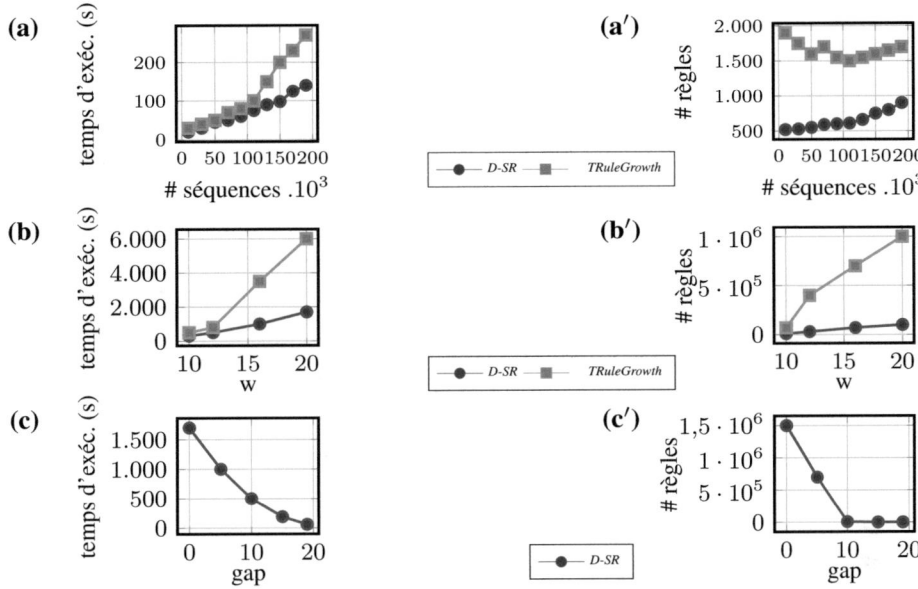

FIG. 1: Scalabilité sur Kosarak : impact du nombre de séquences, w, gap.

difficile puisque l'objectif est de prédire des événements loin dans le futur. Nous concluons que *D-SR* réussit à prédire des événements distants et surpasse *TRuleGrowth* dans cette tâche.

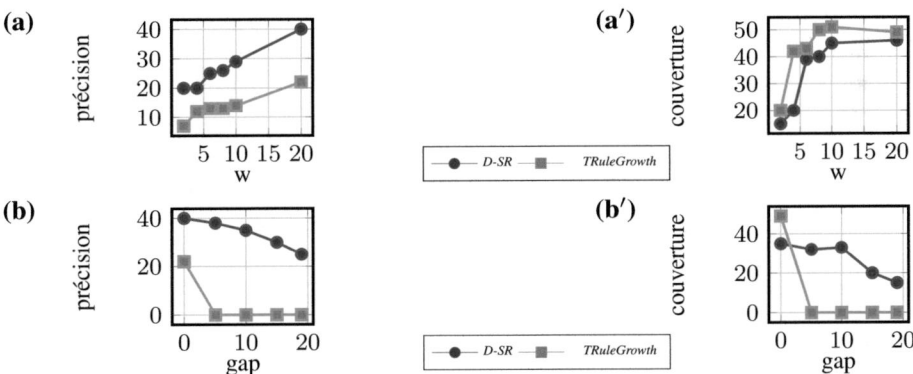

FIG. 2: Performance en prédiction sur Kosarak : impact de w, gap.

Évaluation sur un corpus de données bancaires   Sur le corpus bancaire (pour minsupp $=$ 0,109, minconf $=$ 0,8, w $=$ 40, gap $=$ 180), *D-SR* fouille 200 règles alors que *TRuleGrowth* en fouille 1000, ce qui représente une diminution de 80% du nombre de règles, due au fait que *D-SR* impose plus de contraintes durant la fouille. Un exemple de règle obtenue par *D-SR* est le suivant : *R : (simulation crédit habitat, annulation contrat assurance habitat, virement* *extérieur important)* → *(départ client)*, avec gap = 180. Cette règle signifie que lorsqu'on détecte un profil client qui effectue une simulation de crédit habitat, puis annule sont contrat d'assurance habitation, et enfin effectue un virement extérieur d'un montant important, cela permet de prédire que ce profil de client partirait probablement après 180 jours. La banque pourrait profiter de ce temps pour contacter le client et lui proposer des offres adaptées.

4   Conclusion et perspectives

Dans cet article, nous proposons l'algorithme *D-SR* pour la fouille de règles séquentielles avec un conséquent distant. Les expérimentations sur deux corpus de données montrent que *D-SR* est plus performant lorsqu'il est intégré durant le processus de la fouille et que ses performances dépassent celles d'autres algorithmes de l'état de l'art. Dans un futur travail, nous envisageons de proposer une nouvelle mesure d'intérêt afin d'apporter plus de flexibilité à la contrainte de gap.

Références

Achar, A., P. Sastry, et al. (2013). Pattern-growth based frequent serial episode discovery. *Data & Knowledge Engineering 87*, 91–108.

Agrawal, R., T. Imieliński, et A. Swami (1993). Mining association rules between sets of items in large databases. In *ACM SIGMOD Record*, Volume 22, pp. 207–216. ACM.

Ao, X., P. Luo, J. Wang, F. Zhuang, et Q. He (2017). Mining precise-positioning episode rules from event sequences. In *IEEE 33rd Int. Conf. on Data Engineering (ICDE)*, pp. 83–86.

Boudane, A., S. Jabbour, L. Sais, et Y. Salhi (2017). Enumerating non-redundant association rules using satisfiability. In *Conf. on Knowledge Discovery & Data Mining*, pp. 824–836.

Fahed, L., A. Brun, et A. Boyer (2018). Deer : Distant and essential episode rules for early prediction. *Expert Systems with Applications 93*, 283–298.

Fournier-Viger, P., C.-W. Wu, V. S. Tseng, L. Cao, et R. Nkambou (2015). Mining partially-ordered sequential rules common to multiple sequences. *IEEE Transactions on Knowledge and Data Engineering 27*(8), 2203–2216.

Huang, K.-Y. et C.-H. Chang (2008). Efficient mining of frequent episodes from complex sequences. In *Information Systems*, Volume 33, pp. 96–114. Elsevier.

Mannila, H., H. Toivonen, et A. I. Verkamo (1997). Discovery of frequent episodes in event sequences. *Data Mining and Knowledge Discovery 1*(3), 259–289.

Summary

In this paper, we focus on the prediction of distant events by mining sequential rules and propose the algorithm *D-SR* (Distant Sequential Rules). The originality of *D-SR* is that it mines rules with a consequent temporally distant from the antecedent by applying a minimal gap constraint between the two elements. *D-SR* can be integrated into traditional algorithms as a post-processing step or during the mining process. Experiments show the efficiency of *D-SR* in terms of running time, scalability and in a prediction task.

Propagation d'événements dans un graphe économique

Jocelyn Bernard*,**, Julien Goncalves*
Hamamache Kheddouci**

*ReportLinker, 21 Quai Antoine Riboud, 69002, Lyon, France
prenom.nom@reportlinker.com, https://www.reportlinker.com/
**Université Lyon 1, LIRIS CNRS 5205, 69100, Villeurbanne, France
prenom.nom@univ-lyon1.fr

Résumé. Les modèles de diffusion dans les réseaux sociaux sont beaucoup étudiés ces dernières années. Les études concernent notamment les diffusions de maladies et de rumeurs dans les réseaux sociaux ou de risques financiers dans les réseaux bancaires. Nous proposons dans cet article de répondre au problème de diffusion des événements au sein de réseaux économico-sociaux. En particulier, nous proposons d'étudier un nouveau problème de diffusion appelé *Influence Classification Problem (ICP)* dont l'objectif est de classifier automatiquement quels noeuds sont impactés pour un événement donné. Nous proposons également deux modèles de propagation basés sur un seuil calculé en fonction des attributs du graphe et de l'événement. Nous testons nos modèles sur deux événements connus : l'ouragan Katrina et l'acquisition de Monsanto par Bayer.

1 Introduction

Les modèles de propagation actuels proposent de représenter la diffusion d'informations dans un réseau de données. Les problèmes de diffusions de rumeurs ou de maladies sont étudiés pour comprendre et modéliser la propagation d'informations (Kempe et al. (2003); Kermack et McKendrick (1932)). Ces modèles de diffusion ont également été adaptés aux réseaux économiques et notamment bancaires pour étudier les faillites.

Les événements économiques et sociaux semblent donc pouvoir être représentés de la même façon : une baisse de production de l'orge peut augmenter le prix des céréales, ce qui peut impacter les producteurs et distributeurs de bières. Notre idée est de proposer un modèle de propagation représentant ce genre de scénarios. Pour cela nous proposons un problème appelé *Infection Classification Problem (ICP)*. Le but d'*ICP* est de déterminer pour chaque élément du réseau s'il est concerné par l'événement. Dans cette optique nous avons étudié deux événements connus : L'ouragan Katrina qui a frappé la Nouvelle-Orléans et la tentative d'acquisition de Monsanto par Bayer. Pour répondre à *ICP* nous proposons deux modèles de diffusions appelés *Hybrid Linear Threshold (HLT)* et *Adapted Threshold (AT)* qui sont basés sur le modèle de seuil *Linear Threshold*. Pour chacun des modèles nous utilisons un seuil pour déterminer à partir de quel instant un noeud est impacté par un événement. Les modèles diffèrent par la manière dont le seuil est calculé, pour *HLT*, nous utilisons la valeur des poids des arcs entrants tandis que nous utilisons la valeur du poids du noeud pour *AT*.

2 État de l'art

Un réseau est représenté par un graphe dirigé $G = (V, E)$ où les noeuds V sont des entités et les arcs E représentent les interactions entre les entités. Dans le cas de réseaux sociaux, les noeuds représentent des personnes et les arcs les interactions sociales entre les personnes.

Parmi les problèmes étudiés d'infection de réseaux, Kempe et al. (2003) proposent d'étudier l'*Influence Maximization Problem*, où le but est de déterminer quels noeuds initiaux impactent le plus d'autres noeuds. Pour cela ils proposent deux modèles, *Independent Cascade Model (IC)* et *Linear Threshold Model (LT)*. Ces modèles, à partir de noeuds initiaux, propagent l'information dans le graphe. Ces noeuds initiaux, ou noeuds sources, transmettent l'information de la contagion à leurs voisins qui peuvent alors se retrouver infectés et la transmettre à leur tour.

Independent Cascade Model (IC) : Goldenberg et al. (2001) proposent un modèle où, à chaque étape t, un noeud impacté u peut aléatoirement impacté un ou plusieurs voisins relié par l'arc (u, v) via une fonction probabiliste $p_{(u,v)}$. Si l'information est transmise, le noeud v devient impacté et peut alors transmettre l'information au temps $t + 1$.

Linear Threshold Model (LT) : Granovetter (1978) proposent un modèle basé sur un seuil. Chaque noeud v a un seuil $s(v)$ et il y a un poids w sur chacun de ses arcs entrants. À une étape t, si la somme du poids des arcs venant des voisins impactés est supérieure au seuil $s(v)$, v devient impacté :

$$\exists t, v \in S_t, \forall u \in I_t, (u, v) \in E, \quad \sum w(u, v) > s(v) \Rightarrow v \in I_{t+1} \tag{1}$$

Dans notre papier, nous utiliserons le modèle *LT* car il est déterministe pour un seuil fixe (Lu et al. (2011)), ce qui nous permet de garantir un résultat toujours identique pour les expérimentations, contrairement au modèle *IC*.

D'autres problèmes proposent d'étudier la minimisation de l'influence ou l'influence compétitive (Yang et al. (2017); Caliò et Tagarelli (2018)). Mehmood et al. (2016) proposent le *Typical Cascade Problem* où le but est de trouver quels noeuds sont généralement impactés pour des noeuds sources donnés.

Les modèles de diffusions ont également permis de représenter les risques de faillites dans les milieux bancaires (Chinazzi et Fagiolo (2015); Kenett et Havlin (2015)), la simulation des risques du aux échanges entre banques (Montagna et Kok (2016)) ou encore la formation de réseaux économiques (Kantemirova et al. (2018)).

3 Problème de classification de noeuds impactés

Nous voulons déterminer, pour un graphe et un événement donné, quels noeuds sont impactés. Nous définissons pour cela un nouveau problème appelé *Infection Classification Problem (ICP)*. Soit :

— $L_{IV} \subset V$ la liste des noeuds initialement impacté par l'infection i
— $L_{TV} \subset V$ une liste de noeuds cibles dans laquelle :
  — $L_{RV} \subset L_{TV}$ sont les noeuds devant être impactés à la fin de la propagation
  — $L_{AV} \subset L_{TV}$ sont les noeuds ne devant pas être impactés à la fin de la propagation

— $L_{RV} \cap L_{AV} = \emptyset$
— Lorsque la propagation s'arrête pour un modèle de diffusion nous avons :
— L_{TP} la liste des noeuds impactés par le modèle et qui devaient l'être
— L_{FP} la liste des noeuds impactés par le modèle et qui ne devaient pas l'être
— L_{TN} la liste des noeuds non impactés par le modèle et qui ne devaient pas l'être
— L_{FN} la liste des noeuds non impactés par le modèle et qui devaient l'être

Avec ces listes nous pouvons calculer la précision et le rappel :

$$Précision = \frac{|L_{TP}|}{|L_{TP}| \cup |L_{FP}|} \qquad Rappel = \frac{|L_{TP}|}{|L_{TP}| \cup |L_{FN}|} \qquad (2)$$

La précision offre une évaluation du bruit en calculant le pourcentage de noeuds bien classé parmi les noeuds impactés. Le rappel offre une évaluation du silence en calculant le pourcentage de noeuds impactés parmi ceux qui sont censés l'être. La moyenne harmonique de ces valeurs, appelée *F-measure*, permet d'évaluer *ICP*. Le but des modèles appliquer à *ICP* étant de maximiser cette valeur.

$$F - measure = 2 \cdot \frac{précision \cdot rappel}{précision + rappel} \qquad (3)$$

4 Modèles de diffusion

Nous proposons de résoudre *ICP* à l'aide de 2 modèles dont le développement a été motivé par l'adaptation d'un graphe à un événement typé. En effet, l'*acquisition d'une société* n'impactera pas les noeuds de la même manière que la sortie d'un *nouveau produit*, même si les sources sont identiques. Pour cela nous définissons une infection $i = (L_{IV}, type)$ tel que :
— $L_{IV} \subset V$ la liste des sources : $\forall v \in L_{IV}, v \in I_{t_0}$
— *type*, le type de l'infection

Nous utilisons les données présentes dans le graphe (voir Section 5) tel que le poids, le *type* des liens ou des noeuds ou encore la distance aux sources pour adapter la propagation.

Calcul du seuil : Pour déterminer pour chacun des noeuds leur seuil respectif nous utilisons leur *type*, le *type* de l'infection et soit le poids du noeud soit celui des arcs entrant.

Poids des arcs : Le poids des arcs est adapté selon le type des noeuds de l'arc, du lien et de l'événement. Selon ces types un pourcentage est appliqué au poids initial de l'arc.

Valeur d'infection : Nous utilisons le rapport entre la somme des infections provenant des voisins et le seuil propre au noeud pour donner une valeur à l'infection, transmise aux voisins. L'idée repose sur la virulence pour représenter un impact plus ou moins fort.

Fonction d'utilité : Nous utilisons la distance entre le noeud infecté et la source de l'infection pour diminuer la valeur d'infection : plus un noeud est distant des sources moins l'information transmise sera virulente.

Nous avons créé deux modèles de propagation qui utilisent la notion de seuil. Comme pour le modèle *LT* les noeuds ont un seuil et deviennent impactés lorsque l'information transmise par leurs voisins devient supérieure à ce seuil. La différence avec le modèle *LT* est que nous adaptons l'infection du graphe à un événement donné à l'aide des fonctionnalités. Ces deux modèles se distinguent par la façon dont est calculé le seuil :

Hybrid Linear Threshold (HLT) : Nous utilisons le *type* de l'événement et du noeud pour déterminer un pourcentage qui est appliqué sur le total du poids des arcs entrants pour déterminer la valeur du seuil.

Adapted Threshold (AT) : Le *type* de l'événement et du noeud sont utilisés pour déterminer un pourcentage qui est appliqué sur le poids du noeud (qui est calculé indépendemment des arcs).

5 Expérimentations

Pour tester notre modèle, nous utilisons un multi-graphe composé de 3,8 millions de noeuds et de 9,6 millions d'arcs. Ce graphe représente une situation économico-sociale en 2016. Nos noeuds sont typés *(organisations, lieux, personnes, etc.)*.

Le graphe est construit par agrégations d'hypothèses détectées à l'aide d'un traitement automatique du langage sur différents documents (news, rapports économiques). Basiquement, si deux entités nommées (= noeuds) sont présents dans une même phrase, ils se retrouvent liés par un arc dans le graphe. Plus une information est présente, plus son poids est important dans le graphe. Un label est utilisé pour désigner le type de chaque arc afin de représenter l'interaction entre deux noeuds. Les arcs sont dirigés et peuvent être multiples (par exemple pour représenté des situations de coopérations et de compétitions entre deux mêmes noeuds).

Pour tester nos modèles, nous avons défini avec des analystes économiques deux événements : *Katrina* et *Bayer-Monsanto*.

Katrina : Nous avons simulé l'impact de l'ouragan *Katrina* qui a frappé la *Nouvelle-Orléans* en 2005. Nous avons défini l'événement comme une infection avec *Nouvelle-Orléans* et *Louisiane* comme sources L_{IV} et *catastrophe naturelle* comme type d'événement.

Bayer-Monsanto : Nous avons simulé l'impact de l'acquisition de *Monsanto* par *Bayer*. Nous avons défini l'événement comme une infection avec *Bayer* et *Monsanto* comme sources L_{IV} et *acquisition compagnie* comme type d'événement.

Pour évaluer la qualité des modèles, nous avons défini avec les analystes économiques une liste de 3792 noeuds considérés comme importants : ce sont nos noeuds cibles dans *ICP*. Ces noeuds ont été choisis à partir du poids des noeuds et des arêtes entrantes. Pour chaque événement les analystes ont défini quels noeuds cibles étaient concernés, 55 pour *Katrina* et 92 pour *Bayer-Monsanto*.

Nous avons testé quatre modèles pour résoudre le problème *ICP* :

Linear Threshold Model (LT) : Basé sur l'article de Granovetter (1978). Chaque noeud à son propre seuil fixé par un pourcentage s'appliquant sur la somme du poids des arcs entrants.

Dynamic Linear Threshold Model (DLT) : Basé sur l'article de Litou et al. (2016), *DLT* calcule un seuil par un pourcentage appliqué sur les poids des arcs entrants. Le poids des arcs change dans le temps en exploitant une distribution suivant une Loi de Poisson. Les noeuds peuvent également renoncer à l'infection et modifier leurs seuils en fonction du temps.

Hybrid Linear Threshold Model (HLT) : Les poids des arcs et l'information transmise sont calculés en fonction du *type* de l'événement, des noeuds et des arcs. Le seuil est calculé selon un pourcentage, défini par le *type* de l'événement et du noeud, s'appliquant sur le poids des arcs entrants.

Adapted Threshold Model (AT) : Le seuil est calculé selon un pourcentage, défini par le *type* de l'événement et du noeud, s'appliquant sur le poids initial du noeud.

Les résultats des données sont présentés en Table 1, ceux de *ICP* dans la Table 2.

Alg.	$|I|$	TP	FP	FN	Alg.	$|I|$	TP	FP	FN
LT	750	4	1	51	*LT*	1 691	16	9	76
DLT	518	4	0	51	*DLT*	1 244	14	4	78
HLT	405	7	5	48	*HLT*	1 693	32	27	60
AT	89	18	21	37	*AT*	328	50	22	42

TAB. 1 – *Résultats pour Katrina (gauche) et Bayer-Monsanto (droite).*

La Table 1 présente les résultats des différents modèles pour les événements *Katrina* et *Bayer-Monsanto*. La colonne $|I|$ donne le nombre de noeuds impactés. Les colonnes TP, FP et FN représentent le nombre de noeuds correctement classifiés parmi les noeuds cibles.

Nous notons que *DLT*, avec le changement du poids des arcs, impacte moins de noeuds que *LT* tandis que *AT* et *HLT* impactent une plus grande fraction de noeuds cibles.

Alg.	Précision	Rappel	F-Measure	Alg.	Précision	Rappel	F-Measure
LT	0.8	0.07	0.13	*LT*	0.64	0.17	0.27
DLT	1.0	0.07	0.14	*DLT*	0.78	0.15	0.25
HLT	0.58	0.13	0.21	*HLT*	0.54	0.35	0.42
AT	0.47	0.33	0.38	*AT*	0.69	0.54	0.61

TAB. 2 – *Résultats de classification pour Katrina (gauche) et Bayer-Monsanto (droite).*

La Table 2 présente les résultats pour le problème *ICP*. Les colonnes Précision et Rappel donnent respectivement une évaluation du bruit et du silence (voir Section 3). La colonne F-Measure donne l'évaluation de chaque algorithme pour le problème *ICP*.

Pour *ICP*, les modèles *LT* et *DLT* donnent tous deux de bons résultats pour la précision car ils impactent un petit nombre de noeud cibles voisins des noeuds sources L_{IV}, qui se retrouvent généralement être dans les cibles désirées L_{TP}. En conséquence le bruit est très bas. Cependant, ils n'impactent pas suffisamment de noeuds cibles et se retrouvent avec un silence important. *AT*, qui produit de meilleurs impacts sur les noeuds cibles, donne de meilleurs résultats que les autres modèles. Les fonctionnalités adaptés aux attributs du graphe permettent également à *HLT* de surpasser le standard *LT* duquel il est tiré.

6   Conclusion et ouvertures

Dans ce papier nous proposons un nouveau problème de diffusion, *ICP*, dont le but est de classifier, pour un graphe et un événement donnés, les noeuds impactés par cet événement. Nous proposons deux modèles de diffusions inspirés des modèles de seuil. Le premier modèle, *HLT*, calcule le seuil à partir du poids des arcs entrants tandis que le second, *AT*, calcule le seuil à partir du poids du noeud. Nous utilisons ces modèles pour simuler des événements économiques sur un graphe typé et pondéré. Nos premières expérimentations montrent que nos modèles surpassent ceux de la littérature.

Plusieurs pistes restent à explorer pour améliorer nos résultats. Étant donné que *ICP* est un problème de classification, avec plus d'événements, nous pourrions utiliser des techniques d'apprentissage pour optimiser les valeurs de pondérations. Nous pourrions également évaluer l'impact d'un événement, regarder du côté de l'analyse des sentiments ou des cas d'événements compétitifs pour proposer des interactions proches de la réalité.

Remerciement Nous tenons à remercier Benjamin Carpano et Marine Gonzalez pour leur expertise dans la définition des événements.

Références

Caliò, A. et A. Tagarelli (2018). Trust-based dynamic linear threshold models for non-competitive and competitive influence propagation.

Chinazzi, M. et G. Fagiolo (2015). Systemic risk, contagion, and financial networks : A survey.

Goldenberg, J., B. Libai, et E. Muller (2001). Talk of the network : A complex systems look at the underlying process of word-of-mouth.

Granovetter, M. (1978). Threshold models of collective behavior.

Kantemirova, M., Z. Dzakoev, Z. Alikova, S. Chedgemov, et Z. Soskieva (2018). Percolation approach to simulation of a sustainable network economy structure.

Kempe, D., J. Kleinberg, et É. Tardos (2003). Maximizing the spread of influence through a social network.

Kenett, D. Y. et S. Havlin (2015). Network science : a useful tool in economics and finance.

Kermack, W. O. et A. G. McKendrick (1932). Contributions to the mathematical theory of epidemics. ii.—the problem of endemicity.

Litou, I., V. Kalogeraki, I. Katakis, et D. Gunopulos (2016). Real-time and cost-effective limitation of misinformation propagation.

Lu, Z., W. Zhang, W. Wu, B. Fu, et D. Du (2011). Approximation and inapproximation for the influence maximization problem in social networks under deterministic threshold model.

Mehmood, Y., F. Bonchi, et D. García-Soriano (2016). Spheres of influence for more effective viral marketing.

Montagna, M. et C. Kok (2016). Multi-layered interbank model for assessing systemic risk.

Yang, L., A. Giua, et Z. Li (2017). Minimizing the influence propagation in social networks for linear threshold models.

Summary

The diffusion models of infections in social networks are intensively studied these last years. The existing studies concern in particular disease and rumor diffusions in social networks or financial risk in banking networks. We propose in this paper to study the diffusion problem of events within social and economic networks. In particular, we define a new problem of diffusion called the *Influence Classification Problem*. The objective is to find the set of nodes which are impacted by a given network. We also propose two diffusion models based on a computed threshold according to the graph and event attributes. We test our models on two real and known events : the hurricane Katrina and the fusion of Bayer and Monsanto.

Construction et exploitation d'un corpus multilingue algérien pour l'analyse des opinions et des émotions

Leila Moudjari*, Karima Akli-Astouati**

*l.moudj11@gmail.com
**kakli@usthb.dz
Laboratoire RIIMA, USTHB, Alger, Algérie.

Résumé. Le contenu de ce papier prend en compte la nature linguistique informelle et mixte des langues de médias sociaux qui sont associées au dialecte algérien et utilisées comme moyen d'exprimer des opinions ou des sentiments.

Après avoir identifié les défis de ce type de recherche et mis en avant les spécificités du multilinguisme, une plateforme collaborative appelée TWIFIL (TWIter proFIL) pour l'annotation de données multilingues est proposée. Le résultat est un corpus de tweets annotés. Les premières informations recueillies ont permis d'enrichir les informations de chaque tweet. Des tests ont été realisés sur le corpus généré en utilisant les techniques d'apprentissage automatique.

1   Introduction

Avec plus de 4 milliards d'internautes, le nombre d'utilisateurs des médias sociaux en 2018 est estimé à 3,196 milliards, dont 9 sur 10 ont accès aux plateformes choisies via un appareil mobile. Environ 76% des utilisateurs de ces plateformes ont tendance à exprimer leurs sentiments en cliquant sur les boutons comme "*J'aime*", "*Je n'aime pas*", etc.. . 50% des internautes expriment leurs opinions et sentiments sur les médias sociaux à l'aide *d'émoticônes, d'emojis* ou de *smileys*. Concernant les personnes qui s'expriment en arabe, on retrouve du texte avec 30% de caractères en arabe, 26% de caractères en latin, pour exprimer principalement des idées en anglais ou en français, et environ 15% combinent les deux caractères (Salem, 2017).

Partant de ce constat, et du fait des nombreuses invasions qu'à connu l'Algérie, romaine, byzantine, arabe, turque, espagnole et française, où une réalité socio-linguistique assez complexe est constatée, nous nous intéressons aux posts exprimés dans le dialecte algérien (DALG) pour faire de l'analyse des opinions et des émotions. Nous devons prendre en compte sa diversité langagière où le multilinguisme est omniprésent dans la société algérienne, influençant ainsi le langage d'expression dans les réseaux sociaux. Dans les conversations usuelles, l'arabe dans sa variété soutenue n'est pas utilisé dans les conversations familiales , amicales, etc...

Plus de 99% des Algériens utilisent le tamazight et l'arabe algérien. Il s'agit des langues maternelles de la région. Environ 73% parlent l'arabe algérien et 27% une variante de tamazight [1].

---

1. https ://www.worldatlas.com/articles/what-languages-are-spoken-in-algeria.html

Ceci s'est répercuté sur l'usage du dialecte dans les échanges sur les réseaux sociaux. Ces dialectes ont moins de normalisation et de standardisation (Saadane et Habash, 2015). Exemple, "Bonjour, labas" est une expression du DALG qui combine un mot français et le mot "labas" écrit en latin et qui correspond phonétiquement au mot arabe "لاباس", signifiant "ça va ?".

Comme les études de l'analyse d'opinions et d'émotions (AOE) arabophones se concentrent principalement sur l'Arabe Standard Moderne (ASM) (Al-Smadi et al., 2017), (Baly et al., 2017), il existe peu de ressources (lexiques, ontologies, corpus, ...) pour le DALG.

Afin de pallier à cela, nous avons développé une plateforme ouverte pour l'annotation manuelle de tweets exprimés en DALG. Elle nous permettra d'abord de constituer un corpus annoté, pour ensuite créer un modèle de prédiction de polarité pour enrichir les métadonnées du modèle à entraîner.

Pour cela, nous avons organisé notre article comme suit. Dans la section 2, nous présentons certains travaux liés à notre problématique en précisant leurs limites. Puis, nous introduisons notre plateforme d'annotation multilingue TWIFIL dans la section 3 en mettant l'accent sur certaines spécificités et défis du DALG. Avant de conclure et rappeler quelques perspectives à notre travail, des tests sont réalisés dans la section 4.

2 Travaux connexes

Les approches proposées pour l'AOE en arabe se concentrent essentiellement sur l'ASM, et ne fournissent que la classification de la polarité des sentiments (neutre, positif et négatif). De plus, les recherches sur les dialectes nord africains sont si rares qu'on peut dire qu'ils sont inexistants. Les premières solutions ont appliqué les outils du Traitement Automatique du Langage Naturel (TALN) conçus pour l'ASM directement sur le DALG. Cependant les performances étaient très faibles. Ceci met l'accent sur la nécessité du développement de solutions et de ressources propres à l'analyse du DALG (Saadane et Habash, 2015).

(Saadane et Habash, 2015) ont présenté une orthographe conventionnelle pour le DALG qui peut être utilisée dans la plupart des applications de TALN, comme l'analyse des sentiments, où ils ont défini des règles phonétiques standards à suivre afin de faciliter la traduction automatique des variantes du DALG et de l'arabe classique.

(Mataoui et al., 2016) ont proposé une approche d'AOE basée sur le lexique pour le DALG. Un ensemble de ressources se résumant en lexique des mots de négation, lexique des mots d'intensification, une liste d'émoticônes avec leurs polarités assignées et un dictionnaire des phrases communes du DALG ont été proposés. Puis, le calcul de la polarité s'est basé sur un ensemble de données annotées manuellement et les ressources citées précédemment.

SIAAC : Sentiment Polarity Identification on Arabic Algerian Newspaper Comments est un corpus proposé par (Rahab et al., 2017). Il est dédié à la classification de polarité des textes recueillis sur le site Internet d'Echorouk (un journal algérien). Les classificateurs Support Vector Machines et Naïve Bayes ont donné des résultats satisfaisants en terme de précision dans les deux modèles. L'utilisation de bigrams a également augmenté leur précision.

Il est évident, d'après les travaux cités, que les ressources accessibles au public pour l'AOE du DALG sont rares. Et celles disponibles, comme celle de (Mataoui et al., 2016) ne donne que la polarité des textes sans aucune information sur l'émotion exprimée ou son émetteur.

Pour pallier à ce problème, nous avons utilisé l'opinion publique en créant une plateforme ouverte pour l'annotation de tweets que l'on présentera dans ce qui suit.

3 Plateforme d'annotation collaborative

Le DALG est moins normalisé que l'ASM. Il a un vocabulaire inspiré de l'arabe, modifié phonologiquement et morphologiquement (Meftouh et al., 2012). Nous devons tenir compte de ce genre de spécificités et bien d'autres dans le développement de notre plateforme.

3.1 Défis et spécificités de DALG

Nous présentons un certain nombre de spécificités et défis du DALG que nous allons considérer dans le traitement du dialecte pour TWIFIL :

Alternance codique, ou code-switching : il s'agit d'une alternance d'au moins deux codes linguistiques (langues ou dialectes) dans une conversation ou même dans une phrase. L'internaute algérien alterne entre deux ou plusieurs langues, dans le contexte d'une même conversation. Par exemple, "آعطيني la serviette" emploie un mot arabe et un mot français, qui signifie "donne-moi la serviette". Cependant, le DALG est aussi formé par une transformation des mots des langues qui ont inspiré les Algériens à travers les âges. Prenons le mot "فنجال" qui s'inspire du mot arabe "فنجان" qui signifie "une tasse", où la dernière lettre est passée de "ن" à "ل".

Codage d'une langue en utilisant l'alphabet d'une autre langue : Il s'agit d'expressions arabes écrites en lettres latines ou "arabizi". Par exemple "khdma kbira", écrite en arabe comme "خدمة كبيرة" signifie "tâche énorme". Ou bien, faire l'inverse, comme dans l'exemple "باي باي" qui correspond à l'expression anglaise "bye bye".

On peut aussi combiner le code-switching et le codage des langues dans différents alphabets.

Utilisation de chiffres au lieu de lettres ou de mots : Les chiffres ressemblant à certaines lettres et syllabes arabes ont été exploités par la jeunesse algérienne dans les réseaux sociaux. Par exemple, le 7 remplace la lettre "ح" et le 9 remplace le "ق".

Dérivés du DALG : en Algérie, les régions est et ouest ont des accents totalement différents. Prenons l'expression "femme" en arabe, à l'est c'est "مرا : m'ra", à l'ouest ce sera "شيرا : shiira".

Idiomes et expressions : Elles sont utilisées généralement à des fins sarcastiques ou pour passer un message indirectement. Par exemple "عمر قهوة, ..." est une façon de demander un pot-de-vin. Le sens exact de l'expression "قهوة" est "café" et "عمر" est un nom commun.

Ces diversités linguistiques requièrent une attention particulière, c'est pourquoi les dialectes écrits sont des langues très riches et variées [2].

3.2 TWIFIL

TWIFIL (TWIter et proFIL) est une plateforme publique accessible à tous via le web [3] ou mobile [4]. Elle a été conçue pour le DALG afin de faciliter la génération de corpus et la construction d'un dictionnaire dialectal algérien. Les lexiques (L1, L2) proposés par (Mataoui et al., 2016) ont été utilisés puis enrichis.

Annotation des données et enrichissement du dictionnaire : les annotateurs contribuent à l'enrichissement de la plateforme en donnant :

---

2. Tous les mots cités du DALG ont été donnés par les auteurs, qui sont des utilisateurs réguliers du dialecte et des médias sociaux.

3. twifil.com

4. https ://play.google.com/store/apps/details ?id=com.leila.kinmokusu.twifil

— la polarité du texte partagé ;
— l'émotion ressentie en lisant le tweet ;
— le domaine du texte ;
— une estimation de l'âge et du genre de l'auteur ;
— la polarité et l'émotion d'un mot ou d'un idiome du dialecte algérien.
— Les utilisateurs peuvent également contribuer à enrichir l'aspect lexical du dialecte, en ajoutant de nouveaux mots, différentes orthographes des mots et différents mots liés, ainsi que des idiomes (ces mots/idiomes sont validés par un administrateur).

TWIFIL a été rendu public le 13/09/2018. Nous avons récolté 7000 tweets (2623 positifs, 2468 négatifs et 1909 neutres). Ils ont été validés par les administrateurs et annotés par 24 personnes de différents domaines et différents âges. Les annotations ont été exploitées comme suit :

— Pour la *polarité*, nous avons exporté la moyenne des valeurs données de l'intervalle -10 (Très négatif) à 10 (Très positif). Avec 0 pour la polarité neutre.
— Pour l'*émotion*, nous avons choisi l'émotion la plus ressenti du tweet. Même chose pour *le contexte et le genre*.
— Pour l'*âge* de l'auteur du tweet, nous avons considéré la moyenne de la médiane des classes d'âges choisies par les annotateurs (de douze à soixante-six ans organisés en classe de trois ans par classe (12-15)...).

Le corpus et le dictionnaire utilisé : un exemple est donné dans la table 1. Le corpus obtenu est disponible sur demande auprès des auteurs.

Texte	lang	Polarité	Âge	Émotion	Genre
had lyamat raho ydor kima linstitut italien ya dra 3leche	dz	-2	23	curiosité	Masculin

TAB. 1 – *Un extrait du corpus généré par TWIFIL*

Table 2 montre un exemple du dictionnaire utilisé pour la translitération des tweets contenant des mots du DALG.

Expression	Différentes écritures	Polarité	Émotions
Hayla : super	هَايلاَ, هَايلَى, هَايلَة	5	admiration, joie

TAB. 2 – *Un extrait du dictionnaire généré par TWIFIL*

Le corpus nous a servi à faire de la prédiction/classification de polarité. Cependant il peut être utilisé pour plusieurs applications dans le cadre de l'AOE. On peut faire de la prédiction/classification des sentiments et même il est possible de prédire le genre et/ou l'âge des utilisateurs, etc.

Prétraitement des données : les algorithmes d'apprentissage nécessitent généralement des données numériques. Un prétraitement des tweets bruts collectés et annotés est nécessaire. Le processus que nous avons suivi est décrit par la figure 1. Le vecteur de mots (bag of words) est remplacé par un vecteur booléen de 3000 entrées (nombre de mots les plus courants dans le corpus) où la présence d'un terme du vocabulaire dans le texte est spécifiée.

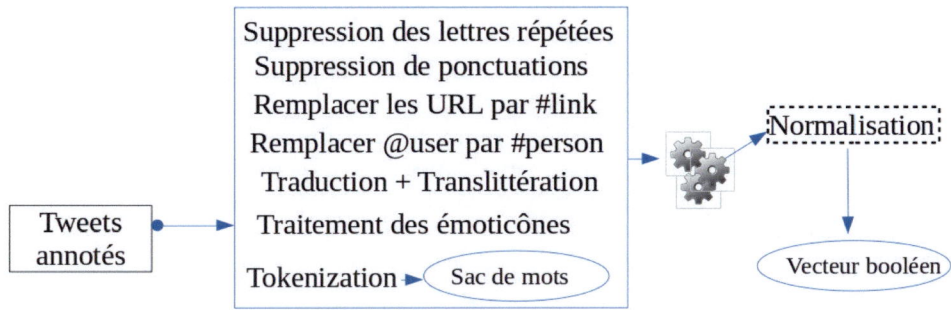

FIG. 1 – *Prétraitement des données*

3.3 Tests

En guise d'illustration de l'emploi du corpus, nous nous sommes focalisés sur la tâche de classification automatique d'opinion en nous basant sur les réseaux de neurones. Il faut noter que cette tâche ne fait pas appel à la totalité des informations offertes par le corpus.

Nous avons aussi effectué une série de tests pour choisir la meilleure longueur du vecteur booléen, ainsi que la meilleure architecture du réseau de neurones, obtenue grâce à la fonction "softmax" en 50 itérations et 100 neurones par couches interne. Les résultats sont prometteurs avec une faible perte (Figure 3) et une précision de 79% (Figure 2).

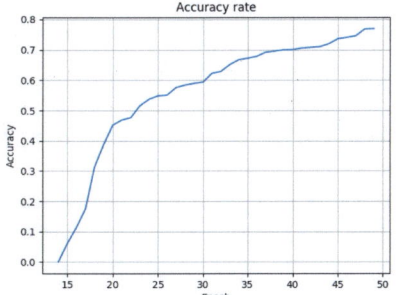

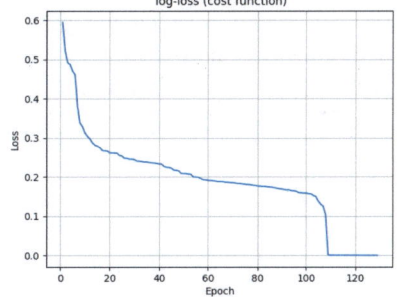

FIG. 2 – *Taux de précision* FIG. 3 – *Taux d'erreur (fonction de coût)*

4 Conclusion

L'analyse de l'opinion et de l'émotion du DALG est difficile en raison de la morphologie complexe de la langue. Certaines spécificités liées à ce dialecte ont été présentées. Nous avons mis en avant le manque de ressources accessibles au public pour l'analyse des sentiments.

Ceci, nous a amené à développer une plateforme ouverte pour l'annotation publique de Tweets en DALG "TWIFIL", créant ainsi un corpus qui a servi à faire de la prédiction/classification de polarité de tweets. Nous avons pu produire une resource qui sera à la disposition de la communauté. Elle constitue un point de depart utile pour ceux qui développent des outils d'analyse de l'opinion et des émotions pour le DALG. Une analyse de l'opinion et des émotions sur les données annotées a été réalisée à un coût relativement faible.

A l'avenir, nous prévoyons de poursuivre ce travail et de relever les défis qui subsistent, afin de développer davantage de ressources et d'outils. Il serait aussi intéressant d'exploiter toutes les informations du corpus pour faire de la prédiction/classification de sentiment, du genre et/ou de l'âge des utilisateurs.

Références

Al-Smadi, M., O. Qawasmeh, M. Al-Ayyoub, Y. Jararweh, et B. Gupta (2017). Deep recurrent neural network vs. support vector machine for aspect-based sentiment analysis of arabic hotelsŕeviews. *Journal of Computational Science*.

Baly, R., H. Hajj, N. Habash, K. B. Shaban, et W. El-Hajj (2017). A sentiment treebank and morphologically enriched recursive deep models for effective sentiment analysis in arabic. *ACM Transactions on Asian and Low-Resource Language Information Processing (TALLIP) 16*(4), 23.

Mataoui, M., O. Zelmati, et M. Boumechache (2016). A proposed lexicon-based sentiment analysis approach for the vernacular algerian arabic. *Research in Computing Science 110*, 55–70.

Meftouh, K., N. Bouchemal, et K. Smaïli (2012). A study of a non-resourced language : an algerian dialect. In *Spoken Language Technologies for Under-Resourced Languages*.

Rahab, H., A. Zitouni, et M. Djoudi (2017). Siaac : Sentiment polarity identification on arabic algerian newspaper comments. In *Proceedings of the Computational Methods in Systems and Software*, pp. 139–149. Springer.

Saadane, H. et N. Habash (2015). A conventional orthography for algerian arabic. In *Proceedings of the Second Workshop on Arabic Natural Language Processing*, pp. 69–79.

Salem, F. (Feb 5, 2017). Social media and the internet of things towards data-driven policymaking in the arab world : Potential, limits and concerns. *The Arab Social Media Report, Dubai : MBR School of Government, Vol. 7, 2017. Available at SSRN : https ://ssrn.com/abstract=2911832.*

Summary

This paper deals with the problem of the lack of resources in the opinion and emotion analysis related to north african dialects in general and the algerian dialect in particular. A collaborative platform "TWIFIL" for the annotation of multilingual public data is proposed.

The result is a human generated corpus of extracted tweets. The purpose of this action is two-fold. The first, it addresses the shortage of relevant data for algerian dialect's opinion and emotion analysis. Second, it provides a more reliable (the appreciation of not just one person) annotated corpus. We also report on a number of evaluations, we have performed to test the generated corpus.

L'éxploitation des techniques de régression pour l'évaluation de la crédibilité des tweets

Hamda Slimi, Ibrahim Bounhas
Yahya Slimani

Laboratoire LISI
http://www.jarir.tn
École Nationale des Sciences de l'Informatique
Université de la Manouba, La Manouba 2010, Tunisie
hamda.slimi@ensi-uma.tn,
ibrahim.bounhas@gmail.com
yahya.slimani@gmail.com

Résumé. La crédibilité de l'information diffusée sur les réseaux sociaux est de plus en plus suspectée. En effet, accusés d'avoir servi de plate-formes de propagande pendant des événements de grande envergure (Elections américaine, BREXIT, etc.), ces réseaux ne cessent pas de perdre en crédibilité. Dans ce contexte, plusieurs travaux de recherche ont été proposés pour faire face à ces manipulations de l'information. Dans ce travail, nous présentons une approche permettant l'évaluation de la crédibilité des informations sur le réseau social Twitter. L'approche modélise la crédibilité comme une valeur continue qui prend en compte plusieurs caractéristiques des tweets, afin d'analyser et de prédire la crédibilité de ces derniers. Plusieurs variantes de notre approche ont été testées afin de valider l'apport de notre proposition. Les résultats obtenus ont montré la qualité et l'intérêt de notre approche.

1 Introduction

Twitter était considéré comme un réseau social régulier où ses utilisateurs partagent leurs activités quotidiennes. Toutefois, plusieurs facteurs ont contribué à l'évolution de Twitter en une plateforme de renommée mondiale. La nature des interactions sociales, où Twitter permet aux utilisateurs de se suivre mutuellement sans demande de permission explicite, contrairement à Facebook qui exige l'approbation d'une demande d'amitié entre utilisateurs. C'est ainsi que Twitter est devenu plus centré autour d'une structure appelée graphe d'intérêt, où les utilisateurs suivent d'autres qui leurs fournissent des informations ayant une valeur ajoutée (et qui ont donc un intérêt). De plus, certaines caractéristiques d'un tweet, tels que le hashtag (topic) et sa taille (280 caractères) permettent d'obtenir une description correcte et brève d'informations dignes d'intérêt. Dans (Kwak et al., 2010) les auteurs ont collecté et analysé 106 millions de tweets décrivant 4262 sujets de tendances. Cette analyse leur a permis de constater que 85 % des sujets ont fait la une des journaux et tout tweet retweeté a atteint jusqu'à 1000 utilisateurs, quel que soit le nombre d'abonnés du compte de son auteur original. Ces caractéristiques incitent à une diffusion rapide et efficace de l'information, sans être capable de fournir une information sur sa crédibilité.

La définition de la notion de crédibilité est sensible au contexte, mais l'idée communément acceptée est que la crédibilité est liée à la « croyabilité » (believability) d'une information ou d'une source(Flanagin et Metzger, 2007). Le contexte de notre étude s'intègre dans le domaine de la science de l'information ou l'évaluation de la crédibilité exige de déterminer à quel point l'information est « bonne », utile et pertinente pour aboutir à tel ou tel objectif. Les facteurs qui influent la crédibilité de l'information sont la notoriété de son auteur, du message et du média (Li et Suh, 2015). La crédibilité de l'auteur dépend de son expertise dans le domaine et de la probabilité qu'il fournit (habituellement) des informations crédibles. La crédibilité d'un message fait référence à la crédibilité perçue du message communiqué, qui dépend de la qualité et de l'exactitude de l'information. La crédibilité du média fait référence à la perception subjective de l'utilisateur du média sur sa fiabilité (Li et Suh, 2015).

2   L'état de l'art

Pour remédier à cette situation, différentes approches d'évaluation de crédibilité des tweets ont été proposées dans la littérature (Castillo et al., 2011, 2013; Kang et al., 2012). Dans cette section, nous nous intéresserons principalement sur les approches basées sur la classification et celles basées sur la propagation car elles sont étroitement liées à notre approche. En ce qui concerne les approches basées sur la classification, celles-ci considèrent la crédibilité en tant que valeur binaire : un tweet est crédible ou non crédible. De telles approches utilisent un classifieur pour apprendre un modèle basé sur un ensemble de caractéristiques relatives au contenu et à l'auteur d'un tweet.

Dans (Castillo et al., 2011), les auteurs ont collecté un ensemble de tweets à propos de 2500 topics à travers l'interface twitter streaming API. Ensuite, ils ont adopté la stratégie Best First pour sélectionner les caractéristiques du tweet et de son auteur, qui permettent une évaluation pertinente de sa crédibilité. Enfin, les auteurs ont testé une variété d'algorithmes d'apprentissage à travers des mesures de performance telles que le rappel et la précision. Les résultats ont montré que l'arbre de décision j48 donnait les meilleurs résultats avec 86% de précision, et 86% de rappel. Dans (Castillo et al., 2013), les auteurs ont extrait des tweets décrivant le tremblement de terre chilien tout en se focalisant sur la collecte de métadonnées spatiotemporelles. Ils ont évalué la performance de plusieurs algorithmes d'apprentissage tels que ceux basés sur les méthodes bayésiennes, sur la régression logistique, J48, Random Forest et ceux basés sur le méta-apprentissage. Ils ont trouvé que J48, Random Forest et le méta-apprentissage ont surpassés les autres algorithmes en atteignant une précision de 88% et un rappel de 89%. Dans (Kang et al., 2012), les auteurs ont proposé un modèle d'évaluation des utilisateurs reposant sur des indicateurs du réseau social pour calculer la crédibilité. Ainsi qu'un modèle de contenu qui adopte une approche probabiliste basée sur la langue et autres propriétés de tweets qui ont tendance à conduire à des réactions positives telles que le nombre de « Retweets » et « j'aime ». Ensuite, les auteurs ont testé la performance de chaque modèle ainsi qu'un modèle hybride qui combine à la fois le modèle social et le modèle basé sur le contenu. Les résultats ont montré que le modèle social est plus performant que les autres modèles dans la prédiction de la crédibilité avec une précision de 87% et un rappel de 88%.

Sur la base d'une revue de la littérature, nous pouvons noter que les approches basées sur la classification, SVM Rank et l'arbre de décision J48 donnent les meilleurs résultats. Ceci s'explique par le fait que la plupart des caractéristiques sont binaires, telles que la présence d'url, le sentiment d'un du tweet (négatif / positif), la présence de points d'interrogation. En outre, nous avons remarqué que les approches basées sur la propagation sont plus performantes, car elles tiennent compte l'aspect social d'un tweet et de son auteur. Cependant, les deux approches considèrent la crédibilité comme une valeur binaire : un topic est soit crédible ou non. En outre, la plupart des travaux de la littérature se concentrent sur l'évaluation de la crédibilité d'un topic (hashtag) et néglige l'évaluation (tweet). À notre connaissance, aucune approche n'a tenté de calculer la crédibilité d'un tweet en tant que valeur continue.

3 Problématique

Le contexte est un facteur majeur dans toute évaluation de la crédibilité. Par exemple, l'évaluation de la crédibilité d'un contenu web diffère de l'évolution d'un contenu hors ligne. Ce dernier dépend uniquement de l'information et de sa source, tandis que le premier dépend de multiples facteurs, à savoir le support, le format, l'autorité et l'expertise de la source. En twitter, un tweet est caractérisé par plusieurs caractéristiques. Premièrement, les caractéristiques de contenu telles que la longueur du tweet, le sentiment tweet, la présence d'URL, la présence de points d'interrogation et d'émoticon. Deuxièmement, les caractéristiques de l'utilisateur telles que son expertise, le nombre d'abonnés et l'âge de son compte. Ces caractéristiques diffèrent par leur impact. Certaines d'entre elles augmentent la crédibilité des tweets alors que d'autres la diminuent. Dans notre étude, nous avons sélectionné trois caractéristiques de contenu pour prédire la crédibilité des tweets. Nous avons opté pour une approche minimaliste qui ne nécessiterait que le contenu du tweet tout en produisant des résultats relativement précis.

4 Sélection de caractéristiques

Pour obtenir le vecteur de prédicteurs, nous devons sélectionner les caractéristiques de tweet les plus pertinentes qui caractériseraient et impacteraient la crédibilité. Nous partons de l'hypothèse que les tweets crédibles respectent les règles de la grammaire a un certain degré, ont le même sentiment que celui émis par l'événement auquel il appartienne et fournissent un lien externe (URL) pour garantir la fiabilité de l'information. Les caractéristiques que nous avons sélectionnées pour l'évaluation de crédibilité sont :

— Évaluation grammaticale : un tweet digne de mention et crédible doit respecter dans une certaine mesure les règles de grammaire afin que les informations transmises soient compréhensibles. Pour évaluer la grammaire nous avons fait recours a Grammarcheck qui est un wrapper Python pour LanguageTool.

— Accord du sentiment tweet avec le sentiment de l'événement : les tweets sont assemblés dans des topics à l'aide d'hashtag. Comme indiqué dans l'état de l'art, un sentiment de tweet crédible devrait être similaire au sentiment général des événements. Par exemple, un événement de crise aura probablement la majorité des tweets décrivant une situation d'urgence ou apportant une consolation (sentiment négatif). Par conséquent, tout tweet qui émet un sentiment positif risque de ne pas être crédible. Pour évaluer le sentiment des tweets nous avons utilisé TextBlob. TextBlob est une bibliothèque python dédié au traitement de données textuelles.

— Présence d'un lien : la plupart des travaux existants Castillo et al. (2011, 2013) indique que la présence d'un lien externe (URL) est un signe de crédibilité du tweet, car la majorité des tweets crédibles contiennent un lien faisant référence à un média d'actualité (JSC, BBC, SKY news).

5 Expérimentation

Dans cette section, nous présentons les différents aspects de nos expérimentations et décrivons à la fois l'ensemble de données que nous avons exploité et les outils sur lesquels nous nous sommes appuyés pour évaluer les algorithmes de régression.

5.1 Description de l'ensemble de données

Nous avons utilisé CREDBANK (Mitra et Gilbert, 2015), une collection de 60 millions d'identifiants de tweet regroupés dans 1049 topic, chaque sujet étant annoté par 30 annotateurs humains sur une échelle de Likert de 5 points, allant de inexacte à exacte. Pour obtenir une annotation de crédibilité unifiée pour chaque sujet, nous avons adopté la formule proposée par (Mitra et al., 2017) selon laquelle les auteurs unifiaient les annotations de crédibilité en calculant la proportion du nombre des annotateurs qui ont annoté le topic comme exacte vis-à-vis le reste.

Nous avons collecté 50k tweet. Après avoir supprimé les tweets au sentiment neutre, nous nous sommes retrouvés avec un ensemble de données contenant 12k tweet. Dans le tableau ref DDescription, nous présentons en détail le contenu de notre ensemble de données.

Topic	Nombre de tweets	Score de crédibilité
ebola white health	433	0.77
oscar pistorius because	245	0.33
host patrick neil	3937	1.0
artist vote year	751	0.56
october ebola house	43	0.4
giants game win	6778	0.93

TAB. 1 – *Description de l'ensemble de donnée*

5.2 Évaluation des résultats

Sur la base des travaux existants, nous pouvons remarquer qu'aucun travail antérieur n'avait utilisé d'algorithmes de régression pour prédire la crédibilité des tweets. Par conséquent, nous n'avons pas pu trouver de référence (Baseline) nous permettant d'évaluer les performances de notre modèle. De telles circonstances nous ont amenés à créer un baseline naïve. Le principe d'obtention de ce baseline est comme suit : nous calculons la médiane des valeurs réelles de crédibilité et on le considère comme prédiction pour chaque tweet dans le jeu de données.

Nous avons évalué les performances des modèles de régression linéaire à l'aide de deux mesures, à savoir l'erreur quadratique moyenne et le R-carré (coefficient de détermination), afin de déterminer dans quelle mesure le modèle explique toute la variabilité des données de réponse.

Algorithmes de régression	Root mean squared error	R-square
Régression lineaire multiple	0.152	-8.07
SGD Regressor	0.151	-7.51
Baseline	0.157	-0.33
Random Forest Regressor	0.05	–

TAB. 2 – *Comparaison des algorithmes de régression*

Comme indiqué en 2, les modèles de régression linéaire et la ligne de base ont atteint un RMSE presque similaire. Cependant, nous pouvons noter que R-square a une valeur négative, ce qui montre que les modèles linéaires ont eu des performances médiocres et n'ont pas pu suivre la tendance des données. Par conséquent, nous abordons l'évaluation de la crédibilité des tweets en tant que problème non linéaire et nous nous référons au Random Forest Regressor. Après avoir évalué les performances du RFR, nous pouvons clairement constater que celui-ci a dépassé les modèles linéaires en atteignant un taux d'erreur RMSE plus petit.

Afin de sélectionner le nombre optimal d'estimateurs (T), nous calculons out of bag score (Breiman) pour différents nombres d'arbres. Nous avons remarquer que T = 800 obtient les meilleurs résultats avec un out of bag score égal à 86,46 %.

6 Conclusion

Dans ce papier, nous avons proposé une approche qui permet de déterminer le niveau de crédibilité d'un tweet, contrairement aux travaux existants qui se contentent seulement de déterminer si un tweet est crédible ou non. Notre approche se caractérise par l'exploitation de la méthode de régression pour l'évaluation de la crédibilité en tant que valeur continue. Un tel choix se justifie par notre hypothèse qui considère que si le jugement de crédibilité est de type binaire, cela aura pour conséquence d'ignorer la sémantique de la crédibilité de l'information.

Du fait que notre approche repose sur la méthode de régression, nous l'avons évalué sur 12000 tweets sur lesquels nous avons testé une panoplie d'algorithmes de régression linéaire et non linéaire afin de distinguer l'approche la plus appropriée (linéaire ou non linéaire). A la suite de l'évaluation des résultats des tests, nous avons remarqué que l'algorithme Random Forest Regression (RFR) est le plus performant. Par la suite, nous avons testé RFR avec différents paramètres, afin de déterminer le nombre d'arbres de décision qui permettrait d'avoir un bon niveau de crédibilité dans des temps raisonnables.

Comme travaux futurs, nous avons l'intention d'inclure des caractéristiques sociales dans notre approche et évaluer la crédibilité des utilisateurs. Nous nous proposons aussi de raffiner le score de crédibilité en fonction de la crédibilité de l'auteur et de son réseau social.

Références

Breiman, L. Out-of-bag estimation.

Castillo, C., M. Mendoza, et B. Poblete (2011). Information credibility on twitter. In *Proceedings of the 20th International Conference on World Wide Web*, pp. 675–684. ACM.

Castillo, C., M. Mendoza, et B. Poblete (2013). Predicting information credibility in time-sensitive social media. *Internet Research 23*(5), 560–588.

Flanagin, A. J. et M. J. Metzger (2007). The role of site features, user attributes, and information verification behaviors on the perceived credibility of web-based information. *New Media & Society 9*(2), 319–342.

Kang, B., J. O'Donovan, et T. Höllerer (2012). Modeling topic specific credibility on twitter. In *Proceedings of the 2012 ACM international conference on Intelligent User Interfaces*, pp. 179–188. ACM.

Kwak, H., C. Lee, H. Park, et S. Moon (2010). What is twitter, a social network or a news media? In *Proceedings of the 19th international conference on World wide web*, pp. 591–600. AcM.

Li, R. et A. Suh (2015). Factors influencing information credibility on social media platforms: Evidence from facebook pages. *Procedia computer science 72*, 314–328.

Mitra, T. et E. Gilbert (2015). Credbank: A large-scale social media corpus with associated credibility annotations. In *ICWSM*, pp. 258–267.

Mitra, T., G. P. Wright, et E. Gilbert (2017). A parsimonious language model of social media credibility across disparate events. In *Proceedings of the 2017 ACM Conference on Computer Supported Cooperative Work and Social Computing*, pp. 126–145. ACM.

Summary

Microblogs are growing at an overwhelming rate due to the liberty of content generation. This led to a diversity of misleading use, such as digitally manipulated content and reposting of real content in a wrong context. In order to remedy such deficiencies numerous solutions were proposed in the field of credibility evaluation of information shared on microblogs. In this paper, we review previous works about tweet credibility assessment and introduce a new approach that allows for the measurement of tweet credibility using Random Forest Regressor. In our approach, we consider credibility as a continuous value instead of a binary one and rely on three features namely; accordance between tweet and event sentiment, tweet grammar, presence of URL to predict credibility. These features were considered by the literature as suitable for credibility prediction. Based only on content features, our approach is able to predict credibility values with an out of bag score of 86.46 %.

MCVGraphViz, un outil de visualisation de connaissance. Application à la visualisation dynamique d'interactions entre facteurs de risque cardiovasculaires

Rabia Azzi[*,**], Sylvie Despres[*]
Jérôme Nobécourt[*]

[*]Univ. Paris 13, Sorbonne Paris Cité, LIMICS,(U1142), INSERM, Sorbonne Universités
, UPMC Université Paris 6, 74 rue Marcel Cachin F-93017 Bobigny cedex, France
prenom.nom@univ-paris13.fr
[**] Univ. Bordeaux, INSERM, Bordeaux Population Health Research Center, team ERIAS,
UMR 1219, F-33000 Bordeaux, France

Résumé. Les outils de visualisation de connaissances contribuent à l'efficacité des processus mis en œuvre pour le transfert de connaissances. Ils offrent aux utilisateurs des représentations de contenus intelligibles et facilitent l'accès à la connaissance en proposant des modes d'interaction dynamiques. Nous présentons dans ce papier l'outil MCVGraphViz dédié à la visualisation de graphes d'interactions entre facteurs de risques dans le domaine des maladies cardiovasculaires. Il offre à l'utilisateur une interface pour accéder de façon progressive et dynamique au contenu du graphe. MCVGraphViz permet de collecter et mémoriser les actions effectuées par l'utilisateur au cours de sa navigation dans le graphe sous forme de traces exprimées par un chemin entre un nœud de départ et un nœud de destination.

1 Introduction

D'une manière générale, le domaine de la visualisation des connaissances s'intéresse à l'utilisation de représentations visuelles pour améliorer la création et le transfert de connaissances entre au moins deux personnes (Eppler et Burkhard, 2004). La visualisation des connaissances désigne ainsi tous les moyens graphiques pouvant être utilisés pour construire et transmettre des informations complexes (Burkhard, 2004), (Bertschi et al., 2011), (Ursyn, 2015).

Dans ce travail, nous proposons une nouvelle approche d'évaluation du risque en prenant en compte les interactions qui existent entre les facteurs de risque. Cette approche est décrite dans la figure 1. Nous nous focaliserons sur la dernière étape de ce processus à savoir la visualisation du modèle conceptuel (sous forme d'un graphe). L'approche proposée pour cette étape est un outil de visualisation dynamique de connaissance exploitant une représentation sous forme d'un graphe. Il permet une visualisation dynamique des interactions entre les facteurs de risques pour aider à la compréhension du déclenchement des effets en cascade entre les facteurs de risque. L'objectif que nous poursuivons est la visualisation dynamique du parcours du graphe des facteurs de risque guidé par les interactions existantes entre ces facteurs.

Le parcours du graphe permet un accès aux connaissances relatives aux interactions entre ces facteurs, une réorganisation des connaissances en fonction des cas à traiter, des retours arrière sur les décisions prises quand elles ont abouti à une impasse pour la stratégie de prévention. Les traces de la navigation sont collectées, car elles révèlent des processus de raisonnement la plupart du temps implicites.

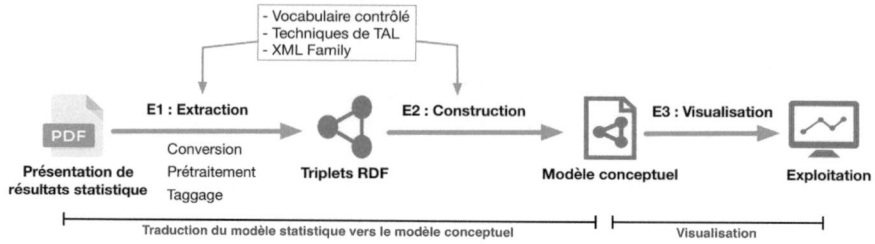

FIG. 1 – *Etapes de la méthodologie proposée par (Azzi et al., 2018)*

2   Conception de MCVGraphViz

La démarche de conception que nous suivons correspond à celle présentée dans la Figure 2. Elle est inspirée de celle proposée en visualisation d'information par (Card et al., 1999). Les données sont représentées dans un modèle conceptuel. L'approche adoptée consiste à charger les données dans un premier module pour construire les primitives graphiques. Pour chaque élément du graphe nous déterminons la façon dont il est dessiné. Enfin, le visuel correspondant est affiché dans l'interface de visualisation. Cette architecture permet à l'utilisateur d'interagir et de manipuler le graphe. Les interactions de l'utilisateur sont finalement retransmises à différents niveaux de cette architecture, en fonction du besoin. Par exemple, lorsque l'utilisateur sélectionne, zoom ou se déplace dans l'écran, c'est au niveau du rendu visuel que l'action est transmisse.

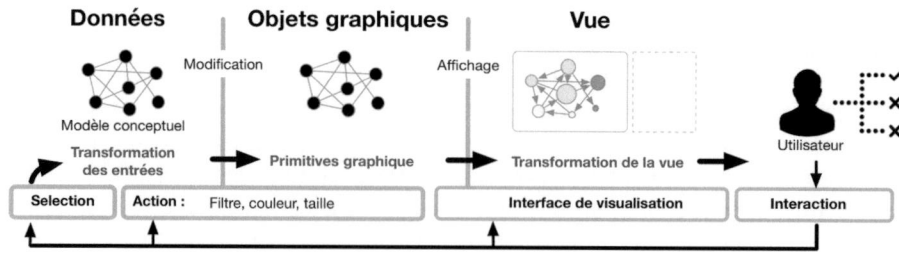

FIG. 2 – *Approche de visualisation dans MCVGraphViz*

MCVGraphViz est construit sur une architecture client-serveur. La visualisation du graphe s'effectue côté client. L'objectif principal est de développer une interface de visualisation dynamique. Il était donc important d'intégrer les variables graphiques et les fonctionnalités interactives à fournir aux utilisateurs. Ainsi, la conception et le développement de l'interface graphique de visualisation du graphe sont entièrement fondés sur SVG. L'avantage présenté par l'utilisation du format vectoriel SVG dans les applications de gestion des connaissances est qu'il offre de nombreuses fonctionnalités interactives aux utilisateurs, conformes aux stratégies ergonomiques de communication homme-machine.

2.1 Primitives graphique

Les primitives graphique concerne la façon dont les variables vont être visualisées dans l'interface. Comme nous l'avons annoncé précédemment nous disposons d'un graphe ce qui nous amène à représenter deux variables : des nœuds et des liens. Les nœuds sont symbolisés par des cercles pleins dont : (i) le diamètre est défini par le nombre de liens associé avec ce dernier. Cela permet d'identifier rapidement un nœud d'intérêt ; (ii) la couleur est définie par la catégorie à laquelle nœud appartient. En utilisant cette variation du diamètre et de la couleur, il devient très simple de détecter les nœuds les plus importants dans le graphe et s'ils sont connectés à des nœuds de taille plus réduite ou au contraire de taille plus importante. Afin de différencier le nœud correspondant à l'entrée du graphe, une variation de luminosité est intégrée autour du nœud. Les relations entre les nœuds sont représentées par des lignes dirigées et étiquetées indiquant le sens de la relation. Pour différencier ces liens : (i) l'épaisseur dépend de la probabilité de l'association entre deux nœuds ; (ii) le grain est défini par la catégorie des nœuds associés. Ce procédé permet d'identifier la relation d'intérêt entre les nœuds considérés. Concernant la clarté du graphe, si cela n'est pas très important lorsque le nombre de nœuds et de liens est faible, cela peut avoir un réel impact lorsque la taille du graphe est importante. En effet, un graphe dense peut conduire à une visualisation non compréhensible à cause du chevauchement des éléments du graphe. Pour résoudre ce problème, nous avons pris en la variable positionnement bien connue en visualisation. Afin d'éviter tout croisement inutile entre les éléments du graphe (nœud, relations, étiquette, etc.), chacun est positionné de la manière adaptée.

2.2 Aspect dynamique

2.2.1 Interaction avec la visualisation

La plupart des interactions dynamiques commencent par une opération de sélection, dans laquelle un ou plusieurs composants du graphique sont isolés pour certaines actions, telles que la mise en évidence, le masquage, le déplacement ou l'obtention de détails. Par exemple, pour désencombrer un graphique, il est possible de sélectionner un nœud et de désactiver le reste des éléments qui ne sont pas connectés. Ainsi, nous obtenons une visualisation moins chargée tout en conservant leurs liens. De même, il est possible de sélectionner, de déplacer ou de modifier la forme d'un lien pour éliminer un croisement ou améliorer l'esthétique d'un graphique. La sélection peut impliquer un objet unique, les objets d'une région établie à partir d'une distance, ou un ensemble d'objets satisfaisant un ensemble de contraintes spécifiées par l'utilisateur (par exemple, tous les nœuds directement connectés à un nœud spécifique). L'un des problèmes les plus importants relatif à la sélection d'éléments dans un graphe se produit dans des régions denses du graphique où les éléments sont si rapprochés qu'une sélection sans ambiguïté est difficile ou impossible. Cette situation conduit à la nécessité d'utiliser d'autres types d'interaction, tels que le zoom ou les techniques de distorsion.Un autre élément visuel connu est celui du mouvement perceptible par l'utilisateur. Son utilisation est courante dans certaines zones de visualisation pour mettre en évidence les modifications d'un ensemble de données ou informations sélectionné par l'utilisateur (par exemple, clic sur un nœud, survole avec la souris, etc.). MCVGrapViz est conçu pour visualiser les connaissances contenues dans un modèle conceptuel en permettant son interprétation. Dans ce contexte, l'utilisateur peut avoir besoin d'informations supplémentaires sur certains éléments du graphe (nœud, relation, etc.). Par conséquent, MCVGraphViz fournit cette fonctionnalité. L'avantage de l'approche adoptée dans MCVGraphViz est qu'elle permet d'une part de visualiser l'ensemble du graphe et d'autre part d'affiner l'accès aux connaissances représentées dans le modèle (par exemple, un système d'info-bulles).

2.2.2 Acquisition de nouvelles connaissances

Nous faisons l'hypothèse que les parcours du graphe reflètent des connaissances implicites réutilisables dans le contexte d'une évaluation du risque. En effet, chaque action réalisée (choix d'un nœud, clic souris sur un nœud, enchaînement de liens entre des nœuds, etc.) exprime une connaissance propre à l'auteur du parcours. Un système dédié à la gestion de traces permet de collecter les traces, de les stocker et de les manipuler à l'aide d'opérations génériques appelées transformations qui sont de différents types (Fuchs, 2017) : filtrage, fusion de traces, etc. La trace s'enrichit à chaque nouvelle interaction au fur et à mesure que l'activité se déroule, en prenant en compte le contexte de chaque action réalisée. C'est donc un objet dynamique, qui peut être disponible en temps réel (Besnaci et al., 2015) et qui peut être modifié (Champin et al., 2013), requêtée ou visualisée. L'utilisation des traces d'interactions vise le plus souvent : (i) l'analyse *a posteriori* des usages et des activités ; (ii) la qualification des usages (Rossi et al., 2005) ; (iii) l'extraction de motifs fréquents dans l'activité tracée (Georgeon et al., 2006) et étudier les comportements des utilisateurs à partir de ces motifs. MCVGraphViz collecte les actions effectuées au cours de la navigation, constitue une trace et la stocke sous la forme d'un chemin (nœud de départ, nœud de destination).

2.3 Résultats

Nous allons présenter ici un cas d'utilisation avec un jeu de données issues de l'étude de (Meneton et al., 2016). Ce jeu de données présente les interactions entre les facteurs de risque cardiovasculaires sous forme d'un modèle conceptuel. Le nombre de concepts et de relations dans ce modèle conceptuel est respectivement 13 et 58. Nous pouvons ainsi voir dans la figure 3 l'interface de visualisation développée dans MCVGraphViz (démonstration accessible : http://www-limics.smbh.univ-paris13.fr/MCVGraphViz/).

3   Conclusion

Nous avons présenté un nouvel outil de visualisation dédié aux connaissances structurées sous forme de graphe. Cet outil permet de visualiser le graphe, et d'interagir avec le modèle conceptuel représentent les connaissances du domaine. Nous avons réutilisé les résultats recensés dans l'état de l'art pour obtenir des visualisation équivalentes aux outils dédiés à la

Sous-graphe   Informations supplémentaires

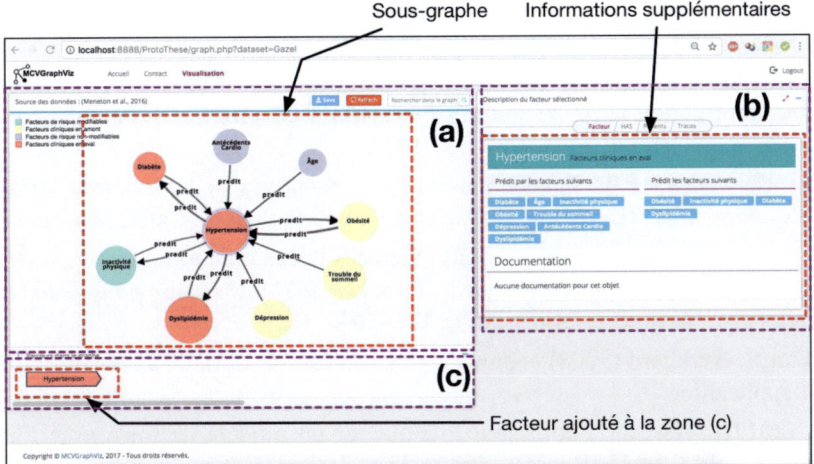

FIG. 3 – *Interface de MCVGraphViz avec un facteur de risque sélectionné : (a) le graphe avec les facteurs de risque et leurs interactions; (b) une boîte d'accès à des méta-données lorsqu'un facteur de risque est sélectionné; (c) l'historique des sous-graphes visités dans le parcours actuel.*

visualisation de données. Nous avons donc conçu et développé une méthode permettant d'accéder de façon progressive au contenu du graphe. Il est possible de visualiser le graphe dans son ensemble ou d'en obtenir une vue partielle en désactivant certains nœuds et arcs. Ce processus permet de se focaliser sur des éléments dans le graphe en proposant différentes vues choisies, précises et restreintes. De plus, notre technique permet de collecter et stocker les actions d'interaction réalisée par l'utilisateur sous forme de traces. L'évaluation de l'interface de l'outil MCVGraphViz est en cours auprès d'internes et de médecins généraliste. Une des perspectives de ce travail est l'exploitation des traces collectées pour construire des modèles d'évaluation du risque afin de faire de la prédiction. Nous travaillons actuellement à la définition d'une démarche adaptée à l'analyse des traces collectées. MCVGraphViz sera utilisé en pratique dans le cadre d'un écosystème modulaire destiné à la prévention du risque cardiovasculaire.

Références

Azzi, R., S. Despres, et J. Nobécourt (2018). D'un modèle statistique à un modèle de connaissance : retour d'expérience. In S. Ranwez (Ed.), *29es Journées Francophones d'Ingénierie des Connaissances, IC 2018*, 29es Journées Francophones d'Ingénierie des Connaissances, IC 2018, Nancy, France, pp. 105–119. AFIA.

Bertschi, S., S. Bresciani, T. Crawford, R. Goebel, W. Kienreich, M. Lindner, V. Sabol, et A. V. Moere (2011). What is knowledge visualization? perspectives on an emerging discipline. In *2011 15th International Conference on Information Visualisation*. IEEE.

Besnaci, M., N. Guin, et P. Champin (2015). Acquisition de connaissances pour importer des traces existantes dans un système de gestion de bases de traces. In *IC 2015 : 26es Journées francophones d'Ingénierie des Connaissances (Proceedings of the 26th French Knowledge Engineering Conference), Rennes, France, July 1-3, 2015.*

Burkhard, R. (2004). Learning from architects :the difference between knowledge visualization and information visualization. In *Proceedings. Eighth International Conference on Information Visualisation, 2004. IV 2004.* IEEE.

Card, S., J. Mackinlay, et B. Shneiderman (1999). *Readings in Information Visualization : Using Vision to Think (Interactive Technologies).* San Francisco, Calif : Morgan Kaufmann.

Champin, P.-A., A. Mille, et Y. Prié (2013). Vers des traces numériques comme objets informatiques de premier niveau. *Intellectica - La revue de l'Association pour la Recherche sur les sciences de la Cognition (ARCo)* (59), 171–204.

Eppler, M. et R. Burkhard (2004). Knowledge visualization towards a new discipline and its fields of application.

Fuchs, B. (2017). Assister l'utilisateur à expliciter un modèle de trace avec l'analyse de concepts formels. In C. Roussey (Ed.), *28es Journées francophones d'Ingénierie des Connaissances IC 2017*, Actes IC 2017 28es Journées francophones d'Ingénierie des Connaissances, Caen, France, pp. 151–162.

Georgeon, O., A. Mille, et T. Bellet (2006). Abstract : un outil et une méthodologie pour analyser une activité humaine médiée par un artefact technique complexe. In R. Lehn, M. Harzallah, N. Aussenac-Gilles, et J. Charlet (Eds.), *Ingéniérie des Connaissances. Semaine de la connaissance*, IC 2006 : 17es journées francophones d'Ingénierie des Connaissances : dans le cadre de la Semaine de la Connaissance 2006, Nantes, France.

Meneton, P., C. Lemogne, E. Herquelot, S. Bonenfant, M. Larson, R. Vasan, J. Ménard, M. Goldberg, et M. Zins (2016). A global view of the relationships between the main behavioural and clinical cardiovascular risk factors in the gazel prospective cohort. *PLOS ONE 11*(9), 1–20.

Rossi, F., Y. Lechevallier, et A. E. Golli (2005). Visualisation de la perception d'un site web par ses utilisateurs. *Revue des Nouvelles Technologies de l'Information Extraction et gestion des connaissances (EGC'2005), Actes des cinquièmes journées Extraction et Gestion des Connaissances, Paris, France, 18-21 janvier 2005, 2 Volumes, RNTI-E-3*, 563–574.

Ursyn, A. (2015). Visualization as communication with graphic representation. In *Encyclopedia of Information Science and Technology, Third Edition*, pp. 2131–2139. IGI Global.

Summary

Knowledge visualization tools contribute to the efficiency of the processes implemented for the transfer of knowledge. They provide users with intelligible content representations and facilitate access to knowledge by providing dynamic interaction modes. In this paper we present the tool MCVGraphViz dedicated to the visualization of graphs of interactions between risk factors in the field of cardiovascular diseases. It offers the user an interface to access progressively and dynamically the contents of the graph. MCVGraphViz allows to collect and memorize the actions performed by the user during his navigation in the graph in the form of traces expressed by a path between a starting node and a destination node.

Analyse sémantique des recommandations médicales pour la génération des règles SWRL

Samia Sbissi*, Mariem Mahfoudh**,***
Said Gattoufi*

*Laboratoire SMART, Université de Tunis, Tunisie
samia.sbissi@gmail.com, algattoufi@yahoo.com
**Laboratoire MIRACL, Université de Sfax, Tunisie
***Université de Kairouan, Kairouan, Tunisie
mariem.mahfoudh@gmail.com

Résumé. Les guides de bonnes pratiques sont des documents de référence en évolution qui contiennent des recommandations et des règles visant à aider les professionnels à maîtriser un domaine médical. Dans notre travail, nous sommes intéressés par l'utilisation de ces documents afin d'aider les médecins cardiologues à prendre des décisions sur les soins de santé appropriés pour les patients à risque de maladie cardiovasculaire. Plus précisément, notre papier propose une approche automatique qui analyse et transforme le texte (recommandations médicales) en OWL DL (Web Ontology Language - Description Logic) et des règles SWRL (Semantic Web Rule Language). Pour analyser le texte, nous avons utilisé une ontologie du domaine cardiovasculaire et des outils de traitement du langage naturel (TAL). Notre travail est original en ce qu'il propose une transformation automatique des textes en règles SWRL alors que les travaux associés portent uniquement sur la transformation de texte en des axiomes OWL légères.

1 Introduction

Les documents et les ressources médicales connaissent, de plus en plus, une croissance exponentielle et des changements simultanés. Ceci complique la tâche des experts en médecine dans leur suivi des nouveautés médicales pour la prise de bonnes décisions. Ainsi, et dans le but d'automatiser le processus d'analyse de ces documents et les transformer en connaissances, les techniques de la fouille de textes et d'analyse sémantique sont fortement nécessaires. Noter que l'analyse sémantique est un processus permettant de produire une représentation formelle d'un texte écrit en langage naturel (Kiryakov et al., 2004). Cette formalisation puisse être utilisée par exemple dans le raisonnement et l'inférence ou également pour déterminer si deux textes sont en relation d'implication (Gyawali et al., 2017). Dans notre travail qui se place dans le cadre d'une coopération entre l'hôpital La Rabta de Tunis et le laboratoire SMART (Straegies for Modelling and ARtificial inTelligence), nous sommes intéressés à assister les médecins cardiologues dans la prise des décisions au niveau des traitements des patients qui souffrent d'une dissection aortique. Une dissection aortique est une déchirure partielle de la paroi de l'aorte pouvant à tout moment évoluer vers la rupture complète, avec comme conséquences le décès (Criado, 2011). Il s'agit donc d'une urgence absolue dans son diagnostic et dans sa prise en charge. Alors, afin d'élaborer le système d'aide à la décision, nous avons besoin, bien entendu, de modéliser les connaissances relatives à cette maladie. Ces connaissances sont généralement décrites dans des documents spécialisés appelés les guides de bonnes pratiques. Elles sont constituées d'un ensemble de règles et de recommandations (ex. *In patients with abdominal aortic diameter of 25-29 mm, new ultrasound imaging should be considered 4 years later*). L'objectif de cet article étant donc de présenter notamment notre travail d'analyse sémantique et la transformation des recommandations en règles SWRL (semantic web rule language). Ex. $Patient(?p) \wedge hasAbdominalDiametre(?p, ?d) \wedge swrlb : greaterThan(?d, 25) \wedge swrlb : lessThan(?d, 29)- > recommendedDiagnosis(?p, "ultrasounImaging"))$. SWRL est un langage de règles intégré directement dans OWL (Ontology Web Language). Il permet de définir des règles sous forme d'implications logiques entre conditions et conclusions. Nous pensons que l'utilisation des techniques de web sémantique et des mécanismes d'inférence des ontologies pourrait être une bonne aide pour bien élaborer notre système d'assistance médical. Ainsi, afin d'analyser le texte, nous avons utilisé une ontologie existante du domaine cardiovasculaire et des outils de traitement du langage naturel. En effet, l'analyse sémantique des textes a été bien étudiée dans la littérature [(Gyawali et al., 2017),(Petrucci et al., 2016)]. Cependant, l'ensemble de ces travaux se sont focalisés sur une transformation en formules logiques simples ou en des ontologies légères. Nous nous intéressons plutôt à produire des règles SWRL.

Le reste de l'article sera comme suit : la section 2 présente quelques travaux connexes. La section 3 détaille notre approche proposée. La section 4 discute les résultats obtenus. La section 5 conclut ce travail et donne quelques perspectives.

2 État de l'art

L'extraction des connaissances à partir du texte s'est trouvée au coeur de plusieurs domaines de recherche vu l'augmentation vertigineuse, d'année en année, du volume de données disponibles sous forme de corpus de textes (Upadhyay et Fujii, 2016; Ristoski et Paulheim, 2016). Une étude comparative des approches et d'outils d'extraction des connaissances est présentée dans (Gangemi, 2013). Nous nous intéressons dans cette section à présenter essentiellement des travaux qui ont étudié la transformation du texte en formules logiques (analyse sémantique).

(Park et Lee, 2007) ont proposé une méthode semi-automatique pour extraire des règles de documents Web. Leur méthode nécessite, en entrée, une ontologie de domaine existante et une sélection manuelle des pages Web pertinentes. L'approche n'utilise que des techniques simples de TAL, ce qui l'empêche de gérer des textes complexes. (Gangemi et al., 2017) ont proposé un système appelé FRED qui extrait les relations n-aires sur la base de structures de représentation du discours et les transforme ensuite en représentation RDF (Resource Description Framework). Une méthode présentée par (Petrucci et al., 2016), permettant de convertir des textes sous forme d'axiome de logique de description. (Gyawali et al., 2017) ont proposé une méthode qui convertit des documents techniques d'Airbus en des axiomes DL à l'aide des grammaires d'arbres adjoints.

Dans notre travail, nous nous intéressons non seulement à la transformation de texte en logique de description (axiomes OWL) mais également à la génération automatique de règles SWRL. Nous pensons que l'analyse d'un texte composé d'un ensemble de recommandations sous forme de règles SWRL est plus utile pour élaborer notre système d'aide à la décision.

3 Approche proposée

Notre approche d'analyse sémantique des recommandations médicales est constituée de trois grandes étapes détaillées ci-dessous.

1. Pré-traitement. Le pré-traitement de notre texte repose sur les méthodes de tokenisation, la lemmatisation, l'analyse syntaxique, etc. Cette phase vise à nettoyer notre corpus de texte des mots inutiles (de bruit). Notre corpus (voir tableau 1) est composé d'un ensemble de recommandations médicales définies par la Société européenne de cardiologie ESC.

In complicated Type B AD, surgery may be considered.
In patients with acute contained rupture of TAA, urgent repair is recommended.
In complicated Type B AD, TEVAR is recommended.

TAB. 1 – *Quelques règles du corpus.*

2. Annotation sémantique. Il s'agit d'annoter l'ensemble de recommandations par l'ontologie de domaine cardiovasculaire CVDO [1]. Le choix de l'ontologie est fait après une recherche sur les ontologies existantes (essentiellement via le portail bioportal [2]) qui nous a amené à conclure que l'ontologie CVDO est la plus adaptée à nos besoins et couvre le plus notre domaine étudié (maladies cardiovasculaires). Ceci est dit, l'ontologie CVDO manque de relations et sera par la suite enrichie par le résultat de l'analyse sémantique. Ainsi, le processus d'annotation sémantique prend le texte pré-traité et l'ontologie CVDO, puis essaie de trouver les correspondances entre eux. Chaque terme du texte peut être associé à un ou plusieurs concepts de l'ontologie (classes, propriétés d'objet, propriétés de données, etc.). Dans notre travail, nous nous sommes intéressés à trois types de correspondances (Mahfoudh et al., 2016) : 1) correspondance syntaxique en utilisant la distance Levenshtein ; 2) correspondance morphologique en utilisant la lemmtatisation et 3) correspondance sémantique en utilisant l'ontologie WordNet.

---

1. http ://purl.bioontology.org/ontology/CVDO
2. https ://bioportal.bioontology.org

3. Analyse sémantique. Pour la transformation du texte en règles SWRL, nous avons défini un ensemble de patrons selon la nature de la recommandation médicale. La transformation est basée sur le résultat de l'annotation sémantique. Nous identifions pour chaque ligne de recommandation le pattern ayant la même structure et les classer ensemble. Un exemple de pattern est présenté ci dessous.

Patron1 : règles avec expressions de classe.

if the patient has a disease related to heart disease.

$$\Downarrow$$

Patron1 : Patient(?p) ∧ (hasRelatedDisease min 1 RelatedDiseases)(?p)
-> RelatedDiseaseHistory (?p , true)

Chaque règle SWRL est composée de deux parties : antécédent et conséquence. Pour analyser le corpus des recommandations, nous commençons par la segmentation (chunking en anglais). Il s'agit de grouper les mots selon leur étiquetage morpho-syntaxique comme illustré dans la figure 1.

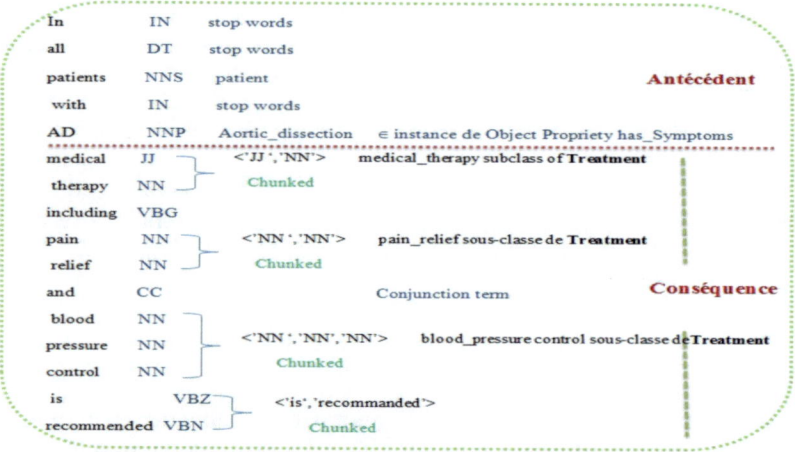

FIG. 1 – *Correspondances entre composants.*

Ensuite, il faut générer l'arbre correspondante de la recommandation qui sera automatiquement convertie en règle SWRL en cherchant sa correspondance avec les patrons prédéfinis (figure 2).

4   Expérimentations

Afin d'établir une correspondance entre l'ontologie et le texte, nous avons développé un prototype avec le langage Java. Les correspondances morphologiques et la lemmatisation sont assurées par l'API Standford CoreNLP. La bibliothèque NLTK de

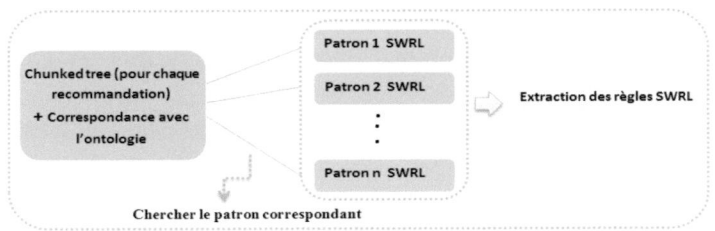

FIG. 2 – *Extraction des règles SWRL.*

Python est utilisée pour le pré-traitement du texte. Nous avons obtenu 30% de correspondance entre l'ontologie CVDO et les textes de recommandations médicales. Ceci reflète que l'ontologie CVDO couvre une partie de texte mais elle manque aussi d'autres qui doivent être ajoutés à la fin de l'analyse sémantique. Pour la construction des patterns et la transformation des règles, nous avons utilisé le framework Jena et l'API SWRLAPI. 60 % des règles SWRL sont correctement extraites du corpus de recommandations. Dans certains cas, une recommandation peut correspondre à un ou deux patterns simultanément, ce qui a réduit le taux de précision.

5 Conclusion

Nous avons présenté, dans cet article, une méthode d'analyse sémantique des recommandations médicales avec une ontologie de domaine. Notre approche consiste à transformer ces recommandations en règles SWRL. L'analyse sémantique est menée par une annotation sémantique du texte de recommandation par les concepts de l'ontologie. Nous avons combiné l'utilisation de l'ontologie OWL et des techniques de TAL pour capturer des connaissances et les représenter sous forme de règles dans le langage SWRL.

Nous rappelons que notre objectif était d'élaborer un système d'aide médicale permettant aux médecins de prendre des décisions concernant les maladies aortiques. Nous prévoyons, dans un futur travail, d'incorporer le résultat de l'analyse sémantique dans l'ontologie CVDO afin de l'enrichir et l'exploiter dans des tâches d'inférence. Nous nous baserons sur un travail précédent sur l'enrichissement et le peuplement d'ontologie (Mahfoudh et al., 2015). Une fois enrichie, il faut interroger cette ontologie afin de répondre, via des interfaces IHM adaptées, aux requêtes des médecins et leur assister dans leur prise de décision.

Références

Criado, F. J. (2011). Aortic dissection : a 250-year perspective. *Texas Heart Institute Journal 38*(6), 694.

Gangemi, A. (2013). A comparison of knowledge extraction tools for the semantic web. pp. 351–366.

Gangemi, A., V. Presutti, D. Reforgiato Recupero, A. G. Nuzzolese, F. Draicchio, et M. Mongiovì (2017). Semantic web machine reading with fred. *Semantic Web 8*(6), 873–893.

Gyawali, B., A. Shimorina, C. Gardent, S. Cruz-Lara, et M. Mahfoudh (2017). Mapping natural language to description logic. In *European Semantic Web Conference*, pp. 273–288. Springer.

Kiryakov, A., B. Popov, I. Terziev, D. Manov, et D. Ognyanoff (2004). Semantic annotation, indexing, and retrieval. *Web Semantics : Science, Services and Agents on the World Wide Web 2*(1), 49–79.

Mahfoudh, M., G. Forestier, et M. Hassenforder (2016). A benchmark for ontologies merging assessment. In *International Conference on Knowledge Science, Engineering and Management*, pp. 555–566. Springer.

Mahfoudh, M., G. Forestier, L. Thiry, et M. Hassenforder (2015). Algebraic graph transformations for formalizing ontology changes and evolving ontologies. *Knowledge-Based Systems 73*, 212–226.

Park, S. et J. K. Lee (2007). Rule identification using ontology while acquiring rules from web pages. *International Journal of Human-Computer Studies 65*(7), 659–673.

Petrucci, G., C. Ghidini, et M. Rospocher (2016). Ontology learning in the deep. In *European Knowledge Acquisition Workshop*, pp. 480–495. Springer.

Ristoski, P. et H. Paulheim (2016). Semantic web in data mining and knowledge discovery : A comprehensive survey. *Web semantics : science, services and agents on the World Wide Web 36*, 1–22.

Upadhyay, R. et A. Fujii (2016). Semantic knowledge extraction from research documents. In *Computer Science and Information Systems (FedCSIS), 2016 Federated Conference on*, pp. 439–445. IEEE.

Summary

Clinical practice guideline is an evolving reference document that contains recommendations and knowledge which aims to assist professionals to master a medical domain. In our work, we are interested in using these documents in order to assist doctors to make decisions about appropriate health care for patients who are at risk of cardiovascular disease. More precisely, our paper proposes an automatic approach that parses and transforms text (clinical practice guideline) into OWL DL (Ontology Language Web Description Logic) axioms and SWRL (semantic web rule language) rules. To parse the text, we have used an existing ontology of cardiovascular domain and natural language processing tools (NLP). Our work is original in that studies the mapping between text and SWRL rules while the related work are focused only on mapping text on OWL lightweight axioms.

Du nombre maximum d'ensembles fermés en 3 dimensions

Alexandre Bazin*, Laurent Beaudou**, Giacomo Kahn*** and Kaveh Khoshkhah****

*Laboratoire Electronique, Informatique et Image (Le2i),
Université de Bourgogne Franche-Comté
contact@alexandrebazin.com
**Laboratoire d'Informatique Fondamentale d'Orléans (LIFO),
Université d'Orléans
giacomo.kahn@univ-orleans.fr
*** Laboratoire d'Informatique, de Modélisation
et d'Optimisation des Systèmes (LIMOS),
Université Clermont Auvergne
laurent.beaudou@uca.fr
**** Institute of Computer Science, University of Tartu, TARTU, ESTONIA
khoshkhah@theory.cs.ut.ee

Résumé. Dans ce papier, nous étudions le nombre maximum d'ensembles fermés dans un cube de données de taille $n \times n \times n$. Nous montrons qu'il se situe entre 3.36^n et 3.38^n.

1 Introduction

L'étude des ensembles fermés, soient-ils fréquents ou non, est un des sujets centraux de la fouille de données. L'analyse formelle de concepts (FCA) (Ganter et Wille (1999)) est un des formalismes qui permettent d'étudier ces ensembles fermés, grâce à la structure qu'ils ont lorsqu'ils sont ordonnés par inclusion : le treillis des concepts. De nombreuses études utilisent ce formalisme, que ce soit dans des applications (Poelmans et al. (2013)) ou pour des résultats plus théoriques en complexité d'énumération (Gély et al. (2009)) ou de comptage (Kuznetsov et Obiedkov (2008)).

Il est bien connu que le nombre maximum d'ensembles fermés dans une table de données $n \times m$, avec n plus petit que m est 2^n. Dans ce papier, nous cherchons à généraliser au cas 3-dimensionnel la construction qui atteint 2^n, puis nous cherchons une borne supérieure au nombre maximum d'ensembles fermés en trois dimensions – nombre que nous appellerons par la suite $f_3(n)$. Pour ce faire, nous commençons par rappeler les définitions basiques en deux dimensions, puis en trois dimensions. La Section 3 donne une construction qui permet d'atteindre 3.36^n ensembles fermés. Dans la Section 4, nous donnons une esquisse de preuve pour une borne supérieure de 3.38^n. Les résultats présentés dans cet article sont disponibles en version longue sur ArXiv (Bazin et al. (2018)).

2 Définitions

Nous présentons notre travail dans le formalisme de l'analyse formelle de concepts (Ganter et Wille (1999)). En deux dimensions, un *contexte* est un triplet $(\mathcal{O}, \mathcal{A}, \mathcal{R})$ dans lequel $\mathcal{O}$ et $\mathcal{A}$ sont des ensembles (appelés respectivement ensemble d'objets et ensemble d'attributs) et $\mathcal{R}$ est une relation entre $\mathcal{O}$ et $\mathcal{A}$. Moins formellement, on peut représenter un contexte par une table de croix, où une croix dans la case (o, a) signifie que $(o, a) \in \mathcal{R}$ et est lue "l'objet o possède l'attribut a".

Dans un contexte, il existe des motifs, appelés *concepts*, qui sont des paires (O, A) où O est un ensemble d'objets et A un ensemble d'attributs tels que $O \times A \in \mathcal{R}$ (toutes les croix entre les objets de O et les attributs de A sont présentes) et il n'est pas possible d'augmenter un de ces ensembles en conservant cette propriété. Les ensembles A et O correspondent aux ensembles fermés étudiés, notamment, en fouille de données. Un concept est un rectangle maximal de croix dans le contexte. L'ensemble des concepts d'un contexte, ordonnés par inclusion sur une de leur composante (traditionnellement l'ensemble d'objets), forme une structure ordonnée particulière : un treillis, que l'on appelle le treillis des concepts du contexte.

Un exemple de ces deux définitions est donné dans la Figure 1. L'ensemble d'objets $\mathcal{O}$ contient sept objets, l'ensemble d'attributs $\mathcal{A}$ contient cinq attributs. Dans ce contexte, la paire $(\{o_2, o_7\}, \{a_2, a_4, a_5\})$ est un concept. Afin d'alléger les notations, et quand cela n'induit aucune confusion, nous écrirons les ensembles sans leurs accolades. Ainsi, notre concept devient $(o_2 o_7, a_2 a_4 a_5)$.

	a_1	a_2	a_3	a_4	a_5
o_1	×		×		×
o_2		×		×	×
o_3	×	×	×		
o_4			×	×	
o_5	×	×			×
o_6	×		×	×	
o_7	×	×		×	×

FIG. 1 – *Un exemple de contexte où* $\mathcal{O} = \{o_1, o_2, o_3, o_4, o_5, o_6, o_7\}$ *and* $\mathcal{A} = \{a_1, a_2, a_3, a_4, a_5\}$. *Une croix dans la cellule* (o, a) *est lue "l'objet o a l'attribut a".*

Le passage en trois dimensions se fait naturellement (il a été fait pour la première fois dans (Lehmann et Wille (1995)). Un *3-contexte* est un quadruplet $(\mathcal{O}, \mathcal{A}, \mathcal{C}, \mathcal{R})$ où $\mathcal{O}$, $\mathcal{A}$ et $\mathcal{C}$ sont des ensembles, appelés respectivement ensemble d'objet, d'attributs et de conditions, et $\mathcal{R}$ est une relations ternaire entre ces ensembles.

Dans ce modèle, un *3-concept* est une boite maximale de croix dans le 3-contexte. Plus précisément, c'est un triplet (O, A, C) pour lequel on a que $O \times A \times C \in \mathcal{R}$ et on ne peut augmenter aucun de ces ensembles sans perdre la propriété. L'ensemble des 3-concepts suit une orientation différente de celle en deux dimensions, mais les concepts peuvent tout de même être ordonnés en un 3-treillis.

Les figures 2 et 3 donnent deux manière de visualiser un 3-contexte.

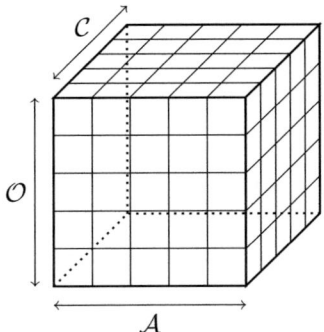

FIG. 2 – *Représentation visuelle d'un 3-contexte (sans les croix).*

	a	b	c	a	b	c	a	b	c
α	×	×		×			×		
β	×			×			×	×	
γ	×			×		×			×
		1			2			3	

FIG. 3 – *Un 3-contexte $(Nombres, Grec, Latin, \mathcal{R})$ avec $Nombres = \{1, 2, 3\}$, $Grec = \{\alpha, \beta, \gamma\}$ et $Latin = \{a, b, c\}$.*

3 2^n, 3^n et plus si affinité

En deux dimensions, dans un contexte de taille $n \times n$, il est possible d'atteindre 2^n concepts. Cela signifie que toutes les parties de l'ensemble $[n]$ sont fermées. Le contexte permettant d'atteindre 2^n concepts est appelé *contranominal scale* en anglais, nous l'appellerons contexte anti-diagonal ici, pour la raison suivante. Basé sur un ensemble S de taille n, il correspond au contexte $(S, S, \neq)$. Soit X un sous ensemble de S. Les concepts du contexte anti-diagonal sont de la forme $(X, \overline{X})$, avec $\overline{X} = S \setminus X$. Toutes les parties de S sont fermées, le treillis de concepts correspondant est le treillis booléen de dimension n. [1]

Un équivalent du contexte anti-diagonal en 3-dimension est le contexte $(S, S, S, S^3 \setminus \{(a, a, a) \mid a \in S\})$, montré en Figure 4.

	1	2	3	1	2	3	1	2	3
1		×	×	×	×	×	×	×	×
2	×	×	×	×		×	×	×	×
3	×	×	×	×	×	×	×	×	
		1			2			3	

FIG. 4 – *Le contexte anti-diagonal sur un ensemble de taille 3. Ce 3-contexte a $3^3 = 27$ 3-concepts.*

---

1. Prenez garde ! Le terme de dimension est très trompeur ici, un treillis booléen de dimension n correspond à un contexte en dimension 2 !

Ce 3-contexte, basé sur un ensemble de taille n, donne 3^n 3-concepts. Introduit par Lehmann et Wille (1995), il a été également étudié par Biedermann (1998, 1999). La comparaison avec le cas 2-dimensionnel s'arrête ici, car on peut construire des contextes donnant plus de 3^n concepts.

Observation 1 *Il existe un 3-contexte $5 \times 5 \times 5$ avec quatre cent vingt-huit concepts. Ce contexte est donné en Figure 5.*

	a	b	c	d	e	a	b	c	d	e	a	b	c	d	e	a	b	c	d	e	a	b	c	d	e
1		×	×	×	×	×	×	×	×		×	×	×		×	×	×		×	×	×		×	×	×
2	×		×	×	×		×	×	×	×	×	×	×	×		×	×	×		×	×	×		×	×
3	×	×		×	×	×		×	×	×		×	×	×	×	×	×	×	×		×	×	×		×
4	×	×	×		×	×	×		×	×	×		×	×	×		×	×	×	×	×	×	×	×	
5	×	×	×	×		×	×	×		×	×	×		×	×	×		×	×	×		×	×	×	×
			α					β					γ					δ					ϵ		

FIG. 5 – *Ce contexte a 428 concepts.*

On remarque que 428 est strictement supérieur à $3^5 = 243$. Notons également que $428 > 3.36^5$. Cela nous permet de conclure à l'existence de petits contextes ayant beaucoup de concepts, mais pas sur le cas général. Afin d'étendre cette observation, nous présentons maintenant une construction permettant de coller deux contextes et de multiplier leur nombre de concepts.

Soient $\mathbb{K}_1 = (\mathcal{O}_1, \mathcal{A}_1, \mathcal{C}_1, \mathcal{R}_1)$ et $\mathbb{K}_2 = (\mathcal{O}_2, \mathcal{A}_2, \mathcal{C}_2, \mathcal{R}_2)$ deux 3-contextes, tels que $\mathcal{O}_1 \cap \mathcal{O}_2 = \emptyset$, $\mathcal{A}_1 \cap \mathcal{A}_2 = \emptyset$ et $\mathcal{C}_1 \cap \mathcal{C}_2 = \emptyset$. On construit le 3-contexte $\mathbb{K} = (\mathcal{O}, \mathcal{A}, \mathcal{C}, \mathcal{R})$ à partir de C_1 et C_2 en

1. fusionnant leurs dimensions : $\mathcal{O} = \mathcal{O}_1 \cup \mathcal{O}_2$, $\mathcal{A} = \mathcal{A}_1 \cup \mathcal{A}_2$ et $\mathcal{C} = \mathcal{C}_1 \cup \mathcal{C}_2$;

2. gardant les croix existantes, et en en ajoutant de nouvelles dans les cellules empruntant des coordonnées aux deux contextes.

Deux exemples sont montrés dans la Figure 6 : en deux dimensions puis en trois dimensions.

Proposition 2 *Soient $\mathbb{K}_1$ et $\mathbb{K}_2$ deux 3-contextes avec respectivement N_1 et N_2 concepts. Alors le contexte $\mathbb{K}$ résultant de la fusion de $\mathbb{K}_1$ et $\mathbb{K}_2$ par la procédure décrite ci-dessus a $N_1 \times N_2$ concepts.*

Cela nous permet de répéter notre contexte $5 \times 5 \times 5$ pour créer de grands contextes avec beaucoup de concepts. Nous avons donc le théorème suivant :

Théorème 3 *Il existe une constante c telle que, pour tout entier n, $f_3(n) \geq c3.36^n$.*

4 Approche pour une borne supérieure

Notre approche pour obtenir une borne supérieure ne s'appuie pas directement sur les concepts d'un contexte, mais sur l'équivalence qu'ils ont avec les traverses minimales d'une certaine classe d'hypergraphes. Dans le cadre des 3-concepts, ils sont équivalents aux traverses minimale des hypergraphes 3-uniformes (chacune des arêtes a arité 3), 3-partis. Chaque arête correspond alors à un "trou" du contexte.

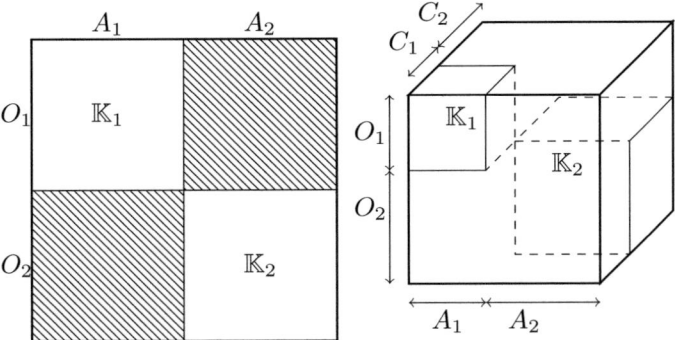

FIG. 6 – *La procédure revient à coller les deux contextes sur une diagonale, tout en remplissant le reste de croix. Les parties grisées en deux dimensions représentent ces croix. Elles sont absentes en trois dimensions, pour des raisons évidentes de lisibilité.*

En utilisant ce formalisme, nous avons utilisé une approche de *measure and conquer* (Kullmann (1999); Fomin et al. (2009)) pour borner le nombre de traverses minimales dans un hypergraphe de cette classe. Cette approche nous permet d'obtenir le théorème suivant :

Théorème 4 *Pour tout entier n, $f_3(n) \leq 3.38^n$.*

Preuve (version courte) Une version longue de cette preuve peut-être consultée dans (Bazin et al. (2018)).

Notre preuve utilise le theorème de Kullmann (1999) qui borne le nombre de feuilles d'un arbre muni de probabilités de transition sur ses arêtes. Nous commençons par montrer, pour un hypergraphe $\mathcal{H}$, qu'il est possible de construire un tel arbre de façon à ce que $\mathcal{H}$ soit la racine et les feuilles les traverses de $\mathcal{H}$. L'essentiel de la preuve se résume alors à identifier les probabilités de transition correspondantes aux différentes configurations possibles dans l'hypergraphe. Cela nécessite une étude de cas fastidieuse. Une fois les probabilités trouvées, le théorème nous assure que le nombre maximum de traverses minimales dans un hypergraphe tri-parti 3-uniforme à $3n$ sommets est inférieur à 1.5012^{3n} et donc que le contexte correspondant à une tripartition des sommets en trois dimensions égales possède, au plus, 3.38^n concepts.

5   Questions sans réponses

Bien que nous donnions un encadrement assez petit de la valeur de $f_3(n)$, nous n'avons pas de certitude quant à sa véritable valeur. Une recherche plus approfondie pourrait éventuellement permettre de trouver des 3-contextes ayant plus de concepts, qui pourraient alors être répliqués en utilisant la construction multiplicative.

De même, la borne supérieure que nous donnons peut possiblement être améliorée, soit en utilisant une évaluation plus fine en terme de *measure and conquer* ou par une tout autre approche.

La question reste ouverte par rapport au nombre maximum de concepts dans un contexte de dimension d (Voutsadakis (2002)).

Références

Bazin, A., L. Beaudou, G. Kahn, et K. Khoshkhah (2018). Bounding the number of minimal transversals in tripartite 3-uniform hypergraphs. *CoRR abs/1807.09030*.

Biedermann, K. (1998). Powerset trilattices. In *6th International Conference on Conceptual Structures, ICCS '98, Montpellier, France, 1998, Proceedings*, pp. 209–224.

Biedermann, K. (1999). An equational theory for trilattices. *Algebra Universalis 42*(4), 253–268.

Fomin, F. V., F. Grandoni, et D. Kratsch (2009). A measure & conquer approach for the analysis of exact algorithms. *J. ACM 56*(5), 25 :1–25 :32.

Ganter, B. et R. Wille (1999). *Formal concept analysis - mathematical foundations*. Springer.

Gély, A., L. Nourine, et B. Sadi (2009). Enumeration aspects of maximal cliques and bicliques. *Discrete Applied Mathematics 157*(7), 1447–1459.

Kullmann, O. (1999). New methods for 3-sat decision and worst-case analysis. *Theor. Comput. Sci. 223*(1-2), 1–72.

Kuznetsov, S. O. et S. A. Obiedkov (2008). Some decision and counting problems of the duquenne-guigues basis of implications. *Discrete Applied Mathematics 156*(11), 1994–2003.

Lehmann, F. et R. Wille (1995). A triadic approach to formal concept analysis. In *Third International Conference on Conceptual Structures, ICCS '95, Santa Cruz, USA, 1995, Proceedings*, pp. 32–43.

Poelmans, J., D. I. Ignatov, S. O. Kuznetsov, et G. Dedene (2013). Formal concept analysis in knowledge processing : A survey on applications. *Expert Syst. Appl. 40*(16), 6538–6560.

Voutsadakis, G. (2002). Polyadic concept analysis. *Order 19*(3), 295–304.

Summary

We study the maximum number of closed sets in a 3-dimensional dataset of size $n \times n \times n$. We show that it is between 3.36^n and 3.38^n.

WorldSpread : un modèle de propagation de l'information entre populations

Didier Henry*, Erick Stattner*, Martine Collard*

* LAMIA, Université des Antilles, Guadeloupe, France
didier.henry ; erick.stattner ; martine.collard @univ-antilles.fr

Résumé. Les modèles de diffusion proposés dans les médias sociaux reposent pour la plupart sur des hypothèses épidémiologiques et non sur l'observation de données réelles pour décrire les caractéristiques de la diffusion. De tels modèles ne peuvent pas reproduire fidèlement le phénomène de diffusion dans la mesure où ils ne considèrent pas les facteurs observés qui peuvent influencer ce phénomène. Notre approche innove dans le sens où elle se place au niveau des populations des pays et qu'elle consiste à identifier en plus du nombre de populations atteintes, le rayon géographique d'influence autour de ces populations, l'instant de diffusion de l'information, la durée de la diffusion et le pays auquel appartiennent ces populations en connaissant la population à l'origine de l'information et sa thématique.

1 Introduction

Anticiper la réaction des utilisateurs vis-à-vis d'une information dans les médias sociaux peut permettre de prévoir l'ampleur et l'évolution du phénomène de diffusion. Ainsi, grâce à ces prévisions, il serait possible de cibler de façon pertinente des utilisateurs pour améliorer l'image d'une marque d'un point de vue marketing, ou pour atténuer la propagation de rumeurs ou d'une "infox [1]". Cependant, la majorité des travaux de modélisation de la diffusion dans les médias sociaux reposent en majorité sur des hypothèses épidémiologiques [Hethcote (1989); Anderson et May (1992)] et non sur l'observation de données réelles pour décrire les caractéristiques de la diffusion. Dans des approches relativement récentes, des chercheurs [Li et al. (2018); Zhou et al. (2017); Hoang et al. (2016)] ont introduit des modélisations du phénomène de diffusion au niveau microscopique, c'est-à-dire au niveau des utilisateurs, prenant en compte des variables de diffusion observées sur des cas réels de diffusion. Notre approche innove dans le sens où elle se place au niveau des populations des pays et qu'elle consiste à identifier en plus du nombre (N) de populations atteintes, le rayon géographique (R) d'influence autour de ces populations, l'instant de diffusion de l'information (T), la durée de la diffusion (I) et le pays auquel appartiennent ces populations. Le modèle **WorldSpread** que nous proposons permet de décrire le processus de diffusion en fonction de ces variables et d'identifier les populations qui sont atteintes par une information en connaissant la population

---

1. fausse information

à l'origine de l'information et sa thématique. Nous apportons ainsi avec le modèle World-Spread une contribution à la modélisation du processus de diffusion au niveau macroscopique en prenant en compte la dimension géographique des diffuseurs. Le reste du papier est organisé comme suit. La section 2 présente la méthodologie de collecte et d'extraction des données. La section 3 détaille le modèle WorldSpread proposé. La section 4 est consacrée à la présentation des résultats obtenus. Enfin la section 5 conclut et présente nos travaux futurs.

2 Collecte et extraction de données

Dans notre approche, nous avons utilisé les sujets tendance de Twitter. Un sujet tendance est une information très diffusée dans le média social à un instant précis, souvent représenté par un hashtag (mot ou ensemble de mots précédés du caractère dièse résumant le sujet). La méthodologie que nous proposons s'effectue en trois grandes étapes. Dans un premier temps, nous avons collecté toutes les cinq minutes, la liste des 50 meilleurs sujets tendance pour les 62 pays disponibles dans l'API de Twitter. Nous avons sélectionné les sujets diffusés par au moins 4 populations de pays dans un intervalle de 3 jours suivant la première diffusion. Dans un second temps, nous avons ordonné chronologiquement l'adoption des sujets pour chaque population de pays. Ensuite, nous avons classé les sujets automatiquement en fonction du pays C où le sujet apparaît en premier. De plus, nous avons classé les sujets manuellement selon les neuf thématiques S suivantes : les célébrités, les jeux, les films/TV, la musique, les nouvelles, la politique, le sport, la technologie et les autres. Dans un troisième temps, nous avons extrait 3 paramètres pour chaque population ayant adopté le sujet : le temps d'adoption, le temps d'infection et le rayon d'impact. **Le temps d'adoption** T est le temps écoulé entre l'apparition du sujet dans le pays d'origine et l'apparition de ce sujet dans un autre pays. **Le temps d'infection** I est le temps écoulé entre la première apparition du sujet dans la liste des tendances du pays et le moment où il disparaît de la liste. **Le rayon d'impact** R est la distance géographique entre la capitale du pays à l'origine du sujet et la capitale d'un pays où le sujet apparaît ensuite. Enfin, nous avons utilisé l'outil d'extraction de motifs fréquents SPMF (Fournier-Viger et al. (2016)) afin de découvrir les populations de pays souvent impactées ensemble. Dans notre approche, nous avons utilisé deux jeux de données. Un jeu de données d'observation (n° 1) collecté en juin 2017 est composé d'environ 2900 sujets. Un jeu de données d'évaluation (n° 2) collecté en octobre 2017 contient environ 3000 sujets.

3 Le modèle WorldSpread

3.1 Formulation du problème

Dans la suite de ce papier, nous appelons sujet, une information relative à une thématique, qui est susceptible de se propager. Par exemple le sujet #AgentsofSHIELD correspond à une série télévisée et sa thématique est "films/TV". Étant donné C le pays d'origine du sujet, S la thématique du sujet et $t = [t_0, t_1, ..., t_m]$ l'ensemble des instants d'apparition des sujets dans de nouveaux pays relatifs à C et S, où t_0 est l'instant d'apparition dans le pays source. Notre objectif est ici double. Premièrement, il s'agit de définir le nombre de pays diffusant le sujet aux différents instants t_j, c'est-à-dire une liste $n = [n_0, n_1, ..., n_m]$ où n_j est le nombre de nouveaux pays diffuseurs au temps t_j. Deuxièmement, il s'agit d'identifier également les noms des pays diffusant le sujet aux différents instants t_j, c'est-à-dire une liste $Lc = [Lc_1, ..., Lc_m]$ contenant, pour chaque instant, les pays qui diffusent l'information.

3.2 Description du modèle WorldSpread

Le modèle que nous proposons repose sur la formalisation de nos observations sur des données réelles. Ainsi, à un pays source C et une thématique S sont associés N_{total} le nombre total de pays ayant diffusé la thématique ainsi que les 4 listes suivantes :

— $T = [T_1, T_2, ..., T_k]$ la liste des instants de la diffusion où un ou plusieurs nouveaux pays ont adopté la thématique S,

— $N = [N_1, N_2, ..., N_k]$ la liste des nombres de pays ayant adopté la thématique S à chaque instant T_j,

— $I = [I_1, I_2, ..., I_k]$ la liste des temps d'infection relatifs aux pays ayant adopté la thématique S à chaque instant T_j,

— $R = [R_1, R_2, ..., R_k]$ la liste des rayons d'adoption (distance géographique par rapport au pays C) relatifs aux pays ayant adopté la thématique S à chaque instant T_j.

En plus de ces variables, nous générons également le réseau du pays source du sujet qui repose sur un graphe dirigé $G'_{S,C}$, où S est la thématique du sujet. La construction de ce graphe s'effectue en deux étapes. Premièrement, pour chaque pays C, nous générons en fonction de la thématique S le **graphe local** dirigé $G_{S,C} = (\mathcal{C}_S, \mathcal{E}_S)$ où $\mathcal{C}_S = \{C, C_{1_S}, C_{2_S}, ..., C_{n_S}\}$ est l'ensemble des noeuds représentant les pays qui apparaissent fréquemment dans la diffusion provenant de C pour la thématique S et $\mathcal{E}_S = \{E_{0_S}, E_{1_S}, ..., E_{n-1_S}\}$ est l'ensemble des liens dirigés de C aux noeuds de $\mathcal{C}_S$. Il existe un lien dirigé d'un noeud C_1 vers un noeud C_2 si le sujet se diffuse de C_1 à C_2 directement. Deuxièmement, nous construisons pour chaque pays C selon la thématique S un **graphe global** dirigé $G'_{S,C} = (C'_S, E'_S)$ comme l'union des G_{S,C_n} pour chaque C_n de $\mathcal{C}_S$. L'ensemble des noeuds C'_S est l'union de l'ensemble des noeuds de $\mathcal{C}_S$ avec l'ensemble des noeuds des graphes locaux des noeuds des $G_{S,C_{k_S}}$ pour tout C_{k_S} de $\mathcal{C}_S$ et l'ensemble des arêtes dirigées E'_S est l'union de l'ensemble des arêtes des $G_{S,C_{k_S}}$ pour tout C_{k_S} de $\mathcal{C}_S$.

L'objectif du modèle est de décrire l'évolution de la diffusion d'un sujet de manière à pouvoir identifier : le moment où une population est susceptible de diffuser le sujet, le laps de temps pendant lequel elle va diffuser le sujet, la distance géographique qui sépare la population de celle à la source du sujet, et le pays auquel appartient la population.

4 Evaluation du modèle

4.1 Evalutation quantitative

Afin d'évaluer l'"erreur" ou la distance entre les valeurs obtenues sur le jeu d'observation et le jeu d'évaluation, nous nous sommes focalisés sur l'évolution des nombres de pays diffusant l'information au cours du temps et nous avons observé les différences relatives entre les courbes de diffusion. En considérant le cas (États-Unis,Sport), les valeurs obtenues sont présentées dans la figure 1.

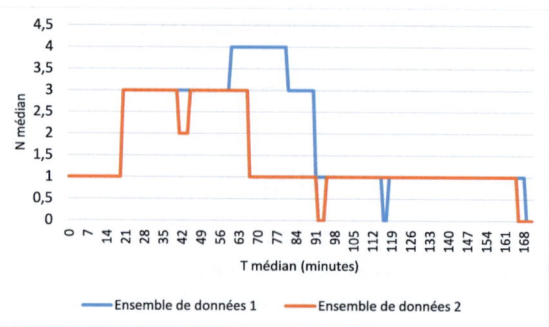

FIG. 1: Comparaison des courbes de diffusion entre le modèle et les données réelles pour le couple (États-Unis,Sports).

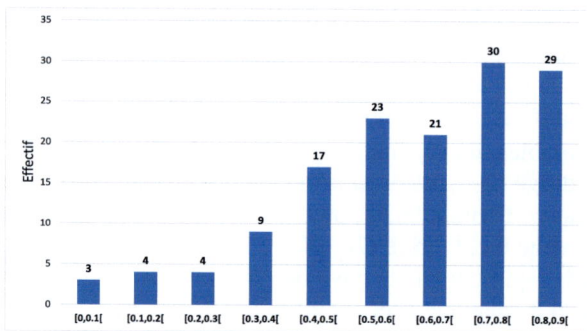

FIG. 2: Distribution de l'erreur du modèle.

Pour estimer numériquement les distances entre les valeurs obtenues sur le jeu 1 et le jeu 2 pour un couple (C,S) donné, nous calculons une erreur relative comprise dans l'intervalle [0-1] donnée par la formule :

$$\Delta_N = \frac{\sum_{i=0}^{n} \frac{|N_1(i) - N_2(i)|}{|max(N_1(i), N_2(i))|}}{n+1}$$

Ainsi, plus la valeur est proche de 0, et plus le modèle décrit fidèlement le phénomène. Nous avons observé la distribution de l'erreur pour les 140 couples (C,S) dont nous disposons d'au moins un exemple à la fois dans le jeu de données 1 et dans le jeu de données 2 (voir figure 2). Ainsi, nous avons remarqué que nous obtenons une erreur strictement inférieure à 0.6 pour 43% de ces couples.

L'erreur semble plus importante lorsque le nombre d'exemples de diffusion est faible. En effet, en observant le nombre moyen d'exemples en fonction de l'erreur, nous avons constaté que moins il y a d'exemples, plus l'erreur est élevée (voir figure 3).

4.2 Evalutation qualitative

Décrire de manière numérique la diffusion d'un sujet en connaissant le pays source C et sa thématique S peut s'avérer utile pour estimer la vitesse de propagation à d'autres populations.

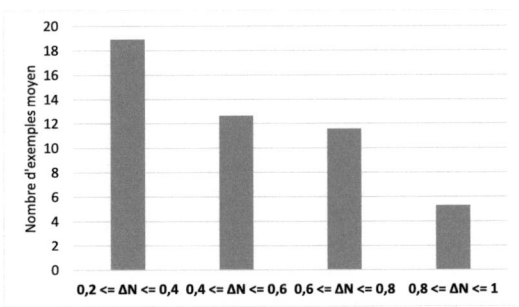

FIG. 3: Distribution de l'erreur en fonction du nombre moyen d'exemples.

Néanmoins, cette première description ne permet pas de cibler précisément les populations susceptibles de diffuser une information. Ainsi, dans un second temps, nous nous sommes intéressés à l'identification des pays diffusant un sujet au cours du temps toujours en prenant en compte le pays source C et la thématique S. L'objectif de notre approche est double. Premièrement, il s'agit de proposer un ensemble de pays $P = \{C_1, C_2, ...C_k\}$ allant probablement diffuser le sujet dont la thématique est S et le pays source est C. Deuxièmement, il est question de suggérer un ordre chronologique O dans l'adoption du sujet par les pays de cet ensemble. Pour chaque exemple de diffusion du jeu de donnée 2, nous avons calculé le rappel A_P et la précision B_P :

— $A_P = \dfrac{\text{nombre de pays de } P \text{ correctement identifiés}}{\text{nombre de pays de } P} * 100$

— $B_P = \dfrac{\text{nombre de pays de } P \text{ correctement identifiés}}{\text{nombre de pays total de pays diffusant}} * 100$

De plus nous avons mesuré le taux de bonnes chronologies en utilisant :

$$H = \dfrac{\text{nombre de chronologie correctes identifiées}}{\text{nombre d'exemples de diffusion}} * 100$$

Pour estimer la qualité de l'identification des pays du modèle, nous avons calculé A_P, B_P pour chaque exemple de diffusion relatif au top 10 des couples (C,S) contenant le plus d'exemples de diffusion. Pour un couple (C,S) donné, nous avons calculé H ainsi que μ_A, μ_B respectivement la moyenne des A_P, B_P. Ensuite, nous avons calculé M_H, M_A et M_B respectivement les moyennes des H, μ_A et μ_B pour les 10 couples (C,S). En évaluant le modèle sur le jeu de donnée 2, nous avons noté que $M_A = 69.7\%$, $M_B = 66.04\%$ et $M_H = 64,5\%$. Ainsi, en moyenne $\frac{2}{3}$ de l'ensemble des pays diffusants sont identifiés correctement par WorldSpread. De plus, en moyenne dans $\frac{2}{3}$ des cas l'ordre chronologique proposé est correctement identifié.

5   Conclusion et perspectives

Dans ce travail, nous avons introduit WorldSpread, un modèle original et innovant qui permet de décrire simplement la diffusion entre des populations sur le média social Twitter à la fois sur le plan quantitatif et sur le plan qualitatif, en connaissant le pays source C et la thématique S de l'information. Notre approche repose sur l'utilisation de deux jeux de données réelles collectées à trois mois d'intervalle et contenant chacun près de 3000 exemples de diffusion regroupés manuellement dans 9 thématiques. Nous avons constaté que le modèle permet d'établir une description assez précise du phénomène de diffusion notamment pour les couples (C,S) comptant le nombre d'exemples le plus important. Une perspective intéressante serait d'intégrer en plus dans le modèle WorldSpread le nombre d'utilisateurs diffusant l'information au sein des populations concernées. Décrire le processus en prenant en compte cette variable supplémentaire pourrait permettre d'estimer le nombre d'utilisateurs impactés selon le pays en prenant en compte la population source et la thématique de l'information. D'un point de vue marketing, la stratégie à adopter serait de répandre une information au sein d'une population réceptive afin de maximiser sa diffusion. Du point de vue d'un modérateur, un tel modèle pourrait permettre de cibler les populations à informer afin d'atténuer la propagation de rumeurs ou de fausses informations.

Références

Anderson, R. M. et R. M. May (1992). *Infectious diseases of humans : dynamics and control*. Oxford university press.

Fournier-Viger, P., J. C.-W. Lin, A. Gomariz, T. Gueniche, A. Soltani, Z. Deng, et H. T. Lam (2016). The spmf open-source data mining library version 2. In *Joint European Conference on Machine Learning and Knowledge Discovery in Databases*, pp. 36–40. Springer.

Hethcote, H. W. (1989). Three basic epidemiological models. In *Applied mathematical ecology*, pp. 119–144. Springer.

Hoang, B.-T., K. Chelghoum, et I. Kacem (2016). A learning-based model for predicting information diffusion in social networks : Case of twitter. In *Control, Decision and Information Technologies (CoDIT), 2016 International Conference on*, pp. 752–757. IEEE.

Li, C.-T., Y.-J. Lin, et M.-Y. Yeh (2018). Forecasting participants of information diffusion on social networks with its applications. *Information Sciences 422*, 432–446.

Zhou, Y., B. Zhang, X. Sun, Q. Zheng, et T. Liu (2017). Analyzing and modeling dynamics of information diffusion in microblogging social network. *Journal of Network and Computer Applications 86*, 92–102.

Summary

Dissemination models proposed in social media are based for the most part on epidemiological hypotheses and not on the observation of real data to describe the characteristics of the diffusion. Such models can not faithfully reproduce the phenomenon of diffusion because they do not consider the observed factors that may influence this phenomenon. Our approach is innovative because we consider the populations of the countries and that it consists in identifying in addition to the number of populations reached, the geographical radius of influence around these populations, the moment of diffusion of the information, the duration of the diffusion and the country to which these populations belong knowing the population at the origin of the information and its theme.

Améliorer la classification semi-supervisée à base de graphes

Dino Ienco*, Ruggero G. Pensa**

*UMR TETIS, IRSTEA, Univ. Montpellier et LIRMM, Montpellier, France
dino.ienco@irstea.fr
**University of Turin, Computer Science Department, Turin, Italy
ruggero.pensa@unito.it

1 Introduction

La recherche sur l'apprentissage semi-supervisé (SSL) basé sur graphe (GBSSL) est principalement axée sur deux aspects : i) la construction du graphe des plus proches voisins et / ou ii) l'algorithme de propagation fournissant la classification. Nous nous intéressons dans ce poster à la représentation des données dans le but d'incorporer la semi-supervision au début du processus. Pour cela, nous apprenons un nouveau plongement de données à base de connaissance via un ensemble d'auto-encodeurs semi-supervisés pour améliorer les algorithmes GBSSL. La Figure 1(a) décrit le pipeline standard adopté pour le scénario GBSSL tandis que la Figure 1(b) décrit la stratégie proposée selon laquelle les informations d'étiquette sont exploitées plus tôt dans le pipeline. Notre contribution consiste à apprendre un plonge-

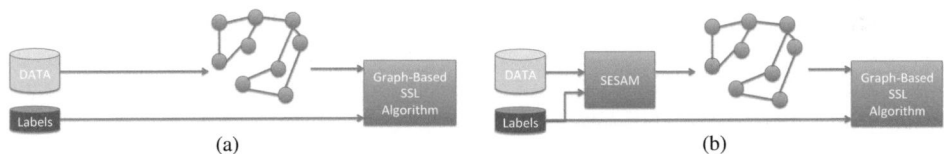

(a)   (b)

FIG. 1 – *Pipeline GBSSL standard (a) et SESAM (b).*

ment de données à base de connaissance qui alimente successivement un pipeline GBSSL standard. À cette fin, nous proposons d'utiliser un ensemble d'auto-encodeurs semi-supervisés (SSAE). La diversité est considérée comme une propriété clé dans la conception d'un schéma d'apprentissage d'ensemble (Chen et al., 2017). Pour chaque modèle de l'ensemble, nous échantillonnons de manière aléatoire la taille des différentes couches pour forcer la diversité. Nous appelons notre approche *SESAM*. Formellement, la fonctionne objective de chaque auto-encoder semi-supervsiée est définie comme suit : $L_{SSAE} = \frac{1}{|X|} \sum_{i=1}^{|X|} ||X_i - AE(X_i)||^2 + \lambda - \frac{1}{|X^l|} \sum_{j=1}^{|X^l|} \sum_{c=1}^{|C|} y_{jc} \cdot log(\hat{y}_{jc})$ où X est l'ensemble de données, X^l l'ensemble de données étiquettées et c le numero de classes.

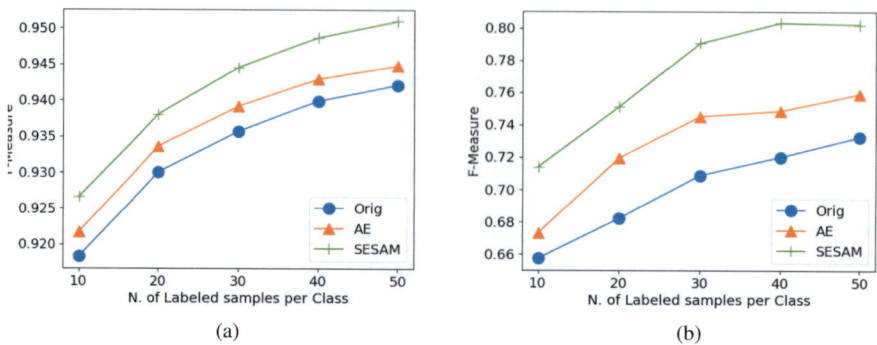

FIG. 2 – *F-Measure de l'algorithme CAMLP couplé avec les représentations* ORIG, AE *and* SESAM *en variant le nombre d'échantillons étiquetés par classe sur a) USPS and b) Sonar.*

2 Expériences

Nous comparons la représentation de données originale (*ORIG*) avec celle fournie par *SESAM* ainsi qu'une version non supervisée de *SESAM* qui empile les représentations induites par un ensemble d'auto-encodeurs entièrement non supervisés (*AE*). Les approches sont testés sur deux jeux de données : *Sonar* et *USPS*. Pour chaque représentation, nous construisons d'abord le graphe k-nearest neighbors mutuel (Suzuki and Hara, 2017) (K = 20) puis nous utilisons l'algorithme CAMLP (Yamaguchi et al., 2016) pour le classement final. Les performances sont analysées en fonction d'un niveau de supervision croissants, en faisant varier les exemples étiquetés, par classe, de 10 à 50. Nous répétons le processus de selection des échantillons 30 fois puis nous calculons la moyenne des résultats. Comme métrique d'évaluation, nous avons choisi la F-Measure. Nous définissons la taille de l'ensemble égale à 30. Pour entraîner le modèle, nous utilisons un taux d'apprentissage à 5×10^{-4} avec un facteur de décroissance de 5×10^{-5}. **Results** : La Figure 2 résume les résultats de la comparaison. Nous observons que la représentation fournie par *SESAM* fournit toujours les meilleurs résultats de classification indépendamment des valeurs des échantillons étiquetés par classe.

Références

J. Chen, S. Sathe, C. C. Aggarwal, and D. S. Turaga. 2017. Outlier Detection with Autoencoder Ensembles. In *SDM*. 90–98.

I. Suzuki and K. Hara. 2017. Centered kNN Graph for Semi-Supervised Learning. In *ACM SIGIR*. 857–860.

Y. Yamaguchi, C. Faloutsos, and H. Kitagawa. 2016. CAMLP : Confidence-Aware Modulated Label Propagation. In *SDM*. 513–521.

Étude comparative de Top_k basée sur l'algorithme de Fagin en utilisant des métriques de corrélation dans la qualité de service de Cloud Computing

Kaoutar El Handri*, Abdellah Idrissi**

*, ** Département Informatique,
Équipe IPSS, Faculté de science de Rabat, Université Mohammed V, Maroc
* kaoutar.elhandri@um5s.net.ma
** abdellah.idrissi@um5.ac.ma

1   Introduction

Aujourd'hui, il est crucial d'extraire seulement les données les plus recommandés d'informations. Plusieurs travaux se sont focalisés sur l'extraction de k-dominance comme l'étude des algorithmes Top_k. (Amagata et al., 2018). Dans ce contexte, l'approche représenté dans le présent papier se base sur un algorithme Top_k qui affine le résultat de Skyline (Idrissi et al., 2016). La mise en place de cette optimisation est alors basée sur l'interprétation des préférences des utilisateurs du Cloud Computing (CC), en utilisant des méthodes d'Analyse Multicritères (ADMC), particulièrement la Méthode de la Somme Pondéré (MSP) tout en donnant naissance à l'algorithme ($Top_{k_{WS}}$). Ensuite, afin d'évaluer la performances de notre approche, nous avons comparé l'algorithme proposé avec celui de Fagin (FA) (El handri et Idrissi, 2018).

2   L'approche proposée et les résultats d'expérimentation

L'objectif de $Top_{k_{WS}}$ se base sur le calcul des services Cloud les plus pertinents basé sur la QoS. L'adaptatif MSP dans la fonction 1 a pour but de refléter correctement la préférence de l'utilisateur final avec l'agrégation de deux fonctions monotones et linéaires comme une seule fonction score.

$$f : max \sum (w_j a_{ij}) + max \sum (w_j(1/a_{ij})) \tag{1}$$

Tel que les poids $\omega_i, i \in \{1, \ldots, p\}$ et $\sum_{i=1}^{p} \omega_i = 1, \omega_i \geqslant >= 0, i \in \{1, \ldots, p\}$, sachant que les a_{ij} sont les critères de la QoS de service Cloud Computing. Ensuite, nous avons étudié l'impact des différents tailles de données d'entrée ainsi que l'impact de nombre de critères choisis sur le temps d'exécution. La figure 1 montre que l'algorithme $Top_{k_{WS}}$ a une meilleure performance que l'algorithme de Fagin. De plus, l'étude de corrélation résumé dans la table 1 prouve cette performance (El handri et Idrissi, 2018), en se basant sur les métriques de recommandation(CCP), (CCS), et (CCK) qui sont respectivement le Coefficient de Corrélation de Pearson, de Spearman, et de Kendall. Ensuite pour valider ces résultats nous avons appliqué le test de significativité basé sur la p-value et le test de Student (El handri et Idrissi, 2018).

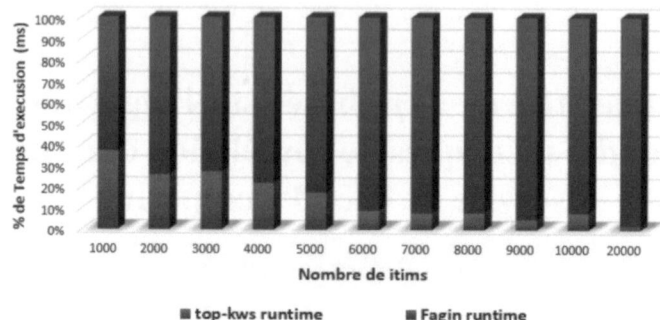

FIG. 1 – *Comparaison de pourcentage de temps d'exécution de l'algorithme $Top_{k_{WS}}$ avec celui de FA en fonction de la taille des entrées*

	CCP	CCS	CCK
$Top_{k_{WS}}$	72%	36%	46%
FA	28%	64%	54%

TAB. 1 – *Comparaison entre $Top_{k_{WS}}$ et FA en se basant sur les trois métriques de corrélation.*

3 Conclusion

Dans cet article, nous avons présenté notre approche basée sur l'algorithme $Top_{k_{WS}}$ pour affiner le Skyline. Nous soulignons l'amélioration significative de temps d'exécution donné par notre algorithme comparé à l'algorithme de Fagin, en essayant de trouver un compromis entre un bon temps de réponse et une bonne qualité des résultats trouvés. Comme perspectives, Nous compterons à paralléliser cet algorithme dans un contexte distribué basé sur la technologie de Big Data comme Hadoop et Spark.

Références

Amagata, D., T. Hara, et M. Onizuka (2018). Space filling approach for distributed processing of top-k dominating queries. *IEEE Transactions on Knowledge and Data Engineering 30*(6), 1150–1163.

El handri, K. et A. Idrissi (2018). Comparative study of topk based on fagins algorithm using correlation metrics in cloud computing qos, 2018. *International Journal of Internet Technology and Secured Transactions (IJITST), (in press)*.

Idrissi, A., K. Elhandri, H. Rehioui, et M. Abourezq (2016). Top-k and skyline for cloud services research and selection system. In *Proceedings of the International Conference on Big Data and Advanced Wireless Technologies*, pp. 40. ACM.

Maintenance prédictive d'hélicoptère à partir de données d'usage : Application à la Boite de Transmission Principale

Nassia Daouayry*,** Pierre-Loic Maisonneuve*
Ammar Mechouche* Vasile-Marian Scuturici**, Jean-Marc Petit**

*Airbus Helicopters, Aéroport Marseille-Provence, 13700 Marignane
** INSA Lyon, CNRS (LIRIS UMR 5205), Université de Lyon, 69621 Villeurbanne

1   Introduction

Les coûts de maintenance d'un hélicoptère représente des frais très importants tout au long du cycle de vie de l'appareil et sont donc décisifs lors de l'achat d'un hélicoptère. De ce fait, la maintenance s'inscrit à part entière dans la conception d'un produit (Lefebvre, 2009).

L'optimisation de la maintenance est donc un point d'intérêt croissant pour le secteur de l'industrie aéronautique. L'un des facteurs d'optimisation consiste à tirer profit des données collectées lors de l'utilisation des hélicoptères, des données dites d'opérations ou en service.

Dans ce contexte, les techniques d'analyse de données se posent comme une alternative intéressante pour anticiper les opérations de maintenance en se basant sur l'analyse des données de vols et de maintenance. Chez Airbus Helicopters (AH), la détection d'anomalies repose principalement sur la surveillance des données de vibration. L'analyse des vibrations générées par des éléments dynamiques fournit un état de santé, permettant de déterminer si l'hélicoptère concerné est capable d'opérer un nouveau vol.

Les travaux de cette étude s'inscrivent dans le cadre général de la maintenance conditionnelle basée sur l'état et l'utilisation de l'appareil au sein d'AH. Il s'agit d'exploiter les données collectées via trois systèmes en place : HUMS (Health and Usage Monitoring System), MIS (Maintenance Information System), et MRO (Maintenance Repair and Overhaul).

Les données du HUMS concernent plus de 400 appareils associés à plus de 50 opérateurs différents. Cela représente environ 300 vols déchargés par jour. Les données sont recueillies, traitées, valorisées puis mises à disposition des clients d'AH par des applications Web. AH dispose donc d'un historique de données de vols qui n'a encore été que partiellement exploité à des fins d'analyse pour la maintenance.

2   Analyse de deux paramètres de la BTP

Dans ce travail, nous avons été confrontés à des données extrêmement complexes, provenant d'une multitude de sources. Nous avons alors décidé de nous focaliser sur la Boite de Transmission Principale (BTP), et d'étudier plus précisément deux paramètres connus des experts et fortement corrélés : la température et la pression de l'huile.

Nous avons développé une méthode de visualisation des séries temporelles dans le but de définir des hypothèses de normalité de fonctionnement de la BTP à partir des données brutes sur un très grand nombre de vols. Etant données deux séries temporelles pour la pression et la température, l'approche que nous avons suivie a été la suivante (Daouayry et al., 2018) :

— Construction de matrices de co-occurences de la température et de la pression sur une fenêtre de temps donnée (typiquement 6h),

— Proposition d'une représentation graphique des matrices de co-occurrences,

— Visualisation sous forme de vidéo de l'historique des vols (plusieurs centaines d'heures) en affichant une succession de fenêtres glissantes.

En pratique, une sélection pertinente d'un sous-ensemble des vols opérés a été faite pour valider l'approche. La représentation graphique de différentes matrices de co-occurrences a permis de comparer différents états de fonctionnement de la BTP (par exemple décollage, vol stationnaire, atterrissage).

3   Premiers résultats

Nous avons implémenté cette méthode de visualisation des series temporelles avec les outils internes AH. L'idée était d'offrir un moyen visuel aux experts pour interagir avec les données et comprendre les phénomènes sous-jacent à la BTP. Ce travail a aussi permis de définir une notion de "normalité de fonctionnement de la BTP", comme un ensemble de *motifs* à la fois "répétables" dans le temps et reproductibles pour l'ensemble des vols opérés, sans présenter d'anomalie particulière.

À travers ces visualisations opérationnelles, plusieurs motifs ont pu être identifiés sur des hélicoptères. Ces motifs peuvent être considérés comme la "normalité" de fonctionnement de la BTP. On peut noter qu'en dépit de sa simplicité, ce travail a rendu possible l'analyse par les experts de AH de l'historique complet des données de température et de pression sur les vols disponibles par hélicoptère, ce qu'ils ne pouvaient pas faire avant. La visualisation sous forme de vidéo s'est avérée précieuse pour eux, avec des résultats faciles à interpréter et sur lesquels de nombreuses questions métiers ont émergé.

Les perspectives de ce travail sont nombreuses. Actuellement, la détection des anomalies peut se faire à la main en visualisant des vidéos mais pourrait très bien s'automatiser. Une anomalie de fonctionnement de la BTP pourrait se définir comme un état éloigné des motifs représentant le fonctionnement normal, qu'il serait possible d'identifier "à la volée" par des calcul de distance entre matrices de co-occurrences. Les matrices de co-occurrences peuvent aussi s'étendre à plus de deux paramètres pour capter plus finement l'analyse de la BTP.

Références

Daouayry, N., P.-L. Maisonneuve, A. Mechouche, V.-M. Scuturici, et J.-M. Petit (2018). Predictive maintenance for helicopter from usage data : Application to main gear box. In *The 44th European Rotorcraft Forum, The Netherland - Delft, 2018*, pp. 1–6.

Lefebvre, A. (2009). *Contribution à l'amélioration de la stabilité et du diagnostic de systèmes complexes : Application aux systèmes avioniques.* Thèse de doctorat, Grenoble.

Etude de l'opinion et de la confiance sur TripAdvisor.

Faiza Belbachir*

*Institut polytechnique des sciences avancées (IPSA)
phdups@gmail.com

1   Introduction

De nos jours, avec l'explosion du Web la majorité des services, produits, films actuels sont marqués, jugés et appréciés par un grand nombre d'utilisateurs. Ces informations s'avèrent très utiles pour la prise de décision. Il existe différentes plateformes qui se sont spécialisées sur la notation d'avis (système d'Etoiles) comme Amazon, Airbnb, Booking, Tripadvisor. Leur principe est d'aider l'utilisateur à faire son choix en fonction de l'avis et de l'expérience d'autres utilisateurs. L'enjeu de ces sites est donc de pouvoir déterminer au mieux les commentaires les plus fiables et qui répondent aux attentes des internautes. Il est difficile de déterminer ou de mesurer cette fiabilité ou plus exactement il est difficile d'attribuer une confiance à un commentaire. Dans ce travail, nous nous sommes intéressés à répondre à cette problématique.

2   Approche proposée

Afin de déterminer les documents porteurs d'opinion fiables, nous procédons selon les étapes suivantes :
— Déterminer les documents porteurs d'opinion ;
— Déterminer les caractéristiques qui permettent de mesurer la confiance ;
— Calculer le score de confiance ;
— Combiner entre l'opinion et la confiance pour déterminer les documents porteurs d'opinion fiable.

Pour calculer le score d'opinion ScoreOp(d) (equation 1) nous utilisons une approche lexicale basée sur le lexique SentiWordnet. Pour mesurer la confiance du commentaire nous nous sommes basés sur des caractéristiques dont certaines sont spécifiques à la plat-forme d'avis considérée Tripadvisor : le nombre de commentaires (NC) ; le nombre de jugements utiles (NUC) : lorsque vous lisez un commentaire, vous pouvez le juger utile ou pas et donc, plus un utilisateur a de jugements utiles plus il est considéré comme digne de confiance ; moyenne de commentaires utiles (AN) : il peut être intéressant de connaître la moyenne des commentaires jugés utiles. En effet, si un utilisateur commente beaucoup mais a peu de commentaires utiles il est moins digne de confiance que celui qui en commente moins mais avec beaucoup de commentaires jugés utiles par d'autres. Nous allons donc prendre en considération le ration entre le nombre de commentaires utiles et le nombre de commentaires comme caractéristique de confiance ; nombre de badges (NB) et le nombre de points (TP) : ces scores sont attribués

Etude de l'opinion et de la confiance sur TripAdvisor.

par TripadVisor en fonction de différentes caractéristiques. Plus le nombre de badges est élevé plus l'utilisateur est expérimenté ; durée de service (D) : le nombre d'années d'abonnement sur le site est une caractéristique importante. Pour mesurer le score de confiance nous sommons les valeurs des différentes caractéristiques (equation 2).

$$ScoreOp(d) = \sum_{si \in sens(w)} \frac{(Neg(si) + Pos(si))}{|sens(w)|} \qquad (1)$$

$$ScoreTC(d) = NC + NUC + AN + TP + NB + D \qquad (2)$$

Pour retourner des documents de confiance et porteurs d'opinion nous combinons linéairement le score de confiance avec le score d'opinion dans l'equation suivante :

$$ScoreTS(d) = \lambda * ScoreOp(d) + (1 - \lambda) * ScoreTC(d) \qquad (3)$$

Avec λ est un coefficient qui varie selon la valeur donnée.
Nos expérimentations ont été faites sur la collection Tripadvisor qui contient 200. 000 hôtels et de 1800000 utilisateurs extraite des travaux des auteurs Wang et al. (2010).
Nous analysons l'impact du score de confiance TC sur le score final TS (voir le graphe 1)
Nous observons que plus le Score TC est fort plus le Score TS est élevé et inversement plus le

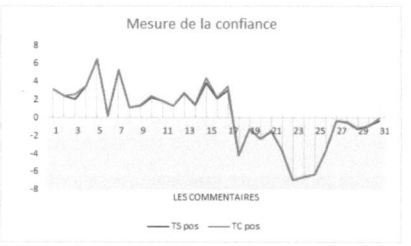

FIG. 1 – *Le score TC et TS.*

Score TC est faible et plus le Score TS est faible. Nous concluons ainsi que plus on a confiance à l'utilisateur plus son score final est élevé.

3 Conclusion

Nous introduisons la notion de confiance du commentaire. L'expérimentation a été faite sur la collection TripadVisor. L'analyse des résultats prouve que les informations qui entourent le commentaire jouent un rôle sur la fiabilité/confiance du commentaireas sur la collection Tripadvisor.

Références

Wang, H., Y. Lu, et C. Zhai (2010). Latent aspect rating analysis on review text data : A rating regression approach. In *Proceedings of the 16th ACM SIGKDD*, KDD '10, NY, USA, pp. 783–792. ACM.

Étude expérimentale de la classification interlingue pour la gestion de la relation client

Gil Francopoulo*, Léon-Paul Schaub**
Lynda Ould Younes***

*AKIO
gfrancopoulo@akio.com,
http://www.akio.com
**AKIO + LIMSI-CNRS
lpschaub@akio.com
***AKIO
louldyounes@akio.com

1   Introduction

La gestion de la relation client est l'analyse des données des interactions des clients. Ce qui est important pour l'industrie, ce n'est pas de déterminer si un document exprime globalement une opinion positive ou négative, mais au contraire de détecter si le client exprime des opinions sur des sujets précis. Par exemple, il peut être satisfait des frais de livraison, tout en étant très mécontent du délai de livraison. Les langues couvertes sont le français (considéré comme la langue native), l'anglais (natif mais moins développé donc non utilisé lors de l'apprentissage), l'espagnol, l'allemand, le portugais et l'italien. Le logiciel s'appelle AKIO Analytics.

2   Prétraitement, catégories et flux de données

Concernant le prétraitement, nous avons un pipeline linguistique comprenant un tokeniseur, un correcteur orthographique et grammatical, un tagger-chunker statistique, un analyseur syntaxique en dépendance, un annotateur de la négation. L'entrée peut être de quatre types : a) la chaîne brute d'origine, b) une suite de formes fléchies corrigées, c) une suite pleine de lemmes, d) une suite filtrée de lemmes corrigés. Le filtrage des lemmes consiste à ne prendre que les parties du discours comme les noms ou les adverbes de négation et d'ignorer d'autres mots comme les déterminants. Nous gérons trois types de catégories : les modalités d'expression, les thèmes et les opinions. Les catégories sont précises et nombreuses (179 catégories). Une modalité d'expression sera par exemple "question", un thème sera StoreDelivery et une opinion sera MissingItemNeg. Nous traduisons le corpus de développement automatiquement du français vers l'espagnol, nous transférons les marques de catégories depuis le document français et ensuite, de manière monolingue, en espagnol, nous apprenons un modèle de classification qui sera appliqué en exploitation.

3 Comparaisons des temps et de la qualité

nom	multi-étiquettes	ordre	CUDA	temps d'appr. chaînes brutes	temps d'appr. lemmes corrigés	temps d'inférence
NB	non	BOW	non	2 h 30	50 mn	7 mn
SGD	non	BOW	non	6 h	2 h	31 s
SVM	non	BOW	non	4 h 50	1 h 44	39 s
SMO	non	BOW	non	5 jours 16 h	15 h	21 s
FastText	oui	WE	non	15 mn	15 mn	2 s
BiLSTM	oui	WE	oui	7 jours 12 h	2 h	10 s
CNN	oui	WE	oui	45 mn	40 mn	2 s

TAB. 1 – *Temps de traitement.*

Les mesures de qualité des différentes sessions sont présentées dans le tableau 2 en fonction du niveau linguistique de l'entrée de la catégorisation.

nom	chaînes brutes			formes fléchies corrigées			lemmes corrigés non filtrés			lemmes corrigés filtrés		
	R	P	FM	R	P	FM	R	P	FM	R	P	FM
NB	68	19	30,0	74	21	32,6	72	22	34,2	73	25	37,4
SGD	68	79	72,9	70	76	73,3	69	73	71,0	69	72	70,4
SVM	58	87	69,8	57	87	68,7	50	88	64,0	48	87	61,6
SMO	68	83	74,4	70	81	75,2	67	78	72,2	65	79	71,3
FastText	45	61	51,6	45	55	49,7	44	47	45,7	45	48	46,4
BiLSTM	74	36	48,7	76	37	50,0	77	38	51,4	78	40	53,2
CNN	67	40	50,8	65	36	46,8	70	38	49,4	69	32	44,7

TAB. 2 – *Qualité.*

Concernant le choix des options, si on se focalise sur les FM au dessus de 70, l'option des formes brutes avec SMO n'est pas réaliste car le temps d'apprentissage est trop long. En l'état actuel de nos évaluations, nous optons pour le classifieur SGD avec les lemmes corrigés filtrés, étant entendu que ce choix pourrait être remis en question à la lumière de futurs développements.

Deep Learning for Solar Irradiance Forecasting

Cristian Onose*, Dumitru-Clementin Cercel*, Florin Pop*,**

* Faculty of Automatic Control and Computers
University Politehnica of Bucharest, Romania
onose.cristian@gmail.com, clementin.cercel@gmail.com, florin.pop@cs.pub.ro
** National Institute for Research and Development in Informatics (ICI), Bucharest

The development of efficient renewable energy systems is of significant importance in the context of mitigating global warming effects. Our paper addresses the short-term prediction of solar irradiance based on specialized meteorological measurements which represents a subtask from EGC Challenge 2018. The goal is to forecast solar irradiance over Réunion Island using data collected between 2014 and 2015, at fifteen stations, equipped with precision solar radiation measurement instruments and additional meteorological sensors. Such a prediction task can be approached via classical time series analysis models which are based on short-term dependencies such as auto-regressive predictors: AR, ARX, ARMAX. Following this approach, Di Piazza et al. (2016) performs an hourly solar irradiation forecast from 8 up to 24 hours in the future. In contrast, Yadav et al. (2013) compares two network architectures, Recurrent Neural Networks (RNN) and Multilayer Perceptron (MLP), on the task of predicting daily, monthly and hourly irradiance values. Qing and Niu (2018) concluded that LSTM is more accurate than a multilayer feed-forward neural network. Herein, we focus on deep learning prediction methods, in particular RNN (LeCun et al., 2015) with memory cells such as Long Short-term Memory (LSTM) and Gated Recurrent Units (GRU).

Solar irradiance prediction. The dataset is composed of diffused global irradiance (FG), direct irradiance (FD) and meteorological data: atmospheric air pressure, relative humidity, external temperature and wind speed and direction. Formally, we can describe this task as follows: given previous sensor readouts $\mathbf{y}^t, \mathbf{y}^{t-1} \ldots \mathbf{y}^{t-m+1}$ where $\mathbf{y}^{t-m+1}$ indicates all measurements at m time steps in the past from the current time t, we predict the irradiance value x^{t+k} with k being the future time step of interest. The daily solar irradiance, denoted as $k_b = \frac{FD}{FG}$, is defined as the ratio between the direct solar irradiance and the global solar irradiance. We pre-process the dataset to remove entire days when dealing with too many missing data. Next, we compute the predicted variable k_b and normalize the dataset to $[0, 1]$ range. Our objective is to predict the solar irradiance one hour in the future, $k = 60$.

Architecture. The input layer consists of LSTM and GRU cells which take in the past m measurements. We experimented with different numbers of time steps $m \in \{5, 10, 15, 30\}$ as well as different sizes for the layer. The final reported result uses a layer of size 150 and the input data that merges $m = 30$ previous time steps. Regardless of the type of cells used in the input layer the hidden layer is an LSTM layer of size 70 with *tanh* activation. The final layer is a fully connected layer also with *tanh* activation. For the first architecture we consider a single valued expected output with the goal of predicting x^{t+k} where k represents the future time step of interest and t is the current time step. The second model uses multiple valued

	Moufia		Possession		Saint André		Saint Leu		Saint Pierre	
	RMSE	MAE	RMSE	MAE	RMSE	MAE	RMSE	MAE	RMSE	MAE
LSTM seq.	**0.070**	**0.046**	**0.122**	**0.067**	0.058	0.039	0.161	0.092	**0.175**	**0.100**
GRU seq.	0.073	0.050	0.129	0.068	**0.056**	**0.031**	**0.154**	**0.087**	0.190	0.114
LSTM	0.083	0.062	0.128	0.070	0.060	0.035	0.158	0.095	0.178	0.101
GRU	0.080	0.056	0.137	0.074	0.061	0.034	0.161	0.096	0.185	0.110
Arima XGB	0.249	0.193	0.245	0.195	0.257	0.208	0.255	0.203	0.241	0.183
Arima MLP	0.283	0.202	0.283	0.214	0.332	0.255	0.315	0.243	0.286	0.205

TAB. 1 – *Results obtained on the evaluation sets for sequential and single valued network outputs. The last lines present the baseline results obtained by Bruneau et al. (2018).*

output, namely, the sequence of next k values, $x^{t+1} \ldots x^{t+k}$. This method enforces a more consistent prediction between all the time step values. We consider all predictions to be of equal importance such that the evaluation function uses a weight of $\frac{1}{k}$ for each of the predicted values. This method can also use different weights to increase importance for a given step. We train the models using Adam (Kingma and Ba, 2014) with the recommended hyper-parameter values. Also, we use dropout with probability $p = 0.2$ to regularize and reduce overfitting.

Results and conclusions. The dataset is split between training and evaluation, year 2014 is used for training and 2015 for testing and validation. Training is done using *tensorflow* as a backend and *keras* as frontend, with a batch size of 64 for 20 epochs. We use as a cost function the mean absolute error (MAE). For the evaluation step, besides MAE, we also check root mean squared error (RMSE). We present in Table 1 the RMSE and MAE values obtained by the above architectures for each site in particular, as well as the results obtained by Bruneau et al. (2018). In general, LSTM cells perform slightly better than the GRU ones and sequence predictions outperform the single valued output models. When compared with Bruneau et al. (2018), we observed consistently better RMSE/MAE for our models. We achieved the best results on the *Saint André* site, which are roughly four times lower than the baseline. Whilst, the worst performance is obtained at *Saint Pierre*, around 30% lower than the baseline.

Acknowledgments. This work was supported by a grant from the Ministry of Innovation and Research, UEFISCDI, project number PN-III-P2-2.1-SOL-2016-03-0046 within PNCDI III (SPERO - 3Sol/2017).

References

Bruneau, P., P. Pinheiro, and Y. Didry (2018). Data-driven forecasting of solar irradiance. *arXiv preprint arXiv:1801.03373.*

Di Piazza, A., M. C. Di Piazza, and G. Vitale (2016). Solar and wind forecasting by NARX neural networks. *Renewable Energy and Environmental Sustainability 1,* 39.

Kingma, D. P. and J. Ba (2014). Adam: A method for stochastic optimization. *arXiv.*

LeCun, Y., Y. Bengio, and G. Hinton (2015). Deep learning. *Nature 521*(7553), 436.

Qing, X. and Y. Niu (2018). Hourly day-ahead solar irradiance prediction using weather forecasts by LSTM. *Energy 148,* 461–468.

Yadav, A. P., A. Kumar, and L. Behera (2013). RNN based solar radiation forecasting using adaptive learning rate. In *Int. Conf. on Swarm, Evo., Memetic Comp.,* pp. 442–452. Springer.

Les cartes cognitives temporelles: modélisation et interrogation

Adrian Robert*, David Genest*, Stéphane Loiseau*, Thomas Raimbault**, Brice Trouillet***

*Université d'Angers-LERIA | prénom.nom@univ-angers.fr
**ESILV | thomas.raimbault@devinci.fr
***Université de Nantes | brice.trouillet@univ-nantes.fr

Une carte cognitive (Tolman, 1948) est un graphe dont les nœuds sont des concepts et les arcs représentent des influences. Elle permet de modéliser des stratégies ou des systèmes d'influence. Les cartes cognitives ne permettent pas de prendre en compte les aspects temporels. Ce manque d'aspects temporel a été relevé dans le cadre du projet KIFANLO. Ce projet vise à valoriser le savoir des pêcheurs de la région Pays de la Loire, pour comparer les espaces des pêches maritimes entre 1970 et aujourd'hui. Pour cela, les stratégies de pêche ont été modélisées avec des cartes cognitives construites avec les pêcheurs. Cet article propose de prendre en compte les aspects temporels en associant une carte cognitive à une ontologie temporelle. Cette ontologie, composée d'une taxonomie et d'un graphe temporel, permet de représenter différentes entités temporelles et de les mettre en relation. Les concepts de la carte peuvent alors être associés à une caractérisation temporelle. Une extension, appelée CMQLT, du langage de requête de cartes cognitives CMQL, est proposée de sorte à pouvoir accéder aux caractérisations temporelles des concepts et les comparer.

Le langage CMQL(Cognitive Map Query Language) (Robert et al., 2019) est le langage qui a été proposé pour pouvoir interroger les cartes cognitives afin de les analyser. CMQL a une syntaxe proche de celle de SQL avec une forme générale de requête de type « SELECT vars FROM maps WHERE { formula } ». Les différentes compositions de formules sont similaires au calcul relationnel de domaine (et donc à la logique du premier ordre). Les formules atomiques sont soit des expressions (par exemple x > 2), soit des primitives. Les primitives sont des relations qui permettent d'accéder aux différentes caractéristiques du modèle des cartes cognitives. Les attributs de ces primitives sont soit des constantes soit des variables, cela permet de contraindre plus ou moins la relation. Il existe plusieurs primitives, l'ensemble de ces primitives est extensible. Voici un exemple de requête interrogeant ce qui influence indirectement le plaisir de l'équipage :
SELECT ?carte, ?concept FROM ST WHERE{
Path(?carte, ?concept, PlaisirEquipage, ?path)
AND Length(?path, ?longueur) AND ?longueur>1 }

L'ontologie temporelle permet la représentation du temps, elle est composée d'une taxonomie temporelle et d'un graphe temporel. La taxonomie temporelle ordonne les entités temporelles par une relation « est une sorte de » et permet de typer ces entités. Le graphe temporel permet de mettre en relation ces entités en les comparant grâce à des prédicats de comparaison temporels.

Une taxonomie T=($\mathcal{E}$, $\leq$) est un ensemble d'arborescences où $\leq$ représente un ordre partiel sur $\mathcal{E}$. La taxonomie que nous utilisons représente 3 types d'entités temporelles. Ces entités sont : des instants, des durées et des intervalles périodiques. Les intervalles périodiques représentent des intervalles de temps qui se répètent périodiquement (Balbiani et Osmani, 2000). A chaque type d'entité correspond un ensemble de prédicat de comparaison. Par exemple les prédicats d'instant sont *isbefore*, *equals* et *isafter*. Les prédicats de durée sont <,=,>. Il y a 16 prédicats d'intervalle périodiques, ils sont assez proches des prédicats des intervalles d'Allen (Allen, 1983). Un graphe temporel est un graphe orienté étiqueté dont les nœuds sont des entités temporelles et les arcs représentent une relation entre ces entités. Les arcs sont étiquetés par un prédicat de comparaison caractérisant la relation. Un graphe temporel représente donc des relations entre entités telles que MareeCourte < MareeJournalière et Hiver meets Printemps. Les concepts des cartes cognitives peuvent alors être caractérisés par une caractérisation temporelle, c'est à dire un ensemble de couple (prédicat, entité temporelle) qui permet à ces concepts de se connecter au graphe temporel. Par exemple, le concept TempsEnMer pourrait être caractérisé par (>,Journee). Journee étant une entité temporelle de durée et > un des prédicats de comparaison de durée. (f,SaisonCrabe) pourrait caractériser PecheCrabe, ce qui signifierait que ce pécheur pêche à la fin(prédicat f) de la saison du crabe. Ces aspects temporels peuvent être interrogés grâce au langage CMQL auquel ont été ajoutées deux primitives. La première extrait les informations temporelles attachées à un concept. La seconde permet, en effectuant un inférence, de comparer deux entités temporelles. La requête suivante utilise ces deux primitives pour comparer les intervalles de pêche des deux cartes :
SELECT ?predicat FROM CC1,CC2 WHERE{
Info(CC1,PecheCrabe,Intervalle, ?caracterisation1)
AND Info(CC2,PecheCrabe,Intervalle, ?caracterisation2)
AND Compare(Intervalle, ?caracterisation1, ?caracterisation2, ?predicat)}

Ces travaux sont toujours en cours, notamment concernant l'utilisation d'ontologies temporelles existantes (Hobbs et Pan, 2006; Frank, 2003) et l'implémentation de ces aspects temporels au sein du logiciel d'édition de cartes cognitives VSPCC. Son utilisation dans le cadre du projet KIFANLO servira à valider ces travaux.

Références

Allen, J. F. (1983). Maintaining knowledge about temporal intervals. *Commun. ACM 26*(11), 832–843.

Balbiani, P. et A. Osmani (2000). A model for reasoning about topologic relations between cyclic intervals. In *Principles of Knowledge Representation and Reasoning*, pp. 378–385.

Frank, A. U. (2003). Ontology for spatio-temporal databases. In *Spatio-Temporal Databases*, pp. 9–77. Springer.

Hobbs, J. R. et F. Pan (2006). Time ontology in owl. *W3C working draft 27*, 133.

Robert, A., D. Genest, et S. Loiseau (2019). The taxonomic cognitive map query language : A general approach to analyse cognitive maps. In *30th ICTAI*. IEEE.

Tolman, E. C. (1948). Cognitive maps in rats and men. *The Psychological Review 55(4)*, 189–208.

Vers une décision Skyline intelligente

Sana Nadouri*,**, Allel Hadjali*, Zaidi Sahnoun**

*ENSMA - Laboratoire LIAS (Poitiers, 86360) sana.nadouri@ensma.fr,
allel.hadjali@ensma.fr
**UC2 - Laboratoire LIRE (Constantine, 25000)
sana.nadouri@univ-constantine2.dz, zaidi.sahnoun@univ-constantine2.dz

Dans cet article, nous proposons une approche B2D (DataBase **To D**ecision tables) une adaptation du Skyline pour optimiser les Systèmes Interactifs d'Aide à la Décision (SIAD). Actuellement, il n'y a pas d'application du modèle Skyline dans les SIAD. L'opérateur Skyline, qui a été introduit pour la première fois par Borzsony et al. (2001), renvoie les meilleurs tuples en faisant un compromis optimal de plusieurs dimensions définies par le décideur Hose (2016), il n'est pas nécessaire de définir une fonction de score pour classifier les éléments car il se base sur la relation de dominance de Pareto : soit p et q deux tuples avec le même nombre de dimensions d, p domine q, si p est au moins aussi bon que q sur toutes les dimensions et meilleur que q sur au moins une dimension. ***Formellement :*** (en supposant que plus la valeur est petite, meilleure elle est) $p \prec q \implies \forall i \in [1,d] : p_i \leq_i q_i$ and $\exists j \in [1,d] : p_j <_j q_j$, si ni p $\prec$ q ni q $\prec$ p, ils sont incomparables.

L'analyse Skyline dans les Bases de Données (BD) a été largement étudiée, ce type d'analyse ne s'applique pas seulement aux BD relationnelles, mais elle peut aider dans tous les domaines dans lesquels une décision est requise Borzsony et al. (2001). Le paradigme du Skyline n'a jamais été utilisé auparavant sur les tables de décision. L'utilisation de cet opérateur a plusieurs avantages : l'amélioration des performances (en réduisant la taille de la table), la qualité de la décision et la persistance de la réponse. Nous avons d'abord procédé à une analyse critique des algorithmes du Skyline existants et choisi l'algorithme Salsa de Bartolini et al. (2006, 2008).

L'approche dépend de l'extraction de critères pour appliquer le processus Skyline. On utilise le modèle HDMSM (Hybrid Decision-Making Support Model) Wang et al. (2015) pour définir les critères et Salsa pour l'intégration du Skyline en modifiant la dernière phase de HDMSM pour obtenir rapidement des décisions fiables. Salsa s'efforce d'éviter l'analyse de l'intégralité des données triées, contrairement aux propositions précédentes. C'est le premier algorithme qui exploite les valeurs d'une fonction de notation monotone pour trier les données à comparer, nous avons appliqué ce mécanisme aux tables de décision pour obtenir les meilleures décisions à l'aide des critères extraites après utilisation de HDMSM. Les tables de décision sont similaires aux tables des BD relationnelles. Au lieu d'avoir des valeurs, nous avons des conditions et chaque tuple représente une décision qui peut être sélectionnée si toutes les conditions sont satisfaites, la différence reste dans les types de valeur comme les conditions composées. Dans les SIAD, la décision dépend de plusieurs critères souvent contradictoires. C'est la raison pour laquelle nous avons choisi le Skyline pour sélectionner les décisions en tenant compte de manière équitable de tous les critères choisis. B2D a deux parties : (i) HDMSM pour formuler le problème avec un ensemble de critères ; et (ii) la génération des décisions à partir des tables de décision.

Notre étude de cas porte sur la proposition de traitements adéquats à un patient, nous avons les analyses du patient et ses antécédents. Le médecin propose des traitements au SIAD. La tâche consiste à trouver les traitements les plus appropriés en fonction du patient. Le SIAD contient des tables de décision avec symptômes et un ensemble de traitements associés à ces symptômes. Le processus consiste à appliquer Salsa sur ces tables après avoir déterminé les critères de décision, le système propose ou corrige les décisions du médecin. Nous avons effectué deux tests. **Test 1 :** nous avons testé l'évolution du temps d'exécution qui dépend de la taille de la table de décision.**Test 2 :** les mêmes variations avec une différence dans les choix de décision, les patients et la taille des analyses. Les premiers résultats sont intéressants et encourageants (Fig. 1).

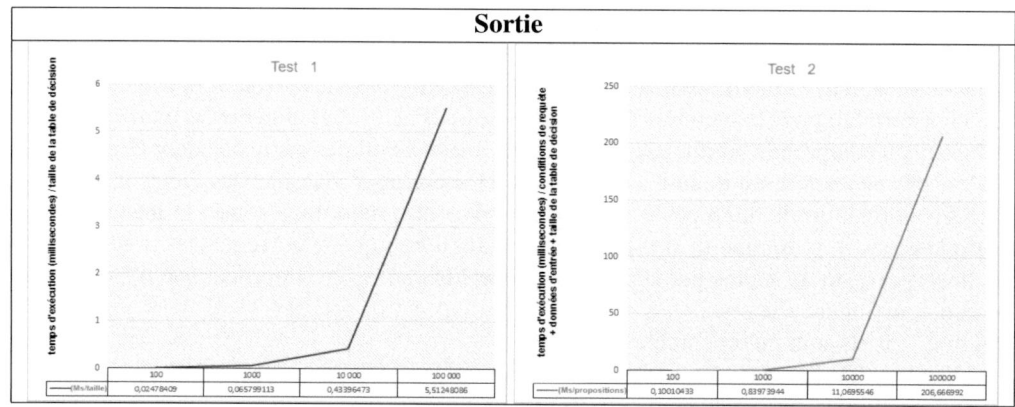

FIG. 1 – *Evaluation de l'approche B2D*

Pour répondre à l'une des faiblesses des SIAD, nous avons proposé l'approche B2D qui exploite le paradigme du Skyline. Ensuite, nous avons mis en œuvre et vérifié notre proposition dans différentes situations (taille/diversité/cas), les premiers résultats sont très prometteurs. Pour les travaux futurs, nous comptons (i) mettre en œuvre l'ensemble du SIAD et le comparer avec le processus normal ; (ii) étendre cette étude aux décisions réparties en exploitant l'idée du Skyline de groupe.

Références

Bartolini, I., P. Ciaccia, et M. Patella (2006). Salsa : Computing the skyline without scanning the whole sky. In *15th ACM Int. Conf. on Inf. and Knowledge Management*, CIKM '06, New York, NY, USA, pp. 405–414. ACM.

Bartolini, I., P. Ciaccia, et M. Patella (2008). Efficient sort-based skyline evaluation. *ACM Trans. Database Syst. 33*, 31 :1–31 :49.

Borzsony, S., D. Kossmann, et K. Stocker (2001). The skyline operator. In *17th Int. Conf. on Data Eng.*, pp. 421–430.

Hose, K. (2016). Skyline queries. *Datenbank-Spektrum 16*(3), 247–251.

Wang, C.-S., H.-L. Yang, et S.-L. Lin (2015). To make good decision : A group dss for multiple criteria alternative rank and selection. *2015*, 1–15.

FC-SWEEPER : Un outil d'extraction et de navigation dans les top-k concepts formels

Amira Mouakher*

*Laboratoire Connaissance et Intelligence Artificielle Distribuées (CIAD)
Université Bourgogne Franche-Comté, 21000 Dijon, France
amira.mouakher@u-bourgogne.fr

1 Présentation de l'approche

Avec l'émergence du numérique de la dernière décennie, nous faisons face à de grands volumes de données issus de plusieurs secteurs d'activité tels que Commerce, Biologie, Médecine, Télécommunication, etc. Ces différents jeux de données véhiculent une quantité d'informations prodigieuses et pertinentes. Cependant, l'exploitation optimale de ces masses de données reste encore difficile. Ainsi, la mise en place de nouvelles solutions d'analyse de données est devenue un véritable défi pour la communauté scientifique.

Dans ce contexte, la batterie de résultats fournie par l'Analyse Formelle des Concepts s'avère d'une grande importance dans le processus d'extraction de connaissances à travers les treillis de Galois. Cependant, leur vraie exploitation a été toujours freinée par le nombre exorbitants des concepts formels extraits. Dans le but de filtrer ces derniers, plusieurs approches ont été définies. Parmi ces approches, nous nous intéressons à celles qui ont utilisé les métriques de qualité pour garder les concepts les plus intéressants.

Plusieurs mesures de qualité ont été proposées dans la littérature telles que la stabilité définie par (Kuznetsov (1990)) [1], le couplage et la cohésion proposés par (Paul et Scott (2008)), la séparation introduite par (Klimushkin et al. (2010)), la distance définie par (Eklund et al. (2012)), etc. Ce nombre important engendre de nouveaux problèmes, entre autres, le choix de mesures de qualité à utiliser.

Cet article propose une nouvelle approche multi-critères permettant de sélectionner les top-k meilleurs concepts d'un ensemble de concepts formels, ayant en entré un ensemble de mesures de qualité. En outre, il importe de souligner que leur importance peut être éventuellement pondérée par un utilisateur et/ou expert.

Parmi les méthodes multi-critères, nous proposons d'utiliser l'approche TOPSIS (Technique for Order of Preference by Similarity to Ideal Solution) introduite par (Hwang et Yoon (1981)) pour générer les top-k concepts formels. L'idée fondamentale de cette méthode consiste à choisir une solution, qui se rapproche le plus de la solution idéale (meilleure sur tous les critères) et de s'éloigner le plus possible de la pire solution (qui dégrade tous les critères).

---

1. Dans cette approche, nous appliquons l'algorithme DFSP proposé par (Mouakher et Ben Yahia (2019)) pour le calcul de la stabilité. Ce dernier ne nécessite aucune relation d'ordre entre les concepts.

Dans le but d'illustrer cette approche, un prototype appelé FC-SWEEPER a été développé. Ce dernier permet à un utilisateur de sélectionner un jeu de données décrivant un contexte formel et de construire le treillis de concepts. Cette construction peut se faire à travers l'énumération de tous les concepts formels qui peuvent être générés du contexte et ceci en appliquant l'algorithme LCM (Uno et al. (2004)). Dans le cas où le treillis s'avère très dense, l'utilisateur peut choisir d'extraire une couverture de concepts formels en se basant sur l'algorithme QUA-LITYCOVER (Mouakher et Ben Yahia (2016)) ou GRECOND (Belohlavek et Vychodil (2009)). Par la suite, l'utilisateur définit les critères à maximiser ou à minimiser, lance l'exécution de la méthode TOPSIS et visualise le résultat des top-k concepts formels.

Nous envisageons de poursuivre cette approche en l'améliorant selon deux directions : la proposition de nouveaux algorithmes de génération des top k concepts, capables de passer à l'échelle sur des jeux de données de taille réelle ainsi que d'autres méthodes d'agrégation plus fines qui ne nécessitent pas de fixer au préalable le poids des critères, e.g. les algorithmes d'extraction des motifs non dominés (Bouker et al. (2014)).

Références

Belohlavek, R. et V. Vychodil (2009). Discovery of optimal factors in binary data via a novel method of matrix decomposition. *JCSS 76*(1), 3–20.

Bouker, S., R. Saidi, S. Ben Yahia, et E. Mephu Nguifo (2014). Mining undominated association rules through interestingness measures. *Int. J. on Artif. Intell. Tools 23*(4).

Eklund, P. W., J. Ducrou, et F. Dau (2012). Concept similarity and related categories in information retrieval using formal concept analysis. *IJGS 41*(8), 826–846.

Hwang, C. L. et K. Yoon (1981). *Multiple attribut decision making : Methods and applications.* Springer-Verlag.

Klimushkin, M., S. A. Obiedkov, et C. Roth (2010). Approaches to the selection of relevant concepts in the case of noisy data. In *Proceedings of the 8th International Conference (ICFCA), Agadir, Morocco*, Volume 5986, pp. 255–266. Springer.

Kuznetsov, S. O. (1990). Stability as an estimate of the degree of substantiation of hypotheses derived on the basis of operational similarity. *Automatic Documentation and Mathematical Linguistics 24*(6), 62–75.

Mouakher, A. et S. Ben Yahia (2016). Qualitycover : Efficient binary relation coverage guided by induced knowledge quality. *Inf. Sci. 355-356*, 58–73.

Mouakher, A. et S. Ben Yahia (2019). On the efficient stability computation for the selection of interesting formal concepts. *Inf. Sci. 472*, 15–34.

Paul, G. et D. Scott (2008). New coupling and cohesion metrics for evaluation of software component reusability. In *Proceedings of The 9th International Conference for Young Computer Scientists*, Hunan, China, pp. 1181–1186.

Uno, T., T. Asai, Y. Uchida, et H. Arimura. (2004). An efficient algorithm for enumerating closed patterns in transaction databases. In *Proceedings of the 7th International conference Discovery Science*, Padova, Italy, pp. 16–31.

Augmentation de données pour la classification de séries temporelles par réseaux de neurones profonds résiduels

Hassan Ismail Fawaz*, Germain Forestier*
Jonathan Weber*, Lhassane Idoumghar*, Pierre-Alain Muller*

*IRIMAS, Université de Haute-Alsace, 68100 Mulhouse, France
{first-name}.{last-name}@uha.fr

1 Introduction

L'augmentation de données consiste à générer des données artificielles permettant d'améliorer la diversité des données d'entraînement d'un classifieur dans le but d'améliorer ses performances. Les réseaux de neurones convolutionnels profonds (CNN) ont récemment prouvés leur efficacité dans le domaine de la classification de séries temporelles (CST). Cependant, les techniques d'augmentation de données n'ont pas encore été complètement explorées pour la CST. Dans cet article, nous proposons de tirer parti d'une technique d'augmentation des données basée sur DTW spécialement développée pour les séries temporelles, afin d'améliorer les performances d'un réseau de neurones profond résiduel (ResNet) pour la CST.

2 Méthode

Nous avons choisi d'améliorer la capacité de généralisation du réseau ResNet proposé dans Wang et al. (2017). En adoptant une architecture déjà validée, nous pouvons attribuer toute amélioration des performances du réseau uniquement à l'augmentation des données. Pour plus de détails concernant l'architecture, nous conseillons la lecture de Ismail Fawaz et al. (2018).

La méthode d'augmentation des données que nous avons choisie de tester avec cette architecture profonde a été proposée afin d'augmenter le jeu d'entraînement défini pour un NN-DTW dans un problème de simulation de démarrage à froid (Forestier et al., 2017). Pour plus de détails concernant la méthode de pondération, les lecteurs peuvent se référer à Forestier et al. (2017). En ce qui concerne le calcul de la séquence moyenne, nous avons adopté l'algorithme DBA (Petitjean et al., 2016) dans notre processus d'augmentation de données.

3 Résultats

Nous avons évalué notre méthode d'augmentation de données pour ResNet sur l'UCR archive (Chen et al., 2015). Pour former les modèles d'apprentissage profond, nous avons tiré parti de la puissance de calcul élevée de 60 GPUs d'un cluster de calcul [1].

---

1. Notre code source est disponible sur https://github.com/hfawaz/aaltd18

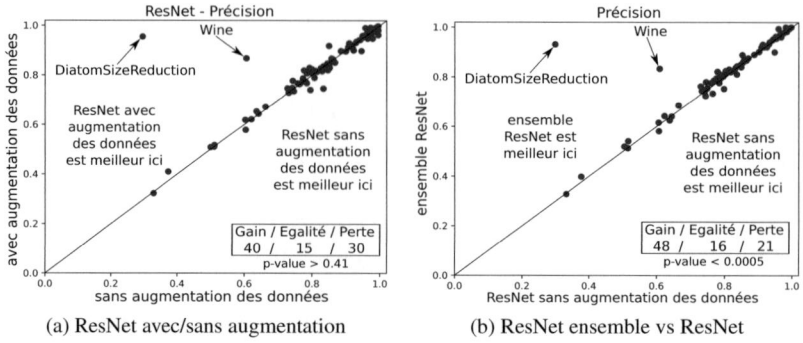

(a) ResNet avec/sans augmentation   (b) ResNet ensemble vs ResNet

FIG. 1: Précision de ResNet avec et/ou sans augmentation de données.

Nos résultats montrent que l'augmentation de données peut considérablement améliorer la précision d'un modèle d'apprentissage profond tout en ayant un impact négatif léger sur certains jeux de données dans le pire des cas (cf. figure 1a). Nous avons testé une technique d'ensemble prenant en compte les décisions de deux ResNets (formés avec et sans augmentation de données). Les résultats de l'ensemble (cf. figure 1b) sont en conformité avec le consensus récent dans la communauté, dans lequel les ensembles ont tendance à améliorer la précision individuelle des classifieurs (Ismail Fawaz et al., 2018).

4 Conclusion

Dans cet article, nous avons montré qu'il est possible d'atténuer le sur-apprentissage de petits jeux de données de séries temporelles en utilisant une technique récente d'augmentation de données basée sur DTW et une version pondérée de l'algorithme DBA.

Références

Chen, Y., E. Keogh, B. Hu, N. Begum, A. Bagnall, A. Mueen, et G. Batista (2015). The UCR time series classification archive.

Forestier, G., F. Petitjean, H. A. Dau, G. I. Webb, et E. J. Keogh (2017). Generating synthetic time series to augment sparse datasets. In *IEEE ICDM*, pp. 865–870.

Ismail Fawaz, H., G. Forestier, J. Weber, L. Idoumghar, et P.-A. Muller (2018). Deep learning for time series classification : a review. *ArXiv*.

Petitjean, F., G. Forestier, G. I. Webb, A. E. Nicholson, Y. Chen, et E. Keogh (2016). Faster and more accurate classification of time series by exploiting a novel dynamic time warping averaging algorithm. *KAIS 47*(1), 1–26.

Wang, Z., W. Yan, et T. Oates (2017). Time series classification from scratch with deep neural networks : A strong baseline. In *IJCNN*, pp. 1578–1585.

Vers une approche heuristique distribuée à base d'ontologie pour la fouille des règles d'association dans les données massives

Rania Mkhinini Gahar*,*** Olfa Arfaoui*,**** Minyar Sassi Hidri*,**,****
Nejib Ben Hadj-Alouane*,***

*Université de Tunis El Manar,
École Nationale d'Ingénieurs de Tunis, BP. 37, Le Belvèdère 1002, Tunis, Tunisie
{rania.mkhininigahar,olfa.arfaoui,minyar.sassi}@enit.rnu.tn, nejib_bha@yahoo.com
**Imam Abdulrahman Bin Faisal University, Arabie Saoudite
***UR-OASIS, ENIT
****LR-RISC, ENIT

Étant considérée comme la plus cruciale dans l'analyse Big Data, la prédiction devient un générateur d'innovation dans l'extraction de valeur. La fouille des Motifs Fréquents Maximaux (MFM) est une sorte de prédiction importante. Pour aller plus loin, nous pouvons aller au-delà de la phase de recherche des MFM pour générer des règles d'association (Agrawal et al., 1994; Gahar et al., 2017) qui est une tâche importante pour l'exploration du Big Data. En effet, l'extraction des RA est un processus itératif et interactif constitué de plusieurs phases allant de la sélection et la préparation des données à l'interprétation des résultats, en passant par la phase de recherche des connaissances : data mining. La plupart des approches proposées pour l'extraction des itemsets fréquents sont basées sur quatre étapes : (1) Préparation des données, (2) Extraction des motifs fréquents, (3) Génération de RA, et (4) Interprétation des résultats. Face aux quatre étapes précédentes, plusieurs problèmes peuvent être posés. Le temps de réponse de l'extraction des RA dépend principalement du temps d'extraction des itemsets fréquents car plusieurs balayages de contexte doivent être effectués en comptant pour chaque items et potentiel fréquent le nombre d'objets du contexte dans lequel il est contenu. Le nombre des motifs à considérer et la taille des jeux de données (contexte d'extraction) sont importants aussi. De plus, le flot de données massives pose le problème de générer un nombre prohibitif des RA extraites qui sont pour la plupart redondantes et inintéressantes. De plus, les règles redondantes représentent pour la plupart des types de données la majorité des règles extraites, c'est pourquoi leur suppression peut réduire considérablement le nombre de règles à gérer lors de la visualisation.Afin de répondre aux différents enjeux posés, nous proposons une nouvelle approche heuristique distribuée pour extraire les principales RA utiles à travers des MFM basés sur le framework MapReduce et enrichis par une ontologie. Une étape d'élagage sémantique est introduite dans les deux tâches et se réduit en tant que phases de pré-traitement et de post-traitement pour donner de la crédibilité et de l'efficacité à notre approche.

Notre approche distribuée Gahar et al. (2018), baptisée MARMO (MapReduce-based Association Rules approach through Maximal Fequent Itemsets for big Ontological data processing) qui repose essentiellement sur la recherche des MFM pour générer les RAs utiles. L'originalité de l'approche consiste à intégrer de manière explicite les éléments d'une ontologie de domaine pour élaguer sémantiquement certains motifs candidats dans la découverte des motifs fréquents maximaux. L'apport de l'ontologie dans l'approche est d'abord sa terminologie, son expressivité et la puissance de son raisonneur qui permet de bénéficier de plus d'informations structurées afin d'élaguer sémantiquement certains motifs candidats dans le calcul des motifs fréquents maximaux et par la suite les règles d'association non redondantes. Les données massives représentent la source d'alimentation du système MARMO. Ensuite, ces données seront divisées de manière arbitraire pour être ensuite l'entrée des différentes Maps. Après cela, une étape d'élagage sémantique sera introduite ici pour donner naissance aux MFM non-redondants.L'élagage sémantique (Map) élimine du calcul des motifs fréquents maximaux tout candidat dont les éléments sont :Sémantiquement proches d'un concept de l'ontologie, dans la même hiérarchie de concepts de l'ontologie.Ceux-ci plus tard, après avoir été mélangés et triés, ils subissent à nouveau une introduction de l'étape d'élagage sémantique pour donner comme résultat final seulement les RAs utiles et non redondantes. Le recours à l'utilisation d'ontologie est distinguable dans chacune des phases d'élagage sémantique que ce soit dans la fonction *Map()* ou *Reduce()*. L'ontologie est entrée dans le système comme étant un fichier OWL ou RDF. L'API Jena fournit aux utilisateurs la classe "OntModel". Cette dernière hérite de la classe "Model" pour représenter les modèles RDF.

Afin de vérifier l'efficacité et la performance de l'approche proposée, nous comparons MARMO avec l'algorithme MR-Apriori dans les aspects suivants : temps d'exécution, passage à l'échelle et gain de précision. Les résultats expérimentaux montrent bien que notre approche évite de manière significative la production d'un grand nombre de candidats, accélère la vitesse d'extraction des MFM et améliore simultanément le taux d'utilisation des ressources.

Nous travaillons actuellement à définir une démarche adaptée à la visualisation des RAs dans les données massives.

Références

Agrawal, R., R. Srikant, et al. (1994). Fast algorithms for mining association rules. In *Proc. 20th int. conf. very large data bases, VLDB*, Volume 1215, pp. 487–499.

Gahar, R. M., O. Arfaoui, M. S. Hidri, et N. B. Hadj-Alouane (2017). Parallelcharmax : An effective maximal frequent itemset mining algorithm based on mapreduce framework. In *Computer Systems and Applications (AICCSA), 2017 IEEE/ACS 14th International Conference on*, pp. 571–578.

Gahar, R. M., O. Arfaoui, M. S. Hidri, et N. B. Hadj-Alouane (2018). An ontology-driven mapreduce framework for association rules mining in massive data. *Procedia Computer Science 126*, 224–233.

WINECLOUD: Une ontologie d'événements pour la modélisation sémantique des données de capteurs hétérogènes

Rami Belkaroui*, Amira Mouakher*, Aurélie Bertaux*, Ouassila Labbani*, Clémentine Hugol-Gential**, Christophe Nicolle*

*Connaissances et Intelligences Artificielles Distribuées (CIAD)
Université Bourgogne Franche-Comté, 21000 Dijon, France
**Laboratoire en Sciences de L'information et de la Communication (CIMEOS)
Université Bourgogne Franche-Comté, 21000 Dijon, France

1 Présentation de l'ontologie WINECLOUD

Le secteur vitivinicole est l'un des piliers économiques qui occupe une place de premier plan dans l'économie Française. Cependant, ce secteur est toujours menacé par l'émergence de nombreuses maladies causées par les insectes, les agents pathogènes et d'autres organismes infectieux ainsi que les risques climatiques et humains. Ces maladies responsables de nombreuses pertes dans les vignes représente également une forte menace pour les vignobles européens et français.

Dans ce contexte, le projet WINECLOUD se présente comme la première plateforme "Big Data" sur la chaîne de valeur vitivinicole en proposant une traçabilité complète du cycle de vie du vin, depuis la vigne jusqu'au consommateur. Cette plateforme propose des outils d'aide à la décision viticole permettant, grâce aux données collectées par des capteurs hétérogènes (machines agricoles, capteurs et station météo), d'anticiper certains évènements pouvant survenir au niveau des vignes et de fournir aux viticulteurs des recommandations pour leur production. Cette anticipation des événements permettra de rendre la filière vitivinicole française plus compétitive, tout en fournissant aux consommateurs une traçabilité accrue des vins achetés.

Dans cet article, nous présentons une nouvelle approche basée sur une ontologie des évènements afin de permettre une interprétation métier des remontées de capteurs. En particulier, la valorisation des données de capteurs hétérogènes est basée sur une ontologie d'événements, qui sert à explorer ces derniers sous forme d'ontologies enrichies en méta-données sémantiques.

L'ontologie WINECLOUD a pour objectif de représenter sémantiquement de nouvelles connaissances par la valorisation et l'interprétation des données provenant de multiples capteurs hétérogènes. La construction de notre ontologie est basée sur la méthodologie itérative proposée par Noy et McGuinness (2001), qui s'appuie sur le principe de ré-utilisation et l'enrichissement de ressources. En effet, la ré-utilisation d'ontologies offre l'avantage d'utiliser des ressources ontologiques matures, éprouvées et validées par leurs applications et (certaines) par le W3C. Notre ontologie est constituée d'un ensemble de termes dérivés de plusieurs ontologies adaptées à notre besoin :

— L'ontologie *Event*, traite de la notion d'événement et les propriétés associées telles que la localisation, le temps, les agents, les facteurs et les produits. Cette ontologie fournit l'essentiel du vocabulaire nécessaire à la description d'activités et d'événements susceptibles de se produire. L'ontologie "event" est la partie centrale de notre ontologie d'événements WINECLOUD.

— L'ontologie *Semantic Sensor Network (SSN)* permet la description des capteurs, des observations, des traitements de détection, les capacités de mesures et tout autre concept relatif. Cette ontologie fournit le vocabulaire requis pour décrire les capteurs utilisés dans notre plateforme.

— L'ontologie *DOLCE+DnS Ultralite (DUL)* fournit un ensemble de concepts utilisés pour permettre l'interopérabilité entre différentes ontologies.

— L'ontologie du temps *Time* fournit les concepts pour décrire les propriétés temporelles des ressources. Cette ontologie fournit tous les concepts requis sur les instants, les intervalles, leur durée et leurs relations topologiques.

— L'ontologie *Geo-location* fournit des concepts pour décrire les propriétés spatiales des ressources.

Pour répondre aux besoins de complétude et de traçabilité de l'information, l'ontologie proposée définit de nouveaux concepts (classes et propriétés) permettant de compléter les informations des différents domaines, de décrire les attributs des instances et, ainsi, de relier les différents domaines. Les classes, sous-classes et les propriétés composant l'ontologie "WINECLOUD" sont accessibles à l'adresse http://ontology.winecloud.checksem.fr/

Une fois que l'ontologie est formellement définie et implémentée, la dernière étape du développement de l'ontologie est l'insertion d'instances (population). Pour le peuplement de l'ontologie, nous utilisons (i) une méthode de peuplement statique basée sur les données métiers issues des entretiens avec des viticulteurs et (ii) une méthode de peuplement dynamique basée sur les données du réseau de capteurs LORA. A partir de l'ontologie peuplée, nous avons réalisé des inférences, i.e. raisonnements. Ces raisonnements permettent de proposer des services aux utilisateurs, en particulier les viticulteurs, tels que rechercher des événements qui se produisent sur la même période, identifier les causes d'un événement ou rechercher des événements ayant une cause particulière. Tout ces services peuvent être exprimés par le langage de requête SPARQL.

2 Remerciements

Nous souhaitons remercier le gouvernement français pour le financement du projet FUI WINECLOUD, nos partenaires du consortium : Orange, R-Tech Solutions, La Cave de Lugny et Photon Lines ainsi que toute l'équipe technique du projet et plus particulièrement Marie Simon, Nicolas Gros.

Références

Noy, N. F. et D. L. McGuinness (2001). Ontology development 101 : A guide to creating your first ontology. Technical report, Stanford Knowledge Systems Laboratory.

La gestion des connaissances au cœur de la continuité numérique pour l'industrie 4.0 : Le cas du projet « SmartEmma »

Oussama Meski*, Florent Laroche**
Farouk Belkadi**, Benoit Furet***

* Laboratoire LS2N, 1 rue de la Noë BP 92101 44321 Nantes Cédex 03
Oussama.Meski@univ-nantes.fr,
http://smartemma.ls2n.fr

1   Introduction

La 4ème révolution industrielle englobe plusieurs paradigmes et technologies qui essayent de mettre la donnée au coeur de l'industrie, et d'assurer la capitalisation, l'analyse et la ré-intégration des connaissances tout au long de la chaine numérique industrielle. Les industries d'usinage des pièces mécaniques aéronautiques font partie des industries types, dans lesquelles l'approche industrie 4.0 est cruciale. Vu l'importance des données dans ce contexte, l'étude de la chaine numérique de l'industrie d'usinage, s'impose.

2   Chaine numérique dans une industrie d'usinage

Les trois phases principales de la chaine numérique sont : la conception, l'industrialisation et la production. La conception est la première phase du processus de réalisation d'une pièce mécanique. Cette étape commence au bureau d'études, elle consiste à concevoir la géométrie en 3D d'une pièce. L'industrialisation est la phase intermédiaire, qui représente la tâche du bureau des méthodes et qui permet, essentiellement, de générer un code G (code ISO). La dernière phase est la production, qui permet d'usiner la pièce. Par la suite, une phase de contrôle est appliquée afin de valider sa conformité (Godreau, 2017). Inopportunément, la liaison entre ces phases est limitée, et peut atteindre la rupture numérique.

3   Problématiques

L'étude de l'état de l'art permet d'analyser les différentes causes de rupture de la chaine numérique, ainsi que les solutions existantes. Aussi, elle permet de comprendre l'importance de l'interopérabilité pour la gestion des connaissances hétérogènes et l'obligation de la structuration pour faciliter la réutilisation.

4   Les causes de la rupture de la chaine numérique

La cause principale de la rupture de la chaine numérique dans la plupart des industries, est le manque de traçabilité. Dans l'industrie d'usinage, plusieurs sont les aspects de manque de traçabilité. Par exemple, dans le cas de détection d'une non qualité, le technicien procède au parachèvement manuel, sans décrire les étapes et les méthodes utilisées. Aussi, l'un des problèmes majeurs est le manque de communication entre les différents services de l'entreprise, et le cloisonnement des données pour chaque service. La diversité des moyens de la production génère une variété des formats des flux d'informations générés, et surtout une différence de temporisation de ces données. Ainsi, la complexité des organisations génère la complexité des échanges d'informations, d'où les carences en communication au sein de la même industrie. Il s'agit d'une incompatibilité au moment de l'interopérabilité et/ou de la collaboration.

5   Les solutions existantes

Dans la littérature, plusieurs travaux traitent le sujet de l'interopérabilité dans le contexte industriel. L'analyse de ces travaux, permet de retrouver l'utilisation de deux solutions majeures : les standards ou les protocoles pour les échanges d'information, et les modèles ontologiques pour la capitalisation des connaissances. Parmi les standards les plus utilisés dans l'usinage, on retrouve la norme STEP-NC. Concernant les travaux sur les modèles ontologiques orientés produit nous pouvons citer : "Product Design Ontology" (PDO)(Chiara Catalano, 2009), « OntoSTEPNC » et le processus « Closed-Loop Manufacturing » (Danjou, 2016), etc.

L'objectif principal du projet SmartEmma est d'assurer une évolution dans le domaine de l'UGV à travers le développement de machines-outils intelligentes et connectées. Ce projet s'intègre donc dans les problématiques de l'industrie 4.0, à travers la surveillance de l'usinage, la capitalisation des données et des connaissances, l'extraction des indicateurs de performances, le pilotage des connaissances et la prise de décisions, etc. La technologie des systèmes multi-agent a été choisie pour assurer le pilotage des connaissances dans le projet « SmartEmma ». Ce système, solution d'interopérabilité, est en interaction continue avec la base de connaissances globale, et par conséquence une structuration optimale de cette base est importante. Le développement d'un modèle de connaissance global est crucial.

Références

Chiara Catalano, E. C. (2009). A product design ontology for enhancing shape processing in design workflows. *Journal of Intelligent Manufacturing*, 553–567.

Danjou, C. (2016). *Ingenierie de la chaine numerique d'industrialisation : proposition d'un modele d'interoperabilite pour la conception-fabrication integrees*. These de doctorat, Universite de technologie de compiegne.

Godreau, V. (2017). *Extraction de connaissances a partir des donnees de la surveillance de l'usinage*. These de doctorat, Universite de Nantes.

CRAFTML, une forêt aléatoire efficace pour l'apprentissage multi-label extrême

Wissam Siblini*,**, Frank Meyer *
Pascale Kuntz**

*Orange Labs - Lannion, France
prenom.nom@orange.com,
**Laboratoire des Sciences du Numérique de Nantes (LS2N) - Nantes, France
prenom.nom@univ-nantes.fr

Résumé. L'apprentissage multi-label extrême (noté XML pour "eXtreme Multi-label Learning") considère de grands volumes de données où chaque observation est annotée avec quelques labels parmi des centaines de milliers de possibilités. Les méthodes basées sur les arbres, qui divisent hiérarchiquement l'apprentissage en sous-problèmes à petite échelle, sont particulièrement prometteuses dans ce contexte pour réduire les complexités d'apprentissage et de prédiction et pour ouvrir la voie à la parallélisation. Cependant, les meilleures approches actuelles n'exploitent pas la diversification des arbres qui a pourtant montré son efficacité dans les forêts aléatoires et elles ont recours à des stratégies de partitionnement complexes. Pour surmonter ces limites, nous introduisons ici un nouvel algorithme de forêt avec des arbres diversifiés et une stratégie de partitionnement adaptée à l'XML appelé CRAFTML. Des comparaisons expérimentales sur huit jeux de données tirés de la littérature extrême montrent qu'il est plus performant que les autres approches arborescentes de l'état de l'art.

1 Introduction

La classification multi-label a reçu une attention considérable au cours de la dernière décennie et récemment, stimulée par des applications impliquant de grands ensembles de données, elle a été étendue à des problèmes où le nombre de labels peut dépasser le million (Agrawal et al., 2013). Dans ce nouveau contexte, appelé apprentissage multi-label extrême (noté XML en anglais pour eXtreme Multi-Label Learning) où les données sont très creuses et ont un très grand nombre de dimensions, les algorithmes classiques ne parviennent pas à passer à l'échelle ou voient leurs performances prédictives se dégrader. Pour tenter de surmonter ces difficultés, la recherche s'est récemment orientée vers trois directions : (i) utiliser des astuces d'optimisation et la parallélisation sur des "superordinateurs" (Yen et al., 2017), (ii) réduire la dimension des données pour obtenir un problème latent soluble avec des approches multi-label classiques (Bhatia et al., 2015) ou (iii) partitionner hiérarchiquement le problème initial en sous-problèmes à petite échelle (Prabhu et Varma, 2014). La décomposition arborescente de la troisième stratégie présente plusieurs avantages. En découpant l'apprentissage en sous-tâches, elle réduit la complexité de l'entraînement et des prédictions et ouvre la voie à la parallélisation. Et, sa séquence de décisions successives permet une grande expressivité.

Motivés par ces propriétés, nous présentons une nouvelle approche arborescente rapide et précise appelée CRAFTML (Clustering-based RAndom Forest of predictive Trees for extreme Multi-label Learning). Comme FastXML (Prabhu et Varma, 2014) qui fait partie des meilleures approches arborescentes pour l'apprentissage multi-label extrême, CRAFTML est une forêt d'arbres de décision supervisés où les conditions de séparation des instances à chaque nœud sont multivariées. Mais CRAFTML a deux différences de fond avec FastXML : (i) il implémente de la diversité entre les arbres avec une stratégie qui s'approche de celle des "forêts aléatoires" mais qui s'en distingue non seulement car il remplace les sélections aléatoires par des projections aléatoires pour préserver plus d'informations mais aussi car il les applique aux labels en plus des attributs ; (ii) il utilise une nouvelle stratégie de séparation qui est plus simple et qui a une très faible complexité. Des expériences numériques sur huit jeux de données de la littérature multi-label extrême montrent que CRAFTML dépasse les approches arborescentes XML avec un temps d'apprentissage inférieur et une consommation de mémoire plus faible. Il est également compétitif avec les autres approches de l'état de l'art XML.

Le reste de cet article de résumé est organisé comme suit. La section 2 rappelle brièvement les travaux récents dans le domaine de l'apprentissage multi-label extrême. La section 3 décrit notre nouvelle proposition CRAFTML. La section 4 compare les performances de CRAFTML avec l'état de l'art XML. Les références de toutes les méthodes citées ici sont disponibles dans l'article original (Siblini et al., 2018).

2 Travaux connexes

En raison de l'intérêt croissant de l'apprentissage multi-label au cours de la dernière décennie, de nombreux algorithmes ont été proposés (Zhang et Zhou, 2014). Plusieurs expérimentations numériques ont mis en évidence les bonnes performances de la forêt aléatoire multi-label RF-PCT et de la méthode hiérarchique HOMER. Cependant, ces algorithmes ne sont pas adaptés aux dimensions (10^5 à 10^7) de l'apprentissage multi-label extrême. Trois stratégies différentes sont aujourd'hui développées pour résoudre le problème de passage à l'échelle : les astuces d'optimisation et de parallélisation, la réduction de dimension et la décomposition hiérarchique arborescente.

Dans ce résumé, nous nous concentrons particulièrement sur les méthodes arborescentes (LPSR, FastXML, son extension PFastReXML et PLT). De façon générale, celles-ci transforment le problème initial à grande échelle en une série de sous-problèmes à petite échelle en partitionnant de manière hiérarchique l'ensemble des instances ou l'ensemble des labels. Ces différents sous-ensembles sont associés aux nœuds d'un arbre. L'ensemble initial associé à la racine est partitionné en k sous-ensembles qui sont eux-mêmes associés aux k nœuds enfants de la racine. Le processus de décomposition est répété jusqu'à ce qu'une condition d'arrêt soit vérifiée sur les sous-ensembles. Dans chaque nœud, deux problèmes d'optimisation sont soulevés : (i) construire une partition pour optimiser un critère donné, et (ii) définir une condition ou construire un classifieur pour décider, à partir des attributs d'une instance donnée, du sous-ensemble de la partition auquel l'associer. Dans la phase de prédiction, une nouvelle instance suit un chemin de la racine jusqu'à une feuille (arbre d'instances) ou plusieurs feuilles (arbre de labels) déterminées par les décisions locales successives dans les nœuds puis, des prédictions en sont déduites. Pour un arbre de labels, les labels associés aux feuilles atteintes sont celles prédites avec une probabilité non nulle. Pour un arbre d'instances, la prédiction est donnée par un classifieur local appris uniquement à partir des instances de la feuille atteinte.

Dans la littérature XML, trois approches arborescentes récentes ont été proposées : LPSR et FastXML respectivement basées sur un seul arbre d'instances k-aire et une forêt d'arbres d'instances binaires ($k = 2$), et PLT basé sur un arbre de labels. LPSR vise à regrouper dans un même sous-ensemble les instances qui partagent des attributs et des labels communs. FastXML vise à minimiser une fonction de perte basée sur le "nDCG" (normalized Discounted Cumulative Gain) qui tend à regrouper des instances avec des labels communs. FastXML a été récemment étendu à une nouvelle version appelée PFastReXML afin de mieux prendre en compte la distribution à longue traîne des labels. PLT construit un arbre de labels en séparant récursivement les labels en sous-ensembles pour regrouper ceux qui co-occurrent dans les mêmes instances. La récursion s'arrête lorsque les sous-ensembles terminaux contiennent un seul label. Un classifieur multi-label est ensuite appris à chaque nœud pour permettre d'estimer des probabilités de suivre les différents chemins racine-feuille de l'arbre conditionnellement aux attributs. L'apprentissage est tel que les chemins se terminant sur les feuilles associées aux labels pertinents ont une forte probabilité.

Pour aller vers des stratégies de séparation moins complexes que l'état de l'art et pour intégrer une diversité entre les arbres adaptée à l'apprentissage extrême, nous introduisons une nouvelle approche arborescente appelée CRAFTML.

3   CRAFTML

CRAFTML construit une forêt d'arbres d'instances k-aires en suivant le schéma commun des méthodes basées sur les arbres d'instances rappelé dans la section 2. Sa stratégie de partitionnement de nœuds consiste à regrouper les instances avec des labels communs dans les mêmes nœuds/feuilles en visant à satisfaire deux contraintes : chaque arbre/nœud doit apprendre sur des instances projetées aléatoirement pour assurer la diversité et le processus de partitionnement doit effectuer des opérations de faible complexité pour assurer le passage à l'échelle. Par conséquent, l'apprentissage d'un nœud dans CRAFTML suit les trois étapes ci-dessous :

1. Projeter aléatoirement, dans des espaces de dimension réduite, les attributs et les labels des instances du nœud. Ces projections, dont les coefficients sont générés sur demande avec une graine et un "hash", sont orthogonales et creuses de type hashing trick qui est empiriquement efficace sur les données XML (Siblini et al., 2018).

2. Partitionner les instances en k sous-ensembles temporaires en appliquant l'algorithme des k-moyennes sphériques (algorithme de Loyd) sur la matrice des labels projetés. La métrique du cosinus est utilisée car elle est rapide et adaptée aux données creuses. Les centroïdes des clusters sont initialisés avec la stratégie k-means ++ qui améliore la stabilité et les performances de l'algorithme par rapport à une initialisation aléatoire.

3. Apprendre un classifieur multi-classe très simple (plus proche centroïde dans nos expériences) pour associer chaque instance à son sous-ensemble temporaire pertinent (c'est-à-dire l'indice de cluster calculé à l'étape 2) à partir de son vecteur d'attributs

projetés. Puis, partitionner les instances en k sous-ensembles finaux (nœuds enfants) selon la classe que leur associe le classifieur.

Les étapes 2 et 3 sont accélérées avec une stratégie d'échantillonnage sans remise. Une fois qu'un arbre a été formé, chaque feuille stocke un vecteur correspondant à la moyenne des vecteurs de labels de ses instances. Dans la phase de prédiction, pour chaque arbre, l'instance d'entrée suit un chemin racine-feuille déterminé par les décisions successives des classifieurs des nœuds parcourus et la prédiction fournie est le vecteur stocké dans la feuille atteinte. La forêt agrège les prédictions des arbres avec une simple moyenne.

	Arbres de labels		Arbres d'instances			
	HOMER	PLT	RF-PCT	LPSR	FastXML	CRAFTML
Adapté à l'XML	Non	Oui	Non	Oui	Oui	Oui
Projections des attributs	Non	Oui*	Oui**	Non	Non	Oui
Projections des labels	Non	Non	Non	Non	Non	Oui
Plusieurs arbres	Non	Non	Oui	Non	Oui	Oui
Arbres binaires	Non	Non	Oui	Non	Oui	Non
Condition de séparation multivariée	Oui	Oui	Non	Oui	Oui	Oui

TAB. 1 – *Comparaison des caractéristiques des méthodes arborescentes. *depend de la taille mémoire, **selection aléatoire d'attributs.*

Les principales similitudes et différences entre CRAFTML et les autres approches arborescentes de l'état de l'art sont résumées dans le tableau 1. Grâce aux projections aléatoires, à la simplicité du séparateur, et à l'exploitation du caractère creux des données, les complexités spatiales et temporelles de CRAFTML sont faibles et indépendantes du nombre d'attributs et de labels (Siblini et al., 2018) ce qui permet à l'approche de passer à l'échelle en XML.

4 Comparaisons expérimentales

Nous comparons CRAFTML avec les meilleures méthodes arborescentes de l'état de l'art (FastXML, PFastReXML, LPSR, PLT) présentées dans la section 2 sur huit ensembles de données apprentissage/test de référence en XML détaillés dans le repository [1]. Un hyperparamètrage standard a été determiné pour CRAFTML et a été fixé pour l'intégralité des expérimentations (Siblini et al., 2018). Il assure une comparaison équitable avec FastXML et son extension. Le nombre de labels d_y, le nombre d'attributs d_x, le nombre d'instances d'apprentissage n et le nombre d'instances de test n_S des jeux de données sont rappelés dans le tableau 2.

CRAFTML a de meilleures performances prédictives que les autres approches dans la plupart des cas. Pour WikiLSHTC-325K et Amazon-670K, la domination de PFastreXML s'explique en partie par le fait que ce dernier est entraîné avec les propensions des labels calculées avec des informations externes supplémentaires (hiérarchie des labels de Wikipedia et Amazon). Les comparaisons en temps de calcul et en consommation mémoire ne sont pas

---

1. http://manikvarma.org/downloads/XC/XMLRepository.html

	Bibtex $d_x = 1836, d_y = 159$ $n = 4880, n_S = 2515$			Delicious $d_x = 500, d_y = 983$ $n = 12920, n_S = 3185$			EURLex-4K $d_x = 5000, d_y = 3993$ $n = 15539, n_S = 3809$			Wiki10-31K $d_x = 101938, d_y = 30938$ $n = 14146, n_S = 6616$		
	P@1	P@3	P@5	P@1	P@3	P@5	P@1	P@3	P@5	P@1	P@3	P@5
CRAFTML	**65.15**	**39.83**	28.99	**70.26**	63.98	59.00	**78.81**	**65.21**	**53.71**	**85.19**	**73.17**	**63.27**
PFastReXML	63.46	39.22	**29.14**	67.13	62.33	58.62	75.45	62.70	52.51	83.57	68.61	59.10
FastXML	63.42	39.23	28.86	69.61	**64.12**	**59.27**	71.36	59.90	50.39	83.03	67.47	57.76
LPSR	62.11	36.65	26.53	65.01	58.96	53.49	76.37	63.36	52.03	72.72	58.51	49.50
PLT	-	-	-	-	-	-	-	-	-	84.34	72.34	62.72
	WikiLSHTC-325K $d_x = 1617899, d_y = 325056$ $n = 1778351, n_S = 587084$			Delicious-200K $d_x = 782585, d_y = 205443$ $n = 196606, n_S = 100095$			Amazon-670K $d_x = 135909, d_y = 670091$ $n = 490449, n_S = 153025$			AmazonCat-13K $d_x = 203882, d_y = 13330$ $n = 1186239, n_S = 306782$		
	P@1	P@3	P@5	P@1	P@3	P@5	P@1	P@3	P@5	P@1	P@3	P@5
CRAFTML	**56.57**	34.73	25.03	**47.87**	**41.28**	**38.01**	37.35	33.31	30.62	92.78	**78.48**	63.58
PFastReXML	56.05	**36.79**	**27.09**	41.72	37.83	35.58	**39.46**	**35.81**	**33.05**	91.75	77.97	**63.68**
FastXML	49.75	33.10	24.45	43.07	38.66	36.19	36.99	33.28	30.53	**93.11**	78.20	63.41
LPSR	27.44	16.23	11.77	18.59	15.43	14.07	28.65	24.88	22.37	-	-	-
PLT	45.67	29.13	21.95	45.37	38.94	35.88	36.65	32.12	28.85	91.47	75.84	61.02

Tab. 2 – *Comparaison entre CRAFTML et l'état de l'art XML. Le meilleur résultat est en gras. Les mesures, correspondant aux précisions à 1, 3 et 5 sont celles classiquement utilisées en apprentissage multi-label extrême.*

détaillées ici mais montrent que CRAFTML est très compétitif (Siblini et al., 2018). Comparé aux autres méthodes, son temps d'entraînement observé est inférieur en moyenne et la taille de son modèle est plus petite. Ces mesures sont cohérentes avec les résultats théoriques : en raison de la stratégie d'échantillonnage et de la réduction de la dimension résultant des projections aléatoires, les complexités de CRAFTML sont les plus faibles. Son temps de prédiction est cependant plus élevé que les autres même si sa complexité est équivalente.

Nous avons également comparé CRAFTML aux autres approches non parallélisées de l'état de l'art XML (SLEEC, PDSparse, AnnexML) et les performances prédictives sont comparables mais CRAFTML est plus rapide et/ou consomme moins de mémoire (Siblini et al., 2018). En comparaison avec les méthodes conçues pour la parallélisation et nécessitant des ordinateurs avec des centaines de coeurs (PPDSparse, DISMEC) les conclusions sont mixtes et dépendent du jeu de données. Les jeux WikiLSHTC-325K et Amazon-670K semblent favoriser les deux approches parallèles par rapport à toutes les méthodes arborescentes. Cependant, en termes de complexités, CRAFTML est beaucoup plus intéressant que DISMEC et PPDSparse.

5 Conclusion

Notre nouvelle méthode d'apprentissage multi-label extrême CRAFTML est compétitive avec les méthodes de l'état de l'art extrême. Et, contrairement à ces dernières, elle ne s'appuie pas sur un schéma d'optimisation complexe. Elle combine des blocs d'apprentissage simples et rapides (par exemple un clustering avec k-means, un classifieur multi-classe très naïf), ce qui permet d'envisager des extensions et d'atteindre les performances requises par les défis sociétaux et techniques actuels. Avec la dimensionnalité croissante des données, l'apprentissage automatique recourt de plus en plus aux supercalculateurs. Mais cet accès est loin d'être disponible partout aujourd'hui et son coût va fixer des limites à l'avenir. Par conséquent, (i) des algorithmes d'apprentissage machine économes en ressources et évolutifs sont nécessaires pour favoriser la démocratisation des nombreuses applications du monde réel qui dépendent encore du calcul standard. En contraste, le cloud computing (Hashem et al., 2015) et le développement croissant des supercalculateurs (Dean et al., 2018) nécessitent également (ii) des méthodes qui exploitent pleinement les ressources de calcul disponibles en étant, en particulier, facilement parallélisables. CRAFTML s'inscrit dans les deux cadres (i) et (ii).

Références

Agrawal, R., A. Gupta, Y. Prabhu, et M. Varma (2013). Multi-label learning with millions of labels : Recommending advertiser bid phrases for web pages. In *Proceedings of the 22nd international conference on World Wide Web*, pp. 13–24. ACM.

Bhatia, K., H. Jain, P. Kar, M. Varma, et P. Jain (2015). Sparse local embeddings for extreme multi-label classification. In *Advances in neural information processing systems*, pp. 730–738.

Dean, J., D. Patterson, et C. Young (2018). A new golden age in computer architecture : Empowering the machine learning revolution. *IEEE Micro*.

Hashem, I. A. T., I. Yaqoob, N. B. Anuar, S. Mokhtar, A. Gani, et S. U. Khan (2015). The rise of "big data" on cloud computing : Review and open research issues. *Information Systems 47*, 98–115.

Prabhu, Y. et M. Varma (2014). Fastxml : A fast, accurate and stable tree-classifier for extreme multi-label learning. In *Proceedings of the 20th ACM SIGKDD international conference on Knowledge discovery and data mining*, pp. 263–272. ACM.

Siblini, W., F. Meyer, et P. Kuntz (2018). Craftml, an efficient clustering-based random forest for extreme multi-label learning. In *International Conference on Machine Learning*, pp. 4671–4680.

Yen, I. E., X. Huang, W. Dai, P. Ravikumar, I. Dhillon, et E. Xing (2017). Ppdsparse : A parallel primal-dual sparse method for extreme classification. In *Proceedings of the 23rd ACM SIGKDD International Conference on Knowledge Discovery and Data Mining*, pp. 545–553. ACM.

Zhang, M.-L. et Z.-H. Zhou (2014). A review on multi-label learning algorithms. *IEEE transactions on knowledge and data engineering 26*(8), 1819–1837.

Summary

eXtreme Multi-label Learning (XML) considers large number of instances annotated with a few labels among hundreds of thousands of possibilities. Tree-based methods, which hierarchically divide learning into small-scale subproblems, are particularly promising in this context to reduce the complexities of learning and predictions and to open the way to parallelization. However, the current best approaches do not exploit tree randomization which has yet shown its efficiency in random forests and they resort to complex partitioning strategies. To overcome these limitations, we introduce here a new forest algorithm with diversified trees and a partitioning strategy adapted to XML called CRAFTML. Experimental comparisons on eight XML datasets show that our approach is faster and more accurate than the other state-of-the-art tree-based methods.

Recherche de motifs pour l'étude critique de partitions musicales

Riyadh Benammar*, Christine Largeron**
Véronique Eglin*, Mylène Pardoen***

*Université de Lyon
CNRS INSA-Lyon, LIRIS, UMR5205, F-69621, France
riyadh.benammar@insa-lyon.fr, veronique.eglin@insa-lyon.fr,
**UJM-Saint-Etienne, CNRS,
Laboratoire Hubert Curien UMR 5516, F-42023, SAINT-ETIENNE, France
christine.largeron@univ-st-etienne.fr
***Université Lumière Lyon 2,
Maison des sciences de l'homme Lyon Saint-Etienne (MSH - LSE)
mylene.pardoen@wanadoo.fr

Abstract. Music score analysis is an ongoing issue for musicologists. Discovering frequent musical motifs with variants is needed in order to make critical study of music scores and investigate compositions styles. We introduce a mining algorithm, called CSMA for **C**onstrained **S**tring **M**ining **A**lgorithm), to meet this need considering symbol-based representation of music scores. This algorithm, through motif length and maximal gap constraints, is able to find identical motifs present in a single string or a set of strings. It is embedded into a complete data mining process aiming at finding variants of musical motif. Experiments, carried out on several datasets, showed that CSMA is efficient as string mining algorithm applied on one string or a set of strings.

1 Introduction

Musical motifs are pieces of music that can define a signature for a composer, a music score or a music style. They correspond to identical repeating music chunks or variations applied on a part of music. As music notes are characterized by three kinds of information (melodic, rhythmic and harmonic), musical motifs can also be melodic and/or rhythmic and/or harmonic and our goal is to extract such motifs, with variants, from music scores transcriptions. In data mining, this task corresponds to motif mining from a single sequence or a set of sequences called strings. In our framework, we are more interested in motif mining on strings than by pattern mining in sequences since we consider that a music score can be represented by one or several sequences, one sequence per instrument, and at each timestamp there is only one note in the sequence; the harmonic information is not considered. Moreover, a musical motif corresponds to a music chunk appearing at minimal number of positions through the music score. This motif can be melodic, rhythmic or both, depending on the nature of the music event features.

Among the first works in the music domain, Hsu *et al.* introduced a method to identify frequent motifs in a music score, by considering only the melodic information in a single sequence Hsu et al. (1998). Liu *et al.*Liu et al. (1999) proposed an improvement of this method aiming at finding all non-trivial motifs (*i.e.* motifs that do not have sub motifs with the same frequency). These algorithms are not suited for our task since we are interested in identifying motifs with gaps whereas they consider only contiguous motifs. Moreover they only process one sequence while we consider music scores with one or several instruments corresponding to a set of sequences, one per instrument. However, we retain from the algorithm proposed by Liu *et al.* the structure for coding the motifs, that we adapt to handle gaps.

Besides, other works study the representation of the music scores. When music data is in audio format, pitch values can be firstly extracted. Then, melodic motifs can be identified using for instance, episode mining approach like in Liu et al. (1999). To exploit both melodic and rhythmic information, Béatrice Fuchs suggests to transform the input music data into a data stream for mining frequent itemsets Fuchs (2012). Finally, the work the most related to ours has been done by Jiménez *et al.* who designed an algorithm able to find transposed musical motifs by exact matching Jiménez et al. (2011) but, in our work, we consider three variants of an initial motif: transposed, inverted and mirror forms. Indeed, all these forms can define a signature for the composer, the score or the music style that can be used as features for other mining tasks such as supervised or non supervised clustering.

We present in the next section a new algorithm, **CSMA**, able to extract motifs from one or several strings with constraints related to the minimal frequency, gaps inside motifs, and motif length. Section 3 is dedicated to the preprocessing, that we propose, for extracting three variants of an initial motif. Section 4 presents experiments carried out on a real dataset to illustrate the interest of our approach and, Section 5 concludes the paper.

2 Constrained String Mining Algorithm

CSMA (Constrained String Mining Algorithm) has been designed for discovering all frequent motifs in a string Benammar et al. (2017). CSMA performs motifs search according to constraints related to frequency, gaps between motifs, minimal and maximal length of motifs. A motif m_i is defined by three elements $m_i = (X, freq(X), P_i = [(p_{i1}, len_{i1}), ..., (p_{in}, len_{in})])$ such that X corresponds to the motif value (ordered list of items), $freq(X)$ corresponds to its frequency and P_i its positions and lengths. In the set of positions, called P_i, the jth position of the ith motif is denoted p_{ij} and its length at this position is denoted len_{ij}.

The pseudo-code of **CSMA** is given in Algorithm 1. This algorithm takes in input a sequence S, a minimum frequency threshold $minFrequency$, a maximum allowed gap length inside motifs $maxGap$, a minimum motif length $minLength$ and a maximum motif length $maxLength$.

The first step of CSMA (Line 4, Algorithm 1) consists in computing the set $\mathcal{F}_1$ containing the frequent motifs of length one using **COMPUTE** function. The items with frequency greater than or equal to $minFrequency$ are added to $\mathcal{F}_1$. In order to get the set $\mathcal{F}_K$ containing the motifs of length equal to ($K = 2$), a joining operation **JOIN** is considered (line 7) between each element m_i of $\mathcal{F}_{K-1}$ and each item m_j belonging to $\mathcal{F}_1$. The joining operation is $\mathcal{O}(|P_i| \times |P_j|)$. So, in order to prune the search space, we compute the position on which the motif m_i is considered as frequent (line 8). This position, called $frequentPosition$, corre-

---

Algorithm 1: Constrained String Mining Algorithm (CSMA)

Input : Sequence S, $minFrequency$,$maxGap$, $minLength$ and $maxLength$

Output: $\mathcal{F}$: The set of frequent motifs respecting constraints

1 **begin**

2     $K = 1$;

3     $\mathcal{F}_1 = \emptyset$;

4   **COMPUTE**($\mathcal{F}_1$);

5   **while** $\mathcal{F}_K \neq \emptyset$ **do**

6        $K = K + 1$;

7   **for** $m_i = (X, freq(X), P_i) \in \mathcal{F}_{K-1}$ **do**

8           $frequentPosition = p_{i\,minFrequency} + len_{i\,minFrequency}$;

9           $\mathcal{C} = $ **GEN_CANDIDATES**($frequentPosition, \mathcal{F}_1$);

10   **for** $m_j = (Y, freq(Y), P_j) \in \mathcal{C}$ **do**

11              $m_l = $ **JOIN**($m_i, m_j, maxGap, maxLength$); **if** $freq(Z) \geq minFrequency$ **then**

12                 $\mathcal{F}_K = \mathcal{F}_K \cup \{m_l\}$;

13   **end**

14   **end**

15   **end**

16   **end**

17     $\mathcal{F} = \bigcup_{k \leq K} \mathcal{F}_k$

18   **FILTER**($\mathcal{F}, minLength$);

19   return $\mathcal{F}$;

20 **end**

---

sponds to the sum of the index of $m_i \in \mathcal{F}_{K-1}$ at the $minFrequency^{th}$ position and the length of m_i for the same position. Then, candidate motifs are generated using the **GEN_CANDIDATES** function. The interested reader is referred to the original article for a detailed description of this function Benammar et al. (2017). Once the selection of candidate motifs is done, the joining operation is performed for the selected motif m_i with each element $m_j \in \mathcal{C}$. The motif joining (concatenation) is defined as follows:

Let be two motifs $m_1 \in \mathcal{F}_{K-1}$ and $m_2 \in \mathcal{F}_1$ defined as $m_1 = (X, freq(X), P_1 = [\bigcup_{i \leq freq(X)} (p_{1i}, len_{1i})])$ and $m_2 = (Y, freq(Y), P_2 = [\bigcup_{j \leq freq(Y)} (p_{2j}, len_{2j})])$, m_1 join m_2 gives $m_3 \in \mathcal{F}_K$ defined as $m_3 = (Z, freq(Z), P_3)$ such that Z is the concatenation of (X, Y) and P_3 is a set of positions p_{3k} and lengths len_{3k}. A position $p_{3k} \in P_3$ equal to p_{1i} if and only if $\exists j \leq freq(Y)$ such that the three conditions are verified:

$$\begin{cases} 0 \leq p_{2j} - (p_{1i} + len_{1i}) \leq maxGap & (1) \\ i = \arg\min_{l \leq freq(X)}(p_{2j} - (p_{1l} + len_{1l})) & (2) \\ p_{2j} + len_{2j} - p_{1i} \leq maxLength & (3) \end{cases}$$

The positions p_{1i} from m_1 and p_{2j} from m_2 verifying the three conditions allow to define the position p_{3k} corresponding to p_{1i} for m_3, and the length len_{3k} is equal to $p_{2j} + len_{2j} - p_{1i}$. The frequency of m_3 is equal to the number of positions in P_3. It can be noticed that the frequency of each new motif is lower or equal to its sub-motifs. This means that the joining operation verifies the anti-monotony property which allows to prune the search space. Once $\mathcal{F}_2$ is obtained, the other sets $\mathcal{F}_K$ of length $K > 2$, are computed and the while loop stops when no new motif is generated. In the next step, (line 19 in Algorithm1), all frequent motifs of order $k \leq K$ are put in $\mathcal{F}$. Then, motifs that do not respect the *minLength* constraint are removed from $\mathcal{F}$. The **FILTER** function scans each motif $m \in \mathcal{F}$ and if it finds a position for which len_i is lower than *minLength* it removes it from the set P. In the end, the value $freq(X)$ is updated and if it is lower than *minFrequency* the motif is removed from $\mathcal{F}$. As Algorithm 1 makes a breadth first search to build motifs, it needs an exponential running time which is estimated to $O((max(|P|) \times |F_1|)^{maxLength})$; with $max(|P|)$ the maximal size of positions sets.

The previous algorithm searches motifs in a single string. However, for a given piece of music, we can be interested in identifying motifs for different instruments namely in several sequences, one per instrument. One can notice, that CSMA can be extended, in an easy way, to extract motifs within a string database. The adaptation is done in the joining operation by adding to the first conditions a new one according to which "p_{1i} and p_{2j} should belong to the same string". In the sequel, to make difference between the two versions, we call the first one CSMA1 and the adapted one CSMA2.

3   Music motifs variants extraction

The aim of our work is to identify musical motifs as well as three musical variants of a motif: its transposed, inverted or mirror form as illustrated on Fig. 1. These forms are useful to characterize a composer or a music score. We describe below a preprocessing of a melodic sequence S in MIDI format, allowing CSMA to extract these variants.

We consider the sequence of intervals between consecutive notes from S. By this way, three new sequences are built as illustrated on Fig. 1. The first one, denoted V corresponds to the melodic variation between two notes. The second sequence, denoted $-V$ is obtained by taking the opposite of each value in the sequence V. Finally, the last sequence, called inverse of $-V$ and denoted $\overline{-V}$ is obtained by taking the sequence $-V$ in reverse order beginning by its last element (cf. Fig. 1). Once the primary and secondary sequences have been defined, CSMA can be applied to them to extract musical motifs variants, as explained below.

To detect transposed and inverted motifs, $-V$ is put after V (i.e. the last element of V is followed by the first element of $-V$) this makes a sequence $< V, -V >$ of size $2l_v$ on which CSMA is applied. Then, for each motif with two positions $(i, len_i), (j, len_j)$ such that *if* $(i \leq l_v) \wedge (j \leq l_v) \wedge (len_i = len_j) \wedge$ *(there is no identical motif occurrence on these positions)* then we have a *transposed form* at positions i and j.

If CSMA extracts a motif having two positions i and j, if $i \leq l_v, j > l_v$ and $S_{i-1} = S_{j-l_v}$ then the subsequence $S_1 =< S_{j-l_v}, ..., S_{j-l_v+len_j} >$ is an *inverted form* of the subsequence $S_2 =< S_{i-1}, ..., S_{i-1+len_i} >$.

To detect mirror form, $\overline{-V}$ is put after V such that the last element of V is followed by the first element of $\overline{-V}$. This makes again a new sequence $< V, \overline{-V} >$ of size $2l_v$. If CSMA finds a motif $m = (X, freq(X), P)$ with $(i, len_i), (j, len_j) \in P$ such that $(i \leq l_v) \wedge (j > l_v) \wedge (V_{i+len_i/2} = 0) \wedge (len_i = len_j)$ then the subsequence from position $i - 1$ to $i + len_i - 1$ in the melodic sequence S is a *mirror motif*.

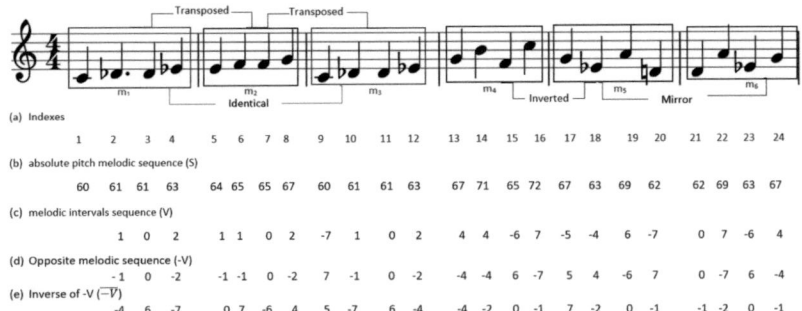

FIG. 1: musical motifs and their variants

Music score	Part	Melodic sequence		Melodic variations			Rhythmic sequence		Pitch sequence
		size	simple motifs	transposed motifs	inverted motifs	mirror motifs	size	simple motifs	simple motifs
score 1	P1	287	13	5	3	3	307	58	39
	P2	295	17	17	1	0	313	56	61
	P3	239	19	2	2	4	270	66	5
	P4	217	41	5	1	14	240	56	143
score 2	P1	66	56	55	0	2	141	34	68
	P2	166	7	11	0	1	244	77	28
	P3	518	55	24	6	9	586	138	154
	P4	129	16	21	0	4	182	55	47
	P5	458	73	21	0	1	475	98	90

TAB. 1: Number of distinct musical motifs (and variants) in real music scores

4 Evaluation of CSMA

The comparison of CSMA with Liu algorithm Liu et al. (1999) on large artificial datasets has confirmed its efficiency Benammar et al. (2017). In this paper, we report an evaluation done on real music scores.

CSMA has been tested on two music scores 'The art of fugue Bach BWV 1080' (score 1) and 'Johann Pachelbel hexachordum apollinis' (score 2) in midi format. Firstly, each music score has been transformed into a set of symbolic sequences: a sequence per instrument. Thus we obtained four sequences, P1 to P4, for score 1 and five for score 2 (P1 to P5). Then, different types of sequences have been extracted: absolute pitch sequence (MIDI value-based melodic sequence), duration sequence (rhythmic sequence) and pitch sequence (melodic and rhythmic sequence). Melodic sequences allow to extract simple motifs with or without variations (transposed, inverted and mirror forms) whereas only simple motifs can be detected in the other sequences.

The parameters *minFrequency*, *maxLength*, *maxGap* and *minLength* were respectively fixed to 2, maximum Java integer value (no constraint for *maxLength*), 0 and 4 for simple motifs and 3 for variants. The number of motifs extracted for each sequence is given in Table 1.

We can notice that both music scores contain all types of motifs even if parts in score 1 are of the same size whereas score 2 contains mix long and short parts. However, melodic variants appear across the different parts in score 1. We can conclude that there is a general theme hidden through the parts in score 1. The distribution of the motifs in score 2 is different. Score

2 uses more transposed motifs, notably in part 1 (P1) even if this part is the shortest. Part 3 contains the different forms. That is not the case of part 5 even if they have approximatively the same size. This difference in the motif distribution confirms our hypothesis concerning the discriminant power of these forms used as descriptive features of music scores for composers work identification.

5   Conclusion and Future Work

In this paper, we introduced an original motif mining algorithm, called CSMA, able to find contiguous and non-contiguous motifs. This algorithm incorporates constraints related to frequency, gap size and motif length. With its two versions, CSMA can find motifs from one or multiple strings. One of its advantage is that it saves the motif positions in the string and offers the possibility to find motifs with gaps. Those positions are, then, useful to extract musical motifs variants such as transposed, inverted and mirror forms. It should be pointed out that these positions are also useful for the expert in his analysis of the music scores.

References

Benammar, R., C. Largeron, V. Eglin, and M. Pardoen (2017). Discovering motifs with variants in music databases. In *International Symposium on Intelligent Data Analysis*, pp. 14–26. Springer.

Fuchs, B. (2012). Co-construction interactive de connaissances, application à l'analyse mélodique. In *IC 2011, 22èmes Journées francophones d'Ingénierie des Connaissances*, pp. 705–722.

Hsu, J.-L., A. L. Chen, and C.-C. Liu (1998). Efficient repeating pattern finding in music databases. In *Proceedings of the seventh ICIKM, ACM*, pp. 281–288.

Jiménez, A., M. Molina-Solana, F. Berzal, and W. Fajardo (2011). Mining transposed motifs in music. *Journal of Intelligent Information Systems 36*(1), 99–115.

Liu, C.-C., J.-L. Hsu, and A. L. Chen (1999). Efficient theme and non-trivial repeating pattern discovering in music databases. In *Proceedings, 15th International Conference on Data Engineering, IEEE*, pp. 14–21.

Résumé

L'analyse des partitions musicales est un problème récurrent pour les musicologues, en particulier, la découverte de motifs musicaux avec des variantes est nécessaire pour faire une étude critique des partitions et étudier les styles de composition. Dans ce but, nous proposons un algorithme de fouille de données appelé CSMA, pour Constrained String Mining Algorithm. Cet algorithme est capable de trouver des motifs identiques présents dans une seule séquence ou dans une base de séquences. Intégré à un processus complet d'extraction de connaissances à partir de données, il permet aussi de trouver des variantes des motifs musicaux. Les expériences réalisées sur plusieurs bases de données, ont montré l'efficacité de CSMA.

Les forêts d'arbres extrêmement aléatoires : utilisation dans un cadre non supervisé

Kevin Dalleau*, Miguel Couceiro*
Malika Smail-Tabbone*

*Universite de Lorraine, CNRS, Inria, LORIA, F-54000 Nancy, France

Résumé. Dans ce travail, nous présentons une nouvelle méthode permettant le calcul de similarités entre objets basée sur les forêts d'arbres extrêmement aléatoires. L'idée principale de notre méthode est de séparer les données de manière itérative jusqu'à ce qu'une condition d'arrêt soit respectée, et de calculer une similarité basée sur la co-occurrence des instances dans les feuilles de chaque arbre obtenu. Nous évaluons la méthode sur un ensemble de jeux de données synthétiques et réels. Cette évaluation est basée sur la comparaison des similarités moyennes entre instances ayant la même étiquette aux similarités moyennes entre instances d'étiquette différente. Ces mesures sont comparables aux notions de similarités intracluster et intercluster, mais ont pour intérêt d'être agnostiques aux choix d'une méthode de clustering en particulier. L'étude empirique montre que la méthode permet effectivement de distinguer les individus n'appartenant pas aux même clusters. Les forêts d'arbres extrêmement aléatoires non supervisées ont des propriétés intéressantes, telles que : (i) l'invariance aux transformations monotones de variables, (ii) la robustesse aux variables corrélées, et (iii), la robustesse au bruit. Enfin, nous présentons les résulats obtenus par l'applicaton d'un algorithme de clustering hiérarchique agglomératif, en utilisant les matrices de similarité obtenues par notre méthode. Les résultats obtenus sur des jeux de données homogènes et hétérogènes sont prometteurs.

1 Introduction

De nombreux algorithmes d'apprentissage non supervisé se basent sur une mesure de similarité ou distance entre instances. Bien qu'il existe un grand nombre de métriques décrites dans la littérature, en pratique, l'ensemble de métriques disponibles est grandement réduit par les caractéristiques des données et de l'algorithme choisi. Le choix d'une distance peut impacter fortement la qualité d'un clustering.

Shi et Horvath proposent dans (Shi et Horvath (2006)) la méthode des *Unsupervised Random Forest* (URF), dérivant des random forests (RF, Breiman (2001)). Leur méthode permet de calculer des distances entre instances non étiquetées en utilisant les forêts d'abres aléatoires. Une fois la forêt construite, les données d'entraînement sont passées dans chacun des arbres. Chaque feuille contenant un nombre limité d'instances, et toutes les instances terminant dans les mêmes feuilles pouvant être considérées comme similaires, il est possible de définir une mesure de similarité : si deux objets i et j sont dans la même feuille, la similarité globale entre ces deux objets est incrémentée. Cette mesure est par la suite normalisée via une division par le nombre d'arbres dans la forêt. L'utilisation des forêts d'arbres aléatoires est rendue possible dans le cadre non supervisé grâce à la génération d'instances synthétiques, permettant la classification binaire entre ces dernières et les instances observées, non étiquetées. Deux méthode de génération d'instance sont présentées dans leur travaux, *addCl1* et *addCl2*.

L'utilisation d'arbres de décision en tant que méthode pour obtenir une similarité permet de limiter les prétraitements nécessaires, notamment dans le cas de jeux de données hétérogènes.

Malgré ses avantages, la méthode présente deux principaux inconvénients. Premièrement, la phase de génération d'instances n'est pas efficace sur le plan computationnel. Dans la mesure où les arbres obtenus dépendent des instances générées, il est nécessaire de construire plusieurs forêts avec différentes instances générées et d'effectuer une moyenne de leurs résultats. Deuxièmement, les instances synthétiques peuvent biaiser le modèle construit vers la discrimination d'objets sur certains attributs spécifiques.

En parallèle, P. Geurts, D. Ernst et L. Wehenkel présentent dans Geurts et al. (2006) un nouveau type de méthode d'ensemble à base d'arbres de décision nommé *Extremely Randomized Trees*, ou *ExtraTrees* (ET). Cet algorithme est similaire à l'algorithme des RF sur de nombreux points. Dans les forêts d'arbres aléatoires, l'échantillonnage concerne les instances et les attributs. Dans les ET, les seuils de coupure à chaque noeud sont eux aussi obtenus de manière partiellement ou complètement aléatoire. À chaque noeud, K attributs sont aléatoirement sélectionnées et une coupure aléatoire est réalisée. La meilleure coupure est gardée.

Il est intéressant de développer deux paramètres de l'algorithme des ET : K, et n_{min}, la taille minimale d'un noeud pour qu'il puisse subir une coupure. Le paramètre K, ayant des valeurs dans l'ensemble $\{1, ..., n_{features}\}$, influence le caractère aléatoire des arbres. En effet, pour des valeurs faibles, la dépendance des arbres vis-à-vis des étiquettes est diminuée. Dans le cas extrême où $K = 1$ (*i.e.* uniquement un attribut est sélectionné pour la réalisation de la coupure), la dépendance entre les arbres et les étiquettes est éliminée.

Nous proposons d'étendre l'approche de Shi et Horvath (2006) et d'utiliser les ET avec une nouvelle approche où la génération d'instances n'est plus nécessaire, que nous nommons *unsupervised extremely randomized trees* (UET). Nous étendons cette méthode afin de pouvoir l'utiliser sur des données hétérogènes.

Ce document est un résumé du travail présenté à PAKDD 2018 (Dalleau et al. (2018)).

2   Unsupervised Extremely Randomized Trees

Les méthodes de génération d'instances synthétiques ne sont pas efficace computationnellement. Au lieu de générer de nouvelles instances, une autre approche possible est d'assigner aléatoirement de nouvelles étiquettes. Cette méthode que nous proposons et nommons *addCl3*, peut-être implémentée de la manière suivante. Soit n_{obs} le nombre d'instances dans le jeu de données. Une liste contenant $\lfloor \frac{n_{obs}}{2} \rfloor$ fois l'étiquette 0 et $n_{obs} - \lfloor \frac{n_{obs}}{2} \rfloor$ l'étiquette 1.

Pour chaque instance, une étiquette est échantillonée sans remplacement dans cette liste. Avec *addCl3*, deux instances similaires peuvent être étiquetées différement et finir dans deux feuilles différentes. Cependant, en fixant $K = 1$, la construction des arbres ne dépend plus de l'étiquette. L'algorithme des ET semble donc être un algorithme intéressant à utiliser avec *addCl3*. L'algorithme 1 présente les UET.

2.1 Description de l'algorithme

Algorithme 1 : Unsupervised Extremely Randomized Trees

Data : Observations O
Result : Matrice de similarité S
$D \longleftarrow addCl3(O)$;
$T \longleftarrow Build\_an\_extra\_tree\_ensemble(D, K)$ // Ici $K = 1$;
$S = 0_{n_{obs}, n_{obs}}$ // Initialisation d'une matrice nulle n_{obs} ;
for $d_i \in D$ **do**
 for $d_j \in D$ **do**
  | $S_{i,j}$ = nombre de fois où les échantillons d_i et d_j sont dans la même feuille ;
 end
end
$S_{i,j} = \frac{S_{i,j}}{M}$;

La procédure Build_an_extra_tree_ensemble(D,K) est celle présentée dans Geurts et al. (2006).

L'utilisation de méthode à base d'abres permet l'application à des données hétérogènes, les attributs continus, catégoriels et ordinaux étant traités. Il est à noter que la procédure de génération d'étiquettes, *addCl3*, n'est pas nécessaire. En effet, ces étiquettes ne portant pas d'information sur les instances et $K = 1$, chaque coupure est réalisée sans considération de l'étiquette.

2.2 Optimisation des paramètres

Deux paramètres sont importants : le nombre d'arbres n_{trees}, et n_{min}, vu précédemment. Nous avons évalué l'influence de ces paramètres sur 3 jeux de données, *Iris*, *Wine* and *Wisconsin* [1]. Notre évaluation, basée sur l'évolution de l'Adjusted Rand Index (ARI), montre que (i) la différence d'ARI n'est pas statistiquement significative pour $n_{trees} > 50$ et (ii) la valeur optimale de n_{min} semble être autour de 30% de la taille du jeu de données. La significativité des différences a été évaluée par le test de Kruskall-Wallis.

3 Évaluation empirique

3.1 Évaluation de certaines caractéristiques des UET

Nous avons comparé la différence entre la similarité moyenne entre les instances appartenant au même groupe et la similarité moyenne entre instances n'appartenant pas au meme groupe, que l'on dénote Δ. La procédure est répétée 20 fois. Nous calculons $\bar{\Delta}$, la moyenne des Δ, ainsi que σ, l'écart type. Cette approche permet une comparaison agnostique à une méthode de clustering donnée.

---

1. Tous ces jeux de données sont disponibles sur l'UCI Machine learning repository, https://archive.ics. uci.edu/ml/datasets.html

Dataset	$\bar{\Delta}$	σ
NoC4	0.00042	0.00003
NoC50	0.00007	0.00003
C4	0.68417	0.00341

TAB. 1 – $\bar{\Delta}$ *dans différents jeux de données avec et sans clusters.*

Capacité à discriminer des clusters Nous avons généré trois jeux de données pour cette expérience : deux jeux de données sans structure de cluster, *NoC4* et *NoC50*, ainsi qu'un jeu de données avec une structure de clustern *C4*. Les résultats, présentés Table 3.1, montre que notre méthode semble être capable de donner des $\bar{\Delta}$ significativement plus grands lorsqu'une structure de cluster existe, tout en donnant des $\bar{\Delta} \approx 0$ lorsqu'il n'y en a pas.

Invariance aux transformations monotones d'attributs L'une des propriétés intéressantes des arbres de décision est leur invariance à ce type de transformations. En effet, comme précisé dans Friedman (2006), cette propriété confère une résistance aux *outliers*, ainsi qu'à tout changement d'échelle entre variables. Une évaluation empirique sur deux jeux de données synthétiques semble confirmer cette propriété.

Robustesse aux variables corrélées Nos expérimentations semblent indiquer que les UET sont robustes à la présence de variables corrélées. Cette propriété est intéressante dans la mesure où elle permet de limiter les étapes de prétraitement dans le cas où des variables fortement corrélées sont présentes dans les données.

3.2   Performance des UET sur des données numériques, catégorielles et hétérogènes

Nous avons appliqué le même protocole à des jeux de données synthétiques et réels de 3 types différents : continu, catégoriel, et hétérogènes. Pour les 6 jeux de données d'évaluation, contenant entre 4 et 10 variables et 2 classes, $0.30 < \bar{\Delta} < 0.49$, et $0.001 < \sigma < 0.008$.

3.3   Évaluation comparative avec des résultats de la littérature

Dans les sous-sections précédentes, nous avons comparé les différences de similarité intra- et inter- cluster. Il est aussi intérssant de comparer les résultats obtenus avec de véritables clusterings présentés dans la littérature. Le protocole suivant est adopté dans cette partie. Pour chaque jeu de données, UET est appliqué 10 fois, et la moyenne des matrices de similarité est calculée. Cette matrice est par la suite transformée en matrice de distance par l'équation $DIS_{ij} = \sqrt{1 - SIM_{ij}}$ et un clustering hiérarchique agglomératif est réalise. La qualité du clustering est évalué par la *Normalized Mutual Information* (NMI). Cette procédure est répétée 20 fois, et la moyenne et l'écart type de la NMI sont calculés. Les résltats obtenus sont présentés Table 3.3.

Jeu de donnée	UET - NMI	Littérature - NMI
Wisconsin	**78.33** ± 3.25	73.61 ± 0.00
Lung	**29.98** ± 6.17	22.51 ± 5.58
Breast tissue	**74.48** ± 2.92	51.18 ± 1.38
Isolet	61.22 ± 1.47	**69.83** ± 1.74
Parkinson	**25.50** ± 6.14	**23.35** ± 0.19
Ionosphere	**13.47** ± 1.11	**12.62** ± 2.37
Segmentation	**69.62** ± 2.14	60.73 ± 1.71

TAB. 2 – *Évaluation Comparative avec les résultats de Elghazel et Aussem (2010). Les meilleurs résultats sont indiqués en gras. Les deux valeurs sont indiquées en gras dans les cas d'égalité.*

Nous avons par ailleurs comparé les résultats obtenus avec la méthode proposée et les URF. Pour ce faire, nous avons utilisé l'implémentation proposée par les auteurs et comparés les ARI obtenues en utilisant l'algorihtme de partitionnement autour des médoïdes. 2000 arbres et 100 forêts sont utilisés pour les URF, avec une valeur de $m_{try} = \lfloor \sqrt{n_{features}} \rfloor$. Les matrices de similarités sont obtenues par moyennage de 20 matrices de similarité. Ces expériences ont été réalisées sur une machine équipée d'un processeur Intel i7-6600U. Tout en obtenant des clusterings compétitifs avec la littérature, un gain concernant le temps de calcul est parfois observé, parfois de plusieurs ordres de grandeur.

3.4 Comparaison avec la distance euclidienne

Enfin, nous avons comparé les clusterings obtenus en utilisant les matrices obtenues par notre méthode avec des clusterings obtenus en utilisant la distance euclidienne. Pour les jeux de données categoriels, la distance euclidienne est calculée après application de *One-Hot encoding* afin de transformer les variables. Une comparaison de la NMI montre que les UET sont performants face à la distance euclidienne, donnant des NMI meilleures ou comparables dans tous les cas testés.

4 Conclusion et perspectives

Dans ce travail, nous présentons une nouvelle méthode permettant le calcul de similarités utilisant des arbres aléatoires. Cette approche étend celle des *Unsupervised Random Forest*, en utilisant des arbres extrêmement aléatoires. Notre approche est applicable à des jeux de données homogènes ou hétérogènes et possède des propriétés intéressantes que nous avons évalué empiriquement, telles que l'invariance aux transformations monotones des variables ou la résistance aux variables corrélées. Ces propriétés permettent de réduire les tâches de prétraitement. Une évaluation empirique de l'approche que nous proposons sur des jeux de données synthétiques et réels donne des résultats compétitifs vis-à-vis de la littérature.

Cependant, la méthode présente quelques inconvénients. Premièrement, bien que les expériences que nous avons réalisées nous donnent de bons résultats, nous n'avons pas à l'heure actuelle une définition claire des valeurs optimales pour les paramètres n_{min} et n_{trees} dans tous les cas. Deuxièmement, la taille des matrices de similarité, ainsi que la complexité de la méthode peuvent être problématique dans le cas de grands jeux de données.

La méthode que nous proposons ici peut être une bonne méthode candidate pour l'exploration de jeux de données, dans les cas où l'hétérogénéité des données ainsi que les tâches de prétraitement posent problème.

Références

Breiman, L. (2001). Random forests. *Machine learning 45*(1), 5–32.

Dalleau, K., M. Couceiro, et M. Smaïl-Tabbone (2018). Unsupervised extremely randomized trees. In *Pacific-Asia Conference on Knowledge Discovery and Data Mining*, pp. 478–489. Springer.

Elghazel, H. et A. Aussem (2010). Feature selection for unsupervised learning using random cluster ensembles. In *Data Mining (ICDM), 2010 IEEE 10th International Conference on*, pp. 168–175. IEEE.

Friedman, J. H. (2006). Recent advances in predictive (machine) learning. *Journal of classification 23*(2), 175–197.

Geurts, P., D. Ernst, et L. Wehenkel (2006). Extremely randomized trees. *Machine learning 63*(1), 3–42.

Shi, T. et S. Horvath (2006). Unsupervised learning with random forest predictors. *Journal of Computational and Graphical Statistics 15*(1), 118–138.

Summary

In this paper we present a method to compute similarities on unlabeled data, based on extremely randomized trees. The main idea of our method, Unsupervised Extremely Randomized Trees (UET) is to randomly split the data in an iterative fashion until a stopping criterion is met, and to compute a similarity based on the co-occurrence of samples in the leaves of each generated tree. We evaluate our method on synthetic and real-world datasets by comparing the mean similarities between samples with the same label and the mean similarities between samples with different labels. Our empirical study shows that the method effectively gives distinct similarity values between samples belonging to different clusters, and gives indiscernible values when there is no cluster structure. We also assess some interesting properties such as invariance under monotone transformations of variables and robustness to correlated variables and noise. Finally, we performed hierarchical agglomerative clustering on synthetic and real-world homogeneous and heterogeneous datasets using UET. Our experiments show that the algorithm outperforms existing methods in some cases, and can reduce the amount of preprocessing needed with many real-world datasets.

La simulation relaxée de graphes pour la recherche de motifs

IEEE/ACM ASONAM 2018, August 28-31, 2018, Barcelona, Spain

Abdelmalek Habi*, Brice Effantin*, Hamamache Kheddouci*

**Univ Lyon, Université Claude Bernard Lyon 1, CNRS, LIRIS, F-69622*
Lyon, France
{abdelmalek.habi, brice.effantin-dit-toussaint, hamamache.kheddouci}@univ-lyon1.fr

Résumé. La recherche de motifs de graphe est l'une des opérations principales de la recherche des correspondances d'une requête dans un graphe donné. Dans ce contexte, trouver des solutions garantissant l'optimalité en termes de précision et de temps de calcul est un problème de recherche difficile et d'actualité. Différents modèles ainsi que leurs algorithmes appropriés ont été proposés pour la recherche de motifs dans les graphes de données. Cependant, l'inconvénient majeur est leur limitation à trouver des réponses significatives entraînant le problème des réponses vides. Dans cet article nous introduisons un nouveau modèle pour la recherche de motifs de graphe permettant un certain type d'assouplissement de requêtes afin d'éviter ce problème. Ensuite nous développons un algorithme efficace basé sur des techniques d'optimisation pour trouver les k-meilleurs réponses selon notre modèle. Nos expérimentations sur quatre ensembles de données réelles démontrent l'efficacité de notre approche.

1 Introduction

Les graphes sont des structures mathématiques constituant un outil de modélisation et de représentation universel utilisé dans une large gamme d'applications réelles. La recherche de motifs de graphes (*RMG*) est l'une des opérations fondamentales sur laquelle reposent la recherche et l'analyse des graphes de données. Soit $G(V, E, l, \Sigma)$ un graphe de données et $Q(V_q, E_q, f_v)$ un motif de graphe (requête) où : V (V_q), E (E_q), l (f_v) et Σ représentent respectivement l'ensemble de nœuds, l'ensembles des arêtes, la fonction des étiquettes et l'univers des étiquettes dans le graphe (la requête). Le problème *RMG* consiste à trouver toutes les correspondances de Q dans G, notées par $M(Q, G)$. Typiquement, ce problème est défini en termes de :

— l'isomorphisme de sous-graphes (Ullmann, 1976) : $M(Q, G)$ est constitué de tous les sous-graphes G' de G auxquels Q est isomorphe, *i.e.,* il existe une fonction bijective $h : V_q \longmapsto V$ telle que $(u, u') \in Q$ si et seulement si $(h(u), h(u')) \in G'$; ou

— la simulation de graphes (Henzinger et al., 1995) : $M(Q, G)$ est une relation binaire $R \subseteq Vq \times V$ qui vérifie : (1) $\forall u \in V_q$, $\exists v \in V \mid (u, v) \in R$, et (2) $\forall (u, v) \in R$ et $\forall (u, u') \in Q$, $\exists (v, v') \in G \mid (u', v') \in R$.

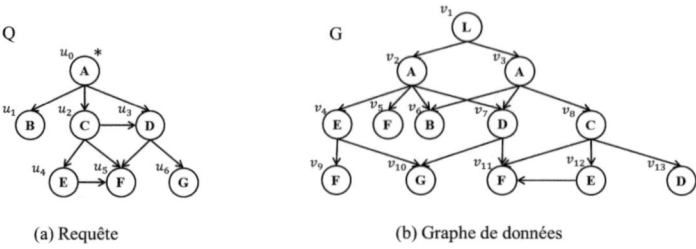

Fig. 1: Un graphe de données et un graphe requête

Avec la taille grandissante des graphes de données, le nombre des correspondances d'une requête peut être excessivement important. Inspecter tous les résultats est une tâche ardue, en plus du fait que les utilisateurs ne portent d'intérêt qu'aux meilleures réponses. De plus, dans plusieurs applications, les algorithmes d'appariement utilisent des requêtes ciblées qui visent à trouver des correspondances d'un nœud de sortie au lieu de l'appariement entier (Fan et al., 2013). Ce genre d'applications ne cherche pas les correspondances exactes, et pour cette raison plusieurs approches à base de simulation de graphes ont été proposées. Malgré les relaxations posées par la simulation de graphes et ses variantes d'une part, et le fait qu'il est presque impossible de connaitre la structure de graphe d'une autre part, nous avons constaté que ces approches sont aussi restrictives car elles n'acceptent pas l'appariement avec des nœuds manquants (sans affecter la qualité des résultats). Dans plusieurs applications réelles, ce type de relaxation est très utile car il permet d'éviter le problème de réponses vides.

Ceux-ci mettent en évidence le besoin de trouver les k-meilleures (top-k) réponses d'un nœud de sortie en permettant la relaxation en termes de nœuds manquants.

Exemple : Un réseau de collaboration est représenté par G dans la figure 1b. Dans ce graphe, un nœud v_i représente une personne avec son travail (étiquette du nœud) et une arête (v_i, v_j) indique une relation de supervision. Exemple (v_3, v_7) indique que la personne v_3 avec le travail A est le superviseur de la personne v_7 avec le travail D. Une compagnie émet la requête Q (figure 1a) pour trouver des correspondances dans G. Dans cet exemple, u_0^* est le nœud de sortie de Q. Cela signifie que seules les correspondances de ce nœud sont demandées.

Dans cet exemple, l'isomorphisme de sous-graphes ne parvient pas à identifier des correspondances pour la requête Q. Avec la simulation de graphes, on peut vérifier que $M(Q, G) = \{(u_0, v_3), (u_1, v_6), (u_2, v_8), (u_3, v_7), (u_4, v_{12}), (u_5, v_{11}), (u_6, v_{10}), (u_4, v_4), (u_5, v_9)\}$ est le résultat d'appariement de Q dans G. Cependant, le résultat d'une recherche utilisant la requête ciblée ne contient que le nœud v_3. En outre, on peut vérifier que, dans un tel cas, le nœud v_2 peut être considéré comme un résultat potentiel, car il est possible que le superviseur d'une personne occupant le poste C puisse également être un superviseur des personnes supervisées par C. Mais la simulation classique ne parvient pas à identifier ce type de relation.

Les approches à base de la simulation relaxée de graphes peuvent bénéficier d'une notion plus générale de la simulation de graphes. Mais elles risquent de perdre de leur efficacité en terme de temps de recherche.

Dans cet article, nous étudions les défis ci-dessus et nous proposons un nouveau modèle, appelé *la simulation relaxée de graphes* (*SRG*), afin d'éviter le problème des réponses vides. Nous proposons des algorithmes qui permettent de trouver les top-k réponses tout en réduisant le coût de la recherche grâce à des techniques d'optimisation. De plus, nous menons des expérimentations approfondies pour attester l'efficacité de l'approche proposée.

2 État de l'art

Plusieurs travaux ont été proposés pour la recherche de motifs de graphes. Ce problème a été traité par l'isomorphisme de sous-graphes et la simulation de graphes.

L'isomorphisme de sous-graphes consiste à énumérer toutes les occurrences exactes d'une requête dans un graphe. Ce problème est NP-complet et il est largement étudié dans la littérature. Récemment, plusieurs travaux ont été proposés pour faire face aux limites de l'isomorphisme de sous-graphes. (Zhang et al., 2010) ont étudié l'appariement approximatif en utilisant une distance d'édition bornée par la requête. La simulation de graphe présente une alternative efficace à l'isomorphisme de sous-graphes en permettant un certains nombre d'assouplissements sur les correspondances. (Fan et al., 2010) introduisent un modèle de simulation bornée en terme de nombre de sauts dans le graphe. Le modèle, *simulation forte*, proposé par (Ma et al., 2014) étend la simulation classique en imposant deux conditions supplémentaires (dualité et localité). Une autre étude récente, réalisée par (Gao et al., 2016), étend la simulation de graphes en permettant l'absence des nœuds à un saut. Cependant, elle perd la notion de simulation et affecte la qualité des résultats pour les requêtes avec des nœuds feuilles. (Li et al., 2017) proposent la combinaison de la taxonomie des étiquettes avec la simulation de graphes.

Le problème de top-k a beaucoup été étudié pour toutes les représentations de données. (Ilyas et al., 2008) présentent un état de l'art de ce problème dans les systèmes de bases de données relationnelles. Ce problème a été également étudié pour les requêtes XML, (Guo et al., 2003), et les graphes de données, (Fan et al., 2013).

3 La simulation relaxée de graphes

Dans cette section nous présentons notre modèle qui permet d'éviter le problème des réponses vides et nous décrivons notre approche pour la recherche des motifs.

Bien que les résultats des approches à base de simulation de graphes soient intéressants en terme de temps de recherche, nous avons constaté qu'elles sont incapables de capturer des correspondances significatives ce qui entraine un certain nombre de réponses vides. Nous avons donc proposé un nouveau modèle, appelé la *simulation relaxée de graphes* (*SRG*), qui permet d'identifier des correspondances avec un certain type de relaxation.

SRG est basé sur la notion d'*ensemble de satisfaction*. Un ensemble de satisfaction d'un nœud $u \in Q$ (Sat_u) est un ensemble d'ensembles d'étiquettes qui permet de vérifier si un nœud $v \in G$ correspond au nœud u. Selon le besoin dans *SRG*, l'ensemble de satisfaction peut être calculé comme suit : *(1)* le premier ensemble dans Sat_u contient les étiquettes des fils du nœud u, *(2)* les autres ensembles dans Sat_u sont construits à partir de toutes les combinaisons possibles en remplaçant chaque élément dans le premier ensemble par les étiquettes des fils du nœud correspondant, s'ils existent.

La simulation relaxée de graphes. Soient $G = (V, E, l, \Sigma)$ un graphe de données et $Q = (V_q, E_q, f_v)$ un motif de graphe. Le graphe G correspond au motif Q par *SRG* s'il existe une relation binaire $R \subseteq Vq \times V$ qui vérifie : Si $(u, v) \in R$ alors : *(1)* $l(u) = f_v(v)$ et *(2)* $\exists S_{u_i} \subseteq Sat_u$, tel que $S_{u_i} \subseteq L_v$, où L_v est la liste des étiquettes des fils de v.

En général, les graphes de données sont très grands, ce qui rend l'ensemble de résultats excessivement large. En revanche, l'intérêt de l'utilisateur peut être résumé ou regroupé dans les top-k réponses du nœud souhaité u_* (Ilyas et al., 2008). Dans ce but, nous avons défini une fonction de classement basée sur les ensembles de satisfaction où l'importance d'un nœud $v \in G$ est donnée par le score $\gamma(S_{u_i})$ de l'ensemble de satisfaction couvert par v :

$$\gamma(S_{u_i}) = deg(u) - \alpha \cdot b_i.$$

avec $0 \leq \alpha \leq 1$ représente un facteur de pénalité et $0 \leq b_i \leq deg(u)$ (degré du nœud u) représente le nombre de substitutions dans $S_{u_i} \subseteq Sat_u$, *i.e.,* le nombre des nœuds manquants remplacés par leurs nœuds fils. Ensuite, nous utilisons $\gamma()$ pour calculer la pertinence $\delta()$ d'un nœud v_* qui correspond au nœud de sortie u_* :

$$\delta(v_*) = \frac{\sum\limits_{S_i \subseteq S_{best}} \gamma(S_i)}{|E_q|}.$$

avec S_{best} représente les meilleurs ensembles de satisfaction couverts lors du processus de recherche des correspondances, et $|E_q|$ représente le nombre des arêtes dans la requête Q.

La recherche à base de *SRG* permet d'avoir plus de résultats en évitant le problème des réponses vides. Ce gain en qualité influe sur l'efficacité en terme de temps de recherche. Pour cette raison, nous avons conçu des algorithmes qui visent à trouver les top-k réponses et réduire le coût de recherche. Notre approche se déroule en deux phases. La première vise à encoder les informations de voisinage des nœuds d'un graphe en utilisant la structure de données probabiliste *"filtre de Cuckoo"* (Fan et al., 2014). Cette dernière est très efficace pour les tests d'appartenance à un ensemble et elle permet de réduire de façon significative la complexité en temps. La seconde phase vise à trouver les k meilleures correspondances selon le modèle *SRG*. Pour qu'un nœud $v \in G$ corresponde à un nœud $u \in Q$, les trois conditions suivantes doivent être vérifiées : *(1)* $l(u) = f_v(v)$, *(2)* $deg(v) \geq deg(u)$ et *(3)* la liste des étiquettes des fils de v couvre au moins un ensemble parmi les ensembles de Sat_u. Nous utilisons le filtre de Cuckoo pour vérifier la dernière condition. L'algorithme de recherche choisit des correspondances potentielles du nœud de sortie u_* et effectue une vérification de correspondance des nœuds de sous graphe induit par le nœud choisi. le résultat final est une liste des k meilleures correspondances trouvées (voir Habi et al., 2018).

L'analyse de la complexité en temps de notre approche a donné $O(|V|.D + |V|.(|V| + |E|))$.

4 Résultats

Dans cette section, nous décrivons et discutons les résultats expérimentaux afin d'évaluer nos méthodes.

Nos expérimentations portent sur quatre graphes (*Epinions, Amazon, Google, et LiveJournal*) issus de *Stanford Large Network Dataset Collection* [1] (nous ne présenterons ici que les

---

1. http ://snap.stanford.edu

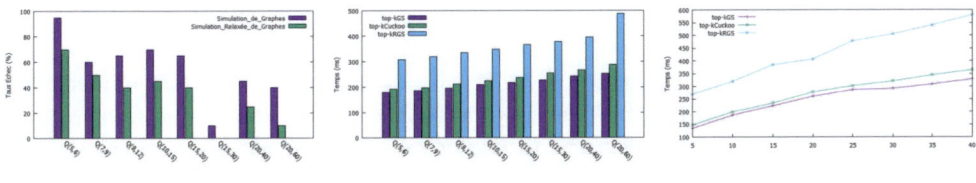

(a) Taux d'échec (LiveJournal)   (b) Temps (Variant $|Q|$ - LiveJournal)   (c) Temps (Variant k - LiveJournal)

FIG. 2: Évaluation des performances

résultats du graphe *LiveJournal*, les autres étant similaires). Nous considérons deux critères d'évaluation. Le premier est le taux d'échec qui représente le rapport entre le nombre de réponses vides et le nombre de requêtes utilisées. Ce critère permet d'évaluer l'efficacité des algorithmes. Le deuxième critère est l'efficacité en terme de temps de recherche.

Trois séries d'expérimentations sont menées : la première est la simulation de graphes améliorée par la terminaison anticipée (*top-kGS*) (Fan et al., 2013), la deuxième est la simulation relaxée de graphes (*top-kRGS*), et finalement la simulation relaxée de graphe améliorée par l'utilisation du filtre de Cuckoo (*top-kCuckoo*).

4.1 Discussions

Taux d'échec : La figure 2a montre les résultats du taux d'échec des deux modèles (simulation de graphes et simulation relaxée de graphes). Dans cette expérience, nous avons fixé $k = 10$ et nous avons fait varier $(|V_q|, |E_q|)$ de $(5, 6)$ à $(20, 60)$. Nous observons que la simulation relaxée réduit efficacement le taux d'échec (dans toutes les expérimentations).

Temps de recherche : Les figures 2b et 2c montrent le temps moyen de recherche en fonction respectivement de la taille de la requête et de k. Les résultats montrent que les trois algorithmes sont sensibles à la variation de k. En outre, *top-kGS* et *top-kCuckoo* surperforment toujours *top-kRGS*. *Top-kCuckoo* et *top-kGS* ont un temps de recherche presque similaire pour les requêtes de petites tailles mais *top-kCuckoo* prend plus de temps pour les grandes requêtes, ce qui s'explique par le fait qu'il identifie plus de correspondances.

Ces expérimentations montrent les performances de notre approche en terme de qualité avec un temps de recherche quasi similaire au *top-kGS*.

5 Conclusion

Dans cet article, nous avons abordé le problème de réponse vide dans le contexte de la recherche de motifs de graphes. Nous avons proposé un nouveau modèle appelé la simulation relaxée de graphes (*SRG*) basé sur la simulation de graphes. Notre modèle permet de prendre en compte les nœuds manquants sans affecter la qualité des résultats et de fournir une bonne flexibilité pour plusieurs applications. En outre, nous avons également développé un algorithme efficace utilisant le filtre de Cuckoo pour calculer les k meilleures réponses. Par conséquent, notre approche convient très bien aux grands graphes. Nos expérimentations valident l'efficacité de cette approche.

Références

Fan, B., D. G. Andersen, M. Kaminsky, et M. D. Mitzenmacher (2014). Cuckoo filter : Practically better than bloom. In *Proceedings of the 10th ACM International on Conference on emerging Networking Experiments and Technologies*, pp. 75–88. ACM.

Fan, W., J. Li, S. Ma, N. Tang, Y. Wu, et Y. Wu (2010). Graph pattern matching : from intractable to polynomial time. *Proceedings of the VLDB Endowment 3*(1-2), 264–275.

Fan, W., X. Wang, et Y. Wu (2013). Diversified top-k graph pattern matching. *Proceedings of the VLDB Endowment 6*(13), 1510–1521.

Gao, J., P. Liu, X. Kang, L. Zhang, et J. Wang (2016). Prs : Parallel relaxation simulation for massive graphs. *The Computer Journal 59*(6), 848–860.

Guo, L., F. Shao, C. Botev, et J. Shanmugasundaram (2003). Xrank : Ranked keyword search over xml documents. In *Proceedings of the 2003 ACM SIGMOD international conference on Management of data*, pp. 16–27. ACM.

Habi, A., B. Effantin, et H. Kheddouci (2018). Fast top-k search with relaxed graph simulation. In *2018 IEEE/ACM International Conference on Advances in Social Networks Analysis and Mining (ASONAM)*, pp. 495–502. IEEE.

Henzinger, M. R., T. A. Henzinger, et P. W. Kopke (1995). Computing simulations on finite and infinite graphs. In *Foundations of Computer Science, 1995. Proceedings., 36th Annual Symposium on*, pp. 453–462. IEEE.

Ilyas, I. F., G. Beskales, et M. A. Soliman (2008). A survey of top-k query processing techniques in relational database systems. *ACM Computing Surveys (CSUR) 40*(4), 11.

Li, J., Y. Cao, et S. Ma (2017). Relaxing graph pattern matching with explanations. In *Proceedings of the 2017 ACM on Conference on Information and Knowledge Management*, pp. 1677–1686. ACM.

Ma, S., Y. Cao, W. Fan, J. Huai, et T. Wo (2014). Strong simulation : Capturing topology in graph pattern matching. *ACM Transactions on Database Systems (TODS) 39*(1), 4.

Ullmann, J. R. (1976). An algorithm for subgraph isomorphism. *Journal of the ACM (JACM) 23*(1), 31–42.

Zhang, S., J. Yang, et W. Jin (2010). Sapper : subgraph indexing and approximate matching in large graphs. *Proceedings of the VLDB Endowment 3*(1-2), 1185–1194.

Summary

Graph pattern matching has been widely used in large spectrum of real applications. In this context, different models along with their appropriate algorithms have been proposed. However, a major drawback on existing models is their limitation to find meaningful matches resulting in a number of failing queries. In this paper we introduce a new model for graph pattern matching allowing the relaxation of queries in order to avoid the empty-answer problem. Then we develop an efficient algorithm based on optimization strategies for computing the top-k matches according to our model. Our experimental evaluation on four real datasets demonstrates both the effectiveness and the efficiency of our approach.

Représentations compactes des graphes et contraintes pseudo booléennes

Said Jabbour *, Nizar Mhadhbi*
Badran Raddaoui**, Lakhdar Sais *

*CRIL - CNRS UMR 8188, University of Artois
F-62307 Lens Cedex, France
{jabbour, mhadhbi, sais}@cril.fr
**SAMOVAR, Télécom SudParis, CNRS, Univ. Paris-Saclay
F-91011 Evry Cedex, France
badran.raddaoui@telecom-sudparis.eu

Résumé. Les graphes représentent un outil efficace pour la modélisation des relations structurelles entre les objets. Cependant, l'exploitation de ces graphes de données est très coûteuse en raison de la taille. En effet, dans la plupart des applications réelles, la taille des graphes est largement grande, ce qui rend difficile à comprendre l'information et la structure codée dans ces graphes par une simple visualisation. La représentation compacte des grands graphes, appelée aussi *compression des graphes*, est une opération qui permet la diminution du nombre d'arêtes ou de nœuds du graphe pour faciliter leurs traitements. Dans cet article, nous proposons une nouvelle approche basée sur l'utilisation des contraintes pseudo booléennes pour une représentation condensée de larges graphes. L'avantage d'une telle représentation est qu'au lieu de représenter un graphe (e.g., clique) par un nombre quadratique d'arêtes, on peut l'exprimer sous forme d'une inéquation linéaire dont les modèles correspondent exactement aux arêtes du graphe initial. Notre approche permet le passage à l'échelle tout en garantissant la décompression de graphes par une simple résolution des inéquations linéaires correspondantes. Les expérimentation sur plusieurs graphes réels montrent que notre approche offre de meilleures performances comparée à plusieurs approches de l'état de l'art.

1 Introduction

Les réseaux complexes sont au cœur des sciences humaines et naturelles car ils permettent de représenter les interactions entre entités. Ces interactions sont souvent modélisés par des graphes, un outil efficace pour la modélisation des relations structurelles entre entités. Aider à comprendre le contenu en information des grands graphes est un challenge important. En effet, dans la plupart des applications réels, les graphes ont des grandes tailles, ce qui rend difficile la compréhension de leurs structures.

La taille des grands graphes présente souvent un obstacle pour comprendre les informations essentielles qu'ils contiennent. La compression de graphe a pour objectif de changer la représentation du graphe afin de diminuer la taille occupée dans la mémoire.

Plusieurs approches ont été proposées pour compacter un graphe. Ces approches dépendent fortement du type de graphe. Les principaux types de graphes étudiés dans le domaine de compression sont les graphes orientés, graphes non orientés, graphes attribués. Les principales approches de compression des graphes peuvent être classées en trois classes comme suit :

Les méthodes de la première classe sont à base de regroupement de liens ou de sommets, où le problème de compression est vu comme un problème de clustering ou de détection de communautés Liu et al. (2018). La deuxième classe est constituée des méthodes à base d'extraction de motifs fréquents, où l'idée consiste à compresser les listes d'adjacences des sommets en recherchant des motifs fréquents Maccioni et Abadi (2016). La dernière classe est constituée des méthodes à base de structures de graphes, où l'idée est de chercher des structures fréquentes dans le graphe et de trouver un meilleur résumé utilisant le principe de la longueur de description minimale (MDL) Koutra et al. (2014).

L'approche proposée dans cet article Jabbour et al. (2016) est à base de structure de graphe et repose sur une description du graphe initial par des contraintes pseudo booléennes représentant des classes particulières de graphes (incluant les cliques et plusieurs extensions de classes de graphes bipartis) et dont les solutions correspondent aux arêtes du graphe initial.

2   Préliminaires

Une contrainte pseudo booléenne est une inéquation linéaire de la forme :

$$C_{pb} = \sum_{i=1}^{n} a_i.x_i \ \# \ k$$

avec $a_i \in \mathbb{Z}$, $k \in \mathbb{N}$, $\# \in \{=, <, \leq, >, \geq\}$;

Un modèle de C_{pb} est une valuation des variables x_i ($1 \leq i \leq n$) satisfaisant l'inéquation linéaire. Un modèle I de C_{pb} est appelé k-modèle si le nombre de variables affectées à $vrai$ (ou 1) est égal à k. Nous notons $mod(C_{pb})$ l'ensemble de modèles de C_{pb} et $mod_k(C_{pb})$ l'ensemble de ses modèles de taille k.

Les contraintes pseudo booléennes ont fait l'objet de beaucoup de travaux pour les transformer en Forme Normale Conjonctive (CNF). Par exemple une contrainte de la forme $\sum_{i=1}^{n} x_i \leq 1$ peut s'écrire sous la forme $\bigwedge_{1 \leq i < j \leq n}(\neg x_i \vee \neg x_j)$.

3   Graphes et contraintes pseudo-booléennes

Nous considérons préalablement quelques classes de graphes bien connues, et nous montrons comment elles peuvent être formulées par des contraintes pseudo-booléennes.

Les modèles qui nous intéressent pour représenter un graphe sont ceux de l'ensemble $mod_2(C_{pb})$

Par conséquent, une contrainte pseudo-booléenne est une représentation d'un graphe $G = (V, E)$ si est seulement si ses 2-modèles (ou $mod_2(C_{pb})$) représente les arêtes du graphe :

la restriction de ces deux 2-modèles aux variables positives sont les couples représentant le graphe c'est à dire :

$$E = \bigcup_{I \in mod_2(C_{pb})} (I \cap V)$$

Dans la suite, les sommets d'un graphe sont représentés par les variables propositionnelles $x_1, x_2, \ldots, , x_n$.

Nous commenÃ§ons par la structure la plus simple à savoir la clique. Cette dernière exige que chaque deux sommets différents soient adjacents. Une clique peut être représentée par la contrainte pseudo booléenne suivante $\sum_{i=1}^{n} x_i = 2$. En effet, toute solution de cette contrainte, contient exactement deux variables affectées à 1 et toute interprétation complète avec deux littéraux positifs, est un modèle. Rappelons que le nombre d'arêtes d'une clique est égale $\frac{n(n-1)}{2}$ alors que la contrainte précédente est exprimée avec uniquement n variables, 1 entier positif et 1 opérateur. Un graphe contenant plusieurs cliques peut être codé par une disjonction de contraintes pseudo-booléennes.

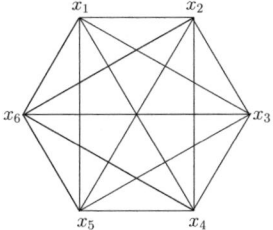

FIG. 1 – *Exemple de clique*

Considérons maintenant une clique en omettant une arête. Cela donne lieu à la structure dite pseudo-clique de la figure 2. Dans ce cas, il existe aussi une correspondance entre les arêtes du graphe et la contrainte $C = x_1 + x_2 + 2x_3 + \ldots + 2x_n \geq 3$. En effet, l'interprétation $\{x_1, x_2, \neg x_3, \ldots \neg x_n\}$ n'est pas un 2−modèle de C. Cette arête n'est donc pas décrite par un modèle de $mod_2(C)$).

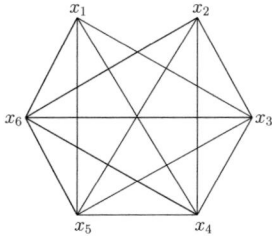

FIG. 2 – *Exemple de pseudo-clique*

Nous terminons la description de ces structures particulières en considérant le cas d'une biclique $G = (X \cup Y, E)$ (voir figure 3). Ici aussi il est possible de représenter les arêtes de ce graphe à partir des 2-modèles de la contrainte $2x_1 + \ldots + 2x_n + 3y_1 + \ldots + 3y_m = 5$. En effet, l'unique manière de satisfaire la contrainte consiste à affecter un seul x_i et un seul y_j à 1.

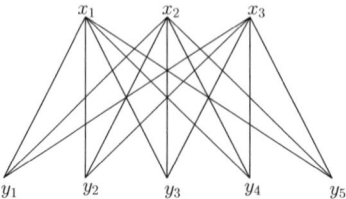

FIG. 3 – *Exemple de biclique*

Ces différents exemples illustrent le pouvoir d'expression des contraintes pseudo booléennes et leurs capacités à réduire la taille de la représentation en la faisant passer de quadratique à linéaire. Dans la suite nous proposons de généraliser ce concept en cherchant les structures pouvant être exprimées par une contrainte pseudo-booléenne.

Commençons tout d'abord par définir la notion d'imbrication entre sommets.

Définition 1 (Séquence de sommets imbriqués) *Soit $G = (X, E)$ un graphe non orienté et $u, v \in X$. Les sommets u et v sont appelés sommets imbriqués, notés $u \subseteq_\Gamma v$, si et seulement si $N_u \subseteq N_v$. $\langle X \rangle = \langle x_1 \ldots x_n \rangle$ est dite séquence de sommets imbriqués si $x_n \subseteq_\Gamma x_{n-1} \subseteq_\Gamma \ldots \subseteq_\Gamma x_1$. Avec N_u l'ensemble des adjacents de u.*

Définition 2 (Graphe biparti imbriqué (NB)) *Soit $G = (X, Y, E)$ un graphe biparti. G est appelé un graphe biparti imbriqué noté NB (Nested Bipartite) si $\langle X \rangle$ est une séquence de sommets imbriqués.*

La définition 2 introduit une classe de graphe appelé *graphe biparti imbriqué*. Un graphe biparti complet est un cas particulier d'un graphe NB où $N_{x_1} = N_{x_2} = \ldots = N_{x_n}$.

Définition 3 (Graphe biparti imbriqué ordonné (NOB)) *Soit $G = (X, Y, E)$ un graphe biparti. G est appelé un Graphe biparti imbriqué ordonné noté NOB (Nested-Ordered-Bipartite), s'il existe deux séquences imbriqués de sommets $\langle X \rangle = \langle x_1 \ldots x_n \rangle$ et $\langle Y \rangle = \langle y_1 \ldots y_m \rangle$ tel que $\forall i \in \{1 \ldots n\}, \langle N_{x_i} \rangle = \langle y_1 \ldots y_{m_i} \rangle$ où $m_i = |N_{x_i}|$.*

La définition 3 indique qu'un graphe biparti imbriqué ordonné (NOB) $G = (X, Y, E)$ est un graphe biparti imbriqué (NB) où Y peut être réordonné en une séquence $\langle Y \rangle$ tel que chaque N_{x_i} est représenté comme une sous-séquence de $\langle Y \rangle$ commençant par y_1 (toutes les séquences de voisinage de x_i commencent avec le même sommet y_1). Notons que $m = m_1 \geq m_2 \geq \ldots \geq m_n$, puisque $\langle x_1 \ldots x_n \rangle$ est une séquence de sommets imbriqués.

Proposition 1 *Si $G = (X, Y, E)$ est un graphe NB alors G est aussi un graphe NOB.*

Proposition 2 *Soient $G = (X, Y, E)$ un graphe de type NB et $G_{nob} = (\langle X \rangle, \langle Y \rangle, E)$ une représentation NOB de G où $\langle X \rangle = \langle x_1 \ldots x_n \rangle$ et $\langle Y \rangle = \langle y_1 \ldots y_m \rangle$. $G = (X, Y, E)$ peut être exprimé avec la contrainte pseudo-booléenne suivante :*

$$-m \leq A \times X^T + B \times Y^T \leq 0 \tag{1}$$

avec $A = ((m_1 - m) \ldots (m_n - m))$ et $B = ((m+1)(m+2) \ldots 2m)$

Nous définissons une autre classe de graphe comme suit :

Définition 4 *Un graphe biparti $G = (X, Y, E)$ est dit graphe biparti séquence (SB Sequence-Bipartite graph en anglais) si X et Y peuvent être écrits comme des séquences $\langle X \rangle = \langle x_1 \ldots x_n \rangle$ et $\langle Y \rangle = \langle y_1 \ldots y_m \rangle$ tel qu'il existe un entier $k > 0$ où $\forall i \in \{1 \ldots n\}$, $\exists k \in \{1 \ldots m\}$ tel que $\langle N_{x_i} \rangle = \langle y_{1+k_i} \ldots y_{k+k_i} \rangle$.*

En d'autres termes, un graphe de type SB consiste en un ensemble de sommets X où leurs voisins sont des sous-séquences de taille k translatées successivement avec k_i sur $\langle Y \rangle$.

Un graphe de type SB peut être exprimé par la contrainte pseudo-booléenne suivante :

$$1 \leq \sum_{j=1}^{m} (\alpha + j) y_j - \sum_{i=1}^{n} (\alpha + \alpha_i) x_i \leq \alpha \tag{2}$$

4 Évaluation expérimentale

Dans notre étude expérimentale nous nous restreignons aux graphes de type bipartis imbriqués pour compresser les graphes en entrée. Pour étudier la faisabilité de notre approche SuLI (Summarization using Linear Inequalities), nous l'avons testé sur plusieurs classes de graphes réels. La table 1 résume les résultats de compression obtenus par notre algorithme. Ces résultats montrent clairement que les graphes bipartis imbriqués dits graphes NB sont fréquents dans la plupart des réseaux considérés comme *Facebook, Twitter, Yahoo, LiveJournal, Youtube, Flickr*. Les colonnes 2, 3 et 4 de la table 1 reportent le nombre de sous-graphes bipartis trouvés, le taux de couverture qui est égal au nombre des arêtes couvertes dans les graphes NB divisé par le nombre des arêtes du graphe original et la taille minimale et maximale des graphes NB. Le nombre de sous graphes bipartis imbriqués de type NB générés par notre algorithme SuLI varie en fonction de la taille du graphe original comme indiqué dans la colonne 2 de la table 1. À titre d'exemple, pour le graphe *chocolat* le nombre de sous-graphes bipartis NB détectés est 57 couvrants 81.03% du graphe original. Pour le graphe Facebook, nous trouvons 12800 sous-graphes NB couvrants 81.20% du graphe original. Nous avons comparé notre approche par rapport à l'approche VOG Koutra et al. (2014). Les résultats montrent que notre approche obtient les meilleurs taux de compression sur 9 graphes parmi 15 (*Chocolate, CaAstroPh, Twitter, Enron, Cit-hep-th, cnr-2000, Youtube, Yahoo, Toto*).

Références

Jabbour, S., N. Mhadhbi, A. Mhadhbi, B. Raddaoui, et L. Sais (2016). Summarizing big graphs by means of pseudo-boolean constraints. In *2016 IEEE International Conference on Big Data, BigData 2016, Washington DC, USA, December 5-8, 2016*, pp. 889–894.

Network	nodes/edges	File Size	#NB graphs	coverage	min/max size	avg size	time (s)	Compression Rate VOG (%)	SuLI (%)
Chocolate	4 039/87 885	940.3KB	57	81.03%	2/2 876	99	9654	39.14	**64.14**
Facebook	473 315/3 505 519	47MB	12 800	81.23%	2/2 876	98	501.94	**68.08**	62.97
Ca-AstroPh	18 772/198 110	207.7KB	3 119	81.60%	2/2 180	51	340	25	**27.78**
Twitter	18 772/198 050	4MB	3 119	81.60%	2/2 180	51	309.6	65	**75.14**
Enron	36 691/186 936	4MB	718	53.74%	2/2 206	120	8754	32.5	**47.5**
epinions	75 877/405 739	380.4KB	924	26.20%	2/2 334	115	1 387	**60.63**	47
Gag	1 732 999/5 236 270	76.8MB	2 635	65.12%	24/5 200	1 294	303	**86.97**	84.24
Cit-hep-th	27 400/352 021	658.6KB	9 388	91.52%	2/4 203	34	1 765	67.07	**82.02**
cnr-2000	325 557/3 216 152	41.5MB	487	37.81%	8/194 103	2 126	417	39.03	**40.24**
DBLP	317 080/1 049 866	13.4MB	8 281	30.88%	2/690	39	5 785	**19.40**	14.92
LiveJournal	3 997 962/34 681 189	50.4MB	4 365	73.15%	43/7 948	1476	3 643	**80**	67.46
Youtube	1 134 890/2 987 625	38.2MB	8 000	25.89%	4/10 078	353	2 111.4	13.08	**30.36**
Flickr	105 938/2 316 948	48.7MB	8 084	75.65%	2/52 071	216	4 837	**59.54**	39.01
Yahoo	105 938/2 316 948	24.9MB	4 800	39.99%	5/52 039	709	6 511	48.99	**54.61**
Toto	19 887/367 663	3.7MB	985	22.87%	2/4 697	795	560	32.43	**56.75**

TAB. 1 – *Résultats de compression sur plusieurs graphes réels (VOG vs SuLI)*

Koutra, D., U. Kang, J. Vreeken, et C. Faloutsos (2014). VOG : summarizing and understanding large graphs. In *Proceedings of the 2014 SIAM International Conference on Data Mining, Philadelphia, Pennsylvania, USA, April 24-26, 2014*, pp. 91–99.

Liu, Y., T. Safavi, A. Dighe, et D. Koutra (2018). Graph summarization methods and applications : A survey. *ACM Comput. Surv. 51*(3), 62 :1–62 :34.

Maccioni, A. et D. J. Abadi (2016). Scalable pattern matching over compressed graphs via dedensification. In *Proceedings of the 22nd ACM SIGKDD International Conference on Knowledge Discovery and Data Mining, San Francisco, CA, USA, August 13-17, 2016*, pp. 1755–1764.

Summary

How to succinctly represent the truly relevant information in big data graphs? The approach presented in this paper aims to discover hidden graph structures and exploit them to compactly summarize large graphs. First, we show that some special graph classes such as cliques and bicliques can be represented efficiently as *Pseudo-Boolean (PB) constraints*. Then, we propose three new graph classes representable as PB constraints, called *nested*, *sequence* and *clique-nested bi-partite* graphs. Finally, we derive a general approach for partial or complete summarization of an arbitrary graph as a disjunction of PB constraints. Our representation can be seen as an original way to represent the edges of the graph, as they correspond to particular solutions of the PB constraints. An extensive experimental evaluation on several real-world networks shows that our framework is competitive with the state-of-the-art compression technique.

Apprentissage non-supervisé relationnel dans l'espace des coordonnées barycentriques

Parisa Rastin, Basarab Matei, Guénaël Cabanes

LIPN-CNRS, UMR 7030, Université Paris 13
rastin@lipn.univ-paris13.fr

Résumé. Les approches basées sur les prototypes sont très populaires en apprentissage non supervisé, en raison de la compacité du modèle résultant (les prototypes), de la puissance descriptive de ces prototypes et de la faible complexité de calcul du modèle. Habituellement, le meilleur choix de prototype est le barycentre du cluster. Le prototype est alors défini comme l'objet minimisant la somme des distances carrées avec tous les objets du cluster. Cependant, dans de nombreux cas, les objets ne peuvent pas être facilement définis dans un espace euclidien sans perte d'information et/ou un pré-traitement coûteux, ce qui limite la construction des prototypes. Dans cet article, nous proposons une approche de K-moyennes relationnelle utilisant un ensemble unique de points de support basé sur le formalisme des coordonnées barycentriques, afin d'unifier la représentation des objets et des prototypes et permettant un processus d'apprentissage incrémental simple pour le clustering relationnel.

1 Introduction

L'apprentissage non supervisé (ou clustering) permet de calculer un modèle de la structure de données lorsqu'aucune autre information n'est connue. Les objets sont regroupés en "clusters", en fonction de leur similarité. Cette classification est une représentation compacte de la distribution sous-jacente des données. De nombreux algorithmes ont été proposés, qui peuvent être classés en plusieurs familles (Bishop et al., 1998). Dans cet article, nous nous intéressons à la famille des algorithmes à base de prototypes, dans laquelle chaque cluster est représenté par un prototype : un nouvel objet dans l'espace de représentation. Les approches basées sur des prototypes sont très populaires en raison de la compacité du modèle obtenu (les prototypes), du pouvoir descriptif de ces prototypes et de la faible complexité de calcul du modèle (chaque objet est comparé à un ensemble de prototypes généralement réduit). Cette faible complexité explique à elle seule la popularité des approches à base de prototypes pour des applications réelles. Habituellement, le meilleur choix de prototype est le barycentre du cluster. Le prototype est ainsi défini comme étant l'objet minimisant la somme des distances carrées avec tous les objets du cluster. Si les objets sont décrits comme des vecteurs numériques dans un espace euclidien, la définition des prototypes du cluster est simple. Dans ce cas, un prototype est un vecteur défini dans le même espace, calculé comme la moyenne vectorielle des objets appartenant à son cluster. En fait, la plupart des algorithmes basés sur des prototypes ne sont adaptés qu'aux vecteurs définis dans un espace euclidien. Cependant, dans de nombreux cas, les objets ne peuvent pas être facilement définis dans un espace euclidien sans perte d'informations et/ou sans pré-traitement coûteux (images, réseaux, séquences, textes, par exemple). La similarité entre un tel objet n'est généralement pas une distance euclidienne et le calcul habituel des prototypes n'est plus valide. Une représentation commune pour ce type de données consiste à décrire les relations (les similarité) entre les objets à l'aide d'une matrice de dissimilarité ou de distance. Pour cette raison, elles sont parfois appelées données relationnelles. Peu de travaux ont encore été réalisés sur la classification relationnelle basée sur des prototypes, mais certains auteurs ont travaillé sur des adaptation de K-moyens (Ordonez et Omiecinski, 2004; Hathaway et al., 1989; Rossi et al., 2007; Cherki et al., 2016). Le problème principal de la classification relationnelle basée sur des prototypes est la définition des prototypes basée uniquement sur les distances entre les objets. Habituellement, les prototypes sont représentés par une combinaison linéaire des données d'entrée. Mais, en ce qui concerne la puissance de traitement et l'utilisation de la mémoire, cette mise en œuvre est très coûteuse. L'approche présentée dans le présent document a une faible complexité, afin de pouvoir traiter de gros volumes de données, tout en offrant une représentation appropriée de la structure des données en minimisant la perte d'informations. Les algorithmes de classification proposés sont indépendants de la représentation des objets, afin d'utiliser toutes l'information disponible. Nous proposons deux algorithmes basés sur cette approche : une version batch, dans laquelle l'ensemble de données est conservé en mémoire pendant tout le processus d'apprentissage et une version incrémentale dans laquelle les objets sont présentés un par un. Les deux approches sont beaucoup plus rapides et nécessitent beaucoup moins de mémoire que d'autres approches pour données relationnelles. Nous démontrons ces propriétés théoriquement et expérimentalement sur un ensemble de données relationnelles artificielles et réelles.

2   Clustering relationnelle basé sur Coordonnées Barycentrique

La Figure 1 est un exemple illustrant l'idée générale de l'approche proposé. Dans le système de coordonnées barycentriques Hille (2005), l'espace de représentation est défini par un ensemble unique de P points de support choisis parmi les objets O. Ces points de support peuvent être des objets choisis au hasard parmi O et représentent un espace virtuel de dimension $P - 1$ (Figure 1.b). Soit $S \subset \{1, \ldots, N\}$ un sous-ensemble fini d'index, avec $P = |S| \ll N$. Nous définissons l'ensemble des points de support $O_S = \{o^i, i \in S\} \subset O$ associé à une représentation inconnue dans X par $X_S = \{\mathbf{s}^i; \mathbf{s}^i = \mathbf{x}^i, i \in S\} \subset X$. Nous visons à représenter chaque cluster par un prototype $\{\boldsymbol{\mu}^1, \boldsymbol{\mu}^2, \ldots, \boldsymbol{\mu}^K\}$ avec K le nombre de prototypes (Figure 1.c). Le prototype $\boldsymbol{\mu}^k$ du cluster k est défini comme une combinaison linéaire normalisée de X_S (les points de support) :

$$\boldsymbol{\mu}^k = \sum_{p=1}^{P} \beta_p^k \cdot \mathbf{s}^p, \text{ avec } \beta^k = (\beta_1^k, \ldots, \beta_p^k)^T \in \mathbb{R}^p \text{ et} \sum_{p=1}^{P} \beta_p^k = 1. \quad (1)$$

C'est également la définition des coordonnées barycentriques d'un objet dans l'espace défini par les points de support. En d'autres termes, β^k sont les coordonnées barycentriques de $\boldsymbol{\mu}^k$

par rapport au système de points de support X_S. Tout objet o de la base de données peut ainsi être défini à l'aide de coordonnées barycentriques : $o^i = \sum_{p=1}^{P} \beta_p^i \mathbf{s}^p$ avec les coordonnées β^i satisfaisant $\sum_{p=1}^{P} \beta_p^i = 1$. Pour évaluer la distance entre un objet o^i et un prototype $\boldsymbol{\mu}^k$, nous

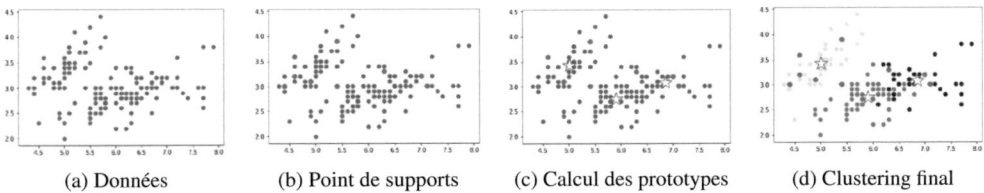

(a) Données	(b) Point de supports	(c) Calcul des prototypes	(d) Clustering final

FIG. 1 – *Exemple de clustering relationnel avec points de support sur les données "Iris".*

utilisons le déplacement de o^i à $\boldsymbol{\mu}^k$ et, en utilisant $\sum_{p=1}^{P} (\beta_p^i - \beta_p^k) = 1 - 1 = 0$, nous obtenons la distance suivante :

$$d^2(o^i, \boldsymbol{\mu}^k) = -\frac{1}{2}(\beta^i - \beta^k)^T \cdot D_S \cdot (\beta^i - \beta^k), \tag{2}$$

où $D_S = (d(o^i, o^j))_{i,j \in S}$ est la matrice de dissimilarité entre objets correspondant à S, l'ensemble d'index des points de support : c'est la matrice de dissimilarité entre les points supports. Nous avons par hypothèse toutes les dissimilarités $d(\mathbf{s}^i, \mathbf{s}^j)$ entre chaque paire de points de support. Cependant, pour calculer la distance décrite dans l'équation (2), nous devons calculer les coordonnées barycentriques des objets dans O. Afin d'obtenir les coordonnées β^i d'un objet o^i, en ce qui concerne le système de points de support O_S, nous considérons la matrice $P \times P$ suivante : $A = (A_{i,j})_{1 \le i,j \le P}$. A contient les différences entre dissimilarités de tous les points de support et celles du premier point de support uniquement. Nous considérons également J^i le vecteur de dissimilarité entre un objet o^i et les points de support X_S. Plus précisément $J^i = (J_p^i)_{1 \le p \le P}$ and $J_p^i = d(o,^i \mathbf{s}^1) - d(o^i, \mathbf{s}^{p+1})$ pour $1 \le i \le P-1$ et $J_P^i = 1$.

$$A = \begin{pmatrix} d(\mathbf{s}^1,\mathbf{s}^1)\text{-}d(\mathbf{s}^2,\mathbf{s}^1) & \ldots & d(\mathbf{s}^1,\mathbf{s}^P)\text{-}d(\mathbf{s}^2,\mathbf{s}^P) \\ \cdot & \ldots & \cdot \\ \cdot & \ldots & \cdot \\ d(\mathbf{s}^1,\mathbf{s}^1)\text{-}d(\mathbf{s}^P,\mathbf{s}^1) & \ldots & d(\mathbf{s}^1,\mathbf{s}^P)\text{-}d(\mathbf{s}^P,\mathbf{s}^P) \\ 1 & \ldots & 1 \end{pmatrix}, \quad J^i = \begin{pmatrix} d(o^i,\mathbf{s}^1)\text{-}d(o^i,\mathbf{s}^2) \\ \cdot \\ \cdot \\ d(o^i,\mathbf{s}^1)\text{-}d(o^i,\mathbf{s}^P) \\ 1 \end{pmatrix}. \tag{3}$$

En utilisant la symétrie de D_S, nous obtenons β^i comme solution du système linéaire suivant :

$$A \cdot \beta^i = J^i \Rightarrow \beta^i = A^{-1} \cdot J^i. \tag{4}$$

Notez que la dernière équation du système représente la contrainte normalisée $\sum_{p=1}^{P} \beta_p^i = 1$. Par conséquent, nous pouvons calculer les coordonnées barycentriques β^i pour chaque donnée o^i en utilisant (4). Nous sommes donc capables de calculer les distances entre un objet et un prototype à partir de l'équation (2). Le problème à optimiser pour trouver les coordonnées de chaque prototype reste une minimisation de l'inertie. Nous proposons deux algorithmes pour

---

Algorithme 1 : Algorithme proposé, version batch

Entrée : objets O, fonction d, K, P.
Sortie : coordonnées des prototypes β^k
Choisir au hasard P points de supports $O_S \subset O$.
Calculer β^i en utilisant (4) pour chaque $o^i \in O$.
Choisir au hasard K coordonnées β^i pour initialiser β^k.
while *la convergence n'est pas atteinte* **do**
> Assigner chaque objet au prototype le plus proche en utilisant (2).
> Mettre à jours β^k en utilisant (5).

end

---

calculer les coordonnées des prototypes : une version batch, où l'ensemble de données est conservé en mémoire et une version incrémentale, où les objets sont présentés un par un.

La version batch de l'algorithme proposé est décrite dans l'algorithme 1). On suppose que l'ensemble du jeu de données puisse être stocké dans la mémoire, ce qui permet de calculer et de stocker les coordonnées barycentriques β^i de tous les objets. En minimisant la distance carrée et en utilisant l'équation (2), nous calculons les coordonnées du prototype μ^k du cluster k dans le système de coordonnées barycentriques défini par O_S. Les coordonnées barycentriques du prototype de C_k sont donné par :

$$\beta^k = \frac{1}{|C_k|} \sum_{i|o^i \in C_k} \beta^i \tag{5}$$

L'idée du processus incrémentale est de présenter les objets du jeu de données un par un, de manière aléatoire. La mise à jour des prototypes est calculée de manière incrémentielle pour chaque objet présenté. Comme nous pouvons calculer les coordonnées barycentriques de o^i en termes de points de support O_S (voir l'équation (4)), la règle de mise à jour de β^k peut être écrite ainsi :

$$\beta^k{}_{t+1} = \beta^k_t - \gamma(\beta^i - \beta^k_t). \tag{6}$$

où γ est le poids (ou le taux d'apprentissage) définissant l'importance de o^i dans les nouvelles coordonnées barycentriques. La procédure résultante est donnée dans l'algorithme 2.

Algorithme 2 : Algorithme proposé version incrémentale

Entrée : objets O, fonction d, K, P, γ.
Sortie : coordonnées des prototypes β^k
Choisir au hasard P points de supports $O_S \subset O$ et calculez A selon l'eq.(3).
Initialiser au hasard K coordonnées β^k tel que $\sum_{p=1}^{P} \beta^k_p = 1$.
while *la convergence n'est pas atteinte* **do**
> Sélectionner $o^i \in O$ au hasard et calculer β^i avec (4).
> Assigner o^i à son prototype le plus proche μ^{k^*} en utilisant (2).
> Mettre à jours μ^{k^*} en calculant β^{k^*} selon (6).

end

---

3 Validation expérimentale

Les algorithmes proposés sont comparés à sept algorithmes de classiques de clustering, adaptés aux matrices de dissimilarité. Pour étudier expérimentalement l'effet du nombre d'objets sur le temps de calcul et l'utilisation de la mémoire, nous avons généré des données gaussiennes avec 10 clusters et 10 dimensions. Nous avons augmenté progressivement le nombre d'objets pour observer l'augmentation du temps de calcul (Table 3). Notez que seule la version batch de l'approche proposée est présentée ici, car le temps de calcul de la version incrémentale est exactement proportionnel. Dans la table 3, "-" signifie que l'algorithme n'a pas assez de mémoire pour terminer. Comme prévu, le temps de calcul de l'algorithme proposé augmente beaucoup plus lentement que pour les autres approches. L'algorithme proposé peut traiter des ensembles de données volumineux pour un coût temporel et une consommation de mémoire très raisonnables. Ce n'est pas le cas pour les autres algorithmes.

Time (s)	500	1,000	2,000	5,000	10,000	20,000	40,000	50,000	100,000	1,000,000	10,000,000
Affinity	0.09	0.34	1.45	9.95	33.75	-	-	-	-	-	-
Spectral	0.05	0.16	0.56	3.91	19.44	-	-	-	-	-	-
HAC	0.00	0.03	0.13	0.80	3.16	13.55	-	-	-	-	-
HDBSCAN	0.08	0.11	0.30	1.52	6.17	29.66	-	-	-	-	-
KMed	0.00	0.03	0.06	0.44	1.97	7.66	35.32	-	-	-	-
Rel-KM	0.06	0.16	0.36	1.33	4.02	14.22	54.01	-	-	-	-
S-Rel-KM	0.14	0.30	0.61	1.70	4.02	11.45	37.10	-	-	-	-
BC-batch	0.20	0.34	0.61	1.45	2.98	5.45	12.49	13.95	27.80	274.86	2,763.08

TAB. 1 – *Temps de calcul en seconde pour chaque algorithme par rapport au nombre d'objets.*

Dans le tableau 3, nous avons examiné notre algorithme en version batch et incrémentale avec le score NMI (Normalized Mutual Information) (Strehl et Ghosh, 2003) et nous l'avons comparé à différents algorithmes testés sur 7 ensembles de données de types variés (vecteurs, textes, séquences et distributions). L'indice de qualité Silhouette donne des résultats similaires. Dans cette expérience, nous avons également utilisé 10 points de support. Les résultats démontrent la qualité des approches proposées par rapport aux algorithmes de l'état de l'art. Les qualités internes et externes de nos algorithmes sont, la plupart du temps, au moins aussi bonnes que celles de nos concurrents sur les jeux de données expérimentaux. Les versions batch et incrémentale sont de qualité très similaire.

NMI	HAC	Affinity	HDBSCAN	Spectral	KMed	Rel-KM	S-Rel-KM	BC-batch	BC-stoch
Art	0.94	0.63	0.98	0.80	0.87	0.83	0.86	0.92	0.92
Iris	0.74	0.47	0.76	0.75	0.79	0.76	0.80	0.80	0.80
Digits	0.04	0.48	0.70	0.69	0.64	0.73	0.70	0.69	0.65
Wine	0.11	0.16	0.09	0.41	0.42	0.39	0.32	0.40	0.41
Prot	0.86	0.77	0.86	0.86	0.86	0.86	0.86	0.81	0.86
Hist-shape	0.03	0.19	0.38	0.73	0.76	0.75	0.70	0.77	0.80
People	0.02	0.00	0.64	0.57	0.79	0.70	0.70	0.91	0.94

TAB. 2 – *Valeurs de NMI pour chaque ensemble de données et différents algorithmes.*

4 Conclusion

Dans cet article, nous avons présenté un nouveau formalisme pour la définition de proto-types basé sur la relation entre les objets. L'idée est de calculer les coordonnées barycentriques des objets en fonction de leurs différences avec un ensemble de "points de support" et de définir les prototypes dans l'espace barycentrique. Sur la base de cette idée, nous avons proposé un ensemble d'algorithmes de classification non-supervisée adaptés aux données relationnelles. Ces algorithmes ont une complexité et une utilisation de la mémoire inférieures à celles des approches existantes, sans perte de qualité.

Références

Bishop, C., M. Svensen, et C. K. Williams (1998). Gtm : The generative topographic mapping. *Neural Computation 10*, 215–234.

Cherki, S., P. Rastin, G. Cabanes, et B. Matei (2016). Improved sparse prototyping for relational k-means. In *2016 IEEE Symposium Series on Computational Intelligence, SSCI*, pp. 1–8.

Hathaway, R. J., J. W. Davenport, et J. C. Bezdek (1989). Relational duals of the c-means clustering algorithms. *Pattern Recognition 22*(2), 205–212.

Hille, E. (2005). *Analytic Function Theory*. Number vol.2 in AMS Chelsea Publishing Series. AMS Chelsea Publishing.

Ordonez, C. et E. Omiecinski (2004). Efficient disk-based k-means clustering for relational databases. *IEEE Trans. on Knowl. and Data Eng. 16*(8), 909–921. english

Rossi, F., A. Hasenfuss, et B. Hammer (2007). Accelerating relational clustering algorithms with sparse prototype representation. In *Proceedings of the 6th International Workshop on Self-Organizing Maps*, Bielefeld (Germany).

Strehl, A. et J. Ghosh (2003). Cluster ensembles — a knowledge reuse framework for combining multiple partitions. *J. Mach. Learn. Res. 3*, 583–617.

Summary

Data clustering is a very important and challenging task in Artificial Intelligence (AI) field with many applications such as bio-informatics, medical, enhancing recommendation engines or fraud detection. Among the different families of clustering algorithms, one of the most widely used is the prototypebased clustering, because of its simplicity and reasonable computational time. In this study, we propose a prototype-based clustering algorithm for relational data based on the barycentric coordinates formalism. We compared experimentally the quality of the proposed approach on artificial and real data-sets. The experiments show the high quality of the algorithm in terms of clustering results. We also showed that our approach is a significant improvement in terms of computational and memory complexity compared to the state-of-the-art approaches. We consider that these results are encouraging and pave the road to numerous applications in data clustering.

Détection de changement dans les profils en ligne d'utilisateurs

Parisa Rastin, Basarab Matei, Guénaël Cabanes

LIPN-CNRS, UMR 7030, Université Paris 13
rastin@lipn.univ-paris13.fr

Résumé. L'analyse des données dynamique est difficile. En effet, la structure de telles données évolue dans le temps, potentiellement à une vitesse très rapide. De plus, les objets dans ces ensembles de données sont souvent complexes. Dans cet article, notre motivation pratique est d'analyser l'évolution des profils en ligne d'utilisateurs, c'est-à-dire de suivre la localisation géographique des utilisateurs ainsi que leurs traces de navigation en ligne afin de détecter des changements dans leurs habitudes et leurs intérêts. Nous proposons un nouveau cadre dans lequel nous créons d'abord, pour chaque utilisateur, des signaux de l'évolution de ses intérêts et des localisations physiques enregistrées au cours de sa navigation. Ensuite, nous détectons automatiquement les changements d'intérêt ou de lieu grâce à un nouvel algorithme de détection de sauts dans les signaux.

1   Introduction

L'un des défis principaux de l'exploration de données est la détection de changement dans les ensembles de données dynamiques. Ce phénomène est connu sous le nom de "dérive de concept" (Gama, 2010; Silva et al., 2013). Une des applications directes, qui constitue notre intérêt pratique dans le présent document, est la détection de changement dans l'intérêt des utilisateurs sur la base des données enregistrées au cours de leur navigation en ligne. Cette tâche, appelée "profilage de l'utilisateur", revêt une grande importance économique pour les entreprises du secteur de la publicité en ligne. Les tâches de profilage visent à reconnaître les "états d'esprit" des utilisateurs à partir de leurs navigations sur différent sites Web ou leurs interactions avec des "points de contact" numériques (différentes façons dont une marque interagit et affiche des informations aux utilisateurs). Il est très important de pouvoir détecter les changements d'intérêt d'un utilisateur ou son déménagement dans une autre ville ou un autre pays afin d'ajuster la stratégie publicitaire le concernant. Ces profils sont calculés à partir d'une très grande base de données de navigation sur Internet, qui liste les séquences d'URL ou les points de contact visités par un grand nombre de personnes. Chaque URL d'un "point de contact" est caractérisée par des informations contextuelles et sémantiques. Dans ce contexte, chaque utilisateur est décrit comme une série temporelle de catégories d'URL et d'emplacements physiques. Les catégories d'URL sont calculées à l'aide d'une approche de classification adaptée aux données complexes (Rastin et al., 2016; Rastin et Matei, 2018). Les emplacements sont enregistrés à l'aide des informations de géolocalisation collectées lors de la navigation de l'utilisateur, mais sont limités à une série de codes postaux. La détection de changements dans les séries temporelles implique l'extraction de périodes "stables", séparées par une période de variation généralement courte. Il y a donc deux stratégies principales : soit l'algorithme cherche à détecter les différentes périodes de stabilité dans la série chronologique, soit il détecte la période de variation (Last, 2002; Aggarwal et al., 2003; Han, 2005; Cao et al., 2006). La détection de la stabilité ou de l'homogénéité est liée à la tâche de classification des flux de données. Dans cet article, nous considérons une fenêtre temporelle glissante avec un pas d'une journée, afin d'obtenir pour chaque fenêtre une distribution de lieux ou d'intérêts. Nous proposons dans cet article une nouvelle approche basée sur le traitement de signaux, décrite dans la section 2, adaptée à la tâche de profilage. Nous avons ensuite testé l'algorithme sur des données simulées pour valider sa qualité par rapport aux approches traditionnelles ; les résultats sont présentés à la section 3. Enfin, nous avons appliqué le cadre proposé à un jeu de données industrielles réelles, comme indiqué à la section 4. Une conclusion est donnée à la section 5.

2 Proposed approach

Algorithm 1 Détection de changements dans un signal de profil utilisateur

---

    Entrée : Vecteur de signal v de longueur N.

    sortie : Liste des changements détectés.

1: Initialisez $j = \lceil \log_2(N) \rceil$

2: Initialisez la liste globale des sauts $L_g = \emptyset$

3: **while** $j > \lceil \log_2(N) \rceil - 4$ **do**

4:    *Lissage :*

5:    **for** $i \leftarrow 1, length(v^j)$ **do**

6:        $v_k^{j-1} = \frac{v_{2k-1}^j + v_{2k}^j}{2}$

7:    Initialiser la liste locale des sauts $L_e = \emptyset$

8:    *Calcul de la fonction de coût en fonction des différences finies du premier ordre :*

9:    **for** $k \leftarrow 1, length(v^{j-1})$ **do**

10:        $dv_k^{j-1} = |\Delta v_k^{j-1}| + |\Delta v_{k+1}^{j-1}|$

11:    *Calcul des maxima locaux de la fonction de coût :*

12:    **for** $k \leftarrow 1, length(v_k^{j-1})$ **do**

13:        **if** $dv_k^{j-1} > \max(dv_{k-2}^{j-1}, dv_{k-1}^{j-1}, dv_{k+1}^{j-1}, dv_{k+2}^{j-1})$ **then**

14:            $L_j \leftarrow L_j + \{k\}$

15:    $j \leftarrow j - 1$

16: Définir L_g comme l'intersection de tous les L_j : $L_g = \cap_{j=[\log_2(N)]-4}^{[\log_2(N)]} L_j$

Afin de détecter les changements de profil des utilisateurs, nous avons appliqué l'algorithme de détection de changement décrit ci-dessous. Cet algorithme détecte des "sauts" inhabituels dans un signal caractérisant des variations de profil d'un utilisateur. Pour construire un tel signal, nous avons défini comme profil de référence la distribution d'étiquettes ou de codes postaux dans les premières fenêtres temporelles. Ensuite, la fenêtre est décalée d'un jour à la fois, afin de produire une série de distribution. La similarité entre deux distributions de probabilité (fenêtre de référence et fenêtres décalées) est calculée par la divergence de Jensen-Shannon (JS) (Manning et Schütze, 1999; Dagan et al., 1997), une version symétrisée et lissée de la divergence de Kullback-Leibler $D(P \parallel Q)$ entre deux distributions discrètes. Notez que toutes les probabilités égales à P ou Q sont ignorées dans le calcul, ce qui signifie que deux distributions totalement différentes auront une valeur JS de 1. L'approche proposée a été testée sur des ensembles de données artificielles pour validation, puis appliquée sur les ensembles de données réels pour analyser les changements de profil et d'état d'esprit des utilisateurs. L'algorithme 1 décrit l'approche de détection de changement multi-échelles. L'idée est la suivante : un processus de lissage itératif élimine les fluctuations aléatoires du signal (lignes 5 et 6), puis détecte des variations anormalement élevées (lignes 12 à 14). Les signaux sont des fonctions continues fragmentées présentant des discontinuités à certains emplacements x_i, c.-à-d. $v(x_i^+) \neq v(x_i^-)$. Nous considérons ici que v_k^j sont les moyennes d'une fonction v discrétisée sur les intervalles $I_{j,k} = 2^{-j}[k, k+1[$. Dans une approche multi-échelle basée sur des coefficients, une stratégie pour détecter les singularités au niveau j est basée sur un critère qui utilise les différences de premier ou de second ordre de v^j, la détection des singularités de saut est effectuée à chaque niveau indépendamment. Nous calculons ensuite le nombre N_j de singularités au niveau j et définissons $j_{\max}$ comme le plus grand niveau j tel que $N_{j-1} = N_j$. Nous définissons également le niveau $j_{\min}$ comme le plus petit j tel que $N_j = N_{j_{\max}}$. Une singularité détectée dans $I_{j,k}$ pour $j_{\min} < j < J$ est dite recevable s'il existe une singularité dans $I_{j+1,2k}$ ou $I_{j+1,2k+1}$.

3 Validation expérimentale

Pour valider la qualité de notre algorithme dans un environnement contrôlé, nous l'avons testé sur des ensembles de données artificielles. Pour générer ces données, nous avons considéré trois catégories de variations de profils : soit le profil de l'utilisateur change avec le temps en un profil totalement nouveau, soit il devient partiellement différent, soit il reste stable. Nous avons généré 10000 signaux pour chacune de ces catégories. Pour construire un signal, nous avons d'abord généré deux ensembles de 1 à 5 étiquettes aléatoires, chacun représentant des profils possibles avant et après le changement. Un seul ensemble est créé pour simuler l'absence de changement. Pour simuler un changement partiel, nous avons forcé les deux ensembles à partager 1 ou 2 étiquettes. Nous avons simulé une période de deux mois. Cent "time-stamps" aléatoires ont été générés au cours de cette période, chacun associé à une étiquette du premier ou du second ensemble, selon une date de changement choisie au hasard. Pour démontrer l'efficacité de l'approche proposée, nous avons évalué ses performances en termes de temps de calcul et avons calculé les moyennes des différences absolues entre la date de modification détectée et prévue et les avons comparées à un ensemble d'algorithmes de l'état de l'art : Jump penalty, PWC bilateral, Robust jump penalty, Soft mean-shift, Total variation, Robust TVD et Medfiltit (Little et Jones, 2011). Le tableau 3 présente les résultats de la comparaison. Les bonnes performances de l'algorithme proposés sont dûs à l'utilisation d'une fonction de lissage bien adaptée à la fonction de coût et surtout aux applications successives de ce lissage de façon itérative, permettant de détecter des variations stables dans le signal. Le processus est par ailleurs peu complexe, ce qui explique les faibles temps de calculs observés.

Algorithmes	Profil stable		Changement complet		Changement partiel	
	Temps (s)	Erreur	Temps(s)	Erreur	Temps(s)	Erreur
Proposé	0.85	2.78	0.94	1.67	0.87	2.07
Jump penalty	29.4	14.33	25.26	4.11	31.93	4.47
PWC bilateral	83.87	14.31	12.83	3.77	18.71	4.19
Robust penalty	8.43	14.26	93.48	4.02	90.63	4.57
Soft mean-shift	8.57	16.57	21.99	3.6	21.5	4.56
Total variation	45.55	13.12	103.44	3.27	116.8	4.02
Robust TVD	7016.69	14.82	4405.04	3.8	4390.13	4.61
Medfiltit	1.32	13.92	0.98	2.95	1.29	3.93

TAB. 1 – *Résultats expérimentaux*

4 Application

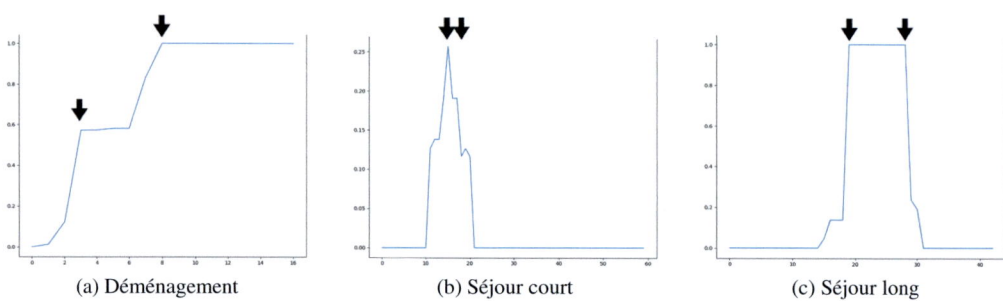

(a) Déménagement   (b) Séjour court   (c) Séjour long

FIG. 1 – *Exemple de signaux obtenus lors du déménagement d'un utilisateur ou lors de déplacements temporaires. Les flèches indiquent les changements détectés*

Afin de suivre l'évolution des habitudes de déplacement des utilisateurs, la géolocalisation (codes postaux) associées à des horodatages sur une période de 74 jours pour 598 utilisateurs ont été utilisés. L'objectif de ces données est de pouvoir détecter le moment où un utilisateur déménage dans un endroit différent ou passe du temps en dehors de sa zone habituelle. Lors de la création du signal, nous avons utilisé une fenêtre de 10 jours. Dans Figure 1.a, la dissimilarité de Jensen-Shannon augmente fortement pendant deux jours, reste stable pendant trois jours, puis augmente à nouveau. Deux changements sont détectés, le premier étant un changement partiel. Ce type de signal peut être interprété comme un mouvement en deux étapes, avec une période pendant laquelle l'utilisateur passe du temps aux deux endroits avant de se déplacer définitivement. Un autre cas intéressant est celui où l'utilisateur part en vacances ou pour son travail quelque temps, avant de retourner à son lieu de résidence habituel. Les figures 1.b et 1.c montrent deux exemples pour ce cas.

Pour suivre les changements réels d'intérêt individuel, nous avons utilisé un ensemble de données du journal de navigation de 142794 utilisateurs, fournissant à chaque utilisateur une liste des "time-stamps" associés à l'URL visitée à ce moment, sur une période de 30 jours.

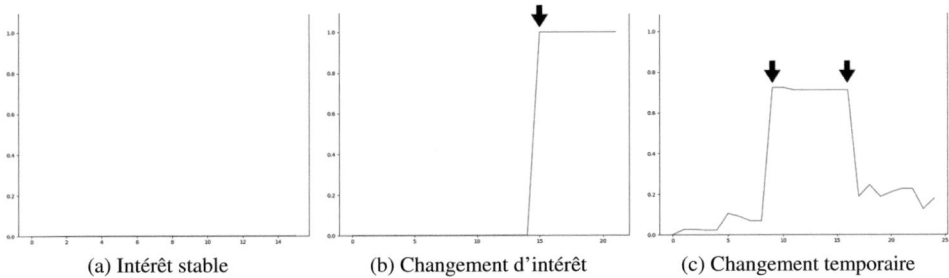

FIG. 2 – *Exemples d'intérêt stable, de changement d'intérêt et de changement temporaire d'intérêt des utilisateurs, en fonction de leurs journaux de navigation.*

Chaque URL a été associée à une classe prédéfinie et la navigation de l'utilisateur peut être exprimée dans une distribution de classes visitées variant dans le temps. Les figures 2.a à 2.c illustrent différents scénarios de changement d'état d'esprit de l'utilisateur. Figures 2.a est un utilisateur qui ne change pas d'intérêt pendant un mois. La figure 2.b est un exemple de résultat pour la détection d'un changement d'intérêt individuel, l'utilisateur modifiant son intérêt au cours du temps. Une troisième catégorie d'état d'esprit observé est un groupe d'utilisateurs qui changent d'intérêt pour une période limitée puis reviennent à leur intérêt initial. La figure 2 .c illustre ce type d'utilisateurs. Comme vous le voyez, ces signaux montent et restent stables sur une période de temps puis diminuent. Cela signifie que la différence entre la fenêtre de référence et les fenêtres décalées augmente pendant un certain temps, mais qu'à la fin de la période enregistrée, la distribution des catégories d'URL visitées revient à une distribution similaire à la distribution de référence.

5 Conclusion

Dans cet article, nous avons proposé un nouvel algorithme multi-échelles de détection de changement pour analyser les variations de profils individuels des utilisateurs en fonction de leurs données de navigation et de géolocalisation. Nous avons d'abord créé, pour chaque utilisateur, un signal de l'évolution de la répartition de l'intérêt des utilisateurs en ligne et un autre signal basé sur la distribution des emplacements physiques enregistrés au cours de leur navigation. Ensuite, nous avons proposé un algorithme de détection de sauts capable de détecter automatiquement les changements. Nous avons détecté différents scénarios : au cours de la période analysée, certains utilisateurs ont conservé le même profil, certains ont eu un changement net de profil et d'autres n'ont montré qu'un changement provisoire. Les tests expérimentaux effectués sur des signaux simulés ont montré que l'approche proposée est plus rapide et fait moins d'erreurs pour cette tâche que les algorithmes de l'état de l'art.

Références

Aggarwal, C. C., J. Han, J. Wang, et P. S. Yu (2003). A framework for clustering evolving data streams. In *Proceedings of the 29th International Conference on Very Large Data Bases - Volume 29*, VLDB '03, pp. 81–92. VLDB Endowment.

Cao, F., M. Estert, W. Qian, et A. Zhou (2006). *Density-Based Clustering over an Evolving Data Stream with Noise*, pp. 328–339. Society for industrial and applied mathematics.

Dagan, I., L. Lee, et F. Pereira (1997). Similarity-based methods for word sense disambiguation. In *Proceedings of the Eighth Conference on European Chapter of the Association for Computational Linguistics*, EACL '97, pp. 56–63.

Gama, J. (2010). *Knowledge Discovery from Data Streams* (1st ed.). Chapman & Hall/CRC.

Han, J. (2005). *Data Mining : Concepts and Techniques*. San Francisco, CA, USA : Morgan Kaufmann Publishers Inc.

Last, M. (2002). Online classification of nonstationary data streams. *Intell. Data Anal. 6*(2), 129–147.

Little, M. A. et N. S. Jones (2011). Generalized methods and solvers for noise removal from piecewise constant signals. i. background theory. *Proc. R. Soc. A 467*(2135), 3088–3114.

Manning, C. D. et H. Schütze (1999). *Foundations of Statistical Natural Language Processing*. Cambridge, MA, USA : MIT Press.

Rastin, P. et B. Matei (2018). Prototype-based Clustering for Relational Data using Barycentric Coordinates. In *Proceeding of the International Joint Conference on Neural Networks (IJCNN)*, IJCNN'18.

Rastin, P., T. Zhang, et G. Cabanes (2016). *A New Clustering Algorithm for Dynamic Data*, pp. 175–182. Cham : Springer International Publishing.

Silva, J. A., E. R. Faria, R. C. Barros, E. R. Hruschka, A. C. P. L. F. de Carvalho, et J. Gama (2013). Data Stream Clustering : A Survey. *ACM Comput. Surv. 46*(1), 13–31.

Summary

The analysis of dynamic data is challenging. Indeed, the structure of such data changes over time, potentially in a very fast speed. In addition, the objects in such data-sets are often complex. In this paper, our practical motivation is to perform users profiling, i.e. to follow users' geographic location and navigation logs to detect changes in their habits and their interests. We propose a new framework in which we first create, for each user, a signal of the evolution in the distribution of their interest and another signal based on the distribution of physical locations recorded during their navigation. Then, we detect automatically the changes in interest or locations thanks a new jump-detection algorithm. We compared the proposed approach with a set of existing signal-based algorithms on a set of artificial data-sets and we showed that our approach is faster and produces less errors for this kind of task. We then applied the proposed framework on a real data-set and we detected different categories of behavior among the users, from users with very stable interest and locations to users with clear changes in their behaviors, either in interest, location or both.

CK-Cartography : un système de cartographie pour l'identification et la caractérisation des savoirs

Sahar Ghrab*, Inès Saad**,*** Gilles Kassel***, Faiez Gargouri*

*Laboratoire Miracl, université de Sfax
ghrab.sahar@gmail.com,faiez.gargouri@isims.usf.tn
**Ecole supérieure de commerce, Amiens
***Université de Picardie Jules verne, Amiens
ines.saad,gilles.kassel@u-picardie.fr

Résumé. CK-Cartography (Crucial Know-How and Knowing-That Cartography) est construit autour de deux scénarios d'usage: (i) donner une visibilité générale et détaillée des savoir-faire et des savoirs factuels de l'organisation et (ii) aider à la prise de décision. CK-Cartography permet d'obtenir des réponses à des requêtes en rapport avec ces deux scénarios. Ces requêtes sont traduites à des cartes chacune ayant une spécification particulière. La première finalité de la cartographie des savoirs est l'identification des savoir-faire et des savoirs factuels dans un but de capitalisation. La deuxième finalité est la caractérisation et l' évaluation multictitére des savoir-faire et des savoirs factuels.

1 Introduction

A cause des nouvelles technologies de l'information et de la communication, le nombre de connaissances augmente exponentiellement. Cette massification empêche leur repérage, leur mise à jour et leur actualisation. Vu la capacité cognitive de l'homme à assimiler aisément et instantanément des représentations graphiques relatives à une quantité importante d'informations, les organisations doivent trouver, aujourd'hui, des stratégies pour représenter visuellement son patrimoine afin de partager, échanger, mobiliser et valoriser ces connaissances.

Dans ce travail, nous traitons la cartographie des connaissances comme moyen d'identification et de partage des connaissances. En effet, la cartographie est la représentation visuelle de concepts interconnectés sur une carte.

Notre objectif, dans ce papier, est de proposer un système de cartographie CK-Cartography pour l'identification et le partage des savoir-faire et des savoirs factuels.

2 Système de cartographie CK-Cartography

L'objectif du système CK-Cartography est la cartographie des savoir-faire et des savoirs factuels de l'organisation ainsi leur identification et leur partage. Nous définissons le savoir-faire par la capacité à réaliser un type d'action et le savoir factuel par l'état de croyance lié une description qui peut être factuelle ou prescriptive (Ghrab et al., 2017). Pour la construction de CK-Cartography, nous adoptons la méthode d'Eppler (2001) pour la cartographie des connaissances et l'ontologie COOK pour la définition des concepts (Ghrab et al., 2017).

La cartographie des savoirs générée par CK-Cartography est basée sur un langage graphique iconique pour la représentation graphique de chaque concept sur la cartographie. Nous associons pour chaque concept un pictogramme ou un ensemble de combinaison de pictogrammes selon le type du concept. La méthode de construction de la cartographie et le langage graphique sont implémentés dans CK-Cartography.

3 Fonctionnalités de CK-Cartography

CK-Cartography affiche différents types de carte (carte des processus, carte des savoir-faire et des savoir-factuels, carte de rangement, carte des personnels) (Figure1). Ces cartes offrent une vue générale de l'ensemble des concepts et une vue détaillée à la demande de l'utilisateur. Chaque carte a sa propre fonctionnalité.

La carte de processus visualise l'ensemble des processus d'une organisation avec ses différents niveaux. La carte des savoir-faire et des savoir-factuels (Figure 2)visualise la liste des savoir-faire et des savoirs factuels mobilisés dans un processus donné. Tout savoir-faire ou savoir factuel obéit à une architecture bien définie : Par qui le savoir-faire est détenu (individu ou collectif)? Par qui (individu ou collectif), il est utilisé? Dans quel processus est-il mobilisé? A quelle action (individuelle ou collective) est-il relatif? Est-il interne ou externe à l'organisation? Est-il individuel ou collectif? Est-il explicité ou tacite? Quel est son support de stockage s'il est explicité? Quel est le type du support? Il est possible dans cette structure de visualiser d?autres savoir-faire et savoirs factuels : deux cas se présentent. Le premier cas est relatif à la composition d'un savoir-faire et le deuxième cas est relatif à la substituabilité d?un savoir-faire. Si un savoir-faire est composé d'autres savoir-faire et savoirs factuels, le lien entre le savoir-faire composant et les savoir-faire ou les savoirs factuels qui le composent est représenté par un trait continu en gras. Si un savoir-faire est substituable par un autre,le lien entre le savoir-faire substituable et le (les) savoir-faire qui le substitue(nt) est représenté par un trait discontinu. Pour tout savoir-faire, il est possible d'afficher la carte critère permettant de

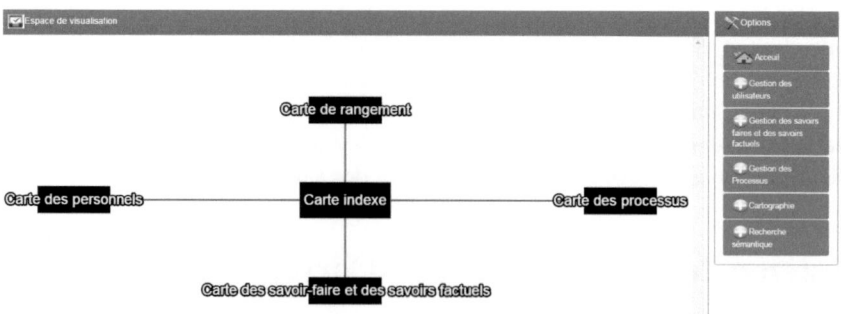

FIG. 1 – *Capture d'écran de la carte d'index proposé par CK-Cartography*

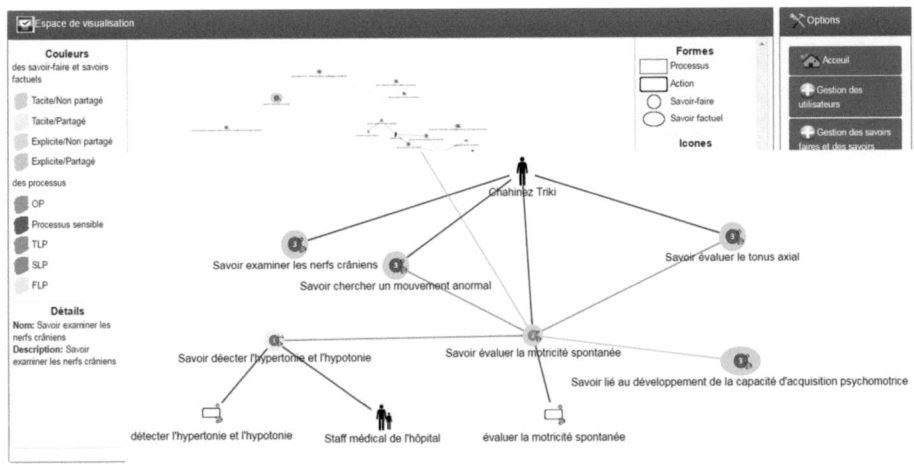

FIG. 2 – *Capture d'écran de la carte de savoir-faire et de savoir factuel*

visualiser l'ensemble des critères utilisé pour l'évaluation et la caractérisation du savoir-faire selon trois sous-familles de critères (vulnérabilité, durée d'usage, degré de contribution).

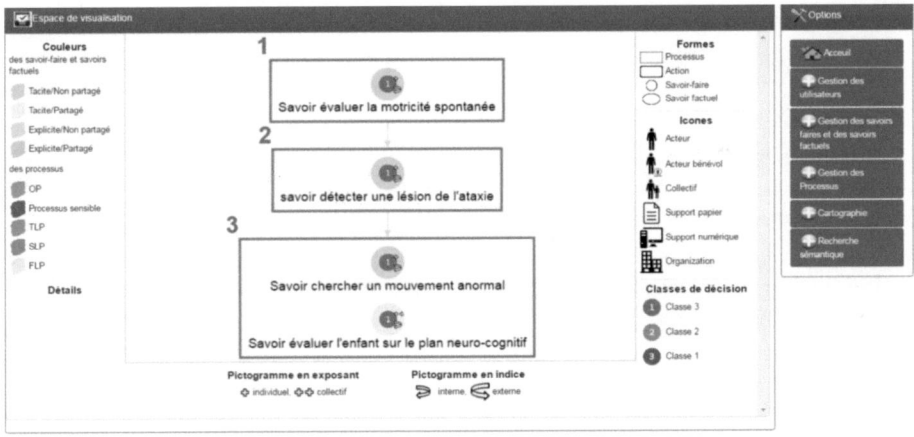

FIG. 3 – *Capture d'écran de la carte de rangement*

La carte des personnels donne une idée sur les actions individuelles et collectives des acteurs(individu ou collectif) dans une organisation, la localisation de ses acteurs, les savoir-faire mobilisés dans ces actions et les processus pour lesquels les acteurs participent. A travers cette carte, il est possible de connaître les acteurs détenant des savoir-faire ou des savoirs factuels cruciaux, la localisation d'un tel acteur en cas de besoin, la proposition de solutions pour le transfert et le partage de savoir-faire ou de savoirs factuels en tenant compte de la localisation géographique de chacun (par exemple pour un acteur qui va être remplacé par un autre, savoir la localisation de ce nouveau acteur, identifier ses savoir-faire, trouver une solution pour communiquer avec lui (mail, tel, etc.).

La carte de rangement a pour objectif de ranger les savoir-faire cruciaux les uns par rapport aux autres afin de leur attribuer des priorités et les classer dans des classes d'équivalence (Figure 3). Cette carte permet aux décideurs (par exemple comité de direction d'une organisation) de prendre la bonne décision (privilégier un savoir-faire sur un autre savoir-faire tout en tenant compte des objectifs de l'organisation).

4   Conclusion

Notre système CK-Cartography est conçu pour l'identification et le partage des savoir-faire et des savoirs factuels entre les différents acteurs d'une organisation (détenteurs et utilisateurs de savoirs). La cartographie des savoir-faire et des savoirs factuels générée par CK-Cartography traite les concepts (savoir-faire, savoir factuel, acteur, collectif, organisation, processus, action) à visualiser et leurs dimensions (tacite/explicite, interne/externe, individuelle/collective). La spécificité de CK-Cartography est qu'il est basé sur la génération de plusieurs types de cartes selon le type d'usage. La description des concepts cartographiés est assurée par l'ontologie COOK qui propose des définitions rigoureuses et fines des concepts mis en jeu. Les concepts à visualiser dans la cartographie des savoirs sont identifiés et évalués à travers des méthodes, déjà validés, d'identification des processus sensibles et des connaissances cruciales.

Références

Eppler, M. J. (2001). Making knowledge visible through intranet knowledge maps : Concepts, elements, cases. In *Proceedings of the 34th Annual Hawaii International Conference on System Sciences, January 3-6, Maui, Hawaii, USA.*

Ghrab, S., I. Saad, G. Kassel, et F. Gargouri (2017).   A core ontology of know-how and knowing-that for improving knowledge sharing and decision making in the digital age. *Journal of Decision System 26*(2), 138–151.

Summary

CK-Cartography (Crucial Know-How and Knowing-That Cartography) is built around two use scenarios: (i) give a general and detailed visibility of Know-How and Knowing-That of the organization and (ii) help to decision making. CK-Cartography provides answers to queries related to these two scenarios. These queries are translated into maps which each map have a particular specification. The first purpose of Know-How and Knowing-That Cartography is the identification of Know-How and Knowing-That for a capitalization purpose. The second purpose is multicriteria Know-How and Knowing-That characterization and evaluation.

À la recherche du quartier idéal

Nelly Barret*, Fabien Duchateau*, Franck Favetta*,
Maryvonne Miquel*, Aurélien Gentil**, Loïc Bonneval**

*LIRIS UMR5205, Université de Lyon, France
prénom.nom@liris.cnrs.fr
**Centre Max Weber, Université de Lyon, France
prénom.nom@univ-lyon2.fr

Résumé. Le choix d'un quartier est primordial lors d'un achat ou d'une location immobilière. Or, il est fréquent de ne pas connaître la ville où l'on arrive (e.g., mutation professionnelle) et la sélection d'un quartier pertinent devient alors un véritable défi. Dans cet article, nous présentons un outil qui facilite la comparaison entre quartiers. Nous exploitons plusieurs indicateurs pour différencier les quartiers et plusieurs algorithmes permettent soit de recommander un quartier, soit de regrouper des quartiers similaires.

1 Introduction

Avec l'émergence du web, les systèmes de recommandation sont devenus des outils incontournables pour découvrir de nouveaux objets, en particulier pour les sites de e-commerce (Ricci et al. (2011)). La multiplication des contenus multimédias a également contribué à ce phénomène, comme le montre le challenge Netflix de 2009 [1]. Cet engouement s'est propagé à d'autres domaines, que ce soit la recommandation d'articles scientifiques (Beel et al. (2016)) ou de lieux (Bobadilla et al. (2013)). Malgré ces avancées, peu de travaux portent sur les mobilités géographiques et résidentielles. Si celles-ci sont courantes (e.g., premier travail, mutation professionnelle, alternance ou stage), il s'avère dans bien des cas que les personnes qui déménagent ne connaissent pas leur future ville d'habitation et ses quartiers. Comme le choix d'un quartier a un impact significatif sur la vie des personnes, nous proposons un nouvel outil de comparaison entre quartiers permettant d'accompagner les personnes dans leur mobilité.

La recommandation de quartiers soulève différents problèmes. Premièrement, la notion de quartiers (i.e., définition, délimitations, perception) est floue et sujette à différentes interprétations (Authier et al. (2007)). Un second problème concerne la collecte de données. Les systèmes de recommandation de lieux exploitent essentiellement les réseaux sociaux géolocalisés, et les "likes", "checkins" ou évaluations servent de données pour construire et comparer des profils d'utilisateurs (Wang et al. (2013); Li et al. (2016)). Ces informations, indisponibles en grand nombre et pour chaque quartier, sont non pertinentes dans notre contexte

---

Ce travail a été réalisé au sein du LABEX IMU (ANR-10-LABX-0088) de l'Université de Lyon, dans le cadre du programme "Investissements d'Avenir" (ANR-11-IDEX-0007) de l'Etat Français.

1. Compétition Netflix, http://www.netflixprize.com/

(e.g., un quartier où l'on aime sortir n'est pas forcément un quartier où l'on souhaite habiter). Enfin, un dernier défi consiste à identifier les informations à recueillir auprès des utilisateurs pour lancer une recommandation. Des plateformes comme Airbnb[2] ou Rue89 Lyon[3] offrent un service de découverte d'un quartier idéal, mais restent limitées en terme de villes (une vingtaine pour Airbnb) ou en terme de critères (en général une dizaine). Le système de recommandation immobilière de Yuan et al. (2013) a été proposé pour quelques villes de Corée du Sud. Il se concentre davantage sur la recommandation de logement que sur celle de quartier, ce dernier n'étant qu'un critère parmi d'autres. Trois profils d'utilisateurs ont été définis, et le moteur trouve des recommandations par *case-based reasoning*, i.e., par comparaison avec des cas résolus. Un tel système est difficilement généralisable pour l'ensemble d'un pays.

Afin de dépasser ces différentes limites, nous avons développé un nouveau prototype de système de recommandation et de regroupement de quartiers pour la France : VizLIRIS. Nous détaillerons d'abord le coeur de ce prototype (intégration de données et fonctionnement des algorithmes) pour ensuite le présenter et démontrer son utilité à travers deux scénarios.

2 Un outil de comparaison entre quartiers

Le prototype inclut d'abord une étape de préparation (collecte des données) avant d'appliquer des algorithmes de comparaison ou de similarité entre quartiers.

Intégration de données. Pour collecter une quantité suffisante de données, nous utilisons l'unité géographique de l'INSEE appelée IRIS (Ilots Regroupés pour l'Information Statistique). Un IRIS est une maille du territoire, découpé de façon relativement homogène (même nombre d'habitant.e.s). Il est défini par un code, son contour (ensemble de coordonnées géographiques), mais aussi par plus de 800 indicateurs bruts (e.g. le nombre de boulangeries, la répartition par type de logement ou par catégorie socio-professionnelle) répartis dans une vingtaine de sources INSEE. Ces informations sont complétées par d'autres sources pour les prix moyens au m^2 (au niveau de la commune ou d'un arrondissement). Les indicateurs collectés pour chaque IRIS sont très spécifiques et doivent être regroupés en indicateurs synthétiques pour pouvoir être traités de façon systématique sur un grand nombre d'IRIS. Nous avons donc une trentaine d'indicateurs synthétiques (e.g., loisirs, commerces de proximité). Le voisinage d'un IRIS est également pris en compte pour se rapprocher du concept de quartier (un IRIS étant généralement plus petit qu'un quartier). Les mappings requis par cette intégration ont été développés à la main, et les données intégrées sont stockées au format GeoJSON.

Comparaison de quartiers. Pour l'élaboration du prototype, nous nous sommes placés dans le cas hypothétique où les clients recherchent un quartier similaire à celui dans lequel ils habitaient auparavant. Huit algorithmes sont utilisés pour recommander ou regrouper des quartiers similaires. Ils prennent en entrée un ou plusieurs quartiers de départ (e.g., domicile actuel, autres quartiers appréciés) et un point d'arrivée (e.g., lieu du nouvel emploi). Les quartiers candidats sont ceux situés dans un rayon donné autour du point d'arrivée. L'algorithme **similarité cosine** permet, dans notre contexte, de calculer directement le degré de ressemblance entre

---

2. Airbnb locations, `http://www.airbnb.fr/locations`
3. Datavilles, `http://www.rue89lyon.fr/?p=88778`

le quartier de départ et les quartiers candidats. Notre **algorithme de l'écart-type** construit un profil "utilisateur" à partir de plusieurs quartiers de départ. Notre hypothèse est qu'un écart-type faible, pour un indicateur, signifie que ce dernier est important. Chaque indicateur du profil a donc un poids calculé selon l'inverse de son écart-type. Ensuite la mesure cosine est appliquée entre le profil construit et les candidats. Les **algorithmes de clustering** (Birch, Kmeans, Mean Shift, Mini Batch KMeans et Spectral Clustering) peuvent être appliqués dans le cas de la recommandation et dans le cas d'un regroupement. Dans le premier cas, les quartiers candidats sont répartis dans des *clusters*, puis on détermine le cluster le plus proche pour le quartier de départ et les candidats appartenant au cluster choisi sont recommandés. Les algorithmes de clustering utilisés pour le regroupement permettent de détecter directement les quartiers les plus similaires au quartier contenant le point d'arrivée. Enfin l'**algorithme de type SVM** (one-class SVM) exploite plusieurs quartiers de départ comme des exemples positifs pour l'apprentissage. Un vecteur de caractéristiques représentatif est construit à partir des coefficients calculés pendant l'apprentissage, et ce vecteur est utilisé comme "quartier de départ fictif" d'un autre algorithme (e.g. similarité cosine ou clustering).

3 Scénarios d'utilisation

Le prototype VizLIRIS est développé en Python et utilise la librairie scikit-learn [4] pour les algorithmes de recommandation et regroupement ainsi que la librairie gdal [5] pour les aspects cartographiques. Plusieurs paramètres (e.g., rayon de recherche, nombre de recommandations) sont réglables au niveau de l'interface. Dans la suite, nous présentons deux cas d'utilisation.

Scénario 1 : recommandation de quartiers. Alice vit à Montpellier dans le centre ville animé de l'Écusson, et elle déménage sur Lyon suite à une mutation professionnelle. Ne connaissant pas sa future ville, il lui est difficile de choisir un quartier où elle se plaira. Dans l'outil VizLIRIS, elle indique sur une carte son point de départ (centre de Montpellier) et choisit une zone d'arrivée de 3 kilomètres à Lyon. La figure 1a montre les recommandations suggérées, parmi lesquelles le *vieux Lyon*, les pentes de la Croix-Rousse ou la Part-Dieu / Brotteaux (avec animation, types de logement et commerces comme critères principaux).

Scénario 2 : regroupement de quartiers. Bob est sociologue et étudie les populations de Paris. La fonctionnalité *regroupement* de VizLIRIS lui permet de trouver les quartiers les plus similaires dans une zone donnée. La figure 1b montre les groupes obtenus avec l'algorithme *Birch* dans un rayon de 3 kilomètres. Bob remarque par exemple que plusieurs zones partagent les mêmes caractéristiques de population, par exemple les berges (couleur violet foncé) ou la périphérie (couleurs bleu ciel et rouge).

Ces deux scénarios illustrent les capacités de VizLIRIS à recommander ou regrouper des quartiers. En terme de perspectives, il est envisagé d'ajouter des justifications pour aider à comprendre les résultats, de faciliter la sélection d'un algorithme et de développer un algorithme pour détecter les quartiers en regroupant les IRIS adjacents similaires.

---

4. scikit-learn, http://scikit-learn.org/
5. Geospatial Data Abstraction Library, http://www.gdal.org/

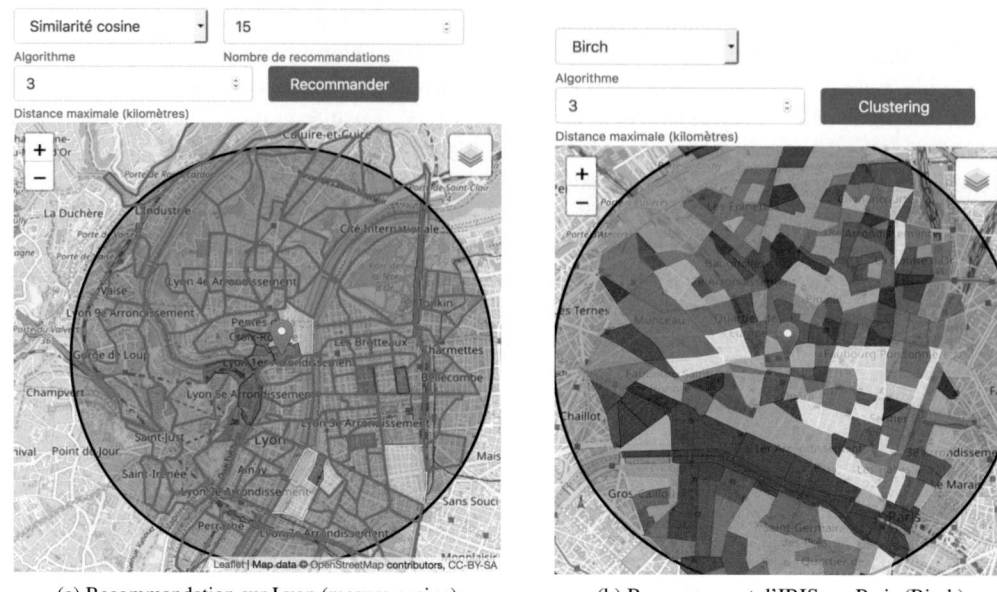

(a) Recommandation sur Lyon (mesure cosine)   (b) Regroupement d'IRIS sur Paris (Birch)

FIG. 1 – *Captures d'écran du prototype VizLIRIS*

Références

Authier, J.-Y., M.-H. Bacqué, et F. Guérin-Pace (2007). *Le quartier*. La Découverte.

Beel, J., B. Gipp, S. Langer, et C. Breitinger (2016). Research-paper recommender systems : a literature survey. *International Journal on Digital Libraries 17*(4), 305–338.

Bobadilla, J., F. Ortega, A. Hernando, et A. Gutiérrez (2013). Recommender systems survey. *Knowledge-Based Systems 46*, 109 – 132.

Li, H., Y. Ge, R. Hong, et H. Zhu (2016). Point-of-interest recommendations : Learning potential check-ins from friends. In *SIGKDD*, pp. 975–984. ACM.

Ricci, F., L. Rokach, B. Shapira, et K. Paul B. (2011). *Recommender systems handbook*. Springer.

Wang, H., M. Terrovitis, et N. Mamoulis (2013). Location recommendation in location-based social networks using user check-in data. In *SIGSPATIAL*, pp. 374–383. ACM.

Yuan, X., J.-H. Lee, S.-J. Kim, et Y.-H. Kim (2013). Toward a user-oriented recommendation system for real estate websites. *Information Systems 38*(2), 231 – 243.

Summary

When moving in a new city, the choice of a future neighborhood is a challenging issue. This paper presents a tool for comparing neighborhoods according to a set of indicators and based on 8 algorithms for recommending or clustering.

WIB : un navigateur intégré pour Wikipédia destiné à l'évaluation participative de modèles de pertinence

Christophe Brouard*, Jean-Pierre Chevallet**, Téo Orthlieb*, Habib Slim*

Univ. Grenoble Alpes, CNRS, LIG, équipes AMA* et MRIM**, Grenoble, France
Christophe.Brouard@univ-grenoble-alpes.fr
http://ama.liglab.fr/ brouard/

Résumé. Nous présentons ici l'application WIB (pour Wikipedia Integrated Browser) qui permet de naviguer dans les documents Wikipédia en même temps que dans les termes contenus dans ces documents et les catégories auxquelles ils appartiennent. Selon le(s) type(s) d'item(s) considéré(s) en entrée et en sortie (termes, documents ou catégories), la tâche résolue par l'application varie (recherche d'information, extension de requête, extraction de mots clefs, classification automatique,...) mais il s'agit toujours de sélectionner les items pertinents vis-à-vis de la requête en s'appuyant sur un modèle de pertinence. Cette application est un moyen d'expérimenter en ligne différents modèles de pertinence. Toutes les actions des utilisateurs sont enregistrées et stockées dans une base de données en vue d'analyses comparatives ultérieures. Une première version de l'application est déjà en ligne (http://echo.imag.fr/apps/echopedia/).

1 Introduction

Au-delà des traditionnels systèmes de recherche d'information qui permettent de sélectionner des documents à partir de mots clefs, on peut s'intéresser plus globalement aux modèles de pertinence (Huang et Soergel, 2013), (Brouard et Nie, 2004) permettant de mettre en relation différentes entités. La recherche de tels modèles qui suppose l'élicitation de la relation liant la requête et l'information pertinente reste un sujet de recherche actuel et la définition de méthodes d'évaluation pour ces modèles est un prérequis. L'évaluation traditionnelle repose sur le paradigme de Cranfield (Harman, 2013) dans lequel un ensemble figé de documents et de jugements de pertinence réalisés par des experts pour des requêtes données servent de base de comparaison aux réponses des systèmes. L'avantage du paradigme de Cranfield est de permettre un certain contrôle. Les experts sont censés fournir des jugements fiables et le nombre de documents étant limité, il est possible d'établir des mesures de rappel (en considérant l'ensemble des réponses pertinentes existant dans le corpus). Néanmoins ce mode d'évaluation suppose la mise à disposition de ressources humaines importantes (beaucoup de jugements de pertinence à produire) et par conséquent ne peut être mis en oeuvre que sur des corpus de taille relativement limité. Ces ensembles de documents, requêtes et jugements de pertinence associés sont par ailleurs fabriqués de façon artificielle. Considérant l'existence de banques de connaissances accessibles en ligne, la recherche de solutions s'appuyant sur une évaluation participative des systèmes de recherche d'information se développe (Kazaï, 2018). Une approche consiste à rendre accessible un système d'interrogation et de recueillir in situ les actions des utilisateurs en vue d'analyses ultérieures. L'intérêt est notamment de pouvoir construire des corpus de taille beaucoup plus importante et directement liés à une véritable utilisation. L'application WIB se situe dans cette approche. Elle permet l'utilisation en aveugle de différents modèles de pertinence en vue de leur comparaison. Dans la suite, nous donnons quelques éléments d'ingénierie sur la prise en main des bases d'articles Wikipédia. Nous continuons en présentant l'application et les différentes tâches qu'elle permet de résoudre. Nous donnons dans la dernière partie quelques éléments architecturaux de l'application qui garantissent une intégration aisée de nouveaux modèles de pertinence. Nous concluons sur le potentiel partage de l'application avec la communauté scientifique.

2 Ingénierie autour de Wikipédia

L'encyclopédie collaborative Wikipédia créée en 2001 a permis le recueil de connaissances sous forme textuelle dans plusieurs centaines de langues sur la base de la participation des internautes. Il s'agit de la plus grande encyclopédie du monde et les sites de cette encyclopédie en ligne sont très visités. Elle contient par exemple actuellement plus de 2 millions d'articles en français. L'intégralité des contenus peut être récupérée selon différents formats à partir de la page https ://dumps.wikimedia.org/. Les articles Wikipédia respectent une structure mélangeant du XML et le format dédié WikiText. Nous avons développé un parseur paramétrable et utilisable via une interface graphique (figure 1) pour nous permettre d'extraire facilement de ce fichier les informations utiles à nos expérimentations. Afin de réaliser de premiers tests, nous avons extrait pour chaque article, son titre, les catégories auxquelles il appartient et les 100 premiers termes de son introduction.

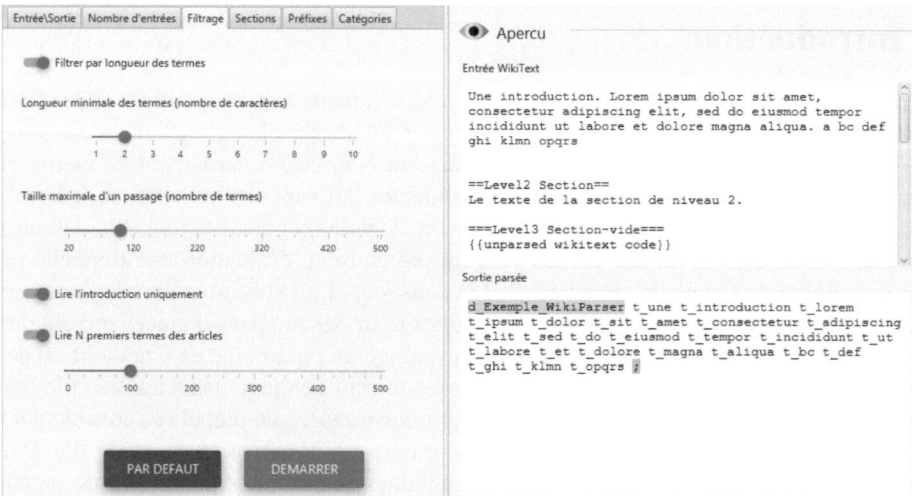

FIG. 1 – *Interface du parseur. Il est possible d'indiquer qu'on ne souhaite garder que l'introduction de chaque article et les 100 premiers termes.*

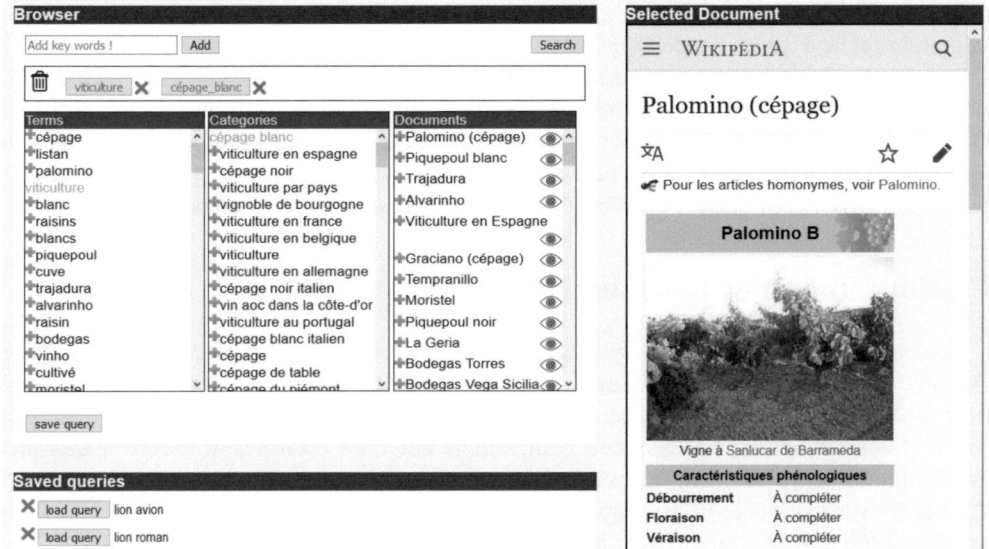

FIG. 2 – *Interface du navigateur WIB. Ici la requête est composée du terme "viticulture" et de la catégorie "cépage blanc". Des termes, catégories et documents sont proposés en réponse.*

3 Un navigateur intégré

Le navigateur WIB (figure 2) permet de définir sa requête avec des termes et/ou des documents et/ou des catégories et présente en retour des termes, des documents et des catégories qu'il est possible d'ajouter ensuite à sa requête pour réitérer le processus. Selon le type des entrées et des sorties observées, on peut déjà identifier neufs types de tâches différentes si on considère des requêtes composées du même type d'item. Par exemple, lorsque la requête ne contient que des termes et qu'on ne considère que les documents proposés en résultat, il s'agit d'une simple tâche de recherche d'information. Toujours avec des termes dans la requête mais dans le cas où le résultat considéré est la liste des catégories cela s'apparente à une tâche de classification automatique et si on considère les termes proposés en résultat cela peut être vu comme une extension de requête. On peut aussi utiliser l'application pour extraire les mots clefs d'un document ou d'une catégorie ou chercher les documents ou les termes correspondant à une ou plusieurs catégories.

4 Un outil de comparaison

En l'état actuel, l'application s'appuie sur le modèle de pertinence ECHO (Brouard, 2012) mais l'objectif est d'intégrer d'autres modèles pour les comparer entre eux. Toutes les actions utilisateurs regroupées par session d'utilisation sont stockées dans une base de données. Ces actions et en particulier les choix d'ajout à la requête peuvent être interprétés comme des retours indiquant une satisfaction de l'utilisateur et pourront être exploitées par la suite pour comparer les différents modèles. L'application a été conçue avec le souci de permettre une intégration facile d'autres modèles de pertinence. Toutes les interactions de l'application WIB avec le modèle de pertinence sous-jacent se matérialise par un appel AJAX. Pour pouvoir être intégré à l'application un nouveau modèle de pertinence doit se conformer à une API bien définie et être mentionnée dans le fichier de configuration de l'application. Cette API consiste en un simple script php recevant les requêtes composites au format JSON et retournant les 100 premiers résultats pour chaque facette (termes, documents, catégories) dans ce même format.

5   Conclusion et perspectives

Le calcul de certains indices de performance vont être ajoutés à l'application pour pouvoir comparer les différentes instances entre elles. Le code de cette application pourra à terme être mis à la disposition de tous permettant à chacun de créer sa propre instance avec son modèle de pertinence ou ses systèmes dédiés mais quelques efforts sont encore nécessaires pour faciliter le déploiement de nouvelles instances de l'application. L'instance de l'application (s'appuyant sur le modèle ECHO) qui est déjà en ligne : http ://echo.imag.fr/apps/echopedia/ nous permettra d'obtenir un premier retour d'utilisation.

Références

Brouard, C. (2012). Document classification by computing an echo in a very simple neural network. In *IEEE International Conference on Tools with Artificial Intelligence*, pp. 735–741.

Brouard, C. et J.-Y. Nie (2004). Relevance as resonance: a new theoretical perspective and a practical utilization in information filtering. *Information Processing and Management 40*, 1–19.

Harman, D. (2013). Trec-style evaluations. In *Proceedings of the 2012 International Conference on Information Retrieval Meets Information Visualization*, PROMISE'12, pp. 97–115. Springer-Verlag.

Huang, X. et D. Soergel (2013).   Relevance: An improved framework for explicating the notion. *JASIST 64(1)*, 18–35.

Kazaï, G. (2018). Challenges in building ir evaluation pipelines. In *Keynote of 40th European Conference on Information Retrieval*.

Summary

Here we present the WIB application (for Wikipedia Integrated Browser) that allows browsing Wikipedia documents. Depending on the type (s) of item (s) considered as input or output (terms, documents or categories), the task resolved by the application varies (information retrieval, query extension, keywords extraction, automatic classification, ...) but the question is always to cope with the selection of the relevant items. This application is a way to experiment online with different models of relevance. This application is currently available on the web at the following url : http://echo.imag.fr/apps/echopedia/.

Analyse de comportements relatifs exceptionnels expliquée par des textes : les votes du parlement européen.

Charles de Lacombe*, Antoine Morel**, Adnene Belfodil*, François Portet**, Cyril Labbé**,
Sylvie Cazalens*, Marc Plantevit***, Philippe Lamarre*

*Université de Lyon, INSA Lyon, LIRIS UMR 5205
prenom.nom@liris.cnrs.fr
**Univ. Grenoble Alpes, CNRS, Grenoble INP, LIG, 38000 Grenoble, France
prenom.nom@imag.fr
***Université de Lyon, Université Claude Bernard Lyon 1, LIRIS UMR 5205
prenom.nom@liris.cnrs.fr

Résumé. L'algorithme de fouille DEBuNk permet d'identifier des groupes et des contextes montrant un comportement relatif exceptionnellement différent par rapport à celui généralement observé pour ces mêmes groupes. Pour rendre la compréhension et l'interprétation des résultats plus aisées, l'interface graphique inclut un module de génération de texte qui transcrit les motifs trouvés en langage naturel. Nous illustrons notre approche avec la plate-forme web ANCORE, sur les données de vote du parlement européen durant les deux derniers mandats.

1 Introduction

La plateforme web ANCORE [1] (Analyse de Comportements Relatifs Exceptionnels) permet de découvrir, dans le contexte des votes du parlement européen, des groupes d'individus et des contextes montrant des différences remarquables concernant leur entente, ou mésentente, usuelle. Par exemple, alors que, globalement, les votes des députés européens du Rassemblement National et du Front de Gauche témoignent d'un fort désaccord entre ces deux partis, on observe une convergence des votes pour la thématique "Relations extérieures avec l'UE".

La plateforme (section 2) met en œuvre l'algorithme de fouille de motifs exceptionnels DEBuNk (Belfodil et al. (2017)). La visualisation des résultats intègre un module de génération automatique de textes facilitant la compréhension et l'interprétation des résultats. La démonstration développe un scénario de vérification (section 3) d'affirmation et montre comment apporter un éclairage sur les accords et les désaccords de groupes parlementaires, tels que reflétés par les votes.

2 La plateforme ANCORE

Module DEBuNk (Belfodil et al. (2017)). Il relève d'une tâche EMM (Exceptional Model Mining (Duivesteijn et al. (2016))). Il s'applique à des *"données comportementales"* $\langle E, I, O, o \rangle$

---

1. Accessible via le lien : contentcheck.liris.cnrs.fr

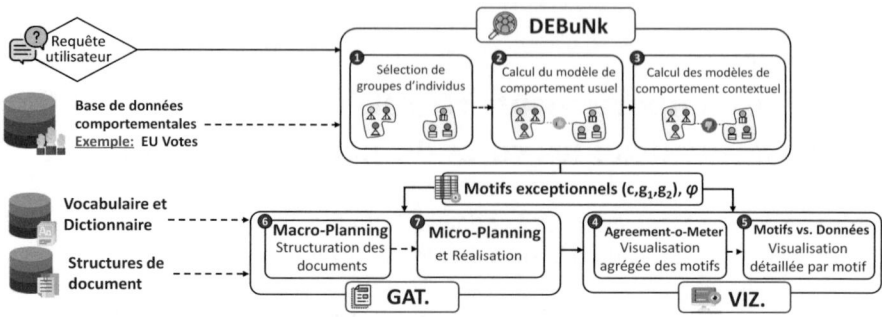

FIG. 1 – *Aperçu général de la plateforme* ANCORE

où un *ensemble d'individus* (I) expriment des *actions* (O) (par ex. votes, opinions, évaluations) ($o : I \times E \to O$) sur des *entités* (E). Par exemple, au Parlement Européen [2], des parlementaires (*individus*) votent (*'pour'*, *'contre'*, *'abstention'*) sur des scrutins (*entités*). *Entités* et *individus* sont décrits par des attributs qui peuvent être catégoriques (ex. commission), numériques (ex. date) ou hiérarchiques (ex. hiérarchie de thématiques). Une conjonction de restrictions sur les valeurs des attributs permet de définir, soit un groupe d'individus, soit un groupe d'entités aussi appelé *contexte*. Certains contextes, particulièrement clivants ou très consensuels, induisent des changements très importants par rapport aux comportements usuels. DEBuNk découvre de tels contextes ainsi que les couples de groupes pour lesquels de tels changements sont observables.

En considérant deux groupes d'individus g_1 et g_2 dans un contexte $c \subseteq E$, DEBuNk estime la similitude de leurs comportements en étudiant le nombre de scrutins sur lesquels les deux groupes ont voté de la même manière [3] : $sim^c(g_1, g_2) = \frac{\sum_{e \in c^{\square}} \mathbb{1}[M(g_1,e)=M(g_2,e)]}{|c^{\square}|}$. Comparer cette similarité avec celle obtenue en considérant tous les scrutins $sim^*(g_1, g_2)$ permet d'évaluer l'impact du contexte c sur les groupes g_1 et g_2 (cf. 1, 2 et 3 de la Figure 1).

L'espace à explorer est si important qu'une évaluation par force brute se révèle impossible. DEBuNk met en œuvre plusieurs techniques (opérateurs de fermeture , heuristiques optimistes...) pour fournir une liste exhaustive des motifs pertinents avec leur qualité $\langle p = (c, g_1, g_2), \varphi(p) \rangle$ tout en validant des contraintes données a priori par l'utilisateur : seuil minimal de qualité, taille minimale d'un groupe, taille minimale d'un contexte.

Modules GAT et VIZ. La plateforme ANCORE vise à pallier la difficulté d'interprétation des résultats issus de DEBuNk en fournissant une description claire, en anglais, exprimant de manière neutre la signification de chacun de résultats.

La difficulté la plus importante réside dans la description des groupes identifiés. Ceux-ci pouvant être formés à partir des propriétés individuelle des députés (nom, prénom, date de naissance, genre), des groupes parlementaires (ex : S&D), des partis politiques (ex : LR), des propriétés des pays (population, système politique, langues, GDP, nombres de sièges, appartenance à l'espace Schengen...), il en résulte un grand nombre de possibilités.

---

2. Parltrack http://parltrack.euwiki.org/ - données du Parlement Européen.

3. Avec M fonction calculant le vote majoritaire d'un groupe g sur un scrutin e ; $\mathbb{1}(\cdot)$ fonction indicatrice (1 si la condition paramètre est vraie, 0 sinon) ; et, $\bullet^{\square}$ support de la description $\bullet$.

L'approche classique de GAT consiste à utiliser des modèles de phrases prédéfinis permettant de décrire chacune des associations possibles entre propriétés. Le nombre de possibilités étant ici très important, les modèles de phrases sont générés automatiquement en fonction des résultats de DEBuNk. Une propriété est décrite par un adjectif et le reste par un complément. Le paramètre mis en adjectif est choisi selon l'ordre de priorité suivant : genre, nationalité, parti européen, parti national. La date de naissance est toujours donnée en complément.

Les modèles de phrase prennent la forme d'arbres capturant la structure syntaxique de la phrase. Ces modèles sont complétés en fonction des résultats fournis et un réalisateur de surface SimpleNLG (Gatt et Reiter (2009)) permet de produire la forme finale de la phrase en appliquant les règles grammaticales : accords en nombre et en genre des verbes et des adjectifs.

En complément des informations inclues dans le motif et de la transcription textuelle, le module VIZ fournit d'autres éléments synthétiques comme par exemple l'*Agreement-O-Meter* qui décrit grâce à une jauge le degré d'accord usuel entre les deux groupes et l'intensité du changement observé. L'utilisateur peut aussi naviguer dans les données correspondant à un motif pour mieux l'analyser et le comprendre : scrutins correspondant au motif, code couleur indiquant le niveau d'accord/désaccord, lien vers leur descriptif officiel, votes individuels ...).

3 Scénario

L'article "Les groupes au Parlement européen, des alliances parfois surprenantes"[4]. En parlant du PPE, le principal groupe politique de la 8e législature, il affirme que la volonté de rassembler le plus de partis possible occasionne parfois "des alliances parfois surprenantes". Un exemple en particulier est donné, celui du parti Fidesz (Hongrie). Nous pouvons nous poser plusieurs questions pour étudier cette affirmation, dont :

— Le Fidesz est-il en conflit par rapport au reste du PPE ?
— Le Fidesz a-t-il des conflits avec certains partis spécifiques du PPE ?
— Existe-t-il d'autres conflits au sein du PPE ?

Nous étudions ici les deux premières questions. La troisième le sera lors de la démonstration.

Le Fidesz par rapport au reste du PPE. Grâce à DEBuNk, nous recherchons les sujets conflictuels entre le Fidesz et le reste du PPE. En filtrant les résultats pour n'afficher que les motifs qui concernent l'ensemble du PPE, le premier chiffre qui ressort est que le Fidesz vote en accord avec le reste du groupe pour 94% des scrutins. Les motifs de désaccord les plus importants trouvés concernent l'agriculture et le fonctionnement administratif de l'UE.

Le Fidesz par rapport à d'autres partis du PPE. Avec les mêmes paramètres de recherche, on s'intéresse cette fois aux motifs qui opposent le Fidesz à un autre parti. Celui qui présente le plus grand désaccord exceptionnel avec le Fidesz est le Partido Popular espagnol, avec une chute de 91% à 10% d'accord, pour deux contextes (figure 2) identifiés par les sujets : *[2 Internal market - 4.10 Social policy]* d'une part et *[4.10.07 The elderly]* d'autre part. Parmi les autres partis présentant de forts désaccords avec le Fidesz sur des sujets spécifiques, on trouve plusieurs partis, tous constitués de 3 députés ou moins.

Nous recherchons ensuite les motifs d'accord exceptionnel avec d'autres partis membres du PPE ; pour obtenir des résultats, nous devons baisser le seuil minimal de qualité, ce qui tend à montrer que le PPE a globalement une ligne cohérente. Cette requête fait ressortir deux partis :

---

4. goo.gl/43MM3k, article paru sur le site de la RTBF le 23 octobre 2015

Patterns	Relative change	Group A	Group B	Context
Normal agreement: 91% Context agreement: 10% Intensity: 81%	-89%	NATIONAL_PARTY: Fidesz-Magyar Polgári Szövetség-Kereszténydemokrata Néppárt	NATIONAL_PARTY: Partido Popular	PROCEDURE_SUBJECT: - 2 Internal market, single market - 4.10 Social policy, social charter and protocol
Normal agreement: 91% Context agreement: 10% Intensity: 81%	-89%	NATIONAL_PARTY: Fidesz-Magyar Polgári Szövetség-Kereszténydemokrata Néppárt	NATIONAL_PARTY: Partido Popular	PROCEDURE_SUBJECT: - 4.10.07 The elderly

The first group gathers Fidesz-Magyar Polgári Szövetség-Kereszténydemokrata Néppárt MEPs.
The second group gathers Partido Popular MEPs.
In general terms the two groups are in agreement.

But on 30 ballots we observe a strong disagreement between majorities of the two groups.
This is witnessed by a decrease of similar majority vote from 91% to 10%.

The conflictual subject is:
- 4.10.07 The elderly
The two groups bring together 12 and 19 individuals respectively.

FIG. 2 – *Motifs de désaccord entre le Fidesz et le Partido Popular - Le texte décrit le motif*

le Partido da Terra (Portugal), et le Centre Démocrate Humaniste (Belgique, mentionné dans l'article), tous deux constitués d'un seul député et présentant respectivement un accord habituel de 75% et 76% avec le Fidesz. Les partis qui présentent des situations d'accord exceptionnel avec le Fidesz, et qui sont donc dans le cas général suffisamment en désaccord avec, sont les mêmes que précédemment. À noter qu'ils sont constitués de peu de membres.

Dans des travaux futurs, il serait intéressant d'explorer d'autres mesures de similitude de comportements pour découvrir des contextes exceptionnellement clivants/consensuels au sein d'un même parti/groupe politique, par exemple, en exploitant l'index de cohésion (Hix et al. (2003)) ou l'index de Krippendorff (Hayes et Krippendorff (2007)).

Remerciements. Ce travail a été partiellement financé par le projet ANR *ContentCheck*.

Références

Belfodil, A., S. Cazalens, P. Lamarre, et M. Plantevit (2017). Flash points : Discovering exceptional pairwise behaviors in vote or rating data. In *ECML/PKDD*.

Duivesteijn, W., A. J. Feelders, et A. Knobbe (2016). Exceptional model mining. *Data Mining and Knowledge Discovery 30*(1), 47–98.

Gatt, A. et E. Reiter (2009). Simplenlg : A realisation engine for practical applications. In *The 12th European Workshop on Natural Language Generation*, ENLG.

Hayes, A. F. et K. Krippendorff (2007). Answering the call for a standard reliability measure for coding data. *Communication methods and measures 1*(1), 77–89.

Hix, S., A. Kreppel, et A. Noury (2003). The party system in the european parliament : Collusive or competitive ? *JCMS : Journal of Common Market Studies*.

Summary

We use DEBuNk , a data mining algorithm which enables identifying groups and contexts showing a relative behavior that is exceptional, compared to the usual relative behavior of these groups. For a better understanding and interpretation of the results, the visual interface includes a text generation module which transcribes the obtained patterns into texts. We illustrate our approach through the web platform ANCORE with voting data from the European Parliament.

Dataforum : Faciliter l'échange, la découverte et la valorisation des données à l'aide de technologies sémantiques

Yoan Chabot*, Patrick Grohan**
Gilles Le Calvez***
Christèle Tarnec**

*Orange Labs Belfort,
yoan.chabot@orange.com
**Orange Labs Sophia Antipolis
***Orange Labs Lannion

Résumé. Seulement 10% des données disponibles en entreprise sont réellement utilisées tandis que les 90% restants ("dark data") restent inexploitées (Veritas, 2016). Dans une économie où la donnée est le nouveau pétrole, des outils facilitant la découverte et la compréhension de gisements de données représentent une opportunité importante. Cette démonstration présente Dataforum, une plateforme d'échange ciblant les organisations désireuses de partager de grands gisements de données d'une manière simple, rapide et fiable.

1 Introduction

Un des leviers de la création de services innovants est l'agrégation et l'analyse de données hétérogènes provenant de sources internes ou externes à l'entreprise (De Filippi, 2013). Cependant, l'ouverture de grandes masses de jeux de données entre organisations soulèvent de nombreux problèmes :

— Les données libérées découlent de connaissances métiers qui ne sont pas nécessairement possédées par leurs consommateurs. Cela complexifie la compréhension des données (étape critique, notamment pour la création de modèles par les data scientists).

— Le grand volume de données complexifie l'identification de jeux de données pertinents pour un besoin donné (une tâche à laquelle s'attaque Google Goods (Halevy et al., 2016)).

— De nombreux cas d'utilisations nécessitent de casser les barrières entre des silos de données. Cette tâche est rendue complexe par de multiples formes d'hétérogénéité des données (Pluempitiwiriyawej et Hammer, 2000).

— L'ouverture des données à des tiers constitue une évolution importante des usages. Les entreprises sont encore réticentes quant à ce partage par crainte des transgressions des consommateurs de la donnée (p. ex. l'appropriation d'un jeu de données sans accord préalable). Symétriquement, le consommateur attend des garanties quant à la qualité, la crédibilité et la traçabilité des données.

Ce papier présente Dataforum, un écosystème ouvert et auditable offrant des solutions aux challenges soulevés précédemment. Ce système, développé par Orange Labs, s'appuie sur les technologies du Web sémantique, du traitement automatique du texte et de l'apprentissage automatique.

2   Plateforme Dataforum

L'approche choisie est d'utiliser un système de gestion de métadonnées n'impactant pas les jeux de données et les systèmes les hébergeant. L'élément central de Dataforum est un modèle de métadonnées, appelé sem4DS (SEMantics for DataSet, section 2.1), décrivant les jeux de données de manière précise et compréhensible. Afin d'assister les producteurs dans la description de leurs données, Dataforum introduit une chaîne d'algorithmes (section 2.2) suggérant des métadonnées. Enfin, grâce à des outils de recherche et de recommandation (section 2.3) les utilisateurs peuvent découvrir de nouvelles données pertinentes pour leurs besoins.

2.1   Modèle de métadonnées

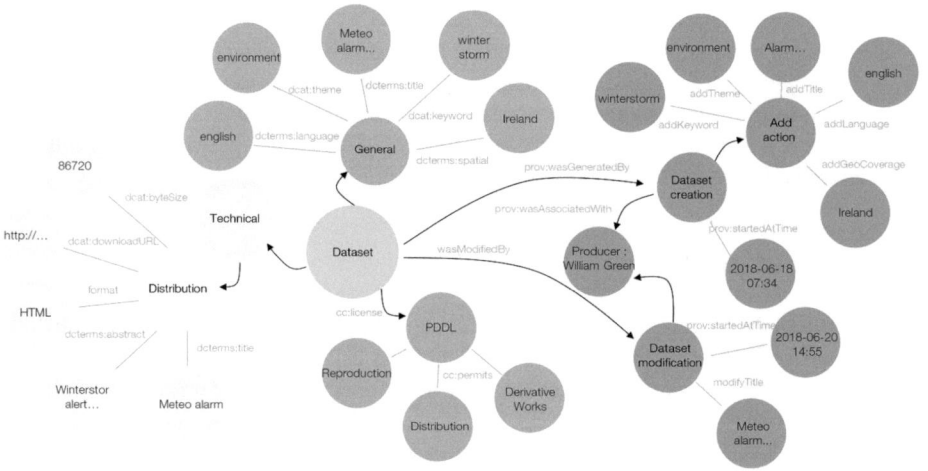

FIG. 1 – *Description d'un jeu de données à l'aide de sem4DS (descripteurs génériques en vert, techniques en jaune clair, provenance en violet et conditions d'utilisation en bleu)*

sem4DS est une agrégation de plusieurs modèles sémantiques reconnus et d'extensions développées pour les besoins de la plateforme : DCMI et DCAT pour décrire le contenu des jeux de données, PROV-O et DataId (Brümmer et al., 2014) pour spécifier la provenance des données et CCREL (Abelson et al., 2008) pour modéliser les licences. sem4DS est organisé autour de deux concepts principaux : le jeu de données et ses distributions (c.-à-d. les fichiers mis à disposition pour un jeu de données). Le modèle est découpé selon quatre catégories :
— Les descripteurs génériques décrivant le contenu des jeux de données (p. ex. titre, mots-clefs, langue, thème, couverture géographique). Ils permettent d'améliorer la recherche et la compréhension des jeux de données via une description formelle et précise de leur signification.

— Les descripteurs techniques fournissant des informations sur le support du jeu de données (p. ex. taille du fichier et format, URL de téléchargement).

— Les descripteurs de provenance spécifiant d'où proviennent les données, les personnes et les organisations contribuant au partage des données ainsi que les actions réalisées (copie, modification, etc.). Ces descripteurs permettent de connaître l'historique d'un jeu de données et de suivre ses utilisations sur la plateforme.

— Les descripteurs de conditions d'utilisation modélisant les licences apposées sur les jeux de données (c.-à-d. autorisations, interdictions et exigences que doivent respecter les consommateurs).

2.2 Sémantisation des jeux de données

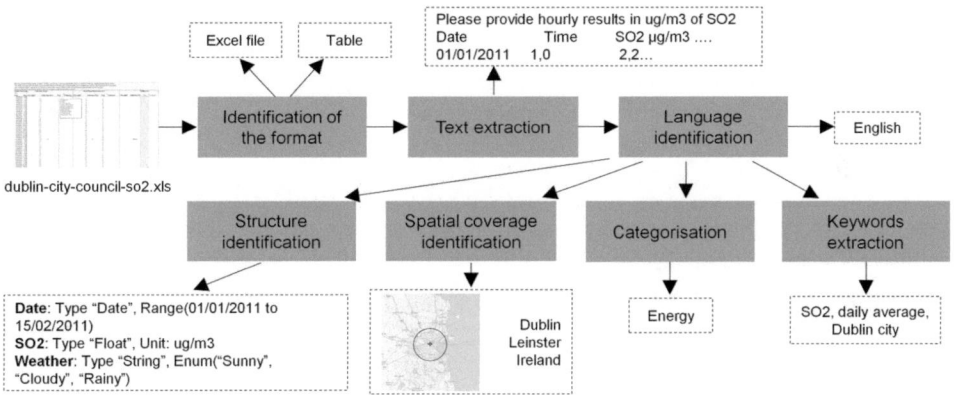

FIG. 2 – *Chaîne de sémantisation pour la caractérisation automatique de jeux de données ("Structure identification" et "Spatial coverage identification" sont des travaux en cours)*

Pour référencer un grand nombre de jeux de données et proposer des dispositifs de recommandation, il est nécessaire de disposer d'outils de caractérisation automatique adaptés à la très grande hétérogénéité des données en termes de contenu et de contenant. La plateforme propose une chaîne d'algorithmes (voir figure 2), activable à la demande par le producteur de données, générant automatiquement des métadonnées pour décrire le contenu d'un ensemble de données (langues, thèmes, mots clés, couverture géographique) et ses contenants (formats et taille des fichiers). Les traitements sémantiques se basent sur des techniques à base de trigrammes pour l'identification de la langue et à base de modèles de Markov associés à des traitements linguistiques et des techniques de recherche d'informations pour les autres métadonnées sémantiques. La chaine permet de traiter sept langues : anglais, français, néerlandais, espagnol, slovaque, roumain et allemand.

2.3 Recherche et recommandation

Le moteur de recherche de Dataforum permet à des non-initiés de sélectionner des critères de recherche (mots-clefs, thème, licence, langage, etc.) afin de générer automatiquement des requêtes SPARQL. L'utilisateur obtient les résultats de sa recherche sous forme de "cartes" synthétiques et peut obtenir de plus amples informations via une vue graphe (présentée dans la figure 1).

La richesse du modèle sem4DS permet également de fournir des suggestions aux utilisateurs en fonction des jeux de données récemment consultés. Dataforum utilise pour cela Reperio, un moteur de recommandation développé à Orange Labs (Meyer, 2012). Dans la version actuelle de la plateforme, les mots-clefs et les thèmes sont utilisés pour mesurer les similarités entre jeux de données. Grâce à une visualisation du graphe de similarité, l'utilisateur peut naviguer de manière intuitive dans les jeux de données de proche en proche (noeuds = jeux de données, arcs = relations de similarité).

3 Perspectives

Le système présenté est un prototype de recherche en cours de déploiement pour répondre aux besoins des propriétaires de données et des data scientists de l'entreprise Orange.

Références

Abelson, H., B. Adida, M. Linksvayer, et N. Yergler (2008). ccREL : The Creative Commons Rights Expression Language.

Brümmer, M., C. Baron, I. Ermilov, M. Freudenberg, D. Kontokostas, et S. Hellmann (2014). DataID : Towards Semantically Rich Metadata For Complex Datasets. In *Proceedings of the 10th International Conference on Semantic Systems - SEM '14*, New York, USA, pp. 84–91. ACM Press.

De Filippi, P. (2013). Une charte éthique pour le Big Data. *Documentaliste-Sciences de l'Information*, 8–9.

Halevy, A., F. Korn, N. F. Noy, C. Olston, N. Polyzotis, S. Roy, et S. E. Whang (2016). Goods : Organizing Google's Datasets. In *Proceedings of the 2016 International Conference on Management of Data - SIGMOD '16*, pp. 795–806.

Meyer, F. (2012). Recommender systems in industrial contexts. *arXiv preprint arXiv :1203.4487*, 170.

Pluempitiwiriyawej, C. et J. Hammer (2000). A classification scheme for semantic and schematic heterogeneities in XML data sources. *Technical report TR00-004 2000*(September).

Veritas (2016). Identify the value, risk and cost of your data. Technical report.

Summary

Only 10% of the available data is actually used while the remaining 90%, called "dark data", remains unused (Veritas, 2016). In an economy where data is the new oil, tools to facilitate the discovery and understanding of datasets represent an important opportunity. This demonstration presents Dataforum, an exchange platform targeting organizations that want to share datasets in a simple, fast and reliable way on a large scale.

MMS Explore : un outil de visualisation interactive pour l'analyse qualité de flux données temporelles

Zied Ben Othmane*, Cyril De Runz**
Amine Ait Younes**, Vincent Mercelot*

*KantarMedia, 2 Rue Francis Pédron, 78241 Chambourcy - France
{zied.benothmane, vincent.mercelot}@kantarmedia.com,
http://www.kantarmedia.com
**CReSTIC, MODECO, Université de Reims Champagne-Ardenne
Chemin des Rouliers CS30012 51687 REIMS CEDEX 2
{cyril.de-runz, amine.ait-younes}@univ-reims.fr
http://crestic.univ-reims.fr/

Résumé. Les flux données web récoltés par les robots doivent avoir un haut niveau de véracité pour pouvoir déterminer des connaissances précises. Aussi, analyser leur qualité est primordial à la vue notamment des imperfections intrinsèques aux données. Dans cet article, nous présentons un outil de visualisation interactive permettant d'analyser la qualité de ces flux temporels.

1 Introduction

Les données récoltées par les capteurs sont de plus en plus mises en question au vue de la difficulté de vérifier leurs sens. Cette dernière est due à la grande masse de données récoltées mais aussi à cause d'autres facteurs comme la temporalité, l'incertitude (Ba et al., 2016), l'incomplétude, etc. L'information traitée à partir de ces données peut alors être mise en cause. Ainsi la détermination de connaissances précises et fiables nécessite donc un système vérifiant leur véracité (Lukoianova et Rubin, 2014).

Nous sommes dans un contexte de récolte des données web. Nous nous focalisons sur l'analyse des fichiers de log spécifiques à la récolte des bannières publicitaires. Le système de recueil enregistre a priori toutes les informations qui tournent autour de la publicité sur une page web (e.g. le nom du site, l'url, la catégorie, la méta-catégorie, etc.). Cet axe de travail est au départ d'une chaîne de traitements non abordée dans cet article. L'information finale dépend fortement des données d'entrées récoltées par les capteurs.

Dans ce contexte, il est important d'avoir un système vérifiant leur qualité. Nous souhaitons développer un prototype pour l'analyse de la qualité de ces données en tenant compte de leurs spécificités. Nos données sont imprécises. En effet, le nombre des bannières récoltées dans une période du temps peut varier sans forcément que le nombre réel de bannières affichées varie. Cela peut être dû à des bogues de développement, à l'emploi de technologies visant à gêner la récolte des données, etc. De plus, nous avons observé des discontinuités remarquables dans la récolte en fonction des sites.

Notre modèle d'analyse doit donc prendre en considération toute la complexité des données. Afin d'explorer les informations fournies par notre modèle, nous proposons un système visuel interactif. Dans cet article, nous présentons dans un premier temps les approches utilisées pour la définition de notre modèle. Nous présentons ensuite notre outil, appelé MMS Explore, qui met en œuvre les indicateurs nécessaires pour évaluer la qualité des flux temporels.

2 Approches intégrées

Afin d'analyser la qualité du recueil, notre outil exploite les approches et notions suivantes (pour les définitions formelles, cf. Z. b. Othmane (2018)) :

— Quantiles : Nous proposons de projeter les données dans leur quantile par rapport à un ensemble étudié. C'est une approche qui apporte un nouveau mode de comparaison des données en les passant du volume brute au volume relatif . Le volume relatif (quantiles) donne naissance à des chronologies de positionnement temporel interne et externe du recueil (Utkin et al., 2014). Le positionnement interne d'un média permet une comparaison de ses données à un instant vis à vis de ses données connues lors de l'analyse. On positionne la donnée récoltée à un instant t par un capteur donné dans l'ensemble des données récoltées connues par ledit capteur. Le positionnement externe correspond à la position d'une donnée à un temps t par rapport à toutes les autres données d'une sélection définie. On positionne donc la donnée par rapport à l'ensemble des autres données récoltées par les capteurs sélectionnés (Destercke et al., 2015). Ces deux informations nous permettent de construire des indicateurs de cohérence et de variabilité du flux analysé. Pour l'absence d'une donnée, l'approche lui affecte une position distinct dite Q_O. Cette nouvelle position reflète l'ignorance totale sur la valeur de la récolte (absence/non-existence). Cette approche permet de couvrir de l'imprécision des données et de gérer l'incertitude résultante en les représentant dans un domaine approprié (Cappiello, 2015). Le choix des paramètres de ce domaine tel que le nombre de quantile, l'échelle, etc. sont paramétrables dans notre outil (Z. b. Othmane, 2018).

— Variabilité : la variabilité est définie selon deux versions permettant de calculer un score par rapport au mouvement du recueil d'une sélection. Ces définitions permettent d'avoir des scores relatifs au mouvement interne et externe, i.e. sur la volatilité d'un mouvement vis à vis du reste mais aussi sur sa cohérence intrinsèque. Les scores engendrés nous ont permis de détecter de possibles problèmes au niveau du recueil. Ces derniers sont représentés dans notre outil par des points singuliers pouvant mettre en évidence l'existence de possibles dysfonctionnements (anomalies) au niveau des capteurs.

— Stabilité : La stabilité est la mise en relation de la variabilité externe avec la variabilité interne (dite cohérence). Son objectif est de quantifier la stabilité totale, i.e. une mesure globale de la qualité du fonctionnement d'un capteur. Ce score peut se présenter comme une indicateur statique déterminé suite à une mesure sur un temps précis ou sur une catégorie précise ou bien pendant une période de temps. Ce quantifieur est défini pour un média (un capteur), une variable étudiée, et une période.

— La discontinuité de la récolte : Nous sommes dans un contexte des données temporelles volumineuses, la détection des arrêts et reprises de la récolte d'un ensemble des capteurs est délicat (Cappiello et al., 2018). Notre outil intègre des graphiques aidant à juger la continuité des enregistrements (présence/absence par exemple). Un système d'alerte allant sur 4 positions complète le dispositif. Il indique le niveau d'urgence, i.e. le degré de la nécessité d'une intervention rapide.

3 Présentation de l'outil

Notre outil de visualisation interactive exploite les données de logs organisées par variables d'étude. La partie *Back-end* s'occupe de la préparation des données et indicateurs nécessaires à l'interface visuelle interactive contenant les tableaux de bords appropriés (partie *Front-end*). Ces deux parties interagissent ensemble selon les choix interactifs de l'utilisateur. Le logiciel dans ses deux parties peut appeler des scripts externes pour affiner les analyses.

L'outil propose divers *dashboards*, complémentaires et interagissant entre eux, qui intègrent les approches d'analyses cités ci-dessus pour valider la qualité d'un recueil. L'interactivité assurée par notre outil permet de mieux comprendre la qualité de la récolte en permettant une exploration profonde.

Afin de permettre à l'utilisateur d'avoir une idée globale sur la qualité des flux temporels, notre outil propose des :

— Visualisations en graphiques ordinaires : des graphiques permettant une navigation dans divers axes d'analyse.
— Visualisations des mesures statistiques : des mesures qui se changent automatiquement à la suite d'une sélection ou un axe de travail.
— Visualisations binaires : un mode de représentation d'existence/absence de la donnée selon un axe de temps ou une catégorisation appropriée.
— Visualisations en méta-plan : un type de visualisation informant sur les positionnements des données.
— Visualisations analytiques : appels externes à des scripts de fouille de données offrant des visualisations analytiques.

Notre outil propose principalement deux types d'indicateurs : les indicateurs statiques visant à fournir une information précise par un score bien défini (voir Fig. 2), et les indicateurs dynamiques qui apparaissent dans des flux d'informations progressifs, e.g. indicateur de stabilité de n médias sur une période de temps (voir Fig. 1).

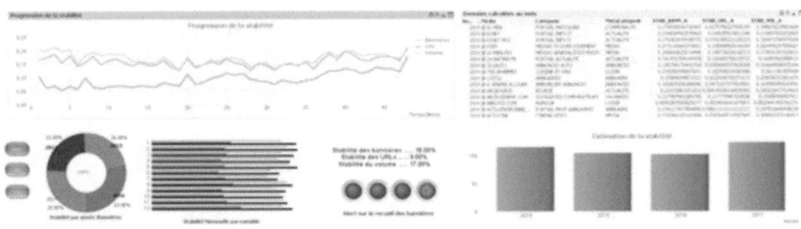

FIG. 1 – *Information sur la stabilité de la récolte*

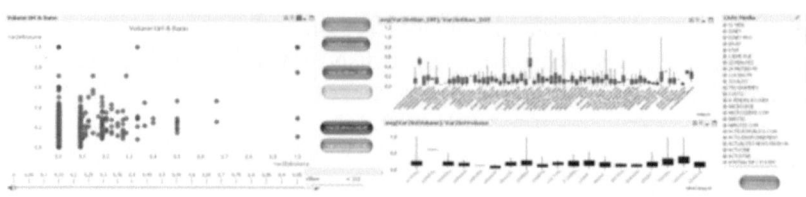

FIG. 2 – *Information sur la variabilité de la récolte*

Références

Ba, M. L., L. Berti-Equille, K. Shah, et H. M. Hammady (2016). Vera : A platform for veracity estimation over web data. In *Proceedings of the 25th International Conference Companion on World Wide Web*, WWW '16 Companion, Republic and Canton of Geneva, Switzerland, pp. 159–162. International World Wide Web Conferences Steering Committee.

Cappiello, C. (2015). On the role of data quality in improving web information value. In *Proceedings of the 24th International Conference on World Wide Web*, WWW '15 Companion, New York, NY, USA, pp. 1433–1433. ACM.

Cappiello, C., W. Samá, et M. Vitali (2018). Quality awareness for a successful big data exploitation. In *Proceedings of the 22Nd International Database Engineering & Applications Symposium*, IDEAS 2018, New York, NY, USA, pp. 37–44. ACM.

Destercke, S., M.-H. Masson, et M. Poss (2015). Cautious label ranking with label-wise decomposition. *European Journal of Operational Research 246*(3), 927 – 935.

Lukoianova, T. et V. Rubin (2014). Veracity roadmap : Is big data objective, truthful and credible? *Advances in Classification Research Online 24*(1), 4–15.

Utkin, L. V., Y. A. Zhuk, et I. A. Selikhovkin (2014). An imprecise model of combining expert judgments about quantiles. *European Journal of Technology and Design* (1), 49–60.

Z. b. Othmane, C. d. Runz, A. a. Y. e. D. B. (2018). A multi-sensor visualization tool for harvested web information: Insights on data quality. *iV2018 - 22st International Conference on Information Visualisation 22*, 10–13.

Summary

The web data streams collected by the robots must have a high level of veracity to be able to determine precise knowledge. Also, to analyze their quality is essential, especially in view of imperfections intrinsic to the data. In this article, we present an interactive visualization tool to analyze the quality of these temporal flows.

Index des auteurs

Programme de la conférence

Keynotes

Session 1A : Fouille de données 1

Session 1B : Réseaux sociaux

Session 2A : Fouille de graphes

Session 2B : Décision, recommandation et prédiction

Session 3A : Applications 1

Session 3B : Données séquentielles

Session 4A : Fouille de données 2

Session 4B : Applications 2

Session 5A : Apprentissage

Session 5B : Données dynamiques

Session 6A : Fouille de données 3

Session 6B : Fouille de textes

Session 7A : Fouille de données 4

Minute of Madness

Résumé

La sélection d'articles publiés dans le présent recueil constitue les actes de la 19e édition de la conférence francophone Extraction et Gestion des Connaissances (EGC 2019) qui s'est déroulée à Metz du 21 au 25 janvier 2019 sur le Campus de CentraleSupélec. L'objectif de ces journées scientifiques est de rassembler des chercheurs de disciplines connexes (Bases de Données, Statistiques, Apprentissage, Représentation des Connaissances, Gestion des Connaissances et Fouille de Données) et les ingénieurs qui mettent en œuvre sur des données réelles des méthodes d'extraction et de gestion des connaissances. Cette conférence est un évènement majeur fédérateur de la communauté francophone en Extraction et Gestion des Connaissances et regroupe des chercheurs de plusieurs pays (notamment France, Belgique, Luxembourg, Canada, Afrique du Nord). Le programme de la conférence comprend aussi des présentations de chercheurs invités reconnus mondialement pour leurs travaux. Les communications rassemblées dans ce volume traduisent à la fois le caractère multidisciplinaire des travaux de recherche présentés, la richesse des applications sous-jacentes et la vitalité des innovations issues de l'extraction et de la gestion des connaissances.

Summary

The collection of papers presented in this book is the proceedings of the 19th French Speaking Conference on Knowledge Discovery and Management (EGC 2019) which took place on January 23-25 2019 in Metz, France.

The goal of this scientific conference is to bring together in the same location researchers working on closely-related subject (databases, statistics, learning, knowledge representation and manipulation, knowledge management, data mining) and engineers using knowledge discovery and management methods on real-life datasets. The conference is a major scientific event within the French speaking scientific community of these fields and gathers researchers from several countries (e.g., France, Belgium, Luxemburg, Canada, North Africa). The conference program includes keynotes from worldwide known researchers. The papers compiled in this book show at the same time the multidisciplinary aspects of the fields, the abundance of the underlying applications and the vitality and the constant innovation of knowledge discovery and management.

Rédactrices invitées

Marie-Christine Rousset est Professeur à l'Université Grenoble Alpes et membre de l'Institut Universitaire de France. Elle effectue ses recherches au LIG au sein de l'équipe SLIDE sur des approches à base d'ontologies pour raisonner à grande échelle sur des données avec des applications à l'intégration d'informations et au liage de données dans le Web sémantique. Elle s'intéresse aussi à des méthodes d'anonymisation de jeux de données RDF qui soient robustes au croisement de données dans le Linked Open Data.

Lydia Boudjeloud-Assala est Maitre de Conférences - HDR en informatique à l'Université Lorraine depuis 2007. Elle effectue ses recherches au LORIA au sein de l'équipe ORPAILLEUR sur les approches coopératives combinant des méthodes interactives de visualisation et des méthodes automatiques de clustering, bi-clustering et de sélection d'espaces pertinents pour l'extraction de connaissances á partir de données massives et temporelles.